지식인의 두 얼굴

지식인의

두 얼굴

폴 존슨 지음
윤철희 옮김

을유문화사

옮긴이 윤철희

연세대학교 경영학과와 동 대학원을 졸업했다. 영화 전문지에 기사 번역과 칼럼을 기고하고 있다.
옮긴 책으로는 『위대한 영화 1~4』, 『메이플소프』, 『이안: 경계를 넘는 스토리텔러』, 『타란티노:
시네마 아트북』, 『한나 아렌트의 말』, 『캐스린 비글로』, 『스탠리 큐브릭』, 『히치콕』, 『제임스 딘』,
『클린트 이스트우드』, 『로저 에버트』, 『에쿼아노의 흥미로운 이야기』 등이 있다.

지식인의 두 얼굴

발행일
2005년 2월 28일 초판 1쇄
2020년 1월 20일 2판 1쇄
2023년 5월 20일 2판 3쇄

지은이 | 폴 존슨
옮긴이 | 윤철희
펴낸이 | 정무영
펴낸곳 | (주)을유문화사

창립일 | 1945년 12월 1일
주소 | 서울시 마포구 서교동 469-48
전화 | 02-733-8153
팩스 | 02-732-9154
홈페이지 | http://www.eulyoo.co.kr

ISBN 978-89-324-7419-9 03900

감사의 말

이 책은 일부 주요 지성인들의 도덕적·판단적 신뢰도를 고찰함으로써 인간이 인간으로서의 제 역할을 다하는 데 교훈을 얻고자 하는 목적을 지녔다. 나는 이 책이 사실에 기반하고 주관에 좌우되지 않도록 심혈을 기울였고, 연구 대상이 된 인물들의 저서, 편지, 일기, 회고록, 간접적으로 드러난 대화 내용 등을 최대한 참고했다. 이들의 인생을 자세히 살피기 위해 수많은 전기를 참고했는데, 그중 주요 서적은 다음과 같다. 루소의 경우, 레스터 G. 크로커의 저서인 『장 자크 루소: 탐구, 1712~1758』(1974)와 『장 자크 루소: 예언자적 목소리, 1758~1783』(1973)가 가장 유용했다. J. H. 호이징가의 격렬한 비판을 담은 『성인聖人 되기: 장 자크 루소를 둘러싼 희비극』(1976) 역시 좋은 참고가 되었다. 셸리의 경우, 리처드 홈스의 명저 『셸리: 탐구』(1974)에 가장 많이 의지했는데, 사생아에 관한 그의 의견에는 개인적으로 동의하지 않음을 밝힌다. 마르크스의 경우, 로버트 페인의 『마르크스』(1968)를 주로 참고했다. 입센에 관한 대표적인 전기 작가는 마이클 마이어다. 나는 그가 쓴 『헨리크 입센 1. 극작가 되기, 1828~1864』(1967), 『헨리크 입센 2. 시에 고하는 작별 인사, 1864~1882』(1971), 『헨리크 입센 3. 싸늘한 산꼭대기, 1886~1906』(1971)을 활용했고, 한스 헤이베르의 『입센: 예술가의 초상』(1969)과 베르골리오 입센의 『세 명의 입센』(1951)도 참고했다. 톨스토이를 다룬 수많은 전기 중에는 어니스트 J. 시몬스의 『레오 톨스토이』(1949)를 주로 따랐고, 에드워드 크랭크쇼의 뛰어난 비평서 『톨스토이: 소설가 되기』(1974)도 참고했다. 에머슨의 경우, 조엘 포트의 여러 저작을 참고했는데, 그중에 특히『랠프 월도 에머슨, 그의 시대를 대표하는 자』(1979)를 많이 활용했다. 헤밍웨이의 경우, 탁월한 두 권의 전기인 제프리 마이어스의『헤밍웨이 전기』(1985)와 케네스 S. 린의『헤밍웨이』(1987), 그리고 그보다 앞서 나온 카를로스 베이커의『헤밍웨이 평전』(1969)을 참고했다. 브레히트의 경우, 로널드 헤이먼의『베르톨트 브레히트 전기』(1983)와 마틴 에슬린의 연구가 빛을 발하는『베르톨트 브레히트: 악의 선택』(1959)을 참고했다. 러셀의 경우, 로널드 W. 클라크의『버트런드 러셀 평전』(1975)에서 전기적 사실을 주로 확인했다. 사르트르의 경우, 애니 코헨-솔랄의『사르트르 평전』(1987), 그리고 클로드 프란시스와 페르낭드 공티에가 함께 쓴『시몬 드 보부아르』(1987)를 참고했다. 골란츠의 경우, 루스 더들리 에드워즈의 상세하고 객관적인 설명이 탁월한『빅터 골란츠 전기』(1987)에서 필수적인 자료를 얻었다. 그리고 릴리언 헬먼의 경우, 윌리엄 라이트의 명저『릴리언 헬먼: 이미지, 여성』(1987)과 함께 다이앤 존슨의 저서『대실 해밋 평전』(1984)도 참고했다. 마지막 장에서는 데이비드 프라이스 존스의『시릴 코널리: 일기와 회고록』(1983), 힐러리 밀스의『메일러 평전』(1982), 캐슬린 타이넌의『케네스 타이넌 평전』(1987), 로버트 캐츠와 페터 베를링이 함께 쓴『사랑은 죽음보다 차갑다: 라이너 베르너 파스빈더 평전』(1987), 펀 마르자 에크먼의『제임스 볼드윈의 맹렬한 항해』(1968) 등을 주로 참고했다. 이상의 저자들에게 진심 어린 감사의 말을 전한다. 이 외의 참고 문헌은 이 책의 뒤에 실린 주註를 통해 확인할 수 있다.

차례

감사의 말   005

01   장 자크 루소 위대한 정신병자   009

02   퍼시 비시 셸리 냉혹한 사상   055

03   카를 마르크스 저주받은 혁명가   097

04   헨리크 입센 거짓 유형의 창조자   147

05   레프 톨스토이 하느님의 큰형   191

06   어니스트 헤밍웨이 위선과 허위의 바다   247

07   베르톨트 브레히트 이념의 꼭두각시   307

08   버트런드 러셀 시시한 논쟁   349

09   장 폴 사르트르 행동하지 않는 지성   397

10   에드먼드 윌슨 구원받은 변절자   445

11   빅터 골란츠 고뇌하는 양심   475

12   릴리언 헬먼 뻔뻔한 거짓말   509

13   조지 오웰에서 노엄 촘스키까지 이성의 몰락   541

주   603

옮긴이의 말   637

찾아보기   641

일러두기

1. 본문의 원주(참고 문헌이나 출처 표기)는 모두 후주로 하였고, 내용의 이해를 위해 옮긴이가
    만든 주석은 본문 하단에 달았습니다.
2. 도서와 월간지는 『』로, 주간지와 신문은 「」로, 영화, 희곡·연극, 공연명은 < >로 표기하였습
    니다.
3. 인명이나 지명은 국립국어원의 외래어 표기법을 따랐습니다.

장
자
크
루
소

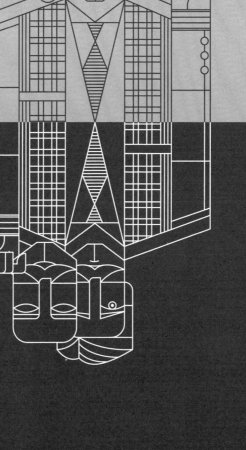

위
대
한

정
신
병
자

지난 200년간 지식인의 영향력은 지속적으로 증대해 왔다. 종교에 몸담지 않은 세속적 지식인의 발흥은 현대 세계의 형성을 도운 핵심 요소였다. 오랜 역사적 관점에 비춰 볼 때, 지식인의 발흥은 여러 면에서 새로운 현상이다. 이전부터 인류 사회를 이끌고자 한 지식인들은 초창기에는 성직자나 율법학자, 예언자의 모습을 취했다. 그러나 원시적이든 세련되었든, 외적인 권위를 행사하는 종교 규범과 대대로 계승돼 내려오는 종교적 전통은 그들이 주도하는 윤리적·이념적 개혁에 제한을 가했다. 그들은 자유로운 영혼도, 정신세계를 탐험하는 모험가도 아니었고, 그런 존재가 될 수도 없었다.

18세기에 성직자의 권력이 쇠퇴함에 따라 새로운 유형의 지도자들이 출현하여 이 진공상태를 메꾸고 대중의 귀를 사로잡았다. 세속적인 지식인은 이신론자이거나 회의주의자, 또는 무신론자였지만, 그들은 고위 성직자나 교회의 장로처럼 인류에게 어떻게 행동해야 하는지를 설파할 준비가 돼 있었다. 그들은 특히 인류의 이익을 위해 헌신하고 가르침을 통해 인류를 진보시켜야 할 복음주의적 의무가 자신들에게 있다고 선언했다. 그들은 앞선 시대의 성직자들보다 더 급진적인 방식으로 스스로 부여한 과업에 접근했다. 그들은 종교적인 규범에는 조금도 구속감을 느끼지 않았고, 역사를 통해 얻은 포괄적인 지혜, 전통이 남긴 유산, 조상들의 경험을 통해 얻은 기존의 규범 등을 선별하여 수용하거나 총체적으로 거부했다. 그들은 인류 역사상 처음으로, 그리고 점점 자신 있고 대담한 태도로 자신들의 힘으로 사회의 병폐를 진단하고 치유할 수 있다고 주장했다. 나아가 사회 구조뿐 아니라 인간의 근본적인 기질까지도 더 나은 방향으로 탈바꿈시킬 수 있다고 주장했다. 앞선 시대의 성직자들과 달리, 세속적 지식인들은 신의 종이나 해석자가 아니었다. 그들은 신을 대신하는 인물이었다. 그들은 천상의 불을 훔쳐 지상에 가져온 프로메테우스를 영웅시했다.

세속적인 신흥 지식인들은 공통적으로 종교와 종교 지도자에게 비판적이고 정교한 잣대를 들이댔다. 종교와 종교 지도자들은 인류와 위대한 신앙 체계에 얼마나 많은 기여를 했는가? 또는 해를 끼쳤는가? 교황과 사제들은 청렴함과 정직함, 자애와 박애의 계율을 어느 정도까지 지키며 살았는가? 이런 질문에 대해 교회와 성직자 모두에게 내려진 판결은 가혹했다. 종교의 영향력이 지속적으로 감퇴하고, 세속적 지식인들이 인류의 사고방식과 제도의 형성에서 차지하는 역할이 꾸준히 증대해 온 지 200년이 지났다. 이제는 지식인들의 행동을 공적·사적인 모든 면에서 검토해 볼 때다. 특히, 필자는 윤리적·도덕적 측면에 초점을 맞춰 지식인들이 인류에게 어떻게 행동해야 하는지를 가르칠 자격이 있는지 검토하고자 한다. 지식인들은 그들의 삶을 어떻게 살았는가? 가족과 친구, 동료에게 얼마나 정직하게 행동했는가? 그들은 성적·금전적 문제에서 올바르게 행동했는가? 그들은 진실한 말을 하고, 진실한 글을 썼는가? 그들의 주장은 시간과 실천의 시험을 어떻게 견뎌냈는가?

이러한 탐구는 근대적 의미의 첫 지식인이자 지식인의 전형이었고 여러 가지 점에서 가장 영향력 있었던 장 자크 루소Jean-Jacques Rousseau(1712~1778)로부터 시작된다. 교회의 제단을 부수고 인간의 이성을 떠받들기 시작한 것은 루소보다 연배가 높았던 볼테르 같은 사람들이었지만, 루소야말로 근대 프로메테우스의 모든 특징을 결합시킨 첫 인물이었다. 루소는 기존 질서를 통째로 거부할 권리를 주장했고, 자신의 원칙과 조화를 이루도록 이를 철저히 뜯어고칠 수 있다는 자신감이 있었으며, 정치적 과정을 통해 그런 목표를 달성할 수 있다고 믿었다. 특히 그는 본능과 직감, 충동이 인간의 행동에서 큰 부분을 차지한다는 것을 인식했다. 그는 자신이 비길 데 없는 인류애의 소유자이며, 인류의 행복을 증대시킬 유례없는 재능과 통찰력을 겸비한 인물이라고 믿었다. 놀랍게도 그가 살았던 시대는 물론이고 그 이후에도 많은 사람들은 루소가 스스로 내린 평가를 그대로 받아들였다.

루소의 영향력은 장기적으로나 단기적으로나 엄청났다. 그가 사망한 이후 세대에게 그는 신화적 존재였다. 그는 프랑스 혁명이 일어난 1789년보다 10년쯤 앞서 사망했지만, 혁명 당시 사람들의 상당수는 그를 프랑스 혁명과 이에 따른 유럽의 구체제 붕괴를 초래한 인물로 간주했다. 루이 16세와 나폴레옹도 이런 관점을 공유했다. 에드먼드 버크는 혁명 엘리트들에 대해 이렇게 말했다. "혁명 지도자 사이에서 누가 제일 루소와 닮았는지를 놓고 일대 논란이 벌어졌다……. 루소는 완전무결한 모범적 인간이었다." 로베스피에르도 이렇게 썼다. "루소는 고상한 영혼과 숭고한 품성을 통해 자신이 인류의 스승 역할을 맡을 만한 자격이 있음을 증명한 위대한 인간이었다." 혁명의 와중에 국민공회Convention Nationale는 투표를 통해 루소의 유해를 팡테옹으로 이장하기로 했다. 이장 행사에서 국민공회 의장은 이렇게 선언했다. "루소는 우리의 윤리와 관습, 법률, 감정과 습관을 건전하고 발전적으로 변화시키는 데 공을 세웠다."[1]

그런데 더욱 깊이 살펴보면 장기적으로 루소는 문명인에 대한 근본적 가정의 일부를 바꿔 놓고 인류의 지식과 교양을 변화시켰다. 그의 영향력이 미치는 범위는 매우 광대하지만, 크게 다섯 가지로 분류할 수 있다.

첫째, 교육에 대한 근대적 사고는 모두 어느 정도는 루소의 이론, 특히 그가 저서 『에밀』(1762)에서 주장한 이론의 영향을 받았다. 그는 자연예찬, 야외 생활에 대한 애호, 신선함, 자발성, 활력, 타고난 본성의 추구 같은 주제를 대중화시켰고, 어느 정도는 직접 창안해 냈다. 그는 각박한 도시 생활에 대해 처음으로 비판을 가한 인물이었다. 그는 문명은 작위적인 것이라고 낙인찍고 냉수욕, 체계적 운동, 인격 형성의 일환으로서의 스포츠, 주말 별장 등의 개념을 창시했다.[2]

둘째, 자연에 대한 재평가와 관련해서, 루소는 물질주의 문명에 대한 점진적인 발전을 믿지 말라고 가르쳤다. 이런 점에서 그는 자신이 한몫을 담당했던 계몽 운동을 거부하면서 더욱 급진적인 해법을 모색했다.[3] 그는 인간의 이성이 사회를 치유하기에는 상당한 제약이 따른다고 주장했다. 그러나 그런 주장이 인간의 지성이 필요한 변화를 불러일으킬 수 없다는 뜻은 아니었다. 인류에 잠복해 있는 미개발 자원인 시적 통찰력과 직감을 사용하면 활기 없는 이성의 명령을 통제할 수 있기 때문이다.[4]

1770년에 집필을 완료했지만 사망하기 전까지는 출판되지 않았던 『고백록』에서, 루소는 이런 계열의 사상을 연구했다. 이 셋째 단계는 낭만주의 운동과 근대 고백 문학의 출발점이었다. 『고백록』에서 루소는 르네상스의 제일 중요한 업적인 "개인"을 발견하는 데서 그치지 않고 그 업적을 홀쩍 뛰어넘어 내면적 자아를 깊이 탐구했으며, 이를 일반 대중의 연구 대상으로 만들었다. 그 덕분에 독자들은 처음으로 인간 심리의 내면을 보게 됐다. 그러나 성찰의 결과는 거짓이었고, 겉으로는 솔직한 것 같지만 속으로는 교활하기 그지없는 그릇된 모습으로 가득 차 있었다(이것 역시 근대 지식인들의 특징이다).

루소가 대중화시킨 넷째 개념은 어떤 면에서는 가장 널리 퍼진 것이다. 그는 사회가 원시적인 자연 상태에서 복잡한 도시 상태로 진화할 때 인간은 타락한다고 주장했다. 루소가 "자기애"라고 부른 인간의 선천적 이기심은 허영심과 스스로에 대한 존경심이 결합된 훨씬 해로운 "자아 존중"으로 탈바꿈한다. 그 결과 인간은 남의 눈으로 자신을 평가하게 되고, 남에게 잘 보이기 위해 재력과 힘, 지능과 도덕적 우월성을 추구하려 한다. 인간의 타고난 이기심은 경쟁적이고 탐욕적이 돼 가며, 경쟁자인 타인으로부터 소외될 뿐 아니라 자신으로부터도 소외되어 버린다.[5] 소외는 현상과 실체 사이의 비극적 괴리를 특징으로 하는 심리적 질환을 초래한다.

루소는 경쟁이라는 악이 인간의 타고난 공동체 감각을 파괴하고, 타인을 착취하려는 욕망을 포함한 인간의 가장 사악한 특징을 부추긴다고 보았다. 따라서 그는 사회적 범죄의 원천인 사유 재산을 불신하기에 이르렀다. 그의 다섯째 혁신적 사상은 산업 혁명을 눈앞에 두고 있던 자본주의의 비판적 요소를 밝혀낸 것이다. 그는 희곡 <나르시스>의 머리말과 『인간 불평등 기원론』에서 사유 재산과, 그것을 획득하려는 경쟁을 소외의 제일 중요한 원인으로 간주했다.[6] 문명 발전 사상과 더불어 루소 사상의 큰 줄기를 이루는 이러한 사상은, 마르크스와 다른 사상가들도 파헤치려 했던 것이었다. 루소에게 있어 "자연"은 "원시적인 것" 또는 "문명 이전의 것"을 뜻했다. 모든 문명은 문제를 일으키는데, 그것은 인간 사이의 관계가 인간의 사악한 성향을 자극하기 때문이다. 그가 『에밀』에 썼듯이, "한 인간의 숨결은 다른 인간에게는 치명적이다." 따라서 인간이 살아가는 문명은 스스로 진화해가는 인위적 구조물이 되어 인간의 행동을 지시한다. 그리고 우리는 문명과 그 문명이 낳은 경쟁적인 에너지의 변화를 통해, 즉 사회 공학을 통해 인간의 행동을 개선할 수 있고, 심지어 완전히 탈바꿈시킬 수도 있다.

이런 사상은 그 자체만으로도 매우 광범위해서 근대 사상의 백과사전을 구성할 수 있을 정도다. 그러나 사실 이들 모두가 루소의 독창적인 사상은 아니었다. 그는 독서의 폭이 넓었다. 데카르트, 라블레, 파스칼, 라이프니츠, 베일, 퐁트넬, 코르네유, 페트라르카, 타소, 그리고 특히 로크와 몽테뉴에 심취했다. 루소를 "인류가 부여받은 가장 탁월한 지적 능력"의 소유자라고 믿었던 제르맹 드 스탈은 "그가 창안해 낸 것은 아무것도 없다"고 했지만 이렇게 덧붙였다. "그는 불꽃으로 그 모든 것을 우려냈다." 자신의 관념을 선명하고 신선해 보이게 만든 루소의 집필 방식은 간결하고 직접적이며 힘 있고 열정적이어서, 그의 글을 접한 독자들은 그의 계시에 큰 충격을 받았다.

그렇다면, 그토록 비범한 도덕성과 지성을 인류에게 나눠 준 루소는 어떤 사람이었고, 어떻게 그러한 힘을 얻었을까? 루소는 스위스 사람으로, 1712년 제네바에서 태어나 칼뱅파 신도로 자랐다. 아버지 아이작은 시계 제조공이었지만 수완은 별로 없었으며, 가끔 폭행 사건이나 소동에 휘말리는 말썽꾼이었다. 부잣집 출신인 어머니 쉬잔 베르나르는 루소를 낳은 직후 산욕열로 사망했다. 루소의 부모 중 어느 쪽도 제네바의 "200인 위원회"와 "25인 소위원회"를 구성하는 소수 지배 계급 가문 출신은 아니었지만, 두 사람 모두 투표권과 법적 특권을 누리고 있었다. 루소는 자신의 우월한 지위를 늘 의식하고 있었고, (지적 확신 때문이 아니라) 계급적 이해 관계 때문에 자연스럽게 보수주의자가 됐다. 그는 투표권이 없는 하층민을 평생 경멸했다. 게다가 그의 집안은 재력도 상당했다.

　루소는 누이는 없었고, 일곱 살 위인 형만 있었다. 어머니를 쏙 빼닮은 루소는 홀아비가 된 아버지로부터 사랑을 받았다. 루소를 대하는 아이작의 태도는 눈물 날 정도의 사랑과 섬뜩한 폭력 사이를 오갔다. 아버지에게 호의적이었던 루소조차도 훗날 『에밀』에서 아버지의 양육법을 비난했다. "아버지의 야망, 탐욕, 포악무도함과 빗나간 예상, 무관심, 난폭함은 어머니의 맹목적 인자함보다 아이에게 백배나 더 해롭다." 그렇지만 아버지의 만행의 주요 희생자가 된 것은 루소의 형이었다. 1718년에 루소의 형은 도저히 바로잡을 수 없을 정도로 악질이라는 이유로 아버지의 요청에 따라 소년원에 보내졌다. 1723년에 달아난 그는 다시는 모습을 보이지 않았다. 그 결과 루소는 사실상 외아들이나 다름없었는데, 이것은 근대의 많은 지도적 지식인과 루소의 공통점이었다. 루소는 어느 정도 버릇없이 자라기는 했지만, 어렸을 때부터 강한 상실감과—아마도 그의 가장 두드러진 성격적 특성인—자기 연민을 보여 줬다.[7]

　루소는 오래지 않아 아버지와 양어머니를 모두 여의었다. 그는 도제 수업을 받던 인쇄 조판술이 싫어 열다섯 살이던 1728년에 도망을 쳤고, 안시에 살던 프랑수아즈-루이즈 드 바랑스 부인의 보호를 받기 위해 가톨릭으로 개종했다. 『고백록』에 기록된 그의 초기 경력은 믿을 바가 못 된다. 그러나 그가 직접 쓴 편지, 그리고 광범위한 루소 연구의 결과로 나온 수많은 자료는 루소에 관한 두드러진 사실을 구축하는 데 활용돼 왔다.[8] 바랑스 부인은 프랑스 왕실 연금으로 생활했는데, 프랑스 정부와 로마 가톨릭교회 양쪽의 스파이였던 것 같다. 루소는 1728년부터 1742년까지 14년 동안의 전성기에 부인의 돈으로 부인과 함께 살았다. 그는 이 기간 중 한동안은 부인의 애인이었다. 루소는 혼자서 여행을 다니기도 했다. 30대에 접어들기까지의 루소의 삶은 온갖 실패와 더부살이, 특히 여성에게 얹혀사는 더부살이로 이어졌다. 그는 조판공, 하인, 신학생, 음악가, 공무원, 농부, 가정 교사, 출납원, 악보 베끼는 사람, 작가와 개인 비서 등 최소한 13개의 직업을 전전했다. 1743년에 그는 베네치아 주재 프랑스 대사 몽테귀 백작의 비서라는 편하고 수지맞는 일자리를 얻었다. 11개월간 계속된 이 일은 해고와 베네치아 의회의 체포를 피한 도주로 끝이 났다. 몽테귀는 (루소의 설명보다는 더 신빙성이 있는 설명으로) 자신의 비서가 "미천한 성향"과 "입에 담기도 싫은 건방짐", "미치광이 같은 성격"과 "지나치게 우쭐대는 성향"으로 인해 쪽박을 찰 신세였다고 밝혔다.[9]

몇 년 사이 루소는 스스로를 타고난 작가라 여기게 됐다. 그는 말주변이 좋았고 글 솜씨가 뛰어났다. 그는 실제 사실을 별로 꼼꼼하게 검토하지 않고도 어떤 사건을 자신에게 유리한 방식으로 기술하는 데 특히 뛰어났다. 루소는 변호사가 됐다면 뛰어난 변호사가 됐을 것이다(군인이었던 몽테귀가 루소를 그토록 싫어한 이유 중 하나는, 루소에게 자신의 말을 받아 적으라고 시킨 몽테귀가 적당한 단어를 생각하느라 고심하는 사이, 여봐란 듯이 하품을 하거나 창문을 오가곤 했던 루소의 버릇 때문이었다). 1745년에 루소는 열 살이나 어린 세탁부 테레즈 르바쇠르를 만나고, 그녀는 영원토록 그의 애인이 되기로 동의했다. 그 덕분에 루소의 떠돌이 인생은 어느 정도 안정됐다. 그 사이 루소는 계몽 운동의 중요 인물이자 훗날 『백과전서』의 편집장이 된 드니 디드로를 만나 친구가 됐다. 루소처럼 기능공의 아들인 디드로는 자수성가한 작가의 전형이었다. 그는 선한 사람이었으며 재능 있는 사람들을 꾸준히 지원했다. 루소는 그에게 신세진 것이 많았다. 루소는 사교계에서 확고한 위치를 차지하고 있던 독일의 문학 비평가이자 외교관인 프리드리히 멜치오르 그림을 디드로의 소개로 만났다. 그림은 루소를

"철학호텔의 주인"으로 알려진 돌바흐 남작의 급진적인 살롱에 데려갔다.

당시 막 형성된 프랑스 지식인들의 힘은 18세기 후반에 들어 지속적으로 커져갔다. 그러나 1740년대와 1750년대에 사회 비판가로서의 그들의 지위는 여전히 불확실했다. 국가는 체제가 위협받고 있다고 느끼면, 갑작스럽게 지식인들에게 잔인한 모습을 보여주곤 했다. 루소는 훗날 그가 겪었던 고통스러운 박해에 대해 큰소리로 불평했지만, 사실 그가 받은 박해는 다른 동시대인 지식인이 겪은 것에 비하면 약과였다. 볼테르는 그가 심기를 불편하게 만든 귀족의 하인들에게 공개적으로 매를 맞았고, 1년 가까이 바스티유에 투옥됐다. 금서를 팔다 잡히면 죄수선에서 10년을 복역할 수도 있었다. 1749년 7월에 체포된 디드로는 무신론을 옹호하는 책을 출판했다는 이유로 뱅센 요새의 독방에 갇혀 3개월을 지냈다. 디드로를 면회하러 뱅센으로 걸어가던 루소는 디종 문학아카데미가 붙인 공고문을 봤다. "과학과 예술의 부활이 윤리 도덕의 발전에 기여했는가"라는 주제에 대한 논문을 공모한다는 내용이었다.

1750년에 벌어진 이 일은 루소 인생의 전환점이었다. 그는 불현듯 자신이 해야 할 일에 대한 영감을 받았다. 다른 참가자들은 자연스럽게 과학과 예술을 위주로 논의를 펼칠 터였다. 그런데 루소는 자연이 우월하다고 주장했다. 『고백록』에서 밝혔듯, 그는 갑자기 "진리와 자유와 덕행"에 너무너무 열광하게 됐다. 그는 스스로에게 선언했다. "덕행, 진리! 나는 더욱 소리 높여 외칠 것이다. 진리, 덕행!" 그는 자신의 양복조끼가 "나도 모르게 흘러내린 눈물로 흠뻑 젖었다"고 덧붙였다. 눈물로 흠뻑 젖었다는 말은 진실일 것이다. 그는 툭하면 눈물을 흘리곤 했으니까. 확실한 것은 루소가 그때 그 자리에서 자신의 신념을 밝히는 논문을 쓰기로 결심했고, 그 역설적인 접근 방식으로 상을 받으면서 하룻밤 사이에 유명해졌다는 것이다. 이것은 세상의 주목과 명성을 갈망했지만 성공을 거두지 못하고 비참한 삶을 살아오던 서른아홉의 사내가 마침내 한몫 제대로 잡은 사건이었다. 논리가 빈약한 이 논문은 오늘날에는 거의 읽어 볼 가치가 없다. 문학적 사건들을 뒤돌아보면 늘 그렇듯, 이토록 보잘 것 없는 작품이 그처럼 폭발적인 유명세를 가져올 수 있었다는 것이 이해가 되지 않는다. 유명한 비평가 쥘 르메트르는 루소의 이런 벼락출세를 "인간이 우둔하다는 것을 입증하는 가장 강력한 증거 중 하나"라고 불렀다.10

예술과 과학을 다룬 『학문과 예술론』은 출판된 후 꽤 폭넓게 읽혔고, 루소를 반박하는 문건이 300건 가까이 출판됐다. 그러나 루소는 이 책으로 큰돈을 벌지는 못했다. 실제로 팔린 책은 소량에 불과했고, 그런 작품을 팔아서 돈을 버는 사람은 책 장수들이었다.11 한편, 루소는 이 책을 계기로 일류 지식인들에게 문호를 개방하고 있던 많은 귀족의 저택과 별장을 돌며 강연을 했다. 글씨를 잘 쓰던 루소는 악보를 베끼는 것으로도 생계를 유지할 수 있었고, 가끔씩은 그렇게 하기도 했다. 그러나 1750년 이후, 그는 늘 귀족의 환대를 생계 수단으로 삼았다. 그는 종종 환대를 베풀었던 사람들과 격렬하게 다투기도 했다. 그는 직업 작가가 됐다. 그는 늘 아이디어가 넘쳐났고, 착수하기만 하면 훌륭한 글을 수월하게 써냈다. 그러나 생존해 있을 때나 그 후에나 그의 저서들이 발휘한 영향력은 편차가 심하다.12 1752년에 집필에 착수해서 10년 후에 출판된 『사회 계약론』은, 일반적으로 그의 정치 철학을 농축한 것으로 간주되지만 그의 생전에는 거의 읽히지 않았고, 1791년까지 딱 한 번 재판을 찍었을 뿐이다. 그 시대의 도서관 500곳을 조사한 결과, 그 책을 소장한 곳은 단 한 곳이었다. 1789~1791년 사이에 나온 정치 팸플릿 1,114개를 연구한 학자 조앤 맥도널드는 『사회 계약론』을 언급한 팸플릿은 12개에 불과하다는 것을 발견했다.13 그녀가 인정했듯이, "루소 숭배와 그의 정치사상의 영향력은 구분할 필요가 있다." 상을 받은 이후로 계속 힘을 얻어간 루소 숭배의 한복판에는 두 권의 저서가 자리 잡고 있다. 하나는 소설 『신엘로이즈』로, "두 연인의 편지"라는 부제가 붙은 이 책의 모델은 리처드슨의 『클라리사』다. 이 소설은 젊은 여인의 행복의 추구와 유혹, 참회와 징벌의 이야기로, 독자, 그중에서도 여성 독자—특히 새로이 형성되던 중산층 여성 독자—의 음탕한 관심과 도덕관념 모두에 호소력을 발휘하는 비범한 솜씨로 쓰였다. 소설의 소재는 당시로서는 대단히 노골적이었지만, 최종적으로 전달하는 메시지는 시대상에 꽤나 적합한 것이었다. 파리 대주교는 "색욕을 배척하는 듯하면서 색욕이라는 독소를 넌지시 퍼뜨린다"며 소설을 비난했지만, 이런 비난은 루소가 쓴 교활한 머리말과 마찬가지로 책의 판매에 도움을 줄 뿐이었다. 루소는 머리말에서 단 한 페이지라도 이 책을 읽은 아가씨는 영혼을 잃게 될 것이라고 주장하면서도, 그렇지만 "정숙한 아가씨들은 러브 스토리를 읽지 않는다"고도 덧붙였다. 사실, 정숙한 아가씨와 행실이 방정한 유부녀 모두가 책을 읽고는 소설의 대단히 도덕적인 결론을 들먹이면서 자신들을 옹호했다. 요약하자면, 타고난 베스트셀러였던 소설은 타고난 대로 베스트셀러가 됐다. 팔린 책 대부분이 해적판이기는 했지만 말이다.

루소 숭배는 1762년에 『에밀』이 출판되면서 격렬해졌다. 이 책에서 루소가 내놓은 자연과 자연에 대한 인간의 대응과 관련한 수많은 아이디어는 낭만주의 시대에는 주요한 연구 주제가 됐지만, 출판 당시에는 신선한 아이디어에 불과했다. 너무나 훌륭하게 구성된 이 책은 오히려 그 탓에 최대한의 독자를 확보하지 못했다. 그러나 루소는 한 가지 점에서는 기지를 발휘했다. 그는 진리와 덕행의 예언자로서 자신의 호소력을 높이기 위해 인간 이성의 한계를 지적하고 인간의 마음속에 종교를 위한 터전을 허락하라고 요구했다. 따라서 그는 『에밀』에 "신앙 고백"이라는 제목의 장을 집어넣었다. 여기서 그는 계몽 운동의 동료 지식인들, 특히 무신론자와 이신론자를 오만하고 교조적이며, "소위 회의주의 체계 내에서도 모든 것을 아는 것처럼 공언"한다고 추궁하는 한편, 동료 지식인들이 점잖은 남녀의 신앙심을 훼손하면서도 그들이 받은 충격에 대해서는 무관심하다고 비난했다. "그들은 인간이 숭배하는 모든 것을 파괴하고 짓밟으며, 인간이 종교로부터 얻은 위안을 빼앗고, 부자와 권력자의 욕망을 견제하는 유일한 힘을 앗아간다." 이것만으로도 대단히 효과적인 비난이었지만, 루소는 균형을 잡기 위해 기존 교회, 특히 교회의 기적 숭배와 미신 조장에 대해서도 비판했다. 이것은 대단히 무모한 짓이었다. 루소가 해적판 출판을 막기 위해 책에다 직접 서명을 하는 위험을 감수했기 때문이다. 그는 이미 프랑스 교회로부터 이중 배교자라는 혐의를 받고 있었다. 가톨릭으로 개종한 그는 나중에 제네바 시민권을 얻기 위해 다시 칼뱅파로 돌아갔다. 얀센파가 장악하고 있던 파리의 고등법원은 『에밀』의 반가톨릭 정서에 강한 반감을 보이면서, 법원 청사 앞에서 책을 불사른 다음 루소의 체포 영장을 발부했다. 루소는 고위층에 있던 친구의 때맞은 경고 덕에 체포를 면했다. 이후 그는 몇 년 동안 도망자 신세로 지냈다. 칼뱅파 역시 『에밀』을 반대했기 때문에 그는 가톨릭 교구 외의 지역에서는 이리저리 떠돌아 다녀야 했다. 그렇지만 1766~1767년에 15개월을 보냈던 영국에서나, 1767년부터 계속 머물러 살았던 프랑스에서나 힘있는 보호자가 없었던 적은 한 번도 없었다. 그의 말년 10년 동안 국가는 그에 대한 관심을 잃었고, 따라서 그의 주적은 동료 지식인, 그중에서도 볼테르였다. 루소는 지식인에 대한 응답으로 『고백록』을 썼다. 『고백록』은 그가 1770년에 최종적으로 정착한 파리에서 완성됐다. 그는 이 책을 출판하는 모험을 하지는 않았지만, 그가 상류 사회의 저택들에서 개최했던 낭독회 때문에 책의 내용은 널리 알려져 있었다. 1778년 그의 죽음에 즈음하여 새로운 도약기를 맞이한 그의 명성은, 혁명 당원들이 정권을 잡을 즈음에는 정점에 달해 있었다.

루소는 생전에도 상당한 성공을 누렸다. 요즘 시각으로 공정하게 보더라도 그가 불평할 만한 일은 그리 많아 보이지 않는다. 그럼에도 루소는 문학사상 제일가는 불평꾼 중 한 사람이었다. 그는 자신의 인생이 비참하고 박해받았다고 주장했다. 그가 너무나 끔찍한 용어로 자주 불평을 털어놨기 때문에, 사람들은 그를 믿을 수밖에 없었다. 그는 자신이 만성 질환으로 고통받고 있다는 사실에 대해서는 단호한 입장을 보였다. 그는 "매일 통증과 죽음 사이에서 투쟁해야 하는… 질병으로 인해 기력이 쇠한 불행한 팔자"였다. 그는 "30년 동안 잠을 이룰 수가 없었다." 그는 "나를 고통받도록 창조해 낸 자연은 고통을 이겨내는 체질을 내게 선사했다. 그리고는 내 기력을 쇠하게 만들 수 없게 되자, 내가 항상 동일한 정도의 아픔만 느끼게 만들어 버렸다."[14] 그의 생식기에 항상 문제가 있었던 것은 사실이다. 1755년 친구인 트롱셍 박사에게 보낸 편지에서, 그는 "태어날 때부터 기형이었던 생식기"를 언급했다. 루소의 전기를 쓴 레스터 크로커는 주의 깊은 진단 끝에 이렇게 결론을 내렸다. "루소는 태어나면서부터 요도가 성기 아래쪽 표면으로 개방돼 있는 생식기 기형인 요도하열의 희생자라고 확신하게 됐다."[15] 고통이 수반되는 도뇨관을 사용해야만 하는 요도하열은 루소가 성인으로 살아가는 데 장애물이 됐고, 심리적·육체적 문제를 모두 악화시켰다. 그는 주기적으로 배설의 필요성을 느꼈는데, 이것은 상류층 사교계에서 생활하는 데 큰 어려움을 초래했다. 그는 이렇게 썼다. "생각만 해도 몸서리가 쳐진다. 숙녀들에게 둘러싸여서 품위 있는 대화가 끝날 때까지 기다려야만 하는……. 마침내 조명이 알맞은 계단에 도착하면 거기서 다른 숙녀들이 나를 붙잡았다. 안뜰에는 나를 뭉개버릴 준비가 된 듯이 계속해서 움직이는 마차들이 가득했다. 나를 쳐다보는 귀부인의 하녀들, 벽에 늘어선 하인들은 나를 조롱했다. 용무를 해결하기에 적합한 담벼락 한곳도, 불결하고 조그만 귀퉁이 하나도 찾아내지 못했다. 간단히 말해, 나는 모두가 보는 앞에서 오줌을 눌 수밖에 없었고, 내 오줌은 고상한 흰색 스타킹을 신은 다리 위로 흘러내렸다."[16]

자기 연민으로 가득한 이 구절은, 다른 많은 증거들과 더불어 루소의 건강이 그가 주장한 것만큼 나쁘지는 않았다는 것을 시사한다. 루소는 이따금 자신의 주장에 부합하는 경우에는 자신이 건강하다고 밝혔다. 그의 불면증은 부분적으로는 판타지다. 많은 사람이 그가 코를 곤다고 증언했기 때문이다. 영국으로 가는 뱃길에 동행했던 데이비드 흄은 이렇게 썼다. "내가 아는 가장 건강한 사람이다. 그는 야간에 지독히도 모진 날씨 속에서 갑판 위에서 열 시간을 보냈다. 뱃사람들은 모두 얼어 죽을 지경이었는데도 그는 아무렇지도 않았다."[17]

건강에 대한 그의 끊임없는 걱정은 평생 동안 그를 둘러싸고 벌어진 모든 사건의 발단이 된 자기 연민의 독창적인 에너지원이었다. 그는 사람들, 특히 가문 좋은 여성들의 동정심을 끌어내기 위해 꽤 어렸을 적부터 그가 "사연"이라고 부른 이야기를 하는 버릇을 들였다. 그는 스스로를 "가장 불행한 생명체"라고 불렀고, "내 발걸음을 따라다니는 잔인한 운명"을 얘기했으며, "나만큼 많은 눈물을 흘린 사람도 없을 것"이라고 주장하면서 이렇게 단언했다. "내 숙명은 어느 누구도 감히 묘사하지 못하고, 어느 누구도 믿지 않을 그런 거라오." 그렇지만 사실 그는 자신의 숙명을 자주 묘사했고, 그의 성격에 대해 알기 전까지는 많은 사람이 그런 묘사를 믿었다. 한술 더 떠 그를 잘 알고 난 뒤에도 사람들에게는 약간의 연민이 남아 있기도 했다. 루소에게 지긋지긋한 대접을 받았던 후원자 데피네 부인은 루소의 실체를 알고 난 후에도 이렇게 말했다. "나는 그가 자신의 불행을 설명하는 간결하면서도 독창적인 방식에 여전히 감동받고 있어요." 그는 군인들이 이른바노병이라고 부르는 사람 심리에 능통하고 산전수전 다 겪은 사기꾼이었다. 그가 젊은 시절부터 애걸조의 편지를 보냈다는 사실은 놀랄 일이 아니다. 그 편지 중 한 통이 지금도 남아 있다. 사보이 총독에게 보낸 편지에서 그는 끔찍한 외상이 수반되는 병에 걸려 자신이 곧 죽을 것이라면서 연금을 달라고 요청하고 있다.[18]

자기 연민의 배후에는 엄청난 이기주의가 자리 잡고 있다. 자신이 겪는 고통 면에서나 자신의 우수성 면에서나, 자신은 남들과는 다른 사람이라는 인식이다. 그는 이렇게 썼다. "도대체 당신이 겪는 괴로움이 어떤 점에서 내가 겪는 괴로움과 같을 수 있겠는가? 내 처지는 천지 창조 이래로 그 누구도 들어 보지 못한 독특한 처지다……." 마찬가지로, "내가 다른 이들을 사랑하는 것처럼 나를 사랑해 줄 수 있는 사람은 아직 태어난 적이 없다." "사랑하는 데 있어서 나보다 더 재능이 많은 사람은 없다." "나는 여태까지 존재했던 사람 중 가장 좋은 친구로 태어난 사람이다." "나보다 더 훌륭한 사람을 알게 된다면, 나는 그런 상황을 이해하면서 세상을 하직할 것이다." "나보다 더 훌륭한 사람을 보여 달라. 나보다 더욱 정답고, 더욱 친절하며, 더욱 섬세한……." "후손들은 나를 존경할 것이다……. 그것은 내가 누려야 할 당연한 권리다." "나는 나 자신이라는 존재를 기쁘게 생각한다." "나는 나 자신을 존중하며 위안을 받는다." "유럽에 개화된 정부가 하나라도 있다면, 그 정부는 내 동상을 세우려 들 것이다."[19] 버크가 "자만심은 그가 가진 악덕 중에서 광기에 조금 못 미치는 수준의 악덕이었다"고 단언한 것도 놀랄 일은 아니다.

루소가 자신은 저열한 감정들을 느끼지 못한다고 믿은 것도 자만심의 일부였다. "나는 너무나 우월한 존재라서 사람들을 미워할 수가 없다." "나는 다른 이들을 증오하기에는 나 자신을 너무 사랑한다." "나는 격정적인 증오라는 것을 알지도 못한다. 질투나 심술, 앙갚음이 내 마음에 들어온 적도 없다……. 가끔씩 화가 치밀기는 하지만 교활한 짓을 하거나 누구에게 원한을 품은 적은 한 번도 없다." 사실 그는 자주 원한을 품었고, 상대방을 몰아붙일 때는 교활한 짓도 자주 했다. 사람들도 그것을 알았다. 루소는 자신이 전 인류의 친구라고 거듭해서 공표한 최초의 지식인이었다. 그런데 그는 보편적인 인류는 사랑하면서도, 개별적인 인간과는 다툼을 벌이는 성향을 강하게 키웠다. 그의 옛 친구이자 희생자 중 한 사람인 제네바의 트롱셍 박사는 "인류의 친구가 더 이상 주변 사람의 친구가 아닌 상황은 어떻게 가능한가?" 하고 항의했다. 루소는 비난받아 마땅한 사람을 비난하는 자신의 권리를 옹호하는 것으로 대응했다. "나는 인류의 친구이며, 세계만방 사람의 친구이다. 참된 친구는 어디서나 사악한 사람을 찾아내는데, 나는 멀리 갈 필요도 없이 그런 사람을 찾아내곤 한다."[20] 이기주의자였던 루소는 자신을 적대시하는 것은 진리와 덕행을 적대시하는 것과 같다고 여겼다. 따라서 아무리 심한 일도 그의 적들에게는 심한 것이 아니었다. 적들의 존재 자체가 영원한 징벌을 정당화했다. 그는 데피네 부인에게 "저는 선천적으로 잔인한 사람은 아닙니다. 그러나 세상이 이런 괴물들에게 공평치 못하다는 것을 알게 될 때면, 지옥이 그들을 기다리고 있다고 상상하는 것을 좋아합니다."[21]

루소가 자만심 많고 이기주의적이며 걸핏하면 싸우려 드는 사람이었다면, 그와 친구가 되려 했던 사람이 그토록 많았던 것은 어찌된 일까? 우리는 이 질문에 대한 대답을 통해 루소의 성격의 핵심과 역사적 중요성에 도달할 수 있다. 부분적으로는 우연으로, 부분적으로는 본능으로, 부분적으로는 신중한 계략으로, 그는 특권층의 죄의식을 체계적으로 이용한 최초의 지식인이었다. 게다가 그는 "버릇없는 인물에 대한 체계적 숭배"라는 전적으로 새로운 방식을 활용했다. 그는 현대의 특징적 인물 유형인 "성난 젊은이"의 원형이었다. 그는 선천적으로는 반사회적인 사람이 아니었다. 오히려 그는 어렸을 때부터 상류 사회에서 빛나는 존재가 되고 싶어 했다. 특히 그는 상류 사회 여성들의 미소를 원했다. 그는 "나는 침모, 가정부, 여점원에게는 끌리지 않는다. 나에게는 젊은 숙녀가 필요하다"고 썼다. 그러나 그는 여러 면에서 촌티 나고 버릇없는, 한눈에 알 수 있는 철저한 시골뜨기였다. 1740년대에 상류 사회의 취향에 맞게 행동하면서 사교계에 진입하려던 그의 첫 시도는 완전히 실패했다. 상류 사회 유부녀의 호의를 노린 그의 첫 연극은 치욕적인 재앙을 낳았다.[22]

하지만, "타고난 본성"이라는 카드를 사용하여 논문 공모에 성공한 이후 그는 전술을 180도 바꾸었다. 그는 촌티를 숨기려고 애쓰는 대신, 노골적으로 촌티를 풍겼다. 그는 촌티를 미덕으로 삼았다. 전략은 먹혀들었다. 고등 교육을 받은 프랑스 귀족들이 계급적 특권으로 이뤄진 구체제에 대해 불편한 심기를 점차로 키워 가면서, 악덕을 물리치는 부적처럼 작가들과 친분을 맺는 것은 이미 관습화돼 있었다. 당시의 사회비평가 C. P. 뒤클로는 "귀족 중 지식인을 좋아하지 않는 사람도 지식인을 좋아하는 척했다. 유행이기 때문이다"라고 썼다.[23] 따라서 귀족의 후원을 받고 있던 대부분의 작가는 보다 나은 사람을 흉내 내려고 애썼다. 루소는 그와 반대되는 전략을 취함으로써 더욱 흥미로운, 그렇기 때문에 더욱 매력적인 살롱의 방문자가 됐다. 그는 멋지면서 대단히 박식한 "야생 상태의 야수" 또는 사람들이 그를 즐겨 부르던 호칭처럼 매력적인 "곰"이 됐다. 그는 관습적인 것과는 반대되는 감정, 그러니까 예의범절보다는 본능에서 비롯된 충동 같은 것을 일부러 강조했다. "그런 내 감정을 속여서는 안 된다. 내 감정은 내가 예의를 차리지 않아도 되도록 만든다." 그는 자신이 "원칙적으로 세련되지 못하고 따분하며 교양이 없다"는 것을 인정했다. "나는 당신들에게 알랑거리는 일 따위는 조금도 신경 쓰지 않는다. 나는 미개인이다." 또는 이렇게 말했다. "내 마음속에는 예의를 차리지 못하게 막는 요소들이 있다."

이 접근 방식은 당시의 대부분의 작가가 구사했던 우아한 문체에 비해 지극히 간결했던 그의 문체와도 아주 잘 어울렸다. 그의 솔직함은 섹스라는 노골적인 소재에 딱 들어맞았다(『신엘로이즈』는 숙녀의 코르셋 같은 물건들을 언급한 최초의 소설에 속한다). 루소는 학습으로 숙달된 소박함과 헐렁한 드레스를 통해 사회적 규범을 자랑스럽게 거부한다는 것을 강조했는데, 그런 태도는 젊은 낭만주의자 모두의 특징이 됐다. 그는 훗날 이렇게 기록했다. "나는 내 옷부터 개혁하기 시작했다. 금빛 레이스와 흰 스타킹을 포기했고, 둥근 가발을 썼다. 나는 칼을 내던지고 시계를 팔아 버렸다." 다음으로 그가 "꺼칠꺼칠한 수염과 더불어 내 무관심이 낳은 평소 스타일"이라고 불렀던 장발이 뒤를 이었다. 그는 최초의 털북숭이 지식인이었다. 몇십 년 동안 그는 의상으로 대중의 관심을 끄는 다양한 방식을 개발했다. 앨런 램지는 뇌샤텔에서 카프탄*의 일종인 아르메니아식 가운을 입은 루소의 초상화를 그렸다. 심지어 루소는 그런 차림으로 교회에 가기도 했다. 사람들은 처음에는 그런 차림을 거북해했지만 얼마 안 있어 익숙해졌다. 당시 이런 모습은 루소의 특징이 됐다. 유명한 영국 방문 동안 그는 드루리 레인 극장에 그런 차림으로 갔고, 군중이 보내는 박수갈채에 너무나 열심히 화답하는 바람에 개릭 여사는 루소가 특석에서 떨어지지 않게 가운을 붙들고 있어야

● 아랍인들이 입는 소매가 긴 옷

만 했다.[24]

　의식적이건 아니건, 그는 뛰어난 자기 홍보 전문가였다. 그의 괴벽, 사회적 잔인성, 개인적 극단주의, 심지어는 다툼조차도 세간의 상당한 관심을 끌었다. 그런 점들이 그의 귀족 후원자와 독자와 숭배자들에게 먹혀드는 매력의 일부였다는 것은 의심의 여지가 없다. 앞으로 살펴보겠지만, 기발한 의상과 외모를 통한 개인적인 홍보 활동은 수많은 지도적 지식인의 성공에 중요한 요소가 됐다. 루소는 다른 여러 면에서뿐 아니라 이런 면에서도 지식인들을 이끌었다. 누가 그가 틀렸다고 말할 수 있겠는가? 사람들 대부분은 사상에, 특히 새로운 사상에 반감을 느낀다. 그렇지만 유명 인사에게는 매혹된다. 제멋대로인 성격은 알약에 당의를 입히는 하나의 방법이며, 대중은 그런 성격을 통해 그 지식인의 사상과 관련된 작품에 눈길을 던지도록 유도된다.

　뛰어난 심리학자였던 루소는 명성과 관심, 호의를 끌기 위해 제일 혐오스러운 악덕이라 할 배은망덕을 긍정적인 미덕으로 탈바꿈시켰다. 그에게 있어 배은망덕은 전혀 그릇된 행동이 아니었다. 그는 굉장히 타산적으로 그런 사실을 천연덕스럽게 공표했다. 또한 그는 자신을 제일 도덕적인 사람이라고 주장하고 다녔고, 다른 사람들이 자신보다 훨씬 타산적이고 불순한 의도를 가지고 있다고 믿었다. 루소는 사람들이 무슨 일이 됐건 그를 이용하려 들 것이기 때문에 그들보다 한술 더 떠야 한다고 생각했다. 그러므로 그가 남들과 협상을 할 때 기저에 깔아 놓은 원칙은 꽤나 단순했다. 그들은 베풀고, 그는 취한다. 루소는 자기가 특별한 사람이기 때문에 그를 도우려는 사람은 누구든 사실상 그로부터 은혜를 받는 셈이라는 뻔뻔한 주장으로 이런 원칙을 뒷받침했다. 그는 그에게 상을 준 디종아카데미에 보낸 답장에서 그런 패턴을 수립했다. 그는 자신의 논문이 진리라는 비대중적인 노선을 취했으며, "저의 용기에 영광을 베푼 여러분의 관대함 덕분에, 여러분은 그보다 더한 영광을 여러분 스스로에게 베풀었습니다. 그렇습니다, 신사 여러분, 여러분이 저의 영광을 위해 한 일은 여러분 자신에게 월계관을 씌운 것과 같습니다." 그의 명성 덕에 환대를 베풀겠다는 요청이 들어왔을 때에도 그는 똑같은 수법을 써먹었다. 사실상 그런 수법은 제2의 천성이 됐다. 우선 그는 그런 선행이 자신이 받아 마땅한 권리에 불과하다고 주장했다. "저는 환자이므로 고통을 겪는 이들에게 빚지고 있는 사람들에게 면죄부를 줄 권리가 있습니다." 또는, "저는 가난합니다. 그리고… 특별한 친절을 받아 마땅합니다." 그는 조금 더 나아가서, 특별히 어려운 상황에서만 도움을 받아들일 것인데, 이로 인해 매우 괴롭다고 밝혔다. "제가 계속되는 요청에 굴복하여 제안을 수락하더라도 그것은 저 자신의 이득을 위해서가 아니라 평화와 안정을 위해서입니다. 베푸는 이가 얼마나 많은 비용을 지출하건, 그 분은 실제로는 제게 빚을 진 셈입니다. 실제로는 제가 더 많은 비용을 지출하니까요." 이런 상황이니, 그는 요청을 수락하는 조건, 즉 시골 별장이나 소규모 성을 구하기 위해 빌리는 돈에 대해 조건을 정할 자격이 있었다. 그는 사회적 의무는 어떤 것이건 하나도 떠맡지 않았다. "행복에 대한 내 생각은 … 내가 하고 싶지 않은 것은 무슨 일이 됐건 결코 할 필요가 없다는 것"이기 때문이었다. 따라서 그는 초청자에게 "저는 선생님이 저를 완전히 자유롭게 놔둬야 한다고 주장해야 합니다"라고 썼다. "저를 조금이라도 귀찮게 만들면 다시는 저를 볼 수 없을 것입니다." 그의 감사 편지(이게 적절한 용어라면)는 불쾌한 문서처럼 보인다. "제가 선생님을 방문하도록 설득해 주신 데 대해 감사드립니다. 선생님이 제가 그렇게 많은 돈을 지불하지 않게 해 주셨다면, 저는 더욱 따뜻한 감사의 인사를 드렸을 것입니다."[25]

루소의 전기 작가 한 사람이 지적했듯이, 루소는 사람들을 상대로 늘 조그만 덫을 놓아 뒀다. 그는 자신의 곤궁과 빈곤을 강조하곤 했는데, 사람들이 그에게 도움을 주겠다고 제안하면 갑자기 상처를 입은 척, 심지어는 분개한 척하기도 했다. 예컨대, "선생님의 제안 때문에 제 심장은 얼어붙었습니다. 선생님이 친구를 돌보는 것은 자신의 이익에도 도움이 된다는 사실을 왜 모르십니까." 그리고 덧붙였다. "제가 거래되는 상품이 아니라는 것을 선생님이 이해하신다면, 저는 선생님의 제안에 귀를 기울이겠습니다." 따라서 발을 잘못 들인 초청자는 루소가 내거는 조건에 맞춰 초청장을 새로 작성하는 쪽으로 유도됐다.[26] 이것은 루소가 사람들, 특히 자신보다 사회적 지위가 높았던 사람들을 설득하는 데 쓴 심리적 수법 중 하나로, 일상적으로 쓰는 "감사"라는 표현은 루소의 사전에는 들어 있지 않았다. 따라서 그는 그에게 성을 빌려 준 몽모랑시-뤽상부르 공작에게 이렇게 썼다. "공작님을 칭찬하지도, 공작님께 감사드리지도 않겠습니다. 하지만 공작님의 저택에 머물기는 하겠습니다. 사람마다 나름의 언어가 있는 법이지요. 저는 모든 것을 제 언어로 말해 왔습니다." 계략은 훌륭하게 먹혀들었고, 공작 부인은 사과조의 답장을 썼다. "선생님이 저희에게 감사드릴 일이 아니죠. 선생님께 빚을 지고 있는 사람은 공작님과 저랍니다."[27]

그런데 루소는 상냥하고 낙천적이면서도 어린아이처럼 유치한 이기주의자가 될 채비는 돼 있지 않았다. 그는 그러기에는 너무 복잡하고 흥미로운 사람이었다. 냉정하고 빈틈없는 그의 타산적 삶에는 지독한 편집증적 요소가 자리 잡고 있었으므로, 그는 자기중심적인 기생적 상황에 손쉽게 안주할 수가 없었다. 그는 가깝게 지내던 사람들, 특히 그와 친구가 됐던 거의 모든 사람과 격렬하게, 그리고 보통은 끝없이 다툼을 벌였다. 이런 다툼에 관한 고통스럽고 반복적인 이야기를 연구해 보면, 그가 정신적으로 문제가 있는 사람이라는 결론에 도달하지 않을 수 없었다. 위대하고 독창적인 천재성과 보조를 맞춘 그의 정신 질환은 루소에게나 다른 사람들에게나 아주 위험했다. 자신이 절대적으로 옳다는 확신은 그의 정신 질환의 으뜸가는 징후였다. 루소가 별 재능이 없는 사람이었다면 그런 질환은 스스로 치유가 됐거나, 최소한 사소한 개인적 비극으로 끝났을 것이다. 그러나 작가로서의 그의 놀라운 재능은 그에게 추종자와 명성, 심지어는 대중적 인기까지 안겨주었다. 이것은 그 자신은 항상 옳다는 신념이 주관적인 판단이 아니라— 물론 그의 적들과는 별개인— 세상이 내린 객관적 판단이라는 증거였다.

이 적들은 항상 예전의 친구이거나 후원자였다. (루소가 관계를 단절한 직후에 행한 추론에 따르면) 그들은 친목의 가면을 쓰고 루소를 착취하고 파괴해 왔다. 사심 없는 우정이라는 개념은 그에게는 낯선 것이었다. 그리고 그가 남들보다 우월한 존재이기 때문에, 또 충동 같은 감정을 느낄 수가 없었기 때문에, 남들은 더욱 더 그의 감정을 느낄 수 없었다. 따라서 "친구들" 모두의 행위를 처음부터 면밀히 분석한 그는 친구들이 실수하는 순간 그들의 음모를 알아차렸다. 그는 굉장히 신세를 많이 진 디드로와 다퉜다. 그를 가장 따스하게 대했던 후원자인 데피네 부인과는 특히 잔인하고 고통스럽게 결별했다. 볼테르와 싸우는 것은 그리 어려운 일이 아니었다. 그는 데이비드 흄과도 싸웠다. 흄은 루소를 문학적 순교자로 평가하고 영국으로 데려가 영웅으로 환영받게 해 주었고, 그의 방문이 성공할 수 있도록 최선을 다하는 것으로 루소를 행복하게 만들어 준 사람이었다. 소소한 다툼들은 수십 건이 있는데, 예를 들자면 친구인 제네바 사람 트롱솅 박사와 다툰 것을 들 수 있다. 루소는 장문의 항의 편지를 쓰는 것으로 자신의 주요한 싸움들을 기록했다. 이들 문건은 그의 가장 뛰어난 작품에 속한다. 편지의 수신인이 괴물이라는 것을 증명하기 위해 그는 뛰어난 상상력을 발휘해서 증거를 교묘하게 꾸며대고, 역사를 재집필하며, 사건의 발생 연대를 뒤섞었다. 이런 점에서 이들 편지는 범죄 수사 기법이 낳은 기적 같은 작품들이라 할 수 있다. 그가 1766년 7월 10일 흄에게 쓴 편지는 2절지 18페이지에 달한다(인쇄하면 25페이지에 이른다). 흄의 전기 작가는 이 편지를 "미치광이가 보여 주는 완벽한 논리적 일관성을 통해, 앞뒤가 딱딱 맞아떨어진다. 이 편지는 제정신이 아닌 머리에서 나온 문건 중에 제일 뛰어나며 매혹적인 작품 중 하나로 남아 있다"고 묘사했다.[28]

　　루소는 자신에게 애정을 보이는 척하는 사람들의 악의에 찬 행동 하나하나가 개별적이 아니라 서로 연관된 행동 패턴이라고 믿게 됐다. 그들 모두는 그를 좌절시키고 괴롭히려는, 심지어는 그를 파괴하고 그의 작품에 손상을 끼치려는 장기적 음모의 하수인이었다. 자신의 삶을 회고해 본 루소는 음모의 발단이 베르셀리 백작 부인의 하인으로 일하던 열여섯 살 때까지 거슬러 올라간다는 결론을 내렸다. "나는 이때부터 비밀 집단의 악의에 찬 장난 때문에 고통을 받았다고 믿는다. 이후로 그들은 내 일에 훼방을 놨고, 그로 인해 나는 명백히 그런 장난의 책임자인 사회 질서를 혐오할 수밖에 없었다." 다른 작가들에 비해 루소는 프랑스 당국으로부터 오히려 좋은 대우를 받았다. 그를 체포하려는 시도는 딱 한 번 있었는데, 최고 검열관 말제르브는 루소의 작품이 출판될 수 있도록 최선을 다해 도와줬다. 하지만 자신이 국제적 네트워크의 희생자라는 루소의 의심은 커져만 갔다. 영국 방문 중에는 특히 심했다. 그는 흄이 조수 수십 명의 도움을 받으면서 그런 음모를 주동하고 있다고 확신하게 됐다. 한 번은 영국의 대법관 캠든 경에게 자신의 목숨이 위험에 처해 있으니 자신을 나라 밖까지 호위할 군대를 보내달라고 요구하는 편지를 썼다. 그렇지만 대법관이 미치광이가 보낸 편지를 받는 것은 드문 일이 아니었고, 따라서 캠든은 아무런 조치도 취하지 않았다. 루소는 최종 출국 직전에 도버에서 히스테리성 행동을 보였다. 달음박

질로 배 위에 올라탄 그는 선실에 들어가 문을 걸어잠그더니, 풋말에 뛰어올라서는 대중을 상대로 음모에 가담한 테레즈가 그를 완력으로 영국에 붙들어 두려고 애를 쓰고 있다는 환상적인 연설을 했다.[29]

대륙으로 돌아온 그는 성직자, 일류 지식인, 평민, 여성, 스위스인 등 그에게 적대적인 각계각층의 사람들에 대한 불만을 열거한 포스터를 현관문에 붙였다. 그는 프랑스 외무장관 슈와젤 공작이 자신의 인생을 망치기 위해 국제적 음모의 네트워크를 조직했다고 믿었다. 그는 자신이 헌법을 기초해 줬던 코르시카를 프랑스가 점령한 일 같은 공적인 사건들을 자신의 무용담에 교묘하게 끼워 넣었다. 그런 루소가 슈와젤의 요청에 따라 폴란드 민족주의자들을 위해 코르시카 헌법과 비슷한 독립 폴란드 헌법을 기초하고, 1770년에 슈와젤이 실각했을 때 "또 다른 음흉한 술수"라며 화를 낸 것은 매우 이상한 일이다. 루소는 (자신을 진리와 정의에 동일시한 것을 제외하면) 그를 응징하기로 결심한 적들이 자신에게 가한 진짜 공격이 무엇인지를 결코 찾아낼 수 없었다. 그렇지만 "거대하고 상상할 수도 없는" 음모가 세밀하게 진행됐다는 것에는 의심의 여지가 없었다. "그들은 뚫을 수 없는 어둠의 세계를 내 주위에 구축할 것이다. 그들은 나를 관에 산 채로 넣어 파묻을 것이다……. 내가 여행을 떠나면 어디를 가든 나를 통제하기 위해 모든 것을 사전에 조율할 것이다. 행인과 마부, 여관 주인에게 지시가 내려질 것이다……. 내가 가는 길 어디에나 그런 공포가 퍼져 있어서, 내가 걸음을 내디딜 때마다, 내가 눈길을 던질 때마다 내 심장은 갈가리 찢어질 것이다." (1772년에 착수한) 후기 작품 『자신과의 대화』와 『고독한 산책자의 몽상』(1776)은 이런 피해망상을 반영한 작품이다. 『대화』의 집필을 완료한 그는 "그들"이 작품을 파괴하려 든다고 확신하게 됐다. 그는 1776년 2월 24일에 노트르담 대성당을 찾아갔다. 원고를 중앙 제단에 올려 놓아 안전하게 보관하려는 의도였다. 그런데 이상하게도 성가대로 난 문이 잠겨 있었다. 불길했다! 그래서 그는 미신에 사로잡힌 듯 여섯 개의 사본을 만들어 각기 다른 사람에게 맡겼다. 그중 한 부가 존슨 박사의 친구이자 작가인 리치필드의 브룩 부스비 양에게 넘겨졌는데, 그녀는 1780년에 이 원고를 처음으로 출판했다. 물론 그때 루소는 수천 명의 요원들이 여전히 그를 뒤쫓고 있다고 확신하면서 무덤에 들어가 있었다.[30]

이런 형태의 정신병에서 오는 심적 고통은 환자의 입장에서는 상당히 현실적인 것이다. 따라서 우리는 때때로 루소에게 연민을 느낀다. 불행하게도 그는 그렇게 잊혀져 버릴 수 없는 존재였다. 그는 역사상 가장 영향력이 큰 작가 중 한 사람이었다. 그는 스스로를 인류의 친구, 특히 진리와 덕행이라는 원리 원칙을 위해 싸우는 투사라고 소개했다. 세상은 예나 지금이나 그 말을 믿어왔다. 그러므로 진리의 전파자이자 덕행으로 똘똘 뭉친 인간인 그의 행동을 더욱 자세히 관찰할 필요가 있다. 우리가 발견한 것은 무엇인가? 진실이라는 이슈는 특히 의미가 있다. 루소가 세상에 가장 잘 알려진 것은 사후에 출판된 『고백록』 덕분이기 때문이다. 『고백록』은 개인의 내밀한 삶을 그대로 드러내는 자기 고백적 노작으로, 루소 이전에는 한 번도 시도된 적이 없었다. 이 책은 극도로 진실한 신종 자서전이었다. 10년 후(1791) 출판된 제임스 보즈웰이 쓴 존슨 박사의 전기가 극도로 정확한 신종 전기였던 것처럼 말이다.

루소는 『고백록』을 정확한 책이라고 단언했다. 1770~1771년 겨울에 루소는 사람이 미어터지는 살롱에서 식사를 위한 휴식 시간을 가져가며 열다섯 시간에서 열일곱 시간에 이르는 『고백록』 낭독회를 가졌다. 그가 피해자들에게 가한 공격은 너무나 가혹해서, 피해자 중 한 사람인 데피네 부인은 당국에 낭독회를 중단시켜 달라고 요청하기까지 했다. 루소는 낭독회 중단에 합의했지만, 마지막 낭독회에서 다음과 같은 말을 덧붙였다. "나는 진실만을 말했습니다. 만약 누군가 내가 한 얘기와 반대되는 사실을 알고 있다면, 그들이 그 사실을 수천 번 증명한다고 할지라도 그들은 거짓말쟁이이고 협잡꾼입니다……. 내 본성과 성격, 도덕성, 성향, 취미와 습관을 눈으로 직접 확인해 보고도 나를 부정직한 사람이라고 한다면, 그 사람이야말로 목 졸라 죽여 마땅합니다." 이 문장은 무거운 침묵을 낳았다.

　　루소는 뛰어난 기억력을 바탕으로 자신이 진실의 설파자임을 주장했다. 더욱 중요한 것은, 그가 자신의 성생활을 낱낱이 털어놓은 역사상 첫 번째 사람이 되면서, 자신의 진실성을 독자들에게 납득시켰다는 것이다. 성생활 고백은 거만한 마초 정신에 따라 이뤄진 것이 아니었다. 그와는 반대로 수치심과 거리낌 속에서 이뤄졌다. 그가 자신의 성적 경험의 "음침하고 추잡한 미로"를 지칭하면서 제대로 얘기했듯이, "제일 털어놓기 어려운 것은 죄악이 아니라, 우리를 바보처럼 느끼게 만들고 부끄럽게 만드는 것이다." 그런데 그의 거리낌은 얼마나 순수한 것이었을까? 젊은 시절에 그는 토리노에서 어두운 뒷골목을 배회하다가 여성들에게 아랫도리를 까보이곤 했다. "내가 여자들 눈앞에서 노출을 하면서 얻은 어리석은 쾌락은 뭐라 설명할 도리가 없다." 다른 면에서도 그랬듯, 루소는 성적인 면에서도 선천적인 노출증 환자로, 자신의 성생활을 털어놓으면서 재미를 느꼈던 것이 확실하다. 그는 일부러 못된 짓을 하고는 엄격한 사제의 여동생인 랑베르시에 양이 그의 맨 볼기를 때렸을 때 얼마나 즐거웠는지, 그리고 좀 더 연상인 그로통 양의 성질을 부추겨서 매를 맞을 때 얼마나 즐거웠는지를 묘사하면서 마조히즘 성향을 드러냈다. "건방진 마님들의 발치에 누워 마님들의 분부를 따르고 용서해 달라고 사정하는 것, 내게는 이런 것들이 달콤한 기쁨이었다."[31] 그리고는 10대 시절에 어떻게 자위를 했는지 털어놓았다. 그는 자위

행위를 옹호했는데, 그렇게 하면 젊은이들이 성병에 걸리지 않을 뿐 아니라, "수치심과 겁이 수반되기 일쑤인 이런 악덕은 생생한 상상력을 키우는 매력"이 있기 때문이었다. "소년들은 자위를 통해 모든 여성을 자신들의 뜻에 따라 지배할 수 있고, 미녀들의 동의를 구하지 않고도 자신의 쾌락에 이용할 수 있게 해 준다."[32] 그는 토리노의 여인숙에서 동성애자가 자신을 유혹하려 시도했던 일을 소개했다.[33] 그는 바랑스 부인의 몸을 그녀의 정원사와 함께 공유했었다고 인정했다. 그는 어떤 소녀와 사랑을 나누려다가 소녀의 한쪽 유방에 젖꼭지가 없다는 것을 발견하고는 사랑을 나눌 수 없었던 일을 묘사하면서, 그녀가 펄펄 뛰며 "여자들은 내버려 두고 수학이나 공부해"라면서 그를 내쫓았던 일을 기록했다. 그는 나이를 먹으면서 다시 자위를 하는 것이 활동적인 성생활을 하는 것보다 훨씬 편리했다고 고백했다. 연인인 바랑스 부인을 항상 "엄마"라고 불렀던 그는 섹스에 대한 자신의 태도가 본질적으로 유아적이라는 인상을 의식적·무의식적으로 풍겼다.

자신에게 불리한 이런 고백은 진실에 대한 루소의 태도에 신뢰성을 부여했다. 그는 도둑질과 거짓말, 비겁함과 직무 이탈 등 성적이지 않은 다른 수치스러운 사건들을 들먹이는 것으로 신뢰성을 강화했다. 그런데 여기에는 교활한 계략이 숨어 있었다. 그의 자기 고발은 이후 적들에 대한 고발에 훨씬 더 설득력을 부여했다. 디드로가 길길이 뛰면서 말했듯이, "그는 자신을 부정하게 묘사하는 것으로 남들에 대한 비방을 진실처럼 들리게 만들었다." 더군다나, 그는 솔직히 잘못을 인정한 후 갖가지 변명을 늘어놓았다. 그의 자기 고발은 결국 독자들이 그에게 공감하고 그의 솔직함을 칭찬하게 만들었다.[34] 반면 루소가 소개한 진실은 절반만 진실인 경우가 많았다. 그의 선택적 정직함은 어떤 면에서는 『고백록』과 그가 쓴 모든 편지에서 가장 솔직하지 못한 측면이다. 학술적으로 보면 그가 솔직하게 인정한 "사실들"

이 종종 부정확하고 왜곡됐거나 존재하지도 않았던 것으로 드러나곤 한다. 가끔은 루소 본인이 제시한 증거 사이에서도 이런 경향이 분명해진다. 『에 밀』과 『고백록』에서, 그는 동성애에 대해 사뭇 다른 두 가지 설명을 제시했 다. 그의 엄청난 기억력은 신화에 불과하다. 그는 아버지가 사망했을 때의 나이를 틀렸다. 아버지가 60대에 사망했다고 했지만, 사실은 75세였다. 초 년기의 가장 중요한 사건 중의 하나인 토리노의 여인숙에 머물 때의 일들은 사실상 거의 모두가 거짓이다. 『고백록』에 들어 있는 주장들 중 외부적 증거 의 지지를 받지 못하는 주장은 믿을 수 없다는 것이 서서히 드러났다. 루소 를 종합적으로 검토한 현대의 비평가 J. H. 호이징가는 진실하고 정직하다 는 『고백록』의 끈질긴 주장이 왜곡과 거짓을 양산해 내는 것은 특히 불명예 스러운 일이라고 말했는데, 이 의견에 동의하지 않을 수 없다. "더욱 세심하 게 읽으면 읽을수록, 더욱 깊이 파고들면 들수록, 이 책의 불명예는 점점 더 분명해진다."[35] 루소의 부정직성을 그토록 위험하게 만드는 것─옛 친구들 이 그의 창작물을 정말로 두려워하게 만든 것─은 루소의 주장에 구사된 극악무도한 수법과, 루소의 뛰어난 재능이었다. 루소에 대한 공명정대한 전 기를 썼던 크로커 박사의 말처럼, "(베네치아 사건 같은) 다툼에 대한 그의 설명 모두는 듣는 사람이 꼼짝 못할 만큼 설득력 있고 호소력 있으며 정직하 다는 인상을 풍긴다. 그렇기 때문에 그런 사실들은 충격으로 다가온다."[36]

루소가 진실을 위해 헌신했다는 주장은 꽤나 많은 검증을 거쳤다. 그 렇다면 그가 착한 사람이었다는 주장은 어떨까? 우리들 가운데에도 꼼꼼하 고 정밀한 도덕적 검증을 거치면, 잘못이 없는 사람은 거의 없을 것이다. 따 라서 루소의 삶을 수천 명의 학자가 철저히 파헤치고 도덕적 판단의 잣대 를 들이미는 것은 비열한 일일지도 모른다. 그러나 그의 주장과 윤리학과 사회적 실천에 대한 그의 영향력을 감안하면 별다른 대안이 없다. 루소의 말에 따르자면, 그는 사랑하기 위해 태어난 사람이고, 그 어떤 성직자보다도 더 고집스럽게 사랑의 교리를 가르친 사람이다. 그렇다면 그는 천성적으로 타고난 사랑을 가장 가까이 있는 사람들에게 얼마나 잘 베풀었을까? 어머니의 사망으로 인해, 그는 태어날 때부터 정상적인 가정생활을 영위할 수 없었다. 그는 어머니를 조금도 몰랐기 때문에, 어머니에 대해 아무런 감정도 느끼지 못했다. 그런데 그는 다른 식구들에게도, 관심은 가졌을지 몰라도 아무런 애정도 보이지 않았다. 아버지는 그에게는 없는 것과 마찬가지인 존재였고, 아버지의 사망은 유산 상속의 기회였을 뿐이었다. 오랫동안 실종된 형에 대한 루소의 관심은 아버지의 사망 시점에 되살아났다. 형이 죽었다는 것을 증명하면 집안의 재산은 모두 그가 차지할 수 있었으니까. 루소는 가족을 돈의 관점에서 바라봤다.『고백록』에서 그는 " 내 명백한 모순중 하나는 야비할 정도의 탐욕과 돈에 대한 끝없는 경멸의 조합"[37]이라고 묘사했다. 생전에 그가 돈을 경멸했다는 증거는 그리 많지 않다. 그는 법원의 편지를 받는 모습을 묘사하면서, 법원이 유산 상속 문제를 그에게 유리하도록 판결했을 때 초인적인 의지를 발휘해서 편지의 개봉을 이튿날까지 미뤘다고 적었다. 그리고는 "나는 일부러 천천히 편지를 개봉하고는 안에 든 우편환을 들여다봤다. 그와 동시에 나는 엄청난 쾌감을 느꼈지만, 그중에서도 제일 훌륭했던 것은 나 자신을 이겨냈다는 사실에서 비롯된 쾌감이었다고 맹세한다."[38]

친족에 대한 태도가 이랬다면, 사실상 그의 양어머니라 할 바랑스 부인은 어떻게 대했을까? "비열했다"가 그 대답이다. 그녀는 극빈 상태에 놓인 루소를 최소한 4번은 구해 줬다. 그런데 훗날 그가 성공하고 그녀가 궁핍해졌을 때, 그는 그녀에게 거의 아무것도 해주지 않았다. 루소 본인의 설명에 따르면, 그는 1740년대에 유산을 상속했을 때 그녀에게 "약소한" 돈을 보냈지만, 그녀를 둘러싼 "건달들"이 뜯어갈지도 모른다는 단순한 이유 때문에 더 많은 돈을 보내는 것을 거부했다.³⁹ 이것은 핑계였다. 훗날 그녀는 루소의 도움을 간절히 바랐지만 반응은 없었다. 그녀는 말년의 2년을 침대에 누워서 보냈는데, 그녀가 1761년에 사망한 것은 영양실조 탓이었던 것 같다. 두 사람 모두를 알고 지냈던 카르메트 백작은 루소가 "그의 관대한 후원자로부터 받은 것의 극히 일부도 되돌려주지 않았다"고 강하게 비난했다. 그래서 루소는『고백록』에서 그녀를 "제일가는 여성이자 어머니"라고 추켜세우면서 그녀와 관련된 문제에 대해서는 극단적인 아첨으로 대처했다. 그는 자기가 그녀에게 편지를 쓰지 않은 것은 그가 처한 곤경에 대한 설명으로 그녀를 괴롭히고 싶지 않아서였다고 주장했다. 그는 이렇게 끝맺었다. "가세요, 당신께서 베푼 자비의 결과로 열린 과일을 맛보시고, 언젠가는 당신의 옆자리에 앉기를 바라는 당신께서 거둔 아이를 위해 자리를 마련해 놓으세요! 당신께서 겪는 역경에도 행복해하세요. 천국은 역경을 끝내면서 당신을 위한 멋진 장관을 준비해 놓을 테니까요." 루소는 그녀의 죽음을 순전히 이기적인 맥락에서 다뤘다.

　　루소는 지독히 이기적인 조건 없이도 여성을 사랑할 수 있었을까? 루소 본인의 설명에 의하면, "내 평생 처음이자 단 하나의 사랑"은 후원자 데피네 부인의 올케이자 두드토 백작 부인인 소피였다. 루소는 그녀를 사랑했을지도 모른다. 그러나 그는 편지가 출판될 경우 그녀뿐 아니라 자신이 입어야 할지도 모를 피해를 미연에 방지하기 위해 그녀에게 연애편지 보내는 것을 "조심했다"고 말했다. 1745년에 그가 연인으로 삼았던 스물세 살의 세탁부 테레즈 르바쇠르는 그가 죽을 때까지 33년을 곁에 머물렀다. 루소는 그녀에 대해 자신은 "그녀에게 눈곱만치라도 사랑을 느낀 적이 없었다……. 내가 그녀에게서 충족시킨 육체적 욕구는 순전히 성적인 욕망으로, 그녀 개인과는 아무런 관련도 없다"고 말했다. 그는 "그녀를 결코 떠나지 않겠지만 결코 결혼하지도 않겠다고 그녀에게 말했다"고 썼다. 4반세기 후, 몇 명의 친구들 앞에서 그녀와 가짜 결혼식을 치른 그는 이 결혼식을 허영 가득한 연설을 하는 기회로 삼았다. 그는 후세 사람들이 자신의 동상을 세울 것이며 "그때가 되면 장 자크 루소의 친구였다는 것이 공허한 영예가 되지 않을 것"이라고 공언했다.

그는 테레즈를 천하고 무식한 계집종이라고 멸시하는 한편, 그녀와 사귀는 자기 자신도 멸시했다. 그는 테레즈의 어머니를 욕심쟁이라고 했으며, 그녀의 오빠가 자신의 고급셔츠 42벌을 훔쳤다고 비난했다(그녀의 가족이 루소가 그려내듯 못된 사람들이었다는 증거는 없다). 그는 테레즈가 까막눈일 뿐 아니라 시계도 읽을 줄 몰랐고, 오늘이 몇 월 며칠인지도 모른다고 말했다. 그는 그녀를 데리고 외출한 적이 한 번도 없었고, 사람을 초청해서 저녁을 먹을 경우 그녀가 같은 식탁에 앉는 것을 허락하지 않았다. 그녀는 요리를 날랐고 그는 "그녀의 희생 덕에 흥청거렸다." 그는 몽모랑시-뤽상부르 공작 부인을 즐겁게 해주기 위해 테레즈가 예법을 어긴 사례들을 모아 카탈로그로 편집했다. 그녀에 대한 당시 사람들의 의견은 양분된다. 어떤 이들은 그녀를 심술궂은 수다쟁이로 여겼다. 수많은 루소 연구가들은 루소의 야비한 행동을 정당화하기 위해 그녀를 부정적으로 묘사했다. 그렇지만 그녀를 열성적으로 옹호하는 사람들도 있다.[40]

루소를 공정하게 다루기 위해 소개하자면, 루소 역시 그녀를 "천사 같은 심성", "자애롭고 정숙한", "뛰어난 카운슬러", "경박한 구석은 없는 소박한 아가씨"라고 칭찬하기도 했다. 그는 그녀가 "겁 많고 순종적인" 사람이라는 것을 알게 됐다. 루소가 그녀를 속속들이 이해했는지는 알 수 없는데, 그가 그녀를 자세히 관찰하기에는 너무나 자기중심적인 사람이기 때문이다. 그녀에 대한 가장 신뢰할 만한 묘사는 1764년에 루소를 다섯 차례 방문했고, 나중에는 테레즈와 영국까지 동행했던 제임스 보즈웰이 제공한 것이다.[41] 그녀가 "조그맣고 활기차며 말쑥한 프랑스 여자"라는 것을 알게 된 보즈웰은 루소에게 더 가까이 접근하기 위해 그녀를 뇌물로 유혹해 루소가 그녀에게 썼던 편지 두 통을 입수했다(그중 한 통이 남아 있다).[42] 그 편지는 루소가 상냥한 남자이며, 두 사람의 관계가 친밀했다는 것을 보여 줬다. 그녀는 보즈웰에게 말했다. "저는 루소 씨와 22년을 함께 살았어요. 저는 프랑스 여왕 자리를 준대도 제 자리를 포기하지 않을 거예요." 한편, 보즈웰은 테레즈의 동반자가 됐을 때 아무런 어려움 없이 그녀를 유혹했다. 보즈웰의 유작 관리인은 이 추문에 대한 보즈웰의 매우 상세한 설명을 친필 일기에서 잘라버리고는, 그 여백에 "비난받을 만한 구절"이라고 표시했다. 하지만 그에 대한 설명은 보즈웰이 도버에서 기록한 글에 남아 있다. "어제 아침 상륙하기 직전에 아주 일찌감치 그녀의 침대에 가서는 한 번 했다. 모두 열세 번이다." 보즈웰의 글을 보면 그녀가 대부분의 사람들이 생각하는 것보다 훨씬 세속적인 사람이라는 것을 알 수 있다. 그녀는 대부분 루소에게 헌신적이었지만, 그녀를 이용하는 루소의 행동을 겪으면서 그녀도 루소를 이용해야 한다는 것을 배우게 됐다는 것이 진실인 듯하다. 루소의 가장 따스한 애정은 동물들을 향한 것이었다. 보즈웰은 루소가 이름이 "술탄"인 개와 고양이와 어울려 노는 즐거운 장면을 기록했다. 루소는 술탄(과 그보다 앞서 기르던 투르크)에게 인간에게는 베풀 수 없었던 애정을 베풀었다. 루소는 런던까지 데려갔던 이 개가 짖는 바람에 개릭이 그를 위해 드루리 레인에서 개최했던 특별 자선 공연에 들어가지 못할 뻔하기도 했다.[43]

루소는 테레즈를 데리고 살았을 뿐 아니라 소중히 여기기까지 했다. 예를 들어, 그녀는 그의 어려움을 덜어주기 위해 도뇨관을 조작한다든지 하는, 동물이 해 줄 수 없는 일들을 할 수 있었기 때문이다. 그는 그녀와의 관계에 제3자가 개입하는 것을 참아내지 못했다. 출판업자가 그녀에게 드레스를 보냈을 때 그는 펄쩍 뛰었다. 그는 그녀에게 연금을 제공하는 계획을 일언지하에 거부했다. 그렇게 되면 그녀가 그에게서 독립할지도 모르기 때문이었다. 그 무엇보다도 루소는 그녀에 대한 자신의 권리를 침해하게 될 아이들을 허용하지 않으려 했고, 이것은 그의 최악의 죄악으로 이어졌다. 루소가 얻은 명성의 큰 부분은 아이들의 양육에 관한 이론—교육을 더 많이 해야 한다는 것은 『학문과 예술론』, 『에밀』, 『사회 계약론』, 심지어는 『신엘로이즈』의 기저에 깔린 주제였다—에서 비롯됐다. 그렇기 때문에, 그가 글로 쓴 것과는 정반대로 실생활에서는 아이들에게 거의 관심을 갖지 않았다는 것은 기이한 일이다. 그가 자기 이론을 입증하기 위해 어떤 식으로든 아이들을 연구했다는 증거는 하나도 없다. 그는 아이들과 어울려 노는 것을 자신보다 더 즐거워할 사람은 아무도 없을 것이라고 주장했지만, 우리가 알고 있는 일화는 그에게는 고무적인 편이 못된다. 화가 들라크루아는 튈르리 정원에서 루소를 봤던 사람들이 들려준 이야기를 『일기』(1824년 5월 31일)에 적었다. "어떤 아이가 던진 공이 철학자의 다리에 맞았다. 그는 불같이 화를 내고는 지팡이를 들고 아이를 쫓아갔다."[44] 그는 성격상 훌륭한 아버지가 될 수 없었을 것이다. 그렇더라도 루소가 그의 친자식들에게 한 행동은 욕지거리가 날 정도로 충격적이다.

1746~1747년 겨울에 테레즈는 첫 아이를 낳았다. 아이의 성별은 모른다. 아이는 이름도 얻지 못했다. (루소의 얘기로는) 그는 "세상에서 제일 힘들게" 테레즈를 설득했다. "그녀의 명예를 지키기 위해" 아이를 내다버려야만 한다는 것이었다. 그녀는 "한숨을 쉬며 순종했다." 아이의 옷에 숫자를 적은 카드를 넣은 루소는 산파에게 고아원에 갖다버리라고 지시했다. 그

가 테레즈에게서 얻은 네 명의 다른 아이도 정확하게 같은 방식으로 처분됐다. 맏아이 때처럼 숫자카드를 집어 넣는 수고조차도 하지 않았다는 것만 달랐다. 어느 아이도 이름을 얻지 못했다. 그 아이들이 오래 살았을 성싶지는 않다. 1746년 『메르퀴르드 프랑스』에 게재된 고아원의 역사를 보면, 1년에 3,000명 이상의 버려진 아이들이 이 기관을 가득 메웠다. 루소 본인의 기록에 따르면, 총계는 1758년에 5,082명으로 치솟았다. 1772년 무렵에는 거의 8,000명에 달했다. 아이들의 3분의 2는 도착한 첫 해에 사망했다. 평균적으로 14%가 7세까지 살아남았고, 5%가 성인으로 자랐는데 그중 대부분은 걸인이나 부랑자가 됐다.[45] 루소는 아이 다섯 명의 생년월일도 기록하지 않았고, 그 아이들이 어떻게 됐는지에 대해 관심을 갖지도 않았다. 1761년에 딱 한 번, 테레즈가 죽어가고 있을 때 마지못해서 맏아이의 행방을 찾으려고 숫자를 적은 카드를 활용해 보기는 했지만, 그마저도 오래 가지는 않았다.

루소는 자신이 한 짓을 철저한 비밀로 감춰둘 수가 없었다. 다양한 계기로, 예를 들어 1751년과 1761년에 그는 사적인 편지에서 어쩔 수 없이 스스로를 옹호해야만 했다. 1764년에 자신을 무신론자라며 공격하는 루소에게 분노한 볼테르는 제네바의 성직자로 가장하여 익명으로 『시민의 감정』이라는 책을 출판했다. 아이 다섯 명을 내다 버렸다며 루소를 공개적으로 고발한 이 책자는 루소가 매독 환자이자 살인자라고 주장했다. 그런데 대중은 이런 혐의에 대한 루소의 부인을 받아들였다. 그렇지만 루소는 이 사건을 놓고 심사숙고했고, 결국 이 사건은 본질적으로 이미 대중적으로 알려진 사실들을 반박하거나 변명하기 위해 구상한 『고백록』을 쓰기로 결심한 한 가지 이유가 됐다. 『고백록』에서 그는 아이들과 관련한 일에 대해 스스로를 두 차례 옹호했다. 그리고 『몽상』과 여러 통의 편지에서도 변명을 거듭했다. 종합해 보면, 공적·사적으로 자신을 정당화하려는 루소의 노력은 25년 동안 꽤나 다양한 형태로 광범위하게 나타났다. 그런데 루소의 변명은 상황을 악화시켰다. 변명을 하는 과정에서 잔인성과 이기주의가 위선과 뒤섞여 버렸기 때문이다.[46] 우선, 그는 천진난만한 자신을 꼬드겨서 자신의 머릿속에 고아원이라는 아이디어를 집어넣었던 사악한 무신론자 지식인 집단을 비난했다. 그리고는 아이를 갖는 것은 "불편하다"고 밝혔다. 그는 아이를 키울 여유가 없었다. "집안일과 아이가 내는 소음으로 내 다락방이 가득 차 있는 상황에서, 어떻게 내가 일을 하는 데 필수적인 마음의 평온을 얻을 수 있겠는가?" 그는 치사하지만 저열한 일들, 그리고 "정당화할 수 있는 공포로 나를 가득 채우는 그 모든 수치스러운 일들에" 굴복해야만 했다. "그 어떤 아버지도 내가 아이들에게 해 줄 수 있을 만큼 자애롭지는 않을 것임을 나는 너무나 잘 알고 있다." 그러나 그는 자식들이 테레즈의 어머니와 만나는 것을 원치 않았다. "내 자식들을 천한 집안에 맡겨야 한다는 생각에 정말 걱정스러웠다." 잔인성 문제에 대해서는, 루소처럼 도덕성이 뛰어난 사람이 어떻게 그런 죄를 지을 수 있겠는가? "위인과 참된 인간, 아름다운 인간과 정의로운 인간에 대한 내 불타는 사랑, 온갖 종류의 악덕에 대한 나의 공포, 타인을 증오하거나 해를 끼치는 일을 하지 못하는, 아니 심지어는 그런 생각조차 하지 못하는 내 철저한 무능력, 고결하고 관대하며 온화한 것을 볼 때마다 느끼는 달콤하고 활기에 찬 감정. 나는 묻는다. 이런 내가 어떻게 일말의 양심의 가책도 없이, 달콤하기 그지없는 책무를 짓밟아버릴 수 있겠는가? 불가능하다! 나는 그것이 불가능하다고 느끼면서 소리 높여 주장한다! 장 자크는 평생 동안 단 한 순간도 감정이 없는 인간, 동정심이 없는 인간, 또는 극악무도한 아버지였던 적이 없었다."

스스로의 선량함을 가정한 루소는 한 걸음 더 나아가 자신의 행위를 긍정적인 관점에서 옹호해야만 했다. 이 지점에서 루소는 우연히 자신의 개인적 문제와 그의 정치 철학 양쪽의 핵심으로 들어간다. 루소가 자식을 버린 행위를 강조하는 것은 그것이 그의 비인간성을 보여 주는 가장 강렬한 단일 사건일 뿐 아니라, 정치와 국가의 역할에 대한 그의 이론을 낳은 유기적 과정의 일부라는 점에서 적절한 일이다. 루소는 스스로를 버려진 아이로 여겼다. 넓게 보면 그는 결코 어른이 되지 못했다. 평생토록 그는 누군가에게 의존하는 어린아이였다. 바랑스 부인은 어머니였고, 테레즈는 유모였다. 『고백록』의 많은 구절들, 그리고 그의 편지에 있는 더 많은 구절들은 그의 유아적인 측면을 적나라하게 보여 준다. 그를 상대했던 많은 사람들―예를 들어 흄―은 그를 어린아이로 봤다. 그들은 처음에는 그를 주무르기 쉬운 순진한 어린애로 생각하다가 일을 당하고 난 다음에야 자신들이 영악하고 무지막지한 비행 소년을 상대하고 있다는 것을 깨달았다. 루소가 (어느 정도는) 스스로를 어린애로 느꼈기 때문에, 그가 자식들을 키울 수 없다는 것은 논리적으로 당연한 귀결이었다. 무엇인가가 그의 역할을 넘겨받아야만 했다. 그리고 그 무엇은 고아원의 형태를 띤 국가였다.

따라서 그는 자신이 한 짓은 "훌륭하고 지각 있는 일"이었다고 주장했다. 그것은 플라톤이 지지했던 것과 정확히 일치했다. 아이들은 "고상하게 기르지 않는 편이 훨씬 낫다. 고상하게 자란 아이들은 더 난폭해지기 때문이다." 그는 "나는 그런 아이들처럼 길러지고 양육됐으면 하고 바랐고, 지금도 여전히 바라고 있다"고 썼다. "내가 그와 같은 행운을 누릴 수만 있었다면." 짧게 말해, 그는 책임을 국가에 전가시키는 것으로 "나는 내가 시민이자 아버지로서의 행위를 하고 있다고 생각하며 스스로를 플라톤의 공화국의 일원으로 본다."

루소는 자식들에게 했던 행동에 대해 골똘히 생각한 끝에 『에밀』에서 주창한 교육 이론의 형성에 이르렀다고 주장했다. 그의 심사숙고는 같은 해에 출판된 『사회 계약론』의 구상에도 도움을 주었다. 특정 사건에 대한 개인적인 자기정당화 과정—그가 처음부터 잔혹한 행동이라는 것을 알고 있었던 행동들에 대한 성급하고 엉성한 변명들—이 반복되고, 이것이 자기존중의 강화로 인해 진심에서 우러난 확신으로 굳어졌다가, 점차 교육이야말로 사회와 윤리 도덕의 발전의 열쇠이며 그렇기 때문에 국가의 관심사가 돼야 한다는 명제로 발전해 갔다. 국가는 (고아원에서 루소의 자식들에게 했던 것처럼) 아이들뿐 아니라 성인 시민들의 정신도 형성해 내야만 한다. 이처럼 악랄하고 기이한 도덕적 논리 체계에 의해, 루소가 어버이로서 저지른 죄악은 그의 이념적 창조물인 미래의 전체주의 국가로 이어졌다.

루소가 여러 가지 점에서 일관성 없고 모순적인 작가였기 때문에, 그의 정치사상을 둘러싼 갈등은 늘 있어 왔다. 루소 연구자의 수가 그토록 많은 이유 중 하나도 이 때문이다. 학자들은 "난제"를 해결하는 것을 보람으로 사는 사람들이다. 루소는 작품의 몇몇 구절에서는 혁명에 강하게 반대하는 보수주의자처럼 보인다. "군중이 행동에 나섰을 때의 위험성을 생각해 보라." "혁명을 일으킨 사람들은 항상 이전보다 더욱 무거운 사슬을 그들에게 짊어지게 할 선동가들에게 스스로를 넘겨주는 것으로 최후를 맞는다." "나는 무질서와 폭력과 유혈을 불러일으키는 혁명적 계획과는 조금도 관계를 맺지 않겠다." "인류 전체의 자유의 가치는 한 사람의 삶의 가치에 못 미친다." 그런데 그의 저작들에는 급진적이고 신랄한 구절들도 넘쳐난다. "나는 위인들을 증오한다. 그들의 신분, 무자비함, 편견, 저열함과 그 모든 악덕들을 증오한다." 그는 어느 상류층 부인에게 이렇게 썼다. "내 자식들의 빵을 빼앗아간 것은 부유층, 즉 부인이 속한 계급입니다." 그리고 그는 "부자와 성공한 자들의 부와 행복이 나의 희생 위에서 이뤄진 것처럼 느껴져 그 사람들에게 적개심을 느낀다"고 인정했다. 부자는 "일단 사람 고기를 맛본

다음부터는 다른 먹이를 거부하는 굶주린 늑대들"이었다. 특히 젊은 독자를 매료시킨 그의 많은 강력한 금언金言은 급진적인 분위기를 풍긴다. "대지의 과실은 우리 모두의 소유물이지만, 대지는 그 누구의 소유물도 아니다." "자유롭게 태어난 인간은 어디에서나 사슬에 묶여 있다." 『백과전서』의 "정치 경제학" 항목에 써넣은 루소의 정치적 입장은 지배 계급에 대한 그의 태도를 종합한다. "내가 부자이고 당신은 가난하기 때문에, 당신은 나를 필요로 한다. 우리, 합의를 하자. 나는 당신이 나에게 명예롭게 봉사할 수 있도록 허락하겠다. 당신이 곤란할 때를 대비해서 남겨 놓은 것을 모조리 나에게 건네준다면, 나는 당신에게 명령을 내릴 것이다."

그런데 루소가 만들고 싶어 했던 국가의 본성을 일단 이해하면, 그의 관점은 일관성이 있다. 그는 기존 사회를 완전히 평등한 사회로 대체하고 싶어 했다. 그러나 그 후 혁명에 따르는 무질서는 허용될 수 없다. 사회 질서를 유지하는 권력으로서의 부유층과 특권층은, 사회 구성원 모두가 복종하기로 동의한 일반의지의 구현체인 국가에 의해 대체될 것이다. 그런 복종은 본능적이고 자발적인 것이다. 국가는 체계적인 문화 공학의 과정을 통해 모든 이에게 선을 주입할 것이기 때문이다. 국가는 아버지이며, 시민 모두는 온정적인 고아원의 원생들이었다(따라서 루소의 궤변을 꿰뚫어 본 존슨 박사는 "애국심은 불한당의 마지막 도피처"라고 말했다). 루소의 친자식들과 달리, 시민·아이들은 자유로운 계약에 따라 들어간 국가·고아원에 복종하기로 동의한다. 그들은 집단 의지를 통해 국가·고아원에 정통성을 부여한다. 그 후 그들은 구속감을 느낄 권리를 갖지 못한다. 그들은 법을 필요로 했고, 자신들이 스스로에게 부과한 의무를 사랑해야 하기 때문이다.[47]

루소가 일반의지를 자유의 관점에서 기술하기는 했지만, 본질적으로 그것은 권위주의적 수단이자, 레닌의 "민주적 중앙 집권제"를 예고한 것이었다. 일반의지 아래서 만들어진 법률은 도덕적 권위를 가져야만 한다. "법률을 제정하는 사람들은 불공평할 수가 없다." "일반 의지는 항상 옳다." 더군다나 국가를 "의도가 훌륭한" (즉 장기적 목표가 바람직한) 조직으로 가정하면, 일반 의지를 해석하는 역할을 지도자들에게 안전하게 맡길 수 있다. "그들은 일반 의지가 항상 대중의 이익에 부합되는 의사 결정을 선호한다는 것을 잘 알고 있기 때문이다." 따라서 일반 의지와 배치되는 입장을 가진 개인은 틀렸다. "내 의견과 반대되는 의견이 우세할 때는 내가 틀렸으며, 내가 일반의지라고 판단한 것이 사실은 일반의지가 아니었다는 것을 증명한다." 정말이지 "내 견해가 승리했더라도, 나는 내 의지와는 반대되는 것을 성취했어야 하고, 따라서 나는 자유롭지 않았던 셈이 된다." 이 대목에서 우리는 아서 케스틀러의 『정오의 어둠』이나 조지 오웰의 "집권 세력의 기만술"과 같은 소름끼치는 현상을 볼 수 있다.

　루소의 국가는 권위주의적인 데서 그치는 것이 아니라, 전체주의적이기까지 하다. 국가가 사상을 포함한 인간의 모든 활동을 명령하기 때문이다. 사회 계약하에서 개인은 "그의 모든 권리를 포함한 자기 자신을 공동체 전체(즉, 국가)에 양도"해야만 한다. 루소는 인간의 선천적 이기심과 사회적 의무 사이에, 그리고 자연인과 시민 사이에 해소할 수 없는 갈등이 있다고 주장했다. 그리고 그 갈등은 인간을 괴롭혔다. 사회 계약, 그리고 그로부터 탄생한 국가의 기능은 인간을 다시금 총체적인 존재로 만드는 것이다. "인간을 단일체로 만들어라. 그러면 여러분은 그를 최대한도로 행복하게 만들 것이다. 그의 전부를 국가에 헌납하라. 아니면 그를 온전히 그 자신으로 남겨둬라. 그런데 여러분이 그의 마음을 쪼개 버리면, 여러분은 그를 두 동강 내버리는 것이다." 그러므로 우리는 시민을 아이처럼 대하고, "그들의 마음 밑바닥에 사회법"을 심으면서 그들의 양육 과정과 사고를 통제해야만 한다. 그러면 그들은 "선천적으로 사회적 인간이 되고, 기질적으로 시민이 된다. 그들은 단일한 존재가 될 것이다. 그들은 착해질 것이다. 그들은 행복해질 것이다. 그리고 그들의 행복은 공화국의 행복이 될 것이다."

이 과정은 총체적 복종을 요구했다. 그가 기안한 코르시카 헌법에 담긴 사회 계약 서약은 다음과 같다. "나는 나 자신과 육체와 재산과 의지와 나의 모든 권력을 코르시카 국가에 바치며, 나 자신과 나에게 의지하는 모든 이들에 대한 국가의 소유권을 인정한다."[48] 따라서 국가는 "국민과 그들의 모든 권력을 소유"할 것이고, 국민의 경제적·사회적 삶의 모든 영역을 스파르타식으로, 검소한 생활방식으로, 반도시적으로 통제할 것이며, 사람들은 특별허가를 받은 경우를 제외하고는 도시에 들어오지 못하게 될 것이다. 루소가 코르시카를 위해 계획했던 국가는 많은 점에서 폴 포트 정권이 캄보디아에 실제로 세우려고 노력했던 국가를 예견했다. 파리에서 교육받은 정권의 지도층이 루소의 사상을 통째로 받아들였다는 것은 그리 놀랄 일이 아니다. 물론, 루소는 국민들이 국가를 좋아하도록 교육을 받아왔기 때문에 그런 국가는 만족스러울 것이라고 진지하게 믿었다. 그는 "세뇌"라는 단어는 쓰지 않았지만, 이렇게 말했다. "사람의 의견을 통제하는 자는 사람의 행동을 통제한다." 그런 통제는 시민을 어렸을 때부터 국가의 자식으로 대하고, "국가 조직과의 관계를 통해서만 그들 자신을 고려"해 보도록 훈련시키는 과정을 통해 확립된다. "국가에 의하지 않고는 아무것도 아닌 존재가 됨으로써, 그들은 국가를 위하지 않고는 아무것도 아닌 존재가 될 것이다. 국가는 그들이 가진 모든 것을 가질 것이고, 그들의 존재 전체가 될 것이다." 이 구절은 무솔리니의 중앙 집권적 파시즘을 다시 한 번 예견한다. "모든 것이 국가 안에 있고, 국가밖에는 아무것도 없으며, 아무것도 국가에 반하지 않는다." 따라서 교육 과정은 국가를 훌륭하고 성공적으로 만드는 데 필요한 문화 공학의 성공으로 가는 열쇠다. 루소의 사상의 축은 어린이로서의 시민과 부모로서의 국가였다. 그는 정부가 모든 어린이의 양육을 처음부터 끝까지 책임져야 한다고 주장했다. 따라서—그리고 이것이야말로 루소의 사상이 야기한 진정한 혁명이다 —그는 입법자가 곧 교육자가 되고 이들이 신인류를 창조하여 모든 인간적 문제를 해결해야 한다고 생각했다. 그는 "본질적으로 모든 일이 정치에 의지한다"고 썼다. 덕행은 훌륭한 정부의 산물이다. "평범한 인간이 가진 악덕은 서투르게 통치받는 인간에 비해 적다." 정치적 과정과 그로 인해 태어난 새로운 종류의 국가는 인류가 가진 모든 병폐의 만병통치약이었다.[49] 정치는 모든 일을 해낼 것이다. 따라서 루소는 20세기가 겪었던 주요한 망상과 어리석음의 청사진을 준비한 셈이다.

생전의 루소의 명성과 사후의 영향력은 속기 쉬운 인간의 본성, 그리고 받아들이고 싶지 않은 증거를 기각하는 인간의 성향에 대해 심각한 의문을 제기한다. 루소가 한 주장을 사람들이 받아들인 것은, 자신이 고결한 사람에서 그치는 정도가 아니라 그가 살았던 시대에서 가장 고결한 사람이라고 끈질기게 주장했기 때문이다. 그의 약점과 악덕이 대중적으로 알려졌을 뿐 아니라 국제적인 논쟁의 주제가 됐을 때에도, 그의 주장이 조롱거리나 불명예스러운 것으로 전락하지 않은 이유는 무엇인가? 그를 맹렬히 공박했던 사람들은 이방인이나 정치적 반대자가 아니라, 루소를 돕기 위해 헌신했던 예전의 친구나 동료였다. 그들의 고발은 진지했고, 집단적 고발의 목소리는 압도적이었다. 한때 루소를 "점잖고, 겸손하고, 자애로우며, 사심이 없고, 더할 나위 없이 감수성이 예민하다"고 생각했던 흄은 폭넓은 경험을 통해 루소를 "자신을 우주에서 하나밖에 없는 중요한 존재로 바라보는 괴물"이라고 판단했다. 디드로는 루소를 오랫동안 사귄 후 "기만적이고, 사탄처럼 허영심이 강하며, 배은망덕하고, 잔인하고, 위선적이며, 악의로 똘똘 뭉친 사람"이라고 요약했다. 그림이 보기에 루소는 "불쾌하고 끔찍했다." 볼테르에게 루소는 "허영심과 비열함의 괴물"이었다. 루소에게 내려진 판결 중에서도 가장 슬픈 것은 그를 도와줬던 마음씨 고운 데피네 부인과 그녀의 순진한 남편에게서 나온 것이다. 남편이 루소에게 던진 마지막 말은 "자네에게는 동정심밖에는 느껴지지 않는군"이었다. 이런 판결들은 한 인간의 말이 아니라 행동에서 기인한 것이었다. 이후 200년이 넘는 시간 동안 학자들이 밝혀낸 수많은 증거는 이런 판결을 냉정하게 입증해 왔다. 현대의 어느 학자는 루소의 단점을 다음과 같이 정리했다. 루소는 "마조히스트, 노출증 환자, 신경쇠약 환자, 우울증 환자, 자위행위 중독자, 방랑 충동의 영향을 받은 잠재적 동성애자, 정상적인 애정과 부성애를 갖지 못한 사람, 편집증 초기 환자, 죄의식이 가득하고 병리학적으로 소심하며 질병으로 인해 반사회적인 행동을 한 내성적인 자아도취증 환자, 예민하고 욕심 많은 도벽 환자, 유치증 환자였다."⁵⁰

이런 고발과 그것을 뒷받침하는 광범위한 증거의 제시도, 루소에게 지적·정서적으로 매료된 사람들이 그와 그의 저작을 숭배하는 태도에는 거의 영향을 끼치지 못했다. 생전에 아무리 많은 우정이 깨졌어도 루소는 그에게 저택과 성찬과 그가 갈망하던 존경을 제공할 새로운 우정을 맺고, 참신한 추종자와 제자와 고관 귀족을 충원하는 데 조금의 어려움도 겪지 않았다. 사망한 그는 에르메농빌 호숫가의 푀플리에 섬에 묻혔는데, 얼마 안 돼 이곳은 중세 시대의 성인을 모신 성당처럼 유럽 전역의 남녀가 순례를 오는 장소가 됐다. 이 헌신적인 순례자들이 벌인 일을 읽어 보면 유쾌해진다. "나는 무릎을 꿇었다……. 무덤의 차가운 돌에 입술을 찍었다……. 그리고 거듭 키스를 했다."⁵¹ 루소가 사용했던 담배쌈지와 담배단지 같은 유품들은 알려진 대로 "성역"에 조심스럽게 보존됐다. 어떤 사람은 에라스무스와 존 콜레트가 1512년에 캔터베리에 있는 성 토마스 베케트 성당을 방문했던 것을 떠올리면서 넘쳐나는 순례자들을 비웃었다. 종교 개혁이 순례 행위를 종식시킨 지 300년이나 지난 후에, 순례자들이 (조르주 상드가 경건하게 불렀듯) "성 루소"에게서 찾아낸 것은 무엇일까? 루소의 유해가 팡테옹으로 이장된 후에도 박수갈채는 오랫동안 이어졌다. 칸트에게 루소는 "천하에 따라올 사람이 없을 정도로 완벽한 섬세한 영혼의 소유자"였다. 셸리에게 루소는 "고귀한 천재"였다. 실러에게 루소는 "천국의 천사들만이 친구가 될 수 있는 그리스도 같은 영혼"이었다. 존 스튜어트 밀과 조지 엘리엇, 위고와 플로베르는 루소를 깊이 존경했다. 톨스토이는 루소와 복음서가 "내 인생에 가장 크고 건강한 영향을 끼친 두 가지"라고 말했다. 우리 시대 가장 영향력 있는 지식인 중 한 사람인 클로드 레비스트로스는 주요 저서 『슬픈 열대』에서 "우리의 스승이자 우리의 형제……. 이 책의 모든 페이지는 그에게 바친 것과 마찬가지다. 그의 위대한 명성에 누가 되지 않았으면 한다"면서 루소를 찬양했다.[52]

루소에 대한 도무지 이해가 되지 않는 이런 평가는 지식인도 일반인과 마찬가지로 불합리하고 비논리적이며 어리석고 미신에 사로잡혀 있다는 것을 보여준다. 루소는 천재적인 작가였지만, 그의 인생과 가치관 모두는 치명적일 정도로 불안정했다. 루소를 가장 잘 요약한 사람은 그가 자신의 유일한 사랑이라고 밝혔던 소피 두드토였다. 대단히 장수해서 1813년까지 생존해 있던 그녀는 이런 평결을 내렸다. "그는 겁이 날 정도로 못생겼어요. 그에 대한 사랑조차도 그를 매력적으로 만들어 주지는 못했어요. 그렇지만 그는 딱한 사람이었고, 나는 그를 상냥하고 친절하게 대했어요. 그는 흥미로운 미치광이였어요."[53]

1811년 6월 24일, 영국 귀족 가문의 19세 되는 후계자가 서식스의 젊은 여교사에게 편지를 썼다. "저는 귀족도 아니고 어떤 특별한 지배 계층도 아닙니다. 착한 일을 한 인간이 그 결과로 감히 자연과 이성과 조화롭게 살아갈 수 있게 될 날을 열렬히 갈망하는 사람입니다."1 이것은 루소의 주장 그대로이지만, 이 글을 쓴 시인 퍼시 비시 셸리Percy Bysshe Shelley(1792~1822)는 지식인과 문인이 인류를 인도하는 문제에 관한 주장에서 루소보다 몇 발짝 더 나아갔다. 셸리는 루소처럼 사회가 완전히 타락했으며 반드시 변혁돼야 한다고 믿었다. 그리고 개화된 사람은 앞서의 원칙을 바탕으로 스스로의 지성을 통해 사회를 재건할 도덕적 권리와 의무를 가진다고 믿었다. 그런데 그는 지식인, 특히 ─그가 보기에 지식인 공동체의 지도자인─ 시인은 이 과정에서 특권적 지위를 점한다고도 주장했다. 사실상 "시인은 세상의 승인을 받지 않은 법률 제정자다."

셸리는 1821년에 쓴 1만 자 정도의 에세이 「시의 옹호」에서 동료 지식인들을 대신하여 이런 공격적인 주장을 제기했다. 「시의 옹호」는 사회적 목적으로 쓰인 문학 작품 중에서 유사 이래 가장 영향력이 큰 성명서가 됐다.[2] 셸리는 시는 글재주의 산물이지만 단순한 오락물 이상의 것이라고 주장했다. 시는 모든 종류의 글 중에서 가장 중요한 목적을 가지고 있다. 시는 예언이고 법이며 지식이다. 사회의 진보는 도덕적 감성이 사회를 인도했을 때만 성취 가능한 것이다. 도덕적 감성을 제공했어야만 하는 교회는 명백히 과업 달성에 실패했다. 과학은 그런 감성을 제공할 수 없다. 합리주의만으로는 도덕적 목적을 달성할 수 없었다. 과학과 합리주의가 윤리학의 가면을 썼을 때, 그들은 프랑스 혁명의 공포나 나폴레옹 독재와 같은 윤리적 재앙을 낳는다. 오직 시만이 윤리의 진공 상태를 메울 수 있고, 사회의 진보에 진정한 창조적 에너지를 보탤 수 있다. 시는 "천 가지의 이해하기 힘든 사고가 조합된 결과물들을 저장할 용기가 되게 함으로써 인간의 마음을 각성시키고 확장시킨다. 시는 세계의 감춰진 아름다움 위에 드리워진 베일을 걷어올린다." "도덕의 가장 큰 비밀은 사랑이다. 또는 우리 본연의 천성에서 벗어나는 것, 우리 자신의 것이 아닌 생각과 행동, 그리고 인간 내면에 존재하는 아름다운 것들과 우리 자신을 일체화하는 것이다." 시는 이기주의와 물질적 타산에 맞서 싸우며, 공동체 정신을 장려한다. "지선至善한 존재가 되려는 사람은 집약적이고 포괄적인 상상력을 발휘해야만 한다. 다른 많은 사람에 대해 역지사지의 심정을 품어야만 한다. 인류의 고통과 즐거움은 그 자신의 고통과 즐거움이 돼야만 한다. 상상력은 도덕적 선이 사용하는 위대한 도구다. 그리고 시는 대의에 따라 행동하면서 그런 결과에 공헌한다." 시의 공로는 문명의 도덕적 진보를 추진해 나가는 것이다. 사실상, 시와 인간의 손으로 구현한 상상력과 자연적 환경 아래에서의 자유는 모든 문명과 윤리를 떠받치는 삼각대를 형성한다. 사회를 철저히 재건하기 위해서는 상상력 넘치는 시가 필요하다. "우리는 우리가 아는 것을 상상하기 위해 창조적 재능을 원한다. 우리는 우리가 상상하는 것을 행하기 위해 강력한 추진력을 원한다. 우리는 생기 넘치는 시를 원한다." 셸리는 시가 세상을 지배해야 한다는 주장을 제기한 데서만 그치지 않았다. 그는 역사상 처음으로, 19세기 사회의 중요한 특징이 돼 버린 물질 만능주의를 근본적으로 비판하는 데까지 나아갔다. "돈이라는 가시적인 실체로 구체화되는 자아의 행동 규범과 시는 세계의 신이며 재물욕의 신이다."[3]

셸리는 자신의 시에서는 그가 설교한 바를 확실히 실천했다. 그는 위대한 시인이었다. 그리고 그의 시는 다양한 수준에서 이해하고 즐길 수 있다. 그러나 셸리 본인이 의도했던 가장 심오한 수준에서, 그의 시는 본질적으로 도덕적이고 정치적이다. 그는 영국 시인 중에서 가장 철저하게 정치에 젖어든 인물이다. 그의 중요한 시 모두와 상당한 편수의 단시短詩는 대중에게 다양한 사회적 행위를 할 것을 요구하는 메시지를 담고 있다. 그의 작품 중 제일 긴 「이슬람의 반란」(5,000행 정도)은 압제와 봉기, 자유를 다룬다. 착한 영혼을 다루려 한 「지적인 아름다움에 대한 찬가」는 전체 인류의 자유와 평등을 구체적으로 표현하면서, 기존의 악에 대한 선의 승리를 찬양한다. 「사슬에서 풀린 프로메테우스」는 또 하나의 성공적인 혁명과 신화적 인물의 승리에 대한 이야기를 들려주는데, 그 신화적 인물은 (마르크스를 비롯한 다른 사람들과 마찬가지로) 인류를 지상 낙원으로 이끄는 지식인을 셸리가 상징화한 존재다. 조지 4세를 공격한 「폭군 스웰풋」과 조지 4세의 내각을 공격한 「무정부 상태의 가면극」처럼, 「첸치 일가」는 학정에 맞선 반란이라는 주제를 되풀이한다. 힘이 넘치기는 하지만 평범한 소네트인 「오지만디어스」에서 셸리는 독재국가를 징벌하는 이를 찬미한다. 서정적인 「유지니언 언덕에서 쓴 시행」에서 셸리는 세상을 에워싼 학정의 고리를 언급하면서, 그의 진정한 유토피아에서 그와 함께하자며 독자들을 초대한다.[4] 「서풍의 노래」는 그의 정치적 메시지를 퍼뜨리면서 "나의 죽은 생각들을 우주 너머로 몰아내고", 그렇게 해서는 "새로운 탄생을 자극하고", "내 말을 전체 인류에게 흩뿌린다!"는 목적 아래 독자에게 보내는 또 다른 탄원서다. 사람들에게 목소리를 들려주고 메시지를 퍼뜨리는 데 어려움을 겪는 시인을 다룬 「종달새에 부쳐」도 같은 맥락의 작품이다. 자기 작품이 그다지 널리 알려지지 못했다는 사실에 평생토록 실망을 금치 못한 셸리는 자신의 정치적이고 도덕적인 주장들을 사회에 침투시키는 데 목숨을 걸었다. 그의 가장 열정적인 시 2편이 그의 목소리가 폭넓게 유포되고, 사람들이 그 목소리를 마음에 담아 두기를 바라는 탄원서였다는 것은 전혀 우연이 아니다. 요약하자면, 예술가로서의 셸리는 몹시 이타적인 인물이었다. 자기 자신의 개인적 만족을 위한 작품을 셸리처럼 적게 쓴 시인도 드물다.

그렇다면 인간 셸리는 어땠을까? 그의 둘째 아내이자 과부가 된 메리 셸리의 관점이 최근까지만 해도 일반적인 것으로 알려졌다. 셸리는 유별나게 순수하고 순진했으며, 천상의 영혼의 소유자였다. 교활함이나 악함을 몰랐고, 정치인과는 거리가 멀면서도 예술과 동료에게는 헌신적이었다. 매우 지적이며 지나치리만큼 감수성이 풍부한 어린아이 같은 사람이었다. 이 관점은 가냘프고 창백하고 연약하며, 20대에 들어선 후에도 한창때의 소년 같은 면모를 유지하고 있었다는 몇몇 동시대인의 묘사에 의해 더욱 힘을 얻었다. 루소가 막을 연 자유분방한 의상의 유행은 낭만주의 지식인의 2세대와 3세대까지도 지속됐다. 바이런은 레반트식이나 동양풍 의상을 걸치는 것을 즐기는 데서 그치지 않았다. 그는 유럽풍 옷을 입을 때에도 자신에게 어울린다 싶으면 헐렁하게 입는 스타일을 유행시켰다. 그는 세련된 스카프를 벗어던지고, 셔츠의 목을 열어젖혔으며, 심지어는 코트는 벗은 채로 셔츠만 입고 다녔다. 키츠처럼 서민적인 시인들도 불편한 관습을 향한 이런 당당한 경멸을 모방했다. 셸리 역시 유행을 받아들였지만, 그 나름의 솜씨를 가미했다. 그는 학생들이 입는 재킷과 모자를 좋아했다. 이런 의상은 종종 그에게는 너무 작았지만, 약간 멍청해 보이면서도 귀여운 이 이미지는 그가 사람들에게 심어 주고 싶어 했던 소년풍의 자연스러움과 활기를 발산했다. 끈을 풀고 단추를 끄른 바이런을 좋아했던 여성들은 셸리의 이런 의상을 특히 좋아했다. 셸리의 의상은 강렬하면서도 지속적인, 그러면서도 신화적인 셸리의 이미지를 구축하는 데 도움을 줬는데, 그런 이미지는 "허공에서 반짝거리는 날개를 헛되이 날갯짓하는, 아름답지만 무력한 천사"라는 매튜 아널드의 유명한 셸리 묘사에서도 매끄러운 대리석 같은 형태로 발견된다. 이 묘사는 바이런에 대한 아널드의 에세이에 들어 있는데, 아널드는 "비현실적이라는 치유 불가능한 결점"을 가진 셸리의 시보다 바이런의 시가 훨씬 진지하고 중량감이 있다고 봤다. 한편 인간적인 면에서 셸리는 "아름답고 매혹적인 영혼"이었고 "바이런보다 훨씬 뛰어났다."[5] 모든 점에서 이보다 더 잘못된 판단을 하기도 어려울 것이다. 아널드의 평가는 그가 두 사람을 거의 알지 못하고, 셸리의 작품을 주의 깊게 읽어 보지 않았다는 것을 보여 준다. 그런데 셸리의 성격에 대한 아널드의 판단은 기이하게도 바이런과 크게 다르지 않다. 바이런은 셸리에 대해 다음과 같이 썼다. "내가 아는 가장 훌륭한 사람이며 가장 이기적이지 않은 사람이다. 셸리와 비교해 볼 때 야수 같다는 평가를 면할 만한 사람을 나는 알지 못한다." 또는 "내가 알기에 그는 가장 덜 이기적이고 제일 온화한 사람이다. 그는 내가 들어 본 그 어떤 사람보다도 남을 위해 더 많은 재산과 감정을 희생한 사람이다."[6] 이들 논평은 바이런의 머릿속에 셸리의 비극적 최후에 대한 기억이 생생하던 시기에 나온 것이다. 망자에 대해서는 좋은 것만 이야기 하는 의례적인 논평인 것이다. 더군다나 셸리에 대한 바이런의 지식 대부분은 셸리 자신이 바이런에게 들려준 이야기에 기초했다. 그런데 바이런은 세상물정에 밝은 사람이었다. 그는 허튼소리에 대한 예리한 재판관이었고 엄격한 집행관이었다. 따라서 셸리에게서 받은 인상에 대한 바이런의 증언은 그와 동시대를 살았던 관대한 보헤미안들에게 진중하게 받아들여졌다.

그러나 진실은 근본적으로 달랐고, (나처럼) 시인 셸리를 존경했던 사람들은 한결같이 몹시 혼란스러워했다. 진실은 다양한 자료로부터 드러났는데, 가장 중요한 자료 중 하나는 셸리가 직접 쓴 편지들이었다.7 편지들은 셸리가 자신의 이상을 추구하는 데 있어서는 놀랄 만큼 성실했지만, 그것을 방해하는 사람에게는 무자비하고 잔혹하게 대했다는 것을 보여 준다. 루소처럼 셸리는 보편적인 인류는 사랑했지만 주변의 개개인에게는 잔인한 경우가 잦았다. 그는 맹렬한 사랑으로 불타올랐지만 그 사랑은 관념적인 불꽃일 뿐이었고, 그 화염에 가까이 다가선 사람들은 시꺼멓게 그을리기 일쑤였다. 인류에게 사상을 제시한 그의 인생은 사상이 얼마나 냉혹해질 수 있는지를 보여 주는 증거물이다.

셸리는 1792년 8월 4일에 서식스의 호스햄 인근에 있는 필드 플레이스의 으리으리한 조지아풍 저택에서 태어났다. 많은 지도적 지식인들과는 달리 그는 외아들은 아니었다. 하지만 그는 외아들에 상당한 재산과 작위의 상속자인 데다가, 그보다 두 살에서 아홉 살까지 어린 여동생 넷을 둔 맏아들이라는, 여러 가지 면에서 훨씬 타락하기 쉬운 신분을 점하고 있었다. 18세기 말에 이런 신분이 어떤 의미를 갖는지를 요즘 사람들에게 전달하기는 어렵다. 셸리의 부모에게 셸리는 창조주 같은 존재였다. 여동생들에게는 더더욱 그랬다.

셸리 가문은 유서 깊은 가문의 분파로, 가문의 뿌리는 지역의 거대 지주인 노포크 공작으로 이어졌다. 이 가문의 상당한 재력은 1대 준남작인 셸리의 할아버지 비시 경이 근래에 이룬 것으로, 뉴저지의 뉴왁에서 태어난 그는 신세계의 모험가이자 거칠고 완고하며 에너지가 넘치는 사람이었다. 셸리의 추진력과 냉혹성은 할아버지로부터 물려받았다. 그와 반대로 1815년에 작위를 계승한 셸리의 아버지 티머시 경은 얌전하고 유순한 사람이다. 그는 수년 동안 쇼어햄 하원의원을 역임하면서 정치적 입장을 온건한 자유주의에서 중도 보수주의로 천천히 바꿔 가며 직무를 충실히 수행했기 때문에 싫은 소리는 듣지 않았다.[8]

셸리는 아들을 애지중지하는 부모와 오빠를 숭배하는 여동생들에 둘러싸인 채로 가문의 영지에서 목가적인 유년기를 보냈다. 셸리는 어렸을 때부터 자연과 자연 과학에 열정을 보였다. 그는 화학 실험을 했고, 평생의 취미로 남은 열기구도 실험했다. 그는 열두 살이던 1804년에 이튼에 진학했고, 이후 6년간 그곳에 다녔다. 그는 공부를 열심히 했던 것 같다. 그는 라틴어와 그리스어를 유창하게 구사하게 됐고, 평생토록 간직한 고대 문학에 대한 폭넓은 지식을 이튼에서 습득했다. 심오한 책과 소설을 항상 열정적이고 빠르게 읽어치운 그는 당대 시인 중에서는 콜리지 다음으로 독서량이 많았다. 셸리는 신동이었다. 열여섯 살이던 1809년, 이튼의 시간제 교사이자 아마추어 과학자이며 급진주의자였던 전 왕실 주치의 제임스 린드 박사가 당대의 핵심적인 좌파 문헌이던 윌리엄 고드윈의 『정치적 정의』를 셸리에게 소개했다.[9] 악마 연구에도 관심이 있던 린드는 마술과 신비주의에 대한 셸리의 열정을 자극했다. 셸리의 열정은 제인 오스틴이 『노생거 대성당』으로 빼어나게 조롱한 당시 유행하던 고딕 소설뿐 아니라, 일루미나티를 비롯한 현실 세계의 다른 혁명적 비밀 조직의 활동에까지 미쳤다.

일루미나티는 독일 잉골슈타트대학의 아담 바이스하우프트에 의해 순리주의 계몽 운동을 수호하는 조직으로 결성됐다. (바이스하우프트의 주장에 따르면) 그들의 목표는 "지구상에서 왕족과 국가가 평화적으로 사라지고, 인류가 한 가족이 되며 세상에 이성적인 사람만 남게 될 때"[10]까지 세상을 계몽하는 것이었다. 이것은 어느 정도는 셸리의 영원한 목표가 됐다. 그러나 셸리는 일루미나티에 적대적인 조직들이 출판한 공격적 선전물, 예를 들어 일루미나티뿐 아니라 프리메이슨, 장미십자회, 유대인까지 공격해서 큰 물의를 일으킨 아베 바루엘의 『자코뱅주의의 역사에 대한 설명적 회고록』(런던, 1797~1798)같이 특히 선동적이고 극단적인 소책자도 함께 받아들였다. 셸리는 혐오감을 주는 이 책에 수년 동안 매료되었으며 친구들에게 추천하기도 했다(그의 둘째 아내 메리는 1818년에『프랑켄슈타인』을 집필할 때 이 책을 활용했다). 그때부터, 이 책은 셸리의 마음속에서 그가 읽었던 많은 고딕 소설과 뒤섞였다. 따라서 정치를 향한 셸리의 접근 방식은 10대 시절부터 비밀 조직에 대한 애호와, 아베와 그의 추종자들이 설교한 역사의 음모 이론 모두에 물들어 있었다. 셸리는 그런 색채를 결코 떨쳐 버릴 수 없었다. 그 때문에 영국의 정치 현실을 이해할 수도 없었고, 셸리 자신이 악독함의 구체적 실체라고만 여겼던 리버풀이나 캐슬레이 같은 정치인들의 행동 동기도 이해할 수 없었다.[11] 셸리의 초창기 정치 활동은 급진적 작가 리 헌트에게 "자유의 적들의 연합체"에 저항하기 위해 "개화되고 편견 없는 회원들"로 구성된 비밀 조직을 결성하자고 제안한 것이었다.[12] 사실 셸리의 지인들 상당수는 셸리의 정치관을 문학적인 농담이며, 고딕 로맨스를 현실 세계에 투영한 것에 불과한 것으로 봤다. 토머스 러브 피콕은 소설 『악몽 수도원』(1818)에서 비밀 조직 마니아를 비꼬면서, 셸리를 등장인물 스키스롭으로 그려냈다. 스키스롭은 "이제 세상을 개혁하겠다는 열정으로 인해 고통을 받게 됐다. 그는 허공에 많은 성을 짓고, 그가 계획한 인류의 재생을 위한 가상적 구성 요소인 비밀 법정과 일루미나티 일당을 그 성에 거주시켰다." 셸리 본인도 그 자신의 이런 경박한 유토피아주의에 부분적인 책임이 있었다. 친구 토머스 제퍼슨 호그에 따르면, 셸리는 귀를 기울이려고 하는 사람이면 누구에게나 『무시무시한 미스터리들』이라는 책을 "미칠 듯이 기뻐 날뛰면서" 큰 소리로 읽어 주겠다고 고집했을 뿐 아니라, 고딕 소설 두 편을 직접 쓰기까지 했다. 하나는 이튼에서 보낸 마지막 학기에 출판된 『자스트로치』이고, 다른 하나는 엘리자베스 바렛 브라우닝이 "기숙사 학교가 낳은 어리석은 작품"이라고 내던진 『성 어바인 또는 장미십자회원』으로 옥스퍼드 첫 학기에 쓴 작품이었다.[13]

따라서 학교에 다닐 때부터 명성 또는 악명이 자자했던 셸리는 "이튼의 무신론자"로 알려졌다. 훗날 그가 자기 가족들을 냉혹하게 비난했다는 것을 염두에 두어야 한다. 할아버지와 아버지는 시를 포함한 셸리의 어렸을 적 집필 활동을 억누르지 않았고 오히려 독려하면서 출판 비용을 대 줬다. 셸리의 여동생 헬렌에 의하면 노년의 비시 경은 셸리가 학창 시절에 쓴 시의 출판 비용을 지불했다. 옥스퍼드에 진학하기 직전인 1810년 9월, 비시 경은 다시 셸리의 책 『빅터와 카지르의 독창적인 시』의 1,500부의 출판 비용을 대 줬다.[14] 셸리가 옥스퍼드에 진학한 가을에 아버지 티머시는 일급 서점인 슬래터스에 아들을 데려가서는 말했다. "여기 내 아들은 문학에 재능이 있소. 이 아이는 이미 작가인데, 책에 미친 듯이 파묻혀 지내고 싶어 한다오." 티머시는 파르테논을 소재로 한 공모전에 출품할 시를 쓰도록 격려하면서 셸리에게 관련 문헌을 보내기도 했다.[15] 티머시는 셸리의 열정을 청년기의 격정적 활동이라고 본 작품으로부터 진지한 문학 쪽으로 이끌어가기를 원했다. 티머시가 아들의 집필 활동에 돈을 대 준 것은 명확한 조건하에서 비롯된 것이었다. 셸리가 친구들에게 자신의 반종교적인 세계관을 표명하는 것은 괜찮지만, 그런 작품을 출판해서 대학 경력을 엉망으로 만들어 버려서는 안 될 일이었다.

남아 있는 편지들이 보여 주듯, 셸리가 아버지의 뜻에 따르기로 동의했다는 데는 의심의 여지가 없다.[16] 그러나 그는 가장 파렴치하고 철저하게 약속을 깨뜨렸다. 옥스퍼드대학 1학년이던 1811년 3월, 셸리는 자신의 종교관에 대한 공격적인 팸플릿을 썼다. 로크와 흄으로부터 직접 추론해 낸 그의 주장은 새롭거나 특별히 과격한 것도 아니었다. 셸리는 관념은 감각으로부터 비롯되고, "신"은 감각-인상으로 추론해 낼 수 없다. 그러므로 믿음은 자발적인 행위가 아니며, 믿음이 없는 것은 죄가 될 수 없다고 썼다. 셸리는 이토록 밋밋한 궤변에 『무신론의 필연성』이라는 선동적인 제목을 붙여 인쇄한 후, 옥스퍼드의 서점에 갖다 놓고는 사본을 모든 주교와 대학 학장에게 발송했다. 간단히 말해, 그는 일부러 도발을 감행해서는 그가 예상했던 반응을 대학 당국으로부터 정확히 얻어냈다. 그는 퇴학당했다. 티머시 셸리는 당황했다. 아들에게서 그런 짓을 전혀 하지 않겠다는 내용의 편지를 받은 적이 있기 때문에 더욱 그랬다. 런던의 호텔에서 부자간의 고통스러운 만남이 있었다. 아버지는 아들에게 최소한 좀 더 나이가 들 때까지만이라도 사상을 포기하라고 사정했다. 아들은 가족의 정신적 평온함보다 자신의 사상이 더욱 소중하다고 주장했고, 아버지는 "꾸짖다가, 울먹이다가, 욕설을 퍼붓다가는 다시 눈물을 흘렸다." 셸리는 "귀신 들린 사람처럼 큰소리로 웃으면서" 폭소를 터뜨렸다. 그는 "의자에서 스르르 미끄러져 내려가더니 마룻바닥에 큰대자로 누워 버렸다."[17] 셸리는 아버지로부터 1년에 용돈 200파운드를 받는다는 협상을 이끌어냈다. (1811년 8월에) 여동생 엘리자베스의 학교 친구인 열여섯 살의 해리엇 웨스트브룩과 결혼했다는 폭탄 선언이 뒤를 이었다.

이후로 그와 가족 간의 관계는 무너져 버렸다. 셸리는 처음에는 어머니를, 다음에는 여동생을 자기편으로 끌어들이려고 애를 썼지만 실패했다. 셸리는 친구에게 보내는 편지에서 가족 전체를 "먹고 마시고 잠자는 것 외에는 지구상에서 다른 목표라고는 없는 것처럼 보이는 냉정하고 이기적이며 타산적인 짐승들"이라고 비난했다.[18] 그가 여러 가족에게 각기 보낸 편지들은 내용이 괴상하다. 돈을 뜯어내고자 할 때는 교활하게 허풍을 떨고, 다른 때에는 잔혹하고 격렬하며 위협적이다. 아버지에게 보낸 편지는 위선적인 애원에서 시작해서 참기 힘든 겸손이 뒤섞인 욕설로 넘어간다. 1811년 8월 30일자 편지에서 그는 사정을 했다. "내가 곤궁에 처했을 때 도와줄 것이라 확실히 믿으며 기댈 수 있는 사람은 다른 누구도 아닌 아버지라는 것을 잘 압니다……. 아버지께서는 어린 아들의 잘못을 자애롭게 용서해 주셨습니다." 10월 12일 무렵에는 경멸적으로 변했다. "이 사회는 아버지를 편견과 울화로 인해 오도되기 쉬운 다른 사람들처럼 가장으로 만들어 버렸어요. 고백하건대 정신적으로 최고 수준이 아닌 사람들이 자신들의 오만 때문에 저지른 실수조차도 높이 평가하는 것은 자연스러운 일이에요." 사흘 후, 그는 티머시를 "비겁하고, 비열하며, 경멸할 만한 박해 수단"이라고 몰아세웠다. "아버지는 나를 악의적이고 상스럽게 대했어요. 내가 무신론자라고 쫓겨났을 때, 아버지는 내가 스페인에서 죽어 버렸으면 하고 바랐죠. 누가 죽었으면 하고 바라는 것도 범죄나 마찬가지예요. 영국법이 살인자에게 벌을 내리고 겁쟁이가 사회적 비난 때문에 움츠러드는 것은 나를 위해서는 다행한 일이에요. 아버지를 만날 첫 기회를 포착하겠어요. 아버지가 내 이름을 듣지 않을 거라면, 내가 내 이름을 떠들겠어요. 나를 부상을 입히는 것만으로도 생명을 앗을 수 있는 곤충이라고 생각하지 말아요. 나한테 돈만 충분하면 아버지를 런던에서 만나서 아버지 귀에다가 비시, 비시, 비시, 네네, 비시 하고는 아버지 귀가 먹을 때까지 큰소리로 외쳐 줄 수 있을 텐데요." 이 편지에는 서명이 돼 있지 않다.[19]

어머니에게는 더욱 잔인했다. 여동생 엘리자베스가 셸리의 친구인 에드워드 퍼거스 그레이엄과 약혼을 하게 됐다. 어머니는 둘의 결합을 승낙했지만, 셸리는 아니었다. 10월 22일, 셸리는 어머니가 그레이엄과 바람을 피우고 그것을 은폐하기 위해 엘리자베스와 결혼시키려 한다고 비난하는 편지를 어머니에게 썼다.[20] 이 끔찍한 편지와 관련한 사실적 근거는 하나도 없다. 그런데도 그는 같은 날 엘리자베스에게 그 내용에 대한 편지를 쓰고는 그 편지를 아버지에게 보여 줄 것을 요구했다. 다른 수신자들에게는 어머니의 "비천함"과 타락상을 언급했다.[21] 결과적으로 가문의 변호사인 윌리엄 휘튼이 개입해서 셸리가 가족들에게 보내는 편지를 일일이 개봉하고 처리했다. 인정 많은 휘튼은 부자간의 분쟁을 잠재우려 노력했지만, 셸리의 거만함 때문에 사태에서 완전히 소외되는 결과를 맞고 말았다. 휘튼이 셸리가 어머니에게 보낸 편지가 "예의 바르지 않다"(상황에 대한 유순한 표현이다)고 불만을 제기하는 편지를 보내자, 셸리는 편지를 반송했다. 편지 위에는 "미스터 P. 셸리는 윌리엄 휘튼의 편지를 침착하게 숙독하고는 편지를 반송하는 것이 정당한 일이라고 인식하게 됐습니다. 미스터 S.는 미스터 W.에게 신사를 대하려면 (그런 기회는 그리 자주 벌어지지 않겠지만) 사적인 편지를 개봉하는 일을 그만둘 것을 명령합니다. 그렇지 않으면 그런 무례는 멸시에 대한 응징을 초래할지도 모릅니다"[22]라는 글이 휘갈겨져 있었다.

가족들은 셸리의 난폭함을 두려워한 듯하다. 티머시 셸리는 휘튼에게 쓴 편지에서 이렇게 말했다. "그 애가 서식스에 머무른다면 나는 집 주위에 특수 경찰을 배치해야 할 겁니다. 그 애는 그 애 엄마와 여동생들을 지나치게 겁먹게 만들어서, 이제는 개 짖는 소리만 들려도 계단 위로 달아날 지경입니다. 그 애는 1년에 200파운드라는 말밖에는 하지 않습니다." 집시처럼 떠돌며 살아가고 있는 셸리가 나이 어린 여동생 한두 명을 끌어들이려 할지도 모른다는 두려움도 있었다. 1811년 12월 13일자 편지에서 셸리는 필드플레이스의 사냥꾼에게 헬렌에게 편지("기억해, 헬렌, 나는 너를 잊지 않을거야")를 몰래 전해 달라고 부탁했다. 열두 살밖에 안 된 헬렌에게 보낸 편지는 너무나 음흉해서 부모의 심장을 얼어붙게 만들었다.[23] 그는 어린애 티를 벗지 못한 여동생 메리도 포섭하려고 안달이었다. 오래지 않아 고드윈의 무리에 합류한 셸리는 고드윈이 페미니스트 지도자 메리 윌스턴크래프트와의 사이에서 얻은 자유분방한 딸 메리와, 그녀보다 더 자유분방한 의붓동생 클레어 클레어먼트와 어울렸다. 셸리는 성인이 된 이후 젊은 여성들에게 둘러싸여 지내고 있었고, (적어도 이론적으로는) 그 집단의 남자들은 여성들을 공유하는 생활을 추구했다. 그가 보기에 여동생들은 그런 생활을 꾸리기 위한 자연스러운 후보였다. 특히 그는 부모가 지배하는 가정의 증오할 만한 물질 만능주의에서 여동생들이 "탈출"할 수 있도록 돕는 것이 자신의 도덕적 책무라고 여겼다. 그는 엘리자베스와 헬렌을 해크니의 기숙 학교에서 납치해 올 계획을 세우고는 메리와 클레어를 학교로 사전답사 보내기도 했다.[24] 다행히 아무 일도 벌어지지 않았다. 그런데 셸리는 근친상간의 선을 넘는 것을 겁내지는 않았던 듯하다. 그는 바이런처럼 근친상간에 매료됐다. 셸리는 바이런이 의붓동생 오거스터 리를 사랑했던 정도까지는 나아가지 않았다. 그렇지만 셸리의 장시 『이슬람의 반란』의 남녀 주인공 라온과 시쓰나는 출판업자가 반대하는 바람에 어쩔 수 없이 바이런의 『아비도스의 신부』의 셀림과 줄레이카의 관계처럼 바꿔 놓기 전까지는 남매였다.[25] 바이런처럼 셸리는 항상 자신이 정상적인 성생활로부터는 영원토록 면제된 사람이라고 생각했다.

　이런 생각으로 인해 셸리는 여자들과 어울려 살기가 힘들었다. 클레어 클레어먼트를 제외하면, 셸리의 여자들 중 한 사람이라도 성의 공유를 좋아했다는 증거도, 어떤 형태가 됐건 난잡한 집단 섹스를 좋아했다는 증거도 없다. 셸리에게는 불쾌한 일이었겠지만, 그들 모두는 (그의 가족들처럼) 정상적인 삶을 원했다. 그런데 셸리는 정상적인 삶을 살아갈 수가 없었다. 그는 모든 종류의 변화와 변동, 위험과 짜릿함을 살아가는 보람으로 여겼다. 불안정과 근심은 그의 작품을 위해 필수적이었다. 그는 어디를 가건 책이나 종이 꾸러미를 말아 쥐고 다니면서 그 위에다 시구를 쏟아냈다. 그는 빚쟁이들의 독촉에 쫓겨 하숙방이나 저택에서 도망 나오는 것으로 인생을 허비했다. 그렇지 않을 경우에는, 그의 주위를 서성거리는 고통스러운 개인적 드라마의 중심인물이 됐다. 그렇지만 그는 계속 일을 하고 작품을 썼다. 그의 독서량은 경이적이었다. 그는 꽤 많은 작품을 썼는데, 그중 대부분은 수준이 높았다. 그러나 그를 자극했던 생기 넘치는 생활 방식은 다른 사람들, 그중에서도 젊은 아내 해리엇에게는 비참한 삶이었다.

　해리엇은 예쁘고 단정하며 전통을 존중하는 중산층 여자로, 성공한 상인의 딸이었다. 하느님이나 다름없는 시인에게 홀딱 반한 그녀는 어쩔 줄을 몰라 하다가, 그와 사랑의 도주를 했다. 이후 그녀의 인생은 불행을 향해 냉혹하게 치달았다.[26] 셸리와 함께 불안하게 살았던 4년 동안, 그녀는 런던, 에든버러, 요크, 케스윅, 노스웨일스, 린머스, 다시 웨일스, 더블린, 런던과 템스 밸리를 전전했다. 셸리는 이들 고장 중 몇몇 곳에서 불법적인 정치 활동에 관여해서 해당 지역의 치안 판사와 경찰, 심지어는 중앙 정부의 주목을 받았고, 그 고장 모두에서 청구서에 적힌 돈을 받아 내려는 상인들과 옥신각신했다. 그는 또 이웃들의 반감도 샀다. 이웃들은 그의 위험한 화학 실험에 놀랐고, 거의 매번 두 명 이상의 여자를 거느린 구역질나는 가정생활을 보고는 모욕감을 느꼈다. 셸리는 레이크 지역과 웨일스에서는 이웃 사람들이 집을 습격하는 바람에 줄행랑을 쳐야만 했다. 그는 빚쟁이와 경찰 앞에서도 꽁무니를 뺐다.

해리엇은 남편과 활동을 같이하려고 최선을 다했다. 그녀는 셸리가 만든 불법 정치 전단을 배포하는 것을 도왔다. 셸리가 첫 장시 『매브 여왕』을 그녀에게 바치자 그녀는 매우 기뻐했다. 그녀는 딸 엘리사 이안테와 아들 찰스를 낳았다. 그런데 그녀에게는 남편을 영원토록 사로잡을 만한 능력이 없었다. 다른 여자들 모두 마찬가지였다. 셸리의 사랑은 깊고 진실하고 열정적이었으며, 진짜로 영원했다. 그러나 사랑의 대상은 늘 바뀌었다. 1814년 7월, 셸리는 고드윈의 딸 메리와 사랑에 빠졌으며, (클레어먼트를 꼬리처럼 달고는) 그녀와 함께 대륙으로 떠난다는 소식을 해리엇에게 전했다. 해리엇에게 이 소식은 소름 돋는 충격이었다. 그녀가 보인 반응은 셸리에게는 놀랍고도 모욕적인 것이었다. 설교하기를 굉장히 좋아하는 으뜸가는 이기주의자 셸리는 다른 사람에게는 그의 결정에 맞춰 행동할 뿐 아니라 그의 결정에 박수갈채를 보내야 하는 의무가 있다고 가정했다. 사람들이 그런 의무를 이행하지 못했을 때는 재빨리 분노를 표출했다.

셸리가 해리엇의 곁을 떠난 후에 그녀에게 보낸 편지는 아버지에게 보냈던 편지와 같은 패턴을 따랐다. 그녀가 자신과 같은 관점에서 사태를 보려하지 않자, 초기의 겸손함은 독선적인 분노로 바뀌었다. 셸리는 1814년 7월 14일에 그녀에게 보낸 편지에 "당신이 내 마음을 열정으로 가득 채워 넣은 적이 단 한 번도 없다는 사실은 내가 질책받을 일이 전혀 아니오"라고 썼다. 그는 늘 그녀에게 관대하게 행동했고, 그녀의 가장 친한 벗으로 남아 있고자 했다. 다음 달에 그는 트루아로 와서 자신과 메리, 클레어와 함께하자며 그녀를 초청했다. "트루아에서 당신은 든든하고 영원토록 변치 않을 친구를 최소한 한 명은 사귀게 될 거요. 그 친구는 당신의 관심을 늘 소중히 여길 거고, 그 친구가 고의적으로 당신의 감정을 상하게 하는 일은 결코 없을 거요. 당신은 다른 사람이 아닌 바로 나로부터 그런 것을 기대할 수 있소. 나 이외의 사람들은 무정하거나, 아니면 이기적인 사람들이오." 한 달 후 이 술책이 먹혀들지 않는다는 것을 알게 된 셸리는 더욱 공격적이 됐다. "나는 나 자신이 당신의 허울뿐인 친구들보다 훨씬 가치 있고 훌륭하다고 생각하오……. 내 으뜸가는 연구과제는 당신을 좋은 것들에 파묻히게 만드는 거요. 다른 여자를 향한 격렬하고 끈질긴 열정이 당신의 친구들이 아니라 그녀의 친구들을 향해 나를 끌고 가는 지금 당장만 해도, 나는 어떻게 하면 영원토록, 그리고 진심으로 당신에게 쓸모 있는 사람이 될 수 있을까를 생각하는 데 끊임없이 사로잡혀 있소……. 이에 대한 대가로 내가 비난과 책망으로 상처받아야 한다는 것은 만족스럽지 않소. 유례를 찾아보기 힘든 이런 드문 애정은 전혀 다른 대가를 요구하오." 이튿날 그는 또 다시 계속했다. "나의 지배적인 정신적 영향력 아래에서 미래를 살아가고 싶은 당신의 욕망이 얼마나 큰지를, 그리고 우리 사이에서 피어날 우정의 법률에 복종하려는 나의 변치 않는 성실함을 당신이 여전히 충분히 신뢰하는지를 생각해 보시오."27

이 편지들은 부분적으로는 해리엇에게서 돈을 뜯어내려고(이 시점에 그녀에게는 약간의 재산이 있었다), 부분적으로는 빚쟁이들과 적들에게 자신의 행방을 알리지 말라는 압력을 가하기 위해, 부분적으로는 그녀가 변호사와 상담하는 것을 막기 위해 쓰였다. "내 개인적 안전"과 "내 안전과 안락" 같은 문구들이 편지에 적혀 있다. 셸리는 다른 사람들의 감정에는 완전히 둔감한 듯 보이는 유난히 예민한 사람이었다(드물지 않은 성격 조합이다). 해리엇이 결국 그녀의 권리에 대해 법적인 조언을 받았다는 것을 알았을 때, 셸리의 분노는 폭발했다. "이런 식으로 일을 처리하면, 정말로 당신의 심술이 이런 지경에까지 이르렀다는 것이 사실이라면, 당신은 당신 자신의 계획을 망치는 거요. 우리의 옛 애정에 대한 추억과, 당신이 착하고 관대한 마음을 아직까지는 완전히 잃지 않았을지도 모른다는 희망은, 심지어 지금 당장에도 나에게 법이 허용할 것보다 더 많은 것을 양보하도록 영향을 끼치고 있소. 당신이 이 편지를 받고 난 후에도 계속 법에 호소한다면, 내가 당신을 적으로, 제일 비열하고 추잡한 배신 행위를 한 사람으로 간주할 수밖에 없다는 것은 분명하오." 그리고 덧붙였다. "당신에게 고귀한 행동이나 아량을 기대하는 내가 바보요." 그리고는 "비열하고 비루한 이기심"으로 "고뇌와 씨름하고 있는 순진한 남자에게 상처"를 주려 한다고 해리엇을 비난했다.[28] 이제 셸리의 자기기만은 끝이 났다. 그는 처음부터 끝까지 자기 행동은 나무랄 데가 없었고 해리엇의 행위는 용서할 수 없었던 것인 양 스스로를 납득시켰다. 그는 친구 호그에게 편지를 썼다. "나는 내가 인류의 변치 않는 친구, 더욱 쓸모 있는 연인이 될 수 있을 것이고, 더욱 열렬한 진리와 덕행의 주창자가 될 수 있을 것이라고 확신하게 됐네."[29]

너무나 신랄한 독설과 호의를 베풀어 달라는 요청을 뒤섞는 능력은 셸리의 많은 유치한 특징 중 하나였다. 예를 들어, 그가 어머니에게 보낸 편지에서 바람을 피웠다고 어머니를 비난하면서도 "갈바니 기계•와 태양 현미경"을 보내 달라는 요청을 덧붙였다. 해리엇에게 퍼부은 욕설은 돈뿐 아니라 옷도 보내 달라는 사정과 뒤섞였다. "나는 지금 스타킹과 실 뭉치와 윌스턴크래프트 부인의 유작이 필요하오." 그는 그녀에게 돈이 없으면 "나는 어

• 직류 전기를 발생시키는 기계

쩔 수 없이 굶어죽을 거요……. 사랑하는 해리엇, 필요한 것들을 빨리 보내주시오"[30]라고 썼다. 그는 그녀가 임신 중이라는 것을 알면서도 건강이 어떤지는 묻지 않았다. 그리고는 무뚝뚝하게 편지를 끝맺었다. 해리엇은 친구에게 편지를 썼다. "셸리 씨는 난봉꾼 호색한이 됐어. 순전히 고드윈의 『정치적 정의』 때문이야……. 나는 다음 달에는 몸을 풀게 될 거야. 그는 내 곁에 없을 거고. 아니, 그는 지금도 나한테는 신경도 안 써. 그는 나한테는 안부를 묻지도 않고 자기가 어떻게 지내는지 편지에 적지도 않아. 간단히 말해서 내가 한때 사랑했던 남자는 죽었어. 지금 이 사람은 흡혈귀야."[31]

해리엇이 찰스 비시라고 부른 셸리의 아들은 1814년 11월 30일에 태어났다. 아버지가 아들을 본 적이 있는지는 분명치 않다. 해리엇에게 헌신적이었던—그렇기 때문에 셸리가 지독하게 싫어했던—해리엇의 언니 엘리사는 셸리의 집시 같은 여자들이 아이를 키우는 것은 안 될 일이라고 결정했다. 루소와 달리 셸리는 친자식을 "불편하다"고 생각하지 않았고, 아이들을 맡기 위해 열심히 싸웠다. 그러나 법적인 싸움은 아무래도 그에게 불리했고, 결국 아이들은 법원의 보호를 받게 됐다. 이후 그는 아이들에게서 관심을 잃었다. 해리엇의 인생은 망가졌다. 1816년 9월에 아이들 곁을 떠난 그녀는 부모와 함께 첼시에 숙소를 잡았다. 그녀는 언니에게 마지막 편지를 썼다. "언니가 베푼 호의를 기억해요. 내가 언니의 호의에 대해 보답하지 못했다는 생각에 가슴이 아팠어요. 언니가 나를 용서할 거라는 걸 알아요. 언니는 천성이 그 누구도 무정하고 모질게 대하지 못하니까요."[32] 11월 9일, 해리엇이 실종됐다. 12월 10일에 하이드파크의 서펜타인 연못에서 그녀의 시체가 발견됐다. 시체가 부어 있어서 그녀가 임신 중이었다는 말이 있지만, 그것을 뒷받침할 설득력 있는 증거는 없다.[33] 해리엇과 상호 합의 아래 헤어졌다는 거짓말을 오랫동안 유포하고 다녔던 셸리는 이 소식을 듣고는 해리엇의 가족에게 독설을 퍼붓고 거짓말을 잔뜩 늘어놓았다. 그는 메리에게 편지를 썼다. "이 가여운 여인—소름끼치고 냉혹한 가족들 중에서 제일 순수했던—은 친정아버지 집에서 쫓겨나서 몸을 파는 신세로 전락한 것 같소. 스미스라는 마부와 살았는데, 남자가 그녀를 버리니까 자살해 버렸소. 그녀를 미끼로 나에게서 돈을 뜯어낼 수 없게 된 추잡한 독사 같은 언니가 이 가여운 인생을 죽게 만들고—지금 죽어 가고 있는—어느 노인의 재산을 독차지하려 했다는 사실은 의문의 여지가 없소! (…) 모두가 나를 너무나 공정하게 평가하면서, 내가 그녀에게 올바르고 너그럽게 행동했다는 것을 입증 해 줬소."[34] 그는 이 편지를 쓴 이틀 후에 해리엇의 언니에게 특히 냉혹한 편지를 보냈다.[35]

셸리의 히스테리성 거짓말은 그가 그에게 책임이 있는 또 다른 자살로 인해 의기소침해 있었다는 사실로 부분적인 설명이 가능하다. 파니 임레이는 고드윈이 둘째 아내와 결혼하면서 얻은 의붓딸이었다. 메리보다 네 살 위인 그녀를 (해리엇은) "굉장히 소박하고 재치 있다"고 묘사했다. 일찍이 1812년 12월에 파니를 위한 희곡을 썼던 셸리는 그녀에게 편지를 썼다. "저는 '남자'라고 불리는 무시무시하고 사지가 긴 짐승 중 한 마리입니다. 내가 우리 족속 중에서 가장 악의가 없는 놈이라는 것을, 태어난 이후로 채식만 하고 고기는 한 점도 먹지 않았다는 것을 당신에게 납득시키기 전까지는 나는 당신의 눈길을 억지로 끌어 오려는 모험을 감히 하지 않을 것입니다."[36] 셸리와 메리, 클레어, 호그, 피콕과 클레어의 오빠 찰스 클레어먼트로 구성된 성을 공유하는 급진적인 친구들의 공동체를 세우겠다는 셸리의 계획에 파니의 이름도 한 번쯤은 들먹여졌을 것이다. 여하튼 파니는 셸리에게 현혹됐고, 고드윈 부부는 그녀가 셸리와 비극적인 사랑에 빠졌다고 믿었다. 1814년 9월 10일에서 14일 사이에 셸리는 런던에 혼자 있었고, 메리와 클레어는 바스에 있었다. 파니는 밤중에 셸리의 숙소로 찾아왔다. 아마도 셸리는 거기서 그녀를 유혹한 것이 틀림없다. 그런 후에 그는 바스로 갔다. 10월 9일, 세 사람은 파니가 보낸 브리스톨 소인이 찍힌 아주 음울한 편지를 받았다. 셸리는 즉시 그녀를 찾아 나섰지만, 찾는 데 실패했다. 이미 스완지를 향해 떠난 그녀는 이튿날 맥워스 암스에 있는 방에서 아편을 과다 복용했다. 셸리는 편지에서 파니를 한 번도 언급한 적이 없다. 그러나 1815년에 쓴 시에서는 그녀의 존재를 언급했다("우리가 헤어질 때 그녀의 목소리는 떨렸네"). 이 시에서 그는 그녀의 무덤가에 앉아 있는 자신("흰머리에 눈이 초췌한 젊은이")을 묘사했다. 하지만 그것은 모두 상상일 뿐이었다. 그는 비석도 세워지지 않은 파니의 무덤을 한 번도 찾지 않았다.[37]

셸리의 사상의 제단에 바쳐진 희생자는 또 있었다. 서식스의 노동자 계급 출신의 젊은 여성 엘리자베스 히치너도 그중 한 사람인데, 밀수업자 출신 여관 주인의 딸인 그녀는 비범한 노력과 희생을 통해 허스트피어포인트의 교사가 됐다. 셸리는 급진적 사상의 소유자로 이름을 떨치는 그녀와 편지를 주고받았다. 1812년에 셸리는 더블린에서 아일랜드인에게 자유를 설파했는데, 아일랜드인들은 거의 반응을 보이지 않았다. 상당량의 불온 문서를 갖고 있던 셸리는 그것을 히치너에게 보내 서식스에 배포시키자는 반짝이는 아이디어를 내놨다. 커다란 나무 상자에 문서를 채워 넣은 셸리는, 그의 특징에 어울리게 상자의 운송료를 홀리헤드까지만 지불했다. 거기서 상자가 다시 발송될 것이고, 히치너가 운송료를 착불로 지불할 것이라고 여겼다. 상자는 당연히 수입항에서 개봉됐고, 관련 정보를 통보받은 내무부는 여교사를 감시하기 시작했다. 이로 인해 그녀의 교사 경력은 사실상 망가졌다. 그런데 셸리는 이제 자신의 작은 공동체에 합류하라며 그녀를 초청했고, 그녀는 아버지와 친구들의 거센 반대도 뿌리치고 초청에 응했다. 그는 또한 100파운드를 빌려 달라고 그녀를 설득했는데, 아마 그 돈은 그녀가 평생 저금한 돈일 것이다.

이 단계에서 셸리는 히치너를 큰소리로 칭찬했다. "그녀는 아주 초라한 출신 배경에도 불구하고 젊어서부터 대단히 심오하고 정확하게 사고하는 버릇을 들였다. 천성적으로 호기심이 강하고 날카로운 그녀의 정신은 편견이라는 한계를 뛰어넘었다."[38] 셸리는 그녀에게 보내는 편지에서 그녀를 폭풍우에 휩싸인 "나의 반석"이자 "나보다 뛰어난 천재, 내가 내린 추론의 심판관, 내 행동의 길잡이, 내가 쓸모 있는 사람이 되도록 영향을 끼치는 이"라고 불렀다. 그녀는 "어디를 가건 행복, 개혁, 자유 같은 것들을 동반하고 다니는 사람"[39]이었다. 그녀는 린머스에서 셸리 부부와 합류했는데, 셸리는 이곳에서 "그녀는 하루 종일 웃고 얘기하며 글을 썼다"고 기록했다. 그녀는 셸리가 만든 전단도 배포했다. 그렇지만 해리엇과 그녀의 언니는 곧 히치너를 싫어하게 됐다. 셸리는 자기 여자들 사이에 경쟁적인 긴장이 형성되는 것을 싫어하지 않았지만, 이 경우에는 해리엇 자매의 불만에 곧장 공감하게 됐다. 셸리는 바닷가를 오래 산책하는 와중에 히치너를 유혹한 듯한데, 나중에는 그녀에게 혐오감을 느꼈다. 해리엇과 엘리사가 그녀에게 등을 돌리자, 셸리는 히치너가 떠나야만 한다고 결정했다. 상황이 어쨌건, 그는 이제 고드윈 가족과 접촉하게 됐고 그 집안의 젊은 아가씨들이 더욱 매력적이라는 사실을 알게 됐다. 따라서 히치너는 서식스에서 자신들의 사상을 계속 추구하기 위해 돌아가기로 했다. 셸리는 1주일에 2파운드의 급료를 주기로 약속했다. 그런데 서식스로 돌아온 그녀는 놈팡이에게 버림받은 여자 취급을 받으며 웃음거리가 됐다. 셸리는 호그에게 냉소적인 편지를 썼다. "내가 예전에 나를 고문하는 여교사라고 불렀던 그 갈색 악마는 우리가 주는 봉급을 받아야만 하네. 나는 무거운 마음으로 봉급을 줬는데, 어쩔 수 없이 그리해야만 했네. 우리의 잘못된 판단으로 인해 그녀는 순탄했던 처지를 빼앗기고 말았네. 그리고 이제 그녀는 나의 만행으로 인해 자신의 명성은 온데간데없고, 건강은 망가졌으며, 마음의 평화도 깨져 버렸다고 말하고 있네. 자기가 지금까지 옛날이야기에 등장한 여주인공들이 겪었던 모든 정신적·육체적 불행의 철저한 희생자라는 거야!" 그리고는 참지 못하고 덧붙였다. "그녀는 교활하고 천박하고 추악한데다 자웅동체인 암컷이야." 히치너는 첫 봉급만 받았고, 빌려 준 100파운드는 결코 돌려받지 못했다. 따라서 그녀는 셸리가 피운 불꽃에 타 버린 희생자가 되어, 셸리가 그녀를 끄집어낸 그곳으로 다시 모습을 감추게 됐다.

셸리가 아일랜드에서 몸종으로 데리고 돌아온 열다섯 살짜리 소년 댄 힐리의 경우는 비슷하면서도 더욱 어처구니가 없다. 셸리는 보통 서너 명의 몸종을 거느렸는데, 그들에 대해서는 거의 알려진 바가 없다. 셸리는 고드윈에게 보내는 편지에서 자신의 한가한 생활 방식에 대해 옹호하면서 근거를 들었다. "내가 직공이나 농사꾼으로 고용되고 집사람이 부엌일이나 가사를 꾸리는 일에 고용됐다면, 우리가 지금 처해 있는 사회적 상태는 아주 다른 형태로 급격하게, 덧붙이자면 우리 인류에게 덜 유용한 형태로 바뀔 것입니다."40 따라서 셸리가 몸종을 거느릴 형편이 되건 안 되건, 몸종은 반드시 있어야만 했다. 그는 일반적으로 대단히 낮은 임금을 주며 현지인들을 고용했는데, 댄은 좀 달랐다. 더블린에 머물던 셸리가 그가 불법 포스터를 붙이는 데 쓸모가 있다는 것을 발견했기 때문이었다. 셸리는 1812년 여름 린머스에서 담벼락과 건물 외벽에 대자보를 붙이는 일에 댄을 다시 활용했다. 댄은 관계 당국이 추궁할 경우 "길거리에서 만난 두 신사"에 대한 이야기를 하라는 지시를 받았다. 8월 18일에 반스테이플에서 체포된 댄은 사전에 지시받은 이야기를 털어놨지만 소용이 없었다. 그는 조지 3세 제39호 법령 79항에 의해 유죄를 선고받고, 총 200파운드의 벌금을 내거나 6개월 징역형을 살라는 판결을 받았다. 셸리는 (당국을 포함한) 모두가 예상했듯이 벌금을 내는 대신, 도피 자금으로 청소부에게서 29실링을 빌리고 이웃에게서 3파운드를 빌려서는 줄행랑을 쳤다(곤경에 빠진 몸종을 위한 바이런의 노력은 셸리의 무관심과는 정반대였다. 바이런은 털보 막일꾼 G-B("티타") 팔치에리에게 징수된 벌금을 즉석에서 지불했다). 댄은 결국 감옥에 갔다. 그는 석방된 후 다시 셸리에게 돌아가서 일을 했지만 6개월 후 해고됐다. 공식적인 이유는 행실이 "파렴치해졌다"는 것—감옥에서 나쁜 버릇이 들었는지도 모른다—이었지만, 진짜 이유는 셸리가 돈을 아껴야만 했기 때문이었다. 댄의 급여 10파운드가 밀려 있었는데, 셸리는 그 돈을 결코 지불하지 않았다.[41] 그런 식으로, 상처 입은 희생자 한 사람이 다시 어둠 속으로 멀어졌다.

셸리를 옹호하는 입장에서 보자면, 이 모든 것이 그가 아주 젊었을 때 벌어진 일이었다고 주장할 것이다. 1812년에 그는 스무 살밖에 안 됐다. 해리엇을 팽개치고 메리와 도망친 것은 스물두 살 때의 일이었다. 영어권 문학을 뒤바꿔 놓은 영국 시인들의 세대가 얼마나 젊었는지를, 그들이 얼마나 이른 나이에 세상을 떴는지를 우리는 종종 망각한다. 키츠는 스물다섯 살에, 셸리는 스물아홉 살에, 바이런은 서른여섯 살에 요절했다. 영국을 영원히 떠난 바이런이 제네바의 호숫가에서 셸리를 처음 만난 1816년 5월 10일에 바이런은 스물여덟 살이었고, 셸리는 스물네 살, 메리와 클레어는 겨우 열여덟 살이었다. 메리가 기나긴 초여름 밤 동안 호숫가에서 쓴 소설 『프랑켄슈타인』은 사실상 고등학생의 작품이었다. 그들은 어떤 의미에서는 어린애였지만, 기존의 가치관을 거부하고 그들 나름의 대안적 체계를 제시했다는 점에서는 1960년대의 학생들처럼 어른이기도 했다. 그들은 자신들이 책임을 지기에는 너무 젊다거나, 젊다는 이유로 자신들을 관대하게 대해 줘야 한다고 생각하지는 않았다. 그들의 생각은 오히려 정반대였다. 특히 셸리는 세계를 향한 그의 사명이 너무나 막중하다고 주장했다. 지적인 면에서 그는 아주 빠르게 성숙해졌다. 몇 가지 점에서는 여전히 어린 티가 나기는 해도 대단히 힘이 넘치는 시 『매브 여왕』은 셸리가 스무 살 때 쓰여 이듬해 출판됐다. 셸리가 20대 중반에 접어들던 1815~1816년 이후, 그의 작품은 정점에 접근하고 있었다. 이 단계에서 그의 작품은 광범위한 독서량을 보여 줄 뿐 아니라, 사상적인 면에서도 대단히 심오하다. 셸리가 강고할 뿐 아니라 섬세하고 감수성이 많은 정신의 소유자였다는 데는 의심의 여지가 없다. 그리고 그는 어렸지만 부모로서의 본분도 받아들였다.

이제 그의 아이들을 살펴보자. 그는 3명의 여자에게서 7명의 아이를 뒀다. 해리엇에게서 얻은 두 아이 이안테와 찰스는 법원의 보호를 받았다. 셸리는 아이들 양육권을 놓고 법원과 치열하게 싸웠는데, 셸리가 패한 부분적인 이유는 셸리가 『매브 여왕』에서 전개한 몇몇 관점에 법원이 기겁을 했기 때문이었다. 셸리는 이 소송을 그로 하여금 혁명적 목표를 철회하도록 만들기 위한 이념적인 시도로 봤다.[42] 셸리는 그에게 부정적인 판결이 내려진 후에도 권리 침해에 대한 문제를 계속 숙고하면서 엘든 대법관을 증오했지만, 아이들에게는 더 이상의 관심을 보이지 않았다. 그는 법원의 결정에 따라 양부모와 함께 거주하는 아이들에게 3개월마다 30파운드를 지불해야만 했다. 이 돈은 그의 수입에서 원천공제를 당했다. 그는 법원이 허가한 아이들을 방문할 수 있는 권리를 단 한 번도 행사하지 않았다. 아이들에게 편지 한 통도 쓰지 않았다. 그가 죽었을 때 맏딸 이안테가 아홉 살에 불과하기는 했지만 말이다. 그는 형식적인 경우를 제외하면 아이들의 생활 상태가 어떤지를 묻지도 않았다. 그가 아이들의 양아버지 토머스 흄에게 보낸 딱 한 통 남아 있는 1820년 3월 17일자 편지는 본질적으로 셸리의 잘못을 보여 주는 무정한 문건이다.⁴³ 지금 남아 있는 다른 편지나 일기에서 이 아이들에 대한 언급은 하나도 없다. 그는 아이들을 마음에서 쫓아낸 듯하다. 그는 자전적인 시 「에피사이키디온」(이 시에서 그는 해리엇을 "그 시절의 행성"으로 간단히 처리했다)에서 아이들을 유령 같은 존재로 묘사했다.

쌍둥이 남매처럼 보이는 어느 버림받은 어머니의 방랑하는 희망들.

그는 메리에게서 네 명의 자식을 얻었는데, 그중 셋은 죽고 1819년에 태어난 아들 퍼시 플로렌스만이 유일하게 살아남아 대를 이었다. 메리의 첫 아이인 딸은 태어난 지 얼마 안 돼 죽었다. 아들 윌리엄은 네 살 때 로마에서 위장염에 걸렸다. 셸리는 사흘 밤을 아이 옆에서 뜬눈으로 샜지만, 아이는 세상을 떴다. 셸리의 극진한 간호는 부분적으로는 딸 클라라가 세상을 뜨는 과정에서 그가 저지른 일에 대한 죄책감에서 비롯된 듯하다. 1818년 8월에 메리와 클라라는 상대적으로 시원한 여름 휴양지 바니 디 루카에 있었다. 베니스를 굽어보는 언덕 위의 에스테에 있던 셸리는 메리와 아기가 자기에게 즉각 합류해야 한다고 주장했고, 그에 따라 연중 가장 더운 계절에 닷새에 걸친 끔찍한 여행이 시작됐다. 여행이 시작되기 전부터 어린 클라라의 상태가 좋지 않았다는 것을 셸리는 몰랐다. 셸리 곁에 도착한 아이는 병색이 완연했고, 상태는 나아지지 않았다. 그럼에도 불구하고 3주 후, 전적으로 셸리 자신의 편의에 따라—그는 바이런과 급진적인 생각을 주고받는 데 도취돼 있었다—그는 메리에게 아이와 함께 베니스로 와서 자기와 함께하라는 단호한 명령서를 보냈다. 메리에 따르면 불쌍한 클라라는 "허약한데다 열까지 겹친 지독한 상태"였고, 푹푹 찌는 날 새벽 3시 30분에 시작된 여행은 오후 5시까지 계속됐다. 파도바에 도착했을 무렵에 클라라의 상태는 굉장히 안 좋았지만, 셸리는 베니스까지 가자고 고집했다. 여행길에서 클라라는 "입과 눈에 경련을 일으키는" 지경에 이르렀다. 클라라는 베니스에 도착하고 한 시간 후에 죽었다.[44] 셸리는 "이 예상치 못한 충격"(충분히 예상이 가능했다)으로 인해 메리가 "절망 상태"에 빠졌다는 것을 인정했다. 이것은 그들의 관계를 악화시킨 중요한 사건이었다.

그해 겨울, 셸리가 나폴리에서 세례명이 엘레나인 딸을 사생아로 얻으면서 둘의 관계는 더욱 악화됐다. 그는 자기를 아버지로, 메리 고드윈 셸리를 어머니로 출생 신고를 했다. 하지만 메리가 아이의 어머니가 아닌 것은 확실하다. 얼마 안 있어 예전의 몸종이자, 셸리의 아이들의 유모 엘리제와 결혼한 파올로 포지가 셸리를 협박하기 시작했다. 셸리가 메리를 어머니로 등록한 것은 불법적인 허위 출생 신고라는 것이었다. 엘리제가 아이의 어머니일 가능성은 있다. 그런데 이에 대해서는 몇 가지 강력한 반론도 있다. 엘리제가 직접 털어놓은 사연은 좀 다르다. 1820년에 그녀는 셸리의 평판에도 불구하고 그때까지만 해도 셸리를 높이 평가하던 베니스 주재 영국 영사 리처드 호프너에게 셸리가 클레어 클레어먼트에게서 얻은 딸을 나폴리 기아보호소에 맡겨 놓았다는 얘기를 들려줬다. 셸리의 행동에 넌더리가 난 호프너가 바이런에게 비밀을 털어놓았을 때, 바이런은 "의문의 여지가 없군요. 그들다운 짓이오"[45]라는 반응을 보였다. 바이런은 셸리와 클레어 클레어먼트에 대해 모든 것을 알고 있었다. 클레어는 바이런 자신의 사생아인 딸 알레그라의 어머니였다. 클레어는 바이런이 영국을 떠나기 전인 1816년에 바이런을 유혹하려 했다. 숫처녀를 유혹하는 것을 상당히 망설이던 바이런은 클레어가 이미 셸리와 동침을 했었다는 말을 한 다음에야 클레어와 동침했다.[46] 클레어가 그를 유혹했을 뿐 아니라 메리 셸리를 그에게 알선해 주겠다는 제의까지 했기 때문에, 바이런은 클레어의 도덕관념을 아주 저열하게 평가했다.[47] 이것이 바이런이 클레어가 알레그라를 키우는 것을 허락하지 않은 이유 중 하나였다. 어머니와 떨어져 지내는 것이 아기에게는 치명적이라는 것이 밝혀지기는 했지만 말이다. 바이런은 클레어가 당시 셸리와 섹스를 하지 않았다는 것을 알았기 때문에, 알레그라가 셸리의 아이가 아닌 자신의 아이라고 믿었다. 그런데 바이런은 메리가 곁에 없을 때면 셸리가 클레어와 다시 불륜 관계를 맺었다고 확신했다. 엘레나는 불륜의 산물이었다. 셸리 옹호자들은 다양한 주장을 펼쳤지만, 클레어와 셸리가 아이의 부모라는 것이 가장 그럴듯하다.[48] 이 사건을 접한 메리는 망연자실했다. 그녀는 클레어를 좋아한 적이 한 번도 없었고, 클레어가 자기 집안에 계속 나타나는 것도 불쾌하게 생각했다. 아이가 집안에 남아 있으면 클레어는 영원히 식구가 될 것이고 셸리와의 불륜 관계도 계속될 터였다. 셸리는 메리의 고뇌에 대한 반응으로, 그가 영웅시하던 루소의 사례에 따라 아이를 고아원에 내다버리기로 결심했다. 놀랄 일도 아니지만 아이는 생후 18개월 만인 1820년에 그곳에서 죽었다. 이듬해, 호프너를 비롯한 다른 사람들의 비판을 무시해 버린 셸리는 메리에게 보낸 편지에서 많은 것을 보여주는 비정한 한 문장으로 이 사건을 요약했다. "나는 우리가 받아 마땅한 의견이 아닌 다른 의견, 또는 다른 사람의 의견은 개의치 않겠다는 태도를 빠르게 되찾았소."[49]

그렇다면 셸리는 난잡했을까? 바이런의 관점에서는 그렇지 않았던 것이 확실하다. 1818년 9월에 바이런은 자신이 2년 반 동안 베니스 여자들에게 2,500파운드를 썼고, "최소한 200명 이상의 이런저런 여자들"과 동침했다고 주장하면서 나중에는 애인 24명의 이름을 명단으로 만들기까지 했다.[50] 명예에 관련한 측면을 놓고 볼 때, 바이런은 어떤 면에서는 셸리보다 뛰어났다. 그는 남의 눈을 속이거나 거짓말을 한 적이 없다. 셸리는 성의 개혁가이며 페미니스트인 J. H. 로렌스에게 편지를 썼다. "내가 고발당할까 봐 벌벌 떨어야 할 엄청나고 황량한 죄악이 있다면, 그것은 바로 유혹입니다."[51] 그렇지만 이 것은 그가 내세운 이론이지, 그가 실천한 바는 아니었다. 셸리는 앞서 언급한 사례 외에도 이탈리아 양가집 출신 여성 에밀리아 비비아니와 바람을 피웠다. 그는 바이런에게 그녀에 대한 모든 것을 털어놓으면서 덧붙였다. "제가 말씀드린 것을 다른 사람에게는 제발 말하지 마세요. 메리는 이 사실을 모르는데, 만약에 알면 굉장히 화를 낼지도 몰라요."[52] 셸리가 바랐던 것은 그의 삶에 안정과 안락을 안겨 주는 한편, 바람을 피워도 된다는 허가증을 발부해 줄 여성이었던 듯하다. 그는 그 대가로 자기 아내에게 (어쨌거나 원칙적으로는) 똑같은 자유를 허용했다. 우리가 앞으로 보게 되겠지만, 이것은 지도적인 남성 지식인들이 되풀이해서 세우게 될 목표다. 그렇지만 그런 주장이 제대로 실천에 옮겨진 적은 없었고, 셸리의 경우에 그렇지 않았다는 것은 너무나 확실하다. 그가 스스로에게 허용한 자유는 먼저는 해리엇을, 나중에는 메리를 고통스럽게 만들었다. 그리고 그녀들은 반대급부적인 자유 따위는 원치 않았다.

셸리는 이런 아이디어에 대해 급진적인 친구 리 헌트와 자주 토론했다. 화가이며 일기 작가인 벤저민 로버트 헤이든은 셸리가 "헌트 부인과 다른 여성들에게 성적인 정숙함은 사악하고 불합리한 일이라고 장황하게 설교하는 것"을 들었다고 기록했다. 헌트는 토론 중에 "그는 어떤 젊은이건 수준이 맞는 사내일 경우 자기 아내와 동침하는 것을 조금도 개의치 않을 거요"라고 말해서 헤이든에게 충격을 줬다. 헤이든은 덧붙였다. "셸리는 자신의 주장을 용감하게 받아들이고 실천했다. 그런 주장을 실천할 에너지도 없는 헌트는 그런 주장을 옹호하면서 잘난 체하며 시시덕거리는 것에 만족해했다."[53] 여자들 생각이 어땠는지는 기록이 남아 있지 않다. 셸리가 해리엇에게 친구 호그와 자도 괜찮다고 말했을 때, 그녀는 단호하게 거절했다. 메리에게 똑같은 제안을 했을 때, 메리는 동의하는 척은 했지만 결국 그 남자를 받아들이지 않기로 결정했다.[54] 남아 있는 증거들은 셸리 본인의 자유연애 실험이 대부분의 보통 바람둥이의 실험만큼이나 믿을 수 없고 부정직하며, 그를 은폐와 거짓이 뒤섞인 분란에 밀어 넣었다는 것을 보여 준다.

돈 문제와 관련한 사연들도 똑같았다. 셸리의 돈 문제는 굉장히 복잡하고 골치 아팠다. 여기서는 가장 노골적이고 대표적인 사건들만 언급하겠다. 셸리는 이론적으로는 사유 재산을 전혀 믿지 않았다. 그에게 이익이 될 재산 상속과 장자 상속권은 말할 것도 없다. 그는 『개혁에 대한 철학적 관점』에서 사회주의적인 주장을 펼쳤다. "소유의 평등은 문명이 막바지까지 진보했을 때 나올 결과물임이 분명하다. 궁극적으로 성취할 수 있으리라는 희망이 얼마가 됐건, 소유의 평등은 우리가 이바지해야 할 책임이 있는 사회 체제의 조건 중 하나다."[55] 그런데 한편으로, 셸리 같은 특권층과 개화된 사람들이 사회의 대의를 발전시키기 위해 물려받은 재산에 의지해서 살아가는 것도 불가피한 일이었다. 이것은 부유한 진보적 지식인들 사이에서 보편화된 대단히 친숙한 자기 정당화로, 셸리는 가족들로부터 가급적 많은 돈을 뜯어내기 위해 이런 주장을 채택했다. 유감스럽게도, 그는 스승 고드윈에게 처음으로 보낸 자신을 소개하는 편지에서 자랑스럽게 떠벌렸다. "저는 서식스의 부잣집 자식입니다……. 저는 1년에 6,000파운드의 수입을 올리는 부동산을 물려받을 상속인입니다."[56] 셸리의 이런 소개에 고드윈의 귀가 솔깃했음은 분명하다. 고드윈은 지도적인 급진적 철학자였을 뿐 아니라 돈 문제에 관해서는 천재적인 사기꾼이었으며, 역사상 가장 뻔뻔한 날강도 중 한 사람이었다. 그에게 호의를 베푼 많은 친구들에게서 나온 어마어마한 돈은 미로와 같은 그의 부채 시스템 속으로 사라져서는 다시는 모습을 보이지 않았다. 고드윈은 그때까지만 해도 젊고 순진했던 셸리를 붙들고 결코 놔 주지 않았다. 그는 셸리의 집안 돈을 갈취했을 뿐 아니라, 선일부先日附 차용증, 할인어음, 부동산을 상속받게 될 젊은 상속자들이 아버지의 사후에 받게 될 유산 총액을 엄청난 이자율로 심하게 할인해서 돈을 빌리는 악명 높은 사후死後 지불 날인 채무 증서 등 19세기 초반 채무자들의 온갖 꼴사나운 수법들로 셸리를 철저히 타락시켰다. 셸리는 이런 파멸적인 절차들을 모두 받아들였고, 그가 그렇게 해서 받은 돈의 상당액은 고드윈의 재물의 블랙홀 속으로 곧장 빨려 들어갔다.[57]

고드윈은 한 푼도 갚지 않았다. 고드윈이 궁색하기 그지없는 가족들에게 도움을 준 흔적도 거의 없다. 마침내 셸리도 식객에게 반항했다. 그는 고드윈에게 편지를 썼다. "저는 지난 몇 년간 선생님께 상당한 돈을 드렸습니다. 그 돈을 드리기 위해 제 자신의 재산도 그 액수의 거의 네 배가 없어졌습니다. 이 거래로 인해 선생님과 저 사이에서 피어난 듯 보이는 후의를 제외하면, 선생님께 이득을 안겨 주기 위해 소진된 이 돈은 바다에 던져 버리는 편이 나았을 것입니다." 금전적 손실이 셸리가 고드윈과 접촉해서 겪어야 했던 유일한 고초는 아니었다. 위대한 철학자가 여러 가지 방법으로, 특히 돈에 대한 태도 면에서 그녀의 남편을 천하고 잔인하게 만든다는 해리엇의 생각은 옳았다. 해리엇은 메리 때문에 자신을 버린 셸리가 아들 윌리엄의 탄생 직후 그녀를 보러 왔을 때 "그는 아이가 아들이라서 돈을 더 싸게 빌릴 수 있을 테니까 기쁘다고 말했다"고 밝혔다.[58] 셸리의 말은 사후 지불 날인으로 빌리는 돈의 이자율을 낮출 수 있게 됐다는 뜻이었다. 이것은 스물두 살의 시인—이상주의자가 아닌, 닳고 닳은 만성 채무자가 내뱉을 만한 말이었다.

셸리가 살아가면서 만난 흡혈귀는 고드윈만이 아니었다. 끝없이 빌붙는 다른 지식인이 있었으니, 리 헌트였다. 4반세기 후, 토머스 배빙턴 매콜리는 『에든버러 리뷰』의 편집자 네이피어에게, 자신이 "언제든 그가 원할 때면 20파운드를 달라고 서슴없이 요구할 수 있는 수많은 사람 중에 한 사람이 된다는 두려움을 떨치지 못하면서"59 헌트의 편지에 답장을 썼다는 말을 하는 것으로 헌트를 요약했다. 결국 헌트는 디킨스의 소설 『황폐한 집』의 등장인물 해럴드 스킴폴이 되어 불멸의 생명을 얻었다. 디킨스는 친구에게 이렇게 고백했다. "나는 스킴폴을 지금까지 말로써 그려낸 중에 가장 정확한 초상화라고 생각하네……. 실제 인물을 더할 나위 없이 제대로 재현해 냈어."60 셸리가 살아 있을 때 헌트는 오랜 금전 차용 생활의 초입에 있었다. 헌트는 희생자들이 베푸는 호의를 이용하면서 오히려 그들에게 자신이 은혜를 베풀고 있다고 설득하는, 루소의 실전 테스트를 거친 수법을 활용했다. 헌트는 셸리가 죽자 바이런에게 옮겨 붙었고, 바이런은 결국 확실한 조건을 붙여서 헌트의 빚을 탕감해 주었다. 바이런은 헌트가 셸리를 등쳐 먹었다고 판단했다. 애처롭게도 헌트가 한 짓은 그보다 더욱 추악했다. 헌트는 빚진 돈을 갚는 것은 자신 같은 진보된 사상의 소유자에게 도덕적으로 필연적인 일이 아니며, 인류를 위해 봉사하는 것만으로도 충분하다고 셸리를 설득했다.

그 결과 진리와 덕행의 인간인 셸리는 평생토록 도망자와 사기꾼 신세가 됐다. 그는 돈을 빌릴 수 있는 곳이라면 상대를 가리지 않고 빌렸고, 대부분 갚지 않았다. 셸리가 보통은 급하게 이사를 가고 나면, 셸리가 살던 곳에는 한때 셸리를 믿었지만 이제는 셸리에게 화가 난 무리만 남아 있었다. 셸리가 사기 친 아일랜드인은 어린 댄 힐리 말고도 또 있었다. 셸리는 더블린에서 사귄 공화주의자 편집자 존 롤리스로부터 상당한 액수의 돈을 빌렸다. 돈을 돌려받지 못하면 살림을 꾸릴 형편이 안 됐던 롤리스는 셸리가 떠난 후 호그에게 근심스러운 편지를 보내서 셸리의 행방을 물었다. 얼마 안 있어 롤리스는 빚 때문에 체포됐다. 셸리는 빚진 돈을 갚아서 그를 감옥에서 빼내려는 시도는 전혀 하지 않았을 뿐 아니라, 자기를 경찰에 고발했다면서 롤리스에게 욕설을 퍼부었다. 그는 더블린에서 두 사람 모두와 친했던 캐서린 누젠트에게 편지를 썼다. "그가 우리에게 했던 짓을 당신에게도 할까 봐 두렵습니다."[61] 더 못된 짓은, 린머스에서 셸리가 롤리스의 이름("고귀한 롤리스 씨")을 도용해서 어음에 서명을 한 것이었다. 이건 사형에 처해질 수도 있는 사문서 위조 행위였다.[62]

셸리에게 속은 또 다른 무리는 셸리가 한때 머물렀던 웨일스의 사람들이었다. 1812년에 웨일스에 도착한 셸리는 농장을 빌리고 하인들을 고용("믿음직한 심부름꾼 하녀를 채용할 수 있을까요? 우리는 전부 세 명이 필요한데요")했지만, 얼마 안 있어 60파운드에서 70파운드 정도의 빚을 진 죄로 카나번에서 체포됐다. 셸리의 웨일스 모험을 후원했던 존 윌리엄스와, 지역 의사였던 윌리엄 로버츠 박사가 보증을 서 줬고, 런던의 변호사 존 베드웰은 이자까지 포함해서 빚을 갚아 줬다. 훗날 세 사람 모두 자신들이 아량을 베푼 것을 후회하게 됐다. 30년도 더 지난 1844년, 로버츠 박사는 셸리의 유산에서 셸리에게 빌려 줬던 30파운드를 회수하려고 계속 노력 중이었다. 베드웰도 마찬가지로 돈을 요구했지만 헛수고였다. 1년 후, 셸리는 윌리엄스에게 편지를 썼다. "베드웰 씨에게서 아주 불쾌하고 오만한 편지를 받았습니다. 저는 확고부동한 태도로 답장을 보냈습니다." 셸리는 건방진 말투를 즐겨 썼다. 윌리엄스의 동생 오웬은 농부였는데, 셸리에게 100파운드를 빌려 줬다. 셸리가 윌리엄스에게 보낸 편지에서 오웬에게 추가로 25파운드를 보내 줄 것을 요구하는 내용이 발견되는데, 편지에는 "당신이 이 요청을 들어 주느냐의 여부에 따라, 나는 친구가 눈앞에 보이지 않으면 우정도 싸늘하게 식어 버리는지 아닌지를 알게 될 것입니다"라고 덧붙여 있다.

셀리와 윌리엄스의 관계는 시인이 빚진 돈을 둘러싼 비난과 반박의 진흙탕 속에서 이듬해에 박살 나 버렸다. 윌리엄스와 오웬 어느 쪽도 한 푼도 돌려받지 못했다. 반면에 셀리는 (고드윈과 헌트를 제외한) 자신에게 빚을 진 사람들에게는 잔혹했고 조금의 융통성도 보여 주지 않았다. 셀리는 또 다른 웨일스 사람 존 에번스에게 빚 독촉장을 두 번이나 보내면서 에번스가 자신에게 현금을 빚지고 있다는 사실을 상기시켰다. "그 돈은 그 모든 것 중에서 가장 긴박하고 즉각적으로 상환해야 할 필요성이 있는 명예로운 채무이며, 채무를 불이행할 경우 채무자의 무관심과 타락은 비탄할 만한 일이 될 것입니다."[63]

셀리가 무슨 뜻으로 명예로운 채무라는 말을 썼는지는 확실치 않다. 그는 세탁부와 파출부, 린머스에서 묵었던 여관의 안주인—그녀는 영리하게도 셀리의 책들을 붙들어 둔 덕에 결국에는 빚 30파운드 중 20파운드를 돌려받았다—부터, 그에게 220크라운을 뜯긴 이탈리아 친구 에밀리아에 이르기까지 다양한 여자들한테 돈을 빌리는 것도 주저하지 않았다. 그는 온갖 상인들에게도 빚을 졌다. 예를 들어 1817년 4월에, 그와 헌트는 조셉 커크먼이라는 사람에게 피아노 값을 지불하기로 합의했다. 피아노는 제때 배달됐지만, 대금은 4년 후에도 지불되지 않은 상태였다. 마찬가지로 셀리는 본드 가街의 유명한 마차 제작자 차터에게 멋들어진 마차를 만들어 달라고 요청했다. 셀리는 532파운드 11실링 6펜스의 제작비가 청구된 이 마차를 죽을 때까지 타고 다녔다. 차터는 결국 셀리를 법정에 세웠지만, 1840년대까지도 돈을 회수하려고 여전히 노력 중이었다. 셀리가 등쳐먹은 또 다른 집단은 셀리의 시집을 외상으로 출판해 준 중소 출판업자—서적상들이었다. 이것은 셀리가 퇴학당했을 때 20파운드를 빌려준 옥스퍼드의 서적상 슬래터로부터 시작됐다. 셀리를 마음에 들어 한 슬래터는 셀리가 탐욕스러운 고리대금업자를 찾아가려는 것을 막으려고 안간힘을 썼다. 그 결과로 셀리는 슬래터를 무시무시하고 값비싼 말썽 속으로 밀어 넣었다. 1831년, 배관공인 슬래터의 동생이 티머시 경에게 편지를 썼다. "어르신 자제분이 엄청난 이자율로 돈을 빌릴 요량으로 유대인들을 찾아가는 것을 막으려는 정직한 노력의 결과로 저희는 엄청난 고초를 겪고 있습니다……. 저희는 거의 1,300파운드 가량을 잃었습니다." 그들은 결국 채무로 인해 체포됐는데, 돈을 돌려받지는 못한 듯하다. 『고독한 영혼』을 출판한 웨이브리지의 출판업자는 4년 반이 지난 후에도 셸리에게서 출판비를 받아내려고 노력하고 있었다. 셸리가 돈을 갚았다는 증거는 하나도 없다. (1814년 12월) 셸리는 셋째 서적상에게 편지를 썼다. "선생이 내게 책을 제공해 준다면, 내게 제공된 책 100파운드당 250파운드의 비율로 선생에게 사후 지불 날인 채무 증서를 발행해 주겠소." 그는 자기 아버지와 할아버지 나이가 63세와 85세라고 밝혔는데, 사실 그들은 61세와 83세였다. 넷째 서적상—출판업자 토머스 훅햄은 『매브 여왕』을 외상으로 인쇄해 줬을 뿐 아니라 셸리에게 가불까지 해 줬다. 그 역시 돈을 못 받았는데, 해리엇을 동정하는 죄를 지어서 증오의 대상이 됐다는 이유에서였다. 셸리는 메리에게 보낸 1814년 10월 25일자 편지에 이렇게 썼다. "훅햄을 만날 경우, 그에게 대놓고 모욕을 주지는 마시오. 나는 아직도 희망을 갖고 있소……. 나는 알맞은 때에 이 무자비한 악당이 자기 살점들을 지겨워하게 만들 참이오. 그는 한창 무르익을 무렵에 칼을 맞아야 마땅할 거요. 그의 오만함은 먼지가 되도록 짓밟혀야 할 거요. 나는 그의 이기적인 영혼을 조금씩 말라비틀어지게 만들 거요."[64]

셸리의 성적·금전적인 비행, 그리고 그와 부모, 처자식, 친구, 사업상 동료와 상인과의 관계에서 공통점은 무엇인가? 자기 자신의 관점이 아닌 타인의 관점을 파악할 능력이 없다는 것, 간단히 말해 상상력의 결여다. 그의 정치 개혁 이론의 한복판에 상상력이 자리 잡고 있다는 것을 감안하면 무척이나 이상한 일이다. 셸리에 따르면 세계를 변혁하는 데에는 상상력, 또는 "지적인 아름다움"이 필요하다. 시인들이 이런 재능을 최고 수준으로 보유하고 있기 때문에, 시적 상상력이 인간의 예술적 재능 중에서도 가장 소중하고 창조적이기 때문에, 셸리는 시인을 세상의 승인을 받지는 못했지만 세계의 타고난 입법자라 칭했다. 위대한 시인 중 한 사람인 셸리는 모든 계급, 짓밟힌 농업노동자, 러다이트• 운동가, 피털루■ 폭도, 공장 노동자, 그리고 그가 한 번도 눈을 마주친 적도 없는 사람들에게는 상상을 통해 공감할 수 있었고, 인간이 겪는 모든 고초를 추상적으로 느낄 수 있었다. 하지만 그는 상상력을 발휘해 자신이 일상적으로 교제하는 그 모든 사람의 정신과 마음속으로 침투해 들어가는 것은 수십 번, 수백 번이 아니라 단 한 차례도 불가능했다. 서적상에서 준남작, 하녀에서 애인에 이르기까지, 그는 그 사람들이 자기와는 다른 관점을 가질 권리가 있다는 것을 알 수가 없었다. 그들의 (그를 향한) 비타협적인 태도와 맞닥뜨리면, 셸리는 독설에 의지했다. 존 윌리엄스에게 쓴 1813년 3월 21일자 편지는 셸리의 상상력의 한계를 완벽하게 요약하고 있다. 편지는 불운한 베드웰에 대한 비난으로 시작되어 더욱 불행한 히치너에 대한 무지막지한 공격으로 이어진다("절망적인 관점과 끔찍한 정욕을 가진, 그러나 냉정하고 집요한 복수심을 가진 여자……. 그 여자가 고난을 당하는 시기에 나는 진심으로 웃어댔소"). 편지는 인류에 대한 맹세로 끝이 난다. "나는 내 나라와 친구에게 봉사하게 될 일이라면 무엇이건 할 준비가 돼 있소." 그리고 마지막으로 서명이 돼 있다. "내가 친애하는 친구로 계속 남아 있을 당신에게." 그 "당신"이 바로 셸리가 한창 사기를 치고 있던 사람이고, 얼마 안 있어 또 다른 비참한 빚쟁이로 전락하게 될

• 기계화 반대
■ 1819년에 일어난 민중 봉기

그 윌리엄스다.[65]

셸리는 그에게 부여된 놀라운 시적 재능을 활용해서 그의 인생을 정치적 진보에 헌신했지만, 자신의 상상력이 자격 미달이라는 사실은 결코 알아차리지 못했다. 그는 자신이 돕고자 하는 인류가 어떤 부류의 사람들인지를 알아내려는 시도조차 하지 않았다. 그가 「아일랜드 국민들을 향한 연설」을 썼을 때는 그 나라에 발도 디디기 전이었다. 아일랜드에 도착한 후에도 그는 아일랜드 국민들의 실태를 조사하거나 아일랜드 국민들이 진정으로 원하는 바를 알아내기 위한 체계적인 노력을 전개하지 않았다.[66] 그가 실제로 비밀리에 계획한 것은 아일랜드인들이 소중하게 여기는 종교를 박살 내려는 계획이었다. 마찬가지로, 셸리는 영국 정치와 여론, 워털루 전투 이후 영국 정부가 직면했던 문제들의 심각성, 그것을 해결하려는 진지한 노력 등에 대해서는 너무나도 무지했다. 그는 상상력을 필수적인 것이라고 떠들어 댔지만, 바로 그 상상력을 활용해서 캐슬레이나 로버트 필 경처럼 착하기만 하고 요령은 없지만 감수성이 예민한 사람들을 파악하려 들거나 정당하게 평가하려는 노력은 조금도 기울이지 않았다. 대신에 그는 편지에서 채권자들과 그가 내팽개친 여자들에게 욕설을 퍼부었듯, 「무정부 상태의 가면극」에서 정치인에게 욕설을 퍼부었다.

셸리는 조직화된 종교의 파괴를 포함한 사회 체계의 총체적인 정치적 변혁을 원했지만, 목표를 달성하는 방법에 대해서는 혼란스러워했다. 이따금 셸리는 비폭력을 설교했다. 그를 최초의 진정한 비폭력 저항의 전도자이며, 간디의 선조로 보는 사람들도 있다.[67] 그는 「아일랜드 국민들을 향한 연설」에 이렇게 썼다. "완력이나 폭력과는 관계를 맺지 말아야 한다. 폭력을 목적으로 한 단체들은 진정한 개혁 운동가들로부터 강력한 비난을 받아 마땅하다! (…) 모든 비밀 조직은 불순한 조직이기도 하다." 그렇지만 셸리는 가끔 비밀 조직을 결성하려고 노력했으며, 그의 시 중 일부는 직접적인 행동을 선동하는 맥락에서만 이해가 가능하다. 「무정부 상태의 가면극」 자체가 모순적인 작품이다. 이 시의 340~344행으로 구성된 연은 비폭력을 지지한다. 그러나 앞뒤(151~154, 369~372행)에서 반복해서 쓰이는 "여러분은 다수고, 그들은 소수다"로 끝을 맺는 가장 유명한 연은 봉기할 것을 요구하는 탄원이다.**68** 셸리처럼 반항아였지만 지식인이라기보다는 행동하는 인물에 가까웠던 바이런—그는 사회 변혁을 조금도 믿지 않았고, 그저 자기 결정권만을 믿었다—은 셸리가 꿈꾸는 유토피아에 매우 회의적이었다. 베니스에서 가진 두 사람의 긴 대화를 기록한 셸리의 훌륭한 시 「줄리안과 마달로」에서, 마달로(바이런)는 리의 정치 강령에 대해 "나는 자네가 그런 체제를 반박할 틈이 없도록 만들지도 모른다고 생각하네/말로 할 수 있는 최대한으로 말일세"라고 말하지만, "그런 야심 찬 이론들"은 현실적으로는 "헛된 것"이라고 생각했다.

1818~1819년에 쓰인 이 시에서 셸리가 바이런의 비판을 인정했다는 사실은 셸리가 무모한 정치적 근본주의를 일시적으로 중단했다는 것으로도 드러난다. 셸리는 무척이나 겸손하게 바이런에게 다가 갔다. "나는 바이런 경과 겨루겠다는 생각을 단념했다. 그럴 수도 있었겠지만 말이다. 그리고 그보다 더불어 투쟁할 만한 가치가 있는 사람도 없다……. 그의 말 한마디 한마디에는 불멸의 낙인이 찍혀 있다." 한동안 그는 바이런의 위력에 거의 마비될 지경이었다. 그가 적었듯, "태양은 반딧불이를 태워 없앴다." 확실히, 셸리는 바이런을 알게 되면서 성숙해졌다. 그러나 자신의 역할을 억압된 인민들—처음에는 이탈리아인, 다음에는 그리스인—의 조직자로 바라보기 시작한 바이런과 달리, 셸리는 직접적인 행동이라면 뭐가 됐든 악감정을 품기 시작했다. 말년에 셸리가 루소에게 비판적이 됐다는 사실은 아주

중요하다. 그는 루소를 프랑스 혁명에서 자행된 끔찍한 폭력과 동일시했다. 미완성 시 「생의 승리」에서 베르길리우스 스타일로 이야기를 전달하는 인물로 등장하는 루소는 연옥의 죄수다. 이상적인 것을 현실 세계에서 실현할 수 있다고 믿는 실수를 저질렀고, 그 때문에 타락해 버렸기 때문이다. 그러나 셸리가 순수한 상상의 이상주의에 집중하기 위해 현실 정치를 포기했는지는 확실치 않다.[69]

확실한 것은, 죽기 몇 달 전에도 셸리의 성격이 근본적으로 바뀌었다는 징후는 하나도 없었다는 것이다. 여든 살을 넘게 살면서 분별 있는 여성이 된 클레어 클레어먼트(헨리 제임스의 매력적인 소설 『애스펀 페이퍼스』에 영감을 줬다)는 이들 사건이 있은 지 60년 후에 "해리엇의 자살은 셸리에게 유익했다. 그의 자신감은 그 이전보다 훨씬 덜해졌고, 이전처럼 거칠지도 않았다"고 적었다.[70] 클레어가 한참의 시간이 흐른 뒤에 사건들을 축약해 버리기는 했지만, 그녀의 주장은 진실일지도 모른다. 셸리의 심하게 이기적인 측면은 덜해졌지만, 그에게 서서히 일어난 변화는 죽음으로 인해 완료되지 못했다. 1822년, 그와 바이런은 보트 "돈 주안"과 "볼리바르"를 직접 건조했다. 셸리는 항해에 유별나게 사로잡혔다. 그 때문에 셸리는 스페치아 만의 레리치에 여름을 보낼 집을 얻겠다고 고집했다. 다시 임신 중이었던 메리는 무더운 그곳을 싫어하게 됐다. 두 사람의 사이는 소원해졌다. 유랑이나 다름없는 부자연스러운 삶에 지친 메리는 환멸을 느꼈다. 더군다나 새로운 골칫거리까지 있었다. 셸리의 항해 동료인 동인도 회사의 대위 에드워드 윌리엄스였다. 셸리는 윌리엄스와 사실혼 관계에 있던 아름다운 아내 제인에게 차츰 많은 관심을 표명하게 됐다. 제인은 (클레어처럼) 음악에 재능이 있어서 기타를 연주하고 노래를 잘 불렀는데, 셸리는 이런 여성들을 좋아했다. 여름의 달밤에는 음악 파티가 열렸다. 셸리는 제인에 대한 시를 몇 편 썼다. 메리는 한때 자신이 헤리엇의 자리를 빼앗았듯이 자기 자리를 빼앗겼을까?

6월 15일, 우려하던 유산을 한 메리는 다시 한 번 절망에 빠졌다. 이틀 후 셸리는 그들의 결혼이 사실상 끝장났다는 것을 명확히 밝히는 편지를 썼다. "나는 나를 느끼고 이해해 줄 수 있는 사람들의 욕구만 느낄 뿐이오……. 메리는 그렇지 않소. 진심을 감춰야겠다는 필요성이 그녀에게 필연적으로 이런 고통을 안겨 준 것 같소. 그녀처럼 능력이 빼어나고 마음이 순수한 사람이 그런 재주와 심성을 집안일에 적용하기 위해 없어서는 안 될 동정심을 느끼지 못한다는 것은 탄탈루스의 저주요." 셸리는 덧붙였다. "나는 제인이 더욱 더 좋아지오……. 그녀는 음악을 좋아하고, 우아한 몸매나 몸짓은 문학적 교양이 부족하다는 단점을 어느 정도 보완해 주고 있소."[71] 월말 즈음에 메리는 그녀의 신분과 더위와 저택을 더 이상 유지할 수 없다는 것을 알게 됐다. "나를 묶은 사슬을 부수고 이 지하 감옥에서 달아났으면 해요."[72]

그녀는 예상치 못했던 비극적인 방식으로 해방을 얻었다. 셸리는 늘 스피드에 매혹됐다. 셸리는 20세기에 태어났다면 스피드 카나 항공기에 푹 빠졌을 것이다. 그의 시 「아틀라스의 마녀」는 공간을 가르는 여행의 기쁨에 대한 찬가다. 셸리는 쾌속선으로 건조된 보트 "돈 주안"을 더욱 빠르게 항해할 수 있도록 개조했다. 배의 길이는 7m 정도에 불과했지만, 메인마스트가 두 개였고 대형 범선에 쓰는 밧줄들도 있었다. 그와 윌리엄스가 고안한 신형 중간 돛 밧줄 덕에 캔버스의 면적이 엄청 나게 늘어났다. 셸리는 스피드를 더 올리기 위해 바이런의 조선造船 기사에게 밧줄을 재배치하고 보조 선미와 뱃머리를 만들어 달라고 요청했다. 이제 더욱 빨라지고 더욱 위험해진 배는 "마녀처럼" 항해했다.[73] 불행이 닥쳤을 때, 이 배는 삼각돛이 세 개 있었고, 큰 바람을 받으며 항해하면 수면에서 8cm나 떠다니기도 했다. 셸리와 윌리엄스는 수리를 마친 배를 타고 리보르노에서 레리치로 돌아오던 길이었다. 그들은 날씨가 험해지던 1822년 7월 8일 오후에 돛을 다 올린 채로 출발했다. 태풍이 몰아치던 6시 30분에 이탈리아 선박들은 서둘러서 항구로 돌아왔다. 그중 한 배의 선장은 엄청난 파도에 휩싸인 중에도 여전히 돛을 높이 달고 있던 셸리의 배를 봤다고 말했다. 그는 그들에게 자기 배로 올라타거나 최소한 돛을 말아 올리기라도 하라고, "그렇지 않으면 침몰할 것"이라고 경고했다. 둘 중 한 명(아마도 셸리)이 "싫소"라고 외치고는, 다른 사람이 돛을 낮추려는 것을 "분노한 듯이" 팔을 붙들고 저지하는 것이 보였다. "돈 주안"은 뭍에서 10마일 떨어진 곳까지 표류했는데, 돛은 여전히 다 편 채였다. 두 사람은 익사했다.[74]

키츠는 한 해 전에 로마에서 결핵으로 사망했다. 바이런은 2년 후 그리스에서 의사들 곁에서 과다출혈로 사망했다. 간단히 말해, 영국 문학의 빛나던 시대는 종지부를 찍었다. 메리는 미래의 준남작인 어린 퍼시(찰스는 사망했다)를 데리고 영국으로 돌아와서 셸리의 추억을 신화적 기념비로 건립하는 고통스러운 작업에 착수했다. 하지만 상처는 남아 있었다. 지식인의 삶의 이면을 목격했던 그녀는 위력적인 사상이 사람들에게 상처를 줄 수 있다는 사실을 느끼고 있었다. 퍼시가 글 읽는 법을 배우는 것을 본 어떤 친구가 말했다. "나는 저 애가 보통이 넘는 사람이 될 거라고 확신해." 메리 셸리는 노발대발하면서 목청 높여 말했다. "난 저 애가 보통 사람으로 자라게 해 달라고 하느님께 빌고 있어."

카를 마르크스

저주받은 혁명가

카를 마르크스Karl Marx(1818~1883)는 근대의 그 어떤 지식인보다도 실제 사건이나 인류의 정신과 사상에 큰 영향을 끼쳐 왔다. 그가 활용한 개념이나 방법론이 매력적이라서 그렇게 된 것은 아니었다. 그의 개념이나 방법론이 치밀하지 못한 사람들에게 큰 매력을 주기는 했지만, 그가 영향력 있는 지식인이 된 것은 그의 철학이 세계의 두 강대국인 러시아와 중국, 그리고 그들의 많은 위성 국가에서 제도화된 덕분이었다. 이런 점에서 마르크스는 아우구스티누스를 닮았다. 아우구스티누스의 저작은 5세기부터 13세기까지 교회 지도자들 사이에서 가장 폭넓게 읽힌 책이었고, 그 결과로 중세 기독교의 형성에 지배적인 역할을 했다. 그러나 마르크스의 영향력은 더욱 직접적이었다. 마르크스가 스스로를 위해 상상했던 개인적 독재 권력이 (앞으로 보게 되겠지만) 그의 가장 중요한 추종자인 레닌과 스탈린, 모택동 세 사람에 의해 현실로 구현되면서 인류에게 이루 헤아릴 수 없는 결과를 안겨 줬기 때문이다. 이런 점에서 세 사람은 모두 충실한 마르크스주의자였다.

마르크스는 그가 살았던 19세기 중반의 시대상이 낳은 산물이었고, 마르크스주의는 과학적인 사상임을 주장했다는 점에서 전형적인 19세기 철학이었다. "과학적"이라는 용어는 어떤 사상을 승인한다는 사실을 가장 강력하게 표현한 단어로, 마르크스는 자신의 많은 적들과 자신을 구분할 때 이 단어를 습관적으로 사용했다. 그와 그의 저작은 "과학적"이었다지만, 실제로는 그렇지 않았다. 마르크스는 자신이 다윈의 진화론과 유사한 인간 행위에 대한 과학적 설명을 역사 속에서 발견했다고 생각했다. 마르크스주의는 과학인 데 반해 다른 철학들은 과학인 적이 없고 과학이 될 수도 없다는 관념은 그의 추종자들이 세운 국가들의 공식적 학설로 주입됐고, 그 결과 학교와 대학에서 다루는 모든 과목의 가르침에 영향을 미쳤다. 이런 현상은 권력에 매료된 비공산권의 지식인들, 특히 강단의 지식인들에게도 퍼졌다. 마르크스주의는 자연 과학의 막대한 학술적 권위와 동일시되어 경제학, 사회학, 사학, 지리학 같은 엄밀하지 못한 학문 분야에 종사하는 많은 학자들이 자신들의 분야에 마르크스주의의 "과학"을 수용하도록 만들었다. 1941~1945년에 중부 유럽과 동유럽을 놓고 벌인 싸움에서 스탈린이 아니라 히틀러가 승리해 히틀러의 의도가 대부분의 세계에 강요됐다면, 역시 과학적이라고 주장했던 나치 사상, 특히 인종 이론과 같은 사상은 학문적 이론을 거느리면서 세계 곳곳의 대학으로 침투해 들어갔을 것이다. 그렇지만 군사적 승리는 나치 과학이 아닌 마르크스주의 과학의 승리를 보증했다.

그렇다면 우리가 마르크스에 대해서 물어봐야 할 첫 질문은 "도대체 그는 어떤 의미의 과학자였는가?" 하는 것이다. 다시 말해, 세심한 증거 수집과 평가를 통해 객관적 지식을 추구하는 일에 그는 어느 정도나 관여했는가? 마르크스의 전기는 표면적으로는 그를 학자로 묘사한다. 그의 친가나

외가는 모두 학자 가문이었다. 아버지 하인리히 마르크스는 랍비이자 탈무드 학자의 아들이었다. 그는 유명한 랍비인 마인츠의 엘리제 하-레비의 후손인데, 하-레비의 아들 예후다 민츠는 파도바 탈무드학교의 교장이었다. 마르크스의 어머니 헨리에타 프레스보르크 역시 유명한 학자와 현인들을 배출한 가문 출신으로 랍비의 딸이었다. 1818년 5월 5일에 (당시 프러시아 영토인) 트리어에서 태어난 마르크스는 아홉 남매 중 셋째이자, 중년까지 살아남은 유일한 아들이었다. 그의 누이들은 각각 엔지니어, 서적상, 변호사와 결혼했다. 마르크스 가족은 당시 세계적으로 한창 성장 중이던 전형적인 중산층이었다. 자유주의자인 아버지는 "볼테르와 루소를 속속들이 아는 진정한 18세기 프랑스인"[1]이라는 평가를 받았다. 유대인이 법률과 의료 분야에서 고위직에 오르는 것을 금지한 1816년의 프러시아 법령에 따라 마르크스의 아버지는 신교도가 됐고, 1824년 8월 26일에 여섯 아이들에게 세례를 받게 했다. 열다섯 살에 세례를 받은 마르크스는 한동안은 열성적인 기독교도였던 듯하다. 예수회에서 운영하던 고등학교를 다닌 마르크스는 종교를 버리고 본대학에 진학했다. 본대학을 다니던 그는 당시 세계 최고였던 베를린대학으로 옮겨갔다. 그는 유대식 교육은 한 번도 받은 적이 없었고, 그런 교육을 받고자 시도한 적도 없었다. 유대주의 사상에 관심을 보이지도 않았다.[2] 그러나 마르크스가 독특한 학자적 특징, 특히 탈무드 학자의 특징을 발전시켰다는 것은 반드시 짚고 넘어가야 한다. 탈무드 학자들은 절반가량은 엇비슷한 문헌들을 엄청나게 쌓아 놓고는, 결코 끝나지 않을 백과사전적인 저작을 계획하는 경향이 있다. 그들은 학자가 아닌 사람들을 기죽이고 경멸하며, 다른 학자들을 상대할 때는 극단적인 고집을 피우면서 분노를 터뜨린다. 마르크스의 모든 저작은 사실상 탈무드 연구의 특징을 갖고 있다. 본질적으로 그의 저작은 자신의 학문 분야에서 연구하는 다른 학자들에 대한 논평이며 비판이다.

훌륭한 인문학도가 된 마르크스는 나중에 철학, 그것도 당시 압도적으로 유행하던 헤겔 철학을 전공했다. 그는 베를린대학보다 수준이 낮은 예나 대학에서 박사 학위를 받았지만, 학교에서 강사 자리를 얻을 정도로 뛰어나지는 않았던 것 같다. 1842년에 「라인 신문」의 기자가 된 마르크스는 신문이 폐간된 1843년까지 5개월 동안 기사를 썼다. 이후 그는 파리에서 추방당한 1845년까지 『독일-프랑스 연보』와 다른 저널에 글을 썼고, 추방당한 후에는 브뤼셀에서 글을 썼다. 브뤼셀에서 그는 공산주의자 동맹의 결성에 관여하게 됐고, 1848년에는 조직을 위한 선언문을 집필했다. 1849년의 혁명이 실패한 후 브뤼셀을 떠나야만 했던 그는 런던에 영구히 정착했다. 마르크스는 1860년대와 1870년대의 몇 십 년 동안 혁명적 정치 활동에 다시 관여하면서 국제노동자협회를 운영했다. 그렇지만 그는 1883년 3월 14일에 사망할 때까지 런던에서 보낸 시간—즉, 34년—의 대부분을 대영박물관에서 자본에 대한 광대한 연구에 쓸 자료들을 찾고, 그 자료들을 출판에 적합한 형태로 추려내기 위해 노력하는 데 썼다. 저작 1권(1867)의 출판은 그가 직접 목격했지만, 2권과 3권은 그가 사망한 후 그가 남긴 노트를 편집한 동료 엥겔스에 의해 출판됐다.

따라서 마르크스는 학자의 삶을 살았다. 그는 언젠가 이렇게 투덜댔다. "나는 책을 게걸스럽게 먹어치워야 할 팔자를 타고난 기계야."[3] 그러나 깊은 의미에서 보면, 그는 학자가 아니었고 과학자도 아니었다. 그는 진리를 찾아내는 데는 관심이 없었다. 그의 관심은 진리를 선언하는 것이었다. 마르크스는 시인과 저널리스트, 도덕주의자의 세 요소를 가지고 있다. 그리고 각각의 요소는 마르크스를 이해하는 데 중요하다. 그의 엄청난 의지와 결합된 세 요소는 그를 막강한 위력의 작가이자 예언가로 만들어 줬다. 그렇지만 그에게는 과학적인 요소라고는 하나도 없었다. 사실, 그 모든 요소에 있어 그는 비과학적이었다.

마르크스의 시인 기질은 흔히 생각하는 것보다 훨씬 중요하다. 그의 시적 이미지가 얼마 되지 않아 정치적 비전에 흡수돼 버리기는 하지만 말이다. 그는 어렸을 때부터 시를 썼다. 주제는 크게 두 가지였다. 그와 1841년에 결혼한 프러시아-스코틀랜드 혈통의 이웃집 여자아이 예니 폰 베스트팔렌과 세계의 파괴. 그는 시를 굉장히 많이 썼는데, 예니에게 보낸 3권 분량의 원고는 두 사람의 딸 로라에게 물려졌다가, 그녀가 사망한 1911년 이후에 사라졌다. 그러나 마르크스의 시 40편은 아직도 남아 있다. 그중에는 비극시 「오울라넴」도 있는데, 마르크스는 이 작품이 당대의 『파우스트』가 되기를 바랐다. 1841년 1월 23일에 베를린에서 발행된 잡지 『아테나신전』에 시 2편이 실렸다. 시의 제목은 「잔인한 노래들」이었는데, 잔인함은 인간의 처지에 대한 강렬한 비관론, 증오, 타락과 폭력에 대한 매혹, 동반자살하자는 약조, 악마와 맺은 계약 등과 더불어 그의 시의 특징이었다. "우리는 사슬에 묶였고, 기진맥진했으며, 마음은 허하고, 겁에 질렸다/ 우리는 존재라는 이 대리석 토막에 영원토록 매어 있을 것이다." 젊은 시절의 마르크스가 쓴 시다. "우리는 무정한 하느님의 유인원들이다." 하느님이 낳은 인간인 그는 이렇게 말했다. "나는 인류를 향해 거대한 저주를 울부짖을 것이다." 그리고 그의 시 상당수의 이면에는 세계적 위기감이 자리 잡고 있다.[4] 그는 괴테의 『파우스트』에 나오는 메피스토펠레스의 대사를 인용하는 것을 좋아했다. "존재하는 모든 것은 사멸해야 한다." 그는 나폴레옹 3세를 반대하는 팸플릿 『브뤼메르 18일』에서 이 구절을 인용했는데, 얼마 안 있어 기존 체제에 닥칠 엄청난 대재앙에 대한 이 묵시론적 비전은 그의 마음속에 평생토록 남아 있었다. 그의 시에 담겼던 이 비전은 1848년의 『공산당 선언』의 배경이었고, 『자본론』의 클라이맥스였다.

간단히 말해, 마르크스는 시종일관 종말론에 매진한 작가다. 예를 들어, 그가 『독일 이데올로기』(1845~1846)의 초고에 그의 시를 강하게 연상시키는 구절을 집어넣은 것은 주목할 만하다. 이 구절이 다루는 "심판의 날"은 "도시들이 불타오르는 광경을 천국에서 볼 수 있을 때이고…… '라 마르세예즈•'와 프랑스 혁명의 멜로디와 천둥 치듯 울리는 대포 소리의 반주로 이뤄진 '천상의 하모니'가 흐르는 가운데, 단두대가 박자를 맞추고 흥분한 군중들이 프랑스 혁명 때 불렸던 전진가를 목청 높여 부르는 때, 그리고 자의식이 가로등 기둥에 목 매달릴 때이다."[5] 반면 영웅의 망토를 걸친 프롤레타리아가 등장하는 『공산당 선언』에는 「오울라넨」의 메아리가 담겨 있다.[6] 시의 묵시론적 특징은 그가 1856년 4월 14일에 행한 소름끼치는 연설—공포, 빨간 십자가가 표시된 집들, 파멸에 대한 메타포, 지진, 지층이 갈라지면서 끓어오르는 용암—에서도 다시 용솟음쳤다. "역사는 재판관이고, 프롤레타리아는 그 집행자입니다."[7] 요점은 종말에 대한 마르크스의 개념은 시적이든 경제학적이든, 예술적이지 과학적은 아니라는 것이다. 그 비전은 마르크스의 마음속에 늘 자리 잡고 있었다. 그는 정치 경제학자로서 객관적으로 검증된 자료로부터 증거를 찾으려 한 것이 아니라, 거꾸로 이러한 예술적 비전으로부터 그것을 불가피하게 만들어 줄 증거들을 찾으려 했다. 자본주의의 죽음과 심판의 날이 다가오고 있다고 믿고 싶었던 급진적인 독자들이 마르크스의 역사 예측 드라마에 매료된 것은 물론 그의 시적 요소 때문이었다. 마르크스의 시적인 재능은 마르크스의 저작에 간간이 모습을 나타내면서 기억에 남을 만한 구절들을 양산한다. 추론이나 계산이 아니라 직

• 프랑스 국가

관에 강한 사람이라는 점에서, 마르크스는 끝까지 시인으로 남은 셈이었다.

마르크스는 저널리스트이기도 했는데, 어떤 면에서는 뛰어난 저널리스트였다. 마르크스는 자신이 중요한 저서를 집필하는 것은 고사하고 기획하는 것조차 불가능하다는 것을 알게 됐다. 『자본론』조차도 일련의 에세이를 한데 이어붙인, 구체적인 형태가 없는 저서였다. 그렇지만 그는 어떤 사건이 일어났을 때, 그 사건에 대한 자신의 주장을 담은 짤막하고 날카로운 글은 꽤 잘 썼다. 그의 시적 상상력이 그에게 속삭인 것처럼, 그는 자본주의 사회가 붕괴 직전에 있다고 믿었다. 따라서 그는 거의 모든 대형 사건들을 이런 보편적 주장과 관련을 맺을 수 있었고, 그 덕에 그의 저널리즘은 놀랄 만한 일관성을 보였다. 1851년 8월, 초창기 사회주의자 로버트 오언의 추종자로 「뉴욕 데일리 트리뷴」의 고위 임원이 된 찰스 앤더슨 데이너가 그에게 유럽 정치 통신원이 되어 달라고 부탁했다. 편당 1파운드의 원고료에 일주일에 2편의 기사를 쓰는 조건이었다. 마르크스는 이후 10년 동안 거의 500편의 기사를 기고했는데, 그중 약 125편은 엥겔스가 대신 쓴 것이었다. 뉴욕에서는 기사를 심하게 수정하고 고쳐 썼지만, 기사에 담긴 힘이 넘치는 주장은 순전히 마르크스의 것이었으며, 기사의 위력은 모두 거기에서 비롯됐다. 사실 그의 뛰어난 재능 중에서는 논쟁적인 저널리스트로서의 재능이 으뜸이었다. 그는 경구와 격언을 멋들어지게 활용했다. 그런데 그중 상당수는 그가 고안해 낸 것이 아니었다. 마라는 "노동자에게는 국가가 없다"와 "프롤레타리아는 쇠사슬밖에 잃을 것이 없다"는 문구를 지어냈다. 부르주아지는 볼기짝에 봉건적 문장紋章이 박힌 덧옷을 걸치고 있다는 유명한 농담은, "종교는 인민의 아편"이라는 표현과 더불어 하이네가 한 말이었다. 루이 블랑은 "능력에 따라 일하고, 필요에 따라 분배한다"는 문구를 제공했다. 카를 샤퍼에게서는 "만국의 노동자여, 단결하라!", 블랑키에게서는 "프롤레타리아 독재"라는 문구를 얻었다. 그러나 마르크스 본인도 문장을 지어낼 능력은 있었다. "다른 나라가 행하는 정치적 행동을 독일인은 생각만 해 왔다." "종교는 인간이 자신들 주위를 회전하기 시작할 때까지 그 주위를 회전하는 허위의 태양일 뿐이다." "부르주아지 결혼은 아내들의 공동체다." "혁명의 대담성은 적들에게 '아무것도 아닌 나는 전부가 돼야만 한다'는 도전적인 언사를 퍼부을 수 있다는 데 있다." "각 시대의 지배적인 사상은 지배 계급의 사상이다." 더군다나 그는 남들이 한 말을 끄집어내 논쟁 중의 가장 적절한 단계에서 아주 효과적으로 조합해서 사용하는 보기 드문 재주가 있었다. 『공산당 선언』의 마지막 세 문장을 능가하는 글은 그 어떤 정치적 작가도 써내지 못했다. "노동자는 쇠사슬밖에 잃을 것이 없다. 그들에게는 획득할 세계가 있다. 만국의 노동자여, 단결하라!" 19세기의 마지막 4반세기 동안 잊힐 수도 있던 마르크스의 철학 전체를 구해 낸 것은, 그 무엇보다도 짤막하고 박력 있는 문장을 써내는 마르크스의 저널리스트적인 관찰력이었다.

시는 비전을 제공했고, 저널리스트 특유의 격언은 마르크스의 저작을 돋보이게 했다. 그런데 한편으로 마르크스 저작의 밑바닥에 깔린 것은 학술적 전문 용어들이었다. 마르크스는 학자였다. 아니, 나쁘게 말해 실패한 학자였다. 훗날 격분을 특징으로 하는 학파의 우두머리 자리에 오르게 될 마르크스는 새로운 철학 학파를 창시하는 것으로 세상을 깜짝 놀라게 만들고 싶어 했는데, 이것 역시 그가 권력을 획득하기 위해 세운 작전이었다. 그 결과, 헤겔에 대한 마르크스의 태도는 양면적이다. 마르크스는 『자본론』 독일어 2판 서문에서 이렇게 말했다. "나는 내가 위대한 사상가의 제자라고 솔직히 선언한다." 그리고 『자본론』에서 "가치 이론을 논할 때 헤겔의 용어들을 활용하며 희롱했다." 그런데 그는 자신의 "변증법"이 헤겔의 변증법과

"정반대"라고 밝힌다. 헤겔이 보기에는 사고 과정이 현실 세계의 창조자이지만, "내가 보기에는 관념이 인간의 머릿속에 옮겨지고 해석될 때 그 관념은 물질에 불과하다." 그러므로 그는 "헤겔의 저작에서 변증법은 거꾸로 서 있다. 신비화의 포장 안에 감춰져 있는 이성적인 핵심을 발견해 내고 싶다면 여러분은 변증법을 제대로 된 방향으로 돌려 놓아야만 한다"고 주장했다.[8]

마르크스는 헤겔의 방법이 안고 있는 치명적 약점을 찾아내는 세상을 깜짝 놀라게 한 발견을 통해 헤겔의 사상 체계 전체를 새로운 철학으로 대체할 수 있다면서 학문적 명성을 구하려 들었다. 그의 새로운 철학은 기존의 모든 철학을 낡은 것으로 만드는 최고급의 철학이었던 셈이다. 그러나 그는 동시에 헤겔의 변증법을 "인간의 지성을 향한 열쇠"라면서 계속 받아들였다. 그는 헤겔을 활용하는 데서 그치지 않고, 죽을 때까지 헤겔의 포로로 남아 있었다. 변증법과 "모순"이 그가 10대 시절에 품었던 시적 비전인 세계적인 위기의 절정을 설명해 주기 때문 이었다. 그가 말년(1873년 1월 14일)에 쓴 것처럼, 경기 순환은 "자본주의 사회에 고유한 모순"을 보여 주며, "이들 순환 주기의 정점은 세계적인 위기"를 낳게 될 것이다. 이런 상황은 "신흥 독일제국의 졸부들"의 머릿속에도 "변증법을 심어 넣을" 것이다.

이러한 것이 현실 세계의 정치·경제와 어떠한 관련이 있는가? 아무런 관련이 없다. 마르크스 철학의 뿌리가 시적 비전에 있었던 것처럼, 그 구체적 전개는 난해한 학술적 용어를 갈고 닦는 것이었기 때문이다. 마르크스의 지성이라는 기계를 작동하게 만드는 데 필요한 것은 도덕적 추진력이었다. 마르크스는 고리대금업자들에 대한 증오심에서 추진력을 찾았는데, 그 증오심은 (앞으로 보게 될) 마르크스 자신이 겪은 금전적 어려움과 직접 관련이 있는 격정적인 감정이었다. 이런 감정에 대한 표현은 마르크스 최초의 진지한 저술인, 1844년에 『독일-프랑스 연보』에 게재된 「유대인 문제에 대하여」라는 두 편의 에세이에서 발견된다. 헤겔의 추종자들은 정도의 차이는 있지만 반유대주의 정서를 공유하고 있었다. 1843년에 헤겔 좌파의 반유대주의 지도자 브루노 바우어는 유대인에게 유대교를 완전히 폐기할 것을 요구하는 에세이를 출판했다. 마르크스의 에세이는 그에 대한 응답이었다. 그는 바우어의 반유대주의는 반대하지 않았다. 마르크스는 바우어와 생각을 같이하고, 바우어의 주장을 뒷받침했으며, 찬성한다는 의미로 인용하기도 했다. 그렇지만 마르크스는 바우어의 해법에는 동의하지 않았다. 유대인의 반사회적인 본성은 종교에서 비롯된 것이며, 유대인을 그들의 신앙에서 갈라놓는 것으로 그런 본성을 치유할 수 있다는 바우어의 믿음을 마르크스는 부인했다. 마르크스가 보기에 유대인의 죄악은 사회적이고 경제적인 것이었다. 그는 이렇게 썼다. "현실 세계의 유대인을 생각해 보자. 안식일만 지키는 유대인 말고… 하루하루를 유대인으로 사는 유대인을 말이다." 그는 물었다. "유대교의 불경스러운 원칙은 무엇인가? 실제적인 욕구인 사리사욕이다. 유대인은 세속적으로 무엇을 숭배하는가? 상업이다. 그가 믿는 세속적인 신은 무엇인가? 돈이다." 유대인들은 이 "실제적인" 종교를 사회에 지속적으로 퍼뜨려 왔다.

돈은 이스라엘의 시기심 많은 신이다. 돈 외에는 그 어떤 신도 존재하지 않는다. 돈은 인류가 모시는 모든 신의 품격을 떨어뜨리며, 그 신들을 상품으로 바꿔 놓는다. 돈은 만물의 자기 충족적인 가치이다. 그러므로 돈은 전체 세계, 인간계와 자연계 모두에게서 그들 나름의 정당한 가치를 빼앗는다. 돈은 인간의 노동력과 생존의 소외된 실재이다. 이 실재는 인간을 지배하고, 인간은 이 실재를 숭배한다. 유대인의 신은 세속화하여 세계의 신이 됐다.

유대인은 기독교를 타락시켰으며 "이웃보다 더욱 부자가 되는 것 외에는 다른 운명이 없다"는 것, 그리고 "세계는 주식 중개인 조합"이라는 믿음을 주었다. 정치권력은 금권 권력의 "보증인"이 됐다. 따라서 해결책은 경제적인 것이다. "탐욕스러운 유대인"은 "현시대에 보편적으로 퍼진 반사회적 요소"가 됐고, "유대인을 무능하게 만들려면" 유대인이라는 존재를 만들어낸 금전적 활동의 "바로 그 가능성"인 "전제 조건"을 폐지할 필요가 있었다. 돈에 대한 유대인의 태도를 없애면 유대인과 유대교, 그들이 세계에 강요했던 기독교의 타락은 사라질 것이다. "상업과 돈에서 스스로 해방되고, 그에 따라 현실적이고 실제적인 유대교에서 스스로 해방되면, 우리의 시대도 스스로 해방될 것이다."9

그러므로 세계에서 잘못된 것이 무엇인가에 대한 마르크스의 설명은 학생들이 모인 카페에서 논의되는 반유대주의와 루소의 조합물이다. 이후 그는 1844년부터 1846년까지 3년 동안 자신의 이론을 성숙한 철학으로 확장시켰다. 이 기간 동안 그는 사회의 사악한 요소, 그가 반감을 가졌던 고리대금업에 종사하는 금권의 대리인들은 유대인이 아니라 부르주아지 계급 전체라는 결론을 내렸다.10 이런 확장을 위해서 그는 헤겔의 변증법을 세련되게 활용했다. 한쪽에는 금권과 부, 자본, 부르주아지 계급의 도구가 있었다. 다른 쪽에는 새로운 구원의 세력인 프롤레타리아가 있었다. 학술적으로는 최악이라 할 독일철학의 전문용어들을 모조리 활용한 마르크스는 엄격한 헤겔적 관점에서 주장을 펼치지만, 기저에 깔린 추진력은 분명히 도덕적인 것이며 궁극적인 비전(묵시론적인 위기)은 여전히 시적이다. 결론은 혁명이 도래하고 있다는 것인데, 그 혁명은 독일에서는 철학적인 혁명이 될 것이다. "다른 모든 계급으로부터 스스로 해방되지 않은 계급은 스스로를 해방시킬 수 없다. 간단히 말해 인간성의 총체적 손실은 인류의 총체적 구원을 통해서만 스스로를 구원할 수 있다. 이렇게 사회를 해체시키는 것은 특정한 계급으로서의 프롤레타리아다." 마르크스가 말하고자 하는 바는 계급이 아닌 계급, 계급과 계급들의 용해제인 프롤레타리아가 역사상 유례가 없는 구원 세력이 되어 역사적 법칙에 구속받지 않으면서 종국에는 역사를 끝맺는다는 것이다. 그 자체로 아주 기이할 정도로 유대적인 개념인 프롤레타리아는 메시아나 구원자가 된다. 혁명은 두 요소로 구성된다. "해방의 머리는 철학이고, 해방의 심장은 프롤레타리아다." 따라서 지식인들은 엘리트와 장성을 형성하게 될 것이고, 노동자들은 보병이 될 것이다.

헤겔의 변증법을 활용하여 부를 부르주아지 계급 전체로 확장된 유대인의 금권으로 규정하고, 프롤레타리아를 새로운 철학적 관념으로 규정한 마르크스는 이제 그의 철학의 정수를 향해, 세계를 거대한 파국으로 몰고 갈 사건들을 향해 나아간다. 핵심 문단은 이렇게 끝난다.

임노동이 다른 계급을 위해 부를 창출하고 자신들을 위해서는 곤궁만을 가져옴으로써 스스로 선고한 형벌을 집행하는 것처럼, 프롤레타리아는 사유 재산이 프롤레타리아를 낳음으로써 스스로 선고한 형벌을 집행한다. 프롤레타리아가 승리한다면, 그것은 프롤레타리아가 사회의 절대적인 권력이 됐다는 것을 의미하는 것만은 아니다. 프롤레타리아의 승리는 그 자신과 적대자들의 해체를 통해서만 가능하기 때문이다. 그렇게 되면 프롤레타리아와, 효력을 상실해 가는 적대자인 사유 재산은 사라진다.

마르크스는 그가 시적 비전으로 처음 목격했던 격변을 정의하는 데 성공했다. 그런데 그 정의는 독일의 학술 용어들로 행해졌다. 대학 강의실을 넘어선 현실 세계의 관점에서 보면, 그런 정의는 실질적으로 아무런 의미도 없었다.

마르크스는 사건을 정치적으로 다룰 때조차도 여전히 철학적 전문용어를 사용한다. "사회주의는 혁명 없이는 만들어질 수 없다. 조직적 활동이 시작되고 영혼이라는 물物 자체가 출현하면, 사회주의는 모든 정치적 베일을 내던질 수 있다." 마르크스는 진정한 빅토리아 시대 사람이었다. 그는 빅토리아 여왕이 친필 편지에서 그랬던 것만큼이나 자주 단어들을 강조한다. 그런데 그의 강조 행위는 그가 뜻하는 바를 전달하는 데 큰 도움은 되지 않는다. 그가 뜻하는 바는 독일 강단 철학의 모호하기 그지없는 개념들 속에 침몰해 버린 상태로 남아 있다. 마르크스는 자신의 주장을 거듭 반복하여 이해시키기 위해 자신이 묘사하는 과정의 세계적 특성을 강조하는 식으로 습관적인 허풍에 의지하지만, 학술적 전문 용어는 이런 작업을 하기에는 너무나 거추장스러웠다. 따라서 "프롤레타리아는 세계—역사적으로만 존재할 수 있다. 공산주의와 공산주의 활동이 세계—역사적 존재를 가질 수 있는 것처럼 말이다." 또는 "경험적으로, 공산주의는 지배 계급의 통일된 동시 행동을 통해서만 가능하다. 이런 행동은 생산력과 거기에 의존한 세계 교역의 보편적 발전을 전제로 한다." 그런데 마르크스가 뜻하는 바가 뚜렷하더라도, 그의 주장이 필연적으로 타당성을 갖는 것은 아니다. 그의 주장은 도덕적 철학자의 의견에 불과하다.[11] 위에서 인용한 몇몇 문장은 정반대의 의미로 바꿔 놓더라도 그럴듯하거나, 아니면 그럴듯하지 않거나 할 것이다. 그렇다면 도덕적 철학자의 이런 예언적 발언과 폭로를 과학으로 탈바꿈시킬, 현실 세계에서 얻은 사실과 증거는 어디에 있는가?

마르크스는 헤겔의 철학에 대해서 그랬던 것처럼, 사실에 대해서도 양면인 태도를 보였다. 그는 인생의 수십 년을 사실을 축적하면서 보냈는데, 그렇게 쌓인 사실은 공책 100권이 넘은 어마어마한 분량이었다. 그러나 이것은 도서관에서 찾을 수 있는 청서*에 나오는 사실들이었다. 자신의 눈과 귀로 세계와 그 세계에서 살아가는 사람들을 연구하는 것은 그의 관심사가 아니었다. 그는 구제 불능의 책상물림이었다. 세상 어느 것도 그를 도서관과 공부에서 끌어낼 수 없었다. 빈곤과 착취에 대한 그의 관심은 1842년 가을로 거슬러 올라간다. 스물네 살인 그는 지방 소작농들의 벌목 권한을 다룬 법률에 대한 일련의 논문을 쓰고 있었다. 엥겔스에 따르면, 마르크스는 그에게 "나의 관심을 단순한 정치학에서 경제적 조건으로, 결국에는 사회주의로 돌려 놓은 것은 목재 강탈과 관련한 법률 연구, 그리고 모젤 지역 소작농에 대한 나의 연구였다"고 말했다.[12] 그러나 마르크스가 소작농과 지주와 실제로 얘기를 나눴다는 증거, 그리고 해당 지역의 실태를 관찰했다는 증거는 없다. 그는 또 1844년에 주간 경제지 「전진」을 위해 실레지아 직공들의 곤궁에 대한 기사를 썼다. 그런데 그는 실레지아에는 한 번도 가 본 적이 없었고, 직공과 얘기를 나눠 본 적도 없었다. 직공과 얘기를 나누는 것은 전혀 그답지 않은 행동이다. 마르크스는 평생 동안 재정과 산업에 대해 글을 썼지만, 그가 아는 사람 중에 이와 관련된 일을 한 사람은 두 사람뿐이었다. 한 명은 네덜란드에 사는 삼촌 리온 필립스였는데, 훗날 대기업 필립스 전기회사를 창립한 성공적인 사업가였다. 자본주의의 총체적 과정에 대한 필립스 삼촌의 관점은 박식했고, 마르크스가 그걸 탐구해 보려는 수고만 했었다면 그런 관점은 흥미로웠을 것이다. 그런데 마르크스는 고급 재정과 관련한 기술적 문제에 대해 삼촌에게 딱 한 번 의견을 물었을 뿐이다. 그는 필립스를 네 번이나 찾아갔지만, 방문의 목적은 집안 재산과 관련한 순전히

---

* 靑書, 영국 의회나 정부의 보고서

개인적인 문제 때문이었다. 다른 전문가는 엥겔스였다. 그러나 마르크스는 같이 방적공장에 가자는 엥겔스의 초청을 거절했다. 우리가 아는 한, 마르크스는 일생을 통틀어 제분소, 공장, 광산이나 다른 작업장에 발을 들여 놓은 적이 단 한 번도 없었다.

　더욱 인상적인 것은 그런 경험을 했던 동료 혁명가, 즉 정치의식을 갖게 된 노동자들을 향한 마르크스의 적개심이다. 1845년에 런던을 잠깐 방문했을 때 그런 사람들을 처음 만난 그는 독일인 노동자 교육 모임에 참석했다. 그는 자신이 목격한 것이 마음에 들지 않았다. 사람들 대부분은 숙련 노동자, 시계 제조공, 인쇄기술자, 제화공이었고, 모임의 지도자는 임업 노동자였다. 독학을 한 그들은 자제심과 위엄이 있었고, 예의 발랐으며, 자유분방한 삶을 반대했고, 사회를 변혁시키고 싶어 했지만 목표 달성을 위한 현실적인 단계에 대해서는 온건한 입장을 보였다. 그들은 마르크스의 묵시론적 비전에 의견을 같이하지 않았다. 무엇보다도 그들은 마르크스의 학술적 전문 용어들을 사용할 줄 몰랐다. 마르크스는 그들을 경멸의 눈으로 바라봤다. 그들은 혁명의 병사들, 그 이상의 존재는 아니었다. 마르크스는 늘 자신과 비슷한 중산층 지식인들과 어울리는 것을 선호했다. 그와 엥겔스가 공산주의자 동맹을 창설했을 때, 그리고 사회주의 인터내셔널을 결성했을 때, 마르크스는 노동자들을 요직에서 배제시키고, 규정에 정해진 프롤레타리아 자격으로만 위원회에 앉을 수 있게 대책을 강구했다. 그가 그런 행동을 한 까닭은 부분적으로는 지식인의 속물근성 때문이었고, 부분적으로는 공장 환경을 실제로 경험해 본 사람들은 폭력을 반대하면서 온건하고 점진적인 발전을 선호하는 경향이 있기 때문이었다. 그들은 마르크스가 필수적일 뿐 아니라 불가피하다고 주장한 묵시론적 혁명에 두드러지게 회의적이었다. 마르크스의 악의에 찬 비난의 상당수는 바로 이런 유형의 사람들에게 가해졌다. 1846년 3월, 브뤼셀에서 있을 공산주의자 동맹 회의에 앞서, 마르크스는 빌헬름 바이틀링을 일종의 재판에 회부했다. 세탁부의 사생아로 아버지의 이름도 모르는 불쌍한 바이틀링은 재봉사의 도제로 일하면서 고된 노동과 독학을 통해 독일인 노동자들 사이에서 상당한 추종자를 모았다. 재판의 목적은 정강 정책의 "옳음"을 역설하고, 마르크스가 필수적이라 판단했던 철학적 훈련이 결여된 주제넘은 노동자들을 처단하려는 것이었다. 바이틀링을 향한 마르크스의 공격은 가혹했다. 바이틀링은 정강 정책도 없이 선동을 했기 때문에 유죄라고 마르크스는 말했다. 이런 짓은 "멍청한 젊은이들과 사도들만으로도 성공적인 결사체를 구축할 수 있는" 미개한 러시아에서라면 아주 훌륭한 행동이었다. "그러나 독일처럼 개화된 나라에서는 우리의 정강 정책 없이는 아무것도 성취할 수 없소." 또한 "구체적인 정강 정책과 명료한 과학적 사상 없이 노동자, 특히 독일 노동자에게 영향력을 행사하려고 시도하는 것은 공허하고 파렴치한 선동 게임을 즐기는 것에 불과하오. 그런 짓은 영감을 받은 사도들과 그의 말에 귀 기울이는 얼빠진 멍청이들을 만들어내는 데 그칠 것이오." 바이틀링은 자신은 연구의 결과로 만들어진 정강정책을 배우기 위해 사회주의자가 된 것이 아니라고 항변했다. 자신은 실제 노동자를 대변하고 있으며, 노동자가 겪는 고통과는 거리가 먼 이론가들의 견해를 따르지는 않겠다고 대꾸했다. 목격자에 따르면, 이 발언 때문에 "격분한 마르크스가 주먹으로 너무나 과격하게 책상을 내리치는 바람에 램프가 흔들거릴 지경이었다. 그는 벌떡 일어나서 소리쳤다. '무지는 지금까지 그 어떤 사람도 돕지 못했소.' 마르크스가 미친 듯이 화를 내며 방 이곳저곳을 오가는 가운데 회의는 끝이 났다."13

이것이 이후 마르크스가 적들에게 가한 비난에서 그대로 재현된 패턴이었다. 노동 계급 출신의 사회주의자와, 노동과 임금의 현실적 문제에 대해 이론적인 혁명 대신 실제적 해법을 설교해서 상당수의 노동자 추종자를 확보한 지도자 모두가 비난의 대상이었다. 마르크스는 식자공으로 일했던 피에르 요지프 프루동, 농업 개혁가 헤르만 크리게, 정말로 중요한 최초의 독일 사회민주주의자이며 노동운동가 페르디난트 라살을 비난했다. 농업에 대해, 특히 크리게가 정착했던 미국의 농업에 대해서는 아는 것이 하나도 없는 마르크스는 『크리게를 반대하는 성명서』에서 농민 각자에게 공유지 160에이커를 제공하자는 크리게의 제안을 비난했다. 마르크스는 농민들을 끌어들이려면 땅을 주겠다는 약속을 해야 하지만, 일단 공산주의 사회가 형성되고 나면 토지는 공공의 소유물이 돼야만 한다고 말했다. 프루동은 교조주의의 반대자였다. 그는 "모든 (종교적) 선험적 교조주의를 폐지한 후에는, 타인의 마음에 또 다른 도그마를 심으려 하지 말자……. 우리는 새로운 편협한 지도자가 되어서는 안 된다"고 썼다. 마르크스는 이런 노선을 증오했다. 1846년 6월에 쓴, 프루동을 격렬하게 비판한 『철학의 빈곤』에서 마르크스는 프루동이 "유치하고" 경제학과 철학에 대해 심히 "무지하며" 그 무엇보다도 헤겔의 사상과 기법을 오용하고 있다고 비난했다. "프루동 씨는 헤겔의 변증법에 대해서는 관용구 외에는 아는 것이 없다." 라살의 경우는 마르크스의 가장 잔혹한 반유대주의와 인종적 멸시의 희생자가 됐다. 라살은 "이치그• 남작", "유대인 깜둥이", "광택 나는 옷감과 싸구려 보석 아래 잘잘 흐르는 기름기를 감춘 유대인"이었다. 마르크스는 엥겔스에게 보낸 1862년 7월 30일자 편지에 이렇게 썼다. "이제 내게는 모든 것이 완벽해졌네. 머리 모양이나 머리카락을 볼 때, 그는 모세가 이집트에서 탈출할 때 합류한 깜둥이의 피를 물려받았어(적어도 어머니나 친할머

• 룩셈부르크의 도시 이름

가 깜둥이 피가 섞이지 않았다면). 깜둥이의 핏줄을 바탕으로 유대인과 독일인이 이런 식으로 섞이면 기이한 잡종이 태어나게 돼 있다네."14

게다가 마르크스는 산업현장의 노동 환경을 직접 조사하려고도 하지 않았고, 그런 경험을 가진 노동자 지식인으로부터 그에 대해 배우려고도 하지 않았다. 그래야만 하는 이유가 무엇인가? 본질적으로 그는 헤겔 변증법을 활용하여 1840년대 후반에 이미 그가 내린 결론에 도달했다. 남은 것은 결론을 입증할 자료들을 찾아내는 것이 전부였는데, 그런 자료들은 신문 보도, 정부의 청서, 초창기 저자들이 수집해 놓은 증거로부터 얻을 수 있었다. 그리고 이런 문헌들은 모두 도서관에서 찾을 수 있었다. 더 찾아 볼 이유는 없었다. 마르크스가 보기에 문제는 적절한 종류의 사실들, 그러니까 이론에 부합하는 사실들을 찾아내는 것이었다. 철학자 카를 야스퍼스는 마르크스가 쓴 방법을 잘 요약했다.

마르크스의 집필 스타일은 연구자의 그것이 아니다……. 그는 자신의 이론과 배치되는 사례나 사실은 인용하지 않고, 그가 궁극적 진리로 간주하는 것을 지지하거나 확증하는 사실만 끌어댄다. 그의 접근 방식은 해명을 위한 것이지 연구를 위한 것이 아니다. 그런데 그 해명이라는 것도 과학자의 확신이 아닌 종교적 신봉자의 확신에 의해 완벽한 진리라 선언된 것을 해명하는 것이다.15

이런 점에서, "사실"은 마르크스의 저작에서는 중요치 않다. 사실은 이미 그것과 무관하게 도달된 결론을 지지하는 부수적인 요소다. 따라서 학자로서의 마르크스의 삶이 낳은 기념비인 『자본론』은 책이 주장하는 바처럼 경제 발전의 본질을 과학적으로 조사한 작품이 아니라, 칼라일이나 러스

킨류의 도덕 철학으로 봐야 한다. 자본론은 논리적이지 못한 점이 많은 거창한 훈계이며, 산업 발전과 소유권의 원칙에 대한 공격이다. 공격을 감행한 남자는 자신의 공격 대상에 대해 강렬하지만 본질적으로는 비합리적인 증오를 품고 있었다. 이상한 것은, 『자본론』에는 조직화된 원칙으로 작동할 만한 핵심 주장이 없다는 것이다. 원래 마르크스는 1857년에 각각 자본, 토지, 임금과 노동, 국가, 교역과 세계 시장 및 위기를 다룬 여섯 권의 책을 구상했다.16 그런데 그의 능력을 뛰어넘는 것으로 판명된 그런 계획을 수행하려면 규칙적인 자기 절제가 필요했다. 그가 실제로 완성한 유일한 책(헷갈리게도 두 권이다)에는 사실상 논리적인 형식이 없다. 『자본론』은 임의의 순서대로 배열된 일련의 개별적 설명들이다. 프랑스의 마르크스주의 철학자 루이 알튀세르는 『자본론』의 구조가 너무 혼란스럽기 때문에 독자들은 1부를 무시하고 2부 4장부터 읽을 필요가 있다고 생각했다.17 그러나 다른 마르크스주의 주석가들은 이런 해석을 단호히 거부한다. 사실, 알튀세르의 접근법 역시 그다지 도움이 되지 않는다. 엥겔스가 직접 작성한 『자본론』의 개요는 구조의 취약함이나, 구조라 할 만한 것이 없다는 것을 강조하는 데 기여할 뿐이다.18 마르크스 사후, 엥겔스는 1,500페이지에 달하는 마르크스의 노트에서 『자본론』 2권을 구성해 냈는데, 그중 4분의 1은 그가 다시 쓴 것이다. 그 결과는 주로 1860년대의 경제학 이론의 관점에서 자본의 순환을 다룬, 단조롭고 정신없는 600페이지의 책이었다. 엥겔스가 1885년부터 1893년까지 작업한 3권은 고리대금업에 대한 1,000페이지의 책인데, 앞서 다루었던 주제들을 제외한 자본의 모든 측면을 개관하지만, 대부분 마르크스가 써 놓은 메모와 노트에 불과하다. 그 내용은 모두 마르크스가 1권을 작업하던 1860년대 초반부터 나온 것이다. 사실, 마르크스가 책을 완성하지 못한 것은, 에너지의 부족과 체계적인 지식의 결여 때문이었다.

2권과 3권은 우리의 관심사가 아니다. 집필 작업을 15년이나 중단한 것으로 볼 때, 마르크스가 이런 형태로 책을 집필하려고 의도하지는 않은 것으로 보이기 때문이다. 그가 집필한 1권에서 정말로 중요한 것은 두 장뿐이다. 8장 "노동일수"와, 유명한 7절 "자본주의 축적의 역사적 경향"이 포함된 2부 24장 "본원적 축적." 자본주의 축적의 경향에 대한 분석은 어떤 의미로 보더라도 과학적 분석이 아니라 단순한 예언에 불과하다. 마르크스는 (1) "자본가의 총 수가 계속해서 감소"할 것이고, (2) "그에 대응하여 빈곤층의 규모, 탄압, 노예화, 퇴폐와 착취가 증가"할 것이며, (3) "노동 계급의 분노는 꾸준히 강화"될 것이라고 말했다. 이 세 가지 힘은 한데 어우러지면서 헤겔적인 위기, 아니면 그가 10대 시절 상상했던 시적 대재앙의 정치·경제적 버전을 창출한다. "생산 수단의 집중화와 노동의 사회화는 자본주의의 외피와는 양립할 수 없다는 것이 입증되는 지점에 도달한다. 자본주의의 외피는 산산이 찢길 것이다. 자본주의적 사유 재산의 죽음을 알리는 종소리가 울려퍼진다. 착취자들은 착취당한다."[19] 피가 펄펄 끓는 이 문장은 수 세대에 걸쳐 열성 사회주의자들에게 기쁨을 줬다. 그러나 이것이 점성가의 만세력 수준을 뛰어넘는 과학적 예측이라고 주장하기는 어렵다.

대조적으로, 8장 "노동일수"는 영국 프롤레타리아의 삶에 자본주의가 끼친 영향에 대한 사실적 분석임을 표방한다. 사실, 이 장이야말로 마르크스의 철학 전체의 허울뿐인 주제인 노동자를 실제로 다룬 유일한 부분이다. 따라서 이 장의 "과학적" 가치는 검증해 볼 필요가 있다.[20] 우리가 이미 알게 됐듯이, 마르크스는 자신의 예견에 적합한 사실만을 찾아왔다. 그런데 이런 접근은 과학적 방법의 원칙과는 반대되는 작용을 하기 때문에, 이 장은 처음부터 근본적인 결함을 갖고 있다. 그런데 마르크스는 사실을 편향적으로 선택하는 것 외에도 그 사실을 잘못 전달하거나 왜곡했을까? 이제 우리는 그 문제를 고려해 봐야만 한다.

8장에서 주장하고자 하는 바는 마르크스의 도덕적 주장의 핵심이기도 한데, 자본주의는 본질적으로 노동자에 대한 점증하는 착취와 관련이 있다는 것이다. 따라서 더 많은 자본이 사용될수록, 노동자들은 더 많이 착취당하게 될 것이다. 그리고 이것은 최종적인 위기를 낳을 커다란 도덕적 죄악이다. 자신의 주장을 과학적으로 정당화하기 위해서 마르크스는 (1) 전자 본주의 작업장의 환경도 열악했지만 산업 자본주의 아래에서는 환경이 더욱 열악해졌다. (2) 자본의 비인간적이고 무자비한 본질을 가정한다면, 노동자에 대한 착취는 최고도로 자본화된 산업에서 점점 강도가 세어진다는 것을 증명해야 했다. 마르크스는 (1)을 입증할 시도조차 하지 않았다. 그는 "영국의 대규모 산업의 초창기부터 1845년까지의 기간에 대한 문제는, 프리드리히 엥겔스의 『영국 노동 계급의 상태』(라이프니츠, 1845)에 상세한 내용이 담겨 있으므로 여기서는 간단히 거론하겠다"고 밝혔다. 마르크스는 그 뒤에 정부 간행물, 특히 공장 검사관의 보고서를 덧붙이면서, "자본주의적 생산 방식의 본질에 대한 엥겔스의 통찰력"을 확증했고, "그가 상황을 상세히 묘사하는 데 얼마나 성실했는지를 보여 줬다"고 기술했다.[21]

요약하자면, 1860년대 중반의 자본주의 노동환경에 대한 마르크스의 과학적 검증의 첫 부분은 20년 전에 출판된 엥겔스의 『영국 노동 계급의 상태』, 단 한 권에만 기초하고 있다. 그렇다면 이 단일한 출처에 어느 정도의 과학적 가치를 부여할 수 있을까? 1820년생인 엥겔스는 라인란트 바르멘의 부유한 목화 제조업자의 아들로, 1837년에 가업에 뛰어들었다. 1842년에 맨체스터 지사로 파견된 그는 영국에서 20개월을 보냈다. 그동안, 그는 맨체스터뿐 아니라 런던, 올덤, 로치데 일, 애슈턴, 리즈, 브래드퍼드, 허더즈필드 등도 방문했다. 따라서 그는 섬유 교역은 직접 경험했지만, 그 외의 영국의 노동 환경에 대해 직접 아는 것은 하나도 없었다. 예를 들어, 그는 광업에 대해서는 전혀 몰랐고 탄광에 가본 적도 없었다. 농촌마을이나 농업노동자에 대해서도 아는 것이 하나도 없었다. 그럼에도 그는 책에서 "광부들"과 "토지 프롤레타리아"라는 두 개의 장을 할애했다. 엄격한 학자인 W. O. 헨더슨과 W. H. 챌로너는 1958년에 엥겔스의 책을 재번역하고 편집하면서, 엥겔스가 사용한 자료의 출처와 그가 인용한 문구들이 나오는 원래 문헌을 검토했다.[22] 그들의 분석 결과는 책의 객관적인 역사적 가치를 거의 완전히 파괴해 버렸다. 엥겔스의 저작은 전혀 의심의 여지없는 정치 논객의 작품, 팸플릿, 공격적 연설에 불과한 것이었다. 엥겔스는 책을 집필하는 동안 마르크스에게 편지를 썼다. "나는 세계 여론의 공개 법정에서 대량 살상, 대대적인 노략질, 그리고 공판 예정표에 있는 다른 모든 죄목으로 영국의 중산층을 고발하네."[23]

이 문구는 책의 모든 것을 요약한다. 이 책은 형사 사건의 고발장이다. 전자본주의 시대와 산업화 초기 단계에 대한 모든 조사를 포함한 책의 상당 부분은 1차적 자료에 기초한 것이 아니라, 가치가 모호한 몇 건의 2차적 자료에 기초한 것이다. 피터 개스켈의『영국의 제조업 종사 인구』(1833)가 2차적 자료 중 하나였는데, 이 책은 18세기가 영국 자작농과 기능공의 황금기였음을 보여 주려는 낭만적 신화를 담은 시도였다. 1842년에 결성된 "아동 고용에 관한 왕립위원회"가 결론적으로 보여 줬듯이, 사실 소규모 전자본주의적 작업장의 작업 환경과 거주 주택의 환경은 랭커셔의 신식 대규모 방적 공장에 비해 형편없이 열악했다. 엥겔스가 1차적 자료로 채택한 출판물들은 5년, 10년, 20년, 25년, 심지어는 40년이나 된 것들이었다. 그런데 엥겔스는 그 자료들을 당대의 자료인양 제시한다. 야간 근무 탓으로 돌린 사생아 출생과 관련한 수치를 내세우면서, 그는 이 수치가 1801년에 나온 것임을 기입하지 않았다. 그는 에든버러의 공중위생 시설에 대한 논문을 인용하면서, 독자들에게 그 논문이 1818년에 쓰인 것임은 알려 주지 않았다. 그는 시대에 뒤떨어진 자신의 증거들을 뒤집을 만한 새로운 사실과 사건을 언급 하지 않았다.

엥겔스의 허위 진술이 독자들을 고의적으로 속인 것인지, 아니면 자기 기만에 빠진 것인지는 명확하지 않다. 그러나 몇몇 행각은 명백히 의도적이다. 그는 1833년에 발족한 공장조사위원회가 밝혀낸 열악한 환경에 대한 증거들을 활용하면서도, 알소프 경이 발의한 공장 법이 1833년에 통과됐으며, 법률이 오랜 동안 시행되면서 보고서가 기술했던 작업 환경을 개선시켰다는 사실을 독자들에게 알려 주지 않았다. 그는 주요 자료인 J. P. 케이 박사의 『맨체스터의 면화 공장에 고용된 노동 계급의 육체적·정신적 상태』(1832)를 다루면서도 똑같은 기만을 저질렀다. 이 책은 지방 정부가 공중 위생 시설을 근본적으로 개혁하는 데 도움을 줬는데, 엥겔스는 그 사실을 언급하지 않았다. 그는 범죄 통계를 잘못 해석했고, 자신의 주장을 뒷받침하지 않을 때는 그런 통계를 무시했다. 그는 자신의 주장과 모순되는 사실들과 그가 폭로하고자 하는 특별한 "죄악"들에 대한 해명을 꾸준히, 그리고 고의로 은폐했다. 2차적 자료에 대한 엥겔스의 인용을 세심하게 확인해 보면 생략과 축약, 윤색과 왜곡이 자주 등장하는데, 그때마다 직접 인용된 것처럼 따옴표가 첨가됐다. 헨더슨과 챌로너의 책은 본문과 각주를 통틀어 엥겔스의 왜곡과 부정직함을 정리한 목록이다. 7장 "프롤레타리아"만 놓고 보더라도, 왜곡과 잘못된 인용은 152, 155, 157, 159, 160, 163, 165, 167, 168, 170, 172, 174, 178, 179, 182, 185, 186, 188, 189, 190, 191, 194, 203페이지에서 나타난다.[24]

마르크스가 엥겔스의 책이 가진 부정직함이라는 약점을 모를 리 없었다. 독일 경제학자 브루노 힐데브란트가 1848년에 그중 상당 부분을 폭로했는데, 마르크스도 그 책을 잘 알고 있었다.[25] 그러나 마르크스도 엥겔스의 책이 출판된 이후 공장법과 다른 개혁적 법률의 시행으로 인해 많은 개선이 이뤄졌고, 개선으로 인해 그가 강조하고자 했던 작업 환경의 유형이 영향을 받았다는 사실을 독자들에게 밝히지 않고 건너뛰면서, 엥겔스의 그릇된 설명을 더욱 악화시켰다. 어찌 됐든, 마르크스가 1차적·2차적 자료를 제시할 때 보여 준 태도는 엥겔스의 저작을 특징지은 지독한 부주의, 편향적인 왜곡과 노골적인 부정직성과 동일했다.[26] 두 사람이 공동으로 사기 행각을 벌인 적도 종종 있었다. 마르크스가 더 대담한 거짓말쟁이이긴 했지만 말이다. 마르크스는 특히 악명 높은 한 가지 사례에서는 자기 자신까지도 속여 넘겼다. 그 사례는 1864년 9월에 창립된 국제노동자협회의 소위 "개회사"다. 무관심한 영국 노동 계급을 선동할 목적으로, 그리고 생활 수준이 점차 저하되고 있다는 것을 증명하고자 하는 열망에서, 마르크스는 W. E. 글래드스턴 수상의 1863년 예산 관련 연설을 일부러 왜곡했다. 글래드스턴이 국부의 증가에 대해 설명하면서 한 말은 이랬다. "국부와 국력의 증대가 안락한 여건에서 살아가는 계급에만 국한된 일이라면, 저는 우리를 도취시키는 국부와 국력의 증대를 우려와 고통의 눈길로 바라봐야만 했을 것입니다." 그는 이렇게 덧붙였다. "그러나 지난 20년 동안 영국 노동자의 평균 생활 수준이 엄청나게 향상됐다는 것, 그것도 국가와 시대를 막론하고 역사상 유례를 찾아보기 힘들 정도의 수준이라고 선언해도 무방하다는 것을 알게 되어 행복합니다."[27] 개회사에서 마르크스는 글래드스턴이 이렇게 말했다고 밝혔다. "우리를 도취시키는 국부와 국력의 증대는 전적으로 유산 계급에 국한된 것입니다." 글래드스턴이 원래 했던 말이 옳았다는 사실은 많은 통계 증거가 입증하고 있다. 또한 글래드스턴은 국부가 가급적 광범위하게 분배될 수 있도록 고민한 것으로 유명하다. 따라서 글래드스턴의 연설 의도를 180도 뒤집어 아주 엉뚱하게 이해하기란 어려운 일이었다. 마르크스는 연설문 자료로 일간지 「모닝스타」를 지목했다. 그러나 다른 신문이나 국회의사록과 마찬가지로 「모닝스타」는 글래드스턴의 연설을 정확하게 옮겨 실었다. 마르크스의 인용이 잘못됐다는 지적이 나왔음에도 불구하고, 그는 『자본론』에서 다른 잘못된 인용들과 함께 그 연설을 다시 인용했다. 변조 사실이 다시 지적되고 비난이 잇따르자, 마르크스는 논점을 흐리기 위해 엄청난 양의 잉크를 흩뿌려댔다. 그와 엥겔스, 나중에는 마르크스의 딸 엘리노어까지 옹호할 수 없는 것을 옹호하기 위해 20년 동안 분쟁에 휘말렸다. 그들 중 어느 누구도 최초의 분명한 잘못을 인정하려 들지 않았다. 따라서 논쟁의 결과로 몇몇 독자들은 마르크스가 의도했던 것처럼, 그렇지 않았는데도 이 논쟁에 두 가지 측면이 있다는 인상을 받았다. 마르크스는 글래드스턴이 결코 그런 말을 하지 않았다는 것을 알고 있었다. 따라서 기만은 의도적인 것이었다.[28] 마르크스에게 이러한 일은 특별한 사례가 아니었다. 그는 비슷한 의도에서 애덤 스미스를 잘못 인용했다.[29]

　마르크스의 체계적인 자료 오용은 1880년대에 두 케임브리지 학자의 관심을 끌었다. 그들은 『자본론』의 프랑스어 개정판(1872~1875)을 활용하여 케임브리지 경제클럽에 제출할 보고서 「카를 마르크스의 『자본론』 15장의 청서 활용에 대한 논평」을 작성했다.[30] 그들은 먼저 "몇 가지 주장에 대한 세밀한 정보를 도출하기 위해" 마르크스의 인용 문헌들을 조사했는데, "수많은 오류"에 충격을 받았다. 그들은 "너무나 노골적으로 존재하는 오류의 범위와 중요도"를 검토하기로 결정했다. 그들은 청서의 텍스트와 마르크스의 인용 사이에 차이가 있는 것이 단순한 실수가 아니라, "결과를 왜곡하려는 의도가 있었다"는 사실을 발견했다. 그들은 인용문에서 발견한 "마르크스가 입증하려고 노력하는 결론에 배치되는 구절들을 생략해서 본인의 편리에 맞도록 축약"된 경우들을 왜곡의 한 범주로 분류했다. 또 다른 범주는 "청서의 다른 부분에 있는 별개의 문장을 하나로 이어 붙여 가공의 인용문을 창작"해 낸 것이다. "그리고는 청서에서 직접 인용한 것처럼 인용 부호 안에 집어넣어서 독자들을 속였다." 일례로 재봉틀을 소재로 한 경우, "그는 앞뒤 가리지 않고 청서를 활용한다……. 청서의 의도와는 정반대로 인용했는데 그런 인용에는 소름이 끼친다." 그들은 자신들이 발견한 사실이 "고의적인 왜곡의 증거로 충분"하지 않을지는 모르지만, "정부 당국의 권위를 범죄 수준이라고 보아도 될 정도로 무모하게 활용"했다는 것은 확실하므로, "마르크스의 다른 저작들도 의혹을 품고" 대해야 한다고 결론을 내렸다.[31]

마르크스가 증거들을 어떻게 활용했는지를 간단히 살펴보기만 해도, 그가 집필할 때 의존했던 모든 사실 자료를 의심하지 않을 수 없다. 마르크스는 결코 믿음직스럽지 못하다. 『자본론』의 핵심적 주장인 8장 전체는 객관적으로 검증하면 이치에 맞지 않는다는 것을 알 수 있는 논제들을 증명하기 위해 계획적이고 체계적으로 사실 정보를 변조했다. 진실과 관련한 마르크스의 죄목은 크게 네 가지로 분류된다. 첫째, 그는 오래된 자료들을 사용했다. 최신 자료들이 그의 주장을 뒷받침해 주지 못하기 때문이다. 둘째, 그는 작업 환경이 특히 열악한 산업들을 자본주의의 전형적 산업으로 선택했다. 이 속임수는 마르크스에게 특히 중요한데, 그런 속임수가 없었다면 8장을 결코 쓸 수 없었을 것이기 때문이다. 그의 논점은 자본주의의 작업 환경이 계속 나빠지리라는 것이다. 더 많은 자본이 사용될수록, 적절한 이윤을 확보하기 위해 노동자들은 더욱 열악한 대접을 받게 된다는 것이 그의 주장이다. 그가 주장을 증명하기 위해 장황하게 인용한 증거들은 전적으로 요업, 여성복 제조업, 대장간, 제빵업, 성냥 제조업, 벽지 제조업, 레이스 제조업처럼, 대부분 전자본주의적 단계에 있는 소규모의 비능률적이고 자본화가 덜 된 구식 공장들로부터 얻은 것이었다. 마르크스가 인용하는 특정 사례(예를 들어 제빵업)의 작업 환경은 상당히 열악했다. 해당 기업은 자본의 부족으로 기계를 들여 놓을 만한 형편이 안 됐다. 결국 마르크스는 전자본주의적 작업 환경을 다루면서 눈앞의 진실을 무시해 버렸다. 자본이 늘어날수록 노동자의 고통은 줄어든다는 진실을. 그는 근대화되고 고도로 자본화된 산업을 다룰 때면 증거가 부족하다는 사실을 알게 됐다. 그래서 그는 철강 산업을 다룰 때는 자기 의견을 삽입하는 데에 의존했다("정말 냉소적일 정도로 솔직하다!" "놀라운 입담이다!"). 그는 철도 산업을 다루면서는 케케묵은 사건에 대한 선정적 기사를 활용했다("새로 등장한 철도의 대재앙들"). 그의 주장에 부합하려면 마일당 여행승객 사고율은 필연적으로 증가해야 했다. 그런데 사고율은 급격하게 감소했고, 『자본론』이 출판될 즈음에 철도는 이미 역사상 가장 안전한 대량 수송 방식이 돼 있었다.

셋째, 마르크스는 공장 검사관의 보고서를 활용하면서 노동자의 열악한 작업 환경과 부당한 대우가 마치 자본주의 체제 자체의 불가피한 성격처럼 인용했다. 그런데 이런 부당 행위는 검사관들이 "부정한 공장주"라고 부른 사람들의 책임이었다. 그리고 그런 공장주를 적발하고 기소하는 검사관들 덕에 그런 행위는 점점 자취를 감춰 가는 중이었다. 넷째, 마르크스가 원용한 주요 증거가 검사관들이 작성한 보고서에서 왔다는 사실 자체가 그의 기만을 입증한다. 자본주의는 본질적으로 구제 불능이고, 부르주아지 국가는 자본주의의 공범으로서 노동자에게 고난을 부과한다는 것이 그의 주장이었다. 그는 국가는 "전체 계급을 다스릴 때 벌어지는 일들을 관리하는 집행 위원회"라고 썼다. 그런데 그 주장이 사실이라면, 국회는 공장법을 결코 통과시키지 않았을 것이고 국가도 그 법을 시행하지 않았을 것이다. 선택적으로 배치(되고 때로는 변조)되기는 했지만, 마르크스가 활용한 거의 모든 사실 자료는 작업 환경을 개선하려는 국가(검사관, 법원, 치안 판사)의 노력에서 얻은 것으로, 열악한 작업 환경에 책임이 있는 사람들을 적발하고 징벌하는 일과 관련된 필수적인 자료였다. 만약 사회 체제가 개혁 과정에 스스로 들어서지 못한다면—이것이 바로 마르크스가 불가능하다고 추론한 것인데—『자본론』은 쓰일 수 없었을 것이다. 마르크스는 현장에 직접 나가 조사하는 것을 매우 싫어했기 때문에, 그가 "지배 계급"이라고 일컬었던 사람들이 내놓은 증거에 의존할 수밖에 없었다. 그런데 그 지배 계급은 상황을 바로잡으려 노력했고 그들의 노력이 성공하는 경우도 점점 늘어났다. 따라서 마르크스는 중요한 증거의 출처를 왜곡하거나, 그의 주장을 폐기해야 하는 기로에 섰던 것이다. 『자본론』은 구조적으로 부정직한 책이다. 과거에도 그랬고 지금도 그렇다.

마르크스가 산업이 운영되는 방식을 이해하려는 노력을 전혀 기울이지 않았기 때문에 파악할 수 없었던 것, 또는 파악하지 않았던 것은 산업 혁명의 태동기인 1760~1790년대에 풍부한 자본에 접근했던 유능한 공장주들이 노동자의 작업 환경을 개선하려고 끊임없이 신경을 썼다는 것이다. 그러므로 공장주들은 공장 관련 입법과, 마찬가지로 중요한 법률의 효과적인 집행을 지지하는 경향이 있었다. 그런 법률이 그들이 불공정 경쟁이라 간주했던 것들을 제거했기 때문이었다. 그렇게 해서 작업 환경은 향상됐고, 따라서 노동자들은 마르크스가 예상했던 것과는 달리 봉기를 일으키지 않았다. 예언자는 당황했다. 『자본론』을 읽어 보면 근본적으로 마르크스가 자본주의를 이해하지 못했다는 것을 알 수 있다. 그가 실패한 정확한 이유는 비과학적이었기 때문이다. 그는 몸소 사실을 조사하려 하지 않았다. 그리고 남들이 조사한 사실을 객관적으로 활용하지도 않았다. 『자본론』뿐 아니라 그의 모든 저작은 진실에 대한 무시, 때로는 경멸에 가깝기까지 한 그의 시선을 시종일관 반영하고 있다. 그것이야말로 철학적 시스템으로서의 마르크스주의가 자신들이 주장하는 결과물을 낳을 수 없는 주된 이유다. 마르크스주의를 "과학적"이라고 부르는 것은 터무니없는 일이다.

진리에 대한 사랑이 학자를 표방한 마르크스의 행동 동기가 아니었다면, 평생토록 그를 활동하게 만든 원동력은 무엇이었을까? 이것을 알아보기 위해서는 우리는 그의 성격을 더 자세히 들여다봐야만 한다. 지식인의 광대한 저작들이 두뇌와 상상력의 산물이 아니라 개성의 산물이라는 사실은 약간은 서글픈 일이다. 마르크스는 이런 주장을 입증할 가장 빼어난 사례다. 우리는 그의 철학적 관념이 시적 비전과 저널리즘적 기술과 학구적 태도의 혼합물이라는 것을 이미 살펴봤다. 그런데 그의 철학의 실질적 알맹이는 그의 성격의 네 가지 측면과 연관지어 살펴볼 수 있다. 그것은 폭력에 대한 애호, 권력욕, 금전 문제에 대한 무능함, 그리고 다른 그 어떤 성격보다도 강한, 주변 사람들을 착취하는 경향이다.

마르크스주의가 항상 보여준, 그리고 마르크스주의 정권이 실제 행동으로 꾸준히 보여준 잠재적인 폭력의 분위기는 마르크스 자신의 성향을 투영해 낸 것이다. 극단적인 언어 폭력의 분위기 속에서 평생을 살았던 마르크스는 주기적으로 격렬한 말다툼을 벌였고, 가끔은 육체적 폭력까지 행사했다. 마르크스 가족의 불화는 미래의 아내인 예니 폰 베스트팔렌이 그에게 눈길을 던지게 만든 첫 요인이었다. 본대학에서 경찰은 권총을 소지했다는 이유로 마르크스를 체포했고, 그는 퇴학당할 뻔했다. 대학이 보관하고 있는 자료에 의하면 학생 간의 싸움에 개입한 그는 결투를 벌여서 왼쪽 눈에 상처가 생겼다. 그와 가족 사이의 다툼은 아버지의 말년에 그늘을 드리웠고, 결국에는 어머니와의 의절로 이어졌다. 예니의 초기 편지 중에 지금도 남아 있는 편지에는 이렇게 씌어 있다. "제발 그렇게 많은 원한을 품고 짜증을 내면서 편지를 쓰지는 마세요." 그가 끊임없이 벌인 싸움 중 상당수는 글을 쓸 때, 그리고 연설을 할 때 더 많이 사용했던 난폭한 표현들로부터 비롯되었다. 술을 마시고 연설을 할 때는 상황이 더 나빴다. 마르크스는 알코올중독자는 아니었지만, 주기적으로 술을 마셨고 종종 과음을 했으며 때로는 심각한 술 시합에 끼어들기도 했다. 마르크스가 20대 중반부터 늘 외국의 도시에 있는 독일인 망명자 공동체에서 망명객 신세로 살았다는 것은 그가 겪은 고초의 일부였다. 그는 망명자 공동체 밖에 있는 사람을 사귄 적은 거의 없었지만, 공동체에 편입하려는 시도도 결코 하지 않았다. 더군다나 그가 항상 어울렸던 망명자들은 정치적 혁명에만 몰두한 아주 협소한 집단이었다. 이런 환경은 평생에 걸친 마르크스의 좁은 시야를 설명하는 데 도움을 준다. 이런 집단은 지독한 논쟁을 벌이는 것으로 악명이 높았기 때문에, 걸핏하면 싸우려 드는 마르크스의 특성에 이보다 큰 영향을 준 사회적 배경은 없었다. 예니에 따르면 브뤼셀에서를 제외하고는 다툼이 끊이지 않았다. 파리의 물랭 가에서 편집 회의를 할 때면 밖에 있는 사람들이 끊임없는 고함 소리를 듣지 못하게 항상 문을 걸어 잠가야만 했다.

그렇다고 아무런 목적이 없는 다툼은 아니었다. 마르크스는 교제한 사람 모두와 다툼을 벌였다. 브루노 바우어부터 시작된 이 다툼은 그가 상대방을 완전히 지배하는 데 성공하지 못했을 때 벌어졌다. 그 결과 행동에 나선 마르크스가 적의를 불태우며 사납게 날뛰는 모습을 묘사한 글들이 많다. 바우어의 동생은 마르크스에 대한 시를 쓰기까지 했다. "격렬한 분노에 휩싸인 트리어 출신의 새까만 사람/ 그는 흉악한 주먹을 불끈 쥐고, 끝없이 우르릉거리네/ 수만 명의 악마에게 머리카락을 붙잡힌 듯이."[32] 마르크스는 키가 작고 펑퍼짐했으며, 검은 머리에 수염을 길렀다. 피부는 누르스름

했으며(아이들은 마르크스를 "무어인"이라고 불렀다), 프러시아 스타일의 외눈 안경을 썼다. 바이틀링 "재판"에서 마르크스를 본 파벨 안넨코프는 마르크스의 "두텁고 까만 갈기 같은 머리카락, 털북숭이 손과 단추를 비뚤게 잠근 프록코트"를 기술했다. 예의범절이라고는 모르는 마르크스는 "거만했고, 사람들을 약간 얕잡아 봤다." 그의 "날카로운 금속성 목소리는 사람과 사물에 대해 끊임없이 늘어놓는 그의 급진적 판결에 딱 들어맞았다." 그가 내뱉는 모든 말에는 "호전적인 분위기"가 배어 있었다.[33] 그가 좋아한 셰익스피어 작품은 <트로일로스와 크레시다>로, 그는 이 작품에 나오는 아이아스와 테르시테스의 난폭한 욕설을 즐겼다. 그는 그 욕설을 즐겨 인용했는데, 한 구절("그대 멍청한 왕이여, 내 팔꿈치에 두뇌가 없는 것처럼 그대에게도 두뇌가 없도다")의 희생자는 동료 혁명가 카를 하인첸이었다. 하인첸은 분노한 작은 남자를 인상적으로 묘사하는 것으로 보복했다. 그는 마르크스를 "새까만 머리카락은 헝클어지고 더러운 피부는 누렇게 뜬", "참을 수 없을 정도로 추접한", "고양이와 유인원을 섞어 놓은 인간"이라고 했다. 그에 따르면, 마르크스의 옷과 피부는 날 때부터 흙탕물 색깔이었는지 아니면 그냥 더러워진 것인지 구분이 불가능했다. 작고 사나우며 악의가 서린 눈은 "사악한 불길을 엄청나게 쏟아댔다." 그는 습관적으로 "자네를 완전히 없애 버리겠어"라고 말했다.[34]

마르크스는 정치적 라이벌과 적수들에 대한 세밀한 서류를 수집하는 데 상당한 시간을 소비했는데, 자신에게 도움이 될 것 같으면 조금도 주저하지 않고 경찰에게 서류를 넘겼다. 1872년 헤이그에서 열린 인터내셔널 회의에서 벌인 공개적인 큰 다툼은 훗날 소련에서 일어난 파벌 투쟁을 예고했다. 스탈린 시대에 일어난 사건 중 마르크스의 행동에서 예상하지 못할 일은 하나도 없다. 가끔은 피를 흘리기도 했다. 1850년에 아우구스트 폰 빌리히와 말다툼을 하던 중에 마르크스가 너무 심한 말을 퍼붓자, 폰 빌리히는 결투를 신청했다. 한때는 싸움꾼이었던 마르크스는 "프러시아 장교의 장난에 말려들지는 않겠다"고 말했지만, 젊은 조수 콘라드 슈람이 마르크스의 자리를 대신하겠다고 나서는 것은 조금도 말리지 않았다. 슈람은 평생 단 한 번도 권총을 쏴 본 적이 없었고 빌리히는 1급 사수였는데도 말이다. 슈람은 부상을 당했다. 이 사건에서 빌리히의 입회자는 마르크스의 음흉한 동료로, 예니가 끔찍이도 혐오했던 구스타프 테코프였다. 최소한 동료 혁명가 한 명을 살해한 테코프는 나중에 경찰 살인죄로 교수형을 당했다. 마르크스는 자신의 책략에 맞기만 하면 폭력이나 테러리즘을 거부하지 않았다. 1849년에 그는 프러시아 정부를 상대로 연설을 하면서 으름장을 놨다. "우리는 무자비하며, 당신들에게 조금의 자비도 바라지 않소. 우리는 때가 되면 테러리즘도 감추지 않을 것이오."[35] 이듬해에 그가 독일에서 유포한 "행동 계획"은 특히 대중 폭동을 부추겼다. "우리는 소위 말하는 난폭한 행위를 반대하지 말고, 증오스러운 인물이나 증오스러운 기억을 간직한 공공건물에 대한 대중의 복수를 용서할 뿐 아니라 도와주어야만 한다."[36] 그는 효과적인 것이면 암살도 기꺼이 지지했다. 1878년에 운터덴린덴에서 있었던 빌헬름 1세 암살 시도가 실패했다는 뉴스를 마르크스와 같이 들은 동료 혁명가 막심 코발레프스키는 마르크스가 분노하여 "암살에 실패한 테러리스트에게 저주를 퍼부었다"고 기록했다.[37] 그런 마르크스가 권력을 잡았다면 엄청나게 폭력적이고 잔인한 일들을 실천에 옮겼을 것이다. 물론 그는 대규모 혁명이나 폭력 같은 것을 실천에 옮길 만한 위치에는 결코 오르지 못했다. 따라서 그의 음울한 분노는 책 속에서 늘 비타협적인 극단주의의 분위기를 내뿜었다. 그의 책은 많은 구절이 실제로 분노한 상태에서 쓰였다는 인상을 준다. 오래지 않아 레닌, 스탈린, 모택동이 어마어마한 규모로 실천에 옮긴 폭력을 마르크스는 마음속으로 느끼면서 책을 통해 발산했다.

　진실을 왜곡하고 폭력을 부추긴 행동에 대해 마르크스가 실제로 어떠한 도덕적 태도를 가졌는지는 단언하기 어렵다. 그는 한 가지 점에서는 대단히 도덕적인 존재였다. 그의 마음속에는 더 나은 세상을 창조하고 싶다는 열망이 가득했다. 그럼에도 불구하고, 그는 『독일 이데올로기』에서 윤리학을 비웃었다. 그는 윤리학이 "비과학적"이며 혁명에 장해물이 될 수도 있다고 주장했다. 그는 공산주의가 도래하면 인간의 행동이 유사 형이상학적으로 변화하게 되고, 그 결과로 윤리학은 불필요해질 것이라고 판단한 듯하다.[38] 자기중심적인 사람들이 대부분 그렇듯, 그는 자신에게는 도덕적 법률이 적용되지 않는다고 생각하거나, 자신의 이익을 도모하는 것이 윤리학이 세운 목표와 일치한다고 간주하는 경향이 있었다. 확실히 그는 프롤레타리아의 이익과 자신의 목적을 같은 것으로 보았다. 아나키스트 미하엘 바쿠닌은 마르크스가 "프롤레타리아의 대의에 정말로 헌신했지만, 그 안에는 늘 개인적 허영심이 혼재돼 있었다"[39]고 기록했다. 마르크스는 늘 자신밖에 몰랐다. 그가 젊은 시절에 보낸 편지가 많이 남아 있는데, 겉보기에는 아버지에게 쓴 것이지만, 실제로는 자신에게 쓴 편지였다.[40] 타인의 감정이나 관점은 그에게는 별 관심사가 아니었다. 그는 그가 관여한 집단은 무엇이든 혼자서 이끌어야만 했다. 마르크스가 「신라인 신문」을 편집할 때, 엥겔스는 "편집진은 마르크스가 지배하는 단순한 독재 조직"이라고 말했다.[41] 마르크스에게는 민주주의를 할 시간도 관심도 없었다. 그는 민주주의라는 단어에 유별나게 뒤틀린 의미를 부여했다. 그는 선거라면 어떤 종류든 질색을 했다. 그는 영국의 총선거를 술 취해서 벌이는 난교에 불과하다고 폄훼하는 기사를 썼다.[42]

　마르크스의 정치적 목표와 행동에 대한 자료를 다양한 문헌을 통해 모아 보면, "독재자"라는 단어가 대단히 자주 등장한다. 안넨코프는 마르크스를 "민주적 독재자의 화신"(1846)이라고 칭했다. 런던에서 마르크스에 대해 보고한 대단히 영리한 프러시아 경찰요원은 이렇게 기록했다. "그의 성격의 지배적 특성은 한없는 야망과 권력욕입니다……. 그는 자기가 거느린 일파의 절대적인 지배자입니다……. 그는 모든 것을 혼자서 처리하고, 자신의 책임하에 지시를 내리며, 어떤 반대도 허용하지 않습니다." 마르크스를 취하게 만들어서 속내를 들여다본 적이 있는 테코프(빌리히의 음흉한 입회자)는 마르크스에 대한 뛰어난 묘사를 남겼다. 마르크스는 "보기 드물게 탁월한 지성"과 "위대한 개성을 가진 남자"이며 "그의 가슴이 그의 지성만큼 뛰어나고, 그가 가진 증오만큼 사랑을 품었다면, 나는 그와 함께 불속에라도 뛰어들겠다." 그러나 "그의 영혼은 고상하지 않다. 나는 가장 위험한 그의 개인적 야심이 그가 가진 모든 장점을 잠식했다고 확신한다……. 그가 모든 노력을 기울여 획득하려는 목표는 개인적인 권력 취득이다." 마르크스에 대한 바쿠닌의 최종 평가도 마찬가지다. "마르크스는 신을 믿지 않고 스스로를 너무나 믿으며 모든 사람이 자신을 위해 봉사하도록 만든다. 그의 가슴은 사랑이 아니라 증오로 가득하고, 인간에 대한 연민이 조금도 없다."[43]

마르크스의 상습적인 분노, 독재적인 습관과 신랄함은 거대 권력을 정당화하는 그의 의식과 이를 더욱 효율적으로 행사할 수 없는 무능력에 대한 강렬한 좌절을 반영하는 것이다. 젊은 시절, 그는 보헤미안으로서 게으르고 방탕하게 살았다. 중년의 초기에도 그는 분별 있고 체계적으로 일하는 것을 여전히 어려워했다. 자리에 앉아 밤을 새워 얘기를 하다가 낮 시간에는 반쯤 잠든 채로 소파에 누워 지내곤 했다. 중년 말기에는 좀 더 규칙적인 생활을 했지만, 일에 대한 자기절제적인 태도는 결코 습득하지 못했다. 한편으로 그는 자신에 대한 비판은 아무리 사소한 것이라도 불쾌해했다. 친구와 후원자, 특히 그에게 좋은 충고를 한 사람들과 다투려 드는 경향은 마르크스와 루소가 공유한 특징 중 하나였다. 그에게 헌신적이었던 동료 루드비히 쿠겔만 박사가 1874년에 그가 좀 더 체계적으로 생활하기만 해도 『자본론』을 완성하는 데 아무런 어려움이 없을 것이라는 말을 했을 때, 마르크스는 그와 영원토록 절교를 선언하고는 끔찍한 독설을 퍼부었다.[44]

마르크스의 이기적인 분노의 뿌리는 물질적인 데뿐 아니라 심리적인 데까지 닿아 있다. 그는 유별나게 병약했다. 운동은 거의 하지 않았고, 굉장히 자극적인 음식을 먹었으며, 과식을 하는 경우도 많았다. 골초인데다 과음을 했는데, 그것도 독한 에일 맥주를 마셨으므로 그의 간에는 늘 문제가 있었다. 그는 목욕을 자주 하지 않았고, 세수도 잘 하지 않았다. 이런 생활 습관은 그가 섭취한 부적절한 음식과 더불어, 그를 25년 동안이나 괴롭힌 고질적인 종기의 원인이 됐다. 그의 타고난 신경질을 부채질한 종기는 『자본론』을 집필할 때 최악의 상태에 도달했던 듯하다. 그는 엥겔스에게 섬뜩한 편지를 썼다. "무슨 일이 벌어지든, 부르주아지들이 세상에 존재하는 한 그 작자들이 내 등창에 대해 기억해야 할 이유가 있기를 소망하네."[45] 개수나 크기, 정도가 다양한 종기가 뺨과 콧날, 글을 쓰기 어렵게 만드는 부위인 궁둥이, 그리고 생식기에 계속해서 생겨났다. 엄청난 분노를 터뜨린 결과, 1873년에는 합병증으로 신경쇠약을 초래하기까지 했다.

그의 분노와 좌절의 한복판에 자리 잡은 것, 아마도 자본주의 체제에 대한 분노의 근본 원인이 되었던 것은 돈을 제대로 관리하지 못하는 그로테스크한 무능력이었다. 마르크스는 그런 무능력으로 인해 젊은 시절에 고리대금업자의 손을 전전했는데, 고리대금업에 대한 격렬한 증오심은 그의 도덕 철학을 가동시킨 진정한 정서적 원동력이었다. 이것은 그가 고리대금업이라는 주제에 왜 그렇게 많은 시간과 지면을 할애했는지, 그의 계급 이론 전체가 왜 반유대주의에 뿌리를 두고 있는지, 루터의 반유대주의 연설에서 따온 고리대금업을 비난하는 장황하고 난폭한 구절을 왜 『자본론』에 포함시켰는지를 설명해 준다.[46]

대학 시절에 시작된 마르크스의 경제적 곤궁은 평생토록 계속됐다. 곤궁은 본질적으로 그의 어린아이 같은 태도에서 기인했다. 마르크스는 조심성 없이 돈을 빌려서는 탕진을 했다. 그러다가 만기일이 돼서 심하게 할인한 후 이자를 덧붙인 청구서가 날아오면 늘 깜짝 놀라면서 분노를 터뜨렸다. 그는 자본에 근거한 어느 체제에서나 필수적인 이율의 변동을 인류에 대한 범죄이며, 그의 전체 사상 체계가 제거하려 드는 인간에 의한 인간 착취의 뿌리라고 봤다. 그러나 이것은 일반적인 관점이었다. 정작 돈 문제를 자신의 사례로 한정지어 보면, 그는 어려움에 처할 때면 손닿는 곳 안에 있는 사람들, 우선은 가족을 착취했다. 그와 가족 간에 오간 편지의 화제는 돈 문제가 지배적이었다. 그의 아버지가 보낸 마지막 편지는 아버지가 죽어 가던 1838년 2월에 쓰인 것으로, 마르크스가 도움을 청하거나 투덜거리기만 하지 가족에게는 무관심하다는 불만을 되풀이했다. "너는 지금 법학 과정의 넷째 달에 접어들었는데, 벌써 280탈러를 썼다. 내가 겨울 내내 번 돈도 그 정도는 되지 않는다."[47] 아버지는 세 달 후에 사망했다. 마르크스는 장례식에 참석하는 수고조차 하지 않았다. 대신, 그는 어머니에게 압박을 가하기 시작했다. 그는 친구들에게서 빌린 돈으로 생계를 꾸리고, 가족에게서 정기적으로 목돈을 뜯어내는 생활 패턴을 이미 체득했다. 그는 "꽤나 부유한" 자신의 집안이 그가 중요한 일을 할 수 있도록 도와줄 의무가 있다고 주장했다. 그가 돈을 벌기보다는 정치적인 목적 때문에 가끔씩 했던 기자 생활을 제외하면, 마르크스는 취직을 하려는 진지한 시도를 해 본 적이 한 번도 없었다. 런던(1862년 9월)에서 철도 사무관 자리에 딱 한 번 지원한 적은 있었지만, 글씨를 알아보기 힘들 정도의 악필이라는 이유로 떨어지고 말았다. 마르크스에게 취직할 의향이 전혀 없었다는 것은 돈을 보내 달라는 그의 요청에 가족들이 왜 그렇게 동정적이지 않았는지를 설명해 주는 주된 이유이다. 어머니는 아들의 빚을 갚아 주기를 거부했다. 아들이 더 많은 빚을 지게 될 것이라고 믿었기 때문이다. 뿐만 아니라, 결국에는 아들과 완전히 의절했다. 이후 모자간은 거의 왕래가 없었다. 그의 어머니는 "카를이 자본에 대한 글을 쓰는 대신 자본을 모았으면" 하는 씁쓸한 소원을 빌었다.

그렇지만 마르크스는 이래저래 상당한 재산을 상속받았다. 아버지의 사망은 그에게 금화 600프랑을 안겨 줬는데, 그는 그중 일부를 벨기에 노동자들을 무장시키는 데 썼다. 1856년에 사망한 어머니는 그가 예상했던 것보다는 유산을 덜 남겼는데, 그가 필립스 삼촌에게서 돈을 빌리면서 유산을 당겨썼기 때문이다. 1864년에는 빌헬름 볼프의 유산을 상당량 물려받았다. 아내와 처갓집을 통해서도 상당한 액수가 들어왔다(예니는 그녀의 아가일• 조상들의 문장이 새겨진 은제 만찬용 식기와 침구 세트를 혼수로 가져왔다). 마르크스 부부는 각자의 가문을 통해 충분할 만큼의 재산을 받았다. 적절하게 투자했다면 재산을 넉넉하게 불릴 수 있었을 것이다. 아무튼 그들의 실제 수입은 1년에 200파운드 이하로 떨어진 적이 없었는데, 이는 숙련 노동자가 받는 급여의 3배에 해당하는 액수였다. 그렇지만 마르크스나 예니나 돈을 쓸 때 빼고는 돈에 대한 관심이 조금도 없었다. 유산으로 받은 돈도 빚으로 얻은 돈도 찔끔찔끔 사라져 갔고, 살림살이는 영원토록 펴질 기미를 보이지 않았다. 그들은 늘 빚에 쪼들렸다. 심각한 상황도 자주 겪었다. 은제 만찬용 식기는 식구들 의복을 포함한 다른 가재도구와 더불어 정기적

• 스코틀랜드의 주

으로 전당포를 오갔다. 마르크스는 단벌바지 차림으로 지내야 했던 적도 있었다. 마르크스의 집안처럼 에니의 집안도 게으른데다 앞날에 대한 대책이 전혀 없는 구제 불능의 사위를 도와주는 것을 거부했다. 1851년 3월, 마르크스는 딸이 태어났다는 내용으로 엥겔스에게 보낸 편지에서 투덜댔다. "말 그대로, 집안에 땡전 한 푼 없네."[48]

이즈음에는, 물론 엥겔스가 새로운 착취 대상이었다. 두 사람이 처음 만난 1840년대 중반부터 마르크스가 세상을 뜰 때까지, 엥겔스는 마르크스 가족의 주요 수입원이었다. 엥겔스는 아마도 수입의 절반 이상을 마르크스 집안에 건넸을 것이다. 총액을 헤아리기란 불가능하다. 다음 기부자가 나타나는 대로 돈을 갚겠다는 마르크스의 거듭된 다짐을 믿고는 엥겔스가 4반세기 동안 불규칙적으로 돈을 제공했기 때문이었다. 두 사람의 관계는 마르크스 쪽에서 엥겔스를 착취하는 관계였고, 마르크스가 늘 지배적인 위치를 점하면서 때로는 거만한 파트너 노릇을 했기 때문에 불평등한 관계였다. 그런데도 두 사람은 이상한 방식으로 서로를 필요로 했다. 따로 떨어져서는 연기를 할 수 없는 코미디언 콤비처럼, 두 사람은 툭하면 상대방에게 으르렁댔지만 결국에는 늘 서로에게 찰싹 달라붙었다. 엥겔스가 마르크스의 구걸이 정도를 한참이나 지나쳤다고 느낀 1863년에, 두 사람의 관계는 거의 깨질 뻔했다. 엥겔스는 맨체스터에 집이 두 채 있었다. 하나는 사업상 접대용이었고, 다른 하나는 애인 메리 번스를 위한 것이었다. 메리가 세상을 떠나자 엥겔스는 몹시 괴로워했다. 마르크스의 무심한 (1863년 1월 6일자) 편지를 받은 엥겔스는 격분했다. 편지에서 마르크스는 엥겔스에게 짧게 조의를 표하고는 돈을 보내 달라는 더욱 중요한 용무로 곧장 넘어갔다.[49] 마르크스의 철옹성 같은 이기주의를 이보다 더 잘 보여 주는 사례는 없다. 엥겔스는 싸늘한 답장을 보냈고, 이로 인해 두 사람의 관계는 거의 끝이 났다.

엥겔스가 이 사건으로 인해 마르크스의 성격상의 결함을 깨닫게 됐기 때문에, 두 사람의 관계는 결코 예전과 같지 않았다. 이즈음에 엥겔스는 마르크스가 결코 취직을 하거나 식구들을 먹여 살릴 수 없고, 사회적으로 인정받는 직업에 종사하지도 못할 것이라고 결론을 내렸다. 엥겔스가 마르크스에게 해 줄 수 있는 유일한 일은 정기적으로 생활비를 건네는 것이었다. 이를 위해 엥겔스는 1869년에 사업체를 팔아서 연간 800파운드 이상의 수입을 확보했다. 이 중 350파운드가 마르크스에게 갔다. 따라서 마르크스는 생애 마지막 15년 동안 불로소득으로 생활하는 연금 수령자가 돼서 안정적인 생활을 즐겼다. 그럼에도 불구하고 마르크스는 연소득 500파운드 이상 가는 수준으로 살림을 꾸려갔다. 마르크스는 엥겔스에게 이렇게 변명했다. "상업적인 관점에서 보더라도, 순수한 프롤레타리아적 생활은 이곳에서는 적합지 않네."[50] 그러므로 엥겔스에게 추가로 돈을 보내 달라는 내용이 뒤에 이어졌다.[51]

마르크스의 낭비벽과 노동 의지 부족의 주요 희생자는 물론 가족, 특히 그의 아내였다. 예니 마르크스는 사회주의의 역사가 낳은 비극적이고 가여운 인물이다. 스코틀랜드인 분위기를 물씬 풍기는 그녀의 창백한 피부와 녹색 눈동자, 다갈색 머리카락은 아가일의 2등 백작 가문 출신으로 플로덴에서 살해당한 친할머니를 쏙 빼닮았다. 예니는 아름다웠고―마르크스의 시가 증명하듯―마르크스는 그녀를 사랑했으며, 마르크스를 열정적으로 사랑한 그녀 역시 마르크스가 본가와 처가를 상대로 벌이는 투쟁에 동참해 싸웠다. 그녀의 사랑이 싸늘히 식어 버린 것은 고통으로 점철된 오랜 세월이 흐른 뒤였다. 마르크스 같은 이기주의자가 어떻게 예니에게서 그런 애정을 불러일으킬 수 있었을까? 아마도 마르크스가 강인했고 권위적이었으며, 소년기와 청년기 초기에는 잘생겼기 때문인 듯하다. 그는 지저분하기는 했지만 재미있는 사람이었다. 역사가들은 이런 특징에는 거의 관심을 기울이지 않는데, 이런 특징은 신비로운 매력을 설명하는 데 도움이 된다(이것은 사적인 대화를 할 때나 대중을 상대로 연설을 할 때 모두 두드러졌던 히틀러의 장점 중 하나였다). 마르크스의 유머는 신랄하고 잔인했다. 그렇지만 그의 빼어난 농담은 많은 사람을 웃겼다. 그가 유머를 모르는 사람이었다면, 그의 많은 불쾌한 특성 때문에 추종자를 거느리지 못했을 것이고, 집안의 여자들도 그에게 등을 돌렸을 것이다. 농담은 남자들보다 더욱 힘들게 생활하는 곡절 많은 여자들의 마음을 얻을 수 있는 확실한 방법이다. 마르크스와 예니는 함께 웃음을 터뜨리는 경우가 잦았고, 훗날 딸들이 마르크스를 따랐던 것도 무엇보다 그의 유머 감각 때문이었다.

마르크스는 아내의 고상한 스코틀랜드 혈통(마르크스는 그 혈통에 대해 허풍을 떨었다)과 프러시아 정부의 고위층 인사인 남작의 딸이라는 신분을 자랑스러워했다. 그가 1860년대에 런던에서 보낸 무도회 초대장에는 그녀의 "처녀 때 성은 폰 베스트팔렌"이라고 인쇄돼 있다. 그는 자기가 탐욕스러운 부르주아지보다는 순수 혈통의 귀족들과 더 잘 지낼 수 있을 것이라고 주장했다(목격자에 따르면, 그는 부르주아지라는 단어를 특히 불쾌한 경멸조로 발음했다고 한다). 그러나 예니는 국적도 없고 직업도 없는 혁명가와의 결혼 생활의 끔찍한 현실이 눈앞에 드러나자, 아무리 초라한 생활이라도 부르주아지 생활 양식을 받아들이려고 했다. 1848년부터 시작해서 최소한 10년 동안, 그녀의 삶은 악몽이었다. 1848년 3월 3일, 마르크스에 대한 벨기에 정부의 추방명령서가 발급되면서 마르크스는 감옥으로 끌려갔다. 예니 역시 매춘부들이 가득한 감방에서 밤을 지냈다. 이튿날, 마르크스 가족은 경찰의 호위 아래 국경으로 향했다. 마르크스는 이듬해 대부분도 도피나 재판으로 보냈다. 1849년 6월 즈음에는 빈털터리 신세였다. 그다음 해에 그는 친구에게 이렇게 털어놨다. "집사람이 갖고 있던 마지막 보석들은 이미 전당포를 찾아갔네."[52] 그는 어처구니없는 혁명적 낙관주의를 끝없이 불태우며 자신감을 잃지 않았다. 그는 엥겔스에게 편지를 보냈다. "이 모든 일에도 불구하고, 혁명이라는 활화산의 거대한 분출을 지금처럼 목전에 둔 적도 일찍이 없었네. 자세한 것은 나중에 쓰겠네." 그러나 예니에게 그런 위안거리는 결코 생기지 않았다. 그리고 그녀는 임신을 했다. 부부는 영국에서 피난처를 찾았지만, 궁핍한 생활은 그곳에서도 이어졌다. 예니, 로라, 에드가 등 아이 셋을 두고 있던 그녀는 1849년 11월에 넷째 아이 기도를 낳았다. 다섯 달 후, 임대료를 내지 못해 첼시에 있는 방에서 쫓겨난 마르크스 가족은 (예니가 쓴 표현에 따르면) "첼시 사람들 모두"가 보는 앞에서 길바닥에 나앉게 됐다. 그들은 정육점 주인, 우유 장수, 약사, 빵집 주인에게 밀린 돈을 갚기 위해 침대를 팔았다. 마르크스 가족은 레스터 광장에 있는 궁상맞은 독일인 하숙집에 숙소를 마련했다. 그리고 그해 겨울 갓난아기 기도가 죽었다. 예니는 이 시절에 대해 가슴 깊은 곳에서 우러난 절망적인 이야기를 남겼는데, 마르크스를 향한 그녀의 사랑은 결코 예전 상태로 회복되지 않았다.[53]

1850년 5월 24일, 베를린 주재 영국 대사 웨스트모얼랜드 백작은 영민한 프러시아 경찰의 스파이가 보내온 보고서 사본을 받았다. 보고서에는 마르크스를 핵으로 하는 독일인 혁명가들의 활동이 대단히 상세하게 기록돼 있다. 예니가 감내해야만 했던 것을 이보다 더 명확하게 보여 주는 문헌도 없다.

(마르크스는) 보헤미안 지식인의 삶을 살아가고 있습니다. 세수와 몸치장, 옷 갈아입기 같은 것이 그가 가끔씩 하는 행위의 전부입니다. 그는 술에 취해 있는 경우가 많습니다. 온종일 빈둥거리면서 보내는 날이 많지만,

해야 할 일이 많을 때면 지칠 줄 모르는 지구력으로 밤낮으로 일을 합니다. 잠자는 시간이나 깨는 시간은 일정치 않습니다. 종종 밤을 꼴딱 새고는 낮 시간에는 정장을 차려입은 채로 소파에 누워 있습니다. 그렇게 저녁까지 잠을 자는데, 잠이 들면 세상 사람 모두가 그의 집에 있는 방(두 개가 전부입니다)에 들어왔다 간대도 모를 정도입니다……. 깨끗하고 성한 가구는 하나도 없습니다. 모든 것이 부서지거나 해지거나 찢어져 있습니다. 사방에 먼지가 0.5인치 정도는 쌓여 있고, 어디를 가나 난장판입니다. 거실 한복판에는 방수포가 덮여 있는 커다란 구식 테이블이 있는데, 그 위에는 원고지와 서적, 신문뿐 아니라 아이들 장난감, 부인의 바느질 바구니에서 나온 옷감과 넝마, 이가 빠진 컵 몇 개, 칼과 포크, 램프와 잉크병, 커다란 사발, 네덜란드제 사기 파이프, 담배, 담뱃재 (…) 등등이 놓여 있습니다. 이 놀라운 잡동사니 앞에서는 고물상 주인도 부끄러워서 얼굴을 못 들 지경입니다. 마르크스의 방에 들어서면 담배 연기 때문에 눈물이 찔끔거립니다……. 모든 것이 더럽고 먼지가 수북하기 때문에, 의자에 앉는 것도 상당히 위태로운 일입니다. 다리가 세 개밖에 없는 의자가 있습니다. 다리가 네 개인 의자에서는 아이들이 요리를 하면서 놀고 있습니다. 이것이 손님에게 제공되는 의자인데 아이들이 요리한 흔적을 치우지 않았기 때문에 그냥 앉았다가는 바지를 버릴 위험이 있습니다.[54]

1850년부터 날짜가 매겨진 이 보고서는 아마도 마르크스 가족의 형편이 최하 수준이었을 때를 묘사했을 것이다. 그런데 이후 몇 년 동안 다른 불행들이 몰려왔다. 1851년에 태어난 딸 프란체스카가 이듬해 죽었다. 마르크스가 "꼬마 파리"라고 부르면서 애지중지했던 아들 에드가가 지저분한 환경에서 위장염에 걸려 1885년에 죽은 사건은 부부 모두에게 끔찍한 충격이었다. 예니는 이 충격에서 결코 헤어 나오지 못했다. 마르크스는 "우리 집 사람은 매일 나에게 자기가 무덤에 누워 있었으면 하고 바란다고 말한다"고 썼다. 그보다 석 달 전에 딸 엘리노어가 태어났지만, 마르크스에게는 위안이 되지 않았다. 마르크스는 아들을 원했는데, 이제 그에게는 아들이 한 명도 없었다. 글 쓸 때 조수로 쓸 때를 제외하면 딸들은 그에게 중요한 존재가 아니었다.

1860년에 천연두에 걸린 예니는 외모가 완전히 바뀌었다. 이 시점부터 세상을 떠난 1881년까지, 지치고 환멸에 찬 여성, 전당포에서 은제 식기를 찾아 집으로 돌아오는 것 같은 사소한 행운에 감사하는 여인이 된 그녀는 마르크스의 삶의 그림자 속으로 서서히 사라져갔다. 1856년에 마르크스 가족은 엥겔스 덕에 소호에서 벗어나 하버스톡 힐의 그래프톤 테라스 9번지의 임대 주택으로 이사를 갈 수 있었다. 9년 후, 다시 엥겔스 덕에 그들은 메이틀랜드 파크 거리 1번지에 있는 더 나은 집을 얻었다. 이 시점부터 그들은 최소한 2명의 하인을 거느리고 살았다. 마르크스는 아침마다 「더 타임스」를 읽었다. 그는 지방 교구회의 위원으로 당선됐다. 화창한 일요일에 그는 엄숙한 가족들을 이끌고 햄스테드 히스까지 산책을 갔다. 그가 선두에서 활보를 했고, 아내와 딸들, 그리고 친구들이 뒤를 따랐다.

그런데 마르크스의 부르주아지화는 또 다른 형태의 착취로 이어졌다. 이번에는 딸들이 착취 대상이 됐다. 마르크스의 딸 셋은 모두 총명했다. 아이들이 혁명가의 자식으로서 감내해야 했던 불안하고 피폐한 유년기를 보상하기 위해, 마르크스가 최소한 그의 급진주의의 논리에 따라 아이들에게 직업을 가지게 권유했을 것이라고 생각하는 사람들도 있을 것이다. 그러나 실제로 그는 아이들에게 만족할 만한 교육을 시키는 것을 거부했다. 아이들이 어떤 식이 됐건 직업 훈련을 받는 걸 허락하지 않았고, 직업을 갖는 것을 철저히 금지했다. 그가 제일 아꼈던 딸 엘리노어는 올리브 슈라이너에게 이렇게 밝혔다. "힘들었던 아주 오랜 세월 동안 우리 사이에는 그림자가 드리워져 있었어요." 딸들은 상인의 딸처럼 집에 머물면서 피아노를 배우고 수채화를 그렸다. 딸들이 커 가는 동안에도 마르크스는 혁명가 친구들과 함께 술집 순례를 다니고는 했다. 그런데 빌헬름 립크네히트에 따르면, 마르크스는 딸들이 들을지도 모른다면서 집에서는 음탕한 노래를 부르지 못하게 했다고 한다.[55]

　마르크스는 나중에는 그가 이끌던 혁명가 집단 출신 구혼자들을 못마땅해했다. 그는 그들의 결혼을 막을 수는 없었지만, 결혼을 어렵게 만들었고, 그의 반대는 사람들에게 상처를 남겼다. 마르크스는 쿠바 출신으로 흑인의 피가 섞여 있는 로라의 남편 라파르그를 "니그릴로•"나 "고릴라"라고 불렀다. 그는 예니와 결혼한 샤를 롱게도 좋아하지 않았다. 그가 보기에는 두 사위 모두 멍청이였다. "롱게는 최후의 프루동주의자이고 라파르그는 최후의 바쿠닌주의자야. 둘 다 지옥에나 가라고 해!"[56] 딸들이 직업을 갖는 것을 허락하지 않고 딸들에게 구혼한 남자들을 적대시했던 마르크스 때문에 막내 엘리노어는 딸들 중에서 제일 큰 고통을 받았다. 그녀는 남자—즉, 아버지—를 세상의 중심으로 여기도록 배우면서 자랐다. 그녀가 결국 아버지보다 더 이기적인 남자와 사랑에 빠진 것은 놀랄 일도 아니었다. 작가이자 자칭 좌익 정치인인 에드워드 에이블링은 여배우 유혹이 주특기인 난봉꾼이자 식객이었다. 배우가 되고 싶어 했던 엘리노어는 타고난 희생자였다. 그와 엘리노어, 그리고 조지 버나드 쇼가 여성의 자유에 대한 뛰어난 탄원서인 <인형의 집>의 런던 첫 낭독회에 참여했고, 엘리노어가 노라를 연기했다

• 아프리카의 키 작은 흑인

는 것은 역사의 쓸쓸하고 자그마한 아이러니 중 하나다. 그녀는 마르크스가 죽기 직전에 에이블링의 정부가 됐고, 그 이후로는 어머니 예니가 한때 그녀의 아버지에게 그랬듯이 에이블링의 고통스러운 노예가 됐다.[57]

그런데 마르크스는 본인이 인정했던 것보다도 더 아내를 필요로 했던 것 같다. 그는 예니가 죽은 1881년 이후 급격하게 활력을 잃었다. 아무 일도 하지 않으면서 유럽 각지의 온천을 전전하며 병을 치료했고, 햇빛과 깨끗한 공기를 찾아 알제리와 몬테카를로, 스위스를 여행했다. 1882년 12월, 그는 러시아에서 자신의 영향력이 커져가고 있다는 사실에 의기양양해했다. "내 성공이 이보다 더 기쁜 곳도 없을 거야." 그는 "내가 영국에 버금가는 구체제의 진정한 보루라 할 정권에 타격을 가했다는 것이 만족스럽다"고 으스댔다. 3개월 후, 그는 화장복化粧服 차림으로 불가에 앉아 숨을 거뒀다. 딸 예니는 그보다 몇 주 전에 사망했다. 다른 두 딸의 최후 역시 비극적이었다. 남편의 행동으로 인해 심적인 고통을 겪은 엘리노어는 1898년에 아편을 과다 복용했다. 동반자살이었던 것 같은데, 에이블링은 교묘히 죽음을 벗어났다. 13년 후, 로라와 라파르그 역시 동반 자살을 하기로 합의하고는 실행에 옮겼다.

그런데 이 비극적인 가족에 마르크스의 가장 이상야릇한 개인적 착취의 결과로 태어난, 눈에 띄지 않는 기이한 생존자가 있었다. 마르크스는 영국 자본가들의 불법행위에 대한 연구를 진행하면서 저임금 노동자들에 대한 사례를 많이 발견했지만, 말 그대로 무임금으로 일하는 사례를 밝혀내는 데 성공한 적은 한 번도 없었다. 그런데 그런 노동자가 실제로 존재했다. 그것도 그의 집안에. 마르크스가 가족들을 거느리고 공식적인 일요 산책에 나설 때, 소풍 바구니와 다른 용품들을 들고서 맨 뒤에서 따라가는 땅딸막한 여자가 있었다. 이 사람이 가족들이 "렌첸"이라고 부른 헬렌 데무스였다. 1823년에 소작농 집안에서 태어난 그녀는 여덟 살 때 보모로 폰 베스트팔렌 가문에 들어왔다. 그녀는 숙식을 제공받았지만 임금은 한 푼도 받지 않았다. 1845년, 결혼한 딸이 안쓰럽고 걱정스러웠던 남작부인은 스물두 살 난 딸의 일을 좀 덜어 주겠다는 생각으로 렌첸을 예니 마르크스에게 보냈다. 렌첸은 1890년에 숨을 거둘 때까지 마르크스 집안에 남았다. 엘리노어는 그녀를 "다른 사람들한테 너무나도 상냥한 사람이었지만, 자신의 삶에 대해서는 대단히 금욕적인 사람"이라고 칭했다.[58] 그녀는 지독할 정도로 부지런히 일했다. 요리와 설거지뿐 아니라, 예니가 영 재주가 없던 생활비 관리까지 도맡았다. 마르크스는 그녀에게 동전 한 닢도 주지 않았다. 마르크스 가족의 생활이 암흑기를 겪던 1849~1850년에 마르크스의 정부가 된 렌첸은 아이를 임신했다. 갓난아기 기도가 사망한 지 얼마 안 된 때였지만, 예니 역시 다시 임신을 했다. 온 가족이 방 두 개에서 살고 있던 상황에서, 마르크스는 렌첸의 상태를 아내뿐 아니라 끝없이 발길이 이어지는 혁명가 손님들에게조차 숨겨야 했다. 결국 예니는 그 사실을 직접 알게 됐거나, 누군가에게서 얘기를 들었다. 그녀의 고통은 이 시점에서 극에 달했다. 마르크스를 향한 그녀의 사랑이 종지부를 찍은 것도 이때였을 것이다. 그녀는 "우리의 사적이고 공적인 슬픔을 한없이 커지게 만든 사건이기는 했지만, 내가 자세히 털어놔서는 안 될 사건"이라고 불렀다. 이 문장은 그녀가 1865년에 쓴 자서전의 초고에 들어 있는데, 이 자서전은 37페이지 중에서 29페이지가 남아 있다. 그녀가 마르크스와 다툰 광경을 묘사한 나머지 부분은 파기됐는데, 엘리노어가 그랬을 것이다.[59]

렌첸의 아이는 1851년 6월 23일에 소호의 딘 스트리트 28번지에서 태어났다.[60] 아들이었는데, 헨리 프레데릭 데무스로 출생 신고가 됐다. 마르크스는 그때나 이후에나 자기 책임을 인정하기를 거부했다. 그리고 그가 아이의 친아버지라는 소문을 단호하게 부인했다. 그도 루소처럼 아이를 고아원에 맡기거나, 영원히 다른 집에 입양을 보냈으면 하고 바랐을지도 모른다. 그러나 렌첸은 루소의 애인보다 강했다. 그녀는 자기가 아들을 떠맡겠다고 고집했다. 아이는 루이스라는 노동 계급 집안에 맡겨졌는데, 마르크스 집안을 방문해도 좋다는 허락을 받았다. 하지만 현관문을 이용하는 것은 금지됐고, 부엌에서만 어머니를 만나야 했다. 마르크스는 프레디의 아버지라는 것이 밝혀져서 혁명지도자 이자 예언가로서의 지위에 치명적 타격을 받을까 봐 기겁을 했다. 지금도 남아 있는 그의 편지에 이 사건에 대한 모호한 언급이 한 차례 등장한다. 다른 언급은 여러 사람의 손에 의해 은폐됐다. 마르크스는 결국 엥겔스를 설득했다. 프레디를 엥겔스의 자식으로 인정하는, 가족에게만 둘러댈 이야기를 해 달라는 것이었다. 엘리노어는 그렇게 믿었다. 그러나 엥겔스는 공동작업을 위한 마르크스의 요구에는 그대로 따를 준비가 돼 있었지만, 비밀을 무덤까지 가져가려고 하지는 않았다. 엥겔스는 1895년 8월 5일에 인후암으로 사망했는데, 말을 할 수는 없었지만 엘리노어(그는 그녀를 투씨라고 불렀다)가 그녀의 아버지를 결백한 존재로 계속해서 믿도록 만들고 싶지는 않았기 때문에 석판 위에다가 글을 썼다. "프레디는 마르크스의 아들이다. 투씨는 아버지를 영웅시하고 싶어한다." 엥겔스의 비서 겸 가정부인 루이제 프레이버거는 아우구스트 베벨에게 보낸 1898년 9월 2일자 편지에서 엥겔스 본인이 그녀에게 진실을 말했다고 쓰면서 이렇게 덧붙였다. "프레디는 웃길 정도로 마르크스를 쏙 빼닮았어요. 전형적인 유대인 얼굴과 푸르고 검은 머리카락을 볼 때, 맹목적인 편견에 사로잡힌 사람만이 그가 장군(그녀가 엥겔스를 부를 때 쓴 호칭)과 조금이라도 닮았다고 할 거예요." 엘리노어도 프레디가 자기 의붓 오빠임을 인정했고, 그와 친하게 지내게 됐다. 그녀가 그에게 보낸 편지 아홉 통이 남아 있다.[61] 그렇지만 그녀는 의붓 오빠에게 조금의 행운도 안겨 주지 못했다. 애인 에이블링이 프레디가 평생 모은 돈을 빌리고는 갚지 않았기 때문이었다.

렌첸은 마르크스가 잘 알고 지냈던 유일한 노동 계급 인물이었고, 그가 실제로 접촉했던 단 한 사람의 프롤레타리아였다. 프레디는 두 번째 존재가 될 뻔도 했다. 노동 계급의 남자로 자란 그가 서른여섯 살 때인 1888년에 몹시도 바라던 정비공 자격증을 땄기 때문이다. 그는 거의 평생을 킹스 크로스와 해크니에서 살았고, 엔지니어 연합의 정규 회원이었다. 그러나 마르크스는 그를 전혀 몰랐다. 두 사람은 딱 한 번 만났는데, 아마도 프레디가 부엌에서 집 밖으로 나오던 계단에서였던 것 같다. 그런데 그는 혁명적 철학자가 친아버지라는 사실은 조금도 몰랐다. 그는 1929년 1월에 사망했다. 그즈음, 프롤레타리아 독재에 대한 마르크스의 비전은 구체적이면서도 소름 끼치는 형태를 갖췄고, (마르크스가 열망하던 절대 권력을 완성한 지배자인) 스탈린은 러시아 농민 계급을 향한 비극적인 공격에 착수하고 있었다.

헨리크 입센

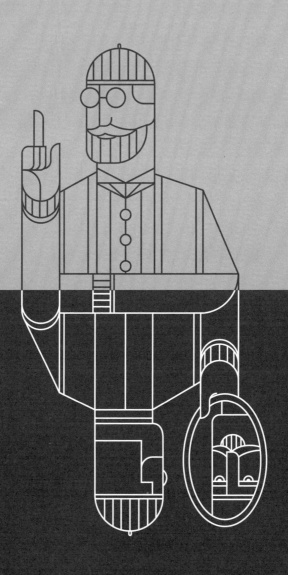

거짓 유형의 창조자

글을 쓰는 것은 힘든 일이다. 창조적인 글을 쓰는 것은 머리를 써서 하는 일 중에서 가장 힘든 고역이다. 창조적인 혁신, 특히 근본적인 규모의 혁신은 예외적이라 할 정도로 큰 집중력과 에너지를 요구한다. 자신이 종사하는 예술 분야의 창조적 한계를 계속해서 넓히기 위해 평생을 바친다는 것은 극소수의 작가들만이 소유했던 상당한 수준의 자기 수양과 근면성을 갖췄다는 것을 의미한다. 바로 이것이 헨리크 입센Henrik Ibsen(1828~1906)이 작품으로 보여 줬던 일관된 패턴이었다. 활동 분야와 시대를 불문하고, 입센처럼 성공적으로 문학에 전념했던 작가는 떠올리기 힘들 것이다. 그는 근대 연극을 창안했을 뿐 아니라, 지금까지도 근대 연극 레퍼토리의 상당 부분을 차지하고 있는 일련의 희곡들을 집필했다. 서구의 연극이 황량한 불모지라는 것을 깨달은 입센은 자기 고국에서뿐 아니라 세계 전역에 걸쳐 연극을 가장 풍요롭고 광대한 예술 형식으로 탈바꿈시켰다. 더군다나 그는 연극에 대변혁을 일으키는 데서 그치지 않았다. 그는 그의 세대와 그 뒤를 이은 세대의 사회에 대한 생각을 바꿔 놓았다. 18세기 후반에 루소가 했던 일을 입센은 19세기 후반에 했다. 루소가 남녀노소에게 자연으로 돌아가라고 설득하고, 그렇게 함으로써 집단 혁명을 촉진시킨 반면, 입센은 모든 마을, 모든 가정을 지배하는 금제禁制와 편견의 구체제에 맞서는 개인의 저항을 설파했다. 그는 사람들, 특히 여성들에게 개인의 의식과 각자의 사적인 자유의 관념이 사회의 요구보다 도덕적으로 우위에 있다고 가르쳤다. 그렇게 함으로써 그는 인간의 태도와 행동에 혁명을 불러일으켰다. 그의 생전에 이미 시작된 이 혁명은 이후 몇 차례의 도약과 격동을 거쳐 지속되고 있다. 그는 프로이트보다 훨씬 전에 관용적인 사회의 기초를 닦았다. 마르크스는 물론이고 루소조차도 정부에 맞선 사람들의 실제 행동 양식에 있어서 입센보다 더 많은 영향력을 행사하지는 못했다. 입센과 그의 작품들은 근대성의 아치를 완성하고 지탱한 초석이었다.

입센의 출신 배경에 깔려 있는 이중의 난점을 고려하면, 그의 업적은 더욱 더 놀랍다. 그가 가진 어려움이 이중인 것은, 그가 가난했을 뿐 아니라 제대로 된 문화적 전통이라고는 거의 없는 약소국 출신이기 때문이다. 노르웨이는 900~1100년 무렵의 중세 초기만 해도 강하고 진취적인 나라였다. 그러다가 국력이 기울기 시작했는데, 1387년에 최후의 온전한 노르웨이인 국왕 올라프 4세가 사망한 이후부터 그 정도가 특히 심해졌다. 1536년 즈음에 노르웨이는 덴마크의 속국이 됐고, 그 상태는 300년 가까이 계속됐다. 수도의 이름 오슬로는 덴마크 통치자를 기념하기 위해 크리스티아니아로 바뀌었다. 그리고 고급문화 활동—시, 소설, 연극—은 모두 덴마크어로 이뤄졌다. 1814~1815년에 열린 빈회의 때부터 노르웨이는 아이츠볼 헌법이라 알려진 것을 갖게 됐는데,[1] 이 헌법은 스웨덴 국왕 치하의 자치를 보장했다. 노르웨이는 1905년이 돼서야 별도의 군주국이 됐다. 노르웨이어는 19세기 전까지는 한 나라의 공식 언어라기보다는 세련되지 못한 시골 사투리에 가까웠다. 1813년에야 대학이 처음 문을 열었고, 베르겐에 최초의 노르웨이어 극장이 건립된 것은 1850년이었다.[2] 입센의 어린 시절과 청년기 초입만 해도, 거의 대부분의 문화적 활동은 덴마크어로 이뤄졌다. 노르웨이어로 글을 쓰는 것은, 세계는 고사하고라도 스칸디나비아의 나머지 지역으로부터 고립을 자초하는 행위였다. 덴마크어는 문화적 언어로 남아 있었다.

노르웨이는 궁핍하고 별 볼 일 없는 나라였다. 유럽의 기준으로 보면, 인구가 2만 명밖에 안 되는 노르웨이의 수도는 진창으로 뒤덮인 볼품없는 조그만 지방 도시였다. 입센이 1828년 3월 20일에 태어난 시엔은 수도에서 남쪽으로 100마일 떨어진 곳에 있는 바닷가로, 늑대와 나병 환자를 흔히 볼 수 있는 미개한 지역이었다. 이곳은 입센이 태어나기 몇 해 전에 어떤 하녀의 부주의로 불길에 휩싸였는데, 그 하녀는 그로 인해 처형당했다. 입센이 유고로 남긴 미완성 자서전에서 묘사했듯이, 시엔은 미신에 사로잡힌 우울하고 황량한 곳으로, 고기를 잡는 어살의 포효와 톱날의 비명과 신음이 울려대는 곳이었다. "훗날 단두대에 대해 읽었을 때, 나는 늘 그 톱날만 생각했다." 공회당 옆에는 죄인에게 씌우는 칼이 있었는데, "사람 키 높이만 한 불그스레한 갈색 기둥이었다. 꼭대기에는 커다란 붉은 손잡이가 있었는데, 원래는 검정색 칠이 돼 있었다……. 기둥의 앞쪽에는 쇠사슬이 걸려 있었고, 쇠사슬 끝에는 수갑들이 입을 벌리고 있었는데, 그 수갑들은 안간힘을 써서 내 목을 조르려는 작은 두 팔처럼 나를 쳐다봤다……. 창살이 달린 창문이 있는 지하 감옥이 공회당 아래에서 시장통을 바라보고 있었다. 나는 이 창살을 통해 처량하고 음울한 얼굴을 많이 봤다."[3]

입센은 4남 1녀 중 맏이였다. 아버지 크누드 입센은 상인이었고, 조상들은 선장이었다. 입센의 어머니는 해운업자 집안 출신이었다. 그런데 아버지는 입센이 여섯 살 때 파산해 버렸고, 이후로는 <들오리>의 에크달 노인처럼 성질 고약하고 툭 하면 소송이나 거는 식객이 돼서 망가진 삶을 살았다. 한때 아름다웠던 어머니는 배우의 꿈이 좌절된 후, 내성적인 사람으로 변해 혼자 집안에 틀어박혀 인형을 갖고 놀았다. 가족은 늘 빚에 시달렸고, 주로 감자만 먹고 살았다. 키 작고 못생긴 입센은 사생아라는 소문 때문에 그늘 하나를 더 덮어쓰고 자라야 했다. 입센은 자신이 그 지방 난봉꾼의 자식일 것이라는 이 소문을 믿었고, 술에 취하면 그 얘기를 스스로 불쑥 털어놓곤 했다. 하지만 소문이 사실이라는 증거는 없다. 굴욕적인 유년기를 보낸 후, 그는 음침한 항구 그림스타드에 약제사의 조수로 보내졌는데, 그의 운은 이곳에서도 트이지 않았다. 오랫동안 실패만 거듭하던 약국 주인은 결국 파산했다.[4]

입센이 이런 나락에서 서서히 벗어나게 된 사연은 외로운 독학으로 점철된 장대한 서사시와도 같다. 그는 1850년에는 대학에 진학했고, 그때부터 이후 몇 년 동안 극심한 빈곤을 겪었다. 그는 시, 무운시無韻詩 희곡, 연극 비평, 정치 논평을 썼다. 초창기 희곡인 풍자적인 <노르마>는 공연되지 않았다. 처음으로 무대에 올리는 운문으로 쓰인 비극 <카탈리네>는 실패작이었다. 무대에 올린 두 번째 작품 <성요한의 밤>도 운이 없었다. 세 번째 연극 <전사의 무덤>은 베르겐에서 실패했다. 산문으로 쓰인 네 번째 작품 <에스트로트의 잉겔 부인>은 작자 불명으로 공연됐지만, 역시 실패했다. 호의적인 관심을 끈 그의 첫 작품은 <솔하우그의 향연>이었는데, 그가 보기에는 진부하고 틀에 박힌 작품이었다. 만약 그가 운문 연극 <사랑의 희극>처럼 타고난 취향을 따랐다면, 그의 작품들은 "부도덕"하다고 분류되어 무대에 올리지 않았을 것이다. 한편, 그는 지속적으로 광범위한 무대 경험을 쌓았다. 베르겐에서 최초의 노르웨이어 극단을 창설한 음악가 올레 불은 입센을 월급 5파운드의 전속 작가로 고용했고, 이후 6년 동안 입센은 극장에서 뼈 빠지게 일했다. 그는 세트 작업, 의상, 매표소 등의 일을 했고, 심지어는 연출까지 했다(그런데도 연기는 결코 하지 않았다. 배우들의 연기를 연출하는 데 자신감이 부족했던 것은 그의 약점이었다). 작업 환경은 원시적이었다. 런던이나 파리에서는 1810년부터 사용했던 가스 조명은 그가 극단을 떠나던 1856년까지도 극단에 도착하지 않았다. 그 후 입센은 크리스티아니아의 신생 극단에서 다시 5년을 지냈다. 놀라울 정도의 노력으로 일의 숙련도를 조금씩 쌓아가던 그는 실험을 시작했다. 그런데 그 신생 극단이 1862년에 파산을 하면서 그는 해고되고 말았다. 그는 이제 유부남인 데다가 빚까지 지고 있어서 빚쟁이들한테 시달렸다. 우울해진 그는 폭음을 했다. 그가 인사불성으로 도랑에 누워 있는 모습이 학생들에게 목격됐고, "술에 절어 사는 시인 헨리크 입센"을 해외로 보내기 위한 기금이 창설됐다.[5] 입센 자신도 왕실과 의회에 제출하는 탄원서를 꾸준히 썼다. 요즘에 보기에도 애처로운 이 탄원서는 남쪽으로 여행가는 것을 허가해 달라는 내용이었다. 결국 허가를 받은 그는 1864~1892년까지의 4반세기 동안 로마, 드레스덴, 뮌헨에서 망명 생활을 했다.

　부활한 크리스티아니아 극단의 레퍼토리에 그의 운문 희곡 <왕위를 노리는 자들>이 들어간 1864년에 처음으로 성공의 기미가 보였다. 바이런과 셸리 이후 19세기 시인들 대부분이 그랬던 것처럼, 희곡을 먼저 책 형태로 출판하는 것이 입센의 버릇이었다. 관례적으로 출판 후 1년이 지나기 전까지는 제작이 이뤄지지 않았는데, 때로는 수년이 걸리기도 했다. 입센의 희곡의 출판 부수와 판매량은 서서히 늘어났다. 5,000부에서 8,000부로, 그리고는 1만 부까지 갔다가 심지어는 1만 5,000부에 이르렀다. 무대 공연이 뒤를 이었다. 입센의 유명세는 크게 세 차례에 걸쳐 찾아왔다. 유명세의 첫 물결은 마르크스의 『자본론』이 출판된 시기인 1866~1867년에 완성된 대작 운문 희곡 <브랑>과 <페르 귄트>에 뒤이어 몰려왔다. 진부한 물질 만능주의를 비난한 <브랑>은, 그가 평생 쓴 작품의 핵심 주제라 할 사회의 지배에 맞선 개인의 의지를 따를 것을 탄원하는 내용이었다. <브랑>은 처음 출판됐을 때(1866) 엄청난 논쟁을 불러일으켰고, 입센은 처음으로 노르웨이뿐 아니라 스칸디나비아 전역에서 정통 신앙에 대한 반항을 이끄는 지도자로 간주됐다. 그는 협소한 노르웨이 문화권을 벗어나는 데 성공했다.

두 번째 물결은 1870년대에 밀려왔다. 그는 <브랑>으로 혁명적 관념을 내포한 연극에 헌신하게 됐다. 그런데 그는 그런 연극들은 학계에서 읽히는 것보다는 무대에서 공연될 경우에 무한한 영향력을 행사할 수 있을 것이라는 체계적인 결론에 도달했다. 그 결과, 그는 시를 포기하고 산문을 끌어안았다. 그리고 산문으로 연극적 리얼리즘의 새 물결을 일으켰다. 그가 적었듯, "운문은 비전을 위한 것이고, 산문은 관념을 위한 것이다."[6] 입센의 모든 발전이 그랬듯, 운문에서 산문으로 성공적으로 전향하는 데에는 몇 년의 시간이 걸렸다. 그 사이 입센은 활동을 멈추고, 일을 하기보다는 생각에 잠겨 지냈다. 소설가에 비교해 볼 때, 극작가는 실제 집필에는 그다지 많은 시간을 쓰지 않는다. 장편 희곡일지라도 사용되는 단어의 수는 놀랄 만큼 적다. 희곡은 그다지 논리적이지도 않고 특정한 주제에 일관되지도 않는다는 점에서, 우리 몸이 일으키는 경련과 비슷했다. 연극에 삽입된 개개의 사건들은 플롯을 발전시켜 나가는 출발점이라기보다는 플롯의 원천이 됐다. 완전히 새로운 작품을 내놓으려 한 입센의 경우, 집필을 위한 준비 단계는 특히 힘들었다. 모든 위대한 예술가처럼 입센도 자신이 앞서 했던 것을 되풀이하는 것을 견디지 못했다. 근본적으로 상이했던 그의 각각의 작품은 미지의 영역에 새롭게 들여놓은 발걸음과 같았다. 그런데 그는 무대 위에서 보여주고 싶은 것을 일단 결정하기만 하면, 빠르게 그리고 훌륭하게 작품을 써냈다. 그의 새로운 방식의 결과로 열린 중요한 첫 열매들은 <사회의 기둥>(1877), <인형의 집>(1879), <유령>(1881)이었다. 이 시기는 빅토리아시대 중기의 오랜 호경기가 붕괴되고, 사회가 불안과 동요라는 새로운 분위기에 젖어들던 때와 일치한다. 입센은 금력, 여성의 억압, 심지어는 성병처럼 터부시되는 불온한 질문들을 던졌다. 그는 근본적인 정치적·사회적 이슈들을 모두가 이해할 수 있는 소박하고 일상적인 언어와 배경 설정으로, 말 그대로 무대의 한복판에 올려놨다. 그가 불러일으킨 엄청난 열정과 분노, 혐오감, 사회적 관심의 파장은 스칸디나비아 전역으로 폭넓게 확산됐다. <기둥>은 중부유럽의 관객들에게 다가갈 수 있게 해 준 작품이었고, <인형의 집>은 그를 앵글로-색슨의 세계로 데려갔다. 최초의 근대 연극인 이 작품들은 입센을 세계적 인물로 등극시키기 시작했다.

그런데 입센은 국제적으로 아무리 많은 추종자가 있다 해도, 사회적 의식을 가진 극작가라는 역할에만 안주하기는 힘들다고 생각했다. 몇 년에 걸친 느릿한 잉태 기간이 지난 후 다시 한 번 급속한 속도를 내면서 펼쳐진 그의 세 번째 도약기 동안, 그는 정치적 이슈에서 발길을 돌려 개인의 해방의 문제를 향해 나아갔다. 개인의 해방은 인간의 생존 양식의 어떤 측면보다도 더 그의 마음을 사로잡았다. 그는 노트에 이렇게 썼다. "해방은 개인이 각자의 특유한 욕구에 따라 스스로 자유로워질 수 있는 권리를 확보하는 것이다." 그는 실제의 사회적 행동에 의해 개인의 권리가 보장되지 않는 한 형식적인 정치적 자유는 무의미하다고 끊임없이 주장했다. 이 세 번째 단계에서 그는 <들오리>(1884), <로스메르 저택>(1886), <헤다 가블레르>(1890), <건축사 솔네스>(1892), <요한 가브리엘 보르크만>(1896)

등을 창작했다. 인간의 영혼과 자유를 향한 추구, 무의식, 그리고 한 인간이 다른 인간에 대한 통제권을 어떻게 얻게 되는지와 같은 소름 끼치는 주제들을 탐구한 이 작품들은 당시의 시각에서는 낯설고 이해하기 힘든 희곡이었지만, 그의 작품들 중에서 가장 가치 있는 작품들이 됐다. 입센의 장점은 늘 신선하고 독창적인 것을 작품 속에 끌어들이는 데만 있는 것이 아니다. 절반 정도만 형성된 개념, 심지어는 탐구되지도 않는 개념에 민감했다는 것도 입센의 장점이었다. 그와 한때 친구였던 덴마크의 평론가 예오르그 브란데스가 적었듯, 입센은 "막 싹이 트기 시작한 시대정신과 감정을 들끓게 만드는 사상들과 불가사의할 정도로 일치하는 입장을 취했다……. 그의 귀는 땅 밑을 파고드는 사상들이 내뱉는 나지막한 소리들을 듣는다."7

더군다나 이런 사상은 국제적으로도 통용됐다. 세계 각지의 관객들은 입센의 희곡에 등장하는 고통받는 희생자나 고문당하는 피착취자를 자신들, 또는 이웃들과 동일시했다. 전통적 가치관에 대한 그의 공격, 개인의 해방을 위한 강령, 모든 인류는 자기실현을 할 기회를 가져야만 한다는 탄원은 세계 어디에서나 환영받았다. 그가 개선장군으로 고국의 크리스티아니아로 돌아온 1890년대 초반부터, 그의 희곡은 세계 각지에서 더욱 자주 공연됐다. 인생의 마지막 10년 동안(그는 1906년에 사망했다), 전직 약제사의 조수는 스칸디나비아에서 제일 유명한 사람이었다. 러시아의 톨스토이와 더불어 그는 세상에 현존하는 가장 위대한 작가이자 예언자로 간주됐다. 윌리엄 아처와 조지 버나드 쇼 같은 작가들이 그의 명성을 퍼뜨렸다. 언론인들이 빅토리아 테라스에 있는 음침한 아파트에서 그를 인터뷰하기 위해 수천 킬로미터를 찾아왔다. 그는 그랜드호텔의 카페에 매일 모습을 나타냈다. 카페의 나머지 부분을 다 볼 수 있도록 거울을 마주보고 홀로 앉은 그는 신문을 읽으면서 코냑을 마신 후에 맥주를 마셨는데, 이 모습은 노르웨이 수도의 볼거리 중 하나였다. 그가 매일 1분도 틀리지 않고 정확한 시간에 카페에 들어서면, 카페 안의 사람들은 모두 기립해서 모자를 들어 경의를 표했다. 위대한 작가가 자리에 앉을 때까지는 어느 누구도 감히 자리에 앉지 않았다. 톨스토이를 만나러 야스나야 폴랴나를 찾은 다른 사람들처럼, 이 행사를 직접 목격하기 위해 노르웨이에 온 많은 사람 중 하나 였던 영국 작가 리처드 르 갈리엔은 입센의 등장을 이렇게 묘사했다. "불만을 품은 듯 꽉 다문 입술의 범접하기 어려운 외모, 기품 있는 빳빳한 태도, 깐깐한 선생님처럼 기탄없는… 양피지 같은 피부나 오소리 같은 눈동자에서는 자비로운 사람다운 기미는 조금도 없다. 그는 교회에 들어서는 스코틀랜드인 교회 장로처럼 보인다."[8]

르 갈리엔이 넌지시 비췄듯이, 생전에 이미 대중의 존경과 칭송으로 잊히지 않는 존재가 된 이 위대한 휴머니스트 작가에게는 그런 명성에 딱 들어맞지만은 않는 무엇인가가 있었다. 여기 위대한 해방자가 있다. 인류의 마음을 연구하고 파고들었던 그 사내는 인류를 위해 울먹거렸다. 그의 작품들은 인류가 인습이라는 족쇄와 독선적인 편견에서 어떻게 스스로 벗어날 수 있는지를 가르쳤다. 그런데 인류를 향해 그토록 강렬한 감정을 품은 사람이 어째서 개별적인 사람들에게 불쾌감을 준 것처럼 보이는 것일까? 어째서 그는 사람들이 그에게 접근하는 것을 거절하고 신문에 실린 기사를 통해서만 그들을 만나려 했을까? 그는 왜 늘 외톨이였을까? 그가 스스로 부여한 과도한 고독은 어디서 비롯된 것일까?

위대한 인물을 가까이서 관찰할수록, 그 인물의 모습은 더욱 괴상해진다. 전통을 짓밟고 보헤미안적 삶의 자유를 역설한 입센은 이제 스스로 지독하게 보수적인 인물이라는 분위기를 풍겼다. 풍자 만화의 대상이 될 정도로 보수적인 인물 말이다. 빅토리아 여왕의 손녀인 마리 루이즈 공주는 입센이 모자 안쪽의 정수리 부분에 작은 거울을 붙여 놓고는 빗질을 할 때 사용하는 것을 목격했다. 맥스 비어봄이 그린 유명한 캐리커처에 잘 드러나듯, 사람들이 입센을 대하면서 얻은 첫 느낌은 허영심이 심하다는 것이었다. 그가 늘 그랬던 것은 아니었다. 그의 아내의 계모인 막달레네 토레센은 베르겐에서 젊은 입센을 처음 만났을 때를 이렇게 묘사했다. "그는 겁 많은 작은 생쥐처럼 보였다……. 주변 사람들을 경멸하는 법을 아직 배우지 못했던 시절이라서 그런지 자신감도 부족했다."9 입센은 <솔하우그>가 성공한 1856년부터 옷치장에 정성을 들이기 시작했다. 그는 시인들이 즐기는 주름 장식 달린 커프스, 노란 장갑과 세련된 지팡이 같은 차림새를 선택했다. 옷차림에 대한 관심은 1870년대 중반 무렵까지 계속 늘어났지만, 그의 차림새는 상당히 거무칙칙한 분위기를 풍겼다. 그리고 그런 분위기는 세상을 향해 그가 보여준 폐쇄적인 모습과 잘 맞아떨어졌다. 젊은 작가 욘 페울센은 1876년에 오스트리아 알프스에서 만난 입센을 이렇게 묘사했다. "훈장 리본이 달린 검정 연미복, 눈부신 하얀 리넨, 격조 높은 넥타이, 윤기가 흐르는 검정 실크 해트, 금테 안경……. 칼날처럼 가늘게 오므라진 멋들어진 입술……. 나는 산처럼 굳게 닫힌 담벼락 앞에, 불가해한 수수께끼 앞에 서 있었다."10 입센은 금박장식이 된 커다란 손잡이가 달린 호두나무 지팡이를 들고 다녔다. 이듬해에 그는 웁살라대학에서 처음으로 명예박사 학위를 받았다. 이후로 그는 "박사"라고 불리기를 바라는 소망을 내비쳤을 뿐 아니라, 긴 검정 프록 코트를 입고 다니기까지 했다. 너무나 근엄한 모습에 그를 신부라고 착각한 알프스의 농사꾼 아가씨들은 산책에 나선 그의 손에 입을 맞추기 위해 무릎을 꿇기까지 했다.11

그는 옷차림에 유별나게 꼼꼼한 주의를 기울였다. 그의 편지에는 옷을 옷장에 어떻게 걸어야 하며 양말과 팬티는 장롱에 어떻게 보관해야 하는지에 대한 지시 사항이 세밀하게 담겨 있다. 그는 부츠의 광을 직접 냈고, 바늘에 실을 꿰는 것은 하인이 하도록 허락하기는 했지만, 단추도 직접 바느질했다. 훗날 그의 전기를 쓴 헨리크 예가르가 그를 방문한 1887년 무렵, 그는 매일 아침 옷을 입는 데만 한 시간이 걸렸다.12 그러나 고상해지려는 입센의 노력은 실패로 돌아갔다. 대부분의 사람들이 보기에 그는 갑판장이나 선장처럼 보였다. 조상으로부터 물려받은 얼굴은 야외에서 일하는 일꾼처럼 벌건 빛을 띠었다. 술을 마신 뒤에는 벌건 빛이 특히 더했다. 저널리스트 고트프리트 바이스슈타인은 확신에 찬 엄숙한 목소리로 고리타분한 설교를 늘어놓는 입센의 버릇 때문에, "'내일 나는 뮌헨행 기차를 탈거요'라는 정보를 우리의 기억 속에 새겨 넣고 싶어 하는 왜소한 독일인 교수"와 비슷하다고 생각했다.13

입센의 허영심 중에서 우스꽝스러운 지경에까지 도달한 측면이 하나 있었다. 그를 조금도 비판하려 들지 않는 찬양자들조차도 그런 모습은 옹호하기 힘들었다. 그는 평생토록 메달과 훈장에 목말라했다. 메달과 훈장을 받기 위해서라면 사실상 무슨 짓이든 했다. 입센은 욕심나는 소소한 물건들을 스케치하는 데 남다른 재주가 있었다. 그가 그린 만화 중에 지금까지 남아 있는 첫 만화에는 별 모양 훈장이 등장한다. 그는 "입센 가문의 훈장"을 그려서 아내에게 선물로 주곤 했다.14 그러나 그가 진정으로 원했던 것은 그 자신을 위한 장식품이었다. 1896년 스톡홀름에서 언어에 대해 논하기 위해 지식인 회의—누군가의 주장에 따르면, 국제 정세에서 비롯된 새롭고 음흉한 혁신적 모임—가 개최됐을 때, 입센은 처음으로 훈장을 받았다. 입센이 명사가 된 이후 처음 받는 훈장이었다. 그는 그에게 바사 훈장을 수여한 카를 15세와 왕궁에서 샴페인을 마시면서 저녁을 보냈다. 그날 그 자리에서 입센을 처음으로 만난 예오르그 브란데스(그들은 오랫동안 편지만 주고받은 사이였다)는 훗날 입센이 훈장을 단 채로 귀가하는 것을 보고는 몹시 놀랐다고 밝혔다.

브란데스는 이듬해 입센이 더 많은 훈장을 받기 위해 계속 노력하고 있다는 것을 알고 더욱 놀랐다. 1870년 9월, 입센은 훈장 문제를 전문으로 다루는 덴마크 변호사에게 편지를 써서 단네브로 훈장을 받을 수 있게 도와달라고 요청했다. "선생께서는 이런 훈장이 노르웨이에서 어떤 효과를 낳는지에 대해서 조금도 알지 못하실 겁니다……. 덴마크 훈장은 우리나라에서의 제 지위를 훨씬 강화시켜 줄 것입니다……. 이 문제는 제게 중요합니다." 두 달 후 그는 스톡홀름에서 활동하면서 이집트 왕실에 인맥이 있던 아르메니아인 훈장 브로커에게 "노르웨이에서의 내 문학적 지위를 확립하는 데 엄청난 도움을 줄" 이집트 훈장을 받게 해 달라고 요청하는 편지를 썼다.[15] 결국 그는 터키 훈장인 메드지디 훈장을 받았는데, 기쁨에 젖은 그는 이것을 "훌륭한 물건"이라고 묘사했다. 1873년은 훈장이 쏟아진 훌륭한 해였다. 그는 오스트리아 훈장과 노르웨이의 성 올라프 훈장을 받았다. 그러나 훈장을 더 많이 모으려는 그의 노력은 쉴 틈이 없었다. 그는 한 친구에게 "개인적 열망은 없지만", "그 훈장이 내게 온다면 거절할 수 없다"고 말했다. 그의 편지들이 입증했듯이 이것은 사실이 아니었다. 그가 훈장 사냥에 한창이던 1870년대에는, 옆에 왕가의 문장이나 귀족 가문의 문장이 달린 마차가 지나갈 때면 안에 타고 있는 사람이 없더라도 모자를 벗어 경의를 표한다는 얘기까지 나돌았다.[16]

이 유별난 이야기는 악의에 찬 날조일지도 모른다. 그렇지만 입센이 기회만 있으면 그가 받은 훈장들을 거대한 은하수처럼 진열해 놓고 싶다고 주장했기 때문에, 훈장을 갈망했다는 주장에 대한 증거는 널리 퍼져 있다. 1878년 초입에, 입센이 개목걸이처럼 목에 건 훈장 하나를 포함해서 그가 받은 훈장들을 모두 걸고 클럽의 만찬에 나타났다는 보도가 있었다. 스웨덴 화가 예오르그 파울리는 (리본만이 아니라 실제 훈장까지 달린) 메달들을 뽐내는 입센을 로마의 길거리에서 우연히 마주쳤다. 그는 거의 매일 저녁 훈장들을 걸어 보았던 것 같다. 그는 "젊은 친구들" 앞에서 "훈장을 볼 때마다 나는 그들과 구분을 지어야 할 필요가 있다는 사실을 떠올린다"[17]는 말로 자신의 습관을 옹호했다. 한편, 입센을 만찬에 초청한 사람들은 입센이 훈장 없이 나타났을 때는 늘 안도감을 느꼈고, 와인 잔이 돌 때는 얼굴에 미소가 번지면서 웃음소리가 크게 터지기도 했다. 입센은 가끔은 환한 대낮에도 훈장을 달고 다녔다. 배를 타고 노르웨이로 돌아오던 길에 배가 베르겐 부두에 닿자, 그는 갑판으로 나가기 전에 정장을 입고 훈장을 모두 달았다. 그는 목수 두 사람과 교회지기 한 명, 브로커 한 명 등 옛 술친구 네 명이 "옛 친구 헨리크를 환영한다"고 외치면서 그를 마중 나온 것을 보고는 기겁을 했다. 선실로 돌아간 그는 친구들이 사라질 때까지 선실에서 벌벌 떨었다.[18] 명예욕은 노년이 돼서도 여전했다. 단네브로 대십자가 훈장을 받고 싶어 한 열망은 1898년에 극에 달했다. 그는 훈장이 공식적으로 수여되기 전에 보석상을 찾아가서는 훈장을 구입했다. 덴마크 국왕은 실제로 수여한 훈장 외에도 보석이 박힌 견본 하나를 그에게 보냈다. 따라서 훈장을 세 개 가진 셈이 된 그는 그중 두 개를 왕실 보석상에게 되돌려 보내야 했다.[19]

이 국제적 유명 인사가 사람들에게 강렬한 인상을 심어 준 것은 그 많은 우둔함과 허영심이 아니라, 악의에 찬 권력과 억누를 줄 모르는 분노 덕분이었다. 머리는 커다랗고 목은 두툼했던 그는 왜소한 체구에도 불구하고 강인한 분위기를 풍겼다. 브란데스는 "그의 외모는 그를 제압하기 위해서는 곤봉이 필요하다고 생각될 정도다"라고 말했다. 그리고 그의 눈초리는 무서웠다. 빅토리아 시대의 말기는 사나운 눈빛의 시대였던 것 같다. 글래드스턴의 강렬한 눈빛은 그를 공격하려는 동료 의원들이 할 말을 잊어버리게 만들 정도였다. 톨스토이 역시 비평가들의 말문을 막아 버리는 데 뱀눈을 활용했다. 입센의 눈빛을 본 사람들은 교수형을 선고하는 재판관을 떠올렸다. 그의 눈빛은 상대를 서서히 공포에 젖어들게 만들었다고 브란데스는 말했다. "그의 눈빛에는 그의 내부에 축적된 24년간의 고통과 증오가 담겨 있다." 입센을 잘 아는 사람들은 그의 살갗 밑에서 금방이라도 폭발할 것처럼 부글거리는 화산 같은 분노를 감지하고는 불안해했다.

술은 분노 폭발의 주된 원인이었다. 입센은 결코 알코올 중독자가 아니었고, 아주 짧은 시기를 제외하면 술꾼도 아니었다. 그는 일할 때에는 술을 한 방울도 입에 대지 않았고, 아침이면 숙취하고는 거리가 먼 말짱한 정신으로 갓 다림질된 프록 코트를 걸치고 책상에 앉아 있곤 했다. 그렇지만 그는 심한 부끄럼증과 과묵함을 이겨내기 위한 사교적 목적으로 술을 마셨고, 그의 혀를 해동시킨 술은 그의 분노에도 불을 붙였다. 그가 로마에 있는 스칸디나비아인 클럽에서 만찬 후에 분노를 터뜨린 사건은 악명이 높다. 사람들은 그가 터뜨린 분노에 소스라쳤다. 그의 분노는 끝없이 펼쳐지는 감사 연회와 축하 연회 탓이 컸다. 스칸디나비아 사람들은 19세기의 유럽 전역과 북미 대륙을 특징짓는 이런 연회를 특히 좋아했다. 입센은 그런 연회에 수백 차례 참석했는데, 종종 끔찍한 결과를 낳았다. 이탈리아에서 입센과 알고 지냈던 프레데리크 크누촌은 어느 우호적인 만찬석상에서 입센이 결핵으로 고통받는 (그토록 많은 스칸디나비아 사람들이 남국에서 살았던 이유 중 하나다) 젊은 화가 에우구스트 로랑에를 공격했다고 밝혔다. 입센은 로랑에를 형편없는 화가라고 몰아세웠다. "너는 두 발로 걸을 자격도 없어. 네 발로 기어 다녀야만 돼." 크누촌은 덧붙였다. "아무런 방어도 하지 못하는 착하디착한 사람을 향한 그런 비난에 우리 모두는 아무 말도 못했다. 운이 나빴던 폐병환자는 입센한테 머리를 얻어맞는 것을 제외하고도 맞서 싸워야 할 상대가 많았다." 만찬이 끝나고 참석자들이 자리를 떠날 때, 일어설 수도 없던 입센은 집에 실려 가야만 했다.[20] 불행한 일은 술이 그의 다리를 때려눕혔다고 해서 그의 독기 묻은 혀까지 그렇게 하지는 못했다는 것이다. 예오르그 파울리와 노르웨이 화가 크리스티안 로스가 로마에서 있었던 또 다른 축하 만찬이 끝난 후 훈장들을 덜렁거리는 입센을 떠메고 집에 갔을 때, 입센은 "우리를 비천한 존재로 여긴다는 속내를 끊임없이 털어놓는 것으로 우리에게 사의를 표했다. 그는 나를 '불쾌한 애송이'라고 말했고, 로스를 '아주 혐오스러운 인간'이라고 말했다."[21] 브란데스가 1891년에 크리스티아니아의 그랜드호텔에서 입센을 위한 성대한 만찬을 베풀었을 때, 입센은 "위압적인 분위기"를 조성했고, 브란데스가 그를 칭송하는 연설을 하는 동안에는 여봐란듯이 머리를 저어 대다가는 "그런 연설에 대해서는 세상 사람 누구나 할 말이 많을 거요"라고 말하면서 답사를 거절했다. 그러다가는 결국 만찬의 주최자가 노르웨이 문학에 대해서는 "아무것도 아는 것이 없다"고 단언하는 것으로 브란데스를 욕보였다. 주빈으로 초대받은 다른 리셉션에서는 청중에게 등을 돌리려고 들었다. 때때로 술에 취하면 그는 "뭐, 뭐라고, 뭐라고 그러는 거야?"라는 말만 되풀이했다.

입센이 바이킹의 폭음 습관의 희생자가 되는 경우가 잦았다는 것은 사실이다. 사실, 그 시대에 개최됐다가 망가진 스칸디나비아 사람들의 연회에 관해서는 따로 책 한 권을 쓸 수 있을 정도다. 1898년에 코펜하겐에서 입센을 위한 특히 근엄한 연회가 열렸는데, 주요 연사인 소프스 샨도르프 교수가 곤드레만드레가 되는 바람에 옆자리에 앉은 주교와 백작이 그를 부축하고 있어야만 했다. 어떤 손님 하나가 키득거리자 그는 고함을 질렀다. "내가 말할 때에는 그 X 같은 주둥아리를 닥쳐." 이 연회에서 술에 취한 식견 높은 화가가 입센을 힘차게 포옹하자, 입센은 화난 목소리로 외쳤다. "이놈을 끌고 가!" 입센은 술에 취하지 않았을 때는, 끝없이 죄의식을 느끼곤 했던 행동들을 자유롭게 세상에 풀어 놓으려 하지 않았다. 사실 그는 지나치게 꼼꼼한 검열관 같은 모습을 보여 줬다. 남장을 한 여자가 로마의 스칸디나비아인 클럽에 불법적으로 잠입했을 때, 그는 책임 있는 회원의 회원 자격을 박탈해야 한다고 주장했다. 그는 과시적인 행동을 향해서건 도덕률에 위배되는 행동을 향해서건 기분 내키는 대로 분노를 터뜨렸다. 그는 화내는 데는 전문가였다. 그가 터뜨리는 분노는 그 자체가 예술이었다. 그는 자연에 존재하는 분노의 화신을 소중히 여기기까지 했다. 그가 훗날 기록한 바에 따르면, 그는 잔인한 희곡 <브랑>을 쓰는 동안 "탁자 위에 있는 빈 맥주병에 전갈을 넣어 두었다. 가끔씩 맹목적인 분노가 나를 괴롭혔다. 그러면 잘 익은 과일조각을 병에 던져 넣었다. 스스로 분노에 사로잡힌 전갈은 과일 조각에 독을 쏴 넣었다. 그러고 나면 내 상태는 다시 좋아졌다."[22]

입센은 자신의 내부에서 분노를 제거해야 할 필요성에 대한 메아리를 전갈에게서 본 것일까? 분노가 부글부글 끓어 넘치는 그의 희곡들은 거시적인 치료 행위의 일환이었을까? 입센을 속속들이 아는 사람은 아무도 없다. 그러나 그의 많은 지인들은 그의 초창기 삶과 투쟁이 그에게 가라앉힐 수 없는 엄청난 양의 분노를 남겨 줬다는 것을 안다. 이런 점에서 그는 루소와 비슷하다. 그의 자존심에 든 멍은 평생 풀리지 않았고, 그 결과로 그는 이기적인 괴물이 돼 버렸다. 입센이 불행한 유년기에 대한 책임을 부모 탓으로 돌린 것은 굉장히 부당한 일이다. 그에 따르면, 그의 동기들은 공범이었다. 그는 시엔을 떠난 이후로는 가족들과 연락을 주고받으려는 노력을 조금도 기울이지 않았다. 잘사는 삼촌 크리스티안 페우스로부터 돈을 빌리기 위해 1858년에 시엔을 마지막으로 찾았을 때, 그는 일부러 부모를 찾지 않았다. 여동생 헤드 비와는 연락이 오갔지만, 그것은 갚지 않은 빚과 관련이 있었던 듯하다. 그는 1867년에 동료작가이자 며느리의 아버지인 비요른셰 르네 비오른손에게 보낸 무시무시한 편지에서 이렇게 썼다. "분노는 내 힘을 키워 주네. 전쟁이 일어나야만 한다면, 전쟁을 하세! (⋯) 나는 어미의 자궁 속에 아기를 위한 공간을 할애하지 않을 걸세. 나의 희생자가 됐다는 명예를 누리게 될 인간에게 행동 동기를 부여할 그 어떤 생각도, 그 어떤 감정도 허용하지 않을 거야⋯⋯. 근본적으로 불완전한 인간관계를 계속 감내할 수 없었기 때문에, 내가 평생 우리 부모, 우리 가족 전체에게 등을 돌리고 살았다는 것을 아나?"**23** 1877년에 아버지가 사망했을 때, 입센은 거의 40년간 아버지와 접촉이 없는 상태였다. 그는 삼촌에게 보낸 편지에서 스스로를 옹호하면서 "아주 초기 단계부터 불가능했던 상황들"을 "주된 원인"으로 꼽았다. 이런 표현에 담긴 그의 본심은 자신은 출세를 했으므로 밑바닥으로 떨어진 다른 가족이 자신을 끌어내리기를 바라지 않는다는 것이었다. 돈을 더 많이 벌고, 가족에게 도움을 줄 수 있는 능력이 더 생길수록, 가족과 접촉하고 싶은 생각은 더 없어졌다. 그는 절름발이 동생 니콜라이 알렉산데르를 도와주려는 노력을 조금도 하지 않았고, 결국 미국으로 건너간 동생은 1888년에 쉰세 살로 사망했다. 묘비에는 이렇게 적혔다. "이방인이 존경하고, 이방인이 애도하다." 입센은 선원, 가게 주인, 등대지기를 전전한 막내 올레 페우스도 무시했다. 올레는 늘 가난에 시달렸으면서도, 비참했던 아버지를 돌본 유일한 자식이었다. 입센은 동생의 취직을 위해 형식적인 추천장을 써 보낸 적은 한 번 있지만, 동생에게 땡전 한 푼 건네지 않았고, 유산도 남기지 않았다. 올레는 부모가 물려준 집에서 혼자 살다가 1917년에 사망했다.**24**

공식적인 가족의 배후에는 더욱 세심하게 은폐된 고통스러운 이야기가 있다. 이 이야기는 입센 자신이 쓴 희곡에서 곧장 튀어나온 듯 보이기도

한다. 사실 입센의 생애 전체는 어떤 면에서는 은밀한 입센 스타일의 드라마로 볼 수도 있다. 열여덟 살이던 1846년에 여전히 약국에서 살고 있던 입센은 약국에서 일하는 그보다 열 살 많은 가정부 엘시 소피 옌스다테르와 관계를 가졌다. 임신을 한 그녀는 1846년 10월 9일에 아들 한스 야코브 헨릭센을 낳았다. 그녀는 마르크스의 렌첸처럼 까막눈 농사꾼 집안 출신이 아니라, 기품 있는 자작농 집안 출신이었다. 덴마크 통치에 맞선 농민들의 유명한 봉기를 이끌었던 그녀의 할아버지 크리스티안 로프투스는 아케르스후스 요새에서 바위에 묶인 채로 숨을 거뒀다. 그녀는 렌첸처럼 대단히 사려 깊게 처신했다. 아이를 데리고 부모에게 돌아간 그녀는 아이 아버지에게서는 아무것도 받아내려 하지 않았다.[25] 그러나 입센은 노르웨이 법령과 지방 의회의 명령에 따라 한스 야코브가 열네 살이 될 때까지 양육비를 지불해야만 했다.[26] 가난뱅이였던 그는 쥐꼬리만 한 월급에서 양육비가 빠져나가는 것이 쓰라리기 그지없었고, 아이나 아이 어머니를 결코 용서할 수 없었다. 루소처럼, 마르크스처럼, 그는 한스 야코브를 결코 인정하지 않았다. 아이에게는 조금도 관심을 갖지 않았고, 물질적이건 아니건 자발적인 지원을 아이에게 조금도 베풀지 않았다. 대장장이가 된 아들은 스물아홉 살 때까지 어머니와 살았다. 어머니는 실명했다. 부모의 집을 빼앗긴 후 그녀는 오두막으로 이사가 살았다. 아들은 바위에 "궁핍의 언덕"이라는 뜻의 "쉘테르피엘"이라는 단어를 낙서했다. 가난뱅이가 된 엘시는 1892년 6월 5일에 일흔네 살로 세상을 떠났는데, 입센이 그녀의 사망 소식을 들었을 것 같지는 않다.

한스 야코브는 결코 무식쟁이가 아니었다. 그는 역사서와 여행서를 특히 즐겨 읽는 대단한 독서광이었다. 그는 바이올린 제조에도 재주가 있었지만 게으른 술고래이기도 했다. 그는 가끔 크리스티아니아를 찾았는데, 그의 비밀을 아는 사람들은 그가 유명한 아버지와 놀랄 정도로 닮았다는 사실에 충격을 받곤 했다. 그들 중 일부는 한스 야코브에게 입센이 입는 것과 똑같은 옷을 입혀 입센이 습관적으로 앉는 그랜드호텔의 테이블에 먼저 앉혀서는, 아침 맥주를 마시러 온 입센이 자신이 저지른 원죄의 시각적 증거와 맞닥뜨리게 만들자는 계획을 세웠다. 입센에 관한 1급 권위자인 프랜시스 불은 한스 야코브가 아버지를 딱 한 번 만났다고 밝혔다. 1892년에 있었던 일로, 빈털터리가 된 아들은 돈을 얻기 위해 아버지의 아파트를 찾았다. 직접 현관문을 연 입센은 마흔여섯 살이 된 아들을 처음으로 보게 됐다. 입센은 부자지간임을 부인하 지는 않았지만, 한스 야코브에게 5크라운을 주면서 말했다. "이건 내가 네 어머니에게 주는 것이다. 너한테는 충분할 거다." 그리고는 아들의 면전에서 쾅하고 문을 닫았다.[27] 부자는 다시는 만나지 않았다. 입센에게서 유산을 한 푼도 물려받지 못한 한스 야코브는 1916년 10월 20일에 역시 가난뱅이로 숨을 거뒀다.

합법적으로건 불법적으로건 가족들이 자신에게 돈을 요구할지도 모른다는 두려움은, 의심의 여지없이 입센이 가족들과 떨어져 지내려 했던 이유 중 하나다. 그는 초년에 겪었던 가난으로 인해 안정적인 생활을 끝없이 열망하게 됐고, 그런 열망은 끊임없는 돈벌이와 저축을 통해서만 위로받을 수 있었다. 그의 삶을 끌고간 가장 큰 추진력 중 하나도 그것이었다. 그는 비열한 사람이었는데, 그의 다른 모든 측면이 그랬던 것처럼 비열함의 정도도 웅대했다. 그는 돈을 위해서라면 언제든지 거짓말을 할 준비가 돼 있었다. 그가 군주제를 남몰래 증오하는 무신론자였다는 것을 감안할 때, 연금 100파운드를 달라면서 카를 15세에게 보낸 탄원서는 주목할 만하다. "저는 허울 좋은 생계를 잇기 위해서가 아니라, 하느님께서 저에게 주셨다고 확고히 믿는 소명을 위해서 분투하고 있습니다……. 제가 인간의 영혼에 상처를 줄 수 있는 쓰디쓴 궁핍과, 한 인간이 부여받은 필생의 소명을 내팽개치게 만드는 빈곤 앞에서 침묵을 지키며 허리를 굽혀야만 하는 것인지, 그에 맞서 싸울 무기가 저에게 이미 주어졌음을 알면서도 굴복을 해야만 하는 것인지는 폐하의 고귀한 손길에 달려 있습니다." <브랑>으로 소액의 돈을 번 이때쯤(1866)부터 그는 저축을 하기 시작했다. 양말에 은화를 넣는 것으로 시작된 저축은 국채를 구입하는 수준으로까지 발전했다. 이탈리아의 동료 망명객들은 입센이 아무리 사소한 지출이라도 일일이 노트에 기입했다고 밝혔다. 1870년부터 뇌졸중을 처음 일으킨 1900년까지, 그는 검정색 출납부 2권에 한쪽에는 수입을 기록하고, 다른 쪽에는 위험도가 0에 가까운 국채로만 구성된 투자 명세를 기록했다. 말년의 20년 동안 그의 수입은, 적어도 앵글로-색슨의 기준에서 보면 그리 대단한 편은 아니었다. 그의 희곡들이 세계적인 공연작이 되기까지는 오랜 시간이 걸렸고, 저작권도 제대로 보호받지 못했기 때문이다. 하지만 그의 수입은 1880년에 처음으로 1,000파운드를 넘겼다. 당시 노르웨이인의 수준으로는 엄청난 액수였다. 총수입은 계속해서 서서히 증가했고 투자 액수도 마찬가지였다. 생애의 마지막 25년 동안, 수입의 절반에서 3분의 2에 해당하는 액수를 투자하는 작가는 없었다. 무엇을 위한 투자였을까? 합법적인 아들 시구르가 왜 우리는 이렇게 검소하게 사는 것인지 물었을 때 입센은 대답했다. "잘 자고 잘 못 먹는 것이 잘 먹고 잘 못 자는 것보다 낫단다." 계속 부유해졌는데도 입센과 식구들은 우중충한 가구 딸린 방에서 거주했다. 그는 저택과 토지를 가진 비오른손이 부럽다고 밝혔다. 그러면서도 그는 부동산을, 심지어는 직접 사용할 가구를 구입하려는 시도를 한 번도 하지 않았다. 입센이 마지막으로 거주한 빅토리아 테라스와 아르빈스 거리에 있는 아파트는 개성이라곤 찾아볼 수 없는 호텔 같은 거처였다.

입센이 머물렀던 아파트 모두에는 유별난 특징이 하나 있었다. 아파트는 외관상으로 절반씩 갈라져 있었다. 남편과 아내는 상대방을 향한 공격과 방어 작전을 전개할 수 있도록 각기 분리된 요새를 구축했다.[28] 이런 공간 배치는 그가 젊은 날에 했던 맹세를 실행한 것이다. 그를 초기에 사귄 친구 크리스토퍼 두에는 "아내를 얻는다면 아내는 다른 층에 살게 될 것이며, 식사 시간에만 상대를 보게 될 부부는 상대방을 Du•라고 부르지 않을 것"이라고 말했다고 밝혔다.[29] 입센은 베르겐의 목사의 딸 수잔나 토레센과 2년간의 냉담한 약혼 기간을 거쳐 1858년에 결혼했다. 책벌레인 그녀는 못생기고 성격은 단호했지만, 머리카락은 아름다웠다. 여류 문인인 그녀의 의붓어머니는, 쇠렌 키르케고르를 제외하면 "그토록 혼자 있고 싶어 하는 충동을 보여 주는" 사람은 본 적이 없다고 멸시하는 투로 입센을 평가했다. 결혼생활은 따스했다기보다는 필요한 기능만 이뤄지는 쌀쌀맞은 생활이었다. 입센의 결혼 생활은 한 가지 점에서 입센의 업적에서 중요한 역할을 했다. 희곡이 계속 퇴짜 맞거나 실패했던 너무나 의기소침한 시기에, 입센은 또 다른 재주인 그림을 그려 볼까를 심각하게 고민했었다. 그녀는 남편이 그림 그리는 것을 막으면서 매일 같이 글을 쓰게 만들었다. 시구르가 훗날 썼듯, "형편없는 화가 한 명을 줄이는 대신 위대한 작가 한 명을 배출시켰다는 점에서 세상 사람들은 우리 어머니에게 고마워해야 한다."[30] 1859년에 태어난 시구르는 늘 어머니를 입센의 배후에 선 실력자로 묘사했다. "아버지는 천재였고, 어머니는 등장인물이었다. 아버지의 등장인물. 아버지도 그것을 아셨다. 돌아가실 때까지 그것을 기꺼이 인정하려 들지는 않으셨지만."

　당연히 시구르는 부모의 결혼 생활을 일종의 협동 작업으로 묘사했다. 그러나 당시의 다른 사람들은 입센과 입센의 결혼 생활을 다른 시각으로 바

• 독일어로 '당신'

라봤다. 젊은 덴마크인 마르틴 시네에클로트의 일기에는 이탈리아 체류시절의 입센 가족에 대한 비참한 그림이 담겨 있다. 그는 입센이 사랑하지 않는 여인과 결혼한 자신의 모습을 발견하고는 "체념조차도 할 수 없는 절망적인 상황"에 놓여 있다고 기록했다. 그는 입센이 "거만한 성격에 이기적이고 고집 세며, 지독하게 남성성을 추구하고, 개인적인 소심함과 강박관념 같은 이상주의가 기이하게 뒤섞여 있지만, 평상시 생활에서는 그런 이상적인 목표를 표현하는 데 완전히 무관심한" 인물이라는 것을 알게 됐다. "여성스러운 그녀는 무뚝뚝하지만 안정적이고 굳센 성격의 소유자로, 지적인 면과 우둔한 면이 뒤섞여 있으며, 정서적인 면이 부족하지는 않지만 겸손함과 여성스러운 사랑은 부족하다⋯⋯. 그들은 상대방을 향해 무자비하고 냉혹한 전쟁을 벌이고 있는데, 그럼에도 그녀는 그들의 아들을 통해서 그를 사랑한다. 그들의 가여운 아들은 아이들이 겪게 되는 운명 중에서 가장 슬픈 운명을 겪는다." 묘사는 계속된다. "입센은 작품 활동에 너무 사로잡혀 있다. '인간이 먼저, 예술은 그다음'이라는 속담은 그에게는 거꾸로 뒤집혔다. 내 생각에 아내를 향한 그의 애정은 오래전에 자취를 감췄다⋯⋯. 지금 그는 상황을 바로잡기 위해 스스로를 길들이지 못하고, 침울하고 제멋대로인 성격을 아내와 그들이 낳은 가엾고 영적으로 비뚤어졌으며 겁에 질린 아들에게 강요하는 죄를 짓고 있다."[31]

수잔나는 입센의 싸늘하고 단단한 이기주의 앞에서 결코 무방비 상태로 있지 않았다. 비오른손의 아내는 시구르가 태어난 후 수잔나가 했던 말을 인용했다. 더 이상의 자식은 없을 거라는 말을. 더 이상 섹스를 하지 않겠다는 뜻이었다(그런데 비오른손의 아내는 입센에게 반감이 많은 사람이었다). 때때로 이혼 소문이 나돌았다. 입센이 결혼 생활을 지긋지긋하게 여긴 것은 확실하다. 그는 1883년에 "결혼은 모든 사람에게 노예의 낙인을 찍는다"고 적었다. 그러나 타산적이고 안정적인 생활을 선호한 그는 결혼 생활을 계속해서 유지해 나갔다. 입센이 1895년 5월 7일 자로 아내에게 보낸 기묘한 편지가 남아 있는데, 이 편지에서 그는 힐두르 안데르센 때문에 그가 그녀를 떠날 계획이라는 소문을 강하게 부인하면서, 그가 싫어했던 수잔나의 의붓어머니 막달레네 토레센을 소문의 근원지로 지목하여 비난했다.32 입센은 아내를 거칠고 불쾌하게 대했지만 그녀도 나름의 대처법을 알고 있었다. 입센의 타고난 소심함과 폭력에 대한 공포를 잘 아는 그녀는 입센이 화를 내면 입센의 면전에서는 그저 웃기만 했다. 그러면서 한편으로는 입센의 공포를 사실상 이용해 먹었다. 일상에서 벌어진 끔찍한 재앙들을 다룬 신문 기사를 꼼꼼히 확인한 그녀는 입센에게 그런 기사들을 보여 줬다.33 그들은 함께 있는 모습을 관찰하기에 유쾌한 부부는 결코 아니었다.

입센은 친구들과의 관계에서도 마찬가지로 냉담했고, 종종은 사납게 날뛰었다. 친구라는 단어는 적절한 단어가 아닐 수도 있다. 그를 누구보다도 잘 알고 지냈고 오랫동안 사귀었던 동료 작가 비오른손과 주고받은 편지는 읽기가 고통스럽다. 비오른손을 라이벌로 여긴 입센은 비오른손의 이른 출세, 사교적 성품, 명랑하고 친절한 대인 관계, 삶을 즐기는 능력 등을 질투했다. 입센을 대중적 관심의 대상으로 만들기 위해 최선을 다한 비오른손에게 있어, 입센의 차디찬 배은망덕은 딱하다는 기분이 들 정도로 충격적이었다. 그들의 관계는 루소와 디드로의 관계를 닮았다. 입센은 취하기만 하는 루소와 비슷했고, 비오른손은 베풀기만 하는 디드로와 닮았다. 둘 사이의 관계를 끝장내는 큰 다툼은 없었지만 말이다.

입센에게 상호 호혜주의는 어려운 일이었다. 비오른손이 입센에게 해 준 모든 일을 놓고 볼 때, 비오른손의 회갑 때 입센이 마지못해 보낸 축전은 미니멀리즘의 걸작이다. "헨리크 입센은 귀하의 생신을 맞아 귀하의 행운을 기원합니다." 그러면서도 입센은 비오른손이 그를 위해 많은 일을 해 주기를 기대했다. 비평가 클레멘스 페테르센이 <페르 귄트>에 적대적인 리뷰를 출판하자, 입센은 그 일과는 아무 상관도 없는 비오른손에게 노발대발하는 편지를 썼다. 비오른손은 왜 페테르센을 때려눕히지 않는 것인가? "나는 그 놈이 진리와 정의에 반하는 공격을 타산적으로 감행했다는 것을 시인하기도 전에, 놈을 인사불성이 되도록 두들겨 패게 될 걸세." 이튿날 그는 추신을 덧붙였다. "자면서 이 문제를 생각해 보고는 편지를 냉정하게 다시 읽어 봤네……. 그럼에도 불구하고 편지를 보내게 됐어." 그는 다시 스스로 열을 받기 시작했다. "나는 자네가 수수방관한 것을 꾸짖는 것이네. 내가 없는 사이에 내 명성을 경매꾼의 망치 아래에 집어넣으려는 시도를 손놓은 채로 허용하는 것은 자네에게 좋은 일이 아니야."³⁴

그런데 입센은 비오른손이 자신을 위한 싸움에 나서 줄 것을 바라는 한편 만만한 풍자의 대상으로 간주하기도 했다. 진보 운동을 사납게 공격하는 입센의 희곡 <청년 동맹>에서, 비오른손은 불쾌한 캐릭터인 스텐스고르로 묘사된다. 배은망덕의 기념비라 할 이 작품에서, 입센은 돈 문제로 그를 도왔던 사람들과 그에게 정부의 보조금을 지급할 것을 탄원하는 청원서에 서명한 사람들 모두를 가차 없이 비난했다. 입센은 저명한 사람이면 누구든 자신의 합법적인 표적이 된다고 봤다. 그렇지만 그 자신이 비슷한 모습으로 언급되는 경우는 끔찍이도 싫어했다. 욘 페울센이 훈장에 미친 거만한 아버지에 대한 소설을 출판했을 때, 방명록 한 장을 옮겨쥔 입센은 뒷면에 "악당"이라고 쓰고 페울센의 클럽 주소를 적어서는 누구나 훤히 볼 수 있는 상태로 페울센에게 발송했다. 10년쯤 후 퀸즈베리 후작이 오스카 와일드에게 써먹었던 것과 똑같은 수법이었다.

입센과 다른 작가들 사이의 관계는 거의 모두가 다툼으로 끝장이 났다. 다툼이 없는 경우라 해도 무기력한 관계로 종지부를 찍는 경향이 있었다. 그는 존슨 박사의 충고를 따를 수 없었다. "우정은 끊임없는 정비를 통해 유지돼야만 한다." 그는 침묵의 시기가 간간이 끼어 있는 끊임없는 긴장 속에서 우정을 유지했다. 우정을 지키기 위해 노력해야만 하는 사람은 늘 상대편이었다. 그는 사실상 반反 우정 철학을 주장하기 직전에 이르렀다. 유부녀와 동거하는 죄를 짓는 바람에 코펜하겐에서 배척당하며 살아가는 브란데스가 친구도 없다고 투덜대는 편지를 입센에게 보내자, 입센은 답장을 보냈다. "자네처럼 (실은 자신처럼) 개인적으로 필생의 사업에 너무나 강렬하게 몰입하는 사람은 친구를 갖기를 기대할 수는 없다네……. 친구는 값비싼 사치품이지. 이승에서 수행해야 할 소명이나 사명에 가진 것 모두를 투입하는 사람은 친구를 가질 형편이 못되네. 친구들 때문에 치러야 할 값비싼 대가는 그들을 위해 해 줘야 하는 일이 아니라, 친구들 얼굴을 봐서 하지 않고 방치해 버린 일이라네. 많은 야심 찬 영혼들이 우정 때문에 불구가 됐지. 난 이런 지혜를 꿰뚫었어. 내가 지금의 내가 되는데 성공하기 전까지 수년을 기다려야 했던 이유도 이거였다네."[35] 우리가 지금까지 검토해 봤던 다른 지식인들을 고려할 때, 이 쌀쌀맞으면서도 뜻 깊은 편지가 드러내는 것은 공적 원칙과 사적 문제점 사이의 친숙한 상관관계다. 입센은 인류를 향해 "너 자신이 되라!"라고 말했다. 그런데 이 편지에서의 그는 본연의 모습이 되기 위해서는 다른 사람을 희생시켜야 한다는 것을 사실상 인정하고 있다. 개인의 해방은 본질적으로 이기적이고 무정한 행위였다. 그 자신의 사례를 볼 때, 입센은 타인들을 무시하고 경시하며, 필요할 경우 타인들을 유린하지 않고서는 유능한 극작가가 될 수 없었다. 연극에 다가가는 입센의 접근 방식의 핵심에는 창조적 이기주의의 원칙이 자리 잡고 있었다. 그가 막달레네 토레센에게 보낸 편지에 썼듯이, "대부분의 평론은 평론의 대상이 된 작가가 본연의 모습을 보인 것에 대한 비난으로 요약됩니다……. 지극히 중요한 것은 한 인간의 본질적인 자아를 지켜 내는 것, 그 자아를 순수한 상태로 유지하면서 그 모든 방해요인들로부터 자유롭게 해 주는 것입니다."

창조적 이기주의는 입센 본인의 성격에 깃들어 있는 상처받기 쉬운 연약한 면모를 힘의 원천으로 탈바꿈시키려는 시도였다. 소년 시절, 그는 소름끼칠 정도로 혼자였다. 그의 선생님은 그를 "노인네의 얼굴에 내향적인 성격의 아이"라고 말했다. 입센의 동년배들은 "그 친구는 항상 너무나 까다로웠기 때문에 우리 꼬마들은 그를 좋아하지 않았다"고 증언했다. 친구들은 그가 "다른 인간들처럼" 웃는 소리를 딱 한번 들었다. 훗날 청년이 된 그는 가난을 경험하면서 더욱 고독해졌다. 그는 혼자서 오랫동안 산책을 나가곤 했는데, 그 때문에 숙소에 있는 다른 손님들과 하인들은 그가 저녁을 먹으러 나가는 것으로 생각했다(딱하게도, 훗날 그의 아들은 입센의 야비함으로 인해 유사한 핑계를 대야만 했다. 남에게 보이기 불쾌한 집으로 친구들을 초대하려 들지 않았던 아들은 어머니가 거구의 흑인으로, 실제로는 존재하지도 않는 남동생을 붙들어서 상자에 가두고 있다고 말하곤 했다). 입센의 고독한 긴 산책은 습관이 됐다. "나는 가톨릭 국가들 대부분을 여러 차례 배낭을 짊어지고 도보로 유랑했다." 입센은 타고난 망명객이었다. 그는 그를 둘러싼 공동체를 기껏해야 이질적인 것으로, 종종은 적대적인 것으로 바라봤다. 그는 젊은 시절에 "나는 나를 가둔 작은 공동체와 내가 전쟁 상태에 있다는 것을 알게 됐다"고 썼다.[36]

따라서 입센이 그의 인생에서 가장 생산적이었던 긴 세월 동안 사실상 망명을 선택한 것은 놀랄 일이 아니다. 마르크스가 그랬듯이, 망명 생활은 입센의 소외감을 강화시켰고, 다툼과 앙심으로 무장한 극도로 편협한 망명객들 집단 속에 그를 가둬 버렸다. 입센은 고독의 결점을 깨닫기 시작했다.

그는 1858년에 쓴 편지에서 "저는 사람들과 친밀한 관계를 맺는 것을 어렵게 만드는 당혹스러운 냉담함에 둘러싸여 있습니다……. 저를 믿어주세요. 황량한 관점으로 세상을 바라보는 것은 유쾌한 일이 아닙니다"라고 스스로를 묘사했다. 그런데 6년 후인 1864년에, 저 밖에 있는 타인들에게 다가가지 못하는 자신의 무능력을 체념하게 된 그는 비오른손에게 편지를 썼다. "나는 속내를 자유롭고 기탄없이 드러내야만 한다고 요구하는 사람들과 가깝게 지낼 수가 없어……. 내 진정한 자아를 내 속에 닫아두고 있는 편이 나는 더 좋네." 그의 고독은 창조적으로 변해 갔고, 그 자체로 창작의 소재가 됐다. 그는 초창기인 1847년에 쓴 「단념」부터 시를 포기한 1870~1871년까지 시를 썼는데, 기저에 깔린 테마는 고독이었다. 브란데스가 말했듯 "고독한 요구, 고독한 투쟁, 고독한 주장을 그려낸 고독의 시"였다.[37] 그의 고독을 반영한 작품들은 낯선 세계에 맞서기 위한 방어막이자 도피처이며 무기였다. 시네에클로트가 입센의 이탈리아 생활에 대해 말했듯, "그의 정신과 열정은 온통 문학적 명성을 귀신들린 듯 추구"하는 데 바쳐졌다. 입센은 차츰 자신의 이기적 고립과 자기 은폐를 필수적인 수단으로, 심지어는 미덕으로까지 보게 됐다. 그는 브란데스에게 인간의 총체적 존재는 난파선과 같은 것이며, 따라서 "제정신으로 선택할 유일한 길은 스스로를 구조하는 것뿐"이라고 말했다. 노년에 그는 젊은 여성에게 충고했다. "사람들에게 몽땅 다 털어놔서는 안 돼……. 자신만의 비밀을 간직하는 것이야말로 인생에서 가장 소중한 일이라네."[38]

그런데 그런 방법을 완벽하게 통제할 수 있다고 믿는 것은 당연히도 비현실적이다. 그런 믿음은 인류를 향한 보편적 적대감으로 변질됐다. 브란데스는 이런 결론을 내려야만 했다. "인간을 향한 그의 경멸은 한계를 모른다." 그의 증오의 탐조등은 인간 사회의 모든 영역을 체계적으로 훑었다. 탐조등은 그러다가 그의 혐오감을 특히 자극하는 사상이나 기관이 있을 경우 멈춰 섰다. 그는 보수주의자들을 싫어했다. 그는 국가가 총애하는 모든 것을 공격하는 데 헌신할 작가들에게 보조금을 지급하라고 보수적인 국가를 설득한 아마도 첫 번째 작가—대군으로 변모할 작가들의 척후병—일 것이다(그가 더 많은 돈을 달라면서 귀국했을 때, 보조금위원회의 임원인 H. 리데르볼 목사는 입센이 받아야 할 것은 또 다른 보조금이 아니라 채찍질이라고 말했다). 그는 자유주의자를 더욱 더 싫어하게 됐다. 그들은 "인간에게 다가가는 길에 바리케이드로 설치된 하찮은 잡동사니"였다. 그들 대부분은 "위선자, 거짓말쟁이, 철부지, 쌍놈"이었다. 입센은 동시대인 톨스토이처럼 의회 제도를 특히 싫어했다. 입센은 의회를 끝을 모르는 부패와 속임수의 원천으로 봤다. 그가 러시아를 좋아한 이유 중 하나는 러시아에 의회가 없어서였다. 그는 민주주의를 혐오했다. 크리스토퍼 얀손의 일기에 기록된 입센의 견해를 읽으면 소름이 돋는다.[39] "대중이란 무엇인가? 무지한 군중이다. 지식인은 언제나 소수에 속해 있다." 그는 사람들 대부분은 "견해를 가질 자격이 없다"고 말했다. 그는 브란데스에게도 비슷한 말을 했다. "내가 배후에 대중을 거느리고 있는 정당과 관계를 맺는 일은 그 어떤 상황에서도 없을 거야." 그는 자신을 무정부주의자로 봤다. 멍청하게도 그는 (당시 많은 사람들이 그랬듯) 무정부주의, 공산주의, 사회주의는 본질적으로 동일한 사상이라고 믿었다. "국가는 사라져야만 해." 그는 그의 견해를 수집하는 것을 즐겼던 브란데스에게 말했다. "이제 기쁜 마음으로 내 어깨를 내줄 혁명이 일어났어. 국가라는 개념은 파기해 버리고, 자유 의지의 원칙을 세우게."

입센은 자신이 대중의 삶에 대한 조리 있는 철학의 소유자라는 생각을 조금도 의심하지 않았다. 그가 즐겨 썼던 격언은, 그의 희곡의 등장인물 스톡만 박사에게 부여하기도 했던 "소수는 항상 옳다"였다. 입센이 브란데스에게 설명한 바에 따르면, 그에게 있어 "소수는 다수가 미처 도달하지 못한 영역을 향해 착실히 나아가는 사람들"을 뜻했다. 스스로를 어느 정도 스톡만 박사와 동일시한 입센은 브란데스에게 말했다.

지적인 선구자는 그의 주변에 결코 다수를 모을 수가 없네. 10년 정도 지나면 사람들이 회합을 가질 때 스톡만 박사가 서 있던 위치에 다수의 사람들이 도착할지도 모르지. 그렇지만 그 10년 동안 박사가 한자리에 꼼짝 않고 서 있는 것은 아니야. 그는 다른 사람들보다 적어도 10년은 앞섰어. 다수는, 대중은, 군중은 결코 그를 따라잡을 수 없어. 그는 결코 자기 등 뒤로 그들을 모아세울 수 없거든. 나 자신도 그와 비슷한, 계속 전진해야 한다는 가차 없는 강박관념을 느낀다네. 초기에 책을 쓰던 시점에서 내가 서 있던 지점에 지금 군중들이 서 있네. 그런데 나 자신은 더 이상 거기에 서 있지 않아. 나는 그들보다 훨씬 앞선 지점 어딘가에 있지. 그렇지 않다면, 그러기를 희망하네.[40]

꽤나 전형적인 빅토리아 시대적인 이 관점의 어려움은 계몽된 소수가 이끄는 인류는 늘 바람직한 방향으로 진보할 것이라고 가정하는 데 있다. 입센이 보기에―훗날 레닌이 "전위 엘리트"라고 부르고, 히틀러가 "모범적인 심부름꾼"이라고 부른―소수가 인류를 나락으로 이끌 일은 생길 수가 없었다. 그 자신이 시대정신의 형성 과정에서 큰 역할을 담당했던 20세기의 난폭함을 접하면, 입센은 경악하면서 질겁했을 것이다.

미래를 예견할 수 있다고 주장한 입센이 무척이나 잘못된 미래상을 갖게 된 원인은 그의 성격적 결함, 그의 사상과는 정반대로 사람들에게 공감하지 못하는 무능력에서 비롯됐다. 그는 희곡에서처럼 개인이나 집단이 사상의 구현체에 불과할 때에는 대단한 통찰력과 공감으로 그 사상을 다룰 수 있었다. 그러나 그 개인이 실제 인간이 되어 그의 삶에 발을 들여 놓는 순간, 그는 꽁무니를 빼거나 적대적인 반응을 보였다. 인간의 심리를 강렬하게 포착한 그의 말년의 작품들은 그의 실제 삶에서 벌어진 다툼과 격정의 분출, 인간에 대한 혐오, 그리고 그가 맺고 있던 몇 안 되는 친밀한 대인관계의 지속적인 퇴보와 일치한다. 관념과 현실 사이의 대립은 그의 공적인 태도에 대부분 반영됐다. 1888년 3월 20일에 그는 크리스티아니아 노동자연합에 전보를 보냈다. "우리 조국의 모든 계급 중에서 제 마음에 가장 가까이 있는 계급은 노동 계급입니다."[41] 거짓말이다. 지갑을 제외하면 그의 마음 가까운 데에 있는 것은 아무것도 없었다. 그는 살아가면서 노동자에게 눈곱만치도 관심을 갖지 않았다. 노동자의 견해에 대해서는 경멸하기만 했다. 그가 노동 운동에 도움을 주기 위해 뭔가를 했다는 증거는 하나도 없다. 그는 학생들의 환심을 사기 위해서도 같은 수법을 썼다. 학생들은 횃불 행진을 하는 것으로 입센에게 존경을 표했다. 그러나 입센과 학생들의 관계는 험악한 다툼으로 끝이 났다. 입센은 노르웨이 학생연합에 보낸 유치하고 매우 긴 1885년 10월 23일자 편지에서, 학생들 사이에서 "반동적 요소가 다수를 차지했다"고 비난했다.[42]

여자들과의 관계에서도 이야기는 똑같았다. 그는 이론적으로는 여성들 편이었다. 장기적으로 볼 때, 그는 여성의 지위를 개선하는 데 19세기의 그 어떤 작가보다도 훨씬 큰 역할을 담당했다. 메시지 — 결혼은 신성불가침한 것이 아니다. 남편의 권위는 도전할 수 있는 것이며, 자아 발견은 그 어떤 것보다도 중요하다 — 가 선명한 <인형의 집>은 여성 운동의 진정한 출발점이다. 그는 여성들의 사례를 다루는 데 있어 타의 추종을 불허했다. <헤다 가블레르>가 보여 주듯, 여성의 정서를 보여 주는 데 그와 비견될 작가는 손에 꼽을 정도다. 공정하게 말하면 그는 실생활에서도 그의 사상을 구체화하기 위해 여성을 도우려는 노력을 드문드문 기울이기는 했다. 연회에서 술에 취한 그는 어느 연설에서 로마의 스칸디나비아인 클럽에 여성을 받아들이자고 주장했다. 이 연설은 청중 속에 있던 어느 백작 부인이 겁에 질려 혼절할 정도로 매우 험악했기 때문에 연설의 목적을 그리 잘 달성하지는 못한 것 같다. 그런데 그는 그런 대의를 위한 운동에 여성이 실제로 참가하는 것은 견뎌 내지 못했다. 그 여성이 작가인 경우에는 특히 더했다. 브란데스가 1891년에 그랜드호텔에서 그를 위해 개최한 비참한 만찬에서, 그는 자기 자리가 중년의 여류화가이자 지식인인 키퇴 킬란 옆이라는 것을 알고는 길길이 날뛰었다. 그녀가 <헤다 가블레르>의 엘브스테아 부인을 과감하게 비판하자 입센은 호통을 쳤다. "나는 사람들을 그려내기 위해 글을 씁니다. 나는 제정신 아닌 작가 마나님들이 그걸 좋아하는지 싫어하는지에는 조금도 관심이 없어요."[43] 나이 먹은 여성 참정권론자나 여류작가 사이에 오랫동안 앉아 있어야 하는 연회에 참석하는 것은 그에게는 지옥과 같은 일이었다. 그런데 1880년대 스칸디나비아 국가들의 수도에는 두 부류에 해당하는 여성이 굉장히 많았다. 그는 "노르웨이 여성의 권리 연맹"이 1898년 5월 26일에 크리스티아니아에서 그를 위해 개최한 성대한 공식 만찬에 참석하지 않으려고 애를 썼다. 피할 수 없게 되자, 그는 꽤나 심술궂은 연설을 했다.[44] 두 여성 사교 모임이 스톡홀름에서 그를 위해 공동 주최한 만찬에서도 그의 기분은 역시 좋지 않았다. 하지만 주최측 여성들이 입센이 열광적으로 좋아한다고 알려진 예쁜 아가씨들의 민속춤 공연을 펼치는 기지를 발휘한 덕에 참사는 벌어지지 않았다.[45]

무용수 중 한 사람은 여류 동화작가의 딸 로사 피팅호프였다. 그녀는 입센이 콤플렉스를 느끼면서 어떤 면에서는 불안하기까지 한 관계를 맺었던 여성 행렬의 마지막을 차지했다. 입센은 항상 자신이 얻을 수 없는 소녀적 젊음에 강하게 이끌렸던 것 같다. 그가 처음으로 심각한 사랑에 빠진 것은 베르겐의 극단에서 일할 때로, 상대는 열다섯 살의 헨리케 홀스트였다. 그렇지만 여자의 아버지가 빈틸터리인 그를 반대했기 때문에 헤어지고 말았다. 그가 처음으로 출세할 무렵, 그는 자기가 너무나 늙고 추하다고 느꼈고, 나이 차이가 너무 많은 여자에게 다가가는 것은 퇴짜를 맞을 위험이 있다고 생각했다. 그런데도 그는 계속해서 위험한 관계를 맺었다. 1870년의 상대는 영민하고 젊은 여성 운동가 레우라 페테르센이었다. 4년 후에는 나이 많은 여관 주인의 열 살밖에 안된 손녀 힐두르 손툼이었다. 나이를 먹어도 열정은 식지 않았다. 오히려 정반대였다. 그는 노년의 괴테가 향기로운 마리안네 폰 빌레머에게 느낀 감정 덕에 작품에 새로운 젊음을 부여할 수 있었다는 이야기에 매혹됐다. 여배우들이 젊고 예쁘기만 하면, 입센을 설득해서 원하는 것을 얻는 게 보통이었고, 그 여배우가 다른 아가씨들을 그에게 소개할 때는 특히 그렇다는 얘기가 널리 받아들여지게 됐다. 입센이 스칸디나비아 국가의 수도를 방문하면, 아가씨들이 그가 묵는 호텔을 어슬렁거렸다. 그는 종종 여자들과 얘기를 하기도 했고, 그들에게 키스를 하고 자기 사진을 건네기도 했다. 그는 젊은 아가씨라면 일반적으로 다 좋아했지만, 보통 그의 관심은 그중 특별한 한 사람에게 집중됐다. 1891년에 그 특별한 여자는 힐두르 안데르센이었다. 로사 피팅호프는 마지막 여자였다.

제일 중요한 두 여자는 입센이 1889년 알프스 휴가에서 만난 에밀리 바르다크와 헬레네 라프였다. 두 사람 모두 일기를 썼고, 상당수의 편지가 아직도 남아 있다. 열여덟 살(입센은 마흔세 살이었다)의 오스트리아 아가씨 에밀리는 일기에 이렇게 적었다. "그분의 열정에 나는 자부심을 느낀다……. 그분이 내게 건네는 말에는 너무나 강한 감정이 실려 있다……. 그분은 평생 만난 사람 중에서 이토록 큰 기쁨을 준 사람은 없었다고 말했다. 그분이 나를 사랑한 만큼 사랑한 사람은 아무도 없다." 그는 그녀에게 "우리가 함께 일하는 동료 노동자가 될 수 있도록 그에게 절대적으로 솔직할 것"을 요구했다. 그녀는 자기가 그와 사랑에 빠졌다고 생각했지만, "우리 둘 다 대외적으로는 남남처럼 보이는 것이 최선이라고 느꼈다."[46] 그가 그녀와 갈라선 후 그녀에게 보낸 편지들에는 악의가 없었다. 40년 후, 에밀리는 작가 E. A. 주커에게 두 사람은 키스조차 하지 않았다고 밝혔다. 그런데 그녀는 입센이 이혼할 가능성을 언급했다고도 밝혔다. 그런 후에 결혼을 해서 세상을 깜짝 놀라게 하자는 것이었다.[47] 뮌헨 출신의 닳고 닳은 도시 아가씨 헬레네는 그에게 키스를 허락했지만, 그들의 관계가 성적이거나 진지한 관계가 아닌 로맨틱하고 문학적인 관계라는 것을 명확히 했다. 자신에게서 무엇을 봤느냐고 그녀가 묻자, 입센은 답장을 썼다. "그대는 젊음이고 어린아이이며, 젊음의 화신이야. 그리고 나는 글을 쓰는 데 그게 필요해." 물론 이 문장은 "동료 노동자"라는 용어가 그에게 무슨 의미인지를 설명한다. 헬레네는 40년 후에 이렇게 썼다. "그가 젊은 여성들과 맺는 관계는 통상적인 의미에서의 불륜과는 아무런 관계도 없고, 순전히 그의 상상력을 위한 필요에서 비롯된 것이었다."[48] 그런 여성들은 그가 드라마에서 써먹을 육신을 얻은 관념의 원형이지, 좋아하거나 사랑하고 싶은 감정을 느낄 진짜 여자들은 아니었다.

따라서 입센이 이 여자들과 바람을 피우는 문제를 심각하게 고려했을 것 같지는 않다. 결혼은 말할 것도 없었다. 섹스에 대한 그의 터부 의식은 깊었다. 주치의인 에드바르 불 박사는 그가 의학적 검진을 위해서조차도 성기를 드러내려 하지 않았다고 말했다. 뭔가 잘못된 부분이 있었던 것일까? 아니면 그럴 것이라고 상상한 것일까? 사람들은 적어도 이론적으로는 여성의 심리를 심오하게 이해했던 입센을 바람둥이라 부르고 싶을지도 모른다. 그가 에밀리를 수완 좋게 이끈 것은 확실하다. 그녀는 상상력이 지나치게 풍부했고, 의심의 여지없이 멍청했다. 게다가 입센이 그녀를 이용해 먹는다는 생각은 조금도 하지 못했다. 1891년 2월, 원하던 것을 얻은 입센은 에밀리와의 서신 왕래를 중단했다. 같은 달, 비평가 율리우스 엘리아스는 베를린에서 입센과 점심을 먹으며 이야기를 들었다.

그는 티롤에서 성격이 아주 좋은 빈 아가씨를 만났는데, 그녀는 즉석에서 그를 심중을 털어놓을 수 있는 친구로 만들었다……. 그녀는 남부럽지 않게 자란 젊은이와 결혼하는 데는 관심이 없었다……. 그녀를 유혹하는 것, 매료시키는 것, 기쁘게 만드는 것은 다른 여자의 남편을 꼬셔내는 것이었다. 그녀는 그를 희생자 명단에 기쁘게 포함시키려는 악마 같은 꼬마 가정 파괴범, 꼬마 맹수였다. 그는 그녀를 아주, 아주 세밀하게 연구했다. 그렇지만 그녀는 그에게서는 그리 큰 성공을 거두지 못했다. "그녀는 나를 사로잡지 못했어. 내가 그녀를 사로잡았지. 내 연극을 위해서 말이야."[49]

간단히 말해, 입센은 <건축사 솔네스>의 힐데 방엘의 모델로 에밀리를 이용했다. 그리고는 일련의 과정을 거쳐 그녀를 가증스런 인물로 탈바꿈시켰다. 엘리아스의 설명뿐 아니라 입센의 편지들까지 출판되면서 불쌍한 에밀리는 힐데와 동일인물이 돼 버렸다.[50] 오랜 삶(그녀는 미혼으로 아흔두 살까지 살았다)의 절반 이상 되는 세월 동안 그녀에게는 악독한 여자라는 딱지가 따라다녔다. 실제 인물을 허구의 이야기 속에 던져 넣을 뿐 아니라, 실제 인물의 정체를 조심성 없이 드러내면서도 그 사람들의 감정 따위는 잔인할 정도로 무시해 버리는 것이 입센의 특징이었다. 그중에서도 최악의 경우는 입센과 몇 차례 만난 젊고 불운한 노르웨이 여인 레우라 킬레르였다. 그녀는 남편에게 꼼짝 못하고 쥐여 살았는데 남편을 위해 도둑질을 했다. 그녀가 검거되자 남편은 그녀를 당혹스럽고 수치스러운 존재로 간주하면서 한동안 정신병원에 집어넣었다. 입센은 그녀를 억압받는 여성의 상징— 실제 인간보다 이념이 앞선 또 다른 사례—으로 보고는, <인형의 집>의 노라 캐릭터를 창조하는 데 그녀를 이용했다. 이 뛰어난 희곡이 끌어모은 세계적인 명성으로 인해, 노라의 실제 모델이라고 인식된 레우라는 자연히 강렬한 스포트라이트를 받게 됐다. 고통에 빠진 그녀는 입센이 노라는 그녀가 아니라고 공개적으로 발표해 주기를 바랐다. 조금도 어려운 일이 아니었는데도 입센이 제의를 거절하면서 보낸 편지는 비열한 인간이 만들어 낸 거짓말의 걸작이었다. "레우라 킬레르가 이런 실랑이 속에 나를 끌어들이려고 노력하면서 마음속에 무슨 생각을 품고 있는지 나는 도무지 이해할 수 없습니다. 그녀가 제안했듯 '그녀는 노라가 아니다'라는 문장을 나에게서 끌어내서 얻게 되는 결과는 무의미하기도 하고 불합리하기도 합니다. 왜냐하면 나는 노라의 정체에 대해서는 한 번도 밝히지 않았기 때문입니다……. 내가 입을 다무는 것이 서로의 우애에 가장 잘 이바지할 것이라는 데 당신도 동의할 것이라고 생각합니다."

입센의 무자비한 캐릭터 착취는 가까운 사람뿐 아니라 잘 모르는 사람에게도 이루어졌다. 에밀리의 삶을 망가뜨린 희곡은 입센 자신의 아내에게도 큰 상처를 줬다. 수잔나가 <건축사 솔네스>에서 부부가 함께 구축한 불행한 결혼 생활의 희생자인 솔네스의 아내와 동일시됐기 때문이었다. 그리고 이 희곡의 또 다른 캐릭터인 카야 포슬리 역시 실제 인물의 정체성 절도의 희생자였다. 어떤 여성은 입센으로부터 저녁을 함께하자는 깜짝 놀랄 만한 초대를 몇 차례 받았고 기쁜 마음으로 응했다. 그리고는 그들의 관계가 갑자기 끝난 것에 대해 약간 놀랐다. 그녀는 나중에 희곡에 나오는 카야 캐릭터 속에 자신의 모습이 일부 들어 있는 것을 보고 모든 것을 이해할 수 있었다. 그녀도 이용당한 것이다.

입센은 사랑에 대한 글을 자주 썼다. 사랑은 그가 시를 쓸 때 부정적인 관점에서 외로움의 고통을 표현하기 위한 주요 테마였다. 그런데 그가 관념이나 관념으로서의 개인이 아닌, 특정인에게 사랑을 느꼈는지, 또는 느낄 수 있었는지는 의심스럽다. 그에게 훨씬 진솔한 감정은 증오였다. 증오의 뒤편에는 훨씬 더 근본적인 감정인 공포가 놓여 있었다. 입센의 성격의 가장 깊은 부분에는, 입 밖에 내지 않았고 낼 수도 없었던 공포라는 감정이 가득 배어 있었다. 공포는 아마도 입센에 대해 설명해 줄 가장 중요한 요소이다. 그는 기회만 있으면 혼자 방에 들어가 문을 걸어 잠근 어머니로부터 소심함을 물려받았다. 입센 역시 어렸을 때 혼자 문을 걸어 잠그곤 했다. 다른 아이들은 입센의 공포를 알게 됐고—예를 들어 입센은 썰매를 타고 빙판을 가로지르는 것을 두려워했다—"겁쟁이"라는 단어는 육체적·정신적으로 입센의 곁에서 입센을 관찰한 사람들이 끊임없이 입센에게 붙여 준 단어였다.

입센의 삶에서 세상에 그리 잘 알려지지 않은 사건이 하나 있다. 스물세 살 때인 1851년에 그가 급진적인 「노동조합 신문」에 익명으로 기사를 기고한 것이 발단이었다. 그해 7월, 사무실을 급습한 경찰은 데오도르 아빌고르와 노동운동 지도자 마르쿠스 트라네 등 입센의 친구 두 명을 체포했다. 입센의 입장에서는 다행스럽게도, 경찰은 입센과 신문기사를 연관지을 서류를 하나도 찾지 못했다. 겁에 질린 입센은 몇 주 동안 몸을 사렸다. 유죄 선고를 받은 두 사람은 감옥에서 7년을 보냈다. 겁쟁이 입센은 그들을 대신해서 운동을 이끌거나 야만적인 형벌에 맞서는 저항도 하지 않았다.[51]

그는 언성을 높이는 사람이지, 행동하는 사람은 아니었다. 1864년에 프러시아가 덴마크를 침공하고 슐레스비 히홀슈타인을 병합하자 그는 노발대발했다. 그리고 덴마크를 도우러 가지 않는 노르웨이의 무력함을 거세게 비난했다. 그는 "나는 청결해지기 위해서 그 모든 추잡한 것들을 제거해야만 했다"고 썼다.[52] 그렇지만 그는 덴마크를 돕기 위한 일은 사실상 아무것도 하지 않았다. 자원입대해서 참전했던 젊은 덴마크 학생 크리스토퍼 브루운이—요란스런 입센의 가치관을 듣고는—왜 자원 입대하지 않았느냐고 물었을 때, 입센은 서투른 변명을 늘어놓았다. "우리 시인들에게는 수행해야 할 다른 과업이 있어."[53] 입센은 정치적 문제뿐 아니라 개인적인 사안에 대해서도 겁쟁이였다. 첫사랑 헨리케 홀스트와의 관계가 깨진 이유는 단순했다. 그녀의 무서운 아버지에게 두 사람이 함께 앉아 있는 것을 들키자 겁을 먹은 입센은 말 그대로 줄행랑을 쳤다. 수년 후에 그녀가 결혼했을 때 두 사람 사이에는 이런 대화가 오갔다. 입센: "우리 관계가 왜 진전되지 못했는지 궁금하군요." 헨리케: "기억 못해요? 당신이 도망을 쳤잖아요." 입센: "그래, 그랬죠. 나는 상대방 얼굴 앞에서는 용감했던 적이 한 번도 없었어요."[54]

나이 많은 어린애나 다름없는 겁 많은 입센은 일찍부터 늙은 여자가 돼 버렸다. 그가 두려워한 것들의 목록은 끝이 없다. 빌헬름 베르그소에는 1867년에 이스키아 섬에 있을 때 입센이 절벽이나 바위들이 무너져 내릴 것 같아서 벌벌 떨었고, 높은 곳에서는 오금을 못 펴면서 "떠나고 싶어, 집에 가고 싶어" 하고 비명을 질러댔다고 기록했다. 입센은 길거리를 걸을 때면 머리 위로 타일이 떨어질지도 모른다고 늘 걱정했다. 길거리에 유혈이 낭자하게 만든 가리발디의 반란은 그를 끔찍한 공포로 몰아넣었다. 그는 지진이 일어날 가능성을 염려했다. 보트를 타는 것을 두려워했다. "나는 저 나폴리 사람들과는 같은 배에 타지 않겠어. 저 사람들은 태풍이 오면 돛을 내리는 대신에 배 바닥에 납작 엎드려서 성모 마리아에게 기도나 드릴 테니까." 또 다른 공포는 콜레라 발발이었다. 그는 항상 전염병을 염려했다. 1880년 8월 30일에 그는 아들 시구르에게 편지를 썼다. "네 짐을 안나 도에의 병원에 맡겨 둔다는 생각이 무척이나 마음에 안 든다. 그 여자가 돌보는 아이들은 천연두를 퍼뜨릴 가능성이 높은 계층이잖니."[55] 그는 육지에서건 해상에서건 폭풍을 걱정했고, ("쥐가 나서 심각한 결과를 초래하기 쉬우므로") 수영을, ("뒷발질하는 버릇으로 유명한") 말들을, 총기를 과시하는 사람들("사람들이 그런 무기를 소지하지 못하게 단속을 잘해야 한다")을 염려했다. 그는 교통사고를 특히 두려워했다. 우박이 위험할 것이라는 생각에 사로잡힌 그는 크기를 직접 재보기도 했다. 불이 날 위험이 있다면서 크리스마스트리의 촛불을 꺼버려야 한다고 고집을 부려서 아이들을 약 오르게 만들었다. 그의 아내는 신문에 실린 사건 기사를 읽어서 그를 겁먹게 만들 필요조차도 없었다. 그는 직접 기사들을 찾아 헤매면서(신문 기사는 플롯을 위해 필요한 소재의 중요한 출처였다), 자연이 낳은 공포나 인간이 빚어낸 공포와 관련된 기사를 지독할 정도로 연구했다. 그가 시구르에게 보낸 편지들은 경고— "장전된 화기를 부주의하게 다루는 바람에 일어난 사건들을 다룬 노르웨이 신문은 거의 다 읽었다"—로 가득한 기이한 카탈로그이고, 주의 깊게 처신하라는 탄원서였다. "사고가 생기면 아무리 사소한 것이라도 전보를 치도록 해라." "정말 작은 부주의가 너무나 심각한 결과를 초래할 수 있다." "만사에 신중하고 주의하도록 해라."[56] 그가 제일 두려워한 것은 개였다. 베르그소에는 이탈리아에서 얌전한 개를 보고 겁에 질린 입센이 갑자기 도망을 치기 시작했던 사건을 소개했다. 개는 입센의 뒤를 쫓아가서 그를 물었다. 입센은 고함을 질렀다. "미친개야. 쏴 죽여야 해. 그렇지 않으면 나도 미치게 될 거야." 그는 "격노했고, 그 공포가 없어지는 데는 며칠이 걸렸다." 크누촌은 역시 이탈리아에서 있었던 더욱 강력하고 불길한 사건을 기록했다. 입센과 다른 스칸디나비아 사람들이 레스토랑에서 점심을 먹으면서 상당량의 와인을 마셨다. "번개가 쳤다. 입센은 날 때부터 영혼 깊숙한 곳에 분노의 씨앗을 갖고 있었던 듯하다. 씨앗들은 그를 짓누르면서 배출구를 요구했다." 자리가 파할 무렵에 입센은 제 발로 일어설 수가 없었고, 다른 사람 둘이 그의 걸음을 부축했다. 입센의 눈길은 철문과 "그 뒤에서 우리를 향해 사납게 짖는 커다란 개"에 사로잡혔다.

입센이 막대기로 개를 찌르기 시작했다. 그 커다란 짐승은 몸집이 작은 사자와 비슷했다. 개가 다가오자 입센은 개를 향해 몽둥이를 휘두르고 찔렀다. 개의 성질을 돋우려고 온갖 짓을 다한 끝에 입센은 성공을 거뒀다. 개는 문을 향해 달려들었고, 입센은 다시 한 번 몽둥이를 휘두르고 찔렀다. 성질이 날 대로 난 개는 개와 우리 사이에 서 있는 튼튼한 철문이 아니었다면, 의심의 여지없이 우리를 갈기갈기 찢어발겼을 것이다……. 입센은 6분에서 8분가량을 개를 괴롭히며 서 있었다.[57]

이 사건이 보여 주듯, 입센의 평생에 걸친 분노와 끊임없는 공포는 밀접하게 연관돼 있었다. 그는 두렵기 때문에 분노했다. 알코올은 공포를 마비시켰지만, 분노를 풀어 놓기도 했다. 분노한 사람의 내면에는 공포가 웅크리고 있다. 말로만 그랬을 수도 있지만, 입센은 일찍부터 신앙을 포기했다. 그렇지만 그는 원죄와 징벌에 대한 공포는 무덤까지 가져갔다. 그는 종교에 대한 농담을 싫어했다. "종교를 웃음거리로 삼아서는 안 돼." 그는 기독교가 "남자와 여자 모두의 풍속을 문란케 한다"고 주장했지만, 정작 그 자신은 미신에 강하게 사로잡혀 살았다. 그는 하느님을 믿지는 않았을 모르지만, 악마는 확실히 두려워했다. 그는 <페르 귄트>의 사본에 이렇게 적었다. "산다는 것은 마음과 영혼 속에 있는 트롤•과 전쟁을 벌이는 것이다." 비오른손은 그에게 편지를 썼다. "자네 머리에는 많은 악귀들이 있네. 내 생각에 자네는 그 악귀들을 달래야만 해……. 자기 주인을 공격하려고 돌아다니는 위험한 군대니까." 입센도 그것을 충분히 잘 알고 있었다. 그는 자신의 "슈퍼 악마"에 대해 말했다. "나는 방문을 잠그고 그 놈을 꺼내 놓는다." 그는 "내가 쓰는 작품에는 트롤이 있는 것이 분명하다"고 말했다. 그는 책상에 혀가 빨간 작은 고무 악마들을 모아 놓고 있었다.58 술을 몇 잔 걸쳐서 사회에 대한 조리 있는 비평이 논리도 맞지 않는 분노로 무너져 내리면, 그는 악귀에 사로잡힌 사람처럼 보였다. 그를 열성적으로 옹호한 윌리엄 아처조차도 입센의 정치관·철학관은 세밀히 검토해 보면 급진적이라기보다는 혼란스럽다고 생각했다. "나는 더더욱 확신하게 됐다." 아처가 1887년에 쓴 글이다. "체계적이라기보다 다면적인 사상가인 입센은 사상가로서는 형편없다." 아처는 입센이 모든 기존 사상을 원칙적으로 반대만 했다고 생각했다. 소설가 시그리 운세트의 아버지 잉발 운세트는 입센이 로마에서 취한 상태로 쏟아낸 설교를 기록했다. "그는 완전한 무정부주의자로, 모든 것을 일소시키고 싶어 했다……. 인류는 세계를 재구축할 기초에서부터 출발해야 한다……. 사회를 비롯한 모든 것은 일소돼야 한다……. 우리 시대의 위대한 과업은 기존 체제를 허공으로 날려 버리는 것이다." 이 설교는 무슨 의미일까? 사실상 거의 아무런 의미도 없다. 사랑을 모르는, 또는 사랑을 표현할 수 없는 마음에 대한 통제권을 놓고 공포와 증오가 다투던 중에 튀어나온 부산물에 불과하다. 북유럽의 술집에는 이와 비슷한 설교를 하는 사람

• 북유럽 신화에 나오는 초자연적인 괴물

들이 가득하다.

1900년에 일어난 뇌졸중으로 그의 말년이 시작되었다. 입센은 시간적 간격을 두고 소규모의 경련을 일으키면서도 근심과 분노가 교차하는 형태를 계속 이어나갔고, 냉소적인 아내는 그 모습을 묵묵히 지켜봤다. 이제 그가 제일 걱정한 것은 보험이었다. 한편, 그가 짜증을 부리게 된 주된 원인은 쇠약해진 기력과 도움을 받는 것을 극도로 싫어했기 때문이다. 늘 그랬듯이 분노가 승리를 거뒀다. 집에서 기거하는 간호사는 밖에서 입센을 도울 때마다 꺼지라는 소리를 들었다. 간호사가 제대로 하지 못하면, "입센은 그녀에게 몽둥이를 휘둘러서 집안으로 도망가게 만들었다." 이발사가 면도를 해 주러 매일 찾아왔다. 입센은 이발사에게 갑자기 낮은 소리로 "못생긴 악마!"라고 딱 한 번 비난한 것 외에는 한마디도 하지 않았다. 그는 1906년 5월 23일에 숨을 거뒀다. 훗날 수잔나는 입센이 죽기 직전에 "사랑하고 사랑하는 아내여, 당신은 내게 너무나 잘해 줬고 친절했소!"라고 말했다고 주장했다. 이것은 전혀 입센답지 않은 행동이다. 불 박사의 일기는 그날 오후 혼수상태에 빠진 입센이 말을 할 수 없었다고 밝히고 있다. 그리고 입센의 마지막 말에 대한 훨씬 그럴듯한 설명을 제시하고 있다. "정반대로!"

레프 톨스토이

하느님의 큰형

레프 톨스토이Lev Nikolaevich Tolstoy(1828~1910)는 우리가 검토하는 지식인 중에서 가장 야심만만한 인물이었다. 그의 뻔뻔함 앞에서는 경외심이 생겨나고, 이따금은 두려움까지 생겨난다. 그는 자신의 지성을 원천 삼아, 내면에서 분출하는 영적인 힘으로 사회를 도덕적으로 탈바꿈시킬 수 있다고 믿었다. 그가 적었듯, 그의 목표는 "그리스도의 영적인 왕국을 지상에서 구현하는 것"이었다.[1] 그는 자신을 "모세, 이사야, 공자, 초기의 그리스 현인, 부처, 소크라테스, 파스칼, 스피노자, 포이어바흐, 그리고 기존의 가르침을 무턱대고 수용하지 않고 인생의 의미에 대해 진지하게 고민하고 설파했지만 세상으로부터 무시당하고 이름도 얻지 못한 이들"을 포함한 구세주의 사도라 할 수 있는 지식인 계보의 일부분으로 간주했다. 그렇지만 톨스토이는 "세상으로부터 무시당하고 이름도 얻지 못한 이"로 남아 있을 의향은 전혀 없었다. 스물다섯 살 때 쓴 일기는 그가 특별한 권능과 뛰어난 도덕적 숙명을 늘 자각하고 있었다는 것을 보여 준다. "오늘 천재에 대한 문학적 성격 묘사를 다룬 작품을 읽었다. 읽고 났더니 나 자신이 일을 하는 역량이나 일하려는 열망 모두에서 비범한 사람이라는 확신이 마음속에서 다시 깨어났다." "나만큼 도덕적으로 훌륭한 사람을 지금까지 한 번도 만난 적이 없다. 내가 언제나 선한 것에 끌려 선을 위해 모든 것을 희생할 준비가 돼 있다는 사실을 믿지 않는 사람도 만난 적이 없다." 그는 자신의 영혼이 "이루 가늠하지 못할 만큼 위대하다"고 느꼈다. 그는 다른 사람들이 그의 특성을 파악하지 못했을 때는 당혹해했다. "왜 아무도 나를 사랑하지 않는 것일까? 나는 바보도 아니고, 기형아도 아니고, 악당도 아니고, 무지렁이도 아닌데. 이해가 안 된다."[2] 톨스토이는 남들에게 공감하고 그들과 일체감을 느끼려고 노력했지만, 다른 사람에게 늘 거리감을 느꼈다. 기이하게도 그는 자신이 도덕적 재판권을 행사하면서 다른 사람에게 판결을 내리는 자리에 앉아 있다고 느꼈다. 소설가가 됐을 때, 아마도 역사상 가장 위대한 소설가가 됐을 때, 그는 이런 신과 같은 권능을 아주 수월하게 행사했다. 그는 막심 고리키에게 이렇게 말했다. "글을 쓸 때, 어떤 캐릭터에게 갑자기 동정심이 들기도 한다네. 그러면 그 캐릭터에게 훌륭한 성품을 안겨 주지. 아니면 다른 누군가에게서 훌륭한 성품을 빼앗아버리기도 해. 다른 캐릭터와 비교했을 때 그가 너무 흉악해 보이지 않도록 말일세."[3] 스스로를 하느님과 동일시하는 그의 경향은 사회개혁가가 되면서 점점 강해졌다. 그의 실제 행동 강령은 그가 규정한 신성과 같은 수준에 놓여 있었다. "보편적 행복을 향한 갈망은… 우리가 하느님이라고 부르는 그것이다." 자신을 신성의 소유자라고 느낀 톨스토이는 일기에도 그 사실을 기록했다. "도와주소서, 아버지시여. 오셔서 제 안에 거하소서. 당신께서는 이미 제 안에 거하고 계십니다. 당신께서는 이미 '저'입니다."[4] 그런데 고리키가 기록했듯, 톨스토이와 하느님이 같은 영혼 안에서 거하는 데 따르는 어려움은 그가 조물주를 극도로 의심했다는 데 있었다. 톨스토이의 얘기에 따르면, 그것은 "같은 우리에 갇힌 곰 두 마리"를 연상시켰다. 톨스토이는 스스로를 하느님의 형제, 그중에서도 형에 해당한다고 생각한 듯한 모습을 여러 차례 보여 줬다.

톨스토이는 어떻게 해서 스스로를 이런 식으로 느끼게 됐을까? 그의 고귀함에 기여한 가장 큰 단일 요인은 그의 출신 배경일 것이다. 그는 입센과 같은 해인 1828년에 태어났다. 그는 대대로 광활한 농촌 지대를 통치하는 계급의 일원이었는데, 그의 고향은 이후 30년 동안 농노제라는 노예 제도를 유지했다. 농노제하에서 농노 가족의 남녀노소는 그들이 경작하는 영토의 법령에 묶여 있었고, 그들의 소유권은 증서에 따라 오갔다. 농노제가 폐지된 1861년에 몇몇 귀족 가문은 농노 20만 명을 거느리고 있었다. 이런 기준에서 보면 톨스토이 가문은 그리 부유한 편은 아니었다. 톨스토이의 아버지와 할아버지는 모두 낭비벽이 있었다. 아버지는 볼콘스키 왕자의 못생긴 딸과 결혼하는 것으로 생계를 유지했다. 러시아 왕국의 공동 창립자인 볼콘스키 가문은 로마노프 왕조가 1613년에 왕조를 건립했을 때부터 왕실과 동등한 사회적 반열에 올라 있던 최상류층이었다. 톨스토이의 외할아버지는 예카테리나 대제의 참모총장이었다. 톨스토이의 어머니의 결혼 지참금에는 툴라 인근의 사유지인 야스나야 폴랴나도 들어 있는데, 톨스토이는 토지 400에이커와 농노 330명을 어머니로부터 물려받았다.

젊은 시절, 부동산에 대한 책임감을 조금도 느끼지 못한 톨스토이는 노름빚을 갚기 위해 토지의 일부를 팔아치웠다. 그렇지만 그는 자신의 귀족 신분과 혈통, 그리고 그로 인해 얻은 상류 사회 사교 모임 출입 자격에 대해서는 헛된 자부심을 느꼈다. 그는 겉만 번지르르한 속물근성으로 문학계 동료들을 질리게 만들었다. 투르게네프는 "보잘 것 없는 귀족 작위에 대한 이런 우스꽝스러운 애착을 이해할 수가 없다"고 썼다. 네크라소프는 "우리는 모두 그를 메스꺼워했다"고 논평했다.5 사람들은 상류 사회와 보헤미아 사회 양쪽에서 최고의 것만을 뽑아 먹으려고 애쓰는 톨스토이를 못마땅하게 여겼다. 투르게네프는 "자네가 우리들하고 어울리는 이유가 뭔가?" 하고 물으면서 분통을 터뜨렸다. "여기는 자네를 위한 자리가 아니야. 자네 공주님에게나 찾아가게." 톨스토이는 나이를 먹으면서 사회적 지위에 대한 저속한 태도를 포기했지만, 그 대신 토지에 대한 갈망은 더욱 깊어져만 갔다. 그는 글을 써서 얻은 수입을 토지를 구입하는 데 썼고, 스스로의 힘으로 왕국을 건국한 사람이 갖는 포악한 욕망을 모조리 발휘하면서 영토를 꾸준히 넓혀갔다. 그가 모든 것을 단념할 시점이 될 때까지, 그는 단순한 땅주인이 아니라 통치자였다. 그의 권위주의적인 영혼은 조상 대대로 물려받은 토지와 그 땅을 경작하는 사람에 대한 권리로부터 생겨났다. "세상은 두 부분으로 나뉘어 있다." 그의 아들 일리야가 쓴 글이다. "한쪽은 우리들로 이뤄진 세상이고, 다른 쪽은 나머지 사람들로 이뤄졌다. 우리는 특별한 사람이고, 다른 사람들은 우리와 동등하지 않다……. (아버지는) 우리가 자랄 때 주입받은 이유 없는 오만과 자존심에 상당한 책임이 있다. 나는 그런 오만과 자존심에서 벗어나기가 너무 어렵다는 것을 알게 됐다."6 톨스토이는 그가 어떤 식으로든 사람들을 지배하기 위해 태어났다는 믿음을 마지막 순간까지도 유지했다. 노년의 톨스토이는 사람들이 자신의 소망에 즉각 복종하기를 기대하는 주인님이자 귀족으로 남아 있었다고 고리키는 적었다.

이런 타고난 지배욕에 남들로부터 지배받는 걸 끔찍이도 싫어하는 성향이 덧붙여졌다. 톨스토이는 불굴의 의지의 소유자였는데, 그가 처한 상황은 그가 의지를 굳히는 것을 도왔다. 그의 부모는 그가 어렸을 때 모두 세상을 떴다. 형 세 명은 허약하고 불행하고 방탕했다. 그는 무일푼인 친척 타티아나 아주머니 밑에서 자랐다. 그녀는 톨스토이에게 의무감과 이타심을 가르치려고 최선을 다했지만, 그에게 별 권위를 행사하지는 못했다. 초년기에 대해 그가 집필한『소년 시대』와 일기는 루소의『고백록』이 그랬듯이, 겉으로 보기에는 솔직해 보이지만 드러낸 것보다 감춘 것이 더 많다는 점에서 독자들을 오도한다. 예를 들어, 그는 사나운 가정 교사인 생 토마 씨에게 얻어맞은 것을 묘사했는데, 이 사건은 "내가 살아오는 내내 모든 종류의 폭력을 두려워하고 혐오하게 된 이유 중 하나"였다.7 다양한 종류의 폭력이 있었던 것은 사실이다. 거기에는 자신의 폭력적 본성도 포함돼 있는데, 톨스토이는 이에 대해서는 말년이 될 때까지도 놀라워하지 않았다. 톨스토이는 아홉 살 무렵에는 생 토마를 이기게 됐고, 이후에는 그가 원하는 대로 지낼수 있었다. 그는 학교에서 읽고 싶은 것만 읽고 공부하고 싶을 때만 공부했다(때로는 정말 열심히 했다). 열두 살 무렵, 그는 시를 썼다. 열여섯 살에 볼가강 유역의 카잔대학에 진학한 그는 외교관이 되겠다는 생각으로 한동안 동양의 언어를 공부하다가, 나중에 법학으로 전공을 바꿨다. 열아홉 살에 대학을 포기한 그는 야스나야 폴랴나에 돌아와서 독학을 했다. 그는 드코크, 뒤마, 외젠 쉬 등 당시 유행하던 소설을 읽었다. 그는 또한 데카르트를 읽었고, 그 무엇보다도 루소를 읽었다. 몇 가지 중요한 점에서, 톨스토이는 루소가 사후에 얻은 제자였다. 톨스토이는 신약의 예수 그리스도를 제외하면, 루소가 그 누구보다도 자신에게 많은 영향을 끼친 인물이라고 말년에 말했다. 그는 루소를 자신과 막상막하인 인물로, 지고의 선을 깨닫고는 그것을 세상에 가르치려고 열망했던 또 다른 거대한 존재로 간주했다. 루소처럼 그는 본질적으로 독학을 했고, 독학을 한 사람들이 품는 자부심과 불안정함, 지적인 예민함을 모두 갖고 있었다. 루소처럼 그는 작가로 자리 잡기 전에 외교, 법률, 교육 개혁, 농업, 군, 음악 등 많은 직업을 시도했다.

톨스토이는 자신의 진정한 재능을 군에서 장교 후보생으로 복무할 때 아주 우연히 찾아냈다. 스물두 살 때인 1851년, 그는 형 니콜라이가 현역으로 복무 중인 카프카스로 갔다. 딱히 뭘 하겠다는 생각으로 그곳에 간 것은 아니었다. 그저 시간이나 때우고 사교계에서 그의 위상을 높여 줄 훈장을 따기 위해 간 것이었다. 그는 군에서 5년간의 전성기를 보냈다. 첫 해는 변경의 전장에서 보냈고, 나머지 해는 크림반도에서 영국, 프랑스, 터키에 맞서 싸우면서 보냈다. 그는 러시아 제국주의자의 거만한 태도를 지니고 있었다. 그는 입대 허가를 받고 포병중대에 배치된 것에 대해 형 세르게이에게 편지를 썼다(원주민들은 대포가 없었다). "탐욕스럽고 사나운 아시아 놈들을 내 대포로 때려잡기 위해 혼신의 힘을 다할 것입니다."[8] 사실, 그는 러시아 제국주의나 광신적 애국주의처럼 러시아인은 비길 바 없는 도덕적 품성(소작농은 이 품성의 화신이다)을 지니고 이 세상에서 하느님이 명령하신 역할을 수행하는 특별한 인종이라는 믿음을 결코 저버리지 않았다.

　　이런 믿음은 그의 동료 장교들도 품고는 있었지만 입 밖으로 내뱉지는 않은 천진난만한 믿음이었다. 톨스토이는 그런 믿음을 곰곰이 숙고했다. 그런데 그는 몇 가지 점에서 자신이 동료 장교들과는 다르다고 느꼈다. 그는 일기에 이렇게 적었다. "나는 예외적인 인간이라는 사실에, 내 또래보다 앞서 있는 사람이라는 사실에, 그리고 주위와 어울리지 못하고 적응하지 못하면서도 결코 만족을 모르는 성격의 소유자라는 사실에 이번만은 스스로 익숙해져야만 한다."[9] 그에 대한 군의 견해는 달랐다. 어떤 사람들은 그를 겸손하다고 생각했고, 어떤 사람들은 그가 "이해할 수 없는 거만하고 자기만족적인 분위기를 풍긴다"고 봤다.[10] 톨스토이의 사납고 무자비한 눈빛, 때로는 무시무시하기까지 한 눈매에 대해서는 그들 모두 언급했다. 그는 눈빛만으로도 사람을 꼼짝 못하게 만들 수 있었다. 그가 작전 중에나 평시에

나 용감한 군인이라는 사실에는 논란의 여지가 없었다. 용맹성은 그의 어마어마한 의지가 작동한 결과였다. 소년이었을 때 그는 말을 타기 위해 스스로를 몰아붙였다. 그는 수줍음을 극복했다. 마찬가지로 그는 사냥을 배웠는데, 그중에는 곰 사냥과 같은 위험한 오락거리도 있었다. 곰 사냥에 처음 나섰을 때, 그는 그 특유의 오만한 부주의의 결과로 곰에게 심하게 할퀴어서 거의 죽을 뻔했다. 그는 군대에서도 포화 속에서 용맹을 떨쳤고, 그 결과 대위로 진급했다. 그렇지만 훈장을 받으려는 노력은 수포로 돌아갔다. 그는 훈장 수여 대상자로 세 차례나 상신됐지만, 훈장으로 가는 길목은 어느 단계에서 막혀 버리곤 했다. 군인들은 훈장을 받으려는 동료의 열망을 쉽게 감지했고, 그런 열망을 품은 사람은 미움의 대상이 됐다. 사실, 톨스토이는 좋은 장교는 아니었다. 그에게 부족한 것은 기꺼이 복종하고 배우려는 겸손함과 적극성뿐만이 아니었다. 그에게는 전우애도 부족했다. 그는 외톨이였고 혼자서 외출을 나갔다. 출세에 도움이 될 만한 일이 없으면 허락을 받거나 누구에게 얘기도 하지 않고 전선을 이탈했다. 그를 거느리고 있던 대령은 다음과 같이 기록했다. "톨스토이는 너무나 열심히 화약 냄새를 맡고 싶어 하지만 변덕도 이루 말할 수 없다." 그는 "전쟁에 흔히 따라다니는 곤경과 고초"를 피하려 들었다. "그는 여행객처럼 여러 곳을 돌아다녔다. 그러다가 발포하는 소리가 들리기 무섭게 전장에 모습을 나타냈다. 그러다가 포화가 멎으면 다시 전장을 떠나서 마음 내키는 대로 쏘다녔다."[11]

톨스토이는 군 시절 이후로는 항상 드라마를 좋아했다. 사람들의 눈길을 한데 모을 만큼 화려하고 극적인 동작으로 행해질 수 있는 일이 있다면, 그는 안락함과 쾌락, 심지어는 목숨까지도 희생하려 들었다. 학창시절에 그는 자신이 불요불굴의 러시아인이라는 것을 강조하기 위해 외투와 슬리핑백이 결합된 옷가지를 몸소 만들었다. 이 의도적인 행위는 입소문을 탔다.

군대에서 그는 임무는 기꺼이 수행하려 들었지만, 상관들을 모시려고 하지는 않았다. 그는 사람들이 알아주지도 않고 주목도 거의 하지 않는 군대 생활의 불편하고 힘든 일상사에 대해서는 조금도 관심을 갖지 않았다. 따라서 그의 군 생활은 한결같았다. 그의 영웅적 행위, 미덕, 신성한 의무 수행은 대중을 향한 공연용이었지, 기록에도 남지 않는 따분한 하루하루의 일상을 위한 것은 아니었다.

그렇지만 그의 군 생활은 딱 한 가지 점에서는 진정으로 웅대했다. 그는 군에 있는 동안 경이적인 능력을 가진 작가로 스스로 변신했다. 돌이켜보면 톨스토이가 타고난 작가였던 것은 분명하다. 그가 훗날 기록한 것처럼, 그가 아주 어린 나이였을 때부터 어느 누구도 뛰어넘을 수 없을 만큼 세밀하고 정확하게 자연과 인간을 관찰했다는 것도 분명하다. 그런데 작가로 타고났다고 해서 반드시 타고난 작가가 되는 것은 아니다. 톨스토이의 두 가지 빼어난 재능이 한꺼번에 피어난 시점은 입대를 하러 가던 그가 카프카스산맥을 처음 본 때였다. 눈앞에 펼쳐진 초자연적인 장관은 그의 강렬한 시각적 욕구를 자극하면서 그 장관을 글로 적어야겠다는 그때까지는 잠복하고 있던 충동을 각성시켰다. 그뿐 아니라 그의 세 번째 빼어난 특징인 하느님의 위엄에 대한 관념과 그 관념을 어떤 식으로든 자기 자신과 뒤섞고 싶어 하는 욕망을 일깨웠다. 얼마 안 있어 그는 『유년 시대』를 썼고, 『습격』, 『코사크인들』, 『나무 베기』, 『당구 기록원의 수기』, 세 편의 『세바스토폴 이야기』, (『청년 시대』의 일부인)『소년 시대』, 『지주의 아침』, 『크리스마스이브』 등 군 생활을 스케치하는 이야기들을 썼다. 『유년 시대』는 1852년 7월에 출판사에 보내져 상당한 성공을 거뒀다. 『코사크인들』은 이후 10년 동안 완성되지 않았다. 『크리스마스이브』는 결국 완성되지 않았다. 체첸의 지도자 샤밀을 상대로 한 작전과 같은 소재 몇 가지는 훗날을 위해 비축해 뒀는데, 톨스토이는 노인이 돼서야 그것을 바탕으로 최후의 빼어난 소설 『하지 무라드』를 썼다. 그런데 놀라운 일은, 이렇듯 상당한 양의 작품들이 그가 군인으로 복무하던 중에, 심지어는 전선에 있는 동안의 짧은 휴식기에 창작됐고, 톨스토이 본인의 설명에 의하면 그는 글을 쓰는 동시에 코사크 여자들을 쫓아다니고 노름하고 술을 마시기도 했다는 것이다. 글을 쓰겠다는 본능적 욕구는 너무나 강렬했고, 욕구를 충족시키는 데 필요한 노력과 의지는 두려움이 느껴질 정도였음에 틀림없다.

그런데 글을 쓰겠다는 욕구는 간헐적으로만 솟구쳤다. 톨스토이의 비극은 거기에 있었다. 그는 때때로 자신의 능력을 자랑스럽게 의식하면서 흥에 겨워 글을 썼다. 예를 들어, 그는 1858년 10월에 "나는 처음도 없고 끝도 없을 그런 이야기를 짜낼 것이다"라고 썼다. 1860년 초엽에는 "나에게 숨 쉬는 것처럼 자연스럽게 다가오는 이야기를 집필 중이다. 욕먹을 정도로 큰 자부심을 갖고 고백하자면, 이 작품 덕에 나는 세상 사람 모두를 굽어볼 수 있게 될 것이다"라고 썼다.[12] 집필은 쉬운 일은 아니었다. 그가 스스로 설정한 기준은 높았다. 집필은 고되고 힘들었다. 방대한 분량의 『전쟁과 평화』의 대부분은 최소한 7번은 다시 쓰였다. 『안나 카레니나』는 더 많은 수정 작업을 거쳤는데, 그 과정에서 변화된 요소들은 굉장히 중요하다. 거듭되는 수정을 거치면서, 안나는 마음에 안 드는 고급 매춘부에서 우리가 아는 비극적 여주인공으로 변신한다.[13] 톨스토이가 최고의 작품을 얻기 위해 엄청난 고생을 감내했다는 점을 놓고 볼 때, 그가 자신의 예술가로서의 고결한 소명을 깨닫고 있었던 것은 확실하다. 어찌 그렇지 않을 수 있겠는가? 그는 지구상에 살았던 그 누구보다도 글을 잘 쓰던 시절이 있었다. 확실히 그 누구도 그토록 시종일관 진실하고 완벽하게 자연을 그려내지는 못했다. 1856년 작품 『눈보라』는 그가 카프카스에서 야스나야로 돌아오던 중에 눈

보라에 갇혀 거의 죽을 뻔했던 일을 기록한 작품으로, 독자에게 최면을 걸어 버릴 것처럼 성숙한 그의 글쓰기 기법을 선보인 초기작이다. 그는 세밀한 부분을 선택하고 정확하게 묘사하는 기법을 통해 이런 성과를 이뤄 냈다. 그는 강렬한 표현이나 밋밋한 표현, 시적인 기법이나 암시 등은 사용하지 않았다. 에드워드 크랜쇼가 지적했듯, 톨스토이는 음영과 명암 대조법을 멸시하면서 철두철미하게 명쾌하고 확연한 묘사만을 활용한 화가와 비슷했다.[14] 다른 비평가는 톨스토이를 라파엘 이전의 화가에 비교했다. 형체, 감촉, 톤과 색채, 음향, 냄새 등의 모든 감각이 수정처럼 투명하고 직접적으로 전달됐다.[15] 여기 표본 두 개가 있다. 둘 다 많은 수정 과정을 거친 문장이다. 앞의 것은 외향적인 브론스키다.

"좋았어, 훌륭해!" 그는 혼잣말을 하며 다리를 꼬고 손으로 발을 잡으면서, 전날 낙상해서 멍이 든 장딴지의 탄력 있는 근육을 느꼈다……. 그는 건장한 다리에서 느껴지는 아릿한 아픔을 즐겼다. 그는 숨을 쉴 때 가슴이 움직이면서 느껴지는 근육의 감각을 즐겼다. 화창하고 쌀쌀한 8월의 낮, 안나에게 절망을 느끼도록 만들었던 그 낮이 그에게는 상쾌한 듯했다……. 황혼 속에서 반짝거리는 집들의 지붕, 울타리의 날카로운 윤곽과 빌딩들의 모서리, 심지어는 감자밭까지, 마차 창문을 통해 그가 보는 모든 것은 그 자신만큼이나 상큼하고 유쾌하고 활기찼다. 화가의 붓끝에서 신선하게 피어났다가 최근에 다시 꾸며진 사랑스러운 풍경화처럼, 모든 것이 아름다웠다.

다음은 개 라스카와 함께 도요새를 사냥하는 레빈이다.

빛을 모두 잃은 달은 하늘에 뜬 흰 구름 같았다. 별은 하나도 볼 수 없었다. 은백색이던 사초莎草는 이제는 황금처럼 빛났다. 괴어 있는 웅덩이들은 모두 호박琥珀 같았다. 풀잎의 파란색은 황록색으로 변했다……. 매 한 마리가 깨어나 건초더미에 내려앉고는 이쪽저쪽으로 고개를 돌리면서 불만스럽게 늪을 바라봤다. 까마귀들은 들판을 날아다녔고, 맨발의 소년은 코트 아래서 몸을 일으키고 머리를 쓰다듬고 있는 노인을 향해 말을 몰았다. 총에서 피어오른 연기는 푸르른 풀밭을 흐르는 우유처럼 희었다.16

톨스토이의 문장력이 자연을 숭배하는 그의 성향에서 직접 솟구친 것이고, 그가 그런 문장력과 자연에 대한 흥분을 간헐적일지라도 죽을 때까지 유지하고 있었던 것은 확실하다. 그는 1896년 7월 19일에 쓴 일기에 갈아엎어진 들판에서 여전히 살아서 작은 싹을 틔운 우엉을 본 것을 기록했다. "흙먼지 속에서 까맣게 돋아났지만 여전히 살아 있고, 가운데는 빨갛다……. 우엉을 보니 글을 쓰고 싶어졌다. 우엉은 끝까지, 들판 한가운데에서 혼자서라도 살아남아야겠다고, 어떻게 해서든지 살겠다고 주장했다."17 그 차갑고 무시무시하며 꼼꼼한 눈으로 자연을 관찰할 때, 그리고 정확하고 고도로 정밀한 펜으로 자연을 글로 옮길 때, 톨스토이는 행복감을 느꼈다. 아니면 최소한 그의 성격이 허용하는 한에서는 영혼의 평화를 느꼈다.

불행히도 그는 글쓰기만으로는 만족할 수 없었다. 그에게는 권력을 잡아야겠다는 의지가 있었다. 자신의 등장인물을 상대로 휘두르는 권위로는 충분치 않았다. 우선, 그는 자신이 등장인물의 일원이라는 기분을 느낄 수 없었다. 그들은 다른 인종, 아니 거의 다른 종種이었다. 이따금씩, 그 무엇보다도 안나의 캐릭터에서, 그는 자신이 묘사하는 인물의 마음속으로 침투해 들어가는 경이적인 능력을 보여 줬다. 그런데 이 경우에서처럼, 그가 이런 일에 그토록 성공적이었다는 사실은 이 비범한 인물을 일반화하는 작업이 위험성을 내포하고 있다는 것을 상기시킨다. 대개의 경우 톨스토이는 외부에서, 저 멀리에서, 그리고 대체로 높은 곳에서 사물을 바라봤다. 그의 농노, 병사, 소작농은 빼어나게 표현된 짐승들이었다. 그는 같은 맥락에서 말을 훌륭하게 묘사했다(톨스토이는 말에 대해 해박했고, 말을 잘 이해했다). 그는 우리를 데리고 위대한 전투의 한복판을 꿰뚫는 것처럼, 우리를 대신해서 상황을 관찰한다. 마치 다른 별에서 내려다보며 상황을 관찰하는 듯하다. 그는 우리를 대신해서 감정을 느끼지는 않는다. 그가 우리를 대신해서 풍경을 선택한 결과로 우리가 그 풍경에 대한 감정을 느끼기 때문에, 그는 우리의 감정을 통제하는 것이나 마찬가지다. 우리는 위대한 소설가의 손아귀에 붙들려 있다. 그런데 그는 스스로를 위해서도 감정을 느끼지 못한다. 그는 올림포스의 신들처럼 저 멀리에 초연하게 남아 있다. 그보다 연배가 많은 디킨스나 연배가 비슷한 플로베르—두 소설가 모두 창작력의 수준이 높았다—와 비교해 보면, 톨스토이는 자신의 소설에 정서적 자본을 상대적으로 적게 투자했다. 톨스토이에게는 그 자본으로 벌일 더 훌륭한 일들이 있었다. 사실은 그렇지 않았더라도 최소한 그는 그렇다고 생각했다.

　우리는 톨스토이를 프로페셔널한 소설가라고 생각한다. 물론, 어떤 의미에서는 사실이다. 그는 주요 작품에서 천재라 불리는 사람들만이 행사할 수 있는 능력을 발휘했다. 수많은 세부사항을 대주제로 유형화하여 가차없는 결론으로 몰아갔다. 진정한 예술가답게, 그는 자신이 앞서했던 작업을 답습하지 않았다. 『전쟁과 평화』는 한 사회와 시대를 총체적으로 조망한다. 『안나 카레리나』는 특정한 사람들의 집단에 세밀하게 초점을 맞춘다. 그는 이 작품들 덕에 국가적 영웅이 됐고, 세계적인 명성과 부, 그때껏 살았던 그 어떤 소설가도 누리지 못했던 현명한 도덕군자라는 평판까지 얻었다. 그런데 그는 인생의 대부분을 소설을 쓰지 않으면서 보냈다. 톨스토이의 창작 시기는 초기 작품들을 쓴 1850년대, 『전쟁과 평화』를 창작하면서 6년을 보낸 1860년대, 『안나 카레리나』를 지은 1870년대 등 세 단계로 나뉜다. 그의 오랜 삶의 나머지 기간 동안, 그는 스스로 판단하기에 도덕적으로 우선하는 일이라고 생각하는 다양한 일들을 하면서 살았다.

구체제를 살아가는 귀족들은 글을 쓰는 일은 그들보다 신분이 낮은 사람들을 위한 것이라고 생각했다. 바이런은 시를 자신의 가장 중요한 업적이라 생각한 적이 한 번도 없었다. 시는 유럽 인민의 독립 성취를 돕는 도구에 불과했다. 바이런은 자신의 계급에 걸맞게 사람들을 이끌어야 한다는 소명을 받았다고 느꼈다. 톨스토이도 마찬가지였다. 아니, 그는 이끄는 것 이상의 소명인 예언자의 소명, 때로는 구세주의 소명을 받았다고 느꼈다. 그렇다면 톨스토이는 글을 쓰면서 보낼 시간에 무슨 일을 해야 하는가? 그는 시인 페트에게 이렇게 말했다. "소설을 쓰는 것은 멍청하고 부끄러운 일이오." 두 번째 형용사를 주목하라. 예술은 하느님이 주신 재능을 아주 잘못 사용하는 것이라는 이 주장은 그의 생애에 틈틈이 등장했다. 톨스토이는 구습 타파의 분위기에서 이것을 더욱 크게 퍼뜨렸다. 그 결과 그는 나이를 먹을수록 예술을 단념하고 도덕적 리더십을 발휘하려는 시도를 하게 됐다.

이제 여기에 자기기만의 비참한 사례가 있다. 톨스토이는 살면서 스스로에 대해 상세히 털어놨던 그 어떤 사람—루소까지를 포함한—보다 자신에 대해 숙고했고, 어떤 식으로든 그 자신을 중심으로 해서 많은 소설을 썼지만, 정작 스스로를 잘 알지는 못했다. 작가로서의 톨스토이는 최상급이다. 그리고 글을 쓸 때의 그는 주변 사람들과 사회 일반에 덜 위험한 존재였다. 그런데 그는 작가가 되기를 소망하지는 않았다. 최소한 세속적인 글은 쓰려 하지 않았다. 대신에 그는 사람들을 이끌고 싶어 했지만, 이것은 의지만 대단했지 재능은 전혀 없는 일이었다. 그는 예언을 하고 종교를 창시하고 세계를 탈바꿈시키고 싶어 했는데, 도덕적으로나 지적으로나 이들 과업에는 자격 미달이었다. 그렇게 해서 위대한 소설들은 창작되지 않은 상태로 남았고, 톨스토이는 자신과 가족들을 혼란스러운 황무지로 이끌고 갔다. 아니, 질질 끌고 갔다.

톨스토이가 위대한 도덕적 과업을 설정해야 한다고 스스로를 몰아세운 데에는 또 다른 이유가 있다. 바이런처럼 톨스토이는 자신이 죄인이라는 것을 알았다. 바이런과 달리 톨스토이는 그 사실에 대해 엄청난 죄의식을 느꼈다. 톨스토이의 죄의식은 선택적으로 사용된, 그나마도 정확하지 않은 도구였다(톨스토이는 그의 최악의 결점과 죄상, 오만한 자존심이 낳은 극악한 산물의 일부를 전혀 원죄로 여기지 않았다). 그렇지만 아주 강력한 도구이기는 했다. 그는 젊은 시절에 죄의식을 느껴야 할 짓을 상당히 많이 저질렀다. 그는 1849년에 모스크바와 상트페테르부르크에서 노름을 배운 듯하다. 5월 1일에 그는 형 세르게이에게 편지를 썼다. "상트페테르부르크에 온 것은 딱히 이유가 있어서는 아니에요. 여기서는 가치 있는 일은 하나도 하지 않았어요. 돈을 많이 잃고, 빚을 지기만 했어요." 그는 세르게이에게 땅의 일부를 즉시 팔아달라고 부탁했다. "돈이 올 때까지 기다리는 동안에도 3,500루블을 곧바로 갚아야만 돼요." 그리고 덧붙였다. "살다 보면 한 번쯤은 이런 멍청한 짓을 저지를 수 있잖아요. 저는 제 자유(저를 채찍질하는 사람이 아무도 없다는 것이 제 큰 불행이에요)와 철학적 사색에 대한 대가를 지불해야만 했고, 이제는 지불을 끝냈어요."[18] 그는 이후 10년 동안 간간이 노름에 손을 댔다. 때로는 노름에 심하게 빠져 비참한 처지에 놓였는데, 그 과정에서 땅도 많이 팔았고 친척과 친구, 상인들에게 많은 빚을 졌다. 그런데 그들 중 다수는 돈을 한 푼도 받지 못했다. 그는 군에서도 노름을 했다.

한 번은 「밀리터리 가제트」라는 군대 신문을 발간할 계획을 세우고는 자금을 얻기 위해 야스나야 폴랴나의 노른자위 땅을 팔았다. 그런데 그는 도착한 현금 5,000루블을 판돈으로 썼다가 순식간에 날려 버렸다. 전역을 하고 유럽을 여행하는 와중에 다시 노름에 손을 댔다가 똑같은 신세가 됐다. 1857년 7월에 슈투트가르트에서 톨스토이를 목격한 시인 폴론스키는 기록을 남겼다. "불행히도 룰렛이 그를 심하게 유혹했다……. (그는) 게임에 완전히 빠져들었다. 3,000프랑을 날린 그는 땡전 한 푼 없었다." 톨스토이 자신도 일기에 적었다. "6시까지 룰렛. 몽땅 잃다." "프랑스인에게서 빌린 200루블을 잃다." "투르게네프에게서 빌린 돈을 잃다."19 수년 후 톨스토이의 아내는 그가 그토록 심하게 노름을 한 사실에 죄책감을 느끼면서 노름에서 손을 끊기는 했지만, 그가 당시에 돈을 빌렸던 사람들, 심지어 아주 가난한 사람들에게도 빚을 갚지 못한 것에 대해서는 일말의 양심의 가책도 느끼지 않는다는 것을 알게 됐다. 케케묵은 빚을 갚는 것은 드라마틱한 구석이라고는 전혀 없는 일이었다.

톨스토이는 성욕과 성욕의 충족에 대해서도 강한 죄책감을 느꼈다. 여기서도 그의 자기비판은 이상할 정도로 선택적이고 스스로에게 관대하기까지 하지만 말이다. 톨스토이는 자신이 극도로 성욕이 넘치는 사람이라고 믿었다. 일기에는 이렇게 기록돼 있다. "여자를 가져야만 한다. 육욕은 내게 단한순간도 평화를 주지 않는다."(1853년 5월 4일) "지독한 색욕이 육체적 질병으로 발전하기에 이르렀다."(1856년 6월 6일)20 말년에 그는 그의 전기를 쓴 아일머 모드에게 자신은 성욕이 너무 강해서 여든한 살이 될 때까지 섹스 없이는 살 수 없었다고 털어놨다. 젊었을 때 여자 앞에서 무척이나 숫기가 없던 그는 성욕을 풀기 위해 유곽에 의지했는데, 그의 메스꺼움의 대상이었던 유곽은 으레 생기는 결과를 그에게 안겨 줬다. 1847년 3월에 쓰인 초창기 일기에는 그가 "관습적인 출처에서 얻은 임질"을 치료받고 있다고 적혀 있다. 그는 1852년에 형 니콜라이에게 보낸 편지에 또 다시 성병에 걸렸다고 적었다. "성병은 치료했지만, 수은을 사용한 후유증으로 말 못할 고통을 겪고 있어요." 그런데도 그는 계속해서 집시와 코사크, 원주민 여성 등 다양한 매춘부들의 단골이 됐다. 가능한 경우에는 러시아 소작농 여자들도 상대했다. 그의 일기의 분위기는 자기혐오와 요부에 대한 증오가 변함없이 뒤섞여 있다. "멋진 것……. 나는 뒷문을 열었다. 여자가 들어왔다. 이제 나는 여자를 보는 것만으로는 참을 수가 없다. 불쾌하고 더럽고 가증스러운 것이 나로 하여금 내가 세운 규칙을 깨게 만들었다."(1851년 4월 18일) "계집들이 나를 타락시켰다."(1853년 6월 25일) 이튿날 그는 훌륭한 결심을 했지만, "계집들이 나를 막아섰다."(1853년 6월 26일) 유곽을 찾은 후에 쓴 1856년 4월 일기에는 이렇게 기록돼 있다. "소름끼친다. 그렇지만 절대로 이번이 마지막이다." 1856년의 다른 일기는 이렇다. "메스껍다. 계집들. 멍청한 음악, 계집들, 열기, 담배 연기, 계집, 계집, 계집들." 당시 톨스토이는 투르게네프의 집을 호텔처럼 이용했는데, 투르게네프는 1856년에 톨스토이에 대한 다른 모습을 기록에 남겼다. "밤새도록 술판과 집시들과 카드판을 전전하고는 오후 2시가 될 때까지 죽은 듯이 잠을 잔다."[21]

시골, 특히 그의 소유지에 있었을 때, 톨스토이는 어여쁜 농노 여성들 중에서 여자를 선택했다. 그의 입장에서는 이런 선택이 간단하게 정욕을 해결하는 것보다 훨씬 짜릿했다. 그는 훗날 야스나야 폴랴나에 대해서 "내가 그곳에서 보낸 밤들을 기억한다. 두냐샤의 아름다움과 젊음을……. 그녀의 탱탱하고 여성스러운 몸을"[22]이라고 썼다. 톨스토이가 1856년에 유럽을 여행한 동기 중의 하나는 매력적인 농노 여성들의 유혹에서 벗어나는 것이었다. 그의 아버지도 그와 비슷한 연애를 했다는 것은 그도 알고 있었다. 아버지가 건드린 여자가 낳은 아들은 농지의 남자 농노 취급을 받으면서 마구간에서 일을 했다(나중에 마부가 됐다). 그런데 러시아에 돌아온 톨스토이는 여자들에게서 손을 끊을 수가 없었다. 악시냐라는 유부녀에게서는 특히 그랬다. 1858년 5월의 일기에는 이렇게 기록돼 있다. "오늘, 오래된 무성한 숲에서. 나는 바보이고, 야수다. 그녀의 청동색 살갗과 눈동자. 나는 지금껏 경험해 보지 못한 사랑에 빠졌다. 아무 생각도 들지 않는다."[23] "청결하고 못생겨 보이지 않는" 여자의 "눈동자는 밝은 검정색이었고, 목소리는 그윽했으며, 몸에서는 상큼하고 강렬한 향취가 느껴졌고, 풍만한 가슴은 앞치마의 가슴 부분을 밀어 올렸다." 악시냐는 1859년 7월에 아들 티모페이 바지킨을 낳았다. 톨스토이는 그녀를 하녀로 집안에 들여놨고, 한동안 아이를 돌보는 것을 허락했다. 그러나 마르크스나 입센, 그리고 자신의 아버지처럼, 톨스토이는 아이가 친아들이라는 사실을 결코 인정하지 않았고, 아이에게 조금의 관심도 쏟지 않았다. 더욱 놀라운 사실은, 그가 소작농을 교육시킬 절대적인 필요성이 있다고 공개적으로 설교하면서 자기 영지에 있는 소작농의 아이들을 위한 학교를 운영할 때에도, 자신의 사생아가 글을 배웠는지를 확인하려는 시도조차 해 보지 않았다는 것이다. 그는 훗날 아이가 유산에 대한 소유권을 주장할지도 모른다고 두려워했던 것 같다. 톨스토이는 혼외정사로 얻은 자식들의 권리는 매정하게 부인했다. 투르게네프가 바람을 피워 얻은 딸의 존재를 인정했을 뿐 아니라 적절한 교육을 받으며 자랄 수 있게 온갖 노력을 다했다는 사실을 톨스토이는 괘씸하게 여겼다. 그가 자신이 한 부도덕한 짓을 더욱 두드러져 보이게 했기 때문일 것이다. 톨스토이는 한 번은 투르게네프의 불쌍한 딸아이에게 출생의 비밀을 암시하는 듯한 말을 던지는 것으로 모욕을 가했다. 이로 인해 투르게네프와 결투로 이어질 뻔한 심각한 다툼이 벌어졌다.[24] 톨스토이의 아들 티모페이는 마구간에 보내졌다가, 나중에는 못된 짓을 했다는 이유로 나무꾼으로 강등당했다. 마흔세 살이었던 1900년 이후의 티모페이에 대한 기록은 없다. 그렇지만 톨스토이의 아들 알렉세이와 친구가 된 그가 알렉세이의 마부가 됐다는 것은 알려져 있다.

톨스토이는 매춘부를 찾아다니고 소작농 여성들을 유혹하는 것이 못된 짓임을 알고 있었다. 그는 이러한 죄악에 대해 스스로를 책망했지만 여자들을 더욱 강하게 비난하곤 했다. 그가 보기에 모든 여자는 아담을 꼬여 선악과를 먹게 한 요부 이브와 같은 존재였다. 그가 평생토록 여자들을 육체적으로 필요로 했고 그들을 이용해 먹었다는 사실에도 불구하고—아니면 바로 이런 이유 때문에—여자들을 불신했고 싫어했으며 증오하기까지 했다. 톨스토이는 몇 가지 점에서는 여성들의 섹슈얼리티가 드러나는 것을 불쾌해했다. 그가 죽기 직전에 밝힌 바에 따르면, "여자들이 맨가슴을 드러낸 모습에서는 늘 혐오감을 느꼈다. 심지어는 젊었을 때도 그랬다."[25] 톨스토이는 타고난 검열관으로, 청교도적이기까지 했다. 자신의 섹슈얼리티 때문에 스스로 당황스러워했던 그는 다른 사람들이 섹슈얼리티를 드러내면 강하게 비난했다. 난봉꾼 기질을 한없이 발휘하던 무렵인 1857년 파리에서 그는 이렇게 적었다. "내가 머무는 하숙집에는 서른여섯 가구가 사는데, 그중 열아홉 가구는 제대로 된 가정이 아니다. 나는 그 사실이 심히 불쾌하다."[26] 관능적인 원죄는 사악한 것이었고, 여자는 그런 원죄의 근본 원인이었다. 다음은 그가 열아홉 살이던 1847년 6월 16일에 쓴 글이다.

이제부터 나는 다음의 규칙들을 스스로 따를 것이다. 여자들을 피치 못할 사회적 해악으로 간주하고 가급적 그들에게서 멀리 떨어져 지내겠다. 여자들이 아니라면 그 누가 우리들 내면으로부터 음탕함과 방종, 천박함을 비롯한 그 모든 악덕들을 불러일으키겠는가? 여자들이 아니라면, 우리가 용맹성과 단호함과 합리성과 공정성 등의 천부적 품성들을 잃은 것에 대한 비난을 들을 자가 그 누구이겠는가?

톨스토이와 관련한 정말로 참을 수 없는 사실은 그가 이런 유치한 여성관, 여러 가지 점에서 동양적인 여성관을 죽기 직전까지 마음에 품고 있었다는 것이다. 안나 카레리나를 그려내려는 노력과는 대조적으로, 톨스토이는 현실 세계의 여성의 마음을 진지하게 파고들어서 이해하려는 시도는 한 번도 해 본 적이 없다. 그는 여성이 중요하고 성숙하며 도덕적인 인간이 될 수 있다는 사실을 인정하려 들지 않았다. 다음은 일흔 살이었던 1898년에 쓴 글이다. "(여성은) 일반적으로 우둔하다. 그런데 악마는 자신을 위해 일하려는 여성에게 두뇌를 제공한다. 그 결과 그녀는 외설적인 짓을 하는 데 필요한 판단력과 선견지명, 끈기 등의 기적을 일궈낸다." 또 "여자들에게 도덕적 감정의 토대 위에서 그녀의 하나뿐인 사랑의 감정을 평가해 보라고 요구하는 것은 불가능하다. 여자들은 그렇게 할 수가 없다. 진짜로 도덕적인 감정, 즉 그 무엇보다도 높은 곳에 서 있는 그런 감정을 갖고 있지 않기 때문이다."[27] 그는 J. S. 밀의 『여성의 종속』에 표명된 여성 해방론자의 관점을 강하게 부인하면서, 미혼 여성일지라도 전문직을 갖는 것은 금지해야만 한다고 주장했다. 사실, 그는 매춘을 여성들이 받은 몇 안 되는 "명예로운 소명" 중 하나로 간주했다. 그가 매춘부를 정당화하는 구절은 인용할 만한 가치가 있다.

많은 "자유주의자들"이 바라는 것처럼 난잡한 성교를 허용해야만 할까? 불가능한 일이다! 그렇게 하면 가정생활은 망가질 것이다. 진화의 법칙은 인류의 어려움을 해결하기 위해 매춘이라는 형태의 "타개책"을 발전시켜 왔다. 7만 명의 창녀가 없는 런던을 생각해 보라! 그들이 없으면 사회의 품위와 품행은 어찌 될 것이며, 가정은 어떻게 살아남을 수 있겠는가? 정숙한 상태로 남아 있을 숙녀와 아가씨는 얼마나 되겠는가? 그렇다. 나는 가정의 유지를 위해서 매춘은 필요하다고 믿는다.[28]

톨스토이의 문제점은 그가 가정은 믿은 반면 결혼은 믿지 않았다는 것이다. 최소한 그는 평등한 권리와 의무를 가진 성인들끼리 하는 기독교식 결혼은 믿지 않았다. 아마도 톨스토이보다 기독교식 결혼 제도에 부적절한 사람은 없을 것이다. 톨스토이의 시골집 이웃에 살았던 스무 살의 고아 발레랴 아르세네프는 운 좋은 도망자였다. 톨스토이는 20대 후반에 그녀를 사모하게 됐고, 한동안은 자신을 그녀의 약혼자로 간주했다. 그러나 그가 좋아한 것은 그녀의 어린아이 같은 측면뿐이었다. 그녀의 여성적이고 성숙한 측면이 차츰 드러나자 그는 그녀를 싫어하게 됐다. 그의 일기와 편지에 사연이 남아 있다. "그녀가 뼛국물도 없고 장작도 없이 푸딩만 먹는 모습이 안쓰럽다." 그런데 "그녀의 미소는 고통스러울 정도로 순종적이다." 그녀는 "교육도 못 받았고 무식하며 멍청하다……. 내가 잔인하게 그녀를 괴롭히기 시작하자, 그녀는 흐릿한 미소를 지었고, 미소 속에 눈물을 흘렸다." 안절부절 못하고 여덟 달을 보내면서 그녀에게 냉정한 훈계를 한 톨스토이는 그녀가 분개하는 내용의 편지를 쓰도록 만들어서는 그 편지를 둘이 갈라서는 핑계거리로 삼았다. "우리는 너무나 멀리 떨어져 있군요. 사랑과 결혼은 우리에게 오직 고통만 안겨 줄 거요." 그는 아주머니에게 편지를 썼다. "제가 아주 못된 짓을 했습니다. 하느님께 저를 용서해 달라고 빌었어요……. 그렇지만 이 문제를 원상태로 돌려놓는 것은 불가능합니다."[29]

그가 결국 서른네 살 때 선택한 여자는 열여덟 살의 의사의 딸 소냐 베르스였다. 톨스토이는 좋은 신랑감은 아니었다. 부자도 아니고 유명한 노름꾼인 데다 지역의 유력 인사를 모독한 일로 당국과 마찰도 있었다. 그보다 몇 년 전에 그는 자신을 이렇게 묘사했다. "일반인과 다를 바 없는 지극히 추접하고 추한 용모의 소유자…… 작은 회색빛 눈은 지적이기보다는 멍청하다…… 농사꾼의 얼굴, 그리고 농사꾼의 큼지막한 손과 발." 더군다나 그는 치과에 가는 것을 싫어해서, 1862년 무렵에는 이빨이 거의 다 빠져 있었다. 그런데 소냐는 못생기고 미숙한 소녀였다. 키가 150cm를 조금 넘는 그녀는 톨스토이를 놓고 두 언니와 경쟁하고 있었다. 그녀는 기쁘게 그를 남편으로 맞았다. 그는 편지로 형식적인 청혼을 했지만, 마지막 순간까지도 확고한 결심을 세우지 못했다. 결혼식은 재앙의 전조였다. 아침에 그녀의 아파트로 뛰어 들어온 톨스토이는 고집을 부렸다. "시간이 아직도 남아 있다고 얘기하러 왔소…… 지금이라도 이 일들 모두를 중단할 수 있을 거요." 그녀는 울음을 터뜨렸다. 톨스토이는 자기 셔츠를 모두 꾸려서 결혼식에 한 시간이나 늦게 나타났다. 그녀는 다시 울먹였다. 결혼식이 끝나고 그들은 저녁을 먹었다. 그녀는 옷을 갈아입었고, 두 사람은 말 여섯 마리가 끄는 "침대차"라 불리는 여행용 마차에 올랐다. 그녀는 다시 울었다. 고아로 자라서 그녀를 이해할 수 없었던 톨스토이는 고함을 쳤다. "당신 가족을 떠나는 게 그렇게나 슬픈 일이라면, 당신은 나를 그다지 사랑할 수 없을 거요." 침대차에서 그는 그녀를 거칠게 다루기 시작했고, 그녀는 그를 밀쳐냈다. 그들은 비룰레보호텔의 스위트룸을 얻었다. 사모바르●로 그에게 차를 따라 주는 그녀의 손은 떨렸다. 그는 다시 한 번 그녀에게 달려들었고, 다시

● 러시아의 차주전자

퇴짜를 맞았다. 톨스토이는 냉혹하게 일기에 적었다. "그녀는 울보다. 마차에서도. 그녀는 모든 것을 알고 있으므로 일은 간단하다. 그런데 그녀는 겁을 낸다." 그는 그녀를 "환자"라고 생각했다. 나중에 그녀와 결국 사랑을 나눈 후, 그리고 그녀가 (그가 생각했던) 반응을 보인 후에 그는 덧붙였다. "믿을 수 없을 만큼 행복하다. 나는 이것이 평생 지속될 수 있을 것이라고는 믿을 수 없다."30

물론 평생 지속되지 않았다. 세상에서 제일 순종적인 아내라도 이런 엄청난 이기주의자와의 결혼 생활은 참기 힘들 것이다. 소냐는 적어도 가끔씩 톨스토이의 압살적인 의지에 저항할 수 있는 머리와 정신을 가지고 있었다. 그 결과 그들은 역사상 최악의 (그리고 가장 잘 기록된) 결혼 생활을 해 나갔다. 톨스토이는 비극적인 판단 착오로 결혼 생활의 문을 열었다. 비밀, 그 중에서도 섹스와 관련된 비밀은 해로운 것이라는 믿음은 지식인들의 특징 중 하나다. 모든 것은 "공개"돼야만 한다. 판도라의 상자의 뚜껑은 모조리 열어젖혀져야만 한다. 부부는 상대방의 "모든 것"을 알아야만 한다. 여기에는 꽤나 불필요한 괴로움이 놓여 있다. 톨스토이는 그가 그때까지 15년 동안 써온 일기를 아내가 읽어야 한다고 고집하는 것으로 그의 "정보 공개" 정책을 개시했다. (일기는 조금도 검열을 받지 않은 상태였다.) 그녀는 일기에 유곽 방문과 매춘부, 집시, 원주민 여인, 그가 소유한 농노뿐 아니라 심지어는 어머니의 친구와 벌인 섹스를 포함한 그의 성생활 전체가 세세히 담겨 있는 것을 보고는 질겁했다. 그녀의 첫 반응은 "이 불쾌한 책들을 도로 가져가세요. 왜 이런 것들을 저에게 주시는 건가요?"였다. 나중에 그녀는 그에게 말했다. "그래요, 저는 당신을 용서해요. 그렇지만 그 일기장은 무척이나 불쾌해요." 이런 표현은 그녀가 열한 살 때부터 적어온 그녀 자신의 일기에 등장한 것이다. (상호 의심과 고통을 해결하는 확실한 타개책으로서) 각자가 일기를 반드시 기입하고 상대방의 일기에 자유로이 접근한다는 것이 톨스토이의 "공개" 정책의 일부였다.

톨스토이의 결혼 생활의 육체적 측면을 보면, 소냐는 남편이 (그녀가 목격한 것처럼) 성적인 괴물이라는 것을 처음으로 알게 되면서 받은 충격으로부터 결코 회복하지 못한 듯하다. 더군다나 그녀는 그가 조심스레 감추려 들었던 (적어도 그랬다고 생각한) 허물들을 깨닫는, 톨스토이가 전혀 예상하지 못한 방식으로 남편의 일기를 읽었다. 예를 들어, 그녀는 남편이 노름빚을 갚지 않았다는 것을 알게 됐다. 섹스를 하는 상대 여성들에게 자신이 성병에 걸렸던 적이 있으며 아직도 병이 완치되지 않았을지도 모른다는 말을 하지 않았다는 것도 알게 됐다. 일기장에 담긴 이기심과 자기중심주의는 일기를 쓴 사람보다는 예민한 독자(아내보다 더 예민한 사람이 누가 있겠는가?)에게 너무나 확실히 전달됐다. 더군다나 일기에 생생하게 기술된 톨스토이식 성생활은 남편의 요구에 순종하는 데 따르는 공포, 그리고 그 결과로 얻은 거듭된 고통스러운 임신의 기억과 뒤섞이면서 이제 도무지 해결할 수 없는 상태가 돼 버렸다. 소냐는 22년 동안 임신을 10여 차례 했다. 그녀는 딸 페탸를 잃었을 때 니콜라이를 가진 상태였는데, 니콜라이는 태어나던 해에 세상을 떠났다. 조산아로 태어난 바바라는 태어나자마자 죽었다. 톨스토이는 분만 과정에서 전혀 도움을 주지 않았다. 가까이서 지켜보기는 했지만, 세세한 일에 대해서는 둔감했다. 그는 아들 세르게이의 출산을 지켜보겠다고 주장했고(나중에 『안나 카레리나』의 한 장면에 활용됐다), 소냐가 아기에게 젖을 물리지 못하게 되자 노발대발했다. 임신과 유산이 계속되고, 자신의 성적인 요구를 아내가 싫어한다는 것이 명확해지자, 톨스토이는 친구에게 편지를 썼다. "건강한 남편이 병약한 아내를 얻는 것보다 더 나쁜 상황은 없네."

아내에 대한 사랑은 결혼 생활 초기에 식어 버렸다. 소냐의 비극은 남편에 대한 여분의 사랑을 계속 품고 있었다는 것이다. 그녀는 일기에 속내를 털어놨다.

나에게는 굴욕적인 사랑과 불쾌한 심정 외에는 남은 게 없다. 그리고 이 두 가지 감정은 내 모든 불행의 원인이 됐다. 내 심정은 늘 내 사랑의 방해를 받아왔기 때문이다. 내가 원하는 것은 그이의 사랑과 공감뿐이지만, 그이는 내게 그걸 주려 하지 않는다. 그리고 내 모든 자존심은 진창 속에 짓밟혔다. 나는 으깨진 불쌍한 버러지다. 나는 누구도 원치 않고 누구도 사랑하지 않는, 배가 불룩해서는 입덧을 하는 쓸모없는 피조물에 불과하다.[31]

입수 가능한 증거들을 놓고 볼 때, 결혼 생활이 견딜 만한 것이었다고 믿기는 어렵다. 그들이 결혼한 지 38년째 되던 해인 1900년의 상대적으로 조용했던 기간에 소냐는 톨스토이에게 편지를 썼다. "당신이 제게 줬던 예전의 행복에 대해 감사드리고 싶어요. 그리고 우리의 행복이 평생 동안 그리 강하고 완벽하고 고요하게 지속되지 않았다는 게 안타까워요." 이것은 유화적인 제스처였다. 처음부터 소냐는 그녀 자신이 그의 애정사의 강박적인 관리인이 됨으로써, 그에게 없어서는 안 될 봉사원이 됨으로써, 그의 반항심 많은 노예가 됨으로써 그들의 결혼을 매끄럽게 유지해 나가려고 노력했다. 그녀는 그의 지독한 악필 속에서 소설을 깔끔하게 필사해 내는 무시무시한 과업을 떠맡았다.[32] 이것은 고역이었지만, 어떤 점에서는 그녀는 그 일을 즐겼다. 진정한 천직에 종사할 때의 톨스토이가 그래도 제일 참을 만하고 덜 난폭하다는 것을 그녀가 일찍부터 간파했기 때문이었다. 그녀가 언니

타티아나에게 썼듯이, 톨스토이가 소설을 쓸 때 그들은 가장 행복했다. 우선 소설 집필은 돈을 벌어다 줬다. 그런데 그의 다른 활동은 돈을 써 버리는 것이었다. 그렇지만 "돈은 그리 중요하지 않아. 중요한 것은 내가 그이의 문학 작품을 사랑한다는 거야. 나는 작품들에 감탄하고, 작품들은 나를 감동시켜." 그녀는 쓰디쓴 경험을 통해 톨스토이가 소설 집필을 중단하면 그녀가 유지하려고 기를 쓰는 가정생활에 상처를 줄 게 확실한 엄청나게 어리석은 짓을 할 수 있다는 점을 알고 있었다.

톨스토이는 사태를 사뭇 다르게 봤다. 가족을 먹여 살리는 일에는 돈이 필요하다. 그의 소설은 돈을 벌어다 준다. 그는 소설 집필을 돈을 벌 필요성과 관련된 일로 보게 됐고, 그 결과 두 활동 모두를 싫어했다. 그의 마음속에서 소설은 결혼과 연관돼 있었는데, 소냐가 소설을 쓰라고 늘 그를 몰아세우는 것은 그런 연관관계를 확인해 줬다. 이제 그는 깨달았다. 결혼생활과 소설 모두가 그가 예언 활동이라는 진정한 과업을 수행하는 것을 막고 있다는 것을. 그는 『고백록』에 다음과 같이 적었다.

행복한 가정생활에 대한 새로운 생활 조건은 삶의 보편적 의미를 탐구하려는 나의 노력을 완전히 다른 곳으로 돌려 놓았다. 당시 내 생활 전체는 우리 가족, 우리 아내, 우리 자식들에게 집중돼 있었고, 그 결과로 내 관심은 우리의 생계 수단을 확장시키는 데에만 온통 쏠려 있었다. 나는 대중의 완성과 발전을 위한 노력을 자아완성을 위한 노력으로 이미 대체해 버렸는데, 그런 내 노력은……. 우리 가족을 위한 최상의 생활 조건을 확보하려는 노력으로 대체돼 버렸다.[33]

따라서 결혼은 톨스토이에게 엄청난 불행의 출처일 뿐 아니라 도덕적 발전을 가로막는 장애물이었다. 그는 그 자신의 특별한 재앙으로부터 일반화시켜 얻은 결론을 통해 결혼 제도와 부부간의 사랑에 대해 비판했다. 1897년에 그는 딸 타냐에게 리어왕처럼 독설을 퍼부었다.

타락한 남자가 결혼에서 구원을 찾으려드는 이유를 나는 이해한다. 그런데 순진한 소녀가 그런 일에 휩쓸리고 싶어 하는 이유는 나로서는 알 길이 없구나. 만약 내가 여자라면, 나는 세상 그 무엇을 준대도 결혼하지 않을 거다―그리고 남자와 여자 모두에게 있어 사랑에 빠지는 문제에 대해서는―내가 그게 무슨 뜻인지를 알기 때문에 하는 말인데, 그건 수치스럽고 무엇보다도 건강치 못한 감정으로 전혀 아름답지도 않고 고상하지도 않고 시적이지도 않아―나는 사랑을 위해 문을 열어 주지는 않을 거다. 디프테리아, 티푸스, 성홍열처럼 훨씬 덜 심각한 전염병으로부터 나 자신을 지키려 들었듯이, 사랑이라는 질병에 감염되는 걸 피하기 위해서 모든 예방조치를 취했어야 했는데.[34]

다른 많은 것들이 그렇듯, 이 문장은 톨스토이가 결혼을 중요하게 여기지 않았다는 것을 보여준다. 『안나 카레리나』의 유명한 문장을 보자. "행복한 가정은 모두 비슷비슷하다. 그러나 불행한 가정은 각기 나름대로의 이유로 불행하다." 경험상 이 문장은 양쪽 부분 모두 논쟁의 여지가 많다. 오히려, 이 문장의 반대가 진실에 가깝다. 불행한 가정에는 분명하고 반복적인 패턴이 있다. 예를 들어, 남편이 술꾼이거나 노름꾼이다. 아니면 아내가 무능하거나 바람을 핀다. 불행한 가정에 찍힌 낙인은 따분하리만치 반복되는 친숙한 것들이다. 반면, 행복한 가정에는 온갖 종류가 있다. 톨스토이는 이 주제를 심각하게, 그리고 무엇보다도 솔직하게 고민하지 않았다. 여자들을 심각하고 솔직하게 생각해 볼 수 없었기 때문이다. 그는 두려움과 분노와 혐오를 느끼며 그 주제에서 등을 돌렸다. 톨스토이의 결혼 생활의 도덕적 실패와, 인류의 절반을 공평하게 취급하는 데 대한 지적인 실패는 밀접하게 연관돼 있다.

그렇지만 톨스토이의 결혼이 여러 가지 점에서 처음부터 실패할 운명이었다고 해도, 상속받은 농지와 관련해서 생긴 추가적인 문제가 없었다면 형편은 좀 더 나았을지도 모른다. 농지는 노름과 섹스 다음으로 찾아온 톨스토이의 죄책감의 세 번째이자 대단히 중요한 원천이었다. 토지는 톨스토이의 안정된 생활을 지배하고, 마침내는 파괴해 버렸다. 농지는 그의 자부심과 권위의 원천이기도 했지만, 도덕적 불안감의 근원이기도 했다. 농지와 농노는 한데 묶여 떼려야 뗄 수가 없었다. 러시아에서는 둘 중 하나만 소유할 수가 없었다. 아주 젊었을 때 어머니로부터 농지를 물려받은 톨스토이는 처음부터 심오한—부분적으로는 명예롭고 부분적으로는 자기 멋에 겨운—의문을 고민하기 시작했다. "내 농노들을 어디에 써먹을까?" 현명한 사람이었다면, 그는 농지를 관리하는 것은 그에게 적합한 일이 아니라는 것을, 그의 재능과 본분은 글을 쓰는 데 있다는 것을 깨달았을 것이다. 농지를 팔아서 자신에게 씌워진 도덕적 굴레를 벗어 버린 후 창작 활동을 통해 리더십을 행사했을 것이다. 그러나 톨스토이는 현명한 사람이 아니었다. 그는 이 문제를 놓아 버리지 않았다. 문제를 철저히 해결하지도 않았다. 그는 거의 반세기 동안 문제를 놓고 머뭇거리고 주저하고 망설였다.

톨스토이는 농지를 물려받은 1840년대 후반에 그의 첫 번째 소작농 "개혁"을 단행했다. 훗날 그는 이렇게 주장했다. "농노를 해방시켜야 한다는 아이디어는 1840년대의 우리들 무리에서는 거의 듣기 힘든 주장이었다."[35] 틀린 얘기다. 그 문제는 당시 어느 곳에서건 토론 주제였다. 조그만 시골구석의 철학 클럽에서도 그 주제를 다뤘다. 그렇지 않았다면 톨스토이에게 그런 난제가 닥쳤을 리가 없다. 톨스토이는 그의 "개혁"과 더불어 그가 혼자 힘으로 설계한 증기 탈곡기 등을 포함한 다른 개량 사업도 추진했다. 이런 노력들 중에 그럴싸한 성과를 낳은 것은 하나도 없다. 톨스토이는 본질적인 난점과 (그가 적은 것을 그대로 옮기자면) 소작농의 "추접함" 앞에서 오래지 않아 개혁을 포기했다. 개혁이 남긴 유일한 결과는 『지주의 아침』의 네흘류도프 캐릭터였다. 네흘류도프는 미몽에서 깨어난 젊은 톨스토이를 대변한다. "내가 본 것은 무지에서 비롯된 관습, 악덕, 의심, 절망뿐이었다. 나는 내 인생의 최전성기를 낭비하고 있었다." 18개월 후, 톨스토이는 농지를 떠나 다른 일들—섹스, 노름, 군대, 문학—에 매달렸다. 그렇지만 소작농, 아니 그보다는 소작농이라는 관념—그는 결코 그들을 개개인의 인간으로 보지 않았다—은 계속 그를 괴롭혔다. 소작농에 대한 그의 태도는 매우 양면적이다. 1852년의 일기에는 이렇게 씌어 있다. "저녁 내내 슈빈과 우리 러시아의 농노제에 대해 얘기를 나눴다. 농노제는 나쁜 제도이지만, 극도로 즐거운 나쁜 제도인 것도 사실이다."

1856년에 그는 두 번째 "개혁"을 시도했다. 그는 30년간 임대료를 받는 조건으로 농노들을 해방시키겠다고 선포했다. 그의 특징 그대로, 그는 선언을 하면서도 농노 해방을 실제로 경험해 본 지인들에게서는 한마디의 조언도 구하지 않았다. 당시 농노들 사이에는 새로 등극한 알렉산드르 2세가 조건 없이 농노를 해방시키려 한다는 소문이 돌고 있었다. 그들은 톨스토이의 저의를 간파했다. 그들은 톨스토이 백작의 위선적인 행동을 욕하지는 않았다. 그보다는 톨스토이의 (실제로는 존재하지 않는) 사업적 통찰력을 두려워하면서 그의 제안을 단호하게 거절했다. 격분한 톨스토이는 무식하고 희망 없는 미개인들이라고 농노들을 비난했다. 그는 농노 해방이라는 주제에 대한 정서적인 혼란을 이미 드러내고 있었다. 그는 전 내무장관 드미트리 블루도프 백작에게 신경질적인 편지를 썼다. "6개월 내에 농노들을 해방하지 않는다면, 우리는 몰살당할 것입니다."³⁶ 그의 계획을 멍청하고 유치하다고 생각하는 가족들—예를 들어 타티아나 아주머니—에게는 무시무시한 적개심을 보였다. "나는 아주머니의 그 모든 사랑에도 불구하고, 아주머니를 향한 증오심을 조용히 키우기 시작했다."

이제 그는 농노 문제를 단호하게 해결할 수 있는 해법인 교육으로 눈길을 돌렸다. 교육 부문의 뿌리 깊은 어려움들을 새로운 교육 체계를 세우는 것으로 단번에 해결할 수 있다는 생각은 루소 이후의 지식인들이 사로잡힌 기묘한 망상이다. 그는 소작농의 자식들을 직접 가르치기 시작했다. 그는 알렉산드라 톨스토이 백작 부인에게 편지를 썼다. "학교에 들어서서 누더기 옷에 더럽고 삐쩍 말랐으면서도 눈빛을 반짝거리며 매번 천사 같은 표정을 짓는 아이들을 보면, 물에 빠진 사람을 볼 때 경험한 것과 같은 위급함과 공포감이 제게 몰려옵니다……. 저는 여기서 물에 빠져 죽어가는 수많은 푸슈킨, 오스트로그라드, 필라레토프를 구제하기 위해 그들을 교육하고자 하는 것입니다."³⁷ 짧은 기간 동안 그는 아이들을 가르치는 것을 즐겼다. 훗날 그는 그의 공식 전기 작가인 P. I. 비루코프에게 이때가 그의 인생에서 가장 훌륭한 시기였다고 말했다. "내 인생의 가장 화려한 시기는 여자들에 대한 사랑이 아니라 인간에 대한 사랑, 아이들에 대한 사랑에 빚을 진 것이네. 굉장한 시간이었어."³⁸ 그의 노력이 얼마나 성공적이었는지에 대한 기록은 없다. 학교에는 교칙이 없었다. 숙제도 없었다. 톨스토이의 글을 보자. "아이들은 풍부한 감수성과, 오늘도 어제처럼 학교생활이 즐거울 것이라는 확신만 갖고 오면 된다." 얼마 안 있어 그는 자매학교를 설립하기 시작했고, 한때는 학교가 70개에 이르렀다. 그렇지만 직접 가르치려는 그의 노력은 오래

가지 않았다. 따분해진 그는 독일로 여행을 떠났다. 표면적인 여행 목적은 독일의 교육 개혁을 조사한다는 것이었다. 그런데 유명한 율리우스 프뢰벨은 톨스토이를 실망시켰다. 그는 톨스토이의 말을 경청하는 대신, 톨스토이를 향해 떠들어대기만 했다. 프뢰벨은 어쨌거나 "다름 아닌 유대인이었다."

1861년에 알렉산드르 2세가 황제의 칙령으로 갑작스레 농노를 해방시켰다. 약이 오른 톨스토이는 칙령을 깎아내렸다. 해방령은 그가 승인하지 않으려 들던 국가가 반포한 법령이었기 때문이다. 이듬해에 결혼을 하면서 농지의 중요성은 달라졌다. 농지는 커져가는 그의 가족들의 집이었고, 소설과 더불어 가족의 주요한 수입원이었다. 『전쟁과 평화』와 『안나 카레니나』의 창작기인 이때는 그의 인생에서 가장 생산적인 시기였다. 책에서 얻는 수입이 늘자, 톨스토이는 땅을 사들이고 농지에 투자했다. 한때 그는 말 400필을 사육장에서 기를 정도까지 됐다. 집에는 남녀 가정 교사가 다섯 명 있었고, 집안 살림만 담당하는 하인이 열한 명이나 됐다. 그렇지만 소작농이 아니라 그 자신, 그의 가족—세계 전체—을 "개혁"하겠다는 욕망은 그를 결코 떠나지 않았다. 톨스토이의 마음속에 잠자고 있는 그 욕망은 언제 어느 때건 깜짝 놀랄 만한 행동으로 세상에 뛰쳐나올 준비가 돼 있었다.

정치 개혁과 사회 개혁, 새로운 종교를 창시하고자 하는 욕망은 톨스토이의 마음속에서 밀접하게 연결돼 있었다. 그는 일찍이 1855년부터 바탕은 "기독교이지만 교조와 신비주의가 완전히 제거된, 미래의 천국이 아니라 지상 천국을 약속하는" 신앙 체계를 만들어 내고 싶어 했다. 이것은 무수히 많은 영양가 없는 종교 개혁가들이 수세기 동안 떠들어댄 흔하고 뻔한 아이디어였다. 톨스토이는 신학자로서는 결코 대단한 인물이 아니었다. 그가 쓴 『교조적 신학의 고찰』과 『4복음서의 융화와 해석』 등 2편의 긴 논설은 체계적인 사상가로서의 그의 위상을 조금도 높여 주지 않았다. 그의 종교적 저작 상당수는 모호한 범신론적 용어를 제외하고는 거의 이치에 맞지 않는다. "하느님을 아는 것과 하느님을 살아가는 것은 똑같은 것이다. 하느님이 삶이시다. 하느님을 구하면서 살아라. 그러면 하느님 없이 살지 않게 될 것이다."(1878~1879)

그런데 톨스토이의 머릿속을 떠다니는 종교적 관념들은 위험해질 가능성이 있었다. 그 개념들이 그의 정치적 충동과 결합하면, 고도로 인화성이 높은 물질을 형성하면서 별다른 경고도 없이 갑작스럽게 불꽃을 피워낼 수 있었기 때문이다. 그의 명성을 다시 한 번 확고히 다져 준『안나 카레리나』를 완성하고 출판할 무렵, 글쓰기로는 만족하지 못해 안달하던 그는 세계적인 유명 인사, 예언자, 헤아릴 수 없이 많은 독자와 숭배자들이 지혜를 얻고 지시를 받고 싶어 하는 인물이 되어 대중적인 해악을 끼칠 준비가 돼 있었다.

최초의 폭발은 톨스토이와 가족들이 모스크바에 있던 1881년 12월에 있었다. 모스크바의 빈민가인 키트로프시장에 간 그는 부랑인들에게 돈을 나눠 주고는 각자의 사연을 경청했다. 톨스토이는 군중이 주위를 에워싸자 인근에 있는 싸구려 여인숙으로 도피했는데, 그는 그곳에서 훨씬 비참한 광경을 목격했다. 집에 돌아와서 모피코트를 벗은 그는 하얀 장갑과 타이를 맨 정장 차림의 하인들이 시중을 드는 5코스짜리 만찬 식탁에 앉았다. 그는 고함을 지르기 시작했다. "그렇게 살수는 없어! 그렇게 살 수는 없어! 그건 불가능해!" 그는 팔을 휘둘러대면서 소냐에게 겁을 주고는 전 재산을 내팽개치겠다고 위협했다. 그는 얼마 전에 있었던 센서스를 기초 통계 자료로 활용하면서 새로운 빈민 구호 시스템 구축에 즉각 착수했다. 그리고는 시골로 내려가서, 소위 "농민 예언자"로 불리던 정신적 지도자로 그가 당시 떠받들던 V. K. 슈타예프에게 향후 개혁에 관한 조언을 구했다. 소냐는 생후 4개월밖에 안 된 아픈 알렉세이와 함께 모스크바에 남았다.

백작 부인(소냐)은 처자식을 내팽개친 이런 행위가 가져온 새로운 고통에 대해 편지를 썼다. 편지는 톨스토이와 살면서 겪는 그녀 자신의 어려움뿐 아니라, 보통 사람들 대부분이 위대한 인도주의적 지식인을 겪으면서 느끼는 분노까지 요약했다. "우리 갓난아기는 상태가 아직도 안 좋아요. 그리고 저는 딱한 아이를 아주 걱정하고 있어요. 당신과 슈타예프는 친자식을 유별나게 사랑하지 않을지 모르지만, 우리 같은 보잘것없는 인간들은 우리의 감정을 왜곡할 수도 없고 왜곡하고 싶지도 않고, 세상 전체를 향한 사랑을 공언하여 일개인에 대한 사랑이 부족하다는 사실을 정당화할 수도 없고, 그리고 싶지도 않답니다."³⁹

톨스토이의 행동을 몇 년 동안 지켜본 소냐는 의문을 제기했다. 그가 인류를 관념적으로 사랑하는 대신 개별적인 인간, 특히 가족을 진실로 사랑한 적이 있는가 하는 것이었다. 예를 들어 그의 불쌍한 형 드미트리는 확실히 동정의 대상이었다. 가난뱅이로 전락한 그는 매춘부와 결혼한 후 1856년에 젊은 나이에 결핵으로 죽었다. 형의 임종 자리에 억지로 간 톨스토이는 그 자리에 한 시간을 간신히 앉아 있었고, 장례식에는 참석하기를 거절했다(대신에 그는 파티에 갔다). 훗날 그는 임종과 거절의 두 에피소드를 훌륭한 픽션의 소재로 써먹었다.⁴⁰ 역시 결핵으로 사망한 형 니콜라이도 가엾기는 마찬가지였다. 그렇지만 톨스토이는 형을 찾아가기를 거절했고, 결국 톨스토이를 찾아온 니콜라이는 톨스토이의 품안에서 숨을 거뒀다. 셋째 형 세르게이가 노름판에서 전 재산을 날렸을 때도 톨스토이는 별다른 도움을 주지 않았다. 확실히 그들 모두는 저능한 인간들이었다. 그런데 톨스토이가 주장한 원칙 중 하나는 강자는 약자를 도우러 가야만 한다는 것이었다.

톨스토이의 우정에 대한 기록도 많은 것을 폭로한다. 그는 카잔대학의 동창생으로 그보다 연장자인 미탸 댜코프 딱 한 사람에게만 이타적이고 순종적인 모습을 보였다. 그렇지만 그런 모습도 곧 자취를 감췄다. 톨스토이는 취하고 친구들은 베푸는 것이 법칙이었다. 톨스토이의 초기 일기를 필사했던 소냐는 이렇게 적었다. "(그의) 자기숭배는 (그들) 모든 이들로부터 뽑아낸 것이다. 친구들이 개인적으로 그를 사랑하는 한에서(만) 그의 마음속에 그 사람들이 존재한다는 것은 정말 놀라운 일이다."[41] 더욱 놀라운 것은 그를 아는 사람들, 식객과 거머리와 아첨꾼뿐 아니라, 자립심이 강한 대단히 중요한 유명 인사들조차도 그의 이기주의를 감내하는 정도가 아니라, 그의 이기심에도 불구하고 그를 자발적으로 숭배하기까지 했다는 것이다. 사람들은 톨스토이의 잔혹한 눈길 앞에서 움츠러들었고, 그의 엄청나게 강한 의지 앞에서 허리를 굽혔으며, 그의 천재성의 제단 앞에서는 당연히 존경을 바쳤다. 감수성이 예민하고 섬세한 안톤 체호프는 톨스토이의 많은 결점을 잘 알면서도 다음과 같이 적었다. "톨스토이가 세상을 떠나는 게 두렵다. 그가 세상을 떠나면 내 삶에는 커다란 공백이 생길 것이다……. 나는 지금껏 그를 사랑한 정도로 사랑한 사람이 없었다……. 톨스토이가 문학계에 남아 있는 한, 작가가 되는 것은 수월하고 유쾌한 일이 될 것이다. 어떤 작가가 이룬 것이 없고 이룰 것이 없다고 하더라도, 그리 두려운 일은 아니다. 톨스토이가 그 모든 것을 충분히 해낼 테니까."

투르게네프는 톨스토이의 이기심과 잔혹성을 겪을 만큼 겪었기 때문에 톨스토이의 됨됨이를 제대로 파악하고 있었다. 투르게네프는 관대하고 사려 깊게 젊은 작가를 도와줬다. 그가 그 대가로 받은 것은 냉정함과 배은 망덕, 그리고 친구들이 소중히 여기는 생각을 너무나 뛰어나게 모욕해대는 톨스토이의 잔인한 버릇이었다. 마음씨 착하고 유순하며 대인의 품성을 지닌 투르게네프는 톨스토이에게 앙갚음을 할 수 있는 사람이 아니었다. 그렇지만 톨스토이가 하는 짓거리 때문에 분통이 터진다고 털어놨다. 그는 "두 세 마디의 독설과 함께 사람을 미치게 만드는 날카로운 눈빛만큼 불쾌한 것은 결코 경험해 보지 못했다."[42] 투르게네프가 고생 끝에 쓴 소설『아버지와 아들』을 읽어 보라고 톨스토이에게 건넸을 때, 톨스토이는 곧장 곯아떨어졌다. 투르게네프는 톨스토이가 코고는 모습을 발견했다. 투르게네프의 딸 문제로 다툼이 벌어지면서 결투 신청을 받은 투르게네프는 당당하게 사과를 했지만 톨스토이는 코웃음을 쳤다. "나를 두려워하는군. 당신을 경멸하오. 당신하고는 더 이상 같이 일하고 싶지 않소." 둘 사이를 중재하려고 노력했던 시인 페트도 한소리 들었다. "투르게네프는 몽둥이찜질을 당해 마땅한 악당이오. 그의 매력적인 말을 나한테 전하는 것처럼, 내가 그에게 하는 말을 충실하게 전해 주시오."[43] 톨스토이는 일기에 투르게네프에 대한 불쾌하고 터무니없는 사실들을 다수 적어 넣었다. 그들이 주고받은 편지는 두 사람의 우정이 대칭적이지 않다는 것을 보여 준다. 죽음이 멀지 않았다는 것을 알게 된 투르게네프는 1883년에 톨스토이에게 마지막 편지를 썼다. "내 친구여, 러시아 대지의 위대한 작가여, 내 애원에 귀를 기울여 주게나. 자네가 이 글을 받았다면 내가 자네와 자네의 집사람과 자네의 가족들 모두를 한 번 더 힘차게, 아주 힘차게 포옹해도 괜찮은지를 내게 알려 주게. 힘이 들어서 더 이상은 쓸 수가 없군." 이런 애처로운 요청에도 톨스토이는 결코 답장을 보내지 않았다. 한편 투르게네프는 두 달 동안 목숨을 이어갔다. 따라서 투르게네프가 죽었다는 소식을 들었을 때 톨스토이가 보인 반응은 그리 놀라운 일이 아니다. "나는 투르게네프를 끊임없이 생각한다. 나는 그를 지독히 사랑한다. 나는 그를 가여워한다. 나는 그를 읽는다. 나는 그와 같이 살아간다." 대중이 기대하는 공적인 역할을 연기하는 연기자의 냄새가 물씬 풍긴다. 소냐가 지적했듯, 톨스토이에게는 개인과 개인 간의 사랑, 또는 진정한 우정을 꾸려나가는 데 필요한 둘만의 내밀함과 친밀함이 없었다.

대신, 그는 인류를 껴안았다. 대중을 상대하는 무대에서는 요란스럽고 극적이며 선정적인 연기를 펼칠 수 있기 때문이었다.

그런데 그는 끊임없이 역할을 바꾸는 연기자였다. 아니면 인류에 봉사한다는 거창한 핵심 주제 위에서 역할을 다양화한 연기자였다. 남들을 가르치려는 그의 충동은 그 어떤 것보다도 강했다. 그는 어떤 주제에 끌리는 순간, 그 주제에 관한 책을 쓰고 싶어 하거나 그 주제에 대한 혁명적인 혁신 과정에 참여하고 싶어 했는데, 해당 주제를 스스로 터득하거나 해당 주제의 전문가의 조언을 듣거나 하는 수고는 하지 않는 게 보통이었다. 그는 농업에 종사한 몇 달 동안 농기계를 설계하고 제조했다. 피아노를 배운 즉시 『음악의 기초와 음악 학습법』을 쓰기 시작했다. 학교를 창립하기 무섭게 기존의 교육이론을 거꾸로 뒤집어엎었다. 그는 평생 자신은 어떤 학문이든 붙들기만 하면 그 학문의 잘못들을 파악해 내서는 기초부터 새로 쓸 수 있을 것이라고 믿으며 살았다. 그는 토지 개혁 문제를 놓고 그랬듯이, 교육 개혁 문제에 대해서 최소한 세 차례는 이론을 제기했는데, 마지막에는 직접 교과서를 집필하기까지 했다. 사람들이 읽을 수 있도록 교과서를 필사하면서 메스껍고 냉소적인 감정을 느낀 소냐는 투덜거렸다. "이『독본』도 싫고, 이 『산수』도 싫고, 이『문법』도 싫어. 게다가 나는 그런 것들에 관심 있는 척하지도 못하겠어."[44]

톨스토이는 늘 사람들을 가르치려 들었다. 대부분의 지식인이 그렇듯이, 톨스토이에게도 자신을 "노동자"와 동일시해야 할 필요성이 느껴지는 순간이 찾아왔다. 1860년대와 1870년대에 간헐적으로 불끈 불끈 솟아나던 그런 필요성은 1884년 1월에 진지하게 대두되기 시작했다. 그는 작위를 버렸다(그러면서도 권위주의적인 태도는 버리지 않았다). 그리고는 자신을 "평민 레프 니콜라예비치"로 불러 달라고 주장했다. 이런 분위기는 지식인들이 애호하는 복장과 합쳐졌다. 톨스토이는 농민처럼 입기 시작했다. 계급적 복장 도착倒錯은 드라마와 의상을 향한 톨스토이의 애호에 적합했다. 체구와 용모가 농민의 생김새와 비슷했던 그의 신체적 특징에도 적합했다. 그의 부츠, 작업복, 수염, 모자는 새로운 세계적 예언자 톨스토이의 유니폼이 됐다. 위대한 세속적 지식인의 대부분은 대중을 상대로 홍보하는 일에는 천부적 재능이 있는 듯하다. 신문 기자들이 톨스토이를 만나기 위해 수천 마일을 달려왔다. 톨스토이의 말년에 사진은 보편적인 매체였고 뉴스 영화는 초창기였다. 톨스토이의 농민 복장은 최초의 미디어 예언자의 출현에 딱 맞아떨어졌다.

톨스토이는 1880년대부터 "절대적으로 필요하다"고 선포했던 육체노동을 하는 모습을 사진과 필름에 담을 수 있었다. 다음은 소냐가 1885년 11월 1일에 남긴 기록이다. "그이는 아직도 어둠이 걷히지 않은 아침 7시에 일어난다. 집안 전체가 쓸 물을 펌프질해서 썰매에 실린 커다란 물통에 담아 끌고 온다. 기다란 통나무를 톱질하고, 장작을 패서는 쌓아 놓는다. 그는 흰 빵은 먹지 않는다. 그리고 어디에도 가지 않는다."45 톨스토이 자신의 일기는 그가 아이들과 함께 방 청소를 하는 모습을 보여 준다. "내가 해야만 했던 일을 하는 게 부끄러웠다. 요강을 비웠다." 그리고는 며칠 후, 혐오감을 극복한 그는 일을 하는 데 성공했다. 제화업자의 오두막에서 교육을 받은 톨스토이는 그에 대한 글을 적었다. "도덕적으로 당당한 그는 더럽고 어두침침한 외진 곳에서도 빛과 같은 존재였다." 어려운 제화 기술을 속성으로 습득한 후, 톨스토이는 가족들의 구두와 자신이 신을 부츠를 직접 만들기 시작했다. 그는 페트를 위한 구두도 한 켤레 만들었는데, 시인이 구두를 흡족해했는지는 기록이 남아 있지 않다. 톨스토이의 친아들들은 아버지가 만들어 준 구두를 신으려 하지 않았다. 부지런히 일을 한 톨스토이는 의

기양양하게 외쳤다. "노동자가 된 듯한 기분이 든다. 영혼이 꽃을 피운 듯한 기분이다." 그런데 구두를 만지작거리고픈 충동이 식어 버리자 그는 농장 노동으로 돌아섰다. 그는 퇴비를 나르고 목재를 운반하고 경작을 하고 오두막 짓는 것을 도왔다. 목공에 빠져든 그는 사진도 찍었다. 두툼한 가죽벨트에 끌이 달려 있고, 톱은 허리에서 덜렁거린다. 그런데 이 시기조차도 시작하기가 무섭게 끝이 나버렸다.

글쓰기를 제외한 톨스토이의 진정한 재주는 무슨 일이건 오래 붙들고 있지를 못한다는 것이다. 그는 어려움에 맞서는 인내심, 끈기, 지구력이 부족했다. 관련 지식이 많던 말 사육의 경우에도, 그가 마구간에 흥미를 잃으면서 제대로 해내지 못했다. 소냐는 1884년 6월 18일에 이 문제를 놓고 그와 크게 다투었다. 그녀는 말들이 한심한 형편에 놓여 있다고 주장했다. 톨스토이가 사마리아에서 구입한 혈통 좋은 암말은 주인의 관심 부족과 중노동으로 인해 죽어가고 있었다. 그녀는 이것이 자선사업을 포함해서 그가 맡았던 모든 일과 똑같다고 말했다. 제대로 고민해서 만든 계획도 없고, 일관성도 없고, 특별한 업무를 위해 훈련받고 할당받은 인력도 없었다. 일의 방침 전체가 1분 단위로 바뀌었다. 톨스토이는 미국으로 이민을 가겠다고 고함을 지르면서 옆방으로 달려갔다.

톨스토이가 자기 농지에 펼쳐 놓은 혼란 상태는 주변 사람에게만 상처를 입혔다. 그런데 그의 대중적 활동과 여전히 더욱 대중적인 설교 행위의 위험은 폭이 훨씬 넓었다. 모든 것이 잘못되지만은 않았다. 1865년부터 톨스토이는 러시아를 주기적으로 괴롭혔던 지역적 기근에 사람들의 관심을 끄는 데 성공적으로 기여했다. 그의 구제 계획은 썩 훌륭했다. 당국이 정확한 실상을 은폐하려고 애썼던 1890년의 대기근 동안에는 특히 그랬다. 그는 러시아에서 박해를 받는 많은 마이너리티 중 하나를 구해 냈다.

그는 정부당국이 검거해서 해체시키고 싶어 했던 채식주의 평화주의자인 두호보르파*에 대한 부당행위를 세상에 널리 알렸다. 결국 그는 그들이 캐나다로 이주할 있도록 허가를 받아냈다. 한편, 그는 유대인처럼 학대받는 다른 집단들에 대해서는 가혹한 태도를 취하면서, 그들이 겪는 지긋지긋한 고초들에 대한 자신의 부정적 견해까지 덧붙여 버렸다.

그런데 더욱 더 심각한 것은 세계의 고통에 대한 해법을 그 자신만이 갖고 있다는 톨스토이의 독단적인 관점과, 그가 개인적으로 계획하고 통제하지 않은 구제 계획은 그 어떤 것에도 참여하지 않으려드는 고집이었다. 그의 이기심은 자선 사업까지도 삼켜 버렸다. 정치적 문제, 토지개혁, 식민지화, 전쟁, 군주제, 국가, 소유권 등에 대한 관점은 그의 인생의 다양한 시기마다 급격하게 변화했다. 그가 보인 모순적 태도를 열거하자면 한도 끝도 없다. 그렇지만 그는 단 한 가지 점에서는 일관적이었다. 그는 러시아를 개혁하려는 체계적인 계획—문제들을 근본적인 수준에서 다루려는 계획—에는 참여하려 들지 않았다. 그는 "진보"에 대한 자유주의적 주장은 환상이며, 명백히 사악한 것이라고 비난의 목소리를 높여갔다. 그는 민주주의를 싫어했고 의회제를 혐오했다. 두마의 의원들은 "어른 노릇하면서 노는 어린애들"이었다.⁴⁶ 그는 의회제 없는 러시아는 의회제를 채택한 영국보다 훨씬 자유로운 국가라고 주장했다. 인생에서 가장 중요한 일은 의회 개혁에 공감을 표하지 않는 것이었다. 러시아의 자유주의 전통을 특히 싫어한 톨스토이는 개혁가를 자칭한 최초의 인물 스페란스키 백작을 『전쟁과 평화』에서 웃음거리로 만들어 버렸다. 안드레이 공작은 스페란스키의 국무회의에 대해 이렇게 말한다. "그게 나한테 어쨌다는 거요? (…) 그 모든 것이 나를 행

• 러시아 정교회의 한 분파

복하게 만들거나 내 형편이 나아지게 만들어 줄 수 있소?" 러시아의 위대한 작가가 차르 체제를 체계적으로 개혁하려는 시도에 거세게 반항하고, 러시아를 개화시키려는 사람들을 훼방놓고 조롱하는 데 최선을 다했다는 것은 러시아 역사에 암울한 그림자를 드리운다는 사실이다.

그렇다면 톨스토이가 제시한 대안은 무엇인가? 그가 디킨스, 콘래드와 다른 위대한 소설가들이 주장했듯 구조적인 개혁은 제한적인 가치만 가질 뿐이며 필요한 것은 인간의 정신적 변화라고 외쳤다면, 그의 주장은 어느 정도 논리적인 주장이 됐을 것이다. 그러나 톨스토이는 개개인의 도덕적 개혁의 필요성을 강조하면서도 그 문제를 거기에 머물게 놔두려 하지 않았다. 그는 어마어마한 규모의 도덕적 변혁의 필요성과 급박함을 꾸준히 암시하면서, 그 변혁으로 인해 세상이 뒤집혀지고 지상 천국이 건설될 것이라고 주장했다. 그의 유토피아적 노력은 이런 천년 왕국을 예시하기 위해 계획된 것들이었다. 그런데 이런 비전의 배후에는 진지한 고민이라고는 전혀 없었다. 우리가 본 것처럼 마르크스의 혁명이론이 시적인 출처를 가졌듯 사회적 대변동에 대한 톨스토이의 관점에는 순전히 연극적 분위기의 주장들만 담겨 있다.

더군다나 톨스토이는 마르크스와 마찬가지로 역사를 제대로 이해하지 못했다. 그는 역사에 대해서는 아는 것이 거의 없었고, 중대한 사건들이 어떻게 발생하는지에 대한 개념도 없었다. 투르게네프가 한탄했듯이, 톨스토이가 『전쟁과 평화』에 집어넣은 난처한 역사 강의는 톨스토이가 역사를 혼자서 공부했음을 증명하는 증명서나 다름없었다. 그의 역사 강의는 터무니없는 순전한 협잡이었다. 플로베르 역시 투르게네프에게 보낸 편지에서 "철학자인 체하기는!" 하면서 당혹감을 표명했다.[47] 우리는 이 위대한 소설을 소설이 표명하는 역사 이론 때문에 읽는 것이 아니라, 그런 역사 이론에도 불구하고 읽는다. 톨스토이는 결정론자이고 반개인주의자이다. 톨스토이가 보기에 권력을 가진 사람들의 사려 깊은 결정이 역사적 사건을 일으킨다는 관념은 엄청난 환상이었다. 변화의 복판에 있는 사람들은 그런 변화를 일으키기는커녕, 무슨 일이 벌어지고 있는지조차도 모른다. 무의식적인 행위만이 중요하다. 역사는 자신들이 무슨 일을 하는지조차도 모르는 익명의 사람들이 내린 수백만 개의 의사 결정의 산물이다. 결론에 도달하기까지 거쳐 온 경로는 다르지만, 이 관점은 마르크스와 일맥상통한다. 톨스토이가 어떻게 이런 관점에 도달하게 됐는지는 분명치 않다. 아마도 러시아 소작농을 궁극적인 역사의 결정자이자 군대로 바라본 그의 낭만적 관념 때문이었을 것이다. 여하튼, 그는 숨겨진 법칙들이 우리의 삶을 지배한다고 믿었다. 그 법칙들은 세상에 알려지지 않았고, 아마 알아낼 도리도 없을 것이다. 이런 불쾌한 사실에 직면한 사람들은 위인들이 역사를 만들고 영웅들이 자유 의지를 행사한다고 거짓 주장을 편다. 마르크스처럼 근본적으로 그노시스주의*자인 톨스토이는 사건이 어떻게 발생하는지에 대한 명확한 설명을 거부하고, 역사의 표면 밑에 깔려 있는 비밀 메커니즘에 대한 지식을 찾으려 들었다. 이러한 메커니즘은 직관적이고 집단적으로 인식되는데, 그것은 마르크스에게는 프롤레타리아이고 톨스토이에게는 소작농이었다. 물론 그들에게는 (마르크스 같은) 해설자나 (톨스토이 같은) 예언자가 필요했지만, 역사의 수레바퀴를 움직이는 것은 근본적으로 그들의 집단적인 힘, 그들의 "정의"였다. 톨스토이는 역사의 작동 방식에 대한 자신의 이론을 『전쟁과 평화』에서 증명하기 위해 기록을 왜곡했다. 마르크스가 『자본론』에서 청서의 권위를 가지고 곡예를 부리고 잘못된 인용을 한 것처럼 말이다.[48] 마르크스가 역사적 결정론이라는 프로크루스테스의 침대◆에 맞추기 위해 산업 혁명

• 1~2세기에 그리스-로마 세계에 널리 퍼져 있던 기독교의 이단인 영지주의

을 억지로 왜곡한 것처럼, 톨스토이는 나폴레옹 전쟁을 왜곡해서 써먹었다.

따라서 톨스토이가 러시아의 사회적 문제에 대해 집산주의적 해법을 향해 나아갔다는 것은 그리 놀랄 일이 아니다. 일찍이 1865년 8월 13일에 기근 문제를 고민한 그는 공책에 이렇게 적었다. "인류를 위한 러시아의 민족적 과업은 토지 재산이 없는 사회구조라는 아이디어를 세상 사람들에게 안겨주는 것이다. '재산은 도둑질한 것'이라는 사상은 인류가 존재하는 한 영국 헌법보다도 더 훌륭한 진리로 남아 있을 것이다……. 러시아 혁명의 바탕은 오직 이 사상 위에서만 존재할 수 있다."[49] 이 문구를 43년 후에 우연히 발견한 톨스토이는 자신의 혜안에 감탄했다. 그때까지 톨스토이는 마르크스주의자, 그리고 S. I. 문탸노프 같은 최초의 레닌주의자들과 관계를 맺고 있었다. 시베리아 유배지에서 편지를 주고받는 사이였던 문탸노프는 폭력을 단념하라는 톨스토이의 탄원을 거절했다. "레프 니콜라예비치, 저를 바꾸는 것은 힘든 일입니다. 사회주의는 저의 신념이고 하느님입니다. 물론 당신은 거의 비슷한 것을 주장합니다. 그렇지만 당신이 밝혔듯 당신은 '사랑'의 전술을 쓰고, 우리는 '폭력'의 전술을 씁니다." 따라서 그들의 논쟁은 전략에 대한 것이 아닌 전술에 대한 것이었다. 목표가 아닌 수단에 대한 논쟁이었다. 톨스토이가 "하느님"을 들먹이고 스스로를 기독교인이라고 불렀다고 해서 크게 달라질 것은 없다. 1901년 2월에 동방정교회는 그를 파문했다. 톨스토이가 예수 그리스도의 신성을 부인했을 뿐 아니라, 예수를 하느님이라 부르고 예수에게 기도하는 것이 "가장 큰 신성 모독"이라고 주장했기 때문이었다. 톨스토이는 구약과 신약, 그리스도와 교회의 가르침에서 그가 선택하고 동의한 것만을 진리라 생각하고, 그 외의 것들은 거부했다.

◆ 흔히 자신의 일방적 기준에 다른 사람의 생각을 억지로 꿰맞추려는 아집과 편견을 비유하는 관용구

그는 어떤 의미에서 보나 기독교인은 아니었다. "하느님"에 대한 그의 정의가 다양한 시기에 걸쳐 여러 가지로 달라졌기 때문에, 그가 정말로 하느님을 믿었는지는 단언하기 어렵다. 근본적으로 "하느님"은 톨스토이가 일어났으면 하고 바랐던 것, 즉 총체적 개혁이었던 듯하다. 이것은 종교적인 개념이 아니라 세속적인 개념이다. 하느님 아버지라는 전통적인 개념은 질투심을 가지고 관찰하고 비판해야 하는 자신과 동격인 존재이며, 같은 우리 안에 있는 또 다른 곰일 뿐이었다.[50]

노년의 톨스토이는 애국심, 제국주의, 전쟁, 그리고 모든 형태의 폭력에 등을 돌렸다. 마르크스주의자들과의 동맹은 폭력에 대한 반감만으로도 차단됐다. 그는 마르크스주의자들이 권력을 잡더라도 그들이 떠드는 것처럼 현실적으로 국가를 철폐하지는 않을 것이라고 예상했다. 그는 1898년에 쓴 글에서 마르크스주의의 종말론이 실제로 일어난다면 "그때 일어날 유일한 일은 전제 정부가 다른 정부로 바뀌는 것이다. 지금은 자본가들이 지배한다. 그때는 노동자의 지도자가 지배할 것이다."[51] 그러나 그는 이런 상황을 그다지 염려하지 않았다. 그는 대중에게로 부가 이전되는 것은 몇몇 종류의 독재주의 체제하에서만 가능하다고 추정했다. 차르 체제 역시 다른 체제만큼 할 수 있다는 것이다. 어쨌든 그는 마르크스주의자를 적으로 간주하지 않았다. 진짜 적은 서구식 민주주의자와 의회제를 주장하는 자유주의자들이었다. 그들은 그들의 사상을 퍼뜨리는 것으로 세상을 타락시키고 있었다. 후기 저작인 『중국인에게 보내는 편지』와 『러시아 혁명의 의의』(둘다 1906년 저작)에서 그는 자기 자신과 러시아를 동양과 확연하게 동일시했다. "서구인들이 할 수 있고 해야만 하는 모든 일은 동양인들에게는 반드시 해야만 하는 귀감이 아니라 어떤 상황에서건 절대로 하지 말아야 할 것을 보여 주는 사례입니다. 서구 국가들이 걸었던 길을 따라가는 것은 멸망으로 직행하는 길입니다." 세계가 직면한 가장 큰 위험은 영국과 미국의 "민주주의 체제"였다. 국가 숭배와 국가가 실행하는 제도화된 폭력은 떼려야 뗄 수 없도록 단단히 결부돼 있었다. 러시아는 서양으로부터 얼굴을 돌리고 산업을 철폐하고 국가를 폐지하며 비저항을 받아들여야만 한다.

이런 사상은 훗날 벌어진 사건이나 당시 러시아에서 실제로 일어났던 사건의 관점에서 볼 때 얼토당토않은 주장이었다. 스탈린의 전체주의 국가로 가는 디딤돌이 될 국가 자본주의의 형태를 활용한 1906년 즈음의 러시아는 지구상 그 어떤 나라보다도 빠르게 산업화돼 가고 있었다. 그런데 이 시기의 톨스토이는 현실 세계와 더 이상 접촉이 없는, 심지어는 관심조차 없는 상태였다. 그는 야스나야 폴랴나에 자신의 세계를 창조해서 사람들을 거주시켰고, 어느 정도까지는 통치했다. 국가 권력이 부패했다는 것을 깨달은 그는 국가에 등을 돌렸다. 충분히 알기 쉬웠는데도—예를 들어 소냐의 눈에는 분명했다—그가 깨닫지 못한 것은 권력의 부패는 여러 가지 형태로 일어난다는 것이었다. 위인, 현인, 예언자가 자기 추종자들에게 행사하는 권력도 있었는데, 그 권력자는 추종자들의 아첨과 감언이설로 타락했다.

야스나야 폴랴나는 1880년대 중반에 이미 왕궁—신전이 돼 있었다. 채식주의자, 스베덴보리• 신봉자, 모유 수유 지지자, 헨리 조지 지지자, 수도사, 성직자, 라마승, 승려, 평화주의자, 징병기피자, 기인奇人, 미치광이와 만성 질환자 등 온갖 부류의 사람이 지도와 도움, 안도감과 기적 같은 지혜를 청하거나 자신들의 기이한 메시지를 전파하기 위해 몰려들었다. 게다가 구성원이 꾸준히 바뀌기는 했지만, 톨스토이의 복사服事와 사도들로 구성된 정규적인 집단도 있었다. 이들 모두가 나름의 관점에서 톨스토이를 자신들

• 스웨덴의 과학자·신비주의자

의 영적인 지도자로 간주했다. 톨스토이는 교황과 교파의 창시자, 메시아가 뒤섞인 결과물이었다. 1780년대에 루소의 묘지를 찾던 순례자들처럼, 방문객들은 야스나야 폴랴나 공원의 여름 별장에 낙서를 하거나 글귀를 새겼다. "사형제를 폐지하라!" "세계의 노동자들은 단결해서 천재에게 경의를 표하라!" "레프 니콜라예비치여, 장수하소서!" "툴라 리얼리스트들은 톨스토이 백작을 환영합니다!" 등등. 톨스토이는 유명한 노년 생활을 보내면서 (우리가 보게 될) 세계적인 명성을 누렸던 지도적 지식인들이 거듭해서 보여 준 행동 양식을 세웠다. 그는 일종의 사이비 정부를 세우고 세계 각지에서 날아온 "문제"들을 처리하면서 해법을 제안했고, 국왕과 대통령들과 편지를 주고받았으며, 항의서한을 발송했고, 성명서를 간행했다. 그리고 그 무엇보다도 신성하고 불경스럽고 선하고 악한 각종 주의 주장에 그의 서명을 기입해 넣었다.

이런 혼란스러운 정권의 통치자인 톨스토이는 1890년대부터는 근위대 장교 출신의 부유한 블라디미르 그리고레비치 체르트코프(1854~1936)를 수상으로 영입하기까지 했다. 체르트코프는 왕궁의 요직으로 서서히 파고들었다. 지도자와 함께 사진에 모습을 나타낸 체르트코프는 얇은 입술, 처진 눈, 짧은 수염, 빈틈없이 헌신하는 사도의 분위기를 보여 준다. 얼마 안 있어 그는 톨스토이의 행동에 영향력을 점점 크게 행사하기 시작했다. 노인이 했던 서약과 예언을 상기시켰고, 자신이 보기에 이상적인 상태에 머물도록 만들었으며, 톨스토이를 항상 극단적인 방향으로 밀어붙였다. 그는 아부 합창대의 지휘자로 스스로 자연스럽게 발돋움했고, 톨스토이는 그의 목소리를 듣는 것을 만족스러워했다.

방문객이나 이너 서클의 구성원은 톨스토이의 견해를 일일이 받아 적었는데, 그 견해들은 전혀 인상적이지 않았다. 괴이할 정도의 일반화, 뻔한 주장, 고리타분한 이야기, 진부한 편견, 구닥다리 이야기로 가득한 톨스토이의 어록은 『나폴레옹의 유배지 어록』이나 『히틀러의 좌담』을 떠올리게 만든다. "나이를 먹을수록 사랑이 제일 중요한 것이라는 것을 더욱 확신하게 됐다." "지난 60년 동안 쓰인 문학 작품은 무시하라. 모두 혼란스러운 작품일 뿐이다. 그 이전에 쓰인 것은 어떤 작품이건 읽어라." "우리 모두의 안에 계신 그분은 우리 모두를 서로에게 가깝게 이끄신다. 모든 선이 중심을 향해 모여짐에 따라 우리 모두는 그분을 향해 모여들게 된다." "비행기와 날아다니는 물체들이 도입되면서 여러분을 찾아올 첫 번째 사건은 사람들에게 부과될 새로운 세금이다. 이것은 사회가 특정한 도덕적 상태에 있을 경우 모든 물질적인 진보가 해롭기만 하지 이로울 수는 없다는 것을 보여 주는 사례다." 천연두 예방접종에 대해서는 "죽음에서 벗어나려는 노력은 전혀 쓸모가 없다. 사람은 어쨌든 죽게 마련이다." "소작농이 농지를 가진다면, 우리는 그런 바보 같은 꽃밭을 가져서는 안 된다." "여자들이 말을 좀 줄이면 세상은 훨씬 나아질 것이다……. 그들을 발전시키겠다는 욕망은 일종의 고지식한 이기주의이다." "상해의 중국인 구역에서는 경찰 없이도 아주 사이좋게 살아간다." "아이들에게는 교육이 조금도 필요치 않다……. 나는 사람이 더 많이 배울수록 더 멍청해진다고 확신한다." "프랑스인들은 세상에서 제일 인정 많은 사람들이다." "종교가 없으면 늘 환락과 허식과 보드카가 있게 될 것이다." "공공의 대의를 위해 일하는 것, 그것이 바로 살아가는 도리이다. 그것이 새들과 풀잎이 살아가는 방식이다." "형편이 나쁠수록 더욱 좋다."[52]

톨스토이의 가족은 이런 예언자의 왕궁 한복판에 붙들려 살았다. 아버지가 자신의 삶을 공개적으로 살아가기로 결정한 덕에, 자식들 역시 홍보 활동의 섬광 속에서 시들어 갔다. 그들은 아버지가 창작한 드라마에 휩쓸려서 드라마가 남긴 상처를 간직할 수밖에 없었다. 아들 일리야가 "특별한" 사람이 되는 것의 위험성에 대해 한 말은 앞에서 인용한 바 있다. 또 다른 아들 안드레이는 신경쇠약에 시달리다가 처자식을 버리고는 반유대 단체인 검은 백인단百人團에 합류했다. 딸들은 섹스에 대한 아버지의 혐오감이 점점 커지는 것을 느꼈다. 마르크스처럼 톨스토이는 딸들을 따라다니는 사람들을 인정하지 않았고, 딸들이 고른 남자들을 싫어했다. 1897년에 이미 서른세 살이 된 타냐가 자식 여섯 딸린 홀아비에게 빠졌다. 그는 남부럽잖은 남자였지만, 자유주의자라는 사실에 톨스토이는 길길이 뛰었다. 톨스토이는 타냐에게 결혼의 사악함에 대한 소름 끼치는 강의를 했다. 역시 사랑에 빠져 결혼하기를 원하는 마샤 역시 같은 치료를 받았다. 어머니에게 악감정이 있던 막내딸 알렉산드라는 아버지의 사도 중 한 사람이라 해도 무방했다.

톨스토이의 도덕적 대변동의 주력 부대를 감당해야만 하는 사람은 소냐였다. 톨스토이는 4반세기 동안 그녀에게 성적 요구를 강요했고, 그녀를 거듭 임신시켰다. 그러더니 그는 갑작스럽게 두 사람 모두 섹스를 끊고 "남매"처럼 살아야만 한다고 고집했다. 소냐는 아내로서의 자신의 지위에 대한 모욕으로 보이는 그 제안을 반대했다. 그가 섹스에 대해 말하고 써 왔기 때문에 그녀는 프라이버시를 지킬 수 없는 신세였다. 그녀는 세상 모두가 자신의 침실을 엿보는 것을 바라지 않았다. 그는 각방을 쓸 것을 요구했다. 그녀는 결혼 생활의 지속을 상징하는 더블침대를 고집했다. 한편, 그는 별다른 이유 없이 질투심을 보였다. 그는 아내와 바이올리니스트의 관계에 분노하면서 질투에 미쳐 버린 남편이 아내를 살해하는 내용의 악의 넘치는 소설 『크로이체르 소나타』를 썼다. (그의 모든 저작을 필사했던 것처럼) 이 소설을 필사하던 그녀는 사람들이 여주인공을 자기라고 생각하게 될 것이라는 사실을 깨닫고는 경각심이 들었다. 검열 당국이 출판을 막았지만, 소설은 원고 형태로 나돌고 있었고 소문이 퍼져 나갔다. 그녀는 출판을 요구해야만 한다고 느꼈다. 그렇게 해야 사람들이 이야기의 주인공이 그녀가 아니라는 사실을 알 수 있을 것이라는 생각에서였다. 이런 반¥ 공개적인 분쟁의 대척점에는, 금욕 선언을 지키지 못하는 톨스토이가 주기적으로 아내를 성폭행한 데서 빚어진 막후의 섬뜩한 싸움들이 있었다. 1888년 연말의 그의 일기에는 이렇게 적혀 있다. "악마가 나를 덮쳤다……. 이튿날, 30일 아침, 잠을 설쳤다. 범죄를 저지른 후의 기분처럼 너무 불쾌했다." 며칠 후, "악마는 여전히 강력하게 나를 사로잡고 있다. 나는 무릎을 꿇었다." 1898년 무렵에 그는 알리머 모드에게 말했다. "어젯밤에 남편 구실을 했네. 그렇지만 그건 투쟁을 포기해야 할 이유는 결코 아니야. 하느님이 다시는 그러지 말라며 나를 인정하실 걸세."53

톨스토이가 외부인과 부부간의 성생활을 토론할 수 있었다는 사실은 소냐가 자신의 가장 은밀한 비밀이 세상의 눈길 앞에 노출돼 있다는 데에서 어떤 감정을 느끼는지를 보여 준다. 이 기간 동안 톨스토이의 "정보 공개" 정책이 어리석은 짓이었다는 것이 명백해지면서 갈등은 고조됐다. (정상적이고 분별 있는 사람이라면 누구나 그런 것처럼) 그녀는 처음에는 남편의 일기를 읽는 것을 좋아하지 않았지만, 차츰 그 일에 익숙해졌다. 사실 그의 글씨는 너무 엉망이라서, 그녀는 남편의 옛날 일기와 현재 일기 모두를 깨끗하게 필사하는 버릇을 들였다. 그런데 훗날 출판하겠다는 계획 아래 일기에 만사를 적어 놓고는, 그 일기를 자신들에게 우호적인 문서로, 선전선동의 수단으로, 잠재적인 비평가와 사랑하는 사람들에게 맞설 공격 및 방어 무기로 활용하는 것은 지식인들의 버릇이다. 톨스토이는 이런 성향의 빼어난 사례다. 그와 소냐의 관계가 악화되면서, 그의 일기는 그녀에게 더욱 비판적이 됐고, 그에 따라 그는 그녀가 일기를 보는 것을 바라지 않게 됐다. 다음은 1890년 초엽의 소냐의 기록이다. "그이는 내가 그이의 일기를 필사해 왔다는 것을 염려하기 시작했다……. 그이는 옛날 일기를 없애 버리고는, 족장의 가운을 걸치고서야 아이들과 대중 앞에 모습을 나타내고 싶어 한다. 그이의 허영심은 한도 끝도 없다!"54 얼마 안 있어 톨스토이는 쓰고 있는 일기를 감추기 시작했다. 그래서 정보 공개 정책은 붕괴됐고, 부부는 온갖 속임수를 부리게 됐다. 그는 이제는 자신의 일기를 개인적인 기록으로 활용했다. 예를 들어 『크로이체르 소나타』를 놓고 소냐와 벌인 싸움 중에 오간 것들을 세세하게 기록했다. "료바는 나와의 관계를 모조리 단절했다……. 나는 비밀리에 그이의 일기를 읽는다. 그리고 우리의 삶에 어떤 것이 들어와 우리를 다시 하나로 만들어 줄 수 있는지를 알아보려고 노력한다. 그렇지만 그이의 일기는 내 절망감만 키울 뿐이다. 일기를 감추는 것을 보면 그이는 내가 일기를 읽는 것을 눈치 챈 모양이다." 또, "옛날에 그이는 그이가 썼던 것을 필사하는 일을 나한테 주었다. 이제 그이는 그 일을 그이의 딸에게 주었다(그녀는 '우리의'라는 단어를 쓰지 않았다). 그리고는 나한테서 조심스레 일기를 감춘다. 그이는 그이의 개인적인 삶에서 나를 체계적으로 몰아내려고 들면서 나를 미치게 만든다. 견딜 수 없을 정도로 고통스럽다." 톨스토이는 공개정책 폐지의 최후의 반전으로 "비밀" 일기를 쓰기 시작했다. 그는 일기를 그의 승마부츠에 숨겼다. 평소의 일기에서 아무 내용도 찾지 못한 소냐는 비밀 일기가 있을 것이라는 의심을 하기 시작했고, 탐색에 나서서는 마침내 일기를 찾아냈다. 그리고는 그녀 혼자 비밀리에 일기를 통독하며 승리감에 도취했다. 그녀는 자기가 읽은 부분에는 종잇조각을 붙였다. "나는 아픈 가슴을 부여안고 남편의 한탄스러운 일기를 옮겨 적었다. 나와 그이의 결혼 생활에 대한 말들은 얼마나 부당하고 잔인한가—하느님과 레보흐카는 나를 용서하리라—얼마나 거짓이고 왜곡됐으며 날조됐는가."

일기를 둘러싼 이 악몽 같은 전투의 배경에는, 그가 이제는 도덕적으로 질색하는 "정상적"인 삶을 살아가자고 고집하는 아내가, 자신의 영적인 성취를 막고 있다는 톨스토이의 커져만 가는 확신이 자리 잡고 있다. 소냐는 톨스토이가 날조한 것처럼 야비한 물질 만능주의자가 아니었다. 그녀는 남편이 설교하는 도덕적 진리의 대부분을 부인하지 않았다. 그녀가 그에게 썼듯, "사람들과 함께 등불의 빛을 봤어요. 그게 빛이라는 것은 인정해요. 그렇지만 나는 빠르게 나아갈 수가 없어요. 나는 군중들에 의해, 내 주변 환경과 버릇 때문에 뒤처지고 있어요." 그런데 톨스토이는 나이를 먹어가면서, 그가 소냐와 결부시킨 호사스러운 삶에 불쾌감을 느끼며 더욱 조바심을 냈다. "실외에 앉아서 열 그릇의 음식을 먹었다. 아이스크림, 하인, 은제 식기. 그리고 거지가 지나갔다." 그가 그녀에게 보낸 편지에는 "당신의 생활 방식은 내가 막 그로부터 구원을 받은 바로 그런 방식이오. 나는 그런 생활 방식이 너무나 무서워서 자살을 하기 직전까지 몰렸었소. 난 그런 생활 방식으로 돌아갈 수 없소. 황폐해질 테니까……. 우리 사이에는 죽음을 향한 전투가 있소."

이 전투의 비극적이고 딱한 클라이맥스는 1910년 6월에 시작됐다. 체르트코프가 유배에서 돌아온 것이 전투를 촉발시켰다. 소냐는 그를 싫어했다. 그도 그녀를 예언자에게 휘두르는 권력의 라이벌로 간주했다. 톨스토이의 새 비서 발렌틴 불가코프가 쓴 일기는 실제로 일어난 사건을 아주 내밀하고 최대한 객관적으로 기록했다. 체르트코프가 처음부터 불가코프에게 일기의 사본을 매일 체르트코프의 비서에게 보내라고 지시했다는 사실은 톨스토이의 측근들이 일기에 얼마나 집착했는지를 잘 보여 준다. 그런데 유배에서 돌아온 체르트코프가 "야스나야 폴랴나에 모습을 나타냈을 때, 그는 극적으로 등장한 캐릭터처럼 톨스토이 가족 내에 자리를 잡았다. 나는 이 '검열관' 때문에 내 활동 범위가 얼마나 제약받는지를 깨달았다. 나는 그의 요구에도 불구하고 이런저런 핑계를 대면서 일기의 사본을 (체르트코프에게) 보내는 것을 중단했다." 불가코프는 처음 도착할 때 자신에게는 백작 부인에 대한 편견이 있었으며, 그녀가 "굉장히 인정머리 없고, 적대적이기까지 하다"는 경고를 들었다고 밝혔다. 그런데 그는 그녀가 실제로는 "상냥하고 공손하다"는 것을 알게 됐다. "나는 백작 부인의 활기 넘치는 갈색 눈동자를 마주보는 것이 좋다. 그분의 소박함과 붙임성과 지적인 면모가 좋다."55 불가코프는 일기에서 서서히 그녀를 죄인이 아니라, 죄의 희생자로 보게 되었다. 반면 그의 우상이었던 톨스토이는 무너지기 시작한다.

체르트코프의 귀환은 톨스토이의 일기를 그가 소장하는 데서 서막을 열었다. 그는 톨스토이 모르게 일기를 비밀리에 사진으로 찍었다. 7월 1일, 소냐는 "못마땅한 구절들"이 발견됐기 때문에 일기를 출판할 수 없다고 주장했다. 사건이 벌어졌다. 나중에 불가코프와 같이 마차에 오른 그녀는 체르트코프에게 일기를 돌려줄 것을 설득해 달라며 애원했다. "그분은 길을 가는 내내 울었다. 너무나 가여웠다……. 깊은 연민의 정을 느끼지 않고는 이 울먹이는 불행한 여자를 쳐다볼 수가 없었다." 불가코프가 체르트코프에게 일기에 대해 말하자, 체르트코프는 "매우 흥분해서" 백작부인에게 일기를 숨긴 곳을 고해바쳤다며 불가코프를 비난했다. "나는 너무나 놀랐다……. 흉측하게 얼굴을 찡그리고는 나를 향해 날카로운 혀를 놀려댔다." 체르트코프가 톨스토이에게 불만을 털어놨음에 틀림없다. 톨스토이는 소냐에게 보낸 편지(7월 14일)에서 "최근 몇 년 동안 당신 성질은 점점 신경질적이고 독재적이 돼 가면서 자기 통제를 잃어버렸소"라고 주장했다. 두 사람은 이제 "삶의 의미와 목표를 완전히 상반되게 이해"하고 있었다. 그들은 분쟁 해결을 위해 일기를 봉인해서 은행에 보관했다.56

톨스토이는 1주일 후인 7월 22일에 이렇게 기록했다. "사랑은 육체로 인해 서로 분리된 영혼들의 결합이다." 그런데 그날 톨스토이는 그의 저작권 모두를 막내딸에게 남기고, 체르트코프를 재산 관리인으로 하는 내용의 새로운 유언장에 서명하기 위해 비밀리에 이웃 마을 그루몬트에 갔다. 이 모든 일을 기획한 체르트코프는 유언장을 직접 작성했다. 불가코프는 배제됐는데, 그가 알면 소냐에게 고자질할지도 모른다는 생각에서였다. 불가코프는 톨스토이가 무슨 내용의 증서에 서명을 했는지 아는지조차 확신하지 못하겠다고 투덜거렸다. "그녀가 그 무엇보다도 두려워한 증서가 행사됐다. 그녀는 가족의 금전적 이해관계를 온 신경을 써서 지켜 왔는데, 그 가족이 톨스토이 사후 톨스토이 저작에 대한 문학적 권리를 빼앗긴 것이다." 그는 소냐가 "뭔가 무시무시하고 돌이킬 수 없는 일이 벌어졌다"는 것을 본능적으로 감지했다고 덧붙였다. 8월 3일 "악몽 같은 사건들"이 벌어졌다. 소냐는 남편과 동성애 관계를 맺고 있다면서 체르트코프를 노골적으로 비난했다. 톨스토이는 "분노로 얼어붙었다."[57] 9월 14일에는 또 다른 끔찍한 사건이 있었다. 체르트코프는 소냐가 보는 앞에서 톨스토이에게 이렇게 말했다. "제 마누라가 사모님 같았다면 저는 총으로 자살을 했을 겁니다." 체르트코프는 소냐에게 말했다. "마음만 먹었다면 당신네 식구를 진창으로 끌고 다닐 수도 있었지만, 그렇게 하지 않았소." 1주일 후, 톨스토이는 소냐가 부츠에서 비밀 일기를 찾아서 읽고 있는 것을 발견했다. 이튿날 예전에 합의했던 것과는 정반대로, 그는 체르트코프가 일기를 찍은 사진들을 자신의 사무실에 다시 끌어들였다. 톨스토이가 말을 타러 나간 사이, 소냐는 사진을 찢어 변기에 넣고는 물을 내려 버렸다. 그리고는 장난감 권총을 쏘면서 공원으로 달려갔다. 막내딸 알렉산드라도 이런 다툼에 꽤 깊이 관여돼 있었다. 알렉산드라는 권투 선수처럼 포즈를 잡는 버릇이 있어서 어머니로부터

"그게 행실이 바른 숙녀가 할 짓이니, 아니면 마부가 할 짓이니?" 하는 꾸지람을 듣고는 했다. 이 꾸지람은 의심이 여지없이 가족의 어두운 비밀을 들먹이는 것이었다.[58]

10월 27~28일 밤, 톨스토이는 소녀가 한밤중에 자신의 서류들을 뒤적이는 것을 발견했다. 비밀 유언장을 찾고 있는 것이 분명했다. 그는 알렉산드라를 깨워서는 말했다. "당장 떠나겠다. 영원히." 그는 그날 밤 기차를 탔다. 이튿날 아침, 불가코프는 의기양양한 체르트코프로부터 소식을 들었다. "그의 얼굴에는 환희와 흥분이 가득했다." 소식을 들은 소녀는 연못에 몸을 던졌다. 그리고 설득력이 없는 얘기이기는 하지만 몇 차례 더 자살을 기도했다. 11월 1일, 기관지염과 폐렴을 앓게 된 톨스토이는 기차를 내려서 랴잔-우랄선의 아스타포보 역의 침대에 몸을 뉘어야만 했다. 소녀와 가족들은 이틀 후 특별 열차를 타고 그에게 달려왔다. 예언자가 숨을 거뒀다는 소식이 7일에 도착했다. 그의 삶의 마지막 한 달이 그의 소설에 탄복했던 사람들의 가슴을 아프게 만든 것은, 그 시기가 구체적인 이론에 근거해서 중대한 이슈들을 둘러싸고 벌인 고상한 논쟁으로 장식된 것이 아니라, 시기와 앙심, 앙갚음, 속임수, 배반, 울화, 히스테리, 야비함과 비열함으로 점철됐기 때문이었다. 그것은 가장 저열한 가족 간 분쟁이었다. 남의 일에 끼어들어서 잇속만 차리는 제3자가 투입한 독극물에 감염된 분쟁은 완전한 재앙으로 끝을 맺었다. 훗날 톨스토이 숭배자들은 아스타포보 역의 임종석상을 성경에나 어울릴 비극적 장면으로 연출하려고 노력했지만, 진실은 그의 오래고 격렬한 인생은 웅장한 대포소리가 아니라 가냘픈 총소리로 끝을 맺었다는 것이다.

톨스토이의 사례는 지식인이 사람들을 희생시키면서 추상적인 관념을 좇을 때 무슨 일이 벌어지는지를 보여 주는 또 다른 사례다. 역사가들은 톨스토이의 사례를 조만간 러시아 전체를 집어삼킬 엄청난 국가적 재앙을 소규모의 개인적 차원에서 보여 준 서막과 같은 것이라고 보았다. 톨스토이는 꼭 필요한 일이라고 판단한 총체적인 도덕적 변환을 일으키려고 노력하는 와중에 자신의 가족들을 망가뜨리고 스스로는 죽음에 이르렀다. 그렇지만 그는—그의 저작들이 상당 부분 부추기는 데 기여한—러시아가 겪은 천년 왕국적인 변혁을 갈망했고 예측했다. 그것은 그가 경멸한 점진적이고 고통스러운 개혁이 아니라, 활화산의 분출 같은 변혁이어야 했다. 1917년, 그가 예상하지 못했던 사건들의 결과로, 그리고 그가 예상했다면 몸서리를 쳤을 법한 방식으로 마침내 변혁이 일어났다. 그 덕에 사회의 개혁에 대해 썼던 그의 저작 모두는 난센스가 됐다. 그가 사랑했던 신성 러시아는 파괴됐다. 겉으로 보기에는 영원히. 그 결과로 도래한 지상 천국의 주요 희생자들이 그가 사랑했던 소작농이었다는 것은 지긋지긋한 역사의 아이러니다. 2000만 명의 소작농이 관념을 위해 차려진 희생의 제단에 끌려가 대량 학살됐다.

어니스트 헤밍웨이

위선과 허위의 바다

미국은 인구와 국력이 19세기 내내 커지면서 19세기 말에는 이미 세계에서 제일 크고 부유한 산업국가가 돼 있었다. 그러나 이 책에서 고찰하고 있는 종류의 지식인을 미국 사회가 배출하기 시작한 것은 그보다 훨씬 후이다. 여기에는 몇 가지 이유가 있었다. 독립한 미국은 자연적인 정당성을 확보한 소유권만 겪어 봤지, 사회 규범에 따라 승계되는 소유권에 기반을 둔 특권 체제인 구체제를 한 번도 겪어 보지 못했다. 불합리하고 불평등한 기존 질서가 존재한 적이 없었기 때문에, 새로운 유형의 세속적 지식인들은 이성과 윤리에 바탕을 둔 천년 왕국 모델로 기존 체제를 대체하려는 계획을 짤 수가 없었다. 상황은 오히려 정반대였다. 미합중국 자체가 낡은 체제의 불평등에 맞선 혁명의 산물이었다. 합리적·도덕적 원칙에 바탕을 둔 미국 헌법은 건국 초창기에 겪은 경험의 관점에서 계획되고 집필됐으며 실행됐다. 그리고 철학적 재능이 있고 도덕적으로도 성숙한 최고 수준의 지성인들이 헌법을 수정했다. 따라서 통치 계급과 지식층 사이의 괴리는 없었다. 두 계급은 동일한 하나의 계급이었다. 토크빌이 적었듯, 미국에는 제도화된 성직자 계급이 없었다. 그 결과, 유럽의 많은 지식인을 격분시킨, 성직자 계급이 행사하는 부당한 권력에 대한 반감 같은 것도 없었다. 종교는 미국에서도 널리 퍼져 있었지만, 종교기관에 대한 통제권은 평신도가 행사했다. 미국의 종교는 교리가 아닌 신도의 행위에 관심을 가졌다. 자발적이고 다양한 분파를 허용하는 분위기였기 때문에, 종교는 자유를 제한하기보다는 자유를 주장했다. 결국, 미국은 풍요와 기회의 땅이었다. 값싼 땅이 널리 퍼져 있는 나라에서는 어느 누구도 가난할 필요가 없었다. 유럽의 영리하고 교양 있는 사람들이 급진적 사상을 받아들이도록 자극했던 노골적인 불평등이 미국에는 하나도 없었다. 저승에서라도 앙갚음하고야 말겠다고 울부짖는 원죄 따위도 없었다. 적어도 그때까지는. 대부분의 사람들은 획득하고 소비하고 개척하고 통합하는 데 정신이 팔려서, 그들 사회의 근본 전제에 대한 의문을 품을 시간적 여유가 없었다.

워싱턴 어빙과 같은 초창기 미국 지식인들은 그들이 많은 시간을 보냈던 유럽에서 자신들의 논조와 태도, 스타일과 내용물을 받아들였다. 그들은 문화 식민주의의 살아 있는 유물이었다. 미국에서 독립적인 토착 지식인이 출현한 것 자체가 어빙과 그의 일파의 유럽을 향한 굴종에 대한 반응이었다. 최초이자 가장 상징적인 대표적 지식인—19세기 미국 지식인의 원형—은 랠프 월도 에머슨(1803~1882)이다. 에머슨은 자신의 목표는 미국인의 육체와 두뇌에서 "유럽의 촌충"을 뽑아내는 것이고, "미국을 향한 열정으로 유럽을 향한 열정을 내쫓는 것"이라고 주장했다.[1] 에머슨도 역시 유럽을 방문했지만, 그의 방문은 비판적이고 부정적인 분위기에서 이루어졌다. 그런데 나이가 들수록 미국적 정신에 대한 그의 주장은 미국 사회의 근간을 이룬 전제인 유럽적인 정신과 점점 가깝게 변해 갔다. 그리고 그의 시각은 유럽 인텔리겐치아의 시각과 정반대가 됐다. 에머슨은 1803년 보스턴에서 유니테리언파 목사의 아들로 태어났다. 그 역시 목사가 됐지만 양심을 갖고는 성찬식을 베풀 수 없었기 때문에 성직을 떠났다. 그는 유럽을 여행하며 칸트를 발견하고 돌아와서는 매사추세츠 콩코드에 정착했다. 그곳에서 그는 미국 최초의 자생적 철학운동을 발전시켰다. 초월론으로 알려진 그 철학은 1836년에 출판된 에머슨의 첫 저서 『자연론』에 요약돼 있다. 초월론은 신플라톤주의로, 다소 비합리주의적이고 약간은 신비주의적인 데다가 낭만주의적 분위기를 풍겼으며, 그 무엇보다도 모호한 철학이었다. 에머슨은 그가 남긴 많은 비망록과 일기 중 한 곳에서 이렇게 적었다.

나는 이것을 위해, 즉 나의 자아를 우주에서 우주로 전달하기 위해, 자연이 포기할 수 없거나 내가 그로부터 면제될 수 없는 은혜를 베풀기 위해 세상에 왔다. 그리고는 살아 있는 나 자신으로부터 벗어나 다시 한 번 성스러운 침묵과 영원 속으로 들어간다. 나보다 더 풍족하고 여유로운 하느님은 그분의 품에 우리를 품으시고는, 모든 이들의 시간과 요구와 아름다움에 값을 매기신다. 나는 원하면 이 손, 이 육신, 월도 에머슨의 개인사는 불경스럽고 사람을 피곤하게 만든다고 말할 수 있도록 허락을 받을 수 있지만, 나 자신을 저런 사람들과 섞일 정도로 비굴하게 굴지는 않는다. 삶을 초월하여, 모든 생명을 초월하여, 나는 개인들로 이뤄진 인종을 향해 영원토록 은혜의 바다를 흘러내린다. 여태껏 거꾸로 흐르는 냇물이 없었던 것처럼, 원죄와 인간의 죽음은 불변의 에너지를 더럽힐 수 없다. 이 에너지는 태양이 빛으로 바다가 물방울로 확산되듯 인간의 내부로 확산된다.[2]

무슨 뜻인지 모를 문장이다. 뜻을 안다고 하더라도 틀에 박힌 뻔한 소리에 불과하다. 그런데 많은 미국인들은 헤겔 철학과 초기의 칼라일을 숭배하던 시대에 그들의 젊은 나라가 그들만의 지식인을 배출했다는 사실을 자랑스러워했다. 에머슨의 매력은 "사람들이 그를 이해한 데서 비롯된 것이 아니라, 그런 인물은 독려받아 마땅하다는 사람들의 생각에서 비롯된 것"이라는 것이 훗날의 평가다.[3] 『자연론』 출판 1년 후, 그는 하버드에서 "미국인학자"라는 제목으로 연설을 했다. 올리버 웬델 홈스는 이를 "우리의 지적인 독립선언서"라고 불렀다.[4] 막 피어나기 시작하던 미국의 언론은 에머슨의 주장을 다루었다. 당시 미국에서 제일 영향력이 있는 신문으로, 마르크스가 유럽에서 보낸 기사를 싣던 호레이스 그릴리의 「뉴욕 트리뷴」은 에머슨의 초월론을 나이아가라 폭포와 같은 미국의 공공 재산이라도 되는 것처럼 선정주의적인 태도로 다뤘다.

에머슨은 검토해 볼 만한 가치가 있다. 미국의 지식인들이 국민적 합의와 결별하면서 겪은 어려움들을 그의 경력이 잘 보여 주기 때문이다. 여러 면에서 에머슨은 고향인 뉴잉글랜드가 낳은 산물로 남아 있다. 섹스에 대한 고지식하고 금욕적이며 생기 없는 접근 방식에서는 특히 그렇다. 1833년 8월에 그가 크레젠퍼토크로 칼라일을 불시에 방문했을 때, 그는 칼라일의 부인을 "말하자면, 구름에서 벗어나" 지상으로 내려오는 선녀처럼 보았다. 칼라일 자신도 떠나는 에머슨이 "아름답고 초월적인 영혼을 가진 천사 같았다"고 적었다.[5] 에머슨은 1848년의 다음 방문에 대해 일기에 적으면서, 존 포스터의 저택에서 열린 디킨스와 칼라일 등이 참석한 만찬에서 어째서 그가 미국의 도덕 수준을 옹호할 수밖에 없었는지를 다음과 같이 묘사했다.

나는 리버풀에 갔을 때 그 도시의 매춘이 지금 목격되는 규모를 늘 유지하고 있는지 물었다고 말했다. 그 규모가 나라가 심각하게 부패하고 있다는 조짐으로 보였기 때문이다. 그런 환경에서 아이들이 어떻게 안전하게 성장할 수 있는지 모르겠다. 그런데 나는 그 규모가 몇 년 동안 답보 상태에 있다는 대답을 들었다. 칼라일과 디킨스는 남자들의 성적 금욕은 자신들의 시대에 끝난 것과 마찬가지이며, 영국에는 금욕적인 남자가 무척이나 드물기 때문에 예외적인 사람들의 이름을 일일이 열거할 수도 있다고 대답했다. 칼라일은 미국도 그런 상황일 것이라고 확신했다……. 나는 우리는 그렇지 않다는 것을, 신분 좋고 교육을 잘 받은 우리의 청년들 대부분은 숫총각인 상태로 신방 침대에 들고, 그들의 신부 역시 마찬가지라는 것을 그에게 납득시켰다.[6]

나중에 헨리 제임스가 에머슨에게 편지를 썼듯, "악덕에 대한 그의 완숙한 무지는 우리가 그에 대해 알고 있는 제일 아름다운 특징 중 하나다." 하지만 제임스는 잔인한 말도 덧붙였다. "우리는 뭍에 오른 물고기의 아가미가 움직이는 것처럼, 양심이 감각을 느끼려고 파득거리면서 진공 상태에서 헐떡인다는 인상을 받았다."[7] 확실히 에머슨의 정력은 강하지 않았다. 그의 젊은 첫 아내는 그를 "할아버지"라고 불렀다. 둘째 아내는 에머슨이 끔찍이도 섬겼던 어머니를 돌아가실 때까지 같은 집에서 모시고 살았는데, 때때로 신랄한 말을 털어놓았다. 고지식한 에머슨은 자신의 저널에 그 말을 기록했다. "숭고한 영혼들로부터 저를 구해 주세요. 저는 왜소한 보통 크기의 영혼이 좋아요." 또는 "그 어떤 사랑도 가엾은 하느님의 갈 길을 제지하지 못하고, 그런 적도 없었어요. 하느님이 할 수 있는 온갖 것들을 다하셨는데도, 인간의 이기심은 꽤나 성공을 거뒀군요."[8] 사람들은 에머슨의 시 「모두에게 사랑을 바치리」를 참신하다고 생각하지만, 자신의 많은 것을 투영했다는 증거는 없다. 그가 혼외로 맺은 여성과의 우정 중에서 가장 진지했던 관계는 굉장히 플라토닉했다. 아마도 신플라톤주의에 따른 관계였을 것이다. 그런데 그것은 여자 쪽이 선택한 관계가 아니었다. 그는 조심스러운 글을 남겼다. "나 역시 쾌락을 느끼는 기관도 갖고 있고 쾌락을 느끼기도 한다. 그렇지만 이 쾌락이 덫에 놓인 미끼라는 것도 경험했다."[9] 에머슨이 의도했던 것보다 그에 대해 더 많은 것을 알려주는 그의 저널은 1840~1841년에 결혼에 대한 논쟁에 참가한 내용의 꿈을 기록하고 있다. 발언자 중 한 사람이 갑자기 청중을 향해 "물이 가득 찬 호스를 꺼내 그것을 힘차게 흔들어댔다." 청중을 모두 몰아낸 후, 그는 마침내 에머슨을 향해 돌아서서는 "바라보는 나를 흠뻑 적셨다. 잠에서 깬 나는 내 몸이 젖지 않았다는 것을 확인하고는 안도했다."[10]

에머슨의 두 차례의 결혼은 모두 신중한 고려 끝에 이뤄진 것이다. 에머슨은 결혼 덕에 문학적으로 독립하는 데 충분한 돈을 확보했다. 급성장하는 기업 체제 아래에서 건전하게 투자된 자금은 에머슨에게 상당한 부를 안겨줬다. 그는 저서뿐 아니라 저서 홍보의 일환이었던 순회 강연을 통해 현자이자 철학자로서 비길 데 없는 전국적 유명 인사가 됐다. 보스턴에서 처음으로 "인간의 삶"(1838)을 강연하고는, 다음으로 뉴욕에서 "시대"(1842)라는 주제로 강연을 했다. 위대한 사상가들을 연구한 "대표적인 인물들"(1845)이 그 뒤를 이었다. 에머슨의 등장은 조시아 홀브룩이 확장돼 가는 국가를 교육시키고자 1829년에 창안한 라이시엄 운동의 전개와 맞물렸고, 그 덕에 지식인 에머슨은 강연 내용이 지역 신문뿐 아니라 전국지에까지 폭넓게 보도되는 대중적 연사가 됐다.[11] 1830년에 신시내티에서 시작된 라이시엄 운동은 1832년에는 클리블랜드에, 1835년에는 콜럼버스에, 그리고 중서부와 미시시피 밸리에 널리 퍼졌다. 1830년대 말에는 거의 웬만한 규모의 도시에는 한 군데쯤은 운동 본부가 있었다. 부속시설로 청년 상인 도서관을 거느린 라이시엄 운동은 신흥 도시의 인구에서 놀랄 정도로 높은 비율을 차지하고 있던 미혼 청년들—은행원, 세일즈맨, 회계원 등—을 목표로 강연과 논쟁을 벌이는 사교 모임이었다.[12] 그 이념은 그들을 번화가와 술집을 멀리하도록 하고 상업적 성공과 도덕적 행복을 장려하자는 것이었다.

에머슨의 관점은 이 개념과 교묘하게 맞아떨어졌다. 그는 문화적·지적 엘리트라는 개념에는 찬성하지 않았다. 그는 미국 문화가 진정으로 미국적이면서 보편적이고 민주적이어야 한다고 생각했다. 자립은 필수적이었다. 그는 농가에서 호메로스를 읽은 최초의 미국인이 미국을 위해 위대한 봉사를 했다고 말했다. 그는 서부 저편의 기차에서 양서를 읽고 있는 미국인을 발견한다면 그 사람을 껴안고 싶다고도 말했다. 그의 개인적인 경제·정치 철학은 명백한 숙명을 실현하기 위해 미 대륙을 가로지르라고 미국인들의 등을 떠밀었던 대중적인 철학과 일치했다.

유일하게 확실한 법칙은 수요와 공급이 스스로 조정되는 기계에서 찾을 수 있다. 법률을 제정하지 말라. 쓸데없는 참견을 하면 여러분의 원기는 윤리적 규제의 법칙으로 인해 끊기고 말 것이다. 보조금을 주지 말고, 평등한 법률을 제정하며, 삶과 재산을 안전하게 보장하라. 그러면 의연금을 낼 필요가 없을 것이다. 재능 있고 선한 이들에게 기회의 문을 열어 주고 그들을 정당하게 대우해 줘라. 그러면 부는 악한 자의 손에는 있지 않을 것이다. 자유롭고 공정한 국가에서라면, 부는 게으르고 우둔한 이에게서 부지런하고 용감하며 참을성 있는 사람에게로 달려갈 것이다.[13]

마르크스와 거의 같은 시기에 그와는 정반대인 사상이 발전하고 보급 되었다는 사실은 상상하기 어려운 일이었다. 또한 에머슨이 경제 현장에서 실제로 겪었던 경험은 자본주의에 대한 마르크스의 주장과 발전 경로뿐 아니라 발전 방향에서도 계속 모순됐다. 가게 주인과 지배인들은 이런 깨달음을 향한 추구를 반대하기는커녕 긍정적으로 장려했다. 에머슨이 1851년에 피츠버그에 갔을 때, 회사들은 젊은 사무원들이 그의 강연을 들을 수 있도록 일찍 문을 닫았다. "본능과 영감", "사상과 자연의 일치", "지식의 자연적 역사" 등의 그의 강연은 기업가 정신을 강화하겠다는 분명한 목적에서 기획된 것은 아니었다. 그렇지만 그는 도덕적 품성에 더해진 지식은 사업상의 성공을 촉진시킨다고 주장했다. 저명한 철학가로부터 놀랄 만한 지혜를 얻을 것이라고 기대하며 찾아온 많은 사람들은 그가 상식에 지나지 않는 것을 설교하고 있다는 사실을 알게 됐다. 『신시내티 가제트』는 에머슨을 "가식이 없는… 권위 있는 자신의 저서에 대해 할아버지처럼 자애로운" 사람이라고 보도했다. 그의 많은 견해들—"모든 사람이 소비자이면서 생산자가 돼야만 한다." "인간은 천성적으로 값어치가 있으므로 부자가 돼야만 한다." "삶은 권력을 추구한다"—은 청중들에게 진실로 감동을 주었으며, 신문들이 연설문에서 발췌해서 단순화한 문장들은 미국의 대중적 어록의 일부로 편입됐다. 종종 "돈 버는 방법"과 "인생의 성공" 같은 주제로 순회 강연을 한 P. T. 바넘과 에머슨의 강연이 합동으로 개최되기도 했는데, 이것은 이상한 일이 아니었다. 에머슨을 듣는 것은 문화적 포부와 고상한 취향의 표식이었다. 에머슨은 생각하는 인간의 화신이 됐다. 1871년 11월에 시카고에서 했던 그의 마지막 강연에 대해 「시카고 트리뷴」은 이렇게 보도했다. "박수갈채는… 청중의 교양을 보여 주는 증거다." 돈에 대한 열정뿐 아니라 도덕적·정신적 발전을 추구했고, 둘 모두를 새로운 문명의 창조에 필수적인 것으로 간주했던 국민들에게, 1870년대 말엽의 에머슨은 프랑스에서 위고가 그랬듯이, 러시아에서 톨스토이가 그랬듯이 국민적 영웅이었다. 그는 미국인의 귀감으로 우뚝 섰다.

우리는 한 나라의 경제적 발전과 문화적·지적인 삶이 폭넓은 조화를 이룬 이런 배경 속에 어니스트 헤밍웨이Ernest Hemingway(1899~1961)를 세워 놓아야만 한다. 헤밍웨이는 얼핏 보면 그리 지식인처럼 보이지 않을 것이다. 그렇지만 좀 더 가깝게 들여다보면, 그는 지식인들이 보여준 중요한 특징을 모두 보여 줄 뿐 아니라, 그 특징을 비범할 정도로, 특히 미국적인 형태로 결합해서 소유한 인물이었다는 것을 알 수 있다. 무엇보다도 헤밍웨이는 심오할 정도로 독창적인 작가였다. 그는 그의 동포인 미국인들, 그리고 영어권 세계의 사람들이 스스로를 표현하는 방법을 바꿔 놓았다. 그는 새롭고 개인적이며 세속적이고 극도로 현대화된 윤리적 스타일을 창안했다. 뿌리에서부터 굉장히 미국적인 이 스타일은 다양한 문화권으로 쉽게 전파됐다. 그는 다양한 미국적 생활 태도를 한데 뒤섞었고, 스스로 그런 통합적 태도의 원형적 화신이 됐다. 그렇게 해서 헤밍웨이는 볼테르가 1750년대의 프랑스를 구현하고, 바이런이 1820년대의 영국을 구현한 것처럼 미국의 특정 시대를 구현한 인물이 됐다.

헤밍웨이는 1899년에 시카고 인근의 안정적인 교외 마을 오크 파크에서 태어났다. 에머슨이 시카고에서 진심어린 박수를 받은 지 25년 후였다. 그의 부모 그레이스와 에드먼드("에드") 헤밍웨이 부부, 그리고 헤밍웨이 자신은 에머슨과 그의 강의, 그들이 지지한 경제의 역동성에 의해 탄생한 문명의 걸출한 산물이었다. 헤밍웨이의 부모는 건강하고 부지런하고 유능했고, 교양 있고 다재다능하여 사회에 잘 순응했다. 자신들에게 문화적 유산을 남겨준 유럽을 고마워했지만, 미국이 그 유산을 의기양양하게 발전시킨 방식에도 뿌듯한 자부심을 느꼈다. 그들은 하느님을 경외하며 집안에서나 밖에서나 열정적인 삶을 살았다. 뛰어난 의사인 헤밍웨이 박사는 수렵과 사격, 낚시와 항해, 야영과 개척을 즐겼다. 그는 산림 생활에 필요한 모든 기술을 아들에게 가르쳤다. 그레이스 헤밍웨이는 대단히 머리 좋고, 의지가 굳으며, 재능이 다양한 여자였다. 독서의 폭이 넓은 그녀는 빼어난 산문과 좋은 시를 썼으며, 그림을 그리고, 가구를 설계하고 만들었다. 노래도 잘 불렀고, 여러 가지 악기를 다루면서, 작곡한 노래를 출판하기도 했다.14 부부는 자신들의 재능을 자식들에게 물려 주려고 최선을 다했다. 맏아들 어니스트는 가장 사랑받은 자식으로, 부모의 문화적 유산 외에도 더 많은 것들을 물려받았다. 여러 면에서 그들은 모범적인 부모였다. 헤밍웨이는 책을 많이 읽고 박식했으며 숙련된 만능 스포츠맨으로 자랐다.

부모 모두 신앙심이 깊었다. 두 사람 모두 회중파 교회 신도였고, 헤밍웨이 박사는 충실한 안식일 엄수주의자이기도 했다. 그들은 일요일마다 교회에 갔고 식사 때에는 기도를 드렸다. 헤밍웨이의 누이에 따르면, "우리는 아침마다 성경을 읽고 찬송가 한두 곡을 부르는 가족 예배를 드렸어요."15 부모 모두 신교도의 폭넓은 도덕적 규범을 자식들에게 세세하게 적용했고, 자식들은 규범을 위반하면 엄한 벌을 받았다. 그레이스 헤밍웨이는 머리빗으로 아이들의 볼기를 때렸고, 박사는 면도칼 가는 가죽으로 때렸다. 거짓말을 하거나 욕설을 하면 쓴맛 나는 비누로 아이들의 입을 씻었다. 체벌이 끝나면 아이들은 무릎을 꿇고 앉아서 하느님께 용서를 빌어야 했다. 헤밍웨이 박사는 기독교 정신을 남자의 명예와 신사다운 행동과 동일시한다는 것을 늘 표방했다. 그는 헤밍웨이에게 보낸 편지에, "나는 네가 착하고 고상하며 용기와 예의를 두루 갖춘 사나이의 표본이 되고, 하느님을 두려워하고 여성을 존중하는 사람이 됐으면 싶구나"라고 썼다.16 어머니는 아들이 전통적인 신교도의 영웅이 되어, 담배와 술을 하지 않고, 결혼 전에는 순결을 지키며, 신심 깊고, 부모를, 특히 어머니를 항상 공경하고 따르기를 바랐다.

헤밍웨이는 부모의 종교, 그리고 부모들이 바라 마지않는 아들 상이 되는 것을 완전히 거부했다. 그는 모든 일에 자신의 천재성과 성향을 추구해 나갈 것이며, 그에 대한 보답으로 명예와 행복한 삶을 누리는 인간이 되겠다는 비전을 10대 때 스스로 만들어냈다. 낭만적이고 문학적이며 어느 정도는 윤리적인 이 개념에는 종교적인 내용은 조금도 담겨 있지 않다. 헤밍웨이는 사실상 종교적인 인물은 아니었다. 그는 열일곱 살 때 빌리 스미스와 (훗날 존 도스 파소스의 아내가 된) 케이티 스미스 남매를 만나면서 개인적으로 신앙심을 버렸다. 남매의 아버지는 예수 그리스도는 존재한 적이 없다는 것을 "입증"하는 독창적인 책을 쓴 유명한 무신론자였다. 헤밍웨이는 종교적인 습관들을 가능한 한 일찍이 버렸다. 그가 「캔자스시티 스타」에서 첫 일자리를 얻고 통제의 손길이 미치지 않는 하숙집으로 이사를 갔을 때였다. 그는 약관을 눈앞에 두고 있던 1918년에 어머니에게 확언했다. "제가 훌륭한 기독교인이 되는 문제를 놓고 걱정하지도 말고 울지도 말고 안달하지도 마세요. 저는 그 전처럼 독실한 기독교인으로, 밤마다 기도를 드리면서 믿음을 굳게 다지고 있어요."[17] 이것은 분란을 피하기 위한 거짓말이었다. 그는 하느님을 믿지 않았을 뿐 아니라 체계화된 종교를 인류의 행복에 대한 위협으로 간주했다. 헤밍웨이의 첫 아내 헤이들리는 그가 무릎 꿇은 모습을 딱 두 번 봤는데, 그들의 결혼식과 둘 사이에 태어난 아들의 세례식에서였다. 그는 둘째 아내 폴린을 기쁘게 해 주기 위해 가톨릭 신자가 됐다. 그렇지만 새로운 신앙에 대한 그의 관심은 이블린 워의 소설 『브라이즈헤드 재방문』에 나오는 렉스 모트램만큼이나 일천했다. 폴린이 그를 귀찮게 만드는 가톨릭의 종규(예를 들어 피임에 대한)를 준수하려고 노력하면 그는 노발대발했다. 그는 소설『깨끗하고 조명이 잘 된 곳』에서 주기도문을 모독했고,『오후의 죽음』에서는 십자가에 못 박힌 예수를 불경스럽게 패러디했다. 그의 희곡 <제5열>에는 불경스러운 타구 축성이 등장한다. 그는 가톨릭에 대한 이해가 깊어질수록 가톨릭을 끔찍이 혐오했다. 그가 잘 알 뿐 아니라 사랑한다고 말했던 스페인에서 내전이 발발한 초기에 수백 곳의 교회가 화염에 휩싸이고 제단과 성구들이 모독당하며 수천 명의 성직자와 수사와 수녀들이 학살당했을 때, 그는 조금도 이의를 제기하지 않았다. 그는 둘째 아내 곁을 떠난 후로는 그나마 형식적이었던 가톨릭 신자 행세도 포기했다.[18] 성인이 된 후의 헤밍웨이는 평생토록 스스로 창안해 낸 사상들만 숭배하는 무종교인이었다.

종교를 거부한 헤밍웨이의 행위는 젊은 지식인의 특징이었다. 종교 거부가 부모의 도덕적 문화를 거부하는 행위의 일환이었다는 것은 더욱 두드러진 특징이었다. 그는 나중에는 어머니와 아버지를 구분 지으면서 아버지의 무고함을 입증하려고 노력했다. 아버지가 자살했을 때, 고통스러운 불치병에 걸린 의사의 자살 사건임에도 불구하고 헤밍웨이는 어머니에게 책임을 돌리려고 애썼다. 헤밍웨이 박사는 아내에 비해 대가 약했지만, 자식과 벌인 싸움에서는 전적으로 아내를 두둔했다. 헤밍웨이 집안의 싸움은 어머니 혼자만의 싸움이 아니라 부부가 공동으로 참여한 싸움이었다. 그렇지만 헤밍웨이의 반항은 어머니 그레이스에게만 집중됐다. 내가 보기에는, 헤밍웨이가 어머니를 자신의 독선적인 의지와 문학적 재능의 주요한 원천으로 간주했기 때문인 듯하다. 아들이 만만찮은 남자가 돼 감에 따라 어머니도 만만찮은 여자가 됐다. 모자가 공존할 수 있는 공간은 없었다.

모자간의 싸움은 1920년에 고개를 들었다. 이탈리아 전선의 앰뷸런스 부대원으로 참전해 제1차 세계 대전의 말기를 겪고 전쟁 영웅이 되어 돌아온 헤밍웨이는 일자리를 찾지 못했을 뿐 아니라 게으르고 (부모의 기준으로는) 타락한 행동으로 부모를 화나게 했다. 그해 7월에 그레이스는 아들에게 충고의 편지를 썼다. 그녀는 모든 어머니는 은행과 같은 존재라고 말했다. "모든 어머니가 낳은 자식은 도무지 바닥이 날 것 같지 않은 큼직하고 부유한 은행 계좌를 갖고 세상에 나간단다." 자식은 쓰고 또 쓴다. "어렸을 때는 한 푼도 예금을 못하지." 그리고는 10대가 될 때쯤에는 "예금을 무분별하게 찾아 써서 몇 푼 안 되는 예금만 남게 된단다. 그 몇 푼은 몇 가지 친절한 봉사와 감사를 표명하고 얻은 것이지. 자식이 성인이 된 뒤에도 은행은 계속해서 사랑과 연민을 내 준단다."

이때쯤이면 계좌도 약간의 예금을 필요로 한단다. 어머니의 이해와 애정에 대한 감사와 존경의 표시로 상당한 액수의 예금을 말이다. 집안을 위해 베푸는 조그마한 위안거리들, 어머니의 이상한 편견들을 배려하려는 욕심, 어머니의 심기를 결코 불편하게 만들지 않는 것. 키스와 포옹과 함께 꽃과 과일, 캔디나 예쁜 옷을 집에 있는 어머니에게 보내려무나…….
어머니에게 청구된 금액을 어머니의 부담을 덜어 주기 위해 남몰래 지불하는 것… 이런 예금들로 인해 계좌는 우량한 상태를 유지한단다. 내가 아는 많은 어머니들이 너보다 능력이 떨어지는 아들들로부터 이런 예금과 이보다 더 많은 선물과 답례를 받고 있다. 우리 아들 어니스트야, 정신을 차리지 않는다면, 게을러터진 식객 노릇과 쾌락을 좇는 짓을 그만두지 않는다면… 너의 잘생긴 얼굴을 악용하는 걸 멈추지 않는다면… 하느님과 너의 구세주 예수 그리스도에 대한 의무를 소홀히 하는 것을 멈추지 않는다면… 네 앞날에는 파산 외에는 없을 것이다. 너는 부도 수표를 발행했어.[19]

그녀는 이 편지를 놓고 사흘 동안 고민했다. 헤밍웨이가 그의 굉장한 문장들을 다듬는 것처럼 문장을 세심하게 다듬어 아들에게 친히 편지를 내밀었다. 이 편지는 헤밍웨이의 소설에서 무척이나 중요한 역할을 담당하는, 독선과 뒤섞인 강한 도덕적 분노의 근원이 어디인지를 보여 준다.

헤밍웨이는 흔히 예상하는 식의 반응을 보였다. 그의 분노는 오랫동안 서서히 달아올랐고, 이후로 그는 어머니를 적으로 간주했다. 도스 파소스는 자기가 만난 사람 중에서 어머니를 진짜로 증오한 유일한 사람이 헤밍웨이였다고 말했다. 오래전부터 헤밍웨이와 알고 지낸 랜햄 장군은 이렇게 증언했다. "어니스트 헤밍웨이를 알고 지낸 초기부터 그는 늘 어머니를 '그 쌍년'이라고 불렀다. 그는 자기는 어머니를 정말로 증오한다고 내게 수천 번은 말했다."[20] 이런 분노는 소설에 다양한 형태로 거듭 반영됐다. 그의 분노는 어머니와 관련이 있는 누이들에 대한 혐오로도 넘쳐흘렀다. "우리 쌍년 누나 마셀린", "젖을 단 쌍년." 분노는 식구들에 대한 일반적인 반감으로 확장됐고, 자서전 『파리는 날마다 축제』에 등장하는 형편없는 화가(그의 어머니는 그림을 그렸다)에 대한 논의에서처럼 때로는 전혀 관련이 없는 맥락에서도 튀어나왔다. "형편없는 화가는 가족처럼 끔찍한 일을 하거나 깊은 상처를 입히지 않는다. 여러분이 형편없는 화가를 만나면 그의 작품을 보지 않으면 그만이다. 그런데 가족의 경우 그들을 보지 않고 듣지 않고 그들의 편지에 답장을 보내지 않는 법을 배운다 하더라도, 그들은 여러 면에서 위험한 존재다." 어머니를 향한 너무나 강렬한 증오로 인해 헤밍웨이의 인생은 상당히 많이 망가졌다. 특히 그는 그런 혐오를 품었다는 사실에 대해 어느 정도의 죄책감을 품고 있었는데, 그를 끈질기게 괴롭힌 죄책감은 그의 증오를 늘 신선한 상태로 존재하게 만들었다. 그는 어머니가 여든에 가까웠던 1949년에도 여전히 어머니를 증오하고 있었다. 그는 쿠바에 있는 자택에서 출판업자에게 보내는 편지에 이렇게 썼다. "앞으로도 어머니를 보지 않을 것입니다. 어머니도 내가 절대로 가지 않을 것임을 알아요."[21] 어머니에 대한 그의 혐오는 마르크스가 순전히 실리적인 차원에서 어머니를 싫어했던 정도를 뛰어넘어 정서적으로는 마르크스가 자본주의 체제를 향해 취했던 태도와 유사했다. 헤밍웨이의 어머니 혐오는 체계적인 철학의 반열에 이르렀다.

가족의 불화는 헤밍웨이를 「토론토 스타」로, 그다음에는 유럽의 특파원으로, 소설가로 내몰았다. 그는 부모의 종교만 거부한 것이 아니라, 어머니의 힘이 넘치지만 틀에 박힌—그래서 그가 몹시 싫어한—산문에 표출된 낙천적이고 기독교적인 교양이 넘치는 관점도 거부했다. 그의 두드러진 특징이 된 문학적 완벽주의를 향해 헤밍웨이를 내몬 것은 지나치게 세련된 문학적 유산 덕에 생기 없는 문체를 사용하는 어머니처럼 글을 쓰지는 않겠다는 압도적인 충동이었다(그가 특히 싫어했던 어머니의 글은 그에게 보낸 편지에 들어 있는데, 어머니의 산문 스타일을 잘 요약하고 있다. "너의 이름은 내가 알고 있는 가장 훌륭하고 가장 고상한 두 신사의 이름을 따서 지은 것이다").

헤밍웨이는 1921년부터 파리를 근거지로 하는 해외 특파원으로 살았다. 그는 중동의 전쟁과 국제회의를 취재했다. 그렇지만 주된 관심의 초점은 파리의 레프트 뱅크*에서 망명 생활을 하는 문인들에게 모아졌다. 그는 시를 썼다. 그는 산문을 쓰려고 노력했다. 그는 지독하게 책을 읽어댔다. 그가 어머니로부터 물려받은 많은 버릇 중 하나는 늘 책을 주머니에 찔러 넣고 다니는 것이었다. 그렇게 해서 그는 휴식 시간이면 언제 어디서건 책을

---

* 자유분방한 사람들이 많이 모여드는 센강의 좌안

읽을 수 있었다. 그는 분야를 가리지 않고 평생 책을 사 모았다. 그 때문에 헤밍웨이가 사는 곳은 어디건 벽들을 따라 서고가 늘어서 있었다. 그는 쿠바의 저택에 그가 관심을 가졌던 모든 분야에 대한 전문적 연구서와 광범위한 문학 텍스트를 특징으로 하는 장서 7,400권을 소장한 도서관을 지었는데, 그는 이 책들을 읽고 또 읽었다. 영문학의 고전을 거의 다 읽은 상태로 파리에 도착한 그는 독서의 폭을 넓히기로 결심했다. 그는 대학 교육을 받지 못한 것에 대해 아쉬워한 적은 한 번도 없었지만, 대학을 다니지 못해 생겼을지도 모르는 틈새를 메우려 열심히 노력했다. 그래서 그는 스탕달, 플로베르, 발자크, 모파상, 졸라, 그리고 주요한 러시아 소설가인 톨스토이, 투르게네프, 도스토예프스키, 그리고 미국의 헨리 제임스, 마크 트웨인과 스티븐 크레인에 몰두했다. 그는 콘래드, T. S. 엘리엇, 거트루드 스타인, 에즈라 파운드, D. H. 로렌스, 맥스웰 앤더슨, 제임스 조이스 등의 근대 소설도 읽었다. 광범위한 그의 독서는 글을 써야겠다는 충동을 한층 부추겼다. 헤밍웨이는 열다섯 살 때부터 키플링을 숭배했는데, 키플링에 대한 연구는 평생 이어졌다. 이제는 여기에다가 콘래드와, 조이스의 눈부신 단편집 『더블린 사람들』에 대한 꼼꼼한 관심도 더해졌다. 진정으로 훌륭한 작가들 모두가 그렇듯, 헤밍웨이는 메리엇, 휴 월폴, 조지 무어 같은 2류 작가들을 탐독하고 분석하면서 배울 것은 배웠다.

1922년에 포드 매독스 포드가 파리에 도착한 것과 더불어 헤밍웨이는 파리 인텔리겐치아의 한복판으로 곧장 뛰어들었다. 문학적 재능이 있는 사람을 발굴해 내는 데 뛰어난 역량을 발휘한 포드는 로렌스, 노먼 더글러스, 윈덤 루이스, 아서 랜섬을 포함한 많은 작가의 출판을 도왔다. 그는 1923년에 『트랜스아틀랜틱 리뷰』 창간호를 발간하면서 에즈라 파운드의 추천에 따라 헤밍웨이를 파트타임 조수로 고용했다. 헤밍웨이는 포드를 문학 사업가로 존경했지만, 포드에 대한 불만도 많았다. 포드는 젊은 작가들을 대부분 무시했고, 새로운 스타일이나 문학 양식에는 충분한 관심을 쏟지 않았으며, 취향은 너무 주류 잡지에 가까웠다. 그 무엇보다도 포드는 훌륭한 문학 작품의 대부분은 프랑스와 영국에서 만들어졌다고 가정하면서, 질적으로나 양적으로나 급격히 성장 하고 있는 미국 작품들을 크게 무시했다. 스스로를 미국 아방가르드의 지휘자로 간주한 헤밍웨이는 투덜거렸다. "포드는 망할 놈의 일 전체를 타협적으로 진행하고 있어."[22] 스리마운틴 출판사 위쪽에 자리한 손바닥만 한 일 생 루이의 사무실에 일단 자리를 잡은 헤밍웨이는 『리뷰』를 모험적이면서도 신선한 미국 쪽 방향으로 밀어붙이기 시작했다. 그 결과로 영국 작품 60편과 프랑스 작품 40편 외에도 거트루드 스타인, 듀나 반스, 링컨 스테펀스, 나탈리 바너드, 윌리엄 카를로스 윌리엄스, 네이던 애시 등을 포함한 미국 작품 90편이 잡지에 실렸다. 포드가 미국에 여행을 가느라 파리를 떠났을 때, 헤밍웨이는 7월/8월 호를 젊고 재능 있는 미국 작가들의 의기양양한 행렬로 가차 없이 바꾸어 놓았다. 그 결과 파리에 돌아온 포드는 "젊은 미국 작가들의 작품을 평상시보다 많이 실어서— 그럴 정도로 효율적이지는 않았는데도 — 우리의 독자들에게 강요한 것"에 대해 사과해야만 했다.[23]

그런데 헤밍웨이는 문학적 명성과 권력을 향한 욕망이 강했다. 장기적으로 그는 레프트 뱅크의 인텔리겐치아와 어울리면서 흥미를 끄는 쪽보다는 그 자신의 재능을 갈고닦는 데 더 관심이 많았다. 파운드는 포드에게 헤밍웨이를 이렇게 소개했다. "그의 시는 굉장히 뛰어납니다. 그리고 그는 세상에서 가장 훌륭한 산문 스타일리스트입니다."[24] 1922년에 쓰인 이 평가는 대단한 통찰력을 보여 준다. 이때까지만 해도 헤밍웨이는 성숙한 문체를 개발하지 못했기 때문이다. 그렇지만 헤밍웨이는 지운 자국과 고친 흔적이 끝없이 남아 있는 초창기의 노트가 입증하듯이, 열심히 문체를 갈고닦았다. 하고자 하는 작업에 정확하게 맞아떨어지는 개성적인 집필 습성을 형성하기 위해 그토록 힘들고 오랜 투쟁을 거친 소설가는 아마 없을 것이다. 이 기간 동안 헤밍웨이가 했던 공부는 작가가 어떻게 전문적 수완을 터득하는지를 보여 주는 훌륭한 모델이다. 고상한 목표를 세우고 끊임없이 노력했다는 점에서 헤밍웨이의 공부는 극작가가 되려는 입센의 고된 노력과 비교할 만하다. 또한 헤밍웨이는 집필 기법에 혁명적인 충격을 가했다.

헤밍웨이는 자신이 부모의 종교와 윤리적 문화로 대표되는 그릇된 세상을 물려받았으며, 그 세상을 진실한 세상으로 대체해야만 한다고 믿었다. 그가 말한 "진실"은 무슨 뜻일까? 그가 노골적으로 물려받은 부모의 기독교적인 진실은 아니었다(그는 그 진실을 부적절하다며 거부했다). 과거로부터 도출된 그 모든 신념이나 이념이 주장하는 진실, 아무리 위대한 인물이라고 하더라도 다른 이들의 정신을 반영한 진실도 아니었다. 그가 말한 진실은 그 스스로 보고 느끼고 듣고 맡고 맛본 것이었다. 그는 콘래드의 문학 철학과 방법—"나 자신이 느낀 진실에 철저히 충실할 것"—을 자신의 목표를 집약한 것이라며 동경했다. 그것이 헤밍웨이의 출발점이었다. 그런데 진실을 어떻게 전달할 것인가? 전문 작가를 포함한 대부분은 글을 쓸 때면 다른 사람의 눈으로 사건을 바라보는 경향이 있다. 생기 없는 말씨와 단어의 조합, 빈약한 메타포, 클리셰와 문학적 착상을 물려받았기 때문이다. 반복적이고 평범한 사건들을 급하게 취재하기 일쑤인 저널리스트들은 특히 더 그렇다. 그런데 헤밍웨이는 「캔자스시티 스타」에서 빼어난 훈련을 받는 혜택을 누렸다. 이 신문의 편집자들은 기자들이 명료하고 간결하고 직접적이며 클리셰가 없는 영어를 사용하도록 110가지 규칙을 담은 독자적 스타일의 책을 편집해 놓고는, 그 규칙을 엄격하게 시행했다. 훗날 헤밍웨이는 그 규칙들을 "내가 글쓰기 분야에서 터득한 최고의 규칙"이라 칭했다.[25] 1922년에 제네바회의를 취재할 때, 그는 링컨 스테펀스로부터 전보 문체라는 냉혹한 문체를 배워서는 환희에 겨워 빠른 속도로 그 문체를 터득했다. 그는 스테펀스에게 그가 쓴 첫 성공작을 보여 주면서 탄성을 질렀다. "스테펀스, 이 전보를 보세요. 군살도 없고, 형용사도 없고, 부사도 없어요. 피와 뼈와 근육 외에는 아무것도 없어요……. 이건 새로운 언어예요."[26]

헤밍웨이는 이런 저널리스틱한 토대 위에 이론과 실천 양면에서 그 나름의 새로운 방법을 구축했다. 그는 『파리는 날마다 축제』, 『아프리카의 푸른 언덕』, 『오후의 죽음』, 『바이 라인』을 포함한 여러 작품에서 글 쓰는 법에 대한 글을 많이 썼다.[27] 그가 스스로 규정한 "글쓰기의 기초 원칙"은 연구해 볼 만한 가치가 충분하다.[28] 그는 한때 콘래드의 뒤를 이어 소설이라는 예술을 이렇게 규정했다. "당신의 감정을 불러일으킨 것, 당신에게 흥분을 안겨준 행동을 찾아내라. 그리고 독자들 역시 그것을 볼 수 있도록 명료하게 글로 옮겨라."[29] 모든 것이 간결함, 경제성, 단순성, 강렬한 동사, 짧은 문장, 불필요한 요소나 겉치레의 제거를 통해서만 이뤄질 수 있었다. 그는 "산문은 건물이지 실내장식이 아니다. 그리고 바로크 시대는 끝이 났다"고 썼다.[30] 헤밍웨이는 정확한 표현에 특히 관심을 기울이면서 적절한 단어를 찾기 위해 사전을 샅샅이 뒤졌다. 산문 스타일의 형성기에 그가 시인이기도 했다는 것을 명심하라. 에즈라 파운드의 영향을 강하게 받은 그는 파운드로부터 그 누구보다도 많은 것을 배웠다고 밝혔다. 파운드는 "정확한 단어—사용할 수 있는 딱 하나의 정확한 단어—를 신뢰한 사람이었으며, 형용사를 믿지 말라고 나에게 가르쳐 준 사람"이었다. 그는 조이스도 꼼꼼하게 공부했는데, 조이스는 그가 존경하고 모방하려 했던 정확한 언어를 파고들었던 또 다른 작가였다. 문학적 선조를 따져 보면, 헤밍웨이는 사실상 키플링과 조이스의 결혼에서 태어난 아들이라고 말할 수 있을지도 모른다.

그렇지만 진실은 헤밍웨이의 문체가 독자적으로 탄생한 문체라는 것이다. 1925~1950년의 4반세기 동안 그가 사람들의 글 쓰는 법뿐 아니라 세상을 바라보는 방식에 끼친 영향력은 너무나 압도적이고 결정적이었다. 이후로도 계속된 그의 영향력은 너무나 널리 퍼졌기 때문에, 이제 우리가 쓰는 산문, 특히 소설에서 헤밍웨이적인 요소를 빼 버리는 것은 불가능할 정도가 됐다. 그런데 그의 글은 1920년대 초반에는 세상의 인정을 받기 어려웠고, 심지어는 출판하기도 힘들었다. 첫 작품 『3편의 단편과 10편의 시』는 요행수를 노린 전형적인 아방가르드 작품으로, 파리 지역에서만 출판됐다. 대형 잡지들은 그의 소설을 거들떠보려고도 하지 않았다. 1925년에 모험적이라고 자인한 『다이얼』은 뛰어난 소설 『패배하지 않은 사람들』을 포함한 그의 작품들을 여전히 거절하고 있었다. 헤밍웨이는 진정으로 독창적이었던 위대한 작가들이 걸었던 길을 그대로 답습했다. 그는 자신만의 시장을 스스로 창출해서, 독자들에게 그의 취향을 전염시켰다. 꾸밈없고 정확한 사건 묘사를 그 사건에 대한 정서적 반응에 대한 미묘한 암시와 탁월하게 결합시킨 헤밍웨이의 방법은 1923~1925년에 모습을 드러냈고, 1925년 『우리들의 시대에』의 출판과 더불어 크게 약진했다. 포드는 헤밍웨이를 미국의 일류 작가로 호명할 수 있다고 느꼈다. "자신의 글 솜씨에 가장 성실하고 통달했으며 더할 나위 없는 훌륭한 작가." 에드먼드 윌슨에게 이 책은 "두드러지게 독창적이고", 인상적인 "예술적 품위"를 지닌 "최상급"의 산문을 보여줬다. 『해는 또다시 떠오른다』(1926)와, 그의 작품 중에서 가장 뛰어난 『무기여 잘 있거라』(1929) 등 두 편의 생기 넘치고 비극적인 소설이 재빨리 첫 성공작의 뒤를 이었다. 이 책들은 수십만 권씩 팔려나갔다. 독자들은 읽고 또 읽었고, 온갖 종류의 작가들이 그의 작품을 음미하고 토해냈으며, 시기심을 느끼며 꼼꼼히 파고들었다. 1927년에 도로시 파커는 「뉴요커」에 기고한 헤밍웨이의 단편집 『남자들만의 세계』의 비평에서 헤밍웨이의 영향력이 "위험하다"고 밝혔다. "그가 한 간결한 일들은 꽤나 따라 하기 쉬워 보인다. 그런데 그것을 모방하려 기를 쓰는 젊은이들을 보라."[31]

헤밍웨이의 수법은 패러디의 대상으로 삼을 수는 있지만, 성공적으로 모방하기는 어렵다. 작품의 주제, 특히 작품의 도덕적 태도와 불가분의 관계에 있기 때문이다. 헤밍웨이의 목표는 노골적인 계몽주의는 무엇이든 피하는 것이었다. 그는 다른 작가의 작품에 담긴 그런 요소들을 비난했다. 위대한 작가도 마찬가지였다. "전쟁과 인간에 대한 경이적이고 날카로우며 진실한 묘사 때문에 나는 『전쟁과 평화』를 사랑한다. 그렇지만 나는 위대한 백작의 생각은 결코 믿지 않는다……. 그는 지금껏 살았던 그 누구보다도 통찰력 있고 진실한 작품을 더 많이 쓸 수 있었다. 그런데 그의 장황한 구세주적인 사고는 다른 많은 복음주의적인 역사 교수를 능가하지 못한다. 나는 그로부터 내 자신의 '사고'를 불신해야 한다는 것을 배웠다. 그리고 가급적 충실하게, 솔직하게, 객관적이고 겸허하게 쓰려고 노력해야 한다는 것도 배웠다."[32] 헤밍웨이는 그의 최고작에서 독자들에게 설교하는 것을 항상 기피했다. 등장인물의 행동에 관심을 끌기 위해 독자를 자극하지 않았다. 그럼에도 불구하고 그의 책들은 시종일관 세속적인 신흥 윤리학으로 인해서 고통을 받았다. 이 윤리학은 헤밍웨이가 사건과 행동을 묘사하는 방식에서부터 직접 솟구쳐 나왔다.

헤밍웨이가 그토록 원형적인 지식인이 된 것은 그가 품고 있는 윤리관이 불가사의할 정도로 보편적이기 때문이다. 그리고 그 윤리관의 본질은 미국인의 정신을 반영했다. 헤밍웨이는 미국인을 원기 넘치고 활동적이며 힘찬, 때로는 폭력적인 사람들로 봤다. 미국인은 행동가, 성취자, 창조자, 정복자, 조정자, 사냥꾼, 건축가였다. 헤밍웨이 자신이 원기 넘치고 활동적이고 힘찼으며, 때로는 폭력적이었다. 그는 파운드와 포드와 문학에 대해 이야기를 하다가도 이야기를 끊고는 섀도우 복싱을 하면서 포드의 스튜디오를 돌아다닌 적이 잦았다. 그는 광범위한 육체적 활동에 숙달된 거구의 강인한 남자였다. 미국인이자 작가인 그가 행동하는 삶, 그리고 그 행동을 묘사하는 삶을 살아간 것은 당연한 일이었다. 행동은 그가 천착한 주제였다.

물론 새로운 것이라곤 없었다. 행동은 키플링이 다룬 주제였다. 키플링의 주인공이나 소재는 군인, 강도, 엔지니어, 선장, 크고 작은 영역의 통치자들로, 사실상 긴장감과 폭력적 행동에 주기적으로 휩싸이는 경향이 있는 사람이나 사물, 심지어는 동물과 기계도 등장했다. 그런데 키플링은 지식인은 아니었다. 그는 천재이고 귀재였지만, 타인의 도움 없이 그 자신의 지력만으로 세상을 개조할 수 있을 것이라고는 믿지 않았고, 선대로부터 물려받은 지혜의 많은 부분을 거부하지 않았다. 그러기는커녕 보잘것없는 인간은 기존의 법률과 관습을 수정할 수 없을 것이라고 열렬히 주장했으며, 기존 질서에 도전하는 사람들을 응징하는 존재들을 재미있게 그려냈다. 헤밍웨이는 행동을 갈망했고, 열정적인 수법으로 그 행동을 묘사했던 또 다른 작가인 바이런에 가까웠다. 바이런은 친구 셸리의 유토피아적이고 혁명적인 계획을 믿지 않았다. 그가 보기에 셸리의 사상은 활용 가능한 관념이라기보다는 추상적인 이상이었다(셸리는 자신의 작품 『줄리안과 마달로』에서 바이런의 주장을 공격한다). 그렇지만 바이런은 그 나름의 윤리학 체계를 형성했다. 이 체계는 그가 아내와 영국을 영원히 떠날 때 거부했던 기존의 윤리 규범들에 대한 대응책으로 고안한 것이었다. 이런 관점에서, 그리고 순전히 이런 관점에서만, 그는 지식인이었다. 그의 윤리 체계가 충분히 논리적이었음에도 바이런은 그 체계를 정식으로 글로 옮기지는 않았다. 하지만 그의 윤리관은 그가 쓴 편지에 뚜렷하게 모습을 드러냈고, 위대한 시『차일드 해럴드의 편력』과 『돈 주안』의 페이지마다 흠뻑 스며들었다. 바이런의 윤리관은 성문화되지는 않지만, 행동으로 표현된 명예와 의무의 체계였다. 이 시를 읽는 사람은 바이런이 선과 악을 어떻게 보았는지, 특히 영웅적 행위를 어떻게 평가했는지를 명료하게 알게 된다.

헤밍웨이도 예증을 들면서 비슷한 태도로 일했다. 언젠가 그는 자신이 이상적으로 생각하는 능력은 "압박감을 느끼면서도 그레이스(기품)"를 보여 주는 것이라고 묘사했다(그의 어머니의 이름을 떠올려 보면 이상한 문장이다). 그렇지만 그는 개념을 정의하는 데서 한 발짝도 더 나아가지 않았다. 아마도 그의 윤리관은 개념을 명확히 정의하기가 불가능했고, 그런 개념 위에서 체계를 구축하려고 시도하면 그의 윤리관은 훼손되고 위축됐을 것이다. 그렇지만 헤밍웨이는 예증은 끝없이 들 수 있었고, 그 예증이 헤밍웨이의 작품 전체의 배후에 있던 추진력이었다. 그의 소설은 행동의 소설이었고, 헤밍웨이에게 있어 윤리적으로 중립적인 행동은 존재하지 않았다는 점에서 보면, 이념의 소설이기도 했다. 그가 보기에는 식사하는 모습을 묘사하는 것조차도 도덕적인 표현이었다. 먹고 마시는 것에도 옳고 그른 것이 있고, 먹고 마시는 법에도 옳고 그른 방법이 있기 때문이었다. 거의 모든 행동이 적절하게 또는 부적절하게, 고상하게 또는 비열하게 행해질 수 있었다. 작가 자신은 도덕을 지적하지 않지만, 그는 세상만사를 잠재적인 윤리의 틀 안에 넣어 보여 줄 수 있었고, 그로 인해 개개인의 행동은 스스로 목소리를 낼 수 있었다. 윤리의 틀은 개인적이었고 무종교적이었다. 기독교적인 틀이 아닌 것은 확실했다. 헤밍웨이의 부모, 특히 어머니는 아들의 소설이 비도덕적이며, 종종 그 정도가 너무 지나치다고 생각했다. 적어도 그녀는 소설에 담긴 강한 윤리적인 분위기를 감지할 수 있었는데, 그녀가 보기에 그 분위기는 그릇되고 불경했다. 헤밍웨이가 말한 것, 또는 내포한 것은 간통과 도둑질과 살인에도 옳고 그른 방식이 있다는 것이었다. 헤밍웨이 소설의 정수는 권투 선수, 어부, 투우사, 군인, 작가, 스포츠맨, 그리고 일정하게 정해진 숙달된 행동을 수행하는 거의 모든 사람이 각자의 가치관에 따라 착하고 정직하게 살려고 노력하지만 보통은 실패하고 마는 모습을 관찰하는 것이다. 비극이 발생하는 것은 가치관 자체가 환상에 불과하거나 오해됐기 때문에, 또는 그들이 내면의 결점이나 외부의 악의에 의해 배신을 당하거나 객관적 사실들을 제대로 다루지 못했기 때문이다. 그렇지만 그런 실패자들도 진실의 목도를 통해, 진실을 감지하는 능력과 진실의 면전에서 떳떳이 눈을 마주칠 수 있는 용기로 인해 구원을 받는다. 헤밍웨이의 캐릭터들은 그들이 진실한가 아닌가에 따라서 의연하게 세파를 이겨내거나 세파에 무릎을 꿇는다. 진실은 그의 산문의 필수 요소이고, 그의 윤리 체계와 논리적인 원칙들을 꿰뚫는 한 가닥의 실이다.

자신의 스타일과 윤리관을 창안해 낸 헤밍웨이는 필연적으로 양쪽 모두를 살아가는 자신의 모습을 발견했다. 말하자면 그는 자신의 상상력을 현실에서 집행해야만 했던 희생자이고 죄수이며 노예였다. 이 지점에 선 헤밍웨이의 모습은 역사상으로 유일무이하지는 않다. 『차일드 해럴드』 1편을 출판한 바이런은 자신의 작품이 가리키는 길을 걷고 있는 자신을 발견했다. 『돈 주안』을 쓰는 것으로 방향을 약간 수정했을지는 모르지만, 그는 자신에게 자신이 노래했던 삶을 사는 것 이외의 대안은 남겨 놓지 않았다. 그렇기는 해도 바이런에게는 그것이 취향의 문제이면서 충동의 문제였다. 그는 오입질과 영웅적 행동, 해방자 역할을 즐겼다. 헤밍웨이와 동시대를 산 앙드레 말로는 또 다른 행동파 지식인이며 소설가, 혁명가, 탐험가, 보물급 예술품을 약탈한 발굴자, 레지스탕스 영웅, 드골 대통령의 오른팔이 돼서 내각의 장관을 역임하는 것으로 경력의 끝을 장식했다. 그런데 헤밍웨이의 삶은 확신하기 어렵다. 그가 "현실의" 삶, 행동하는 삶을 추구한 것은 그가 쓴 소설과 같은 장르에서는 필수적이었다는 점에서 지적인 행동이었다. 스페인 내전을 다룬 소설 『누구를 위하여 종은 울리나』(1940)의 주인공 로버트 조던이 말했듯, 그는 "그것이 진정 어떤 것인지 알고 싶었다. 그것이 어떤 것인지 생각해 보는 것이 아니라." 격렬한 행동에 사로잡힌 지식인인 헤밍웨이는 현실적인 인간이었다. 「토론토 스타」의 통찰력 있는 동료는 약관의 나이인 그를 이렇게 요약했다. "무척 예민한 감수성과 폭력에 몰두하는 성향이 매우 기묘하게 결합된 그와 같은 사람은 일찍이 지구상에 없었다." 그는 특히 아버지가 했던 야외오락 모두와 스키, 심해 고기잡이, 맹수 사냥, 그리고 전쟁과 같은 부가적인 활동들을 즐겼다. 그가 수시로 보여 준 용기에 대해서는 의심의 여지가 없다. 「뉴욕 타임스」의 기자 허버트 매튜스는 1938년 에브로강 전투에서 급류에 휘말려 익사할 뻔한 자신을 헤밍웨이가 비범한 강인함을 보여 주면서 구해 준 사실을 묘사했다. "그는 위기에 몰렸을 때 좋은 사람이다."33 동아프리카의 사파리에 그를 데려간 백인 사냥꾼들도 비슷한 광경을 목격했다. 게다가 헤밍웨이의 용기는 사려 없이 행해지는 본능적인 용기가 아니라, 사색의 결과로 나온 용기였다. 많은 일화들이 입증했듯, 위험에 대한 헤밍웨이의 감각은 예리했다. 두려움이라는 감정이 어떤 것인지 알았던 그는 자신의 두려움을 정복했다. 겁이라는 감정을 헤밍웨이보다 더 생생하게 묘사한 작가는 없었다. 그는 독자들에게 그의 소설처럼 살고 싶어 하는 욕망을 느끼게 해 주었다.

이것이 헤밍웨이의 행동가 이미지가 그의 명성과 함께 빠르게 퍼진 이유다. 루소 이래의 숱한 지식인들처럼, 자신을 홍보하는 헤밍웨이의 재능은 놀라웠다. 그는 육체적이면서 시각적으로 강렬한 헤밍웨이 페르소나를 창안해 냈다. 그의 페르소나는 낭만주의의 느긋하고 낡고 벨벳처럼 부드러운 이미지를 뒤집어엎었다. 그는 당시의 의용병 복무자들의 차림새를 활용해서 사파리 복장, 탄띠, 장총, 챙 달린 모자, 화약통, 담배, 위스키 등을 그의 사나이다운 매력에 활용했다. 그가 집착했던 것 중의 하나는 실제 나이보다 몇 년 더 늙어 보이는 것이었다. 그는 일찍이 1920년대부터 자신을 "파파"라고 홍보했다. 새로 사귄 여자들은 그의 "딸"이 됐다. "파파" 헤밍웨이는 1940년대 초반에 이미 사진 잡지에서 친숙한 인물이었고, 할리우드의 1급 남자배우들만큼이나 유명했다. 역사상 그 어떤 작가도 그만큼 많은 인터뷰와 촬영 요청을 받은 적이 없었다. 얼마 안 있어 흰 수염이 난 그의 얼굴은 톨스토이보다 유명해졌다.

그런데 헤밍웨이가 자신의 윤리관을 구체화하고 그가 창작한 전설에 맞게 살아가려고 노력한 것은 고행의 연자방아 위에 제 발로 올라선 것이기도 했다. 그는 자신이 연자방아에서 내려오는 것을 죽을 때까지 허락하지 않았다. 그의 어머니가 모성애를 은행 계좌의 형태로 본 것처럼, 헤밍웨이는 자신의 행동 경험을 계좌에 꾸준히 예금하고는 소설을 위해 꺼내 쓰곤 했다. 1917~1918년의 이탈리아 전쟁은 그가 예금한 최초의 거금이었다. 1920년대에 예금의 대부분을 소진한 그는 스포츠와 투우에 광분한 경험을 통해 고갈돼 가는 계좌의 잔고를 맞췄다. 1930년대에는 맹수 사냥으로 쏠쏠한 예금을 했고, 스페인 내전으로 거액을 횡재했다. 그런데 그는 제2차 세계 대전이라는 기회를 활용하는 데는 굼떴고, 그의 뒤늦은 전쟁 개입은 집필 자금에 거의 보탬이 되지 않았다. 이후 그의 주된 예금은 사냥과 고기잡이였다. 맹수 사냥과 투우로 구성된 순회 여행으로 옛날의 발자취를 다시 밟으려는 시도는 열매를 맺지 못하고 우스갯거리로 끝이 났다. 에드먼드 윌슨은 헤밍웨이의 글쓰기와 행동이 대조적이라며 "젊은 달인과 늙은 사기꾼"

이라고 기록했다. 사실 헤밍웨이는 격렬한 취미 몇 가지를 계속해서 즐기기는 했지만, 그가 주장했던 것만큼 많이 즐긴 편은 아니었다. 야생을 향한 헤밍웨이의 열정은 상당히 감퇴했다. 그럴 만한 용기만 있었다면, 그는 라이플을 기꺼이 거둬들이고 도서관에 정착했을 것이다. 자신이 처한 상황에 대해 출판업자 찰스 스크라이브너에게 보낸 편지에는 그릇되고 부자연스러우며 허풍 가득한 표현이 슬며시 끼어들었다. "내 50번째 생일을 기념하기 위해……. 섹스를 세 번 하고, 클럽에서 (아주 빠른) 비둘기 표적 열 개를 연달아 쏘고, 친구와 같이 삐삐 에드직 와인 한 상자를 해치우고는 오후 내내 바다에서 월척들을 찾아다녔다네."[34] 참? 거짓? 허풍? 아무도 모른다. 스스로에 대한 헤밍웨이의 설명이나 다른 사람들에 대한 헤밍웨이의 주장은 그런 말들을 뒷받침하는 확증 없이는 어느 것 하나 사실로 받아들일 수 없다. 소설 속 윤리관에서 진실이 굉장한 중요성을 차지함에도 불구하고, 헤밍웨이는 진실은 그의 자아에 봉사하는 충실한 부하가 되어야 한다는 지식인 특유의 믿음을 갖고 있었다. 그는 거짓말하는 것은 작가가 되기 위한 훈련의 일환이라고 생각했고, 때로는 그런 생각을 자랑스레 떠벌렸다. 그는 의식적으로건 무의식적으로건 거짓말을 해 댔다. 매혹적인 이야기 『병사의 고향』의 등장인물 크렙스를 통해 분명히 밝힌 것처럼, 헤밍웨이는 자신이 수시로 거짓말을 한다는 것을 확실히 알고 있었다. 그는 "최상급의 작가들이 거짓말쟁이라는 것은 부자연스러운 일이 아니다"라고 썼다. "그들의 직업의 중요한 부분은 거짓말이나 날조다……. 그들은 종종 무의식적으로 거짓말을 해 대고는 깊이 후회하면서도 그 거짓말을 기억한다."[35] 그런데 헤밍웨이가 전문 작가라서 그렇다고 변명하기 훨씬 전부터 습관적으로 거짓말을 했다는 것을 보여 주는 증거가 있다. 그는 다섯 살 때 길길이 날뛰며 달아나는 말을 혼자 힘으로 막아냈다는 거짓말을 했다. 그는 부모에게 영화배우 매 마쉬와 약혼하게 됐다는 거짓말을 했는데, 그가 그녀를 본 것은 <국가의 탄생>이라는 영화에서 외에는 한 번도 없었다. 그는 캔자스시티의 동료에게 150달러짜리 약혼반지를 세세히 묘사하면서 이 거짓말을 다시 써먹었다. 시장에서 구입한 것이 분명한 물고기를 직접 잡은 것이라고 친구들에게 말했던 열여덟 살 때처럼, 뻔뻔스러운 거짓말의 상당부분은 무안할 정도로 속이 뻔히 들여다보였다. 그는 시카고에서 프로 권투 선수로 활동하던 이야기를 자세하게 털어놓은 적이 있는데, 코가 부러졌는데도 불구하고 계속 싸웠다는 내용이었다. 그는 자신에게 북미 원주민의 피가 흐르고 있다는 얘기를 꾸며 냈고, 심지어는 북미 원주민 딸이 있다고까지 주장했다. 자서전 『파리는 날마다 축제』은 루소의 『고백록』처럼 전혀 믿을 만하지 못하며, 솔직한 말처럼 보일 때 가장 위험한 것이 되었다. 그는 부모와 누이에 대한 거짓말을 해대곤 했는데, 그래야 할 명백한 이유가 없는 경우가 많았다. 그는 여동생 캐럴이 열두 살 때 성도착자 여섯 명에게 강간을 당했다고 말했고(사실이 아니다), 나중에는 그녀가 이혼했으며 심지어는 죽었다고까지 주장했다(그녀는 헤밍웨이가 싫어한 가디너와 결혼해서 행복하게 살았다).[36]

가장 복잡하고 반복된 헤밍웨이의 거짓말은 상당수가 제1차 세계 대전 참전 경험과 관련된 것들이었다. 물론 군인들 대부분은, 비록 용감한 군인일지라도 참전 경험에 대해 허풍을 떨어댄다. 그리고 헤밍웨이의 삶을 어느 정도로 세밀하게 조사해 보느냐 여부는 진실과 뒤섞인 거짓을 얼마만큼 세밀하게 판명해 내느냐와 결부돼 있다.[37] 그렇지만 이탈리아에서 있었던 일들에 대한 헤밍웨이의 날조는 대단히 뻔뻔하다. 우선, 그는 군대에 자원입대했다고 했지만 시력이 나빠서 입대를 거절당했다. 기록에는 이런 얘기가 없고, 그럴 법하지도 않다. 그는 사실상 자신의 선택으로 비전투 요원이 되었을 뿐이다. 그는 신문 인터뷰를 포함한 많은 기회에, 자신이 이탈리아

69보병연대에서 근무하면서 중요한 전투를 세 차례 치렀다고 말했다. 또 정예부대인 아르디티연대에 소속됐다고도 주장했다. 영국군 친구인 "친크" 도먼 스미스에게는 자신이 그라파산 돌격전을 이끌었으며, 전투 동안 중상을 입었다고 말했다. 스페인 내전의 전우였던 구스타보 듀란 장군에게는 처음에는 중대를, 그다음에는 대대를 지휘했다고 말했는데, 그때 그의 나이는 열아홉 살에 불과했다. 그는 실제로 부상을 당했다(이에 대해서는 의문의 여지가 없다). 그렇지만 부상을 입은 상황과 부상의 종류에 대해서는 거듭 거짓말을 했다. 그는 음낭에 한 번도 아니고 두 번이나 총을 맞았다는 이야기를 꾸며내고 자기 고환을 베개 위에 놓아 두었다고 말했다. 그는 자신이 기관총에 두 번이나 맞아 나가떨어졌고, 45구경 탄환을 32번이나 맞았다고 말했다. 그가 죽을 것이라고 믿은 수녀들이 가톨릭 세례를 베풀었다는 이야기는 보너스였다. 이 모든 설명은 진실이 아니다.

전쟁은 헤밍웨이의 내부에 숨어 있던 거짓말쟁이를 끌어냈다. 스페인에서 매튜스의 뛰어난 특파원 활동을 시기한 그는 테루엘 전선에 대한 거짓말투성이 원고를 고국에 보냈다. "전투에 대한 첫 기사를 매튜스보다도 열 시간 앞서 뉴욕에 송고한 후, 부대로 돌아와 보병 연대와 함께 전면 공격을 하는 폭파 중대와 세 개 연대의 뒤를 따라 마을에 들어가서 열을 지어 행군하다가, 돌아와서는 정말로 경이적인 시가전 이야기를 송고할 준비를……."[38] 그는 1944년에 파리를 해방시킨 최초의 인물이 됐다는 거짓말도 했다. 섹스도 그에게서 거짓말쟁이를 끌어냈다. 그가 종종 꺼내곤 했던 이탈리아 이야기 중 하나가 시칠리아의 호텔 여주인이 옷을 감춰 놓는 바람에 1주일간 그 여자와 정을 통해야만 하는 성적 포로가 됐다는 것이었다. 그는 버나드 베렌슨(많은 거짓말투성이 편지의 수신인이었다)에게 『해는 또 다시 떠오른다』를 완성한 후 여자를 불러들였는데 아내가 갑자기 돌아오는 바람에 여자를 지붕을 통해 몰래 빼돌려야만 했다고 말했다. 진실이라고는 눈곱만치도 없는 이야기다. 그는 1925년 팜플로나에서 있었던 시기심에서 비롯된 "유대인 (헨리) 로엡"과의 유명한 싸움에 대해서도 거짓말을 했다. 총을 든 로엡이 그를 쏘겠다고 협박했다는 얘기였다(이 사건은 『해는 또 다시 떠오른다』에서 변형됐다). 그는 결혼과 이혼, 이혼 합의 사항에 대해서도 거짓말을 했는데, 거짓말의 상대는 관련된 여자들과 그의 어머니였다. 셋째 아내 마사 겔혼에게 했던, 그리고 그녀에 대해 다른 사람에게 했던 거짓말은 특히 뻔뻔했다. 그녀는 그를 "뮌하우젠* 이후로 제일가는 거짓말쟁이"라고 간단히 정의했다. 다른 소설가 — 거짓말쟁이처럼 헤밍웨이도 그릇된 단서를 남겼다. 그의 가장 인상적인 작품들의 일부는 내용적으로 자전적인 이야기로 보이지만, 순수한 창작물일지도 모른다. 말할 수 있는 것은 헤밍웨이가 진실을 조금도 존중하지 않았다는 것이 전부다.

결과적으로 그는 "저열하고 부정직한 10년간"인 1930년대를 살아가는 데 적절한 인물이자, 그 시대를 살아갈 준비가 돼 있는 인물이었다. 헤밍웨이의 정치적 신념은 일관성을 보인 적이 한 번도 없다. 그의 윤리관은 사실상 개인적인 충성심에 대한 것이다. 한때 그의 친구였던 도스 파소스는 젊은 시절의 헤밍웨이를 "내가 만난 사람 중에서 정치적 주장을 폭로하는 데 있어서 가장 날카로운 두뇌의 소유자의 한 사람"으로 여겼다.39 그렇지만 이 주장에 대한 증거를 찾기란 그리 쉽지 않다. 헤밍웨이는 1932년 선거에서 사회당 후보 유진 뎁스를 지지했다. 그런데 1935년 무렵에 그는 대부분의 이슈에서 공산당의 노선을 적극적으로 옹호하는 인물이 돼 있었다. 그는 1935년 9월 17일 공산당 기관지 「신대중」에 기고한 과격한 논설 「누가

---

* 18세기의 유명한 허풍쟁이 독일 남작

노병들을 죽였는가?」에서, 연방 프로젝트에 고용된 군인 출신 철도 노동자 450명이 플로리다에 닥친 허리케인으로 사망한 문제를 두고 정부를 비난했다. 전형적인 공산당의 선전선동이었다. 1930년대 내내 헤밍웨이의 시각은 공산당이야말로 반파시스트 성전聖戰을 이끌 정당하고 믿음직스러운 유일한 지도자이며, 공산당을 비판하거나 공산당의 통제를 벗어난 활동에 참여하는 것은 배신 행위라는 것이었던 듯하다. 그는 반공 노선을 취한 사람은 누가 됐건 "바보 아니면 악당"이라고 말했다. 그는 『에스콰이어』가 창간한 새로운 좌파 잡지 『켄』이 공산당 선전물이 아니라는 것을 알고 난 후, 『켄』의 발행인란에 그의 이름이 오르는 것을 허락하지 않았다.

스페인 내전에 대한 반응도 이런 접근 방식을 따랐다. 소설가의 관점에서 스페인 내전을 소설 소재의 출처로 본 그는 내전을 반겼다. "작가에게 있어 내전은 최고의 전쟁이며, 가장 완벽한 전쟁이다."[40] 그런데 충성심의 갈등, 관습의 위력, 정의의 개념 차이에 관한 세밀한 그의 윤리 규범의 관점에서 볼 때, 기이하게도 그는 전쟁에 대한 공산당의 조잡한 노선을 시종일관 받아들였다. 그는 전선을 네 차례(1937년 봄과 가을, 1938년 봄과 가을)나 방문했는데, 뉴욕을 떠나기도 전에 내전의 성격을 완전히 규정한 상태였고, 도스 파소스, 릴리언 헬먼, 아치볼드 매클리시와 함께 선전 영화 <화염 속의 스페인>을 찍기로 이미 서명을 한 상태였다. 그는 "내가 지주들과 더불어 술을 마시고 비둘기 사냥을 다닐 때조차도, 나의 마음은 늘 부재지주에 맞선 피착취 노동 계급 편이었다"고 썼다. 공산당은 "이 나라의 인민"이고 전쟁은 "인민"과 "부재지주, 회교도, 이탈리아인과 독일인" 사이의 투쟁이었다. 그는 전쟁에 관련된 사람들 중에 "가장 훌륭한 사람들"인 스페인 공산당을 좋아하고 존경한다고 밝혔다.[41]

공산당 노선에 발맞춰서 소련의 역할, 특히 스페인 공화국의 피로 물든 내부 정파 싸움의 과정에서 스페인 공산당에게 잔인한 짓을 지시한 소련의 역할에 대한 선전을 억제한다는 것이 헤밍웨이의 노선이었다. 이로 인해 그는 도스 파소스와 불명예스러운 절교를 해야 했다. 파소스의 통역 호세 로블레스는 존스 홉킨스대학 교수 출신으로, 전쟁 발발과 함께 공화국군에 합류한 인물이었다. 그는 무정부주의 조직인 POUM의 지도자 안드레스 닌의 친구였다. 로블레스는 스페인에 파견된 소련 군사사절단의 단장 얀 안토노비치 베르친 장군의 통역이기도 했기 때문에, 마드리드 국방성을 다루는 모스크바의 비밀을 일부 알고 있었다. 베르친을 살해한 스탈린은 스페인 공산당에게 POUM도 해체하라는 지시를 내렸다. 닌은 고문을 받다 죽었고, 파시스트 행위를 했다는 죄목으로 체포된 수백 명도 처형당했다. 로블레스는 일단 간첩죄로 체포된 후 비밀리에 총살당했다. 도스 파소스는 실종된 로블레스를 염려했다. 자신은 정치 문제에 있어 노련하지만 도스 파소스는 세상물정 모르는 풋내기라고 생각한 헤밍웨이는 걱정하는 그를 비웃었다. 헤밍웨이가 머물던 마드리드의 게일로드호텔은 공산당 실력자들이 자주 드나들던 곳이었다. 헤밍웨이는 친구 페페 킨타니야(훗날 공산당이 집행한 대부분의 처형에 책임이 있는 인물이라는 사실이 밝혀졌다)에게 무슨 일이 생긴 것인지 물었다. 헤밍웨이는 로블레스가 아직 건강하게 살아 있으며, 체포된 것은 확실하지만 공정한 재판을 받게 될 것이라는 설명을 들었다. 헤밍웨이는 이것을 믿었고 도스 파소스에게 그대로 전했다. 사실 로블레스는 이미 사망한 상태였다. 헤밍웨이가 (마드리드에 막 도착한 기자로부터) 뒤늦게 사실을 알았을 때, 그는 도스 파소스에게 로블레스는 유죄가 확실하고, 그렇지 않다고 생각하는 것은 바보뿐일 것이라고 말했다. 몹시 괴로워한 도스 파소스는 로블레스의 유죄 인정을 거부하면서 공산당을 공개적으로 비난했다. 이것은 헤밍웨이의 도스 파소스 비난으로 이어졌다. "현재 스페인에서는 자네가 편들었던 사람들과 파시스트 사이에 전쟁이 벌어지고 있어. 자네가 공산당을 증오한다는 이유로 지금도 여전히 전쟁터에서 싸우고 있는 사람들에 대한 자네의 비난을 정당화하려는 생각이라면, 자네가 최소한 사실만큼은 제대로 알려고 애를 써야 한다는 게 내 생각일세." 그런데 나중에 밝혀졌듯 도스 파소스는 사실을 제대로 알았다. 세상물정 모르는 순진한 얼간이는 헤밍웨이였다.[42]

　헤밍웨이는 전쟁이 끝나고 한참 후까지 그런 상태로 남아 있었다. 공산주의를 위한 그의 활동은 1937년 6월 4일에 클라이맥스에 달했다. 그날 그는 미국 공산당이 전위 조직을 통해 뉴욕 카네기홀에서 개최한 제2차 작가 대회에서 연설을 했다. 헤밍웨이의 연설 요지는 작가들이 진실을 말하는 것을 허용하지 않는 유일한 체제인 파시즘에 맞서 투쟁해야만 한다는 것이었다. 지식인들은 스스로 스페인에 가서 무슨 일이든 해야 할 의무가 있었고, 안락의자에서 교조적 관점만 주장하는 것을 중지하고 당장 싸움을 시작해야만 했다. "전쟁을 연구하고 싶어 하는 작가들이 달려가야 할 전쟁이 지금도 존재하고, 앞으로도 오랫동안 존재할 것이다."[43]

　헤밍웨이는 확실히 얼간이였다. 그렇지만 자신이 거짓에 동참하고 있다는 것을 그도 역시 알고 있었다. 스페인 내전을 다룬 『누구를 위하여 종은 울리나』를 보면 그가 공화국이 주장하는 대의의 어두운 부분을 알고 있었고, 스페인 공산당에 대한 진실도 일부 알고 있었을 것임이 분명하기 때문이다. 그런데 그는 전쟁이 끝난 후인 1940년까지는 책을 출판하지 않았다. 내전이 지속되는 동안, 헤밍웨이는 조지 오웰의 『카탈로니아 찬가』를 발매 금지시키려 한 사람들과 동일한 노선을 견지했다. 진실이 정치적 편의와 군사적 형편의 뒤쪽 저 멀리에 뒤처져서 따라온 셈이었다. 작가 대회에서 행한 연설은 완전한 사기였다.

헤밍웨이가 "전쟁을 연구하자"는 자신의 충고를 따를 의향을 조금도 내비치지 않았다는 것 역시 이상한 일이다. 미국이 나치즘에 맞선 성전에 본격적으로 참전하기 시작한 1941년에 헤밍웨이는 성전에 합류하지 않았다. 이즈음, 그는 쿠바의 아바나 외곽에 있는 핀카 비히아에 집을 얻었는데, 그 집은 여생 동안 그가 주로 머문 곳이 됐다. 20세기 최고의 베스트셀러 중 하나가 된 『누구를 위하여 종은 울리나』의 성공은 엄청난 수입을 안겨 줬고, 그는 그가 좋아하는 스포츠와 심해 고기잡이 같은 취미를 즐기면서 부를 누리고 싶어 했다. 그 결과로 "사기꾼 경찰서"로 알려진 남부끄러운 또 다른 에피소드가 탄생했다.[44]

　　헤밍웨이는 대도시의 암흑가, 특히 스페인어권 국가의 암흑가에서 친구를 사귀려는 성향이 강했다. 그는 투우사, 선창가 카페의 단골, 뚜쟁이, 매춘부, 임시고용 어부, 경찰 끄나풀 등과 같은 모호한 캐릭터들을 사랑했는데, 그들은 헤밍웨이가 제공하는 공짜 술과 팁에 우호적인 반응을 보였다. 1942년 전시의 아바나에서 헤밍웨이는 파시스트들이 금방이라도 정권을 탈취할 것 같다는 위기감에 사로잡히게 됐다. 그는 쿠바에 거주하는 스페인 출신 주민 30만 명 가운데 1만 5,000에서 3만 명가량은 "열성적 팔랑헤 당원"이라고 주장했다. 그들이 폭동을 기획해서 쿠바를 미국 코앞의 나치 전초기지로 만들 수도 있었다. 게다가 그는 독일 잠수함들이 쿠바 해저를 돌아다닌다는 신뢰할 만한 정보를 얻었다고 밝히면서, 잠수함 1,000척이면 반란을 도울 나치 정예부대 3만 명을 쿠바에 상륙시킬 수 있다는 계산을 뽑아냈다. 그가 이런 환상적인 생각을 진심으로 믿었는지는 알 수 없다. 헤밍웨이는 어떤 것이든 쉽게 믿어 버리는 성향을 은폐하기 위해 평생토록 천박한 궤변을 늘어놓았다. 그가 에르스킨 칠더의 스파이 소설 『사막의 수수께끼』에서 영향을 받았을 수도 있다. 그는 돈 많은 술친구이자 스포츠 친구인 미국 대사 스프루일 브라덴에게 뭔가를 해야만 한다고 설득했다.

헤밍웨이가 제안한 것은 그가 암흑가에 있는 그의 애국자 친구들 중에서 일군의 요원을 뽑아서 지휘해야 한다는 것이었다. 그들이 파시스트 용의자를 감시하는 동안, 그는 그의 심해 모터 순양함에 적절한 무장을 해서 U보트가 몰려들 것 같은 지역을 순찰하면서 U보트를 수면에 떠오르도록 유인하는 시도를 하겠다는 것이었다. 브라덴은 그 계획을 승인했을 뿐 아니라, 나중에는 자신에게도 공이 있다고 주장하기까지 했다.[45] 그 결과 헤밍웨이는 매월 1,000달러를 받아서 그가 카페에서 선발한 전임 요원 여섯 명과 비밀요원 20명에게 지불했다. 더 중요한 것은 엄중한 배급이 이뤄지던 시절에, 중형 기관총을 설치하고 수류탄을 실은 보트를 몰기 위해 매달 휘발유 122갤런을 받았다는 것이다.

"사기꾼 경찰서"의 존재는 아바나의 술꾼들 사이에서 헤밍웨이의 위신을 높여 줬지만, 경찰서가 파시스트 스파이를 단 한 명이라도 색출했다는 증거는 없다. 우선, 헤밍웨이는 자극적인 보고서에 더 많은 대가를 지불하는 초보적인 실수를 저질렀다. 이 라이벌 무리를 부정적으로 바라본 FBI는 헤밍웨이 무리들이 만들어내는 것은 하나같이 "선정적인 등장인물이 등장하는 모호하고 근거가 없는 보고서로 (⋯) 그의 데이터는 한결같이 값어치 없는 것"이라고 워싱턴에 보고했다. FBI의 반감을 알고 있던 헤밍웨이는 FBI 요원들은 모두 아일랜드 혈통이고 가톨릭이며 프랑코 지지자이고 "징병 기피자"라고 맞받아쳤다. 스파이 이야기라고는 도무지 믿어지지 않는 우스꽝스러운 사건들도 있었다. 헤밍웨이의 요원 중 한 명이 작성한 바스크 술집의 "수상한 꾸러미"에 대한 보고서 같은 사건이었는데, 이 꾸러미는 싸구려 책 『아빌라의 성 테레사의 일생』으로 밝혀졌다. U보트 색출을 위한 순찰은 헤밍웨이가 낚시를 하는 데 쓸 기름이 필요했던 것이라는 비판자들의 관점을 강화시켰다. 다음은 어느 목격자의 기록이다. "그 사람들은 손가락 하나 까딱 안했어요. 아무 짓도 안했다고요. 그냥 여기저기 돌아다니면서 재미난 시간만 보냈죠."

이 에피소드는 헤밍웨이가 벌였던 가장 난폭한 싸움 중 하나로 이어졌다. 듀란 장군은 헤밍웨이가 스페인에서 가장 존경한 사람 중 하나로, 『누구를 위하여 좋은 울리나』에서 ("마뉴엘"로 등장하여) 헤밍웨이의 주인공 로버트 조던을 격려한다. 듀란은 헤밍웨이가 바라던 모든 것—지식인에서 최고의 전략가로 변신한—을 성취한 인물이었다. 그는 음악가로, 파야와 세고비아의 친구였다. 그리고 전쟁에 휘말리기 이전에는 스페인 엘리트의 일원이었다. "현대의 전쟁"은 "지식을 요구하며, 전쟁은 지식인이 할 일이다……. 또한 전쟁은 시, 비극적 시다"라는 것이 그의 관점이었다.[46] 헤밍웨이는 이런 관점에 매료됐다. 1934년에 스페인군에서 전역한 듀란은 내전 발발 초기에 군에 소집된 후 빠른 시일 내에 걸출한 장성이 됐고, 결국에는 군단을 지휘하기에 이르렀다. 공화국이 붕괴한 후, 듀란은 영국군과 미국군에 자원했지만 결과는 허무했다. "사기꾼 경찰서" 아이디어를 떠올린 헤밍웨이는 영향력을 행사해서 듀란을 미국 대사관에 배속시키고는 계획을 맡겼다. 그 사이 장군과 영국인 아내 본테는 헤밍웨이의 손님으로 핀카에 머물렀다. 그런데 듀란은 작전 전체가 웃음거리에 불과하며 자신은 시간만 허비하고 있다는 것을 재빨리 깨달았다. 그는 다른 일에 지원했고, 그와 동시에 본테와 헤밍웨이의 당시 아내 마사까지 개입된 신랄한 다툼이 벌어졌다. 이들의 긴장은 대사관에서 가진 오찬자리에서 폭발하면서 정점에 달했다. 헤밍웨이는 이후로 듀란과는 말도 하지 않았다. 딱 한 번의 예외는 1945년에 둘이 우연히 만났을 때였다. 헤밍웨이는 코웃음을 쳤다. "전쟁에서 도망치려고 꽤나 수완을 잘 부렸더군요. 그렇죠?"

이것이 헤밍웨이가 한때의 친구들과 벌이곤 했던 분쟁의 특징적 분위기였다. 윤리 규범에서나 소설에서나 우정의 미덕을 찬양한 헤밍웨이는 이상하게도 우정을 오래 지속하기가 어려웠다. 많은 지식인들—예를 들어 루소와 입센—처럼, 헤밍웨이가 동료 작가들과 벌인 다툼은 특히 고약했다. 헤밍웨이는 문학적인 삶의 기준에서 보더라도 다른 사람의 재능과 성공에 대해 유별나게 질투심이 많았다. 1937년 무렵의 헤밍웨이는 알고 지내던 모든 작가들과 싸움을 벌인 상태였다. 주목할 만한 예외가 딱 하나 있는데, 그것은 헤밍웨이가 어떤 사람인지를 대단히 잘 보여 준다. 그가 자서전에서 공격하지 않은 유일한 작가는 에즈라 파운드였다. 헤밍웨이는 시종일관 파운드의 편을 들었다. 처음 만났을 때부터 그는 다른 작가들에 대한 파운드의 이타적인 친절을 존경했다. 어느 누구의 비판도 받아들이지 않던 헤밍웨이였지만 파운드의 날카로운 비판만은 수용했다. 파운드는 1926년에 "뭔 생각을 하는거, 꽃다운 아마추어?"라고 특유의 사투리로 말하면서, 헤밍웨이가 단편집을 또 내는 대신 장편소설을 파고들어야 한다는 예리한 충고를 했다. 그는 자신에게는 현저히 부족하지만 파운드는 갖고 있는 미덕들을 존경하는 듯했고, 작가로서의 재능에 대한 질투심은 전혀 느끼지 않았다.[47] 1945년에 파운드가 추축국들을 위해 300여 차례의 전시 방송을 했다는 죄목으로 반역죄로 처형당할 위기에 놓였을 때, 헤밍웨이는 사실상 그의 목숨을 구했다. 파운드가 공식 기소되기 2년 전에 헤밍웨이는 이렇게 주장했다. "그는 미친 것이 확실하다. 나는 그가 『캔토스』를 쓰던 저 옛날부터 미치광이였다는 것을 여러분이 입증할 수 있을 것이라 생각한다……. 그는 오랜 세월 동안 동료 예술가들에게 사리사욕 없는 관대한 도움을 줬다. 그리고 그는 현존하는 가장 위대한 시인 중 한 사람이다." 헤밍웨이는 파운드를 가스실에서 구해 내서 정신병원에 감금시킨 성공적인 정신병 변론의 책임을

져야 할 사람이다.[48]

헤밍웨이는 조이스와 다투는 것도 피했다. 다툴 기회가 없었거나, 조이스의 작품을 계속 숭배했기 때문일 것이다. 언젠가 그는 조이스를 "현존하는 작가 중에서 내가 존경하는 유일한 작가"라고 불렀다. 그 외에는 온통 슬픈 사연들뿐이다. 그는 포드 매독스 포드, 싱클레어 루이스, 거트루드 스타인, 맥스 이스트먼, 도로시 파커, 해럴드 로엡, 아치볼드 매클리시를 비롯한 많은 작가와 싸웠다. 문학을 놓고 벌인 다툼은 특히나 흉악한 악의를 내뿜었을 뿐 아니라 거짓말하는 성향도 부추겼다. 그가 했던 최악의 거짓말 중 상당수는 다른 작가에 대한 것이었다. 자서전에서 그는 윈덤 루이스를 극악무도한 인물로 그릇되게 묘사했다("루이스는 악을 보여 주지 않는다. 그냥 간악하게 보일 뿐이다……. 그의 눈은 겁탈에 성공하지 못한 강간범의 눈이다"). 루이스가 한때 그에게 가했던 비판에 대한 앙갚음인 것이 분명하다.[49] 같은 책에서 그는 스콧 피츠제럴드와 피츠제럴드의 아내 젤다에 대해서도 일련의 거짓말을 했다. 젤다는 헤밍웨이의 자존심을 건드렸지만, 피츠제럴드는 헤밍웨이를 존경하고 좋아했으며 해가 될 일은 하나도 하지 않았다. 헤밍웨이가 이 연약하고 상처받기 쉬운 영혼을 반복해서 공격한 것은 질투심 때문이 아니라면 이해하기 힘들다. 헤밍웨이에 따르면, 피츠제럴드는 그에게 이렇게 털어났다. "제가 젤다 외에 다른 여자와 동침한 적이 없다는 것을 아시죠……. 젤다는 내 물건이 발기하는 방식으로는 어느 여자도 행복하게 해 줄 수 없을 것이라면서 그것 때문에 자기도 불만이라고 말했어요." 두 사람은 화장실로 갔고, 피츠제럴드는 검사를 받기 위해 물건을 꺼냈다. 헤밍웨이는 너그러운 목소리로 그를 안심시켰다. "자네는 완벽하게 정상이야." 이 에피소드는 허구로 보인다. 헤밍웨이가 벌인 가장 사악한 싸움은 도스 파소스와의 사이에서 있었다. 그들의 오랜 친분을 생각하면 꽤나 고통스러운 싸움이었다. 최초의 동기는 질투심 때문이었을 것이다. 도스 파소스는 1936년에 「타임」지의 표지모델이 됐다(헤밍웨이는 1년을 더 기다려야만 했다). 그리고는 스페인의 로블레스 사건이 뒤를 이었고, 뉴욕에서 도스 파소스와, 헤밍웨이가 그보다 더 오래전부터 사귄 파소스의 아내 케이티와 벌인 싸움이 그 뒤를 따랐다. 헤밍웨이는 도스 파소스를 돈을 빌리고는 갚는 법이 없는 건달이라고 불렀고, 그의 아내를 도벽이 있다고 몰아붙였다. 도스 파소스의 포르투갈 혈통과 사생아로 태어났다는 출생에 관한 소문을 들먹이며 조롱했다. 헤밍웨이는 이런 비방을 『가진 자와 못 가진 자』(1937)에 집어넣으려고 했지만, 출판업자의 법적 충고에 따라 해당 부분을 잘라내야만 했다. 그는 1947년에 윌리엄 포크너에게 도스 파소스를 "끔찍한 상놈(사생아로 태어났다는 이유에서)"이라고 말했다. 도스 파소스는 그에 대한 보복으로 『선택받은 나라』(1951)에서 헤밍웨이를 밉살스러운 조지 엘버트 워너로 그렸다. 이에 대해 헤밍웨이는 도스 파소스의 처남 빌 스미스에게 자신이 쿠바에서 "사나운 개와 고양이들을 집단으로 키우면서 친구에 대해 거짓말을 써대는 포르투갈인 사생아를 공격하도록 훈련을 시킨다"고 기별을 보냈다. 그는 도스 파소스를 향한 마지막 독설을 『파리는 날마다 축제』에 풀어 놨다. 도스 파소스는 제럴드 머피 같은 상어들을 먹이 있는 곳으로 유인하는 못돼먹은 방어 같은 사람이고, 헤밍웨이의 첫 결혼을 망치는 데 성공한 사람이었다.[50]

마지막 주장은 명백한 거짓이다. 헤밍웨이는 결혼을 망치는 데 다른 사람의 도움이 전혀 필요치 않았기 때문이다. 그의 소설에는 이해심이 뛰어난 여성들이 자주 등장한다. 헤밍웨이와 키플링의 공통점은 예기치 못했던 고도로 효과적인 장면을 여성의 관점에서 묘사하면서 그들의 남성적인 접근 방식을 다양하게 변화시키는 재능이다. 헤밍웨이는 여성다움을 성찰하기 위해 온갖 일을 다해 봤다. 심지어 헤밍웨이는 복장 도착자나 성전환자의 분위기까지 풍겼다. 그는 머리카락, 특히 여자의 단발에 집착했다. 그는 이런 성향을 그에게 남자 옷 입히기를 거부하고, 그의 머리를 너무한다 싶을 정도로 오랫동안 깎아 주지 않았던 어머니 탓으로 돌렸다.[51] 그렇지만 완전한 복종에 기초한 관계가 아니라면, 헤밍웨이는 여자들과 품위 있는 관계를 장기간 맺는 것을 어려워했다. 그가 가족 중에서 유일하게 좋아했던 여자는 여동생 우르술라였다. 그는 그녀를 "우리 사랑스러운 동생 우라"라고 불렀는데, 이유는 그녀가 그를 아주 좋아했기 때문이었다. 1950년에 그는 친구에게 1919년에 그가 전쟁에서 돌아왔을 때, 당시 열일곱 살이던 우르술라가 "항상 내 방으로 나 있는 3층 계단에서 나를 기다리면서 잠들어 있었다"고 말했다. "그 애는 내가 집에 오면 깨어 있고 싶어 했어. 남자가 혼자서 술을 마시는 건 몹쓸 일이라고 들었기 때문이었지. 그 애는 내가 잠이 들 때까지 나보다 조금 약한 술을 마셨어. 그리고는 밤중에 내가 외롭지 않도록 나하고 같이 잠을 잤지. 우리는 늘 불을 켜 놓고 자는데, 그 애는 가끔 내가 잠이 들었는지 아닌지를 보기 위해 불을 끄기도 했어. 그랬다가 내가 깨 있으면 다시 불을 켰지."[52]

이것은 여자들이 자기에게 어떤 행동을 해 줘야 하는지에 대한 헤밍웨이의 이상적 관념을 반영한 창작물일 것이다. 그런데, 사실이든 아니든 그는 그런 순종적 관계를 현실 세계의 어른의 삶에서는 찾아내지 못했다. 20세기 미국 사회의 기준으로 보면, 그의 네 아내 중 셋은 이상할 정도로 노예근성이 있었다. 그렇지만 그는 그것으로는 충분치 않았다. 그는 꾸준히 변화하는 다양한 드라마를 원했다. 첫 아내 헤이들리 리처드슨은 그보다 여덟 살 연상이었고 꽤나 부자였다. 그는 책이 상당량 팔려나가기 전까지는 아내의 돈으로 생계를 꾸렸다. 그녀는 상냥하고 고분고분한 여자로, 헤밍웨이의 첫 아이

잭("범비")을 임신해서 몸이 불기 전까지는 매력적이었다. 그런데 그녀의 살은 해산 후에도 빠지지 않았다.[53] 헤밍웨이는 그녀가 보는 앞에서 다른 여자와 놀아나면서도 조금의 가책도 느끼지 않았다. 예를 들어, 『해는 또 다시 떠오른다』에 브렛 애실리로 그려지는 악명 높은 레이디 트위스덴은 본명이 도로시 스머스웨이트이며, 몽파르나스의 바람둥이로 헤밍웨이가 해럴드 로엡과 다투게 된 계기를 제공했다. 헤이들리는 이런 굴욕을 감내했으며, 훗날에는 섹시하고 날씬하며 돈이 많은 폴린 파이퍼와의 불륜도 참아 냈다. 파이퍼의 아버지는 아칸소에서 으뜸가는 지주이자 곡물상이었다. 헤밍웨이에게 푹 빠진 폴린은 사실상 그를 유혹했다. 사랑에 빠진 두 사람은 "3인용 아침 식탁"을 차리는 것을 허락해 달라며 헤이들리를 설득했다. 헤이들리는 1926년에 주앙-레-뺑에서 쓴 편지에 "빨랫줄에 걸린 젖은 목욕 가운 세 벌, 자전거 세 대"라고 씁쓸하게 적었다. 이것으로도 만족할 수 없게 된 그들은 헤이들리를 별거로, 그다음에는 이혼으로 몰아넣었다. 그녀는 이혼을 받아들이면서 헤밍웨이에게 편지를 썼다. "좋을 때나 궂을 때나 당신을 사랑했어요(진심이에요)." 그녀는 관대하게 이혼에 합의해 줬고, 기쁨에 겨운 헤밍웨이는 그녀에게 느끼한 단어들을 동원한 편지를 썼다. "범비가 누리는 최대의 행운은 당신 같은 엄마를 가졌다는 것이오……. 당신의 솔직한 생각, 머리, 마음과 너무나 사랑스러운 손을 나는 정말로 사모하오. 내가 당신에게 준 너무 큰 상처를 치유해 달라고 하느님께 늘 기도하겠소. 당신은 내가 지금껏 알았던 중에 가장 훌륭하고 참되고 사랑스러운 사람이오."[54]

이 편지가 조금이라도 정직한 편지가 된 것은 그가 헤이들리가 고상하게 처신했다고 판단했기 때문이다. 헤밍웨이는 이런 생각에서, 폴린과 결혼하기 직전부터 헤이들리의 고결함에 대한 전설을 그려내기 시작했다. 헤이들리의 전혀 실리적이지 않은 이혼 방식을 주목한 폴린은 헤밍웨이의 다음

번 이혼은 그리 운이 좋지 않을 것이라고 다짐했다. 그녀는 재산을 이용해서 그들의 삶을 더욱 윤택하게 만들었다. 플로리다의 키웨스트에 멋진 집을 구입해서 아름답게 꾸몄는데, 헤밍웨이는 이곳에서 그가 빠져들게 된 심해 고기잡이를 배웠다. 그녀는 아들 패트릭을 낳았다. 그런데 그녀가 둘째(그레고리)를 가진 1931년에 그들의 결혼 생활은 내리막길을 걷고 있었다. 이즈음에 아바나를 좋아하게 된 헤밍웨이는 그곳에서 불그스름한 금발머리 여자 제인 메이슨과 살림을 차렸다. 쿠바 소재 팬아메리칸 항공사 사장의 아내인 메이슨은 헤밍웨이보다 열네 살 어렸다. 그녀는 가냘프고 예뻤다. 헤밍웨이의 술친구들과 어울리는 것을 즐긴 대단한 술꾼이었으며 1급 스포츠우먼이었는데, 나중에는 무모한 속도로 스포츠카를 몰았다. 그녀는 많은 면에서 헤밍웨이가 바란 이상적인 여성이었다. 그렇지만 그녀는 복잡한 삶을 추스르지 못하는 우울증 환자이기도 했다. 자살을 기도한 그녀는 허리를 다쳤고, 헤밍웨이는 이 시점부터 그녀에게서 관심을 잃었다.

그동안 폴린은 남편을 되찾기 위한 필사적인 조치들을 취하고 있었다. 그녀는 헤밍웨이에게 보낸 편지에서 아버지가 그녀에게 상당한 액수의 돈을 줬다고 밝혔다. 그도 돈을 바랐을까? "돈이 한도 끝도 없이 많아요……. 저한테 바로 알려 주세요. 다른 여자를 얻지는 말구요. 당신의 사랑하는 폴린." 그녀는 키웨스트에 그를 위한 수영장을 짓고는 편지를 썼다. "당신이 여기 와서 내 침대에서 잤으면 좋겠어요. 내 목욕탕도 같이 쓰고 내 위스키도 마셨으면……. 사랑하는 파파, 될 수 있는 한 빨리 집으로 오세요." 그녀는 성형수술을 받았다. "큰 코, 불완전한 입술, 튀어나온 귀, 사마귀하고 기미를 쿠바에 가기 전까지 모두 바로잡을 거예요." 어두운 색이었던 머리도 화려하게 염색했는데, 결과는 비참했다. 여하튼 그녀의 쿠바 여행은 효험이 없었다. 헤밍웨이는 그녀의 이름을 따서 지은 보트에 그녀를 호위해서 태우려고 하지 않았다. 그는 『가진 자와 못 가진 자』에서 경고장을 발부했었다. "당신이 남자에게 잘해 주고, 당신이 그를 사랑한다는 것을 그 남자에게 더 많이 보여 줄수록, 그 남자는 당신을 더 빨리 식상해할 거요." 그의 진심이었다. 게다가 그는 죄책감을 느끼면서도 그 죄책감을 다른 사람에게 전가하는 식의 반응을 보이는 사람이었기 때문에, 이제는 첫 결혼의 파탄의 책임을 폴린에게 물었고 그 결과 그녀에게 닥쳐올 모든 일을 당해 마땅한 여자로 간주했다.

열정적인 기자이자 작가이고, (헤이들리처럼) 명문 브린 모어대학에서 교육을 받은 마사 겔혼은 헤밍웨이가 섭렵한 대부분의 여자들처럼 안정적인 중서부 중상류층 집안 출신이라는 점에서 간택됐다. 늘씬한 그녀는 다리가 근사하고 길었으며, 파란 눈동자에 금발이었다. 헤밍웨이보다는 열 살 가량 어렸다. 헤밍웨이는 1936년 12월에 키웨스트의 슬로피 조의 술집에서 그녀를 처음 만났다. 그리고 이듬해 스페인에 같이 가자며 그녀를 초대했다. 그녀는 초대에 응했고, 눈이 휘둥그레지는 경험을 했다. 헤밍웨이가 거짓말로 그녀를 맞았기 때문에 특히 그랬다. "당신이 여기 오리라는 것을 알았어, 우리 딸내미. 당신이 그래야 한다고 내가 결정했기 때문이지." 그녀도 알게 됐듯, 이것은 사실과는 거리가 멀다. 그는 그녀의 방문을 밖에서 잠가야만 한다고 고집을 부렸다. "그렇게 해야 다른 남자들이 당신을 괴롭힐 수 없을 거야."[55] 그녀는 암보스 문도스호텔에 있는 그의 방이 메스꺼운 난장판이라는 것을 알게 됐다. 그녀는 훗날 이렇게 썼다. "어니스트는 아주 심하게 더럽다……. 내가 알던 남자 중에서 제일 청결의식이 없는 사람 중 하나다." 양파 샌드위치를 좋아하는 식성을 아버지로부터 물려받은 헤밍웨이는 스페인에서는 다양한 지역 특산물로 샌드위치를 만들어서 우적우적 씹어 대다가는 은제 포켓 위스키 병에서 주기적으로 위스키를 들이켜는 것을 즐졌다. 샌드위치와 위스키의 인상적인 결합이었다. 결벽증이 있던 마사가 육체적인 면에서 그를 사랑하게 됐을 것 같지는 않다. 그녀는 헤밍웨이의 아이를 가지는 것을 거부했고, 나중에는 아이를 입양했다("아이를 살 수 있는데도 아이를 가져야 할 필요는 없잖아요. 그게 바로 내가 한 일이에요"). 그녀가 헤밍웨이와 결혼한 주된 이유는 그가 유명 작가이기 때문이었다. 그녀스스로도 유명 작가가 되려고 열심이었다. 그녀는 헤밍웨이의 문학적 카리스마가 그녀를 위해 영향력을 행사해 주기를 바랐다. 그런데 한편에서는 폴린도 남편을 지키기 위해 힘겨운 투쟁을 벌이고 있었다. 헤이들리의 손쉬운 합의에 대해 기억하고 있는 폴린은 이 문제를 어렵게 이끌어 가기를 원했고 따라서 이혼은 한참이나 미뤄지고 있었다. 어느 틈엔가 헤밍웨이는 벌써부터 결혼이 파탄 난 것은 마사 때문이라고 비난을 가하기 시작했다. 친구들은 결혼 초기부터 두 사람이 남들 앞에서 지독히도 싸워댔다고 증언했다.

마사는 헤밍웨이의 아내들 중에서 제일 영리하고 다부진 사람이었다. 두 사람의 결혼이 지속될 가능성은 조금도 없었다. 우선 그녀는 헤밍웨이의 음주와, 음주로 인해 파생된 잔인한 행동들을 강하게 반대했다. 1942년 말에 그녀는 헤밍웨이가 파티에서 술을 마셨기 때문에 운전은 자기가 하겠다고 고집했다. 두 사람은 집으로 오는 길에 이 문제로 논쟁을 벌였고, 헤밍웨이는 손등으로 그녀를 때렸다. 그녀는 값비싼 링컨 자동차의 속도를 줄인 다음, 나무를 향해 곧장 몰고 가서는 차안에 그를 남겨 놓고 내려 버렸다.[56] 추접한 것들도 끼어들었다. 그녀는 그가 쿠바에서 기르는 사나운 수고양이 무리를 굉장히 싫어했는데, 헤밍웨이는 끔찍한 냄새를 풍기는 이놈들이 식탁을 행진하고 다니는 것을 방치했다. 1943년에 헤밍웨이가 집을 비운 사이 그녀는 고양이들을 거세시켰다. 헤밍웨이는 고래고래 소리를 질러댔다. "그년이 내 고양이들을 거세시켜 버렸어."[57] 그녀는 헤밍웨이의 프랑스어 발음을 바로잡으려 들었고, 프랑스 와인에 대한 그의 전문성에 도전했으며, "사기꾼 경찰서"를 조롱하면서 그가 유럽의 전쟁터에 더 가깝게 접근해야만 한다는 암시를 줬다. 마침내 헤밍웨이는 유럽으로 가기로 결심하고는, 간사하게도 그녀가 일하던 「콜리어스」지와 일을 진행하면서 잡지사에서 그녀를 해고하도록 꾸몄다. 그럼에도 불구하고 그녀는 런던으로 그를 쫓아와서는 1944년에 도체스터에 있는 지저분한 숙소에서 그를 찾아냈다. 침대 밑에는 빈 위스키 병들이 뒹굴고 있었다.

그때부터는 계속 내리막길이었다. 쿠바로 돌아온 그는 한밤중에 술을 마시고 침대로 와서 그녀를 깨우곤 했다. "잠을 자려고 할 때마다 그는 겁을 주고 으르렁대고 비웃으면서 나를 깨웠다. 내가 지은 죄는 그가 전쟁터에 없을 때 내가 전쟁터에 있었다는 것이었다. 하지만 그는 그런 식으로 표현하지는 않았다. 나는 아마도 제정신이 아니고, 짜릿함과 위험만을 바랄 뿐이며, 어느 누구도 책임지려 하지 않고, 믿음을 저버린 이기적인 인간이라는 것이다. 그의 말은 결코 끝이 나지를 않았다. 지독하고 추접스러웠다."[58] 그는 으름장도 놨다. "내 옆에서 나랑 놀고 싶어하는 아이를 낳아 줘. 그렇게 해서 나를 가정적인 작가로 만들어 달란 말이야."[59] 그는 「마사 겔혼의 질에 바치는 시」라는 음탕한 시를 썼는데, 그 시에서 마사의 성기를 오래된 보온병의 주름진 목에 비유했다. 그리고는 침대에 끌어들인 여자들 모두에게 그 시를 낭송해 줬다. 그녀는 그가 "매년 비약적으로 미쳐갔다"고 투덜거렸다. "짐승 같은 남편과 노예-주인 관계에서 노예의 삶"을 살던 그녀는 제 발로 집을 나갔다. 헤밍웨이의 아들 그레고리는 이렇게 진술했다. "아버지는 마티를 고문했다. 그리고 마티에게 남아 있는 아버지에 대한 사랑을 아버지가 완전히 파괴했을 때, 그녀는 아버지를 떠났다. 아버지는 그녀가 당신을 버렸다고 주장했다."[60] 그들은 1944년 연말에 갈라섰다. 그녀가 그를 버렸기 때문에 쿠바 법률하에서 헤밍웨이는 그녀의 쿠바 내 재산을 모두 소유했다. 그는 그녀와의 결혼 생활이 "내 인생 최대의 실수"라고 말했다. 그는 베렌슨에게 보내는 장문의 편지에 그녀의 악덕을 길게 늘어놓으면서, 그녀가 바람을 피웠다고 비난했다. 그는 그녀가 사람이 죽는 것을 한 번도 본 적이 없음에도 불구하고 잔혹한 소재로 글을 써서는 해리엇 비처 스토* 이래 그 어떤 여자보다도 더 많은 돈을 벌었다고 말했다. 모두 진실이 아니었다.

헤밍웨이의 네 번째이자 마지막 결혼은 그가 죽을 때까지 유지됐는데, 주된 이유는 이번 결혼의 주인공 메리 웰시가 어떤 일이 벌어지든 끈질기게 매달릴 정도로 단호했기 때문이었다. 미네소타 벌목꾼의 딸인 그녀는 앞서의 아내들과는 출신계급이 달랐다. 그녀는 자신이 결혼한 남자에 대해 조금의 환상도 품을 수가 없었다. 1945년 2월 파리의 리츠에서 그들의 관계가 시작된 바로 그 순간부터 그는 술에 취해 있었다. 그는 그녀의 남편인 호주인 저널리스트 노엘 몽크스의 사진을 우연히 보고는 변기에다 던져 넣은 다음 사진을 향해 기관단총을 쏘아 변기를 박살내고 방을 물바다로 만들었다.[61] 메리는 「타임」의 기자였는데, 마사처럼 포부가 큰 야심가는 아니었지만 근면했고 영리했다. 헤밍웨이가 경쟁자가 아닌 아내-하녀를 원한다는 사실을 깨달은 그녀는 헤밍웨이와 결혼하기 위해 언론 경력을 완전히 포기했다. 그런데도 그녀는 "나는 「타임」지에 실릴 기사를 쓰기 위해 장군들하고 자지는 않았어" 같은 비웃음을 계속 참아내야만 했다.[62] 그는 그녀를 "파파의 포켓 비너스"라고 부르면서 그녀와 섹스한 횟수를 자랑스레 떠들고 다녔다. 그는 한동안 메리를 내팽개친 후였는데도 그가 "전날 밤 그녀에게 네 번이나 생명의 물을 줬기 때문에" 메리를 달래는 것은 쉬웠다고 찰스

---

* 『엉클 톰스 캐빈』의 저자

("벅") 랜햄 장군에게 말했다(헤밍웨이가 사망한 후 랜햄이 그녀에게 이에 대해 묻자, 그녀는 "사실이었으면 좋겠요"라며 한숨을 쉬었다).63

메리는 단호한 여자였고 매니저였다. 그녀에게도 톨스토이 백작 부인의 면모가 있었다. 물론 이즈음의 헤밍웨이는 톨스토이처럼 세계적인 유명 인사였고, 남성미 넘치는 예언자였으며, 음주, 총, 사파리 복장, 그의 이름을 딴 온갖 종류의 캠핑 장비들을 겸비한 실외 생활의 예언자였다. 그는 스페인, 아프리카, 쿠바 등 어디를 가건 친구와 식객, 그리고 가끔은 순회 서커스도 대동했다. 그래도 아바나에서는 조용한 편이었다. 그는 톨스토이처럼 별난 신하들을 거느렸는데, 도덕적으로는 하류 계급에 속했지만 나름대로 헌신적이었다는 점에서는 다를 바가 없었다. 마사 겔혼은 쿠바를 뜨기 전에 "아주 재미있고 달콤한 쿠바의 한 장면"이라고 부른 사건을 기록했다. 헤밍웨이는 "비둘기 사냥과 고기잡이를 하면서 어울렸던, 반쯤은 문인이라 할 친구들로 이뤄진 부유한 사람들 앞에서 『누구를 위하여 종은 울리나』의 구절들을 큰 소리로 읽었다. 청중은 마법에 걸린 것처럼 바닥에 앉아 있었다."64 그렇지만 헤밍웨이의 진짜 삶은 사람을 질색하게 만드는 그의 버릇 덕분에 야스나야 폴랴나보다는 화려함과 품위가 덜했다. 헤밍웨이의 많은 백만장자 친구 중 한 사람의 아내인 두리 셰블린은 1947년의 쿠바 상황에 대한 기록을 남겼다. 작고 누추한 보트는 불편했다. 불결한 고양이들이 핀카를 돌아다녔고 뜨거운 물은 구할 수가 없었다. 술과 땀이 어우러진 악취를 풍기는데다 면도도 하지 않은 헤밍웨이는 그가 터득한 이상한 피진pidgin 영어로 중얼거리면서 "닭똥"이라는 단어를 입에 달고 살았다. 메리는 처리해야 할 일이 굉장히 많았다.

이때도 메리에게 치욕적인 상황이 거듭 일어났는데, 종종은 고의적인 상황이었다. 헤밍웨이는 여자들의 관심을, 특히 매력적이고 유명하며 아첨

잘하는 여자들의 관심을 좋아했다. 욕실에서 그가 면도를 할 때 그를 위해 노래를 불렀던 마를린 "더 크로이트" 디트리히, 로렌 바콜("상상했던 것보다 몸집이 훨씬 크군"), 낸시 "슬림" 헤이워드("달링, 당신은 너무 늘씬하고 아름다워") 등이 그런 여자에 속했다. 버지니아 "지지" 비어텔은 헤밍웨이가 파리의 리츠호텔에서 벌인 요란한 사건의 일원이었다. 메리는 심란한 기록을 남겼다. "내가 지지 비어텔의 방을 나서고 어니스트가 '1분 안에 가겠어' 하고 말한 지 벌써 한 시간 반이 지났다." 마드리드에는 헤밍웨이가 "전투 창녀"라고 부르는 여자들이 있었고, 아바나에는 선창가 매춘부가 있었다. 그는 메리가 보는 앞에서 여자들과 시시덕거리는 것을 즐겼다. 언젠가 헤이들리의 걱정스러운 눈빛 아래서 도로시 트위스텐과 시시덕거렸던 것처럼. 나이를 먹어갈수록 헤밍웨이가 원하는 여자들의 나이는 더욱 어려졌다. 언젠가 헤밍웨이는 말콤 카울리에게 말했다. "나는 내가 자고 싶은 여자들 모두와 섹스를 했고, 자고 싶지 않은 여자들과도 섹스를 했는데, 그들 모두를 뽕 가게 만들었지."[65] 이것은 결코 진실이 아니었다. 제2차 세계 대전 후에는 진실성이 더욱 줄어들어 버렸다. 헤밍웨이는 베니스에서 아드리아나 이반치차라는 불쾌하기도 하고 애처롭기도 한 젊은 여자에게 빠지게 됐는데, 그는 그녀를 전후에 쓴 참담했던 소설『강을 건너 숲속으로』(1950)의 여주인공으로 등장시켰다. 쌀쌀맞은 그녀는 세상사에 둔감한 속물로, 결혼 아니면 결별을 원했다. 그리고 (헤밍웨이의 아들 그레고리가 적은 바에 따르면) "매부리코 어머니가 늘 같이 다녔다." 헤밍웨이는 문학사상 가장 섬뜩한 커플 중 한 쌍이 될 것이 분명한 그녀와의 관계에 정성을 아끼지 않았다. 그는 예술적 야심을 가진 아드리아나를 위해 그녀가 그린『강을 건너』와『노인과 바다』(1952)의 표지 디자인을 받아들이라고 주저하는 출판업자에게 강요했다.『노인과 바다』는 그의 명성을 어느 정도 회복시켜 주면서 노벨상을 안겨 준 책이다. 두 표지 모두 수정해야만 했다. 아드리아나는 메리를 "교양 없다"고 비웃었다. 헤밍웨이 본인의 판단이 메아리친 것이었다. 그는 젊은 여성의 예의범절과 교양 있는 태도를 찬양하면서, 그가 "위안부"나 "넝마주이"라고 부른 메리와 비교하곤 했다.[66]

　1953~1954년 겨울에 있었던 헤밍웨이 최후의 성대한 사파리에서는 더 치욕적인 일이 있었다. 그는 스스로 보기에도 너무 더러워져 있었다. 그의 텐트는 벗어던진 옷가지와 빈 위스키 병이 뒤엉킨 난장판이었다. 개인적인 윤리관과 연계된 이해하기 힘든 이유들 때문에, 그는 원주민 의상을 차려입고 머리를 빡빡 밀고는 마사이 족처럼 오렌지-핑크로 옷을 물들였다. 심지어는 창까지 들었다. 게다가 그는 데바라는 토착 와캄바족 여자를 데리고 잤다. 수렵구 관리인 데니스 자피나가 묘사한 바에 따르면, 데바는 "캠프를 따라다니는 악취 나는 젊은 여자"였다. 그녀와 그녀의 여자 친구, 헤밍웨이가 헤밍웨이의 텐트에서 축하 파티를 여는 동안 침대 하나가 무너져 내렸다. 메리가 적은 일기에 따르면, "낮이나 밤이나 늘 반복적인 대화가 낮은 목소리로 윙윙거렸다."[67] 1959년에는 스페인에서 최후의 성대한 원정이 있었다. 헤밍웨이 패거리는 80개에서 90개의 짐을 끌고는 여름철 투우를 쫓아서 여행을 다녔다. 더블린 건축가의 딸인 발레리 덴비-스미스라는 열아홉 살의 아가씨가 벨기에 통신사의 비상근 통신원 자격으로 헤밍웨이를 인터뷰하러 왔다. 그는 그녀에게 빠졌다. 어쩌면 그녀와 결혼하고 싶어 했는지도 모른다. 그렇지만 메리는 늙은이를 보살피는 데 더 훌륭한 아내였고, 당연히 "석별의 한 잔"을 나눌 마지막 아내였다. 월급 250달러를 받기로 하고 헤밍웨이에게 고용된 발레리는 패거리에 합류해서 헤밍웨이의 귀염둥이가 앉는 자리인 자동차 조수석에 올라탔다. 메리는 뒷자리에 앉았다. 발레리가 무해한 존재라는 것, 그리고 헤밍웨이를 유쾌하게 만들면 폭력을 덜

행사하도록 할 수 있다는 것을 깨달은 메리는 이것을 참아냈다. 헤밍웨이가 사망한 후에도 발레리의 고용관계는 계속됐다(그녀는 결국 그레고리 헤밍웨이와 결혼했다). 그렇지만 그 사건은 그해 여름을 "소름 끼치고 오싹하며 비참하게" 만드는 데 일조했다.[68]

메리는 톨스토이 백작부인보다 인내심이 더 컸던 것일까? 아마 아닐 것이다. 헤밍웨이는 톨스토이와는 달리 가정 지향적이었고, 야생을 향해 훌쩍 떠나려는 의향 같은 것은 없었다는 관점에서 그렇다. 스페인어를 배운 메리는 헤밍웨이의 살림을 잘 꾸려갔고, 그의 스포츠 여행에도 대부분 참여했다. 헤밍웨이는 어느 단계에선가 그녀의 특징들을 정리해 놓은 "현황 리포트"를 작성했다. "뛰어난 낚시꾼, 솜씨가 제법인 총잡이, 튼튼한 수영선수, 정말 훌륭한 요리사, 우수한 와인 감별사, 뛰어난 정원사……. 보트를 몰 줄 알고 스페인어로 집안 살림도 할 줄 안다."[69] 그렇지만 그는 야생 원정에서 그녀가 종종 부상을 입었을 때는 조금의 동정도 보이지 않았다. 그녀는 고통스러운 부상을 당한 후에 그와 나눈 인상적인 대화를 기록했다. "조용히 좀 해." "노력하고 있어요." "군인들은 그러지 않아." "난 군인이 아니에요."[70] 사람들 앞에서 대판 싸운 적도 있었고, 아무도 없을 때 무시무시한 폭력이 자행된 사건들도 있었다. 언젠가 그는 그녀의 타자기를 땅바닥에 내팽개치고 그녀가 아끼는 재떨이를 부쉈으며, 그녀의 얼굴에 와인을 끼얹고는 그녀를 "매춘부"라고 불렀다. 그녀는 그가 그녀를 제거하려고 애를 쓴다면 그녀는 집을 떠나지 않을 것이라고 대꾸했다. "당신이 내가 떠나도록 일부러 못살게 굴려고 노력하면, 당신은 성공할 수 없을 거예요……. 당신이 무슨 말을 하고 무슨 짓을 하건 나를 죽이지는 못할 테니 상황만 복잡해질 거예요. 나는 당신이 술 한 방울 안 마시고 아침에 나한테 와서는, 진짜로 솔직히 내가 떠나는 걸 원한다고 말하는 날이 오기 전까지는 당신의 편카에서 집안 살림을 하면서 계속 머무를 거예요."71 타산적인 헤밍웨이로서는 응할 수 없는 제안이었다.

헤밍웨이가 결혼 생활에서 얻은 자식들은 대체로 말이 없었고, 가끔은 두려움에 떨기도 했다. 어쨌든 그들은 그의 결혼 생활의 목격자였다. 어렸을 때 그들은 헤밍웨이 패거리가 세계를 누비고 다닐 때 유모나 집안 일꾼들에게 맡겨졌다. 보모 중 한 명인 에이다 스턴은 레즈비언으로 알려져 있다. 장남인 범비는 훔친 술로 그녀를 매수했고, 패트릭은 그녀를 지옥에 보내 달라고 기도했다. 반면 막내 그레고리는 그녀가 떠나는 것을 두려워했다.72 그레고리는 결국 아버지에 대해 많은 것을 폭로하는 상당히 신랄한 책을 썼다. 그레고리는 젊은 시절 캘리포니아 경찰과 사소한 마찰에 휘말렸다. 헤밍웨이와 오래전에 이혼한 사이였던 어머니 폴린은 (1951년 9월 30일) 헤밍웨이에게 전화를 걸어 소식을 전하면서 아이를 잘 다독여서 바른 길로 인도해 달라고 부탁했다. 그는 그녀를 비난—"당신이 애를 어떻게 키웠는지 봐"—했고, 그들은 미친 듯이 다퉜다. 폴린은 "전화기를 향해 고래고래 소리를 지르면서 걷잡을 수 없이 흐느꼈다." 그날 밤, 그녀는 심한 복통으로 잠에서 깨어났고, 이튿날 부신종양으로 수술을 받던 중에 56세를 일기로 세상을 떴다. 정신적 스트레스로 인해 지병이 악화된 탓인지도 모른다. 헤밍웨이는 아들의 비행을 탓했다. 아들은 아버지의 분노를 탓했다. "어머니의 몸을 상하게 만든 것은 내가 일으킨 소소한 말썽이 아니라, 어머니가 돌아가시기 전에 여덟 시간을 통화하는 동안 아버지가 했던 잔인한 말이었다." 그레고리는 다음과 같은 내용도 적었다. "건강한 사람이기만 하면 그런 위압적인 사람의 영향력 아래 있는 것도 괜찮다. 그런데 그 사람의 영혼이 말라비틀어졌다면, 그 사람이 풍기는 악취 때문에 죽겠다는 말을 어떻게 꺼낼 수 있겠는가?"73

물론 진실은 헤밍웨이가 말라비틀어진 영혼 때문에 고통을 겪거나 하지 않았다는 것이다. 그는 알코올 중독자였다. 알코올 중독은 그의 인생과 작품에서 정말로 중요하다. 약물 중독이 콜리지의 삶과 작품에서 차지하는 비중만큼이나 말이다. 헤밍웨이는 진행성 알코올 중독의 교과서적인 사례다. 고질적이고 만성적인, 그리고 아마도 부모로부터 물려받은 듯한 우울증으로 인해 촉발된 알코올 중독이 우울증을 악화시키는 악순환이 거듭됐다. 언젠가 그는 매클리시에게 이런 말을 했다. "문제는요, 살아오는 동안에 상황이 정말로 안 좋았을 때, 술 한 잔 탁 털어 넣으면 그 즉시 상황이 나아졌다는 것입니다."[74] 그는 10대 시절에 술을 마시기 시작했다. 동네 대장장이 짐 딜워스가 비밀리에 그에게 사과주를 대 줬다. 그의 버릇을 감지한 어머니는 아들이 알코올 중독자가 될까 봐 늘 두려워했다(그가 어머니와 처음으로 대판 싸운 후로 과음을 하기 시작했다는 주장이 있다). 이탈리아에서는 마시는 술이 와인으로 옮겨 갔다. 그리고 밀라노의 장교 클럽에서 처음으로 독주를 마셨다. 육체적 부상과 불행으로 끝난 연애는 과음을 부추겼다. 병원에 있는 그의 옷장에는 빈 코냑 병들이 그득했는데, 이것은 불길한 징조였다. 1920년대 파리에서 그는 와인협동조합에서 적포도주를 갤런 단위로 구입해서 끼니 때마다 대여섯 병을 마셨다. 그는 스콧 피츠제럴드에게 와인을 병나발 부는 법을 가르쳤다. 그는 병나발이 "계집애들이 수영복 없이 수영하러 가는 것"과 비슷한 것이라고 말했다. 뉴욕에서 그는 『해는 또 다시 떠오른다』를 계약한 후 "며칠 동안 인사불성"이었다고 말했다. 이것이 아마 그가 며칠 동안 떠들썩하게 술을 마신 첫 경우일 것이다. 일반적으로 그는 "들이키게"라는 20줄짜리 노래를 작사한 사람으로 간주되고 있다. 그를 술 사는 데 인색한 인간이라고 비난하는 버질 톰슨 같은 사람들도 일부 있지만, 헤밍웨이는 1950년대 쿠바에서 케네스 타이넌에게 그랬듯이 친구

들이 자기를 등쳐먹는다고 항상 욕을 해 댔다.[75]

헤밍웨이는 여자들과 술 마시는 것을 특히 좋아했는데, 여자들이 어머니의 허락을 대신해 준다고 여겨서 그랬던 듯하다. 그와 엄청나게 많은 술을 마신 헤이들리는 이렇게 적었다. "나를 술꾼으로서 숭앙할 정도라고 했던 당신의 말을 나는 지금도 간직하고 있어요."[76] 아바나에서 그와 1930년대를 함께한 어여쁜 제인 메이슨이 똑같은 불운한 역할을 맡았다. 그는 그녀와 진을 마신 후에 입가심으로 샴페인을 마시고는 얼음을 넣은 다이커리를 커다란 잔으로 마셨다. 그의 음주행각은 쿠바에서 보낸 이 시절부터 통제권을 완전히 벗어났다. 쿠바의 어떤 바텐더는 헤밍웨이가 "내가 아는 그 어떤 사람보다도 마티니를 많이 마신다"고 말했다. 친구 소월드 산체스의 집에서 그는 술 취한 싸움꾼으로 변했다. 창문 밖으로 옷가지를 벗어 던지고는 값나가는 바카라 잔 세트를 박살냈다. 겁에 질린 산체스의 아내는 비명을 지르면서 집사에게 헤밍웨이를 가두라고 애걸했다. 사파리에서 그는 술을 마시기 위해 새벽 다섯 시에 텐트에서 슬금슬금 기어 나왔다. 그의 동생 레이체스터는 1930년대 말엽 키웨스트에서 헤밍웨이가 하루에 스카치 앤 소다를 열일곱 잔 마셨고, 밤에 침대에 들 때 샴페인 병을 들고 간 적도 많았다고 밝혔다.

이 시기에 그는 간이 상해서 생긴 통증을 처음으로 느끼기 시작했다. 의사는 그에게 술을 완전히 끊으라고 충고했고, 그는 저녁식사 전에 위스키 세 잔만 마시는 것으로 주량을 제한하려고 노력했다. 그렇지만 오래 가지는 않았다. 제2차 세계 대전 동안 그의 주량은 꾸준히 늘어났다. 1940년대 중반에 그는 아침 식탁의 찻잔에 진을 부었다고 한다. 1948년에 『코스모폴리탄』을 위해 그를 인터뷰했던 A. E. 호치넌은 더블사이즈의 파파 더블스(아바나에서 그의 이름을 따서 만든 술로, 럼과 그레이프프루트, 마라스키노를 섞은 것이다) 일곱 잔을 재빨리 먹어치운 헤밍웨이가 식사가 끝나고 운전을 하러 가기 전에 여덟 번째 잔을 비웠다고 말했다. 헤밍웨이는 "여기서 하루에 열여섯 잔을 마신 적도 있소"라고 주장했다. 헤밍웨이는 압생트를 마시면서 저녁을 시작한 후, 저녁을 먹으면서 와인을 한 병 뚝딱 해치우고, 보드카로 전환한 다음 "새벽 3시까지 위스키하고 소다를 퍼붓는다"고 출판업자에게 자랑했다. 그가 저녁 전에 먹은 술은 쿠바에서는 럼 위주의 칵테일이었고, 유럽에서는 마티니 위주의 칵테일이었는데, 혼합 비율은 15대 1이었다. 1950년대 초반의 언젠가, 나는 그가 몽파르나스의 돔 카페의 야외 테라스에서 이런 술 여섯 잔을 빠르게 비우는 것을 본 적이 있다─그는 술 마시는 것으로 사람들 눈길을 끌고 싶어 했다. 그의 아침 반주는 진, 샴페인, 스카치, 또는 그의 또 다른 창작품으로 네덜란드산 진과 라임주스를 커다란 잔에 섞은 "멕시코만의 죽음" 중 하나였다. 그리고 그는 그 어떤 술보다도 위스키를 즐겼다. 아들 패트릭은 아버지가 말년 20년 동안 위스키를 하루에 1리터 정도 마셨다고 말했다.

술을 이겨내는 헤밍웨이의 능력은 놀라웠다. 「뉴요커」를 위해 헤밍웨이의 프로필을 쓴 릴리언 로스는 얘기를 나누는 중에도 그가 술에 취했다는 것을 전혀 눈치 채지 못한 적이 많았다. 데니스 자피로는 헤밍웨이의 마지막 사파리에 대해 이렇게 말했다. "그는 내내 취해 있었던 것 같은데, 그런 낌새를 전혀 보이지 않았습니다." 그는 주량을 팍 줄이는, 심지어는 단기간 동안 술을 끊어 버리는 비범한 능력도 보여 줬다. 그는 타고난 건강 체질에 더해진 이런 능력 덕에 연명할 수 있었다. 그렇다고는 해도, 만성적인 알코올 중독은 결국 이겨낼 수 없는 것이었다. 술은 그가 당한 두드러지게 많은 사고의 원인 중 하나이기도 하다. 발터 벤야민은 언젠가 지식인을 "코 위에는 안경을, 마음에는 가을을 얹은" 사람이라고 정의했다. 헤밍웨이는 확실히 마음에 가을을 품고 있었다(한겨울인 적도 자주 있었다). 그렇지만 할 수만 있다면 안경을 되도록 오래 코에서 떼 놓았다. 어머니로부터 시력이 약한 왼쪽 눈을 물려받았음에도 그랬다(어머니 역시 허영심 때문에 안경을 쓰는 것을 거부했다).

그 결과, 그리고 어색할 정도로 큰 그의 체격 때문에, 헤밍웨이는 평생 동안 사고를 달고 살았다. 그가 당한 사고의 목록은 사람들 기를 죽일 만큼 길다.[77] 어렸을 때, 입에 몽둥이를 물고 넘어지는 바람에 편도선이 파여 나갔다. 등에 낚시 바늘이 꽂혔고, 미식축구와 권투를 하느라 몸에서 부상이 떠나지를 않았다. 1918년에 전쟁터에서 폭발로 사고를 당했고, 주먹으로 유리 진열장을 쳤다가 부상을 입었다. 2년 후, 깨진 유리 위를 걷다가 발이 찢어졌고, 보트의 밧줄걸이 위에 넘어져서 내출혈이 일어났다. 뜨거운 주전자를 박살내는 바람에 심한 화상을 입었고(1922), 발목인대가 찢어져 나갔으며(1925), 시력이 괜찮았던 눈의 동공을 아들이 찢어 놓기도 했다(1927). 1928년 봄에는 첫 음주 사고가 일어났다. 집으로 오던 길에 그는 채광창에 달린 끈을 화장실의 물 내리는 끈으로 착각하고 잡아당겨서 커다란 유리 구조물이 통째로 머리 위로 떨어졌다. 그는 뇌진탕을 입고는 아홉 바늘을 꿰맸다. 사타구니 근육이 찢어졌고(1929), 펀치 백을 치다가 검지가 부러졌으며, 말이 날뛰는 바람에 상처를 입었고 자동차 사고로 팔이 부러졌다(1930). 술에 취한 상태에서 상어를 갈고리로 끌어 올리려다가 스스로 쏜 총을 다리에 맞았고(1935), 닫힌 문짝에 발길질을 하다가 엄지발가락이 부러졌으며, 발길질로 거울을 깨다가 시력이 안 좋은 눈의 동공에 상처를 입었다(1938). 1944년에는 필름이 끊긴 상태에서 물탱크로 차를 모는 바람에, 그리고 도랑으로 오토바이를 처박는 바람에 두 차례 뇌진탕을 당했다. 1945년, 메리를 시카고 공항으로 데려다주겠다면서 운전석에 앉겠다고 고집을 부렸다가 길에서 미끄러져 길옆 제방을 박는 바람에 갈비 세 개와 무릎이 부러졌고, 이마에는 함몰상을 입었다(메리는 앞 유리를 뚫고 나갔다). 1949년에는 사자와 장난을 치다가 심하게 할퀴었다. 1950년에는 보트에서 넘어지면서 머리와 다리에 깊은 상처를 입고 동맥이 끊기면서, 다섯 번째 뇌진탕을 당했다. 1953년에 차에서 나가떨어지면서 어깨가 빠졌고, 그해 겨울에는 아프리카에서 일련의 사고를 당했다. 술에 취해 들불을 끄려다가 심한 화상을 입었고, 비행기 사고 두 번으로 인해 또 뇌진탕을 당하면서 두개골이 부서졌고, 허리 디스크 두 곳이 찢겨나갔으며, 내상을 입었고, 간과 비장, 신장이 파열됐으며, 화상을 입었고, 어깨와 팔이 빠졌으며, 괄약근이 마비됐다. 대체로 음주 후에 따라다닌 사고는 계속해서 그를 죽음 직전까지 내몰았다. 울타리를 넘다가(1958), 그리고 또 다른 자동차 사고(1959)로 인대가 끊어지고 발목을 삐었다.

타고난 건강체질에도 불구하고, 알코올중독은 1930년대 후반에 간을 망가뜨리는 것을 시작으로 그의 건강에 직접적인 타격을 가했다. 1949년에 콘티나 담페조에서 스키를 타다가 눈에 조그만 티끌이 들어갔는데, 술과 결합한 이 티끌은 아주 심각한 단독丹毒으로 진행돼서 이후 10년 동안 그를 괴롭혔다. 단독으로 인해 콧날부터 입까지 검푸르면서 작고 빨간 흉터가 생겼다. 1959년 스페인에서 거창한 술판을 벌인 뒤인 이 무렵에, 그의 신장과 간은 심각한 상태였다. 혈액 색소 침착증(청동색 피부, 당뇨병), 발목 부종, 경련, 만성적인 불면증, 혈전과 요독, 피부병 등이 그를 괴롭혔다.[78] 기력을 잃은 그는 너무나 빨리 늙어 버렸다. 그가 아이다호에 구입한 저택 근처를 걷는 모습을 담은 그의 마지막 사진은 많은 이야기를 들려준다. 그렇다고는 해도 그는 여전히 살아서 두 발로 걸어 다녔다. 그런데 그는 그렇다는 사실을 참기가 점점 힘들어졌다. 그의 아버지는 불치병에 대한 공포 때문에 자살했다. 반면, 헤밍웨이는 자신의 질병이 치명적이 아닐 것이라는 사실에 겁을 먹었다. 1961년 7월 2일, 우울증과 편집증을 치료하려는 노력에 여러 차례 실패한 후, 그는 아끼던 영국제 이중총신 엽총에 산탄 2발을 넣고는 두개골 전체를 날려 버렸다.

헤밍웨이는 왜 죽음을 갈망한 것일까? 그것은 작가들 사이에서는 이상한 일이 전혀 아니다. 그와 동시대를 살았고, 동시대 영국 문학계에서 그와 비견될 만한 작가였던 이블린 워 역시 유사하게 죽음을 갈망했다. 그런데 워는 지식인이 아니었다. 그는 자신의 머리로 삶의 법칙들을 개조할 수 있을 것이라고는 생각하지 않았고, 교회의 전통적인 규율에 순종하면서 5년 후 자연사했다. 헤밍웨이는 명예, 진실, 충실함에 바탕을 둔 나름의 규범을 창안했다. 그는 세 가지 모두에 실패했고, 그 실패는 그를 망가뜨렸다. 더욱 심각한 것은 그가 스스로 자신의 예술을 망치고 있다고 느꼈다는 것이다. 헤밍웨이는 극악한 잘못들을 저질렀지만, 단 한 가지 점에서는 부족함이 없었다. 바로 예술적 완벽함이었다. 이 점만큼은 그의 생애 내내 봉화처럼 빛을 발했다. 그는 영어, 그리고 소설을 쓰는 새로운 방식을 창출해 내는 작업을 스스로에게 부여했고, 임무 완수에 성공했다. 그것은 영어의 역사에서 두드러진 일대 사건이었고, 현대인들은 그의 영향력에서 벗어날 수가 없다. 그는 창조적 재능과 에너지, 참을성이라는 어마어마한 자원을 갖고 이 임무에 헌신했다. 그 자체로도 어려운 일이었다. 그런데 더 어려운 것은, 그가 발견했듯이 스스로 설정했던 높은 창조적 수준을 유지하는 것이었다. 1930년대 중반에 분명해진 이런 상황은 그의 습관적 우울증에 짐을 보탰다. 이후로 그가 발표한 몇 안 되는 성공작들은 기다란 내리막길에서 잠시 벗어나는 것에 불과했다. 헤밍웨이의 예술가적 기질이 조금 덜했다면, 그것은 인간 헤밍웨이에게는 별 문제가 되지 않았을지도 모른다. 많은 작가들이 그랬듯이, 그도 열등한 소설들을 쓰고 발표했을 것이다. 그런데 자신이 생각하는 최선의 수준을 밑도는 작품을 집필할 때, 그는 그렇다는 사실을 너무나 잘 알고 있었다. 그리고 그 자각은 그에게는 참을 수 없는 것이었다. 그는 술의 힘을 빌리려 했다. 심지어는 집필 중에도 그랬다. 그가 "럼 세인트 제임스" 잔을 앞에 두고 글을 쓰는 모습이 처음 목격된 것은 1920년대였다. 처음에는 보기 드문 광경이던 이 습관은 간간이 눈에 띄다가는 결국 빼 놓을 수 없는 광경이 돼 버렸다. 1940년대, 그는 새벽 4시 30분에 일어나 "즉시 술을 마시기 시작하면서 선 채로 글을 썼다. 한손에는 연필이, 다른 손에는 술이 있었다."[79] 누구나 예상할 수 있듯이, 그 결과로 나온 작품은 비참했다. 숙련된 편집자는 알코올의 도움을 받아 창작된 작품을 언제나 알아볼 수 있다. 상대가 아무리 재능 있는 작가라고 해도 말이다. 헤밍웨이는 출판할 수 없는 작품들, 또는 스스로 설정한 최소기준에 미달된다고 느끼는 작품들을 다량 써내기 시작했다. 그럼에도 불구하고 일부 작품은 출판이 됐고, B급이라는 평가를, 심지어는 초기작의 패러디라는 평가를 받았다. 한두 가지 예외는 있었다. 대표적인 경우가 『노인과 바다』였다. 그 작품 안에도 자기 패러디적인 요소가 있기는 했지만 말이다. 아무튼 일반적인 수준은 저하됐고, 곤두박질쳤다. 재능을 발전시키기는커녕 그 재능을 다시 포착할 수도 없다는 깨달음은 우울증과 술로 이뤄진 악순환을 가속시켰다. 헤밍웨이는 그 자신의 예술에 의해 살해당한 사람이다. 그리고 그의 삶에는 모든 지식인들이 반드시 배워야 할 교훈이 담겨 있다. 예술만으로는 충분치 않다는 교훈이.

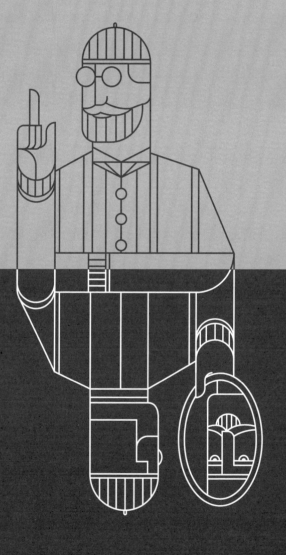

베르톨트 브레히트

이념의 꼭두각시

인류의 정신세계에 영향력을 행사하고자 하는 사람들은 예로부터 연극을 가장 강력한 매체로 이용했다. 에식스 백작과 부하들이 런던에서 반란을 꾀하기 전날인 1601년 2월 7일, 그들은 당시만 해도 군주제를 타도하려는 희곡으로 간주되던 셰익스피어의 <리처드 3세>를 수정되지 않은 완전판으로 특별히 상연해 달라며 셰익스피어가 소속된 극단에 돈을 지불했다. 예수회 수도사들이 주동이 된 반종교 개혁 세력은 바티칸의 프로파간다 피데 한복판에 극적인 선교 홍보물을 배치했다. 초창기의 세속적 지식인들도 무대가 중요하다는 사실을 잘 알고 있었다. 볼테르와 루소는 모두 희곡을 썼다. 루소는 대중의 윤리를 타락시킬 수 있는 연극의 위험한 능력을 경고했다. 빅토르 위고는 부르봉 왕가의 마지막 왕을 무너뜨리기 위해 연극을 활용했다. 바이런은 운문 희곡을 쓰는 데 상당량의 에너지를 쏟아부었다. 마르크스조차도 희곡을 썼다. 그렇지만 인간의 사회적 태도에 혁명을 일으키기 위해 무대를 의도적이고 체계적으로 활용해서 눈부신 성공을 거둔 첫 인물은 우리가 살펴보았듯이 입센이었다. 브레히트는 입센과는 전혀 다른 성향의 극작가지만, 적어도 이 점에서는 입센의 자연스러운 후계자였다. 브레히트는 현대적이고 세련된 선전 연극을 창시했고, 20세기의 새로운 문화 기관 중 하나인 정부 보조금을 받는 대형 극단을 훌륭히 활용했다. 그의 사후 20년간인 1960년대와 1970년대에 그는 세계에서 가장 영향력 있는 작가라고 해도 과언이 아니었다.

브레히트는 생전에도 신비로운 인물이었고, 어느 정도까지는 오늘날에도 그렇게 남아 있다. 이것은 그 자신과 그의 말년 30년 동안 그를 위해 충실하게 봉사한 공산당 조직 모두의 의도적인 선택이었다. 그는 여러 가지 이유로 자신의 삶에 대한 대중의 관심을 자신의 작품으로 돌리고자 했다. 공산당 당국도 그의 출신과 배경, 실제 라이프스타일이 공개적으로 드러나는 것을 달가워하지 않았다.[1] 따라서 브레히트의 전기는 대체적인 윤곽은 뚜렷하지만, 세세한 점에서는 누락된 부분이 많다. 브레히트는 1898년 2월 10일 뮌헨에서 60km 떨어진 아우크스부르크의 활기는 없지만 남부끄럽지는 않은 마을에서 태어났다. 공산당의 거듭된 주장과는 달리, 브레히트는 소작농 집안 출신이 아니다. 친가와 외가 모두 16세기까지 거슬러 올라가는 브레히트의 혈통은 농장주, 의사, 교사, 철도 역장과 사업가 등 한결같이 중간 계급이었다.[2] 어머니는 공무원의 딸이었다. 아버지는 제지업에 종사했는데, 수석 사무원이었다가 나중에는 아우크스부르크 소재 제지 공장의 판매 책임자가 됐다. 동생 발터도 나중에 이 사업에 투신했다가 다름슈타트 기술 대학의 제지학 교수가 됐다. 심장병이 있고 병약해 보이는 베르톨트는 (다른 많은 지도적 지식인들이 그렇듯) 어머니가 제일 아끼는 자식이었다. 어머니는 브레히트가 모자란 것을 더 달라고 강하게 요구했으므로 그것을 거절하는 것은 불가능했다고 말했다. 그렇지만 어른이 된 브레히트는 가족에게 전혀 관심을 갖지 않았다. 아버지 얘기도 좀처럼 입에 담지 않았고, 어머니의 사랑에 보답하지도 않았다. 1920년에 어머니가 돌아가셨을 때, 그는 바로 다음날 요란스러운 친구의 무리를 집에 초대하겠다고 고집을 부렸다(그의 동생은 "다른 가족은 슬픔으로 입을 다물고 있었다"고 회상했다). 그리고는 장례식이 있기 전날 여봐란듯이 고향을 떠났다. 훗날 그는 몇 안 되는 회한의 순간에 어머니에 대한 자신의 행동을 비판했다. "못된 생각을 억눌렀어야 했는데."[3]

브레히트에게는 그가 학창 시절에 종교를 거부했을 뿐 아니라, 사람들 앞에서 성경과 교리 문답서를 불태웠고, 반전주의 시각으로 인해 퇴학을 당할 뻔했다는 전설이 있다. 그렇지만 사실 그는 호국적인 시를 썼고, 반전주의가 아니라 시험 때 부정행위를 하다가 곤란을 겪은 듯하다. 그는 제1차 세계 대전 이전에 기타를 연주하면서 자연을 찬양하고 도시를 반대하는 이념에 젖은 독일 청년 문화 세력의 일원이었다. 그 또래의 중간 계급 청년들 대부분은 징집돼서 전선으로 직행한 다음 그곳에서 숨을 거뒀다. 그렇지 않고 살아남은 이들은 나치가 됐다. 브레히트는 양심적인 반전주의 때문이 아니라 약한 심장 때문에 군 복무를 면제받고 의무 보조원이 됐다(그는 뮌헨 대학에서 짧은 기간 의학을 공부했다). 나중에 그는 군 병원에서 목격한 도살장 같은 풍경을 섬뜩하게 묘사했다. "의사가 나에게 '다리를 절단해, 브레히트!' 하고 명령하면 나는 '예, 선생님' 하고 대답하고는 다리를 잘랐다. '두개골을 개봉해!' 하는 지시를 받으면 환자의 두개골을 열고는 뇌를 만지작거렸다. 의사들이 그들을 가급적 빨리 후송하기 위해 개봉 부위를 얼마나 빨리 덮어 버리는지도 목격했다."[4] 그렇지만 브레히트는 전쟁이 거의 끝나가던 1918년 10월에야 실제로 군에 소집되었고, 주된 임무는 성병 환자들을 다루는 것이었다. 훗날 (스탈린 평화상 수락 연설에서) 그는 1918년 11월에 바이에른 공산 공화국에 "즉석에서" 재소집돼서 장교의 부관이 됐다고 거짓말을 했다. 그는 자신의 행적에 대해 다양한 주장을 내놨지만, 그것이 당시에도 다른 때에도 영웅적인 행동이 아니었던 것은 확실하다.[5]

1919년 이후, 브레히트는 문학계에서 빠르게 자리를 잡았다. 우선 그는 거칠고 흉포하며 잔인한 면모 때문에 사람들이 두려워하는 평론가가 됐다. 그리고는 기타 솜씨와 작사 실력(시적 재능은 처음부터 끝까지 그가 가진 가장 훌륭하고 순수한 재능이었다), 기이할 정도로 매혹적인 고음의 목소리로 노래할 수 있는 능력 덕분에 극단에 들어갔다. 당시의 브레히트는 1960년대의 폴 매카트니와 별반 다르지 않았다. 1920년대 초엽의 독일 연극계 분위기는 강경 좌파였고, 브레히트는 그런 분위기를 따랐다. 브레히트의 첫 성공작은 <스파르타쿠스>였다. <밤의 북소리>(1922)로 개명된 이 희곡으로 인해 브레히트는 클라이스트상의 최우수 젊은 극작가 부문을 수상했다. 우익들은 이에 대해 거세게 항의했는데, 이 단계의 브레히트는 이념가라기보다는 기회주의자였다. 그는 사람들의 눈길을 끌고 싶어 했고, 그 시도는 놀라울 정도로 성공적이었다. 그의 목표는 "부르주아지를 놀라게 하는 것"이었다. 그는 자본주의와 중간 계급의 제도 모두를 비난했다. 그는 군대를 비난했다. 그는 비겁을 찬양하면서 그것을 실천했다. 그의 유명한 단편 「코이너 씨의 이야기」의 자전적인 주인공 코이너는 뛰어난 겁쟁이다. 브레히트의 친구 발터 벤야민은 훗날 브레히트의 두드러진 특징으로 비겁함과 완전한 파괴주의를 꼽았다.[6] 브레히트는 작품으로 논쟁과 스캔들을 불러일으키는 것을 좋아했다. 그는 객석의 절반으로부터는 야유와 경멸을 받고, 나머지 절반으로부터는 열광적인 갈채를 받는 작품을 이상적인 작품으로 간주했다. 세심한 미학적 분석에 기초한 전통적인 연극 비평은 그의 관심을 끌지 못했다. 그는 전통적인 지식인들을 혐오했다. 학술적 지식인과 낭만적 지식인은 특히 경멸했다.

그는 사실상 새로운 종류의 지식인을 고안해 냈다. 그가 살던 시대의 루소나 바이런인 셈이었다. 자기 자신을 원형으로 만들어 낸 브레히트의 신형 지식인은 무자비하고 격하며 무정하고 냉소적인, 갱스터와 운동선수가 뒤섞인 인간이었다. 그는 경기장의 소란하고 땀내 나는 격렬한 분위기를 무대에 끌어들이기를 원했다. 바이런처럼 그는 프로 권투 선수들과 어울렸다. 1926년에 시 공모전의 심사위원이 돼달라는 부탁을 받은 브레히트는 공모작 400편을 무시하고, 자전거 잡지에서 찾아낸 조잡한 시에 상을 줬다.[7] 오스트리아-독일의 문학적 전통을 거부하고 금속성의 반복적 음향을 선호한 그는 유대인 작곡가 쿠르트 바일에게서 유사한 분위기를 찾아내고 공동 작업을 했다. 그는 자신의 무대 세트가 말 그대로 뼈대를, 환상 뒤에 위치한 기계장치를 보여 주기를 원했다. 이것이 그가 새롭게 찾아낸 진실이었다. 그는 기계를 만들고 조종하는 엔지니어처럼 기계에 매혹됐다. 그는 스스로를 조종자, 정신의 엔지니어로 봤다. 리온 포이히트방거의 소설 『성공』의 등장인물인 엔지니어 카스파르 프뢰클에 대해 다른 등장인물이 하는 말은 사실상 브레히트를 묘사한 것이다. "자네에게는 가장 중요한 인간적 기관인 기뻐할 줄 아는 감각과 다정한 마음이 결여돼 있군."

1920년대 브레히트의 태도와 활동의 상당 부분은 그의 천재적인 자기 홍보 능력을 반영한다. 브레히트는 거의 비슷한 시기를 살았던 헤밍웨이(물론 다른 많은 지식인들도 포함해서)와 이 재능을 공유했다. 그리고 헤밍웨이처럼 브레히트도 자기 홍보의 일환으로 독특한 의상 스타일을 개발했다. 헤밍웨이의 스타일은 미국적인 정신과 스포츠를 두드러지게 반영했다. 브레히트는 암암리에 헤밍웨이를 동경했지만, 누군가 "파파"에게서 아이디어를 얻은 것이 아니냐고 넌지시 물어보면 매우 화를 냈다. 1920년대에 브레히트는 미국을 노골적으로 동경했다(이 시기는 유럽의 인텔리겐치아들이 친미주의자로 간주되는 것을 만족스러워했던 마지막 시대였다). 브레히트는 특히 갱스터와 스포츠 영웅을 동경했다. 그는 1926년에 열렸던 뎀시와 튜니의 권투 시합에 대한 시를 썼다. 따라서 의상에 대한 그의 아이디어의 일부는 대서양 건너에서 파생된 것이었지만 나머지는 확연히 유럽적이었다. 벨트를 단 가죽 조끼와 모자는 레닌이 1918년에 창립했던 체카•의 거친 젊은이들이 선호하던 차림새였다. 브레히트는 거기에다 그 나름의 창작품인 가죽 타이와, 천으로 소매를 댄 조끼를 덧붙였다. 그는 절반은 학생처럼, 절반은 노동자처럼, 전체적으로는 영리한 사람처럼 보이기를 원했다. 그의 새로운 차림새는 다양한 평가를 불러일으켰다. 그의 적들은 그가 프롤레타리아의 가죽옷 밑에 실크 셔츠를 입고 있다고 주장했다. 카를 추크마이어는 그를 "트럭 운전수와 예수회 신학생이 섞인 잡종"이라고 불렀다.[8] 그는 머리를 이마로 똑바로 빗어 내리는 독특한 헤어스타일을 고안하고, 딱 사흘간 기른 수염을 계속 유지하는 것으로 자기만의 스타일을 완성했다. 이후 30년, 40년, 심지어는 50년 후의 젊은 지식인들도 이런 독특한 스타일을 폭넓게 모방했다. 그들은 또한 "소박한" 금속테 안경을 쓰는 브레히트의 버릇도 흉내 냈다. 브레히트의 안경 색깔은 그가 좋아한 회색이었다. 그는 회색 박엽지에 글을 썼다. 유명해지고부터는 "초고"라고 불리는 "진행 중인 작품"을 출판하기 시작했다. 교과서처럼 거무칙칙한 페이퍼백 위에 희곡을 인쇄한 회색의 책들은, 자기 홍보에는 대단히 효과적인 형태로 훗날 많이 모방됐다. 그의 여행용 슈타이어 자동차 역시 회색이었다. 그는 슈타이어에 광고

• 혁명 직후 러시아에 세워진 비밀 첩보 기관

카피를 써주고 이 차를 공짜로 얻었다. 브레히트는 독일이 1920년대에 세계를 주도하던 시각 연출 분야에 탁월한 재능이 있었다. 거의 같은 시각, 히틀러는 나치스당과 SS●의 경비를 절감할 수 있는 영리한 기계들을 설계하고, 훗날 "송 에 뤼미에르"로 알려진 야간 조명 기법을 개발하고 있었다.

히틀러의 출현은 브레히트가 정치적 태도를 더욱 강하게 드러내게 만든 요인 중 하나였다. 1926년에 브레히트는 『자본론』을 읽었다. 아니면, 최소한 일부분이라도 읽었다. 그 후로 그는 공산당을 지지했다. 브레히트의 작곡가 친구 한스 아이슬러의 누이이자 독일 공산당 지도자인 루스 피셔의 증언에 의하면, 브레히트는 1930년까지는 실제로 공산당에 입당하지 않았다.[9] 1926년은 그가 바일과 공동작업을 하기 시작한 것으로 유명한 해다. 두 사람은 1928년에 <서푼짜리 오페라>를 발표했다. 8월 31일에 개막된 이 작품은 우선 독일에서, 그다음에는 세계 전역에서 즉시 대성공을 거뒀다. 이 작품은 여러 가지 면에서 브레히트의 작업 방식을 잘 보여 주는 특징적인 사례다. 작품의 주된 아이디어는 게이의 <거지들의 오페라>에서 취했고, 전체 문구는 K. L. 암메르스가 프랑수아 비용을 번역한 것을 간단하게 도용했다(암메르스는 항의를 한 후 일정 비율의 로열티를 받았다). 작품의 성공의 상당 부분은 외우기 쉽고 대단히 독창적인 바일의 음악 덕분이었다. 그런데도 성공에 따라 오래 지속된 평판은 대부분 브레히트의 몫으로 돌아갔다. 브레히트는 바일과 다툼을 벌였을 때, 경멸적으로 선언했다. "그가 짜리하르트 슈트라우스를 계단 아래로 걸어차 버리겠어."[10]

결출한 홍보 능력과 연예계를 다루는 빼어난 책략은 브레히트가 명성을 얻는 데 한몫을 했다. 1930년, <서푼짜리 오페라>의 영화화 권리를 갖

●　나치스 친위대

고 있던 G. W. 팝스트는 브레히트가 집필한 시나리오로 영화를 촬영하는 것을 반대했다. 브레히트의 시나리오는 원작의 플롯이 바뀌었고, 더 날카로운 공산주의적 태도를 취하고 있었다. 브레히트는 시나리오를 원래 상태로 수정하는 것을 거부했고, 논쟁은 10월에 법정으로 향했다. 브레히트는 카메라 앞에서 신중하게 연출된 짜증을 몇 차례 연기했고, 그에게 불리할 수밖에 없는 사건—팝스트가 구입한 것은 오리지널 희곡이었지 새로운 마르크스주의 버전 희곡이 아니었다—이었는데도 소송을 포기하는 대가로 상당한 합의금을 이끌어냈다. 게다가 예술적 완결성을 지키기 위해 잔인한 자본주의 체제의 손에 희생당한 순교자 행세도 할 수 있었다. 그는 엄격한 마르크스주의 윤리관—"정의, 자유와 품성은 모두 생산 과정에 의해 결정돼 왔다"—을 강조하는 머리말 에세이가 첨가된 시나리오를 출판했다.11 자신이 대중에 헌신하고 있다고 주장하는 한편 자신의 지갑을 부풀리는 브레히트의 수완은 놀라웠다.

브레히트의 유명세가 커진 두 번째 이유는, 공산당이 1930년에 그들이 내세울 스타로 브레히트를 받아들였고, 그가 공산당의 강력한 조직적 후원을 한껏 활용했다는 점이다. 브레히트는 스탈린이 통치하던 모스크바에서는 공산당에 전혀 도움을 주지 못했다. 예술적 문제에 유연한 태도를 보인 독일 공산당조차도 브레히트의 몇몇 작품은 쓸모없거나 이단적이라고 생각했다. 예를 들어 <마하고니 시의 흥망>(1930)은 논쟁과 싸움, 나치가 조직한 시위를 촉발시켰다. 그런데 브레히트는 스스로 당의 규율에 따를 의무가 있다는 태도를 보였고, 베를린의 노동자대학에서 행해지는 마르크스-레닌주의 강의에 출석했다. 실제로는 변증법의 정신적 판타지 세계를 사랑한 헤겔주의자였지만(그의 내면은 마르크스처럼 철저한 독일인이었다), 브레히트는 마르크스주의 체계에 지적으로 매료됐다. 제대로 된 최초의 마르크스주의 저작 『조치』는 1930년 여름에 쓰였고, 고리키의 『어머니』를 각색한 희곡은 독일 전역의 공산당 휘하의 극장에서 공연됐다. 그는 선전 영화의 시나리오를 썼다. 그는 바일(그는 결코 열성 마르크스주의자가 아니었다)과 다시 손을 잡고 새로운 정치적 예술 형태인 슐로페른(교육-오페라, 또는 교육용 드라마)을 개발했다. 슐로페른의 목표는 (그들이 주장하듯) 관객을 정치적으로 교화하기보다는 뉘른베르크의 군중과 별반 다르지 않은 잘 훈련된 합창단으로 바꿔 놓는 것이었다. 연기자들은 단순한 정치적 도구가 됐다. 그들은 예술가라기보다는 인간의 모습을 띤 기계였다. 희곡에 나오는 등장인물들은 개성을 가진 개인이 아니라, 고도로 형식화된 행동으로 연기되는 특정한 유형이었다. 이런 예술 형태가 가진 예술적 장점은 브레히트 자신이 빼어난 실력을 보여 준 뛰어난 연출 및 공연 능력에 달려 있었다. 정치적 활용 의도가 명백한 이 예술 형태는 이후로도 수십 년을 더 살아남았다. 1960년대 중국의 문화 혁명 기간 동안 모택동의 아내 강청이 연출한 잔인한 오페라-드라마는 이 예술 형태가 다다른 최저점이었다. 브레히트는 선전선동을 위해 재판극(마녀, 소크라테스, 갈릴레오, 마르크스의 폐간당한 신문사 등에 대한 재판)을 활용하는 방안을 고안하기도 했다. 좌파의 레퍼토리에 들어간 이런 방식은 "베트남전 범죄 법정" 같은 식으로 가끔씩 세상에 모습을 드러냈다. 브레히트가 고안해 낸 다양한 무대 장치 —흰색 분장의 활용, 뼈대, 관, 거대한 무기들의 이동—는 오늘날 진보적 연극인들의 길거리 연극, 시위 행렬 등에도 여전히 채택되고 있다.

브레히트에게는 자신의 이름을 대중 앞에 계속 꺼내 놓는 다른 장치들도 있었다. 그는 노동자 무리 한복판에서 시를 쓰는 사진을 찍었다. 낭만적인 정치적 개인주의의 시대는 죽었고, 시는 이제 프롤레타리아의 집단 행위가 됐다는 것을 강조하기 위해서였다. 그는 마르크스주의의 자아비판 원칙을 공개적으로 받아들였다. 그는 공산당이 관리하는 카를 마르크스 훈련소로 그의 교육 오페라 <예스맨>을 가져가서는 학생들에게 비평을 해 달라고 청한 후 학생들의 관점에서 희곡을 다시 썼다(훗날 홍보 효과가 다한 후에 그는 희곡을 원래대로 되돌려 놨다).[12] 그는 자신의 작품에 협동 작업의 요소가 있음을 거듭 강조했다. 그렇지만 연극이 실패하면, 그는 재빨리 자신이 기여한 바가 그리 많지 않다는 점을 확실히 했다.

1933년에 히틀러가 권좌에 오르면서 브레히트의 성공적인 경력은 갑작스럽게 끝나 버렸고, 그는 제국 의회에 화재가 난 다음날 아침에 독일을 떠났다. 1930년대는 그에게 힘든 시기였다. 그에게는 순교자가 되겠다는 소망 따위는 애당초 없었다. 그는 빈으로 갔지만 범독일화를 외치는 정치적 분위기가 커져가는 것이 마음에 들지 않았다. 그래서 덴마크로 떠났다. 그는 스페인에서 싸우는 것을 딱 잘라 거절했다. 그는 모스크바를 몇 차례 방문했다. 그는 (포이히트방거와 빌리 브레델과 함께) 러시아에서 발간되는 『말』의 공동 편집자였는데, 이것이 그의 유일한 정규 수입원이었다. 러시아를 위험한 곳이라고 정확하게 판단한 그는 러시아에 가더라도 한 번에 며칠 이상은 머물지 않았다. 1933년에서 1938년 사이에는 주로 정치적인 내용의 돈벌이용 글을 썼다. 그런데 1930년대가 거의 저물 무렵, 갑자기 그는 <갈릴레오 갈릴레이의 생애>(1937), <루쿨루스의 심문>(1938), <사천의 착한 여자>(1938~1940), <억척어멈과 그 자식들>(1939) 등의 걸출한 작품을 연달아서 내놓기 시작했다. 그는 히틀러를 시카고의 갱으로 등장시킨 <아르투로 우이의 저지 가능한 출세>를 집필하면서 미국 시장에 진출하기로 결심했다. 그는 1939년에 발발한 전쟁으로 덴마크도 위험한 곳이라고 확신하게 됐다. 그는 스웨덴으로, 핀란드로, 그리고는 미국 비자를 받아 러시아와 태평양을 가로질러 캘리포니아 할리우드로 옮겨 다녔다(1941년).

그는 이전에도 미국에 와 본 적이 있었지만, 좌파 집단 외부에서는 별다른 영향력을 행사하지 못했다. 젊은 시절 품고 있던 미국에 대한 이상적이고 만화적인 비전은 빠르게 사라졌고, 그는 미국의 현실이 조금도 마음에 들지 않았다. 그는 사실 미국을 혐오했다. 그는 할리우드 스튜디오 시스템에서는 일을 할 수 없었고, 할리우드에서 성공을 거둔 다른 독일 망명자들에 대한 고통스러운 질투심은 커져만 갔다(피터 로레는 예외였다).[13] 그의 시나리오는 인기가 없었다. 그의 일부 프로젝트는 완전히 실패했다. 1944 ~1945년에 W. H. 오든은 <코카서스의 백묵원>의 영어 버전을 그와 함께 작업했다. 그들은 <말피의 공작부인>을 공동으로 각색했다. 그런데 그들의 버전은 마지막 순간에 오리지널 희곡에 밀려 내버려졌고, 오리지널은 런던에서 예상치 못한 성공을 거두었다. 그래서 브레히트는 작품에서 그의 이름을 지워야만 했다. 위대한 배우 찰스 로튼이 출연한 <갈릴레오> 공연은 실패했다. 그는 할리우드와 브로드웨이 모두를 시장으로 이해하지 못했고, 그곳에 적응하겠다는 결심을 굳게 다지지도 않았다. 그는 연극계의 거물이나 그와 대등한 위치의 사람과도 어울릴 수 없었다. 그에게는 남의 눈에 띄어야만 한다는 절대적인 의무가 있었다.

개인적인 지배력을 행사할 수 있는 이상적인 조건을 벗어나서는 자신의 연극이 성공할 수 없다는 것을 깨달은 브레히트는 파우스트 같은 거래를 스스로 준비했다. 1947년 10월 30일에 의회의 반미 활동 심사위원회에 브레히트가 출석한 것은 그런 거래를 촉진시켰다. 위원회는 당시 할리우드의 공산주의자를 색출하기 위해 조사하고 있었고, 브레히트는 다른 열아홉 명과 함께 잠재적인 "적대적 증인"으로 소환됐다. 다른 사람들은 공산당 당원 여부를 묻는 질문에 대답을 거부하기로 합의했고, 그로 인해 의회 모욕죄로 소환됐다. 그중 열 명은 징역 1년형을 선고받았다.[14] 그런데 브레히트는 미국에서 옥살이를 할 의향이 없었다. 공산당원이냐는 질문에 브레히트는 단호하게 부인했다. "아니오, 아니오, 아니오, 아니오, 아니오, 결코 그런 적 없습니다." 이 심문에는 코미디 같은 요소가 다분했다. 브레히트의 통역은 의회 도서관에서 일하는 데이비드 바움가르트가 맡았는데, 그의 영어 억양은 브레히트의 억양보다 더 알아듣기 힘들었다. 분노한 위원장 J. 파넬 토마스는 고함을 질렀다. "증인도 못 알아듣겠지만 통역도 못 알아듣겠소." 위원회의 준비가 그리 철저하지 못하다는 사실을 간파한 브레히트는 부드러우면서도 진지한 거짓말을 했다. "당신의 저작 상당수가 레닌과 마르크스의 철학에 기초하고 있는 것 아닙니까?" "아닙니다. 저는 그 말씀이 옳다고는 생각하지 않습니다. 물론 공부를 하기는 했습니다. 저는 사극을 쓰는 극작가라서 그 철학들을 공부해야만 했습니다." 그가 『공산당 노래집』에 기고한 노래들에 대한 질문에, 그는 그것들은 오역이라고 말했다. 사실 그는 "항상 제 활동은… 단연코 독자적인 성격을 지닌 순수한 문학 행위였습니다"라고 주장하는 유순한 성명서를 발표할 계획을 세워두고 있었다. 그런데 그런 성명서를 낭독할 기회가 주어지지 않았다. 어쨌거나 그는 그런 신념 아래 거짓말을 했고, 잘못된 사실이 있으면 꼼꼼히 바로잡았으며, 할 수 있는 모든 일을 다해 위원회를 돕고자 하는 진지하고 열의에 찬 모습을 보였다. 위원회는 예외적으로 협조적인 증인이라며 브레히트에게 공개적으로 사의를 표하기까지 했다.[15] 소환된 다른 작가들은 위원회를 농락하는 브레히트의 영리한 방법이 너무나 즐거웠던 나머지, 심문에 절대로 대답하지 않기로 했던 합의를 브레히트가 저버렸다는 사실을 무시해 버렸다. 그 결과로 브레히트는 좌파의 영웅으로 남았다. 안전하게 유럽으로 돌아온 그는 언론 앞에서 도전적인 태도를 보였다. "그 사람들이 내가 엠파이어스테이트 빌딩을 훔치고 싶어 한다면서 나를 고발했을 때, 나는 떠나야 할 때가 됐다고 느꼈습니다."[16]

스위스에 근거지를 마련한 브레히트는 앞으로의 경력을 어떻게 계획할까를 결정하기에 앞서 유럽의 정세를 면밀히 살펴보았다. 그는 새로운 유니폼을 고안했다. 천으로 만든 회색 모자와 잘 만들어진 회색 "노동자 복장"이었다. 그는 공산당의 연줄을 이용해 풍부한 정보를 수집했다. 그는 자신이 굉장히 중요한 인물이라는 사실을 재빨리 파악했다. 동독에 새로 세워진 소련의 허수아비 정권은 정치적 인정을 받고 문화적 자존심을 세우기 위해 애를 쓰고 있었다. 동독 정권은 자신들의 정통성을 세우는 데 도움을 줄 중요한 문학계 인사들을 초빙하려고 했다. 브레히트는 문학적·이념적으로 동독의 목적에 딱 들어맞는 인물이었다. 1948년 10월, 브레히트는 공산당 문화동맹이 그를 위해 주최한 리셉션에 참석하면서 동베를린을 답사했다. 나중에 동독 대통령이 된 빌헬름 피에크가 그의 옆자리에 앉았고, 소련의 정치위원인 투파노프 대령이 다른 쪽 옆자리에 앉았다. 연설에 대한 답사를 부탁받은 브레히트는 특유의 수법을 이용해, 그가 원하는 조건을 모두 제시하는 한편 연극적 분위기의 겸손함도 보여 줬다. 그는 양편에 앉은 사내들과 천진난만하게 악수를 하고는 자리에 앉았다. 3개월 후, 정부 보조금을 대대 적으로 지원받아 제작된 사치스러운 <억척어멈>이 동베를린에서 막을 올렸다. 공연은 엄청난 성공을 거뒀다. 공연을 보기 위해 비평가들이 서유럽 전역에서 몰려왔다. 이로 인해 브레히트는 동독을 자신의 연극 활동의 본거지로 삼아야겠다고 확신했다.

그런데 브레히트의 마스터 플랜은 좀 더 복잡했다. 그는 종전 후의 오스트리아 역시 정통성을 추구하고 있다는 사실을 알게 됐다. 오스트리아인들은 히틀러의 가장 열광적인 지지자에 속했고, (여섯 개의 대형 수용소 중네 개를 포함한) 집단 수용소도 많이 운영했었다. 연합국들은 오스트리아를 "피점령국"으로, 적국이라기보다는 "호전적인 나치의 희생자"로 대우하는 것이 전략적으로 편리하다는 것을 깨달았다. 따라서 1945년 이후 오스트리아는 중립국 지위를 얻었다. 그런 까닭에 오스트리아 여권을 소지하고 있으면 편리한 점이 무척이나 많았다. 한편 오스트리아 정부는 자국의 문화적 기여도를 강조하면서, 교양 있는 인물들을 동독으로부터 되찾아오려고 안달이었다. 그들 역시 브레히트를 쓸모 있는 인물로 봤으므로 밀약이 체결됐다. 브레히트는 "적절한 분위기를 제공해 주는 나라에서 지적인 활동"을 하기를 원한다고 밝히고 이렇게 덧붙였다. "나는 나 자신을 시인으로만 간주하고 있으며, 어떤 명확한 정치 이데올로기에 봉사하고 싶지 않다는 점을 강조하고 싶습니다. 나는 제 발로 독일로 송환된다는 생각을 거부합니다." 그는 자신이 동베를린과 맺은 관계는 하찮은 것이라고 주장했다. "나는 베를린에 공식적인 직무나 일자리가 없으며, 급여도 한 푼 받지 않습니다……. 나는 잘츠부르크를 나의 영원한 정착지로 간주하고자 합니다."[17] 이 성명서의 대부분은 거짓말이었다. 브레히트는 잘츠부르크에 거주할 의향이 없었다. 그렇지만 그는 오스트리아 여권을 받았다. 여권 덕에 그는 원하는 곳은 어디든 여행할 수 있었을 뿐 아니라, 동독 정부에 맞설 수 있는 상당한 재량을 누릴 수 있었다.

브레히트가 세심하게 계획한 전략에는 세 번째 요소도 있었다. 그가 동독과 맺은 협정은 동독 정부를 예술적으로 정당화하는 대가로, 동독 정부가 그에게 극단과 극장을 제공하고 상당한 자원을 후원한다는 내용이었다. 그는 자신의 작품을 세계적인 레퍼토리로 만들기 위해서는 정확히 그런 내용의 투자가 필요하다는 것을 아주 치밀하게 계산했다. 그렇게 되면 그의 저작권의 가치는 극도로 높아지는데, 그는 동독이 자신의 저작권으로 인해 혜택을 누리는 것을 인정하거나 동독 출판사의 통제권 안에 스스로 복종하고 들어갈 용의가 전혀 없었다. 1922~1933년 사이 그는 독일 공산당의 출판 정책에 협조하기를 거부하면서, 정당한 로열티를 지불하는 건전한 자본주의 회사를 선호했다. 이번에도 그는 서독 출판업자 페터 슈르캄프에게 저작권을 맡겼고, 동독 측에는 "프랑크푸르트암마인의 슈르캄프 출판사의 허가를 받음"이라는 글귀를 집어넣으라고 강요했다. 동독이 브레히트가 쓴 작품의 독자적 판본을 출판하는 경우에도 마찬가지였다. 따라서 세계적인 출판에 따른 수익과 국제적 공연에 따른 로열티는 모두 화폐 가치가 높은 서독 화폐로 지불됐다. 물론 그 돈은 그가 스위스에 개설한 계좌로 이체됐다.

브레히트는 상당한 이중 협상과 노골적인 거짓말 덕에 1949년 여름 오스트리아 여권, 동독 정부의 후원, 서독의 출판업자, 그리고 스위스 은행 계좌 등 원하는 것들을 정확하게 가지게 됐다. 그는 사실상 그가 소유한 극단인 베를리너 앙상블의 "예술 고문" 자격으로, 연출자가 된 그의 아내 헬레네 바이겔과 함께 동독에 거주했다. 최초의 대작인 <푼틸라 씨>는 1949년 11월 12일에 막을 올렸다. 쉬프바우어담 극장이 극단의 영구 전용 극장으로 그에게 이관됐다. 개관 포스터는 피카소의 작품이었다. 바그너 이후 그 어떤 예술가도 자신의 작품을 이상적으로 공연할 수 있는 이 정도 규모의 장비들을 갖지는 못했다. 브레히트는 연기자 60명, 의상 담당자와 무대 디자이너, 음악가, 그리고 수십 명의 제작 보조를 포함한 총 250명의 인력을 거느렸다. 극작가들이 꿈꿔온 상상 가능한 모든 사치품이 그의 것이 됐다. 그는 5개월 동안 리허설을 했다. 그는 신작의 리허설을 계속할 수 있도록 공연이 한창이던 작품의 저녁 공연을 취소할 수 있었고, 또 그렇게 했다. 공연에 도착한 관객들의 손에는 지불했던 관람료만 쥐어졌다. 동원해야 할 연기자의 수에 대한 고민도, 제작비에 대한 염려도 없었다. 그는 완벽한 리허설을 위해 작품을 몇 차례나 고쳐 쓰고 수정했다. 그렇게 해서 세계의 그 어떤 극작가도 가질 수 없었던 완성도를 성취했다. 1954년에는 극단을 데리고 막대한 여행 경비를 쓰면서 파리에서 <억척어멈>을, 이듬해에는 <코카서스의 백묵원>을 공연할 수도 있었다.

이들 순회공연 덕에 브레히트는 국제적인 명성을 얻고 영향력을 제대로 발휘하기 시작했다. 그런데 그는 자기 홍보의 놀라운 재주를 총동원해서 이 날을 몇 해 전부터 준비해 오고 있었다. 그는 작품뿐 아니라 프롤레타리아 이미지까지 잘 닦아서 윤을 냈다. 노동자 복장도 극도로 조심스럽게 재단했다. 인터뷰에 적극적으로 나섰지만, 인터뷰 상대에 대한 사전 조사를 철저히 했다. 브레히트가 출판용으로 적합한 사진을 직접 선택한다는 조건 하에서만 사진을 찍는 것이 허용됐다. 브레히트는 자신의 작품이 "굉장히" 중요하고 믿음직한 작품이 되게 함으로써 학자들의 관심을 끌려 했다. 영악하게도 그는 학자들을 작가의 명성을 장기적으로 홍보하는 빼어난 흥행사로 간주했다. 그가 "진행 중인 작품" 시리즈에 착수한 것도 그 때문이었는데, 이번에는 전보다 훨씬 큰 규모로 다시 그 일에 착수했다. 미국에서 그는 "작업 일지"를 기입했는데, 이 일지는 일기라기보다는 그의 작업과 예술적 정신의 작용을 호소하는 설명 문건으로 그가 "증거 자료"라고 부른 것들과 신문 스크랩 등이 붙어 있다. 1945년에 그는 이 자료와 다른 서류들을 "아카이브"라고 부르기 시작했다. 아카이브를 모두 마이크로필름에 담은 그는 전집을 소장하도록 뉴욕 공립 도서관을 설득했다. 자신의 작품에 대해 편리하게 박사 논문을 쓸 수 있게 해 줌으로써 자신을 연구하는 학생들을 끌어들이겠다는 속셈이었다. 다른 전집은 하버드 졸업생인 게르하르트 넬하우스에게 건네졌는데, 이미 그런 논문을 쓰고 있던 넬하우스는 당연히 미국 내에서 브레히트의 이미지를 열정적이고 효과적으로 홍보하는 흥행사가 됐다. 브레히트는 스테판 게오르그를 연구 중이던 UCLA 영문학과 교수 에릭 벤틀리를 미국 학계에 포진한 전도자로 이미 확보하고 있었다. 1943년에 브레히트는 벤틀리에게 게오르그를 팽개치고 자신에게 관심을 집중하라고 부추겼다. 이후 벤틀리는 <코카서스의 백묵원>을 (마야 벤틀리와 함께) 번역하고 1948년에 그 작품의 미국 초연을 기획했을 뿐 아니라, 대서양 건너편에 자리 잡은 브레히트의 주도적 홍보 담당자가 됐다. 자신의 사도들을 쌀쌀맞게 대한 브레히트는 그들에게 자신의 작품 연구에만 전념할 것을 강요했다. 벤틀리는 이렇게 증언했다. "그는 나에 대해서는 많은 것을 알려고 들지 않았다. 그에 대해 많은 것을 알려 주기 위해 나를 초대하지도 않았다."[18] 브레히트는 심술궂을 정도로 난이도를 높이는 것이 학자들의 학문적 탐구 의욕을 감퇴시키고 신참 연구자들을 내쫓기는커녕, 그에게 봉사하려는 학자들의 욕망을 자극한다는 것을 파악했다. 예술적 완결성의 이름 아래, 그는 다루기 힘들고 급격하게 변화하는 인물로 체계적으로 변신했다. 루소 역시 정확히 같은 발견을 하고는 상황에 맞게 이용했지만, 브레히트가 사용한 수법의 경우에는 독일적인 효율성과 철저함까지 가미됐다.

1950년대 무렵, 브레히트의 이런 노력은 미국 내에서 점점 많은 배당금을 낳고 있었다. 유럽에서도 브레히트는 자신의 명성을 부단히 홍보하고 있었고, 다른 이들에게도 같은 일을 하라고 부추겼다. 동베를린의 연극계에서 그가 행사하는 광범위한 영향력은 젊고 유망한 연출자와 미술 감독 무리를 끌어모았다. 그는 프러시아군 특무 상사처럼 주변에 몰린 숭배자들에게 지시를 내렸고, 그들은 충성스럽게 브레히트를 숭배했다. 그의 리허설은 연극적 제식으로 변모해 갔고, 사도들은 그 제식을 필름에 담았으며, 그 결과물은 "아카이브"에 추가되어 런던, 파리 등지로 유포됐다. 이런 젊은이들은 브레히트 복음서를 흥행업계로 퍼뜨리는 유통 수단이었다.[19] 브레히트는 그의 무리 외부에 자리 잡은 핵심 지식인들을 통해서도 홍보됐다. 프랑스의 홍보 담당자는 잡지 『대중 연극』의 롤랑 바르트였다. 기호학 — 인간의 의사소통 양식을 연구하는 학문—이라는 최신 유행의 과학을 창시한 바르트는 브레히트를 지식인이 동경하는 무대의 단상에 올리기에 이상적인 위치에 있었다. 영국에는 케네스 타이넌이라는 더욱 영향력 있는 지도자가 있었다. 1950년에 벤틀리에 의해 브레히트로 개종한 타이넌은 1954년부터는 「옵서버」의 연극 비평가로 활동했다.

당시 서구 연극계의 재정형편이 근본적으로 변화하지 않았다면 브레히트와 그의 작품에 대한 끝없는 홍보는 효과가 덜했을 것이다. 1950년에서 1975년 사이의 4반세기 동안, 유럽의 모든 나라가 국가에서 보조금을 지급하는 극단을 세운다는 방침을 역사상 처음으로 받아들였다. 이들 신생 극단은 규모가 컸고, 종종 민간 부문에서 부분적인 자금을 끌어들이기는 했지만, 엄청난 재정을 지원받았다. "코메디 프랑세즈"를 원형으로 하는 구체제의 국립 극단과는 달리, 새로운 극단들은 정부의 통제권 밖에 자리 잡는 것이 보통이었고, 그로 인한 독립성을 자랑스러워했다. 이 극단들은 외견상으로는 풍부한 재정을 지원받는 동유럽의 극단, 그중에서도 브레히트의 극단을 닮았다. 사실상 그들은 동유럽을 모델로 삼았고, 사치스럽고 꼼꼼한 리허설을 거친 공연에 관심을 쏟았다. 그런데 클래식뿐 아니라 국제적인 레퍼토리에 속한 "의미심장한" 새로운 연극들을 공연한다는 점에서 그들과 브레히트의 극단은 차이가 있었다. 브레히트의 작품은 이 분류에 딱 맞는 자연 선택의 결과였다. 혁명적인 변화가 일어난 런던—보조금을 받는 극단이 "고급" 연극의 공급자로서 상업적 극단을 빠르게 대체해 버렸다—에서는 국립극단이 케네스 타이넌을 제1 문학 담당자로 임명했다. 그 결과, 유럽과 세계 전역의 관객들은 보조금 덕분에 이상적인 상황에서 공연되는 브레히트의 연극들을 관람할 수 있었다. 그 연극들이 브레히트가 자신의 극단을 위해 설정한 기준을 그대로 따라한 적도 많았다. 이런 정도의 행운은 바그

너조차도 누리지 못했다.

따라서 브레히트의 파우스트적인 거래는 대성공을 거두었다. 그는 살아 있는 동안에도 세계 연극계에서 가장 영향력 있는 인물로 급격히 성장했다. 그는 자신의 교묘한 솜씨로도 감당할 수 없는 만큼의 몫은 언제라도 떼어 줄 준비가 돼 있었다. 브레히트는 아주 어렸을 때부터 이기적인 굴종 행위를 했을 뿐 아니라, 그런 행위를 숭배하기까지 했다. 그의 철학은『제2차 세계 대전 중의 슈베이크』의 주인공 슈베이크의 철학이었다. 연극 초반부에 슈베이크에게 부여된 대사 중 하나는 이렇다. "예술은 사기라는 것을 잊어서는 안 돼. 인생은 사기야." 인간은 살아남기 위해서는 사기 행각에 조심스럽게, 성공적으로 가담해야만 한다. 브레히트의 작품에는 이런 결과를 빚어내는 충고들이 풍부하게 담겨 있다. <밤의 북소리>의 겁쟁이 병사 크라글러는 허풍을 떤다. "나는 비겁한 놈이야. 그런데 비겁한 놈이 (전쟁터에서) 집으로 가지." 브레히트의 주인공 갈릴레오는 메디치 앞에서 굽실거리며 말한다. "제 편지가 너무 비굴하다고 생각하십니까? (⋯) 저 같은 사람은 윗분들 배꼽 앞에서 아첨하는 것을 통해서만 적당히 존귀한 신분이 될 수 있습니다. 그리고 제가 자신들의 위를 채울 수도 없는 작은 두뇌의 소유자들을 경멸한다는 것을 아시잖습니까." 브레히트는 이런 주장을 무대 밖에서도 되풀이했다. 그는 열다섯 살 된 아들 스테판에게 가난은 어떤 대가를 치르더라도 피해야만 하는 것이라고 말했다. 가난은 아량을 베푸는 것을 불가능하게 만들기 때문이다. 그는 생존하기 위해서는 이기적이 돼야 한다고 말했다. 제일 중요한 계명은 "너 자신에게 잘하라"였다.[20]

이런 철학의 뒤편에는 지도적 지식인들의 보편적 특징인 불굴의 이기심이 있었다. 그런데 브레히트는 지식인의 기준에서 보더라도 아주 희귀할 정도로 체계적이고 무자비하게 이기적인 목표를 추구했다. 그는 비굴한 삶의 논리를 엄격하게 받아들였다. 즉, 그는 강자에게 굽실대고 약자는 독재적으로 지배했다. 여성을 대하는 태도는 평생토록 소름 끼칠 정도로 일관적이었다. 그는 여성 모두를 자신의 목적을 위해 봉사하게 만들었다. 여자들은 그가 수탉으로 있는 농가 마당의 암탉들이었다. 심지어 그는 여자들에게 입힐 의상 스타일을 고안하기까지 했다. 긴 드레스에 어두운 색깔의 청교도적 스타일이었다.21 그는 열일곱 살 때 두 살 아래의 소녀를 유혹하는 데 성공했다. 젊은 시절 그는 소작농, 농장주의 딸, 미용사, 여점원 등 노동 계급 여자들에게 관심을 집중했다. 나중에는 여배우들이 관심의 대상이었는데, 그 수는 상당히 많았다. 브레히트만큼 캐스팅 권한을 파렴치하게 활용한 연출자도 없다. 브레히트는 엄격한 가톨릭 집안에서 자란 여자들을 타락시키면서 특히 쾌감을 느꼈다. 여자들이 왜 그를 매력적으로 봤는지는 불분명하다. 여자 친구였던 배우 마리안 조프는 그가 늘 지저분했다고 말했다. 그녀는 그의 목과 귀를 손수 씻어 줘야만 했다. 찰스 로튼의 아내 엘자 랜체스터는 브레히트의 이빨을 "시커먼 입에서 삐쭉 튀어나온 조그만 묘비들"이라고 말했다. 그렇지만 가늘고 부드러우며 고음까지 올라가는 브레히트의 목소리는 몇몇 사람들에게는 확실히 매력적이었다. 조프는 그가 노래를 부르면 "귀에 거슬리는 금속성 목소리"가 주는 전율이 척추를 따라 흘러내려 간다고 말했다. 그녀는 그의 "거미 같은 연약함"과 "사람을 자극할 수 있는" "검은 단추 같은 눈동자"도 좋아했다. 브레히트는 (초기 단계에서는) 상냥했다. 여자의 손등에 입을 맞췄고, 끈질겼으며, 그 무엇보다도 많은 요구를 하는 사람이었다. 그의 끈질긴 요청에 저항하기 힘들어한 사람은 그의 어머니 뿐이 아니었다.

게다가 브레히트는 무정하기는 했지만 여자를 남자보다 그에게 더 중요한 존재로 간주했다. 굴종적인 역할이긴 했지만 그는 여자에게 책임감을 부여했다. 그는 각각의 여자에게 "비", "마르", "무크" 등 그만이 사용하는 별명을 붙여 주기를 좋아했다. 그는 여자들 사이의 질투와 악다구니, 할큄과 다툼을 신경 쓰지 않았다. 오히려 그런 것들을 좋아했다. 그의 목표는 셸리처럼 그가 지배하는 소규모 섹스 공동체를 운영하는 것이었다. 셸리가 실패한 부분에서 브레히트는 대체로 성공을 거뒀다. 그는 항상 양다리를 걸치거나 세 여자를 한꺼번에 만나기도 했다. 1919년 7월에 그는 사전에 모호한 결혼 약속을 살짝 내비치기도 했던 폴라 반홀처("비")라는 젊은 여자에게서 아들을 얻었다. 1921년 2월에 그는 조프("마르")와 동거했는데, 그녀 역시 아이를 가졌다. 그녀는 아이를 데리고 살고 싶어 했지만 그는 거절했다. "아이가 있으면 내 마음의 평온이 깨질 거야." 상대방의 존재를 알게 된 두 여자는 뮌헨의 카페에서 브레히트를 궁지로 몰아넣었다. 여자들은 그를 가운데 앉힌 다음 선택하라고 했다. 누구를? 그는 대답했다. "두 사람 다." 그리고 그는 비에게 아이가 사생아가 되지 않게 일단 마르와 결혼한 뒤 이혼하고, 그녀의 아이 역시 정식 자식으로 만들기 위해 비와 결혼하겠다고 제안했다. 마르는 그에게 분노의 설교를 하고는 넌더리를 치면서 카페를 빠져나갔다. 좀 더 자신감이 없었던 비도 같은 행동을 하고 싶었지만, 그러지 않고 조용히 카페를 떠났다. 브레히트는 비를 쫓아가 그녀가 탄 열차 객실에 뛰어 들어가서 청혼을 하고는 허락을 받았다. 몇 주 후에 그는 실제로 결혼을 했지만 상대는 비가 아니라 마르였다. 마르는 첫 아이를 잃었지만, 1923년 3월에 딸 한네를 낳았다. 몇 달 후에 브레히트는 또 다른 배우 헬레네 바이겔과 바람을 피웠다. 1924년 9월에 브레히트는 바이겔의 아파트로 이사 갔고, 두 달 후 두 사람은 아들 스테판을 얻었다. 그에게 헌신적이었던 비서 엘리자베스 하우프트만, <서푼짜리 오페라>에서 폴리를 연기했던 또 다른 여배우 카롤라 네헤어를 포함한 섹스 공동체 멤버들이 서서히 늘어났다. 브레히트와 마르는 1927년에 이혼했고, 그 덕에 브레히트는 다시 결혼할 수 있었다. 그는 이번에는 누구를 점찍었을까? 2년을 머뭇거린 끝에 그는 시종일관 쓸모가 가장 많은 바이겔을 선택했다. 그는 네헤어에게 사죄의 꽃다발을 건네면서 말했다. "어쩔 수 없어서 건네기는 하지만, 아무 뜻도 없는 거요." 그녀는 꽃다발로 그의 머리를 갈겼다. 하우프트만은 자살을 기도했다. 정신 사나운 소동과 여자 측에서는 비참하기 그지없던 화해에도 불구하고, 브레히트는 평온을 유지했다. 그가 여자들에게 안겨 준 고통으로 인해 마음의 동요를 일으켰다는 징후는 하나도 없다. 이용당한 여자들은 그의 목적에 봉사하기 무섭게 버림을 받았다.

마르가레테 스테핀("무크")의 경우는 비극적이다. 브레히트는 아마추어 배우였던 그녀에게 배역을 주고는 리허설 동안 그녀를 유혹했다. 그를 따라 망명에 나선 그녀는 그의 무급 비서가 됐다. 언어에 재능이 뛰어났던 그녀는 브레히트가 외국어로 주고받는 편지들을 모두 관리했다(브레히트는 모국어를 제외하면 어떤 언어든 다루기를 힘들어했다). 그녀는 결핵 환자였는데, 1930년대의 망명 기간 동안 그녀의 병세는 서서히 악화됐다. 의사이자 그녀의 친구인 로베르트 룬트 박사가 그녀를 병원에 보내야 한다고 설득했을 때, 브레히트는 반대했다. "전혀 도움이 안 될 거요. 그녀는 병원에 머물 수 없어요. 내가 그녀를 필요로 하기 때문이오." 그녀는 치료를 미루면서 그를 위해 계속 일을 했다. 그리고 그가 캘리포니아로 떠난 1941년에 모스크바에 버려졌다. 그녀는 몇 주 후에 급사했는데, 브레히트가 보낸 전보를 손에 쥐고 있었다. 그때 그녀의 나이는 33세였다.

루스 베를라우는 또 다른 사례다. 브레히트와 1933년에 연애를 시작한 그녀는 스물일곱 살의 영리한 덴마크 여자였는데, 브레히트는 그녀의 저명한 의사 남편으로부터 그녀를 꼬여냈다. 브레히트는 다른 애인들에게 했던 것처럼 그녀에게도 비서 일과 문학 관련 일을 많이 맡겼다. 그는 그녀가 그의 작품에 내린 평가를 많이 받아들였다. 이런 상황에 노발대발한 바이겔은 브레히트의 여자들 중에서 베를라우를 가장 미워했다. 브레히트를 따라 미국에 간 베를라우는 씁쓸한 목소리로 투덜거렸다. "나는 브레히트의 뒷골목 여편네예요." 그리고 "나는 일류 작가의 매춘부예요." 미쳐 버린 그녀는 뉴욕의 벨레뷰 병원에서 치료를 받아야만 했다. 브레히트는 이렇게 평했다. "미쳐 버린 공산주의자만큼 정신 나간 사람은 아무도 없소." 퇴원한 그녀는 폭음을 하기 시작했다. 그를 따라 동베를린에 간 그녀는 브레히트가 그녀를 덴마크로 쫓아 보내기 전까지, 때로는 유순한 태도를 보였고 때로는 일대소동을 일으켰다. 덴마크에 간 그녀는 알코올 중독자로 전락했다. 인정 많고 재능 있던 베를라우가 수년간 겪었을 고통은 상상하는 것조차 힘들다.

바이겔은 브레히트의 여자들 중에서 제일 강하면서 제일 복종적이기도 했다. 그녀는 사실상 브레히트의 어머니 역할을 했다. 브레히트는 마르크스처럼 평생토록 사람들을 착취하는 성향이 있었는데, 바이겔을 자신의 착취의 걸작품으로 완성했다. 마르크스의 예니와 렌첸이 한 사람으로 합쳐진 것이 바이겔이었다. 리더십과 뛰어난 조직 관리 능력을 갖춘 바이겔은 여러 가지 면에서 과단성 있는 여자였다. 표면적으로 보면 두 사람은 동등한 것처럼 보였다. 그는 그녀를 "바이겔"이라고 불렀고, 그녀는 그를 "브레히트"라고 불렀다. 그런데 그녀는 자신의 여성스러움, 특히 섹스 어필에 자신감이 없었다. 이런 약점을 간파한 브레히트는 그 점을 이용했다. 그녀는 집에서나 극장에서나 한결같이 그에게 봉사했다. 집에서는 열정적인 에너지로 빨래와 설거지를 했고, 멋진 가재도구를 찾아 골동품상을 샅샅이 훑었으며, 훌륭한 요리를 열정적으로 조리했다. 브레히트의 동료와 친구, 여자들을 위한 파티도 끝없이 개최했다. 그녀는 브레히트의 동업자에게 온몸을 바쳐 브레히트를 홍보했다. 1949년에 브레히트가 극단을 갖게 됐을 때, 그녀는 브레히트를 위해 극단을 운영했다. 박스 오피스, 청구서, 건축업자, 미화원, 스태프와 급식원 등 경영과 관련한 모든 측면을 관리했다. 그런데 브레히트는 그녀가 건물에만 책임이 있을 뿐, 창조적인 활동에는 아무런 관련도 없다고 너무나 분명하게, 잔인할 정도로 분명하게 선을 그었다. 그녀는 창조적인 활동에서는 노골적으로 배제됐다. 그녀는 극단 운영과 관련해 브레히트를 만나기 위해 종종 문서로 요청해야 했다. 그들은 별도의 초인종이 달린 별개의 아파트에 거주했다. 이 때문에 브레히트가 권세와 지위 덕분에 너무나 많은 젊은 여배우들에게 육체적으로 접근할 수 있었던 베를린 시기 동안, 그녀는 브레히트의 끊임없는 비인간적인 불륜을 조금도 목도하지 않게 됐다. 가끔 인내의 한계를 넘어선 바이겔이 집을 떠날 때도 있었다. 그렇지만 평소의 그녀는 체념한 것처럼 어마어마한 인내심을 보여 줬다. 때로는 젊은 애인들에게 브레히트는 아주 질투심이 많은 남자다, 자신은 난잡하지만 여자들은 정숙하기를 바란다, 아니면 최소한 그의 관리 아래 확고히 남아 있기를 바란다는 좋은 충고를 해 주기도 했다. 브레히트는 여자들을 통제하고 싶어 했는데, 그것은 브레히트의 정보력이 훌륭했다는 뜻이기도 했다. 그는 자기와 같이 저녁을 보내지 않은 애인들의 활동을 확인하기 위해 전화를 대여섯 통씩 걸어댔다. 말년에는 휘하에 거느린 암사슴들을 한데 묶어 두려고 기를 쓰는 늙은 수사슴과 같은 짓도 자주 했다.

브레히트는 평생을 이어온 바람기 때문에 자식들을 위한 시간은 조금도 내지 못했다. 그의 사생아는 최소한 2명이다. 루스 베를라우가 1944년에 낳은 아들은 어려서 죽었다. 폴라에게서 초기에 얻은 아들 프랑크 반홀처는 청년으로 자라났지만, 1943년 러시아 전선에서 사망했다. 마르크스가 친자식 프레디에게 그랬던 것처럼, 브레히트는 프랑크를 자기 자식으로 인정하는 것을 딱 부러지게 거절하지는 않았지만 관심을 갖지도 않았다. 프랑크를 본 적도 드물었고, 일기에 프랑크를 한 번도 언급하지 않았다. 그는 프랑크 문제 때문에 시간을 써야 할 때면 몹시 못마땅해했다. 이것은 관념적 지식인들에게는 흔한 일이었다. 사상이 사람보다 우선했고, 거창한 인류가 남자와 여자, 아내와 아들딸보다 우선했다. 미국에서 브레히트와 잘 알고 지내던 오스카 호몰카의 아내 플로렌스는 이런 상황을 재치 있게 요약했다. "인간관계에 있어서 브레히트는 주변 사람들의 행복에 지나친 관심을 갖지 않으면서도 인류의 권리를 위해 싸우는 투사였어요."[22] 브레히트 본인은 레닌을 인용하면서, 공동체에 봉사하기 위해서는 특정 개인에게는 무자비해야만 한다고 주장했다.

똑같은 원칙이 일에도 적용됐다. 브레히트의 공연 스타일은 고도로 독창적이고 창조적이었지만, 그가 다루는 소재는 다른 작가들로부터 취해 오는 경우가 잦았다. 그는 다른 사람의 플롯과 아이디어를 다루는 재능 있는 각색가, 패러디 작가, 수선공, 첨단화 작업자였다. 역사를 통해 볼 때, 진실로 자신만의 것이 그토록 적으면서도 브레히트처럼 엄청난 명성을 얻은 작가도 없을 것이다. 그렇지만 브레히트는 냉소적으로 물을 것이다. 안 될 것이 무엇인가? 프롤레타리아에게 봉사하는 한 문제될 것이 무엇인가? 암메르스가 비용을 번역한 작품을 도용한 것이 적발됐을 때, 브레히트는 스스로 이름붙인 "문학적 재산권에 대한 근본적인 부주의"를 시인했다. 훗날 자신의 지적 재산권을 집요하게 지켜 내려던 사내가 오래전에 한 자백이었다. <도살장의 성 요한나>(1932)는 실러의 <오를레앙의 처녀>와 쇼의 <성녀 존>에 대한 일종의 패러디였다. <카라르 부인의 소총>은 J. M. 싱의 <바다로 달려가는 사람들>에 기초한 작품이다. <푼틸라 씨와 그의 하인 마티>는 핀란드에서 브레히트를 거둬 줬던 민속학자 헬라 부올로요키의 작품을 도용해서 쓴 것으로, 배은망덕으로 일궈낸 대표적인 작품이다. <자유와 민주주의>(1947)는 셸리의 「무정부 상태의 가면극」에 꽤나 많은 빚을 졌다. 그는 키플링을 훔치고 헤밍웨이를 도용했다. 에르네스트 보르네만이 화기애애한 자리에서 브레히트의 관심을 끌면서 브레히트의 희곡 중 한 편과 헤밍웨이의 단편의 이상한 유사성을 언급하자 브레히트는 폭발해 버리고 말았다. 브레히트는 고함을 질렀다. "나가, 나가, 꺼져 버려!" 부엌에서 요리를 하느라 어떻게 하다 싸움이 났는지 듣지 못한, 그래서 왜 그러는지도 모르는 헬레네 바이겔은 "그래요, 가요, 가요, 가요!" 하고 소리를 지르며 방에 뛰어 들어와서 충성스럽게 싸움에 합류해 "들고 있던 프라이팬을 칼처럼 휘둘러댔다."[23]

　　브레히트의 "근본적인 부주의"는 그가 추종자와 공산당 당원으로 연계된 작가를 제외한 다른 작가로부터 일반적으로 인기가 없었던 이유 중 하나다. 프랑크푸르트학파의 학술적 작가들(마르쿠제, 호르크하이머 등)은 브레히트를 "천박한 마르크스주의자"라며 경멸했다. 아도르노는 브레히트가 노동자처럼 보이기 위해 손톱 밑에 때를 끼게 만드는 데 매일 몇 시간씩 허비한다고 말했다. 미국에서 브레히트는 크리스토퍼 이셔우드와 W. H. 오든을 모두 적으로 만들었다. 이셔우드는 브레히트와 바이겔이 그가 새로 얻은 불교신앙을 망쳐 놓으려 하는 것을 불쾌하게 여겼다. 그는 브레히트가 약한 자를 "냉혹하게" 괴롭히는 인간이며, 그들이 구세군 커플 같다는 것을 알게 됐다.[24] 한때 브레히트와 공동작업을 했던 오든은 브레히트의 시는 칭찬했지만, 브레히트를 진지한 정치적 인물로 여기지는 않았다("그는 생각할 줄을 몰라"). 그리고 브레히트의 도덕적 품성이 한탄스러울 정도라는 것을 깨달았다. "제일 불쾌한 사람", "밉살스러운 인간", "실제로 사형 선고를 받아 마땅한 몇 안 되는 사람 중 하나 — 사실 나는 내가 직접 사형을 집행하는 모습도 상상할 수 있다."25 토마스 만도 브레히트를 싫어했다. 브레히트는 "당의 꼭두각시"였고 "불행하게도 대단한 재능의 소유자이며" "괴물"이었다. 브레히트도 맞받아쳤다. 만은 "그 단편 소설 작가"이며 "성직자 파시스트"이고 "정신 박약자"에 "파충류"였다.26

아도르노와 친구들이 브레히트를 그토록 싫어한 이유 중 하나는 그가 스스로를 "노동자"와 동일시하는 것이 불쾌했기 때문이었다. 그들은 그런 짓이 속임수라는 것을 제대로 간파했다. 물론 "노동자들"이 진정으로 원하고 느끼고 믿는 것을 이해한다는 그들의 주장 역시 근거가 없기는 마찬가지였다. 프랑크푸르트학파 모두는 전적으로 중산층의 삶을 살았고, 마르크스와 마찬가지로 노동자를 결코 만나지 않았다. 그렇지만 그들은 최소한 일류 재단사가 정성들여 디자인한 옷감으로 만든 프롤레타리아 복장을 입지는 않았다. 브레히트가 한 거짓말의 정도와 체계적인 사기 행각은 그들의 속을 뒤집어 놨다. 예를 들어, 브레히트가 약속에 가려고 최고급 호텔의 현관에 도착했을 때 겪었던 일에 대해 브레히트 자신이 퍼뜨린 이야기가 있다(공간적 배경은 런던의 사보이, 파리의 리츠, 뉴욕의 플라자로 계속 바뀌었다). 유니폼을 입은 도어맨이 "노동자 복장" 차림으로 나타난 브레히트가 호텔에 들어가는 것을 막았다는 이야기다. 독재적 기질을 타고난 브레히트는 그가 진정으로 원하는 것을 하지 못하게 누군가 앞길을 막아설 경우에는 분노한 마약 중독자처럼 행동했기 때문에, 이런 일화는 도무지 사실일 것 같지 않다. 그런데 브레히트는 이 일화를 그와 자본주의 체제와의 관계에 대한 상징으로 써먹었다. 그가 밝힌 한 일화는 웨스턴에서 열린 호화로운 리셉션에 초대받아 들어가다가 입구에서 제지당하고 양식을 기입해 달라는 요청을 받는 식으로 이야기가 전개된다. 양식 기입을 마치자 도어맨이 물었다. "베르톨트 브레히트? 베르톨트 브레히트의 친척이신가요?" 브레히트가 대답한다. "그래요. 제가 그분의 친아들이죠." 그리고는 흥분해서 중얼거렸다. "요즘 세상에도 빌헬름 2세 같은 인간들을 어디서나 볼 수 있단 말이야."[27]

브레히트는 그가 존경했고 한때는 자신보다 더 훌륭한 연출가라고까지 평가했던 찰리 채플린에게서도 몇 가지 홍보 수법을 취했다. 그가 공식 파티에 차를 몰고 도착했을 때, 안내원이 차문을 열어 줬다. 브레히트는 보란 듯이 다른 쪽 문을 열고 내렸고, 바보 같은 표정을 짓는 안내원 곁을 지나치면서 따분해하던 군중들로부터 웃음을 끌어냈다. 공교롭게도 그의 자동차는 여전히 구형 슈타이어였다. 브레히트는 동독의 공용 리무진을 이용할 수 있는 특권을 시끌벅적하게 거절했다. 그런데 슈타이어를 소유하고 굴리는 것(기름, 예비 부품, 정비 등)도 현실적으로는 만만치 않은 특권이었다. 정권과 연관이 없는 사람이 개인용 승용차를 타고 다니는 것은 불가능했다. 게다가 슈타이어는 브레히트의 개인적인 홍보의 상징으로 작용하는 이점까지 있었다.

브레히트의 생활 방식에도 본질적으로 사기 행각 같은 요소들이 있었다. 브레히트는 그가 사랑했던 헤겔이 묻힌 무덤이 내려다보이는 근사한 아파트(바이겔의 아파트는 한 층 아래였다) 외에도, 샤르무첼 호숫가의 부코브에 있는 눈부신 전원 저택을 구입했다. 이 저택은 정부가 "자본가"로부터 몰수한 것으로, 브레히트는 울창한 고목들 아래서 여름 여흥을 즐기기 위한 용도로 저택을 활용했다. 이 저택은 사실은 두 채로, 한 채가 다른 집보다 더 작았다. 브레히트는 그가 "정원사용 별장"이라고 부르는 곳에 살고 있는 것처럼 알려지도록 일을 꾸몄다. 그는 방문하는 공무원에게 보여 주기 위해 도시에 있는 아파트에 마르크스와 엥겔스의 초상화를 걸어 뒀다. 그렇지만 약간은 풍자적으로 진열돼 있었기 때문에, 친구들은 초상화를 보고 킥킥대고는 했다—공무원의 눈에는 아무렇지도 않아 보였던 것 같다.

자기 이미지를 유지하면서 정권과 독립적인 듯한 모습을 보여야 한다
는 브레히트의 조바심은 파우스트적인 거래를 했다는 데서 비롯된 것이 확
실하다. 그렇지만 그의 직업과 관련한 이해관계가 공산주의 정권의 생존 및
확산과 한 덩어리였다는 사실은 조금도 새로운 일이 아니다. 1930년대 이
래의 브레히트의 삶에서 그런 사실은 가끔은 겉으로 드러났지만, 대체로는
겉으로 드러나지 않았다. 브레히트는 1930년대 내내 스탈린주의자였다. 가
끔은 광신적이기까지 했다. 미국 철학자 시드니 훅은 1935년에 브레히트가
맨해튼의 배로 거리에 있는 자신의 아파트를 방문했을 때 오간 쌀쌀맞은 대
화를 기록했다. 당시는 대숙청이 막 시작된 때였다. 훅은 지노비에프와 카
메네프의 사례를 거론하면서, 그들의 유죄를 소리 높여 떠들고 있는 미국
공산주의자들과 일하는 것을 브레히트가 어떻게 견뎌낼 수 있느냐고 물었
다. 브레히트는 미국 공산주의자는 전혀 좋은 사람들이 아니며(독일 공산
주의자도 마찬가지였다), 세상에서 중요한 유일한 조직은 소련 공산당이라
고 말했다. 훅은 그들 모두가 동일한 운동 조직의 일부로, 무고한 옛 동료들
의 체포와 투옥에 책임이 있다고 지적했다. 브레히트는 대답했다. "그들 문
제라면, 그들이 죄가 없으면 없을수록 더욱 총살당해 마땅합니다." 훅이 물
었다. "당신, 무슨 말을 하는 거요?" 브레히트가 대답했다. "그들이 죄가 없
으면 없을수록 더욱 총살당해 마땅합니다"(훅의 설명에 따르면 대화는 독
일어로 오갔다). 훅이 물었다. "왜요? 왜요?" 그는 거듭 물었지만 브레히트
는 대답하지 않았다. 자리에서 일어난 훅은 옆방으로 가서 브레히트의 모자
와 코트를 가져왔다. "내가 돌아왔을 때 그는 손에 술잔을 든 채로 여전히
의자에 앉아 있었다. 그의 모자와 코트를 든 나를 보고 그는 놀란 표정을 지
었다. 그는 잔을 내려 놓고 일어나서 메스꺼운 미소를 짓고는 모자와 코트
를 받아들고 떠났다."[28] 훅이 이 일화를 처음 출판했을 때, 에릭 벤틀리가 논

박을 가했다. 그런데 혹에 따르면, (1960년의 문화적 자유를 위한 베를린 대회에서) 애초에 그가 이 사건을 벤틀리에게 얘기해 줬을 때, 벤틀리는 "딱 브레히트답군요"라고 말했다고 한다. 셸리와 클레어 클레어먼트 사이에 난 사생아에 대한 이야기에 보인 바이런의 반응을 연상시키는 대목이다. 더군다나 시립대학의 헨리 패처 교수는 브레히트가 "내 면전에서도 똑같은 내용의 의견을 포명했다"고 증언하는 것으로 혹의 이야기를 입증하면서, 당시 브레히트는 더욱 지독한 정당화를 시도했다고 덧붙였다. "지금부터 50년이 지나면 공산주의자들은 스탈린을 잊게 될 것입니다. 그렇지만 나는 그들이 여전히 브레히트를 읽고 있을 것이라고 확신합니다. 그렇기 때문에 나는 나 자신을 당과 떼어 놓을 수가 없습니다."[29]

브레히트가 친구들이 숙청당했을 때 결코 저항하지 않았다는 것도 진실이다. 옛 애인 카롤라 네헤어가 모스크바에서 체포됐을 때 그는 이렇게 말했다. "그녀가 유죄 선고를 받았다면, 그녀에게 불리한 중요한 증거가 틀림없이 있었을 거야." 그는 상황이 더욱 진행되자 이렇게 말하기는 했다. "죄에 비해 형벌이 무거운 것 같다."[30] 카롤라는 종적을 감췄다. 스탈린에 의해 살해된 것이 거의 확실하다. 브레히트는 다른 친구 트레티아코프가 스탈린에게 총살당하자 구슬픈 시를 썼지만, 수십 년의 세월이 흐르기 전까지는 출판하지 않았다. 출판 시점이 되자 그는 공개적인 논평을 내놨다. "그 재판들은 정권에 맞선 활동적인 음모가 존재했다는 것을 너무나 분명하게 입증했다……. 고국과 해외에 있는 모든 인간 쓰레기들, 기생충 같은 자들, 전문 범죄자들, 끄나풀들이 그들에게 합류했다. 이 폭도들 모두가 (음모자와) 목표가 같았다. 나는 이것이 진실이라고 확신한다."[31]

당시 브레히트는 언제나, 종종은 공개적으로 예술 정책을 포함한 스탈린의 정책을 모두 지지했다. 예를 들어, 1938~1939년에 그는 "형식주의"(즉, 모든 종류의 예술적 실험이나 혁신)에 대한 공격을 지지했다. 그는 이렇게 썼다. "형식주의를 향한 아주 유익한 운동은 예술의 사회적 의미가 예술형식을 위해 절대적으로 중요한 조건이라는 것을 입증하면서, 예술 형식의 생산적 발전을 도왔다. 사회적 의미에 봉사하지 않고 그로부터 정당성을 도출해 내지도 못하는 모든 형식적 혁신은 무의미한 것이다."[32] 스탈린이 사망한 후, 브레히트의 논평은 다음과 같다. "5대륙의 모든 피억압자들은… 스탈린이 서거했다는 소식을 들었을 때 자신들의 심장이 멈춘 듯한 기분이었을 것이 분명하다. 스탈린은 그들의 희망의 화신이었다."[33] 1955년에 스탈린 평화상을 수상하게 되자 그는 기뻐했다. 상금 16만 루블의 대부분은 그의 스위스 계좌로 곧장 입금됐다. 그는 모스크바에 가서 상을 받았고, 공격받기 쉬운 처지에 있다는 것을 모르는 보리스 파스테르나크에게 수상연설을 통역해 달라고 부탁했다. 파스테르나크는 흔쾌히 통역을 해 줬지만, 훗날 (그 사이 상의 이름이 바뀌었다) 레닌을 찬양하는 많은 시들을 번역해 달라는 브레히트의 요청을 무시했다. 브레히트는 스탈린의 범죄 행각에 대한 흐루시초프의 비밀 연설이 유포되는 것에 당황해하면서 연설문의 출판을 강하게 반대했다. 그는 사도 중 한 명에게 이유를 밝혔다. "내가 말을 한 필 갖고 있어. 그놈은 절름발이인데다 지저분한 사팔뜨기야. 누군가 오더니 그러는 거야. 말이 사팔뜨기네, 그놈은 발을 저네, 여기를 보게, 지저분하구만. 그의 말은 맞아. 그런데 그게 나한테 무슨 소용이 있는가? 내게는 다른 말이 없는데. 다른 말은 없어. 내가 생각하는 최선의 상황은 그 말의 결점을 가급적 조금만 생각하는 거야."[34]

생각을 하지 않는 것은 브레히트가 스스로 채택한 필연적인 방침이었다. 1949년 이후, 그는 골수 스탈린주의자로서 사실상 동독 정권의 연극계 공무원이었다. 그는 그 짓을 계속하겠다는 뜻으로 1949년 11월 2일에 빌헬름 피에크를 새로운 독일 민주공화국의 대통령으로 "선출"해 달라는 정권 아부용 시 「우리 동포에게」를 쓰기 시작했다. 그는 피에크에게 보낸 편지에 그 시를 동봉해서 피에크의 당선에 대한 "기쁨"을 표명했다. 전체적으로 볼 때 브레히트는 몇몇 골수분자를 제외하면, 공산당이 보유한 작가들 중에서 시종일관 제일가는 충성을 바쳤다. 그는 정권이 진행하는 국제적 정책에는 무엇이든 이름을 빌려 줬다. 그는 서독의 재무장을 묵인한다면서 서독 지식인들에게 강하게 항의했지만, 반면 동독이 유사한 무장을 할 때는 말문을 닫았다. 자신이 지은 죄에 대해 남들을 비난하는 것이 그의 버릇이었다. 이 시절에 반복된 주제는 돈과 특권을 위해 자본주의에 "봉사"한 서구 지식인들의 사악함이었다. 그는 사망 당시 이런 주제를 다루는 희곡을 집필 중이었다. 그는 <헤른부르거 보고서>라는 터무니없는 칸타타가 포함된 반아데나워 작품을 다량 공급했다. 칸타타에는 이런 구절도 들어 있다.

아데나워여, 아데나워여, 당신의 손을 보여 주시오.
은화 30냥을 위해 당신은 우리의 땅을 팔았군요.

그는 이 작품으로 독일 민주공화국의 (1급) 국가문학상을 수상했다. 그는 고위 인사들을 방문하는 모습을 대외적으로 드러내면서 그들에게 서독의 재무장을 비난하는 연설을 했다. 그는 항의 전보에 서명을 했다. 행진곡을 작곡하고 정권을 위한 시들을 썼다.

이따금씩 다툼이 있었는데, <억척어멈>을 놓고 동독 국영영화사와 다퉜던 사례처럼 보통은 돈 때문이었다. 동독 정부는 <전쟁 교본>을 처음에는 "반전주의적"이라고 거부했지만, 브레히트가 그 문제를 공산주의자들이 좌지우지하는 세계 평화평의회에 가져가겠다고 협박하자 길을 터 줬다.

그렇지만 대체로 싸움을 거는 쪽은 브레히트였다. 원래 라디오를 위한 반전 작품으로 쓰인 1939년 희곡 <루쿨루스의 심문>은 파울 데사우의 음악을 덧붙여서 1951년 3월 17일에 동베를린 국립 오페라극장에서 막을 올릴 계획이었다. 그런데 당국은 사전 홍보를 보고는 놀랐다. 그들은 이 작품 역시 반전주의적이라고 결정하고, 공연을 막기에는 너무 늦었기 때문에 공연을 3회로 축소하면서 입장권 전체를 공산당 소속 노동자들에게 발급했다. 그런데 표의 일부가 암시장에서 서베를린 시민들에게 판매됐고, 공연을 보러 온 그들은 열렬한 갈채를 보냈다. 남은 공연 2회는 취소됐다. 1주일 후 공식 당 기관지인 「신독일」은 "루쿨루스의 심문: 독일 국립오페라의 실험 실패"라는 제목으로 비난 기사를 실었다. 포화는 데사우의 음악에 집중됐다. 데사우는 "유럽의 음악적 전통을 광신적으로 파괴한" 스트라빈스키의 추종자로 묘사됐고, 대본 역시 "현실과 조응하는 데 실패"했다고 비판당했다. 브레히트는 물론 데사우도 여덟 시간이나 이어진 당 회합에 소환됐다. 회합이 끝날 무렵 브레히트가 예의 바르게 발언했다. "예술에 우리 정부가 보여 준 것만큼의 관심을 기울이는 정부가 세상에 어디 있겠습니까?" 그리고는 당에서 요청하는 대로 작품을 수정했다. 제목을 <루쿨루스의 유죄 판결>로 바꾸고, 데사우도 음악을 수정했다. 그렇지만 10월 12일에 열린 새로운 공연도 여전히 만족스럽지 않았다. 「신독일」은 "확실히 향상됐지만" 여전히 대중적 매력이 부족하고 "위태로울 정도로 상징주의에 가깝다"고 평했다. 이 작품은 그런 비난을 받고 동독 무대에서 자취를 감췄다. 대신, 브레히트는 서방 세계의 무대에서는 이 작품을 공연했다.[35]

브레히트의 파우스트적인 거래에 따른 진정한 시련은 동독 노동자들이 봉기를 일으키고 소련 탱크가 봉기를 억압하기 위해 개입했던 1953년 6월에 닥쳤다. 브레히트는 당에 충성스러운 상태로 남아 있었지만, 비싼 대가를 치르게 됐다. 사실 브레히트는 이 참사를 자신의 입지를 강화시키는 동시에 그가 내건 거래 조건들을 개선하는 계기로 교활하게 활용했다. 1953년 3월에 스탈린이 사망하자, 동독 정부는 소련의 예술 방침에 순응하라면서 브레히트에게 가하는 압박을 강화하고 있었다. 당시 소련의 예술 방침은 브레히트가 싫어했던 스타니슬라프스키의 연기론이 득세하던 중이었다. 국가 예술위원회—브레히트의 적들이 포진하고 있어서 브레히트의 극단에 맞서는 운동을 벌이고 있던 곳이다—의 관점을 반영한 「신독일」은 브레히트의 앙상블이 "스타니슬라프스키의 이름이 대표하는 모든 것을 반대하는 것이 분명하다"고 경고했다. 게다가, 앙상블은 이 시기에도 여전히 극장을 공동으로 사용하고 있었는데, 위원회는 쉬프바우어담 극장을 넘겨받으려는 브레히트의 시도를 막아섰다. 브레히트의 목표는 위원회를 분쇄하고 극장을 차지하는 것이었다.

노동자들의 봉기는 브레히트에게 무척이나 놀라운 일로 다가온 듯한데, 이것은 그가 서민들의 삶과는 완전히 유리돼 있었다는 것을 보여 준다. 그는 외화를 풍부하게 소지하고 해외를 꾸준히 여행했으며, 그들 부부는 대부분 해외에서 쇼핑을 했다. 그는 동독에서는 고위급 당관료들과 특권층 엘리트들을 위해서만 문호가 개방된 특별 상점만을 이용했다. 그런데 아사 직전에 도달한 군중은 변덕스럽게 바뀌는 정부의 배급 정책에 전적으로 의지했고, 서베를린 한 곳의 피난민만 6만여 명에 달했다. 4월에 물가가 급격하게 치솟았고, 자영업자와 주택 소유자 등 모든 계층의 사람들로부터 배급 카드가 회수됐다(브레히트는 양쪽에 모두 해당됐지만, 특권층이었고 오스트리아 시민이기 때문에 이 조치에서 면제됐다). 6월 11일에는 정책이 갑자기 뒤집혔다. 배급 카드는 반환됐고 물가 정책과 임금 정책은 공장 노동자에게 결정적으로 불리한 쪽으로 변경됐다. 급여가 절반으로 줄어들었다는 것을 알게 된 건설 노동자들은 6월 12일에 대중 회합을 요구했다. 6월 15일에 본격적으로 시작된 항거는 소련군 탱크가 이동하기 전까지 치솟는 분노 속에 계속됐다.

전원주택에 있던 브레히트는 봉기 소식에 놀라기는 했지만, 잽싸게 봉기를 이용하기로 마음먹었다. 그는 그가 이 국면에서 보내는 지지가 정권에 대단히 중요하다는 것을 깨닫고 있었다. 6월 15일, 그는 공산당 당수 오토 그로테볼에게 앙상블의 극장 인수를 결정하고 공표해야 한다고 주장하는 편지를 썼다. 그 대가로 그는 당의 노선이 어떤 것이 됐든 그 노선을 후원하겠다고 약속했다. 이틀이 지날 때까지도 당 노선을 정하는 데 어려움이 많았다. 이틀이 지나던 날, 빌리 고틀링이라는 서베를린 거주자가 얼마 되지 않는 돈을 회수하기 위해 지름길을 택해 동독 쪽으로 건너왔다가 체포당해서 비밀리에 재판을 받은 후 "서방의 선동자"로 유죄 판결을 받고 총살당했다. 그 결과 봉기의 원인은 "파시스트의 선동"으로 설명됐고, 당의 노선도 그렇게 정해졌다. 브레히트도 신속히 당 노선을 받아들였다. 같은 날 자정, 브레히트는 당지도자 울브리히트와 그로테볼, 그리고 소련의 정치 고문이자 실질적인 총독인 블라디미르 세미오노프에게 편지를 썼다. 6월 21일 「신독일」은 다음과 같이 공표했다. "국가상 수상자인 베르톨트 브레히트는 사회주의 유일당의 중앙위원회 총서기 발터 울브리히트에게 보낸 편지에서 '이 순간 사회주의 유일당에 대한 저의 애정을 서기장님께 표명해야 할 필요성을 느낍니다. 친애하는 베르톨트 브레히트'라고 단언했다." 나중에 브레히트는 자신의 편지에는 사실상 꽤 많은 정부 비판이 담겨 있었으며, 인용된 문장 앞에 다음의 두 문장이 있었다고 주장했다. "역사는 독일 사회주의 유일당의 혁명적인 조바심을 존경할 것입니다. 사회주의 건설의 속도를 놓고 대중과 벌이는 위대한 토론은 사회주의의 성취를 엄밀히 추려내고 확고하게 만들 것입니다." 스위스 특파원 고디 수터는 이렇게 적었다. "브레히트는 주머니에서 너덜너덜해진 편지의 원본을 꺼내 보여 주었다. 그가 무력하게, 심지어는 왜소하게 보였던 유일한 순간이었다. 그는 많은 사람들에게 편지를 보여 줬다."[36] 그런데 브레히트는 그때나 그 이후나 편지의 전문을 출판하려는 시도는 전혀 하지 않았다. 그는 편지의 사본만 갖고 있었지 원본은 없었다. 그가 만약 편지를 출판했다면, 정부 측에서는 원본을 출판했을지도 모른다. 브레히트는 편지 한 통을 보낸 후에, 사적인 자리에서는 그가 사뭇 다른 편지를 보냈다고 투덜거릴 수 있는 사람이었다. 그가 가진 편지가 진짜라고 할지라도, 울브리히트에 대한 그의 불만은 실속이 별로 없었다. 독일민주공화국의 지도자들은 브레히트의 불가사의한 지지 말고도 더욱 중요한 고민거리가 있었다. 자신들의 목을 어떻게 유지할 것인가 같은 것 말이다. 어쨌거나 그들은 브레히트를 사들이겠다고 이미 돈을 지불하지 않았던가? 그들이 브레히트의 별 것 아닌 감사편지를 무시해 버리는 것을 주저할 이유가 어디 있겠는가?

이틀 후, 「신독일」은 브레히트가 보낸 장문의 편지를 게재하여 그의 입장을 명확하게 만들었다. 편지는 "실패한 경제 정책에 대한 많은 베를린 노동자들의 불만"을 실제로 언급했다. 그렇지만 그 뒤는 이렇게 이어졌다. "조직화된 파시스트들이 그들의 유혈 낭자한 목표를 위해 이 불만을 악용하고 있습니다. 몇 시간 동안 베를린은 제3차 세계 대전 직전에 있었습니다. 소련군의 신속하고 용의주도한 개입으로 그런 시도가 좌절되었습니다. 소련군이 노동자의 시위에 직접 맞서기 위해 개입한 것이 아니라는 사실은 분명합니다. 그것은 명백히 새로운 대학살을 자행하려는 시도에 맞서기 위한 것이었습니다."[37] 그는 서독 출판업자에게 보낸 편지에서 이런 주장을 되풀이했다. "온갖 종류의 타락한 젊은이"들로 구성된 "파쇼적이고 호전적인 폭도들"이 동베를린에 쏟아져 들어왔고, 소련군만이 세계 전쟁을 막을 수 있었다. 이것은 당의 노선 그대로였다. 그렇지만 "파시스트 선동자"에 대한 증거는 조금도 없었다. 브레히트 자신도 그런 것을 믿지 않았다. 그의 일기는 그가 진실을 알고 있었음을 보여 준다. 물론 그 일기는 그의 사후 오랫동안 출판되지 않았다.[38] 게다가 브레히트는—평범한 독일 노동자들이 정권을 거부한다는—진실이 혐오스럽다는 것도 깨달았다. 지배 계급 대부분처럼, 브레히트는 하인이나 가끔 그의 집을 정비하러 오는 기능공을 제외하고는 노동자를 만나지 않았다. 그는 시골 저택에서 일하는 배관공과 나눈 이야기를 기록했다. 배관공은 손버릇이 좋지 않아서 해고한 조수가 지금은 예전의 나치들이 우글거리는 경찰서에서 일하고 있다고 투덜거렸다. 배관공은 자유선거를 원했다. 브레히트는 대꾸했다. "그렇게 되면 나치들이 당선될 걸세." 배관공의 주장에 대한 전혀 논리적이지 않은 대응인 이 대답은 브레히트의 심리적 성향이 어떤 것인지를 잘 보여 준다. 그는 독일인을 믿지 않았다. 그는 민주주의보다는 소련의 식민 지배를 선호했다.[39]

브레히트는 제일 중요한 부분을 울브리히트가 제외시켜 버리기는 했지만 정권 지지의 대가를 받았다. 브레히트는 예술 위원회를 분쇄하기 위해 훔볼트대학의 젊고 영민한 마르크스주의 철학 교수 볼프강 하리히의 도움이 필요하다는 것을 알게 됐다. 하리히는 브레히트에게 교조적인 주장을 제공했고, 정확한 학술용어를 가르쳤다. 브레히트 혼자서는 할 수 없는 일들이었다. 위원회는 마침내 1954년 초반에 해체됐고, 브레히트의 친구 요하네스 베허가 책임을 맡은 새로운 문화부가 그 자리를 대신했다. 그리도 바라던 극장의 공식 소유권이 3월에 브레히트에게 넘어오면서 거래의 마지막 잔금이 지불됐다. 그는 하리히의 어여쁜 아내 이소트 킬리안을 훔쳐내는 것으로 승리를 자축했다. 그는 한동안 그녀를 제일 총애하는 애인으로 삼았고, 단역 배우였던 그녀를 새로운 연출부의 조수로 승진시켰다. 충격을 받은 하리히에게 브레히트는 냉소적으로 충고했다. "그녀하고 지금 이혼하게. 2년 후에 그녀하고 다시 결혼할 수 있을 테니까." 그때쯤에는 그녀와의 관계를 청산하겠다는 뜻이었다.

공교롭게도 그때쯤에는 브레히트 본인이 끝장을 보고 있었다. 그는 1954년 말부터 병에 시달리게 됐다. 이전에도 심장 질환 진단을 받은 적이 있었는데, 이것은 그의 병력으로 볼 때는 이상한 일이었다. 공산주의 의료기관을 불신한 그는 서베를린의 병원을 이용했다. 그는 1956년에 뮌헨의 다른 병원을 예약했지만 가지 못했다. 8월 14일에 다량의 관상동맥 혈전이 그의 목숨을 앗아갔다. 그는 오랫동안 괴롭혔던 바이겔을 상대로 마지막 수작을 걸었다. 그는 자신의 저작권 일부를 네 여자에게 남긴다는 유언장을 꾸몄다. 그의 오랜 비서이자 애인 엘리자 베스 하우프트만, 가여운 루스 베를라우, 이소트 킬리안, 1954년 말에 유혹해서 킬리안과 양다리를 걸쳤던 케이테 룰리케가 그 여자들이었다. 엘리자베스 하우프트만은 가장 값어치 있는 <서푼짜리 오페라>의 저작권을 받았다. 그런데 유언장의 적절한 공인 업무를 브레히트로부터 위임받은 킬리안은 너무나 조바심을 내는 바람에 변호사 사무실에서 공증을 받는 과정을 기다리지 못했고, 그 결과 유언은 무효가 돼 버렸다. 유일한 법적 아내로 재산을 몽땅 물려받은 바이겔은 다른 여자들에게 임의로 재산을 떼어 줬다. 그렇지만 브레히트의 다른 소망들은 그대로 집행됐다. 그는 벌레가 들지 않도록 회색 철제 관에 묻히겠다는 소망을 피력했고, 사망하자마자 단도가 심장을 관통하기를 희망했다. 소망은 집행됐고, 그대로 보도됐다. 그를 알고 지냈던 사람들 상당수가 이 뉴스를 듣고 보인 반응은 그도 심장을 가진 사람이었구나 하는 것이었다.

나는 브레히트에게 우호적인 발언들을 찾고자 노력했다. 그렇지만 그가 항상 아주 열심히 일했다는 사실 ─ 그리고 전쟁 중과 전쟁 후에 유럽 사람들에게 구호 식량을 보낸 것(그런데 이것은 아마 바이겔이 한 일이었을 것이다) ─ 을 제외하면, 그에게 도움이 될 만한 발언은 하나도 없었다. 브레히트는 내가 연구한 지식인들 중에서 결점을 보완할 장점을 하나도 갖지 못한 유일한 지식인이다.

대부분의 지식인처럼 브레히트도 인간보다는 사상을 선호했다. 그의 인간관계에는 따스함이라고는 없었다. 그에게는 우리가 흔히 쓰는 의미의 "친구"들이 없었다. 그는 사람들과 일하기를 즐겼지만, 그것은 그가 그 사람들을 거느리고 있을 때에만 그랬다. 그런데, 에릭 벤틀리가 밝혔듯, 브레히트와 일하는 것은 계속해서 회의만 하는 것이었다. 벤틀리는 그가 개개인의 사람에게는 관심이 없었다고 말했다. 브레히트가 캐릭터를 창작하지 않고 유형만 창작한 이유가 바로 이것이다. 그는 사람들을 자신의 목적을 위한 대리자로 활용했다. 그가 한 사람의 인간이 아닌 침실 동료로, 비서로, 요리사로 간주했던 여자들에게도 이런 원칙은 동등하게 적용됐다. 그렇다면, 그의 목표는 결국 무엇이었을까? 브레히트가 어떤 구체적이고 확고한 신념을 갖고 있었는지는 명확하지 않다. 그의 프랑스어 통역 피에르 아브라함은 브레히트가 죽기 직전에 교육적인 희곡들에 새로운 서문을 달아서 다시 출판하고 싶다는 의향을 비친 적이 있다고 말했다. 이 작품들은 진지하게 받아들일 것이 아니라 "훌륭한 변증법 사상가들과 같은 영혼의 운동선수들이 마음을 푸는 준비 운동"으로 받아들여야 한다는 것이 서문의 내용이었다.[40] 그 작품들은 공연 당시에는 분명히 진지한 분위기로 공연됐다. 그런데 그 작품들이 그저 "준비 운동"에 불과했다면, 브레히트의 작품 중에 그렇지 않은 작품은 무엇이란 말인가? 1922~1923년 겨울에 아놀트 브로넨은 인민의 요구에 대해 브레히트와 얘기를 나눴다. 브로넨은 브레히트에게 영향을 준 중요한 인물이었다. 그는 아놀드에서 아놀트로 이름을 바꾸면서 스스로 "강경화" 또는 "좌경화" 했는데, 브레히트는 그에게서 이 점을 모방했다. 브레히트는 기독교적인 이름인 오이겐과 프리드리히를 "너무 보수적"이라는 이유로 버렸을 뿐 아니라, 베르톨드를 베르톨트로 바꾸면서 강경한 이미지로 변신했다. 그런데 브로넨이 굶주리는 이가 아무도 없도록 세상을 바꿔야 할 필요성을 역설하자, 브레히트는 화를 냈다. 브로넨에 따르면 브레히트는 이렇게 말했다. "사람들이 굶주리는 것이 선생님하고 무슨 상관이 있나요? 성공해서 유명해지고 자신이 쓴 희곡을 공연할 극장을 가지는 것이 더욱 중요해요!" 브로넨은 그 뒤에 이렇게 덧붙였다. "그는 그 외에는 어떤 것에도 관심이 없었다."[41] 브레히트는 모순적이고 모호하며 신비로운 존재가 되는 것을 좋아했다. 그는 자신의 몸에 노동자의 복장을 걸친 것처럼, 자신의 속내를 교활하게 감췄다. 그렇지만 적어도 이 경우는 딱 한 번 진심을 말했던 것 같다.

버트런드 러셀

시시한 논쟁

역사상 그 어떤 지식인도 3대 러셀 백작인 버트런드 러셀Bertrand Russell (1872~1970)만큼 오랜 기간 동안 인류에게 조언을 하지는 못했다. 율리시스 S. 그랜트 장군이 미국 대통령으로 재선된 해에 태어난 그는 워터게이트 직전에 사망했다. 그는 마르셀 프루스트와 스티븐 크레인보다 생일이 몇 달 늦고, 캘빈 쿨리지와 맥스 비어봄보다 생일이 몇 주 빠르다. 그런데도 그는 1968년의 운동권 학생들에게 경의를 표하고, 스토파드와 핀터의 작품을 즐길 정도로 장수했다. 이 오랜 기간 동안 그는 놀랄 정도로 다양한 주제에 대해 조언과 훈계, 고발과 경고를 꾸준히 제기했다. (불완전한 것이 확실한) 어느 저서 목록은 그의 저작 68권의 목록을 실었다. 첫 저작 『독일의 사회 민주주의』는 빅토리아 여왕의 수명이 5년이나 남아 있을 때인 1896년에 출판됐다. 유작 『분석에 관한 에세이』(1973)는 닉슨이 사임하던 해에 나왔다. 그 사이 그는 기하학, 철학, 수학, 법, 사회 재건, 정치사상, 신비주의, 논리학, 볼셰비키주의, 중국, 두뇌, 산업, 원자에 대한 입문서(1923년의 저서 이다. 36년 후에는 핵전쟁에 대한 저서가 나왔다), 과학, 상대성이론, 교육, 회의론, 결혼, 행복, 도덕, 게으름, 종교, 국제적 사건, 역사, 권력, 진실, 지식, 권위, 시민 의식, 윤리학, 전기, 무신론, 지혜, 미래, 군비 축소, 평화, 전쟁 범죄를 비롯한 많은 주제에 관한 책을 출판했다.[1] 여기에 립스틱 사용, 여행객의 매너, 시거 고르는 법, 아내 구타 등 상상 가능한 모든 주제에 대해 신문과 잡지에 기고한 엄청난 분량의 글을 덧붙여야만 한다.

러셀이 자신에게 그토록 많은 충고를 할 자격이 있다고 느낀 까닭은 무엇일까? 그리고 사람들은 왜 그의 말에 귀를 기울였을까? 첫 질문에 대한 대답은 분명하게 즉각 떠오르지는 않는다. 그가 그토록 많은 글을 쓴 가장 큰 이유는 글 쓰는 것이 수월한 일이라는 것, 그리고 짭짤한 돈벌이가 된다는 것을 깨달았기 때문이다. 그의 친구 마일스 맬러슨은 1920년대에 러셀에 대해 이렇게 썼다. "버티는 매일 아침 혼자서 한 시간 동안 산책을 하면서 그날 할 일을 구상하고 고민했다. 산책에서 돌아와서는 나머지 아침 시간 동안 부드럽고 수월하게, 그리고 단 한 번의 수정도 하지 않고 글을 썼다."[2] 그는 이런 유쾌한 활동에 따르는 금전적 성과를 작은 공책에 기록했다. 그는 그 공책에 평생 동안 출판하거나 방송했던 모든 것에 대한 수입을 기록했다. 그는 안주머니에 공책을 넣고 다녔는데, 가끔 한가하거나 의기소침해졌을 때 주머니에서 공책을 꺼내 읽었다. 그는 이것을 "가장 보람 있는 소일거리"라고 불렀다.[3]

확실한 것은 러셀은 대부분의 사람들이 살아가는 삶을 폭넓게 경험했거나, 대중의 관점과 감정에 큰 관심을 기울인 사람이 아니었다. 그는 네 살 무렵에 양친을 모두 잃은 고아였다. 어린 시절에 그는 할아버지 집에서 자랐다. 1대 러셀 백작인 존 러셀 경은 구태의연하고 개혁되지 않은 하원에서 선거법 개정안(1832)을 통과시킨 인물이었다. 러셀의 출신 배경은 급진적 사상에 대한 변덕스런 취향을 가진, 서민이나 심지어는 일부 특권층과도 접촉하지 않고 자신들만의 세계에서만 살아가는 휘그당 귀족이었다. 수상을 역임한 노백작은 빅토리아 여왕이 수여한 리치몬드 파크 안의 펨브로크 별장에서 고상하고 우아한 삶을 누렸고, 러셀도 그곳에서 자랐다. 사람들이 "블룸즈버리" 억양으로 잘못 분류하는 러셀만의 대단히 맑고 고아하며 독특한 억양은 할아버지로부터 바로 물려받은 것이라고 보인다. 그런데 러셀의 어린 시절에 제일 많은 영향을 끼친 사람은 두드러진 청교도적 세계관을 가진 대단히 고결하고 지독할 정도로 종교적인 여성인 할머니였다. 무신론자이자 초급 진파였던 러셀의 부모는 아들 버트런드가 존 스튜어트 밀의 지도 아래 자랄 수 있도록 해 달라는 유훈을 남겼다. 할머니는 이런 유훈을 받아들이지 않고 러셀을 집에서 키웠다. 성경과 정부 보고서의 분위기 속에서 여자 가정 교사들이 연달아 러셀을 가르쳤다(그런데 그중 한 사람은 무신론자로 밝혀졌다). 러셀은 그렇다고 해서 조금도 달라지지 않았다. 그는 어찌됐든 자기 가고픈 길을 갔다. 열다섯 살 무렵에 그는 일기를 쓰고 있었는데, 감시의 눈에서 자신의 생각을 감추기 위해 그리스 문자를 사용했다. "나는… 내 성장 환경이던 종교의 근원을 들여다봤다."[4] 이즈음에 신앙을 버린 그는 여생을 그렇게 살았다. 대부분의 사람들이 깨닫거나 필요로 하는 궁극적 존재에 대한 필요성은 그에게는 조금도 매력이 없었다. 그는 우주의 모든 수수께끼에 대한 해답은 인간의 지성 속에서 발견할 수 있을 것이라고 생각했고, 그러지 못하다면 그런 해답은 존재하지 않는다고 생각했다.

러셀은 인간의 지성을 추상적이고 실체가 없는 것으로 간주하긴 했지만, 동시에 지성의 힘을 확신했다. 추상적 지성에 대한 애정과 구체적인 운동에 대한 의혹은 러셀을 수학자로 만든 할머니의 청교도적 가르침에서 비롯됐을 가능성이 무척 크다. 그 무엇보다도 사람들로부터 멀리 떨어져 있는 수에 대한 과학은 러셀의 삶에서 최초의, 그리고 으뜸가는 열정의 대상이었다. 러셀은 주입식으로 시험공부를 시키는 교사들의 도움으로 케임브리지의 트리니티 칼리지에 장학금을 받으며 입학했고, 1893년에는 수학 우등생 명부에 일곱 번째로 이름을 올렸다. 뒤이어 트리니티의 연구원이 되었고, 알프레드 노스 화이트헤드와 같이 쓴 명저 『수학 원리』의 초고가 19세기의 마지막 날에 완성됐다. 러셀은 "나는 인간적이지 않기 때문에 수학을 좋아한다"고 썼다. 에세이 「수학의 연구」에서 그는 기쁘게 밝혔다. "수학은 진리뿐 아니라 최상의 아름다움까지 갖고 있다. 조각의 아름다움처럼 차갑고 엄밀한 아름다움, 우리의 연약한 본성에는 조금도 어필하지 않는, 가장 위대한 예술작품만이 보여 줄 수 있는 최고로 순수하고 무서울 정도로 완벽한 아름다움을."[5]

러셀은 대중이 지식의 최전방에 침투할 수 없고, 해서도 안 된다고 생각했다. 그는 전공인 수학 부문은 고도로 전문적인 방법으로 연구를 진행했고, 그 결과 비전문가들의 접근은 조금도 허용되지 않았다. 그는 철학적 사색은 특별한 언어로 행해져야만 하며, 성직자들만의 이런 암호를 보유하고 강화시켜 나가기 위해 투쟁한다고 주장했다. 그는 외부인들이 비결에 침투하지 못하도록 막아서는 지식인 세계의 고위 성직자였다. 그는 "상식은 미개인들의 형이상학을 구현한 것"이라고 주장하면서, G. E. 무어처럼 일상적이고 평범한 언어로 문제들을 논의하고 싶어 하는 철학계 동료들과 심하게 다투었다. 그런데 그가 보기에, 지식인 세계의 고위 성직자는 엘레우시스•의 비밀 의식을 특권층 내부에서만 거행되도록 지켜 내야 하는 의무를 갖고

• 비밀 의식을 행했던 그리스의 도시 국가

있는 한편, 그들이 관리하는 지식의 창고를 바탕으로 대중에게 소화하기 쉬운 지혜의 과실을 대접해야 하는 의무도 갖고 있었다. 따라서 그는 전문적 철학과 대중적 윤리학 사이에 선을 긋고 양쪽을 모두 행했다. 1895~1917년 사이, 그리고 1919~1921년 사이와 1944~1949년 사이에 트리니티의 교수였던 그는 미국의 여러 대학에서도 여러 해 동안 강의하고 가르쳤다. 그렇지만 러셀은 그의 인생의 상당 기간을 사람들이 어떤 생각을 해야 하는지를 가르치는 데 썼고, 이런 지적인 복음주의는 그의 오랜 삶의 후반부를 완전히 지배했다. 1920년대와 1930년대의 앨버트 아인슈타인 박사와 비슷하게, 러셀은 세계 각지의 수많은 사람들을 위한 추상적 철학자의 전형이자 원형, 진리를 설명해 주는 해설자의 화신이 됐다. 철학이란 무엇인가? 글쎄, 철학은 버트런드 러셀이 말했던 종류의 것이다. 러셀은 타고난 해설자였다. 그의 초기 저작은 그가 늘 존경했던 라이프니츠의 연구를 설명했다.[6] 『서양 철학사』(1946)는 그 분야 최고의 개론서로, 당연히 세계적인 베스트셀러가 되었다. 동료 학자들은 러셀을 비판하거나 개탄하는 척했지만, 그들이 러셀의 대중적 저작을 시샘했다는 것에는 의심의 여지가 없다. 루트비히 비트겐슈타인은 러셀의 저서 『행복의 정복』을 "굉장히 참기 어려운 책"으로 평가했다.[7] 러셀의 최후의 중요 철학 저서인 『인간의 지식』이 1949년에 출판됐을 때, 학계의 비평가들은 이를 진지하게 받아들이지 않았다. 그중 한 사람은 이 책을 "마술사의 주문"이라고 불렀다.[8] 그렇지만 대중은 속세로 나온 철학자를 좋아했다. 게다가 러셀은, 맞건 틀리건 자신의 신념에 대한 용기가 있고 그 신념을 위해 고초를 겪을 준비가 돼 있었다. 아인슈타인이 나치의 학정을 피해 망명을 간 것처럼, 다양한 정권과 계속 불화를 일으킨 러셀은 그에게 가해진 형벌을 당당하게 받아들였다.

1916년에 러셀은 연구원의 징병을 반대하는 유인물을 익명으로 썼다.

징병법에 들어 있는 "양심 조항"에도 불구하고 감옥에 간 양심적인 반대자들에 관해 항의하는 내용이었다. 유인물 배포자는 체포돼서 판결을 받은 후 감옥으로 보내졌다. 러셀은 「더 타임스」 앞으로 자신이 글쓴이임을 밝히는 편지를 보냈다. 그는 런던 시장 관저에서 시장의 참석하에 재판을 받고 유죄 판결과 함께 100파운드 벌금형을 받았다. 그가 벌금 납부를 거부했기 때문에 트리니티에 있는 그의 가구들은 압류돼 판매됐다. 선임 연구원들을 관리하는 정예 조직인 트리니티 평의회는 러셀의 연구원 자격을 박탈했다. 그들은 이 문제를 매우 심각하게 다뤘고, 대부분은 가장 중요한 원칙을 염두에 두고 심사숙고한 끝에 이런 결정을 내렸다.[9] 그러나 대중이 보기에 이것은 동일한 행위에 대한 이중 처벌이었다.

1918년 2월 11일에 러셀은 두 번째로 재판을 받고 유죄 판결을 받았다. 이번에는 급진적 신문 「트리뷰널」에 "독일의 평화 제안"이라는 기사를 썼기 때문이다. 기사에서 그는 "독일군에 효율적으로 맞설 능력이 있는지 모르겠지만, 미군이 영국과 프랑스를 점령하고 공격자들에게 위협을 가할 수 있을 것이라는 데에는 의심의 여지가 없다. 이것은 미군이 아주 정통한 일이다." 그는 이런 무모하고 거짓되며 터무니없는 주장으로 인해 "국왕 폐하와 미합중국 사이의 관계에 대한 편견을 조장할 가능성이 있는 성명서를 인쇄·출판했다"는 죄목의 국토수 호법 위반으로 고소를 당해서 6개월 형의 유죄 판결을 받았다.[10] 그가 석방됐을 때, 외무부는 그에게 여권을 발급하는 것을 (최소한 한 번은) 거부했고, 사무차관 아서 니컬슨 경은 서류에 "우리나라에서 제일 해로운 괴짜 중 한 사람"이라고 기록했다.[11]

러셀은 뉴욕시립대학의 학과장으로 임명된 1939~1940년에 다시 한 번 법적인 문제로 곤란을 겪었다. 그는 이즈음에는 반종교적인 태도와 부도덕한 가치관의 소유자라는 세간의 추측으로 인해 악명이 높았다. 그는 헤아릴 수도 없이 많은 반기독교적인 글을 썼고, 『무신론자의 신경(信經)』이라는 실내 공연도 펼쳤다. 그는 성직자들이 찬송을 할 때내는 콧소리로 이렇게 낭송했다. "우리는 하느님을 믿지 않습니다. 그렇지만 우리는 인류의 지고함을 믿습니다. 우리는 내세의 삶을 믿지 않습니다. 그렇지만 우리는 선행을 통한 불멸을 믿습니다."[12] 그는 진보주의자 친구들의 아이들에게 이것을 낭송해 주는 것을 즐겼다. 그의 뉴욕대학 임명이 발표되자 지역의 성공회와 가톨릭 성직자들은 맹렬히 반대했다. 시청이 관할하는 대학이라서 시민들은 임명 문제를 법정으로 가져갈 수 있었는데, 어떤 부인이 실제로 그런 식으로 일을 진행했다. 그녀는 뉴욕시를 고소했다. 이즈음 시는 그녀가 승소할까 봐 걱정이었다. 부인의 변호사는 러셀의 저작들이 "음란적이고 선정적이고 호색적이고 성적이고 색정광적이고 최음적이고 불손하고 편협하고 거짓되고 비도덕적"이라고 단언했다. 아일랜드계 미국인 판사는 질책을 가하면서 "이질적인 무신론자이며 자유연애의 옹호자"인 러셀은 직위를 맡는 데 적합하지 않다고 판결했다. 피오렐로라 구아디아 시장은 평결에 대한 항소를 포기했고, 뉴욕 카운티 학적계원은 러셀이 "타르와 깃털 세례를 받은 후에 국외로 추방돼야 한다"고 공개적으로 발표했다.[13]

러셀이 정권과 마지막으로 충돌한 것은 88세 때인 1961년이었다. 그는 핵무기를 반대하는 저항의 일환으로 시민 불복종 운동을 주도했고 일부러 체포당하기 위한 시도를 했다. 2월 18일에 그는 런던의 국방성 밖에서 불법 "연좌"를 하면서 몇 시간 동안 도로 위에 앉아 있었지만 아무 일도 일어나지 않았기 때문에 귀가해야만 했다. 그러나 8월 6일에는 대중을 선동했다는 이유로 9월 12일에 재판정에 출두하라는 통지를 받았다. 그는 유죄 판결을 받고 징역 1개월 형을 선고받았다가 1주일 형으로 감형받았다(그가 감옥의 병동에서 지낸 기간이었다). 형량이 발표됐을 때 어떤 남자가 "창피하고 부끄러운 일이오. 여든여덟 먹은 노인네를!" 하고 고함을 쳤지만, 판사는 "선생은 세상물정을 충분히 알 수 있을 만큼 나이를 드셨소"라고 말했다.[14]

이런 에피소드들이 대중에게 러셀의 평판을 실제로 끌어올렸는지는 의심스럽다. 그렇지만 이 에피소드들은 철학을 상아탑에서 끌어내 저잣거리로 가져가겠다는 러셀의 성실성과 의욕은 입증했다. 사람들은 모호하고 부정확하게나마 러셀을 독을 들이키는 현대의 소크라테스, 또는 통 속에서 나온 디오게네스로 여겼다. 사실 러셀이 철학을 세상으로 끌고나왔다는 생각은 굉장히 그릇된 것이다. 대신, 그는 세상을 철학 속으로 압착해 넣는 성공적이지 못한 작업을 통해 그것이 적절하지 않다는 것을 깨달았다. 아인슈타인의 경우는 사뭇 달랐다. 아인슈타인은 우주의 움직임을 있는 그대로 관찰했고, 이런 움직임에 대한 묘사에 경험적 증거라는 가장 정확한 잣대를 적용하기로 결심한 물리학자였기 때문이다. 아인슈타인은 뉴턴 물리학을 바로잡으면서 우주를 바라보는 인간의 태도를 완전히 바꿔 놓았고, 그의 연구는 이후로 계속해서 헤아릴 수도 없이 많이 응용됐다. 아인슈타인의 원자론은 인간이 만든 핵에너지로 향한 길에 놓인 최초의 위대한 이정표였다.

이와는 대조적으로 러셀은 누구보다도 물질적 실체로부터 멀리 떨어져 있었다. 그는 가장 간단한 기계 장치도 작동시킬 수 없었고, 응석받이로 자란 사람조차 별다른 고민 없이 할 수 있는 일상적인 일을 해낼 수 없었다. 그는 차 애호가였지만, 차를 끓이지는 못했다. 외출을 해야 했던 그의 셋째 아내 피터는 주방 메모판에 다음과 같이 적었다. "에세(조리 도구 상표) 받침대를 들어 올리세요. 주전자를 전열기 위로 옮기세요. 끓을 때까지 기다리세요. 주전자의 물을 찻주전자에 따르세요." 비참하게도 그는 이런 지시를 실행하는 데 실패했다.[15] 나이가 든 그는 귀가 멀기 시작했다. 그래서 보청기를 착용했지만, 도움을 받지 않고는 전혀 작동시키지 못했다. 인간들도 물질적인 세상만큼이나 꾸준히 그를 당황스럽게 만들었다. 그는 제1차 세계 대전의 도래로 인해 "인간 본성에 대한 내 관점을 수정"할 수밖에 없었다고 썼다. "나는 그때까지만 해도 부모가 자식을 사랑하는 것은 지당한 일이라고 생각했다. 그런데 전쟁으로 인해 나는 그런 것이 드문 예외에 해당한다는 것을 깨닫게 됐다. 나는 대부분의 사람이 돈을 세상의 그 무엇보다도 더 좋아한다고 생각 했지만, 파괴행위를 더 좋아한다는 것을 알게 됐다. 지식인의 대부분은 진실을 좋아할 것이라고 생각했지만, 인기보다 진실을 좋아하는 지식인이 전체의 10%도 안 된다는 것을 다시 깨달았다."**16** 이 분노의 문장은 보통 사람의 감정이 전시에, 아니 평상시에도 어떻게 작동하는지를 너무나 모르는 말이었으므로 별다른 논평을 할 여지가 없다. 그의 자서전에는 평범한 독자라면 그처럼 영리한 사람이 인간의 본성에 대해 그토록 무지할 수 있다는 사실에 의아해지는 견해가 많이 등장한다.

재미있는 일은 러셀이 사람들이 어떻게 느끼고 무엇을 원하는지에 대한 이론적 지식과 현실적 무지의 위험한 조합을 다른 사람들에게서 곧잘 간파―그리고 개탄―할 수 있었다는 점이다. 1920년에 그는 볼셰비키가 지배하는 러시아를 방문했고, 5월 19일에 레닌을 면담했다. 그는 레닌이 "이론의 화신"이라는 것을 깨달았다. 러셀은 "나는 그가 대중을 경멸하는 지식인 귀족이라는 인상을 받았다"고 썼다. 러셀은 그런 조합을 가진 인간이 어째서 현명한 통치자로는 부적격한지를 완벽할 정도로 잘 간파했다. 그는 "어떤 사람인지를 모르고 (레닌을) 만났다면 그가 위대한 인물이 아니라 고집불통인 교수라고 판단했을 것이다"라고 덧붙였다.**17** 그러나 러셀은 레닌에 대한 묘사가 자신에게도 어느 정도 적용된다는 것을 알 수 없었고, 알려고도 하지 않았다. 러셀 자신도 대중을 경멸하고, 때로는 불쌍히 여기는 지식인 귀족이었다.

게다가 러셀은 사람들이 실제로 어떻게 행동하는지를 모르는 데서 그치지 않고, 스스로에 대해서도 전혀 인식하지 못했다. 러셀은 레닌에게 투영된 자신의 특징들을 볼 수 없었다. 더욱 심각한 것은 그가 보통 사람에게서 발견했을 때는 개탄해 마지않던 불합리한 감정이 행사하는 영향력에 자신도 노출되어 있다는 사실을 깨닫지 못했다는 것이다. 세상의 질환 대부분은 온건한 논리와 이성으로 해결할 수 있다는 것이 러셀의 일반적인 입장이었다. 남녀노소가 감정이 아니라 이성을 따른다면, 직관적인 논쟁 대신 논리적인 논쟁을 벌인다면, 그리고 극단적인 방식에 빠져드는 대신 온건한 해결책을 실행한다면, 전쟁은 일어나지 않을 것이고 인간관계는 조화로워질 것이며 인류의 생활 여건은 꾸준히 향상될 수 있을 것이다. 이것이 수학자 러셀의 관점이었다. 논리학의 관점에서 정의할 수 없는 개념은 하나도 없고, 추론을 통한 응용으로 해결하지 못할 문제는 하나도 없는 순수 수학적인 관점이다. 그는 인류가 겪는 문제들을 수학 방정식과 비슷하게 풀 수 있을 것이라고 생각할 정도로 멍청한 사람은 아니었다. 그럼에도 불구하고 그는 시간과 인내, 온화한 방법, 이성만 주어진다면 인류가 공적·사적으로 겪는 대부분의 난점에 대한 해법을 도출할 수 있을 것이라고 믿었다. 그는 철학적 초연함으로 이러한 문제들에 접근할 수 있다고 확신했다. 무엇보다 러셀은 제대로 된 이성과 논리의 틀만 주어지면, 인류의 대다수는 점잖게 행동할 것이라고 생각했다.

그러나 러셀의 삶 자체가 이런 주장이 불안정한 토대에 의존하고 있음을 거듭해서 보여 줬다. 중요한 국면에서 러셀의 관점과 행동은 이성이 아니라 감정에 의해 결정되는 경향이 있었다. 위기의 순간이면 논리는 허공 속에 내동댕이쳐졌다. 러셀은 자신의 이익이 위협받는 곳에서도 점잖게 행동할 것이라는 믿음을 사람들에게 줄 수 없었다. 다른 약점들도 있었다. 인본주의적 이상주의를 설교할 때, 러셀은 진실을 그 어떤 것보다도 우선시했다. 그렇지만 러셀은 궁지에 몰리면 빠져나갈 궁리만 하는 경향이 있었다. 정의 감이 치솟고 감정이 들끓을 때면, 정확성에 대한 러셀의 존경심은 무너져 버렸다. 특히, 이성과 논리를 열렬히 추구하는 사람들이 꼭 지켜야만 하는 일관성을 이뤄내기가 어렵다는 것을 그는 깨달았다.

전쟁과 평화라는 거창한 주제를 발전시킨 러셀의 견해를 따라가 보자. 러셀은 그 어떤 것보다도 많은 에너지를 이 주제에 쏟았다. 러셀은 전쟁을 불합리한 행동으로 구성된 극단적 패러다임으로 간주했다. 그는 두 차례의 세계 대전과 셀 수 없이 많은 국지전의 시대를 살았고, 그것들 모두를 혐오했다. 그의 전쟁 혐오는 조금도 거짓되지 않은 것이었다. 러셀은 1894년에 로건 피어솔 스미스의 동생인 앨리스 휘톨과 결혼했다. 퀘이커 교도였던 그녀는 남편의 확고하고 (그가 보기에는) 논리적인 반전론을 통해 자신의 신념을 더욱 굳힌 상냥하고 종교적인 반전론자였다. 1914년에 전쟁이 발발하자, 러셀은 전쟁을 전면 반대한다고 선언하고, 대서양 양안에 평화를 가져오기 위해 자신의 자유와 경력을 위태롭게 만들면서까지 전력을 다해 할 수 있는 모든 것을 다했다. 그런데 그를 감옥에까지 이끈 말들은 평화적이거나 합리적이거나 또는 온건한 사람의 견해는 아니었다. 평화주의를 옹호한 중요한 철학적 성명서로, 전쟁은 도저히 정당화될 수 없다고 주장하는 『전쟁의 윤리학』(1915)은 상당히 논리적이다.[18] 그런데 그 이후 러셀은 반전론을 주장하면서 전투적이라고까지는 할 수 없지만 대단히 감정적인 표현들을 동원했다. 예를 들어, 1915년에 조지 5세가 전시 동안 금주를 하겠다고 맹세했을 때, 러셀은 앨리스의 소망에 따라 행하고 있던 금주를 포기해 버렸다. 러셀은 왕의 행동동기가 "독일군 살해를 용이하게 만들려는 것이며, 반전론과 알코올 사이에 모종의 연관이 있는 것처럼 보이게 만들었다"고 썼다.[19] 미국에서 그는 미국의 국력을 평화를 집행하는 수단으로 파악했다. 그래서 그는 당시 그가 세계의 구세주로 간주한 윌슨 대통령에게 교전국들에 맞서 "인류를 보호할 임무를 떠맡아 달라"고 간청했다.[20] 그는 구세주의 정신에 젖어 윌슨에게 편지를 썼다. "저는 충심에서 우러난 확신을 갖고 유럽의 이름으로 만국을 위해 소리쳐야만 합니다. 대통령께서 우리에게 평화를 가져다 주시기를 유럽의 이름으로 호소합니다."

전쟁을 싫어했을지 모르는 러셀도 완력을 사랑했던 시절이 있었다. 그의 반전론에는 공격적이고 심지어는 호전적이기까지 한 요소들이 있었다. 최초의 선전 포고가 있은 후에 그는 이렇게 썼다. "지난 몇 주 동안, 애스퀴스나 그레이를 우연히 만났다면 나는 살인 충동을 억누르지 못했을 것이다."[21] 그는 한참 후에 실제로 애스퀴스를 우연히 만났다. 러셀은 가싱턴 영지의 수영장에서 홀딱 벗은 채로 물에서 나온 애스퀴스 수상이 수영장 기슭에 앉아 있는 것을 발견했다. 그렇지만 러셀의 분노는 이때쯤에는 차갑게 식은 상태였다. 그는 살인을 하는 대신, 애스퀴스가 정통했던 플라톤에 대해 논의하기 시작했다. 내가 모셨던 위대한 편집자 킹즐리 마틴은 러셀을 잘 알았다. 그는 자신이 만난 사람 중 걸핏하면 싸우기 좋아하는 사람은 모두 반전론자였다고 말하면서, 러셀을 예로 들었다. 러셀의 제자 T. S. 엘리엇도 같은 얘기를 했다. "(러셀은) 어떤 이유로든 살인을 할 수 있다고 생각했다." 러셀이 주먹질을 선호한 것은 아니었다. 그렇지만 그는 어떤 면에서는 총체적 해법이 있다고 믿은 절대론자였다. 그는 세계에 항구적 평화를 가져오기 위해 강력한 정치가가 물리력을 동원해야 한다는 견해를 종종 드러냈다.

러셀이 이런 생각을 처음 한 것은 제1차 세계 대전이 끝나가던 무렵으로, 당시 그는 미국이 우세한 무력을 활용해서 무장 해제를 관철시켜야만 한다고 주장했다. "다양한 인종들이 뒤섞여 있고 국가적 전통이라 할 것이 상대적으로 없었기 때문에, 미국은 이 임무를 완수하는 데 특히 적합하다."22 그런데 미국이 핵무기를 독점하던 1945~1949년에 그의 주장은 더욱 강해졌다. 훗날 러셀이 이 시기 동안 그가 가졌던 관점을 부인하고 호도하고 변명을 늘어놓으려 했기 때문에, 이때의 주장들을 자세히, 그리고 시간순으로 살펴볼 필요가 있다. 러셀의 전기를 쓴 로널드 클라크가 입증했듯, 러셀은 러시아를 상대로 한 예방적 전쟁을 몇 년에 걸쳐 한 번도 아니고 여러 차례 주장했다.23 좌파 인사 대부분과 달리 러셀은 소련 정권에 결코 포섭되지 않았다. 그는 마르크스주의를 항상 철저히 거부했다. 1920년 러시아 방문을 기술한 책『볼셰비키주의의 실제와 이론』(1920)은 레닌과 레닌의 행적에 대해 대단히 비판적이다. 그는 스탈린을 괴물로 여겼고, 강제 집단 농장화, 대기근, 숙청과 수용소 등 서방측에 전해진 파편적 이야기들을 진실로 받아들였다. 이런 모든 점에서, 그는 진보적 인텔리겐치아로서는 꽤나 전형적이지 않은 모습을 보였다. 또한 1944~1945년에 소련이 동유럽의 대부분으로 통치권을 확장했을 때 만족감을 표명한 지식인들과도 길을 달리했다. 러셀이 보기에 이것은 서양 문명의 대재앙이었다. 그는 1945년 1월 15일에 "나는 제정신을 유지하지 못할 정도로 소련 정부를 증오한다"고 썼다. 그는 협박이나 무력을 사용하지 않으면 소련의 팽창이 계속될 것이라고 믿었다. 1945년 9월 1일자 편지에서 그는 강력히 주장했다. "스탈린은 세계의 독재자가 되겠다는 야심을 히틀러로부터 물려받았다고 생각합니다."24 따라서 미국이 일본을 상대로 최초의 핵무기를 터뜨렸을 때, 그는 미국이 고집 센 러시아를 제압하기 위해 신무기를 활용해서 세계의 평화와 무장 해제를 강요해야 한다는 주장을 되풀이했다. 그는 이것을 두 번 다시 오지 않을 하늘이 내린 기회로 봤다. 러셀은 1945년 8월 18일에 글래스고에서 발간된 노동계 저널『포워드』와 10월 2일자「맨체스터 가디언」에 기고한 글에서 자신의 전략을 처음으로 제시했다. 10월 20일자 「캐벌케이드」에도 같은 주제를 좀 더 발전시킨 글이 실렸다. "인류의 마지막 기회"라는 제목의 이 글에는 "전쟁을 일으킬 명분은 어렵지 않게 찾을 수 있을 것이다"라는 의미심장한 표현이 들어 있다.

러셀은 이후 5년 동안 이와 유사한 주장을 여러 번 되풀이했다. 그는 『논쟁』 1946년 7월/8월 호, 『연방제국』 1948년 1월/2월 호, 『신연방』 1948년 1월 호에 실린 1947년 12월 3일의 로열 엠파이어 소사이어티를 상대로 한 좌담 정리 기사, 1947년 12월 9일에 제국 국방대학에서 한 강연, 『19세기와 이후』 1949년 1월 호에 실린 1948년 11월에 웨스트민스터 학교에서 열린 학생 회의에 관한 기사, 『월드 호라이즌』 1950년 3월 호에 실린 기고문 등에서 여러 차례에 걸쳐 자신의 주장을 반복했다. 그는 돌려 말하지 않았다. 로열 엠파이어 소사이어티 좌담회에서 그는 연합—나토에 대한 예시다—을 하면 러시아에 강요를 할 수 있을 것이라고 제안했다. "나는 러시아가 마지못해 강요에 따를 것이라고 생각하게 됐습니다. 연합이 조만간 결성될 것이라는 전제하에서, 러시아가 그에 따르지 않는다면, 세계는 그 결과 뒤따르는 전쟁에서 살아남고 세계가 필요로 하는 단일 정부가 출범할 수도 있습니다." 다음은 그가 1948년 5월에 미국의 군축 문제 전문가 월터 마르세유 박사에게 보낸 편지에 쓴 내용이다. "러시아가 서유럽을 침공한다면, 나중에 러시아를 물리치더라도 그로 인한 파괴는 회복할 수 없는 수준이 될 것입니다. 교육받은 인구 전체가 북동 시베리아나 백해 연안의 노동 수용소로 보내질 것이고, 사람들 대부분은 그곳에서 고생하다 죽어갈 것이며, 생존자들은 짐승으로 전락할 것입니다. 만약 핵폭탄을 사용한다면 러시아에는 미치지 못할 것이므로 우선 서유럽에 떨어뜨려야만 할 것입니다. 러시아인들은 핵폭탄이 없으면서도 영국의 모든 대도시를 파괴할 수 있을 것입니다⋯⋯. 나는 종국에는 미국이 승리할 것임을 의심하지 않습니다. 그렇지만 서유럽을 침략으로부터 보호할 수 없다면, 서유럽의 문명은 몇 세기 동안 사라지게 될 것입니다. 나는 그런 대가를 치르더라도 전쟁을 할 만한 가치가 있다고 생각합니다. 공산주의를 섬멸하고, 세계 정부를 창설해야만 합니다."[25] 러셀은 서둘러야 한다고 계속 강조했다. "조만간 러시아인들은 핵폭탄을 갖게 될 것이다. 핵폭탄이 있으면 그들은 더욱 무리한 제안을 할 것이다. 만사를 최대한 기민하게 서둘러 해치워야만 한다."[26] 러시아가 핵폭탄 실험을 했을 때도 러셀은 서방측이 수소 폭탄을 개발해야 한다고 역설하면서 자신의 주장을 밀어붙였다. "나는 현재의 세계 정세에서 핵전쟁 억제 협정만이 능사라고는 생각하지 않는다. 쌍방이 각각 다른 편이 협정을 위반하리라고 생각할 것이기 때문이다." 그런 후에 그는 "빨갱이보다는 죽음이 낫다"는 주장을 가장 비타협적인 형태로 전개했다. "다음 전쟁이 발발한다면, 그 전쟁은 지금까지 인류에게 닥친 재앙 중에서 가장 끔찍한 재앙이 될 것이다. 그보다 큰 재앙은 딱 한 가지인데, 그것은 크렘린의 권력이 세계 전역으로 확장되는 것이다."[27]

러셀이 예방적 전쟁을 옹호했다는 것은 오늘날 널리 알려져 있으며, 많은 토론의 대상이다. 1948년 암스테르담에서 열린 국제 철학 대회에서 소련 대표 아르노스트 콜만은 그 문제로 러셀을 격렬히 비난했고, 러셀은 뒤지지 않는 신랄함으로 맞받아쳤다. "크렘린에 있는 당신의 주인님한테 돌아가서 선전선동과 사기행각 프로그램을 수행할 더 유능한 부하들을 보내라고 말하시오."[28] 1953년 9월 27일 러셀은 「뉴욕 타임스 매거진」에 글을 썼다. "새로운 세계 대전은 끔찍하긴 하지만 나에게는 세계적인 공산주의 왕국보다는 그쪽이 더 낫다."

그런데 이때쯤 러셀의 관점이 급작스럽게, 그리고 근본적으로 바뀌기 시작했다. 바로 다음 달인 1953년 10월에 그는 「네이션」에 기고한 글에서 자신이 "러시아에 맞선 예방적 전쟁을 지지해 왔다"는 것을 부인했다. 그는 그러한 이야기는 "공산주의자들의 날조"라고 썼다.[29] 어떤 친구의 기록에 따르면, 러셀은 전후 그의 관점에 대한 이야기가 나올 때면 언제나 이렇게 주장했다고 한다. "결코 그런 일이 없었어. 그것은 모두 공산주의 저널리스트들의 날조일 뿐이야."[30] 1959년 3월에 BBC 텔레비전의 유명한 프로그램 「얼굴을 맞대고」에서 존 프리먼과 가진 인터뷰에서 러셀은 방침을 바꿨다. 미국의 군축 문제 전문가가 러셀의 초창기 성명서에서 발췌한 문장들을 보내오자 러셀은 그런 글을 썼다는 사실을 더 이상 부인할 수 없었다. 그래서 러셀은 예방적 전쟁 노선과 관련한 질문을 던진 프리먼에게 말했다. "전적으로 사실입니다. 그리고 난 그것을 후회하지 않습니다. 그 노선은 지금의 내 견해와 전적으로 일치합니다."[31] 그는 인터뷰 직후 BBC의 주간지 「리스너」에 보낸 편지에서 이렇게 밝혔다. "나는 예방 전쟁과 관련한 위협 정책을 생각하고 있었다는 사실을 까마득히 잊고 있었습니다. 1958년에 알프레드 콜버그 씨와 월터 W. 마르세유 씨는 내가 1947년에 했던 주장들을 담은 문건을 보내왔는데, 나는 그 문건들을 읽으면서 흠칫 놀랐 습니다. 내게는 변명의 여지가 없습니다."[32] 자서전(1968) 3권에서 그는 더 발전된 해명을 과감히 내놨다. "이런 충고를 할 때, 나는 아무 생각도 없었다. 누군가 그런 충고에 따를 것이라는 희망은 조금도 갖지 않았기 때문에 곧 잊어버렸다." 그리고 덧붙였다. "사적인 편지에서 그 문제를 언급했고 연설에서도 다시 거론했지만, 언론이 그 문제를 분석의 대상으로 삼으리라고는 생각지 않았다."[33] 그런데 로널드 클라크의 연구가 보여주듯, 러셀은 수년에 걸친 기간 동안 다양한 글과 연설에서 예방적 전쟁을 거듭해서 주장했다. 그가 이렇게 집요하게 오랜 기간 보여 줬던 태도를 완전히 망각할 수 있으리라고는 믿기 어렵다.

러셀은 1950년대 후반에 가졌던 핵무기에 대한 관점이 종전 후 예방적 전쟁을 지지했던 입장과 일치한다고 존 프리먼에게 말했다. 이것으로 그의 신뢰성은 다시 떨어졌다. 사실, 대부분의 사람은 러셀의 이야기가 난센스라고 말할 것이다. 러셀이 보여 줬듯, 예방적 전쟁에 대한 주장과 "빨갱이보다는 죽음이 낫다"는 주장은 모두 이성적인 주장이 가혹하고 비인간적인 논리학에 파묻혀 극단화된 대표적인 사례였다. 사실상 이것이 러셀의 약점이었다. 그는 논리적인 가르침에 잘못된 가치를 부여했다. 러셀은 사람에게 어떻게 행동해야 하는지 알려주는 과정에서, 논리가 직관적 상식을 깔아뭉개도록 허용했다.

따라서 1950년대 중반, 러셀이 핵무기는 본질적으로 악하며 어떤 상황에서도 핵무기를 사용해서는 안 된다고 결정했을 때, 그는 논리의 무시무시한 경고를 좇아서 —극단적이기는 마찬가지인— 사뭇 다른 방향으로 나아갔다. 그는 우선 1954년에 비키니 섬의 실험을 주제로 가진 방송에서 "인류의 위험"인 핵무기를 반대한다고 선언했다. 그리고는 다양한 국제 회의에 참석하고 성명서에 이름을 올렸다. 그러는 와중에 러셀은 어떤 대가를 치르더라도 핵무기를 완전 제거해야 한다는 쪽으로 강경해졌다. 1957년 11월 23일, 그는 「뉴 스테이츠먼」에 "아이젠하워와 흐루시초프에게 보내는 공개서한"을 실었다.[34] 다음 달, 신문의 독자 투고란을 훑던 나는 러시아어로 니키타 흐루시초프라는 서명이 달린 장문의 편지가 번역돼 실린 것을 발견하고 깜짝 놀랐다. 이 편지는 소련 지도자가 러셀에게 개인적으로 보낸 답장이었다. 물론 편지의 대부분은 재래식 무기의 전력에서 대단히 우월한 소련으로서는 (감독 기구 없는) 핵무기 해체를 언제든지 합의할 준비가 돼 있다는 내용의 선전 선동이었다. 이 편지는 신문에 실린 후 엄청난 센세이션을 일으켰다. 물론 미국은 달갑지 않았지만, 대통령이 아닌 국무장관 존 포스터 덜레스 명의로 답장을 보냈다.[35] 러셀은 이토록 두드러진 반응에 기뻤다. 그의 또 다른 약점인 허영심이 기지개를 켰고, 결코 장점이 아닌 그의 판단력은 요동을 쳤다. 러셀의 처지에 폭넓은 공감을 표명한 흐루시초프의 편지는 러셀의 입장을 극단적인 반미주의로 몰아갔을 뿐 아니라, 핵무기 일소를 삶의 핵심 목표로 자리 잡게 만들도록 그를 자극했다. 톨스토이 스타일의 열망이 모습을 드러내기 시작했다.

이듬해인 1958년, 러셀은 신설단체인 "핵무장 해제를 위한 운동(CND)"의 의장이 됐다. 영국 내에서 가능한 모든 방법을 동원해 핵무기 제조에 반대하는 여론을 확산시키려는 목적으로 세인트 폴 성당의 존 콜린스 신부와 소설가 J. B. 프리스틀리를 비롯한 여러 사람이 조직한 온건 단체였다. 평화적 시위를 기획하고, 법의 테두리를 지키면서 주장을 펼친 이 단체는 초기 단계에서는 대단히 효과적이고 인상적인 성과를 얻었다. 그런데 러셀이 극단주의의 징후를 드러내는 데에는 시간이 얼마 걸리지 않았다. 러셀을 가장 자세하고 빼어나게 기술한 루퍼트 크로셰이-윌리엄스는 1958년 7월 24일자 일기에 존 스트레이치를 향한 러셀의 분노를 기록했다. 한때 공산주의자였던 스트레이치는 나중에는 우파 노동당 하원 의원과 종전 후 애틀리 정부에서 전쟁 장관을 역임했다. 그가 핵을 통한 전쟁 억지를 믿는다고 알려지기는 했지만, 1958년에는 관직을 떠난 지 오래여서 그에게는 아무런 책임도 없는 상태였다. 크로셰이-윌리엄스 부부가 스트레이치와 같은 집에 기거하고 있다는 소식을 들은 러셀은 수소 폭탄에 대한 스트레이치의 견해를 물었다. 대답을 들은 러셀은 윌리엄스 부부도 스트레이치와 생각이 같을 것이라고 추측했다.

"자네 부부와 존 스트레이치, 자네들은 살인자 클럽에 가입한 거야." 그가 의자의 팔걸이를 내리치면서 말했다. 러셀은 살인자 클럽은 다수 대중에게 무슨 일이 벌어지는지에 대해서는 아무런 관심도 없는 자들로 이뤄져 있다고 설명했다. 지배자인 그들은 특권 덕분에 어떤 식으로건 살아남을 수 있기 때문이라고 했다. 버티가 말했다. "그들은 개인적인 수소 폭탄 방공호를 짓는 것으로 자기네 안전을 보장할 대책을 강구했어."

스트레이치가 정말로 개인용 수소 폭탄 방공호를 갖고 있다고 생각하느냐고 묻자, 러셀은 으르렁거렸다. "그럼. 그놈은 당연히 갖고 있지." 2주일 후 그들은 수소 폭탄에 대한 논의를 더욱 진행시켰는데, 논의는 "조용하게 시작"됐다. 그런데 "느닷없이 버티가 격노한 목소리로 말했다. '다음번에 자네가 자네 친구 존 스트레이치를 만나면, 그가 왜 나세르(당시의 이집트 절대 권력자)가 수소 폭탄을 가지기를 바라는지 이해할 수가 없다고 전하게.' (…) 그는 존 같은 사람들이 세상을 정말로 위험하게 만들고 있다고 확신했고, 자기가 그런 말을 하는 것이 정당하다고 느꼈다."[36]

객관적 사실에 대한 무관심, 다른 관점을 가진 이들에 대한 비난, 그리고 편집증의 징후와 결부된 분노는 1960년에 공개적인 표출 기회를 찾아냈다. 이 해에 러셀은 직접 행동에 나서는 자신만의 분파 조직으로 시민 불복종 운동에 헌신하는 "100인 위원회"를 결성하면서 CND와 결별했다. 이 조직의 최초 서명자에는 지도적 지식인, 예술가, 문인―콤튼 매켄지, 존 브레인, 존 오즈번, 아놀드 웨스커, 레그 버틀러, 어거스터스 존, 허버트 리드, 도리스 레싱 등―이 포함돼 있었는데, 그중 상당수는 결코 극단주의자가 아니었다. 그런데 이 조직은 얼마 안 돼 제어가 불가능해졌다. 역사적으로 모든 반전주의 운동은 운동에 진척이 없다는 점에 절망한 호전적인 구성원들이 시민 불복종과 폭력적 행위에 의존하는 모습을 보인다는 공통점이 있다. 다수의 추종세력을 유지하지 못하게 되면, 이 단계는 여지없이 나타난다. 100인 위원회의 결성과 그에 뒤이은 CND의 붕괴는 이런 과정을 보여 주는 전형적인 사례다. 러셀의 행동은 어찌됐든 일어날 수밖에 없었던 일들을 앞당겼을 뿐이다. 러셀의 행동을 새로운 비서인 랠프 쉰먼이 행사한 영향력 탓으로 돌리기도 한다. 나는 러셀과 쉰먼 간의 관계를 뒤에서 짤막하게 검토할 것이다. 그런데 CND의 위기 기간 내내 러셀이 했던 행동과 언행이 시종일관 독특한 모습을 보였다는 사실은 관찰해 볼 가치가 있다. 그의 의장직 사임으로까지 이어진 회합들은 점점 불쾌감을 더해 갔다. 러셀은 콜린스를 거짓말쟁이라고 비난하면서 콜린스의 비열한 동기를 탓했고, 개인적인 의사록을 녹음 기록으로 남겨야 한다고 고집했다.[37]

콜린스를 비롯한 친구들의 견제에서 벗어나자, 러셀의 마음은 극단주의에 완전히 사로잡혔고, 그가 내 놓는 성명서는 너무나 터무니가 없어져 갔다. 그를 열광적으로 지지하는 사람들까지도 혐오감을 느낄 지경이었다. 성명서들은 평상시의 그가 설득의 기초 원칙이라고 알고 있던 것과는 모순됐다. 그는 1958년에 쓴 볼테르에 대한 에세이에서 이렇게 썼다. "어떤 의견도 열정으로 받아들여서는 안 된다. 그 누구도 8 곱하기 7이 56이라는 사실에 흥분하지 않는다. 누구도 그것이 참이라는 것을 알 수 있기 때문이다. 열정은 의심스럽거나 명백히 그릇된 의견들을 강권할 때에만 필요한 것이다."[38] 1960년 이후 러셀이 했던 말 중 상당수는 열정을 넘어선 포악무도한 것이었다. 그는 자신과 견해를 같이하지 않는 사람들을 향해 순간적인 충동으로 분노의 독설을 퍼부었다. 예를 들어, 1961년 4월에 버밍엄에서 연설할 때, 그는 다음과 같이 적힌 메모지를 준비했다. "순전히 통계학적인 근거에서 볼 때, 맥밀런과 케네디는 히틀러보다 50배쯤 부도덕합니다." 이 문장은 (다른 것은 차치하더라도) 역사적 사실을 미래에 대한 예상과 비교했다는 점에서 충분히 잘못된 것이다. 그런데 러셀의 실제 연설을 녹음한 자료는 이렇다. "우리는 유대인을 살해하기를 원한 히틀러를 부도덕하다고 생각하곤 합니다. 그런데 케네디와 맥밀런은 유대인 모두를 죽이는 데서 그치지 않고 나머지 인류 모두를 죽이고 싶어 합니다. 그들은 히틀러보다 훨씬 더 못됐습니다." 그리고 덧붙였다. "나는 인류 전체의 학살을 기획하는 정부에게 복종하는 척하지 않을 것입니다……. 그들은 인류 역사상 가장 부도덕한 사람입니다."**39**

러셀이 세운 전제를 가정하면, 그의 비난은 논리적이다. 그렇지만 러셀은 논리조차도 선택적으로 적용했다. 때때로 러셀은 핵무기를 가진 국가들은 모두 대량 학살을 기획했다는 점에서 똑같이 유죄라고 여기면서, 러시아를 논의 대상에 포함시켰다. 예를 들어 발신자 주소가 "브릭스턴 교도소"로 된 1961년의 공개 서한에서 그는 이렇게 주장했다. "케네디와 흐루시초프, 아데나워와 드골, 맥밀런과 게이츠켈은 모두 인간 생명의 절멸이라는 공통의 목표를 추구하고 있다……. 이런 사람들을 기쁘게 해 주기 위해서는, 모든 개인적인 애정과 모든 공공의 소망들이… 영원히 일소돼야 한다."**40** 그런데 러셀은 그의 총구의 방향을 서방, 특히 영국과 미국에 집중시키는 것이 일반적이었다.

이것은 소련 정권뿐 아니라 러시아와 러시아인들을 그가 얼마나 증오했었는지를 그 자신이 잊고 있다는 것을 뜻한다. 전쟁이 끝난 직후 그는 소련이 나치만큼, 아니 그보다 더 나쁘다고 거듭 말하곤 했다. 크로셰이-윌리엄스는 러셀이 퍼부은 맹렬한 비난의 일부를 녹음했다. "러시아놈들은 모두 동방의 야만인들이야." "러시아놈들은 모두 제국주의자야." 언젠가 그는 "러시아놈들은 '친구들을 배신하기 위해서라면 하나같이 허리가 꺾여라 굽실댈 것'이라는 말을 하기까지 했다."⁴¹ 그런데 1950년대 후반 이후부터 열렬한 반미주의가 마음속에서 차지하는 범위가 커지면서, 반소련 정서는 러셀의 마음 밖으로 밀려나갔다. 러셀의 반미주의는 뿌리 깊은 것으로, 이전에도 표면으로 떠오른 적이 있었다. 보수적인 상류층 영국인의 자긍심과 애국심, 졸부에 대한 경멸과 빠르게 질주하는 사람들에 대한 반감, 세계에서 제일 큰 자본주의 국가를 향한 자유주의-진보주의자의 증오가 러셀의 반미주의를 부추겼다. 급진적인 성향을 가진 러셀의 부모는 미국을 민주주의가 진보했음을 보여 주는 사례로 간주한 세대에 속했다. 1867년에 그들은 장기간 미국을 방문했는데, 러셀이 기록했듯, "세계를 개혁하겠다는 소망을 품은 젊은이들은 그 방법을 발견하기 위해 미국으로 갔기" 때문이었다. 러셀은 이렇게 덧붙였다. "부모님은 당신들이 절찬했던 민주주의를 향한 열정과 당신들이 동경했던 노예제 반대의 승리를 거둔 남녀노소가 사코와 반제티•를 살해한 자들의 조부모가 될 것이라고는 예견할 수 없었다."⁴² 러셀 본인도 미국을 몇 차례 방문했고 미국에서 꽤 오래 살기도 했는데, 주된 이유는 돈을 벌기 위해서였다. "지긋지긋하게 돈에 쪼들린 나는 미국에서 내 형편이 다시 펴질 수 있을 것이라고 기대하고 있다." 그가 1913년에 되돌이표 붙은 후렴구처럼 거듭해서 쓴 글이다. 그는 미국인들에 대해 늘 비판적이었다. 그는 첫 미국 방문(1896)에 대해 이렇게 적었다. "사업을 제외하고는 모든 일에 말할 수 없을 정도로 게으르다."⁴³ 그런데 세계에 끼친 미국의 영향력에 대한 러셀의 견해는 심하게 요동을 쳤다. 우리가 이미 보았듯, 러셀은 제1차 세계 대전 동안 윌슨의 미국을 세계의 구세주로 간주했다. 거기서 실망한 그는 1920년대에는 심한 반미주의로 입장을 바꿨다. 그는

• 살인범으로 몰려 사형당한 미국 무정부주의자들

"미국이 사회주의로 전향하거나 최소한 중립적인 입장으로 남아 있기 전까지는"[44] 그가 당시 선호했던 사회주의가 유럽에서는 불가능할 것이라고 주장했다. 그는 미국이 "중국 문명을 서서히 파괴하고 있다"고 비난했고, 집산주의를 수용하지 않으면 미국의 민주주의는 붕괴할 것이라고 예상했으며, 미국의 "자본주의 제국주의"에 대항한 "세계적인 저항"을 요구했고, "자본주의에 대한 미국인들의 신념을 흔들 수" 없다면 "인류의 문명은 완전히 붕괴될 것"이라고 주장했다.[45]

제2차 세계 대전이 한창일 때와 끝났을 때인 20년 후, 러셀은 미국의 군사정책을 지지했다. 그런데 이런 지지는 미국의 정책에 대해 커져만 가는 혐오와 동시에 일어났다. 미국을 방문하고 돌아온 1950년대 말에 그는 크로셰이-윌리엄스에게 편지를 썼다. "미국은 추잡해. 공화당원들은 멍청할 뿐 아니라 못되기까지 했다는 말이 나돌고 있네. 나는 사람들을 만날 때마다 경찰국가의 분위기를 연구하는 것이 너무 재미있다는 것을 알게 됐다고 얘기했네……. 나는 다음 5월에 제3차 세계 대전이 시작될 것이라고 생각하네."[46] 그는 조지프 매카시가 대통령에 당선될 것이라고 맬컴 머거리지와 내기를 했다(러셀은 매카시가 사망했을 때 돈을 내놔야만 했다). 러셀이 수소 폭탄 반대 운동을 시작했을 때부터 너무나 불합리해지기 시작한 그의 반미주의는 죽을 때까지 그런 상태로 남아 있었다. 그는 케네디 암살에 대한 유치한 음모 이론을 개발했다. 그리고는 수소 폭탄 문제에 따분해진 그—러셀의 주의 집중 시간은 톨스토이처럼 꽤나 짧았다—는 베트남으로 관심을 돌려서 미국이 베트남에서 한 행동에 비난을 퍼붓는 세계적인 운동을 조직했다.

비서 쇤먼으로부터 정보를 받는 러셀은 너무나 터무니없이 날조된 이야기에 쉽게 빠져드는 희생자로 전락했다. 50년 전에 그는 연합국이 전쟁의 열기를 높이기 위해 독일이 벨기에에서 저지른 극악무도한 이야기들을 활용하는 것을 개탄했다. 그는 저서 『전시의 정의』(1916)에서 그런 이야기들의 상당수가 근거가 없는 것이라는 사실을 폭로하려고 애썼다. 1960년대에 러셀은 훨씬 타당성이 떨어지는 베트남 이야기들을 유포시키고 신뢰성을 부여하는 데 자신의 명망을 활용했다. 전적으로 미국을 향한 분노를 고취시키기 위해서였다. 이런 방법은 "전쟁 범죄 법정"(1966~1967)에서 최고조에 달했다. 그가 조직한 이 법정은 미국에 불리한 판결을 선고하기 위해 스톡홀름에서 회의를 가졌다. 러셀은 선전 선동을 위해 아이작 도이처, 장 폴 사르트르, 시몬 드 보부아르, 유고슬라비아 작가 블라디미르 데디예르(법정의 의장이었다), 멕시코의 전 대통령, 필리핀의 계관 시인 등과 같은 쉽사리 활용 가능한 지식인들을 포섭했다. 그렇지만 이 법정은 정의나 공정함 같은 최소한의 형식도 내세우지 못했다. 러셀 자신이 이 법정은 "전쟁 범죄자 존슨, 러스크, 맥나마라, 로지와 그들의 동료 범죄자들"을 재판하기 위해 소집한 것이라고 밝혔기 때문이다.[47]

철학가로서 러셀은 항상 단어들을 정확한 의미에 맞춰 세심히 사용해야 한다고 주장했다. 인류에게 충고하는 조언자로서 그는 자신에게 "냉정하게 바라볼 수 없는 잘못된 사건에 대한 분노를 다른 이들도 공유하도록 묘사하는 습관"이 있다고 자서전에서 고백했다.[48] 이것이 문제를 냉정하게 분석하는 것에 전문적으로 헌신해 온, 이성의 돛대에 자신의 깃발을 올린 사람의 입에서 나온 말이다. 사람들을 격분시키려는 그의 시도는 격분해 봐야 소용도 없는 사람들이나, 그렇게 하지 않아도 어떻게든 활용이 가능했을 사람들에게만 먹혀들었다. 러셀이 (1951년에) 미국에서는 "문 뒤에서 엿듣고 있는 사람이 없는지 먼저 확인하고 정치적 의견을 밝혀야 한다"고 말했을 때, 제정신 가진 사람치고 그의 말을 믿은 사람은 아무도 없었다.[49] 그가 1962년의 쿠바 미사일 위기 동안 "우리는 미국의 미치광이들을 기쁘게 해 주기 위해 1주일 내에 모두 죽을 가능성이 높다"고 선언했을 때, 그가 타격을 가한 대상은 케네디가 아니라 러셀 자신이었다.[50] 베트남에 있는 미군들이 "나치만큼 악독하다"고 말했을 때, 러셀에게 귀 기울이는 사람들의 숫자는 점점 줄어들었다.[51]

러셀의 생애를 통틀어 볼 때, 러셀이 경구를 들려주는 사람일 때보다 일관된 의견을 가졌을 때가 훨씬 인상적이었다는 사실을 여기서 밝혀야겠다. 그의 어록은 톨스토이의 어록보다 나을 것이 없다. "신사는 1년에 1,000파운드 이상을 벌어들이는 할아버지를 가진 사람이다." "아프리카에서 민주적 정부가 활동하는 모습은 결코 볼 수 없을 것이다." "아이들을 어머니의 사랑으로부터 떼어 놓기 위해 기숙학교에 보내야만 한다." 미국 어머니들은 "본능적으로 무능력하다는 결점이 있다. 사랑이라는 샘물은 바싹 말라버린 듯하다." "여자로부터는 삶에 대한 과학적 태도를 좀처럼 배울 수 없다."[52]

마지막 문장은, 러셀의 생애 마지막 10년이 거의 전적으로 정치적 선언과 결부돼 있기는 했지만, 그도 한때는 "우애 결혼•", 자유연애, 이혼 개혁, 남녀공학과 같은 양차 세계 대전 사이의 주제들에 대한 관점으로 악명이 높았다는 것을 상기시킨다. 러셀은 적어도 이론적으로는 여성의 인권에 대한 주장을 지지했으며, 여권 주창자들로부터 자세한 설명도 들었다. 그는 여성을 결혼 제도 안에서나 밖에서나 평등하게 대할 것을 요구했고, 진정한 윤리적 토대가 없는 시대에 뒤떨어진 도덕관념의 희생자로 묘사했다. 성적인 자유는 향유돼야 한다. 그는 "전통적으로 '미덕'으로 간주됐던 터부와, 인간을 희생시키는 교리들"을 혹평했다.[53] 여성, 사회적 삶, 자식과 인간관계에 대한 러셀의 관점은 많은 점에서 셸리의 관점의 반복이다. 실제

• 피임과 이혼의 자유를 보장하는 시험적인 결혼

로 러셀은 셸리에게 특히 헌신적이었다. 그는 삶에 대한 자신의 태도를 가장 잘 표현한 시로 셸리의 시를 꼽았다. 그는 셸리가 1812~1813년에 공동체를 결성하려고 노력했던 웨일스 지방에 거주했고, 그의 저택 플라스 펜린은 포트매덕 강어귀에 셸리의 친구 매덕스를 위한 저택을 지었던 건축가의 작품이다.

그런데 여성을 대하는 러셀의 실제 행동은, 셸리와 마찬가지로, 이론적으로 내세운 원칙과 항상 일치하는 것은 아니었다. 상냥하고 사랑스러우며 관대한 미국인 퀘이커 교도였던 러셀의 첫 아내 앨리스는, 셸리의 아내 해리엇이 그랬던 것처럼 남편의 커져만 가는 바람기의 희생자였다. 우리가 앞서 살펴봤듯이 엄한 교육을 받으며 자란 러셀은 20대에 접어들기 전까지는 섹스에 대해 엄격한 태도를 견지했다. 2대 백작인 형 프랭크가 첫 아내를 버리고 이혼과 재혼을 한 1900년에 러셀은 새로운 형수를 인정하기를 거부했고, 만찬에 참석한 프랭크에게 새 여자를 떠나는 것이 도리라고 충고했다(프랭크는 나중에 중혼죄로 하원 재판정에 고발당했다). 그런데 러셀은 나이를 먹어가면서 앞선 시대 사람인 빅토르 위고처럼 변해 버렸다. 더욱 호색적이 됐고 사회의 규범을 따르는 것이 편리할 경우를 제외하고는 그 규범을 따르려 들지 않게 됐다.

앨리스는 결혼 16년째인 1911년 3월 19일에 러셀의 아내 자리에서 효과적으로 떠밀려 나갔다. 이때 러셀은 "블룸즈버리의 호스티스"인 오톨라인 모렐 부인이 거주하는 베드포드 광장 44번가의 저택을 방문했다. 그녀의 남편 필립이 예기치 않게 자리를 비웠다는 것을 알게 된 러셀은 그녀와 사랑을 나눴다. 러셀의 설명에 따르면, 그날 밤 오톨라인 부인과 "완전한 관계"를 갖지는 않았지만 "앨리스를 떠나기"로 결심하고는 오톨라인 부인이 "필립을 떠나도록" 만들었다. 모렐이 어떻게 느끼고 생각하느냐는 "나에게는 중요하지 않은 일이었다." 그는 모렐의 남편이 "우리 둘 다를 죽일 것"이라고 확신했지만, "하룻밤을 위해서라면 그 정도 대가는 치를 용의가" 있었다. 러셀은 앨리스에게 즉시 그 얘기를 꺼냈다. 앨리스는 "벌컥 화를 냈고, 오톨라인의 이름을 들먹이면서 이혼을 하겠다고 말했다." 몇 차례 말다툼을 벌인 후, 러셀은 그녀가 협박한 대로 한다면 "나는 그녀의 의표를 찌르기 위해서 자살을 해야만 한다"고 "단호하게" 말했다. 그 결과 "앨리스는 분노를 참기 어려워했다. 그녀가 퍼붓는 몇 시간 동안의 폭풍이 지나간 후, 나는 조카에게 로크의 철학을 강의했다."[54]

러셀의 이기적인 설명은 앨리스의 실제 행동과는 어울리지 않는다. 그녀는 엄청난 자제력과 온화함, 진심에서 우러난 사랑으로 남편을 대했고, 러셀이 오톨라인 부인과 계속 바람을 피울 수 있도록 (공중도덕을 지킨다는 규범에 따라 모렐의 남편은 아내의 불륜을 묵인했다) 집을 떠나서 오빠와 같이 살겠다는 데 합의했으며, 1920년 5월까지는 이혼을 미뤘다. 그녀는 남편을 계속 사랑했다. 트리니티 칼리지가 러셀의 연구원 자격을 박탈했을 때, 그녀는 러셀에게 편지를 썼다. "제게 100파운드가 있어요. 재무부 채권에 투자하려고 모아 둔 거지만, 그 돈을 당신께 드리겠어요. 제가 걱정해도 되는지는 모르겠지만, 이런 모든 박해가 당신의 수입에 큰 지장을 줄까 봐 걱정되네요."[55] 그가 감옥에 있는 동안 그녀는 말했다. "매일같이 너무나 크게 슬퍼하면서 당신을 생각해요. 그리고 밤마다 당신의 꿈을 꿔요."[56] 러셀은 1950년이 될 때까지 그녀를 다시 만나지 않았다.

앨리스와 결별하는 과정에는 거짓과 속임수, 위선이 무척이나 많이 개입됐다. 러셀은 오톨라인 부인과 은밀히 만나는 동안 정체를 감추기 위해 한동안 수염을 면도하기도 했다. 러셀의 친구들은 무슨 일이 벌어지고 있는지를 알고 나서는 충격을 받았다. 늘 그렇게 진실하고 개방적인 주장을 펼치던 러셀이 그런 짓을 하다니. 러셀은 이 에피소드부터 성적으로 혼란스러운 삶을 살기 시작했다. 오톨라인 부인과 맺은 불륜은 만족스럽지 않은 것으로 판명됐다. 러셀의 설명에 따르면, "나는 내가 농루를 앓고 있다는 사실을 전혀 모르고 있었다. 농루로 인해 내 입 냄새는 무척이나 불쾌해졌는데, 나는 그런 사실도 몰랐다. 그녀는 그렇다는 얘기를 차마 입에 담을 수가 없었다."[57] 그래서 그들의 관계는 식어 버렸다. 1913년에 알프스에서 "정신 분석학자의 아내"를 만난 그는 "그녀와 사랑을 나누고 싶었지만, 나는 오톨라인 부인에 대해 먼저 설명을 해야만 한다고 생각했다." 기존의 애인이 있다는 얘기를 들은 여자는 그리 달가워하지 않았다. 그렇지만 "언젠가는 그녀의 반감을 넘어설 수 있을 것이라고 생각했다." 러셀은 "그녀를 다시는 보지 못했다."

이어서 그는 1914년에 시카고에서 젊은 아가씨와 남부끄러운 관계를 맺었다. 헬렌 더들리는 러셀이 강연하는 동안 머물러 있던 저명한 산부인과 의사의 네 자매 중 한 명이었다. 러셀의 설명에 따르면, "나는 그녀의 부모집에서 이틀 밤을 보냈는데, 두 번째 밤은 그녀와 같이 지냈다. 그녀의 다른 세 자매는 부모님이 다가올 경우에 경고를 해 주기 위해 보초를 섰다." 이혼 수속 중이던 러셀은 그녀가 그해 여름 영국에 와서 공개적으로 자신과 동거해야 한다면서 일을 꾸몄다. 그는 오톨라인 부인에게 자초지종을 밝힌 편지를 썼다. 그런데 그 사이에 그가 입 냄새를 치료했다는 소식을 들은 오톨라인 부인은 두 사람의 관계를 다시 시작하고 싶어 했다. 여하튼 헬렌 더들리가 런던에 도착한 1914년 8월에는 선전 포고가 있었고, 전쟁에 반대하기로 결심한 러셀은 "개인적인 스캔들로 내 입장을 복잡하게 만들고 싶지 않았다. 스캔들은 나의 발언의 권위를 떨어뜨릴 것이다." 그래서 그는 헬렌에게 둘만의 아기자기한 계획은 끝이 났다고 말했다. "가끔씩 그녀와 관계를 맺기는” 했지만, 전쟁은 “그녀를 향한 내 열정을 죽여 버렸고, 나는 그녀의 마음을 아프게 만들었다.” 그는 결론을 내렸다. “그녀는 희귀한 질병의 희생자였다. 그 병은 처음에는 그녀를 마비시켰고, 그다음에는 그녀를 미치게 만들었다.” 이것으로 헬렌은 끝이었다.

사실, 러셀은 그 사이에 다른 애인을 만드는 것으로 자신의 입장을 복잡하게 만들었다. 콘스탄스 맬러슨은 콜레트 오닐이라는 이름으로 활동한 사교계 여자였다. 두 사람은 1916년에 만났다. 두 사람이 처음으로 사랑을 고백했을 때 그들은 “침대로 직행하지는 않았다.” “할 말이 무척이나 많았기 때문이었다.” 두 사람 모두 반전론자였다. 두 사람이 처음 섹스를 하는 동안 “우리는 갑자기 길거리에서 들려오는 추잡한 승리의 함성을 들었다. 침대에서 튀어나간 나는 체펠린 비행선이 화염에 싸여 추락하는 것을 봤다. 용감한 사람들이 고통스럽게 죽어가고 있다는 생각이 거리에서 승리의 함성을 불러일으킨 것이었다. 그 순간 내게는 콜레트의 사랑이 도피처였다. 탈출이 불가능한 잔인함으로부터의 도피처가 아니라 사람이 어떤 존재인지를 깨달으면서 느끼게 된 고뇌에 찬 고통으로부터의 도피처였다.”58

러셀은 얼마 안 있어 고뇌에 찬 고통을 이겨냈고, 몇 년이 지난 후에는 콘스탄스 부인을 잔인하게 대했다. 콘스탄스 부인은 오톨라인 부인과 러셀을 공유하는 것을 만족스러워했다. 그리고 그가 감옥에 있는 동안 두 여자는 1주일 동안 번갈아가며 그를 방문했다. 콘스탄스 부인이 이해한 바에 따르면, 오톨라인 부인은 현재의 남편과 결혼 상태를 유지하는 것을 선호했기 때문에 러셀이 이혼했을 때에도 그의 애인으로 남아 있을 수 있었다. 그런 토대 위에서, 그녀는 1920년 5월에 러셀이 이혼 가假판결을 받을 수 있도록 “증거”를 제공해 줬다. 그런데 러셀은 이제 또 다른 여성인 무척이나 젊고 자유분방한 페미니스트 도라 블랙에게 빠져들어 임신을 시켰다. 도라는 결혼이라는 제도를 부정했기 때문에 결혼할 의향이 없었다. 그렇지만 "내 입장을 복잡하게" 만들기를 바라지 않았던 러셀은 결혼을 고집했고, 출산을 하기 "6주일 전에" 식을 올리게 됐다. 따라서 콘스탄스 부인은 내버려졌고, 도라는 그녀가 "수치스럽고 치욕스러운 결혼"이라고 부른 것에 강제로 편입됐다.[59]

이제 오십 줄에 접어든 러셀은 도라의 "요정 같은 매력"에 매혹됐고, "달빛으로 목욕을 하거나 이슬 맺힌 풀밭 위를 맨발로 뛰어다니는" 것이 즐거웠다. 도라의 입장에서는 군국주의자들이 그의 집에 "망할 놈의 반전주의자 심술쟁이가 여기에 산다"고 적어 놓았는데도 "단어 하나하나가 모두 정확했다"고 말하는 러셀의 모습에 호기심이 생겼다.[60] 러셀의 외모는 모두가 선호하는 스타일은 아니었다. 러셀은 이때쯤 사람의 마음을 파고드는 낄낄거리는 웃음을 개발한 상태였는데, (케임브리지에서 그가 가르친 제자인) T. S. 엘리엇은 그 웃음을 "딱따구리 웃음소리"와 비슷하다고 묘사했고, 조지 산타야나는 하이에나 웃음에 더 가깝다고 생각했다. 그는 우중충한 구식 스리피스 정장을 입었는데, 그 차림새는 좀처럼 바뀌지 않았다(그는 단벌 신사가 아니었던 적이 드물었다). 발목 조금 위까지 오는 짧은 각반에 빳빳하고 높게 솟은 옷깃은 그와 동시대를 살았던 쿨리지와 꽤나 비슷했다. 베아트리스 웨브는 러셀의 두 번째 결혼 생활 동안 그가 "퀴퀴하고 불건전하며 냉소적이고 너무나 늙은 사람이었다"고 일기에 기록했다. 그런데 도라는 러셀의 "바람에 날려 올라가는 두껍고 아름답기까지 한 흰머리……. 커다랗고 날카로운 코와 이상하게 생긴 작은 턱, 긴 윗입술을 좋아했다." 그녀는 러셀이 "품은 넓지만 바깥으로 휘어진 작은 발"을 가졌고, 그가 "매드 해터•

• 『이상한 나라의 앨리스』에 나오는 미친 모자 제조공

와 딱 닮았다"고 기록했다.[61] 도라는 "그를 세상물정 모르는 특유의 성향으로부터 보호"하고 싶어 했다(간절한 소망이었다).

두 사람 사이에는 존과 케이트라는 두 아이가 있었다. 부부는 1927년에 피터스필드 인근의 비콘 힐에 진보적인 학교를 설립했다. 러셀은 「뉴욕 타임스」와 가진 인터뷰에서 "열 가족가량이 결합한 협동 집단"이 아이들을 "한데 모아서는" "돌아가면서 아이들을 돌보는 것"이 이상적이라고 밝혔다. 매일 "적절하게 균형이 잡힌" "수업을 두 시간" 하고, 나머지 시간은 "활발하게 뛰어다니는 데" 소비됐다.[62] 비콘 힐은 이런 이론을 구체화하려는 시도였다. 그런데 학교를 운영하는 데는 돈이 많이 들었고, 러셀은 청구돼 오는 각종 대금을 지불하기 위해 돈벌이용 글을 써야만 했다. 게다가 톨스토이처럼 얼마 안 있어 학교의 일상이 따분해진 그는 극도로 진보적인 관점으로 인해 훨씬 책임감이 강했던 도라에게 학교 운영을 떠맡겼다.

두 사람은 섹스 문제를 놓고도 다툼을 벌였다. 웨브는 "러셀이 존경하지도 않고 존경할 수도 없는 경박한 품성과 물질 만능주의 철학을 가진 여자"와 한 러셀의 결혼이 실패할 것이 확실하다고 예측했다. 러셀은 다시 톨스토이처럼, 공개 정책을 주장했고, 도라는 거기에 합의했다. "버티와 나는 (…) 성적인 모험과 관련해서 각자를 자유롭게 내버려 뒀다." 러셀은 그녀가 "성 개혁을 위한 세계 연맹" 영국 지부의 책임자가 되는 것을 반대하지 않았다. 1926년 10월에 베를린에서 열린 국제성대회에 성전환 수술의 개척자인 매그너스 허시펠드 박사와 잘생긴 산부인과 의사 노먼 헤어와 함께 참석하는 것도 반대하지 않았다. 그렇지만 도라가 저널리스트 그리핀 배리와 관계를 맺고—18세기 휘그당 여성들은 아버지가 다른 아이들을 낳기도 했다는 러셀의 제안에 따라—배리의 아이 둘을 낳았을 때, 러셀은 점차로 심기가 불편해졌다. 많은 해가 지난 후, 러셀은 자서전에서 그 사실을 인정했다. "두 번째 결혼에서, 나는 내 신념이 명하는 바라고 생각했던 아내의 자유에 대한 존경심을 지켜 내려고 노력했다. 그렇지만 내 용서와 기독교적 사랑을 행할 수 있는 능력이 나의 요구 사항에 미치지 못한다는 사실을 깨달았다." 그리고 이렇게 덧붙였다. "누구든 나에게 이 사실을 미리 말해 줄 수 있었을 것이다. 그렇지만 나는 이론 때문에 눈이 멀었다."63

러셀은 공개 정책과 명백히 상반되는 짓들을 자신이 했다는 것, 그리고 부부간에 서로에게 숨기는 것이 있었다는 것은 밝히지 않고 생략했다. 섹스에 대한 전면 개방을 현실에 적용하려고 애쓰는 지식인들의 모든 사례에서, 보통의 바람난 가족에서 볼 수 없는 죄스러운 비밀을 갖게 된다는 것은 의미심장한 사실이다. 도라는 크게 동요한 요리사가 불러서 콘월에 있는 그들의 별장에 간 적이 있다. 그 요리사는 도라에게 가정 교사가 "주인님과 동침"했기 때문에 그녀가 두 아이에게 가까이 가는 것을 막은 적이 있다고 밝혔다(가엾은 요리사는 해고당했다).64 많은 세월이 흐른 뒤에 도라는 자신이 집을 비운 동안 러셀이 옛 애인인 콘스탄스 부인을 불러들여 바람을 피웠다는 사실도 알게 됐다. 갓난아이를 안고 집으로 돌아온 그녀는 마침내 불쾌한 충격을 받았다. "버티는 이제 그의 애정이 피터 스펜스에게 향하게 됐다는 말로 나에게 충격을 줬다." 마저리 ("피터") 스펜스는 휴일에 존과 케이트를 돌보러 왔던 옥스퍼드 학생이었다. 러셀 부부는 각자의 애인을 대동하고 프랑스 남서부에서 4인 휴가에 도전했다(1932). 러셀은 한 해 전에 형이 후사 없이 죽으면서 백작이 됐는데, 이로 인해 많은 것이 달라졌다. 러셀은 더욱 귀족처럼 행동했고, 피터는 정기적으로 관계를 맺고 싶어 했다. 그래서 그는 피터를 식구들이 사는 집안에서 살게 했다. 충격을 받은 도라는 "처음에는 버티가 나한테 그런 짓을 했다는 사실을 믿을 수가 없었다"고 말했다. 그녀는 "그런 남자"는 "그 나름의 방식으로 많은 사람들에게 상처를 주는 것"이 "당연하다"고 덧붙였다. 그런데 러셀의 "비극적인 결점"은 "조금도 후회하지 않는다"는 것이었다. "그는 대중을 사랑했고 대중의 고통을 아파했지만, 서민의 정서가 결여된 귀족적인 내면 때문에 대중과는 여전히 멀리 떨어져 있었다."[65]

아내를 버리고 새로운 아내를 얻을 때가 되면 러셀은 결코 "속세를 떠난" 사람처럼 행동하지 않는다는 것도 도라는 경험을 통해 알게 됐다. 러셀은 그의 계급에 속한 부유한 다른 남자들처럼 권세 좋은 변호사 팀을 재빨리 고용해서 자기가 원하는 것을 얻는 데 필요한 백지 위임장을 건넸다. 이혼은 대단히 복잡하고 고통스러웠다. 이혼에는 3년이 걸렸는데, 부분적으로는 부부가 결혼 초기에 서명한 별거 증서 때문이었다. 증서의 내용은 부부 양쪽의 간통을 허락한다는 것과, 1932년 12월 31일 이전에 행해진 결혼 생활에 대한 침해 행위에 대해서는 부부 어느 쪽도 훗날 소송을 제기할 수 없다는 것이었다. 그런데 이런 내용은 소송을 복잡하고 혼란스럽게만 만들었다. 그 결과 러셀의 변호사들은 더욱 공격적이 됐다. 부부 각자는 쌍방이 모두 친자식이라고 인정한 두 아이에 대한 양육권을 갖고 싶어 했다. 러셀은 법정 투쟁 끝에 결국 아이들을 셀리의 불쌍한 자식들처럼 법원의 보호를 받도록 만드는 데 성공했다. 러셀의 변호사들은 이런 결과를 얻기 위해 운전사의 진술서를 확보했다. 도라에 의해 쫓겨났다가 이제는 러셀에게 고용된 이 운전사는 도라가 자주 술에 취했고, 그녀의 방에서 위스키 병을 깨 버렸으며, 같은 방에서 아이들 아버지와 손님들과 동침했다고 진술했다.[66] 러셀도 상처 하나 없이 소송에서 벗어나지는 못했다. 이혼 법정 재판장은 1935년에 마침내 판결을 내렸다. 도라의 간통은 "남편이 벌인 최소한 두 건의 불륜 행위에 뒤이은 것이며, 남편은 결혼 생활을 침해하는 행동을 강화하면서 수많은 간통 행위를 저지른 결점이 있다……. 피고는 부부가 공동으로 점유한 공간에서 집안에 있는 사람들이나 사업상 관계가 있는 사람들과 간통을 했다."[67] 이 길고 고통스러운 법정 투쟁에 관한 다양한 보고서들을 읽으면서 도라에게 동정심을 품지 않기란 불가능하다. 그녀는 자신의 원칙에 시종일관 충실했다. 반면에 러셀은 개인적으로 불편해지는 순간에는 자신의 원칙을 저버리고는 모든 것을 법에 호소했다. 도라는 처음부터 결혼을 조금도 바라지 않았다. "1935년 3월에 나는 법적인 결혼 생활에서 마침내 자유로워졌다. 나는 30대 후반이었다. 이혼은 내 인생의 3년을 잡아먹었고, 내가 결코 완전히 치유할 수 없는 비극을 나에게 안겨 주었다."[68]

셋째 아내 피터 스펜스와 러셀의 결혼 생활은 15년 동안 가장 행복하게 이어졌다. 러셀은 간략하게 진술했다. "1949년에 내 아내가 더 이상 나를 원하지 않는다고 결정했을 때, 우리의 결혼은 최후를 맞았다."[69] 그릇된 인상을 주는 이 문장 뒤에는 러셀의 입장에서 보면 시시하기 그지없는 간통들로 이뤄진 긴 사연이 있다. 러셀은 먹잇감 여성을 찾아 고속도로를 헤매는 적극적인 난봉꾼은 결코 아니었다. 그렇기는 해도, 그는 그가 가는 길에 서 있는 여성들을 유혹하면서 조금의 가책도 느끼지 않았다. 결국에 그는 노련한 바람둥이들이 어린 나이에 터득한 수법에 꽤나 정통한 사람이 됐다. 그는 언젠가 오톨라인 부인에게 다음과 같은 편지를 보냈다. "당신에게 제일 안전한 계획은 당신이 역에 와서 플랫폼의 1등 대합실에서 기다리다가 택시를 타고 같이 호텔로 들어가는 거요. 이것이 다른 어떤 계획보다도 덜 위험하고, 호텔 직원들에게도 이상하게 보이지 않을 거요."[70] 30년 후 그는 그 문제에 대해 시드니 훅이 요청하지도 않은 충고를 했다. "훅, 자네가 여자를 호텔에 데려갔는데 프런트의 직원이 의심스럽다는 눈길을 보내지는 않나? 그 친구가 자네한테 방값을 얘기하면 여자한테 큰 소리로 투덜거리게. '너무 비싸잖아!' 그러면 그 직원은 여자를 자네 아내라고 생각할 걸세."**71** 그런데 통상적으로 러셀은 편의상 여자들을 자기 집에서 만나는 것을 선호했다. 1915년에 러셀은 런던 베리 가에 있는 그의 아파트를 궁핍한 옛 제자 T. S. 엘리엇과 그의 아내 비비언에게 보금자리로 내 줬다. 엘리엇은 러셀을 "책임감이 없는 태아"인 아폴리낙스 씨•로 묘사하면서, "오후를 삼켜 버린 적나라하고 열정적인 얘기"를 할 때 그는 "단단한 잔디밭을 달려오는 켄타우루스의 발굽 소리를 들었다"고 말했다. 그런데 엘리엇은 열정적인 이야기를 하는 켄타우루스 옆에 아내를 혼자 놔두는 일이 잦은, 사람을 쉽게 믿어 버리는 인물이었다. 러셀은 이 사건에 대해 애인들한테 상반되는 이야기를 들려줬다. 오톨라인 부인에게 러셀은 비비언과 벌인 연애는 플라토닉한 것이었다고 말했다. 콘스탄스 부인에게 러셀은 비비언과 사랑을 나눴지만, "소름 끼치고 메스꺼운" 경험이었다고 고백했다.**72** 이 이야기들은 모두 진실이 아닐 것이다. 비비언 엘리엇이 정신적으로 불안정해진 것은 러셀이 한 짓 때문일 가능성이 크다.

러셀의 희생자들은 호텔 객실 여종업원, 가정 교사, 그리고 집 주변을 어슬렁거리는 젊고 예쁜 여성 등 하층 계급 사람인 경우도 잦았다. 혹은 러셀을 묘사하면서 이것이 러셀의 세 번째 결혼이 파탄 난 근본적인 이유라고 주장했다. 혹은 "믿을 만한 정보통으로부터" 러셀이 "고령에도 불구하고 그의 앞을 지나치는 치마 입은 사람은 누구나 쫓아다니고, 피터의 등 뒤에서가 아니라 눈앞에서, 그리고 집안 손님들이 보는 앞에서 하녀들을 집적거리는 것으로 악명이 높다"고 들었다고 밝혔다. 피터는 러셀을 떠났다가 돌아왔지만, 러셀은 정숙한 결혼 생활을 하겠다고 서약하는 것을 거부했고, 마침내 그녀는 더 이상은 창피를 당할 수 없다고 결심했다.**73** 두 사람은 러셀

• 엘리엇의 시 제목

이 여든 살이던 1952년에 이혼했다. 러셀은 그다음에 브린 모어 출신의 교사 에디스 핀치와 결혼했다. 러셀과 수년 동안 알고 지내는 사이였던 핀치는 러셀의 여생을 돌봤다. 러셀은 반미주의자라는 비난을 받으면 재치 있게 맞받아치곤 했다. "내 마누라들의 절반은 미국인이었소."[74]

러셀은 이론적으로는 20세기 여성 해방 운동의 흐름에 뒤떨어지지 않았다. 그렇지만 그는 현실적으로는 19세기 빅토리아 시대—장수한 여왕이 서거했을 때 러셀의 나이는 서른이었다—에 뿌리를 내린 채로 남아 있었고, 여자를 남자의 부속물로 바라보는 경향이 있었다. "여성 투표권을 지지하기는 했지만", 도라가 쓴 글이다. "버티는 사실은 여성과 남성이 평등하다는 것을 믿지 않았다……. 그는 남자의 지능이 여자의 지능보다 우수하다고 믿었다. 언젠가 그는 내게 여자들은 말로 깎아내릴 필요가 있다는 것을 알게 됐다고 말했다."[75] 그는 아내의 주된 기능은 남편을 위해 아이를 낳는 것이라고 진심으로 믿었던 듯하다. 그는 2남 1녀를 뒀는데, 이따금은 아이들에게 전념하려고 노력했다. 그렇지만 그는 그가 떠받는 셸리처럼 아이들에게 평소에는 무관심을, 그리고 간헐적으로는 맹렬한 소유욕을 보여 줬다. 도라는 그가 "자신의 역할을 아이들의 문제에서 벗어나 세계의 정세에만 완전히 국한시켜 버렸다"고 불평했다. 러셀 자신도 "부모로서는 실패했다"고 고백하지 않을 수 없었다.[76] 많은 유명 지식인이 그랬던 것처럼, (자식과 아내를 포함한) 사람들은 러셀의 사상의 몸종, 현실적으로는 러셀의 자아의 몸종이 돼 가는 경향이 있었다. 러셀은 어떤 면에서는 점잖고 상냥하고 교양 있으며, 관대함으로 이타적인 제스처를 보여 줄 줄 아는 사람이었다. 마르크스, 톨스토이, 입센이 보여 줬던 철저한 자기 몰입이 그에게는 부족했다. 그렇지만 착취적인 성향은 있었다. 여자들과의 관계에서는 특히 그랬다.

랠프 쉰먼이라는 흥미로운 사례가 보여 주듯, 러셀이 여자들만 착취했던 것은 아니었다. 쉰먼은 미국인으로 프린스턴과 런던경제대학을 졸업한 철학도였다. 1958년에 CND에 합류한 그는 2년 후 스물네 살 때 시민 불복종 운동 세력을 조직하려는 자신의 계획에 대해 러셀에게 편지를 썼다. 흥미가 생긴 늙은 러셀은 쉰먼에게 자신을 만나러 오라고 격려했고, 쉰먼이 유쾌한 청년이라는 것을 알게 됐다. 쉰먼의 극단적 사상은 러셀 자신의 사상과 정확하게 일치했다. 두 사람의 관계는 톨스토이와 체르트코프의 관계와 무척이나 흡사했다. 쉰먼은 러셀의 비서 겸 조직책이 됐고, 1960년경에는 사실상 예언자—왕의 궁전에서 수상 노릇을 했다. 러셀에게는 궁전이 2개 있었다. 하나는 러셀의 정치적 활동의 중심지인 런던에 있었고, 다른 하나는 노스웨일스의 포트메이리온 반도에 있는 플라스 펜린 저택이었다. 포트메이리온은 주변 지역의 토지 대부분을 소유한 부유한 좌파 건축가 클러프 윌리엄스-엘리스 경에 의해 세워진 환상적인 이탈리아식 마을이었다. 존 스트레이치의 여동생인 윌리엄스-엘리스의 아내 아마벨은 스탈린의 걸출한 변명자로, 1930년대의 암울한 시기에 등장한 대단히 혐오스러운 문건 중 하나인 (현재는 노예 노동으로 건설된 것으로 알려진) 백해 운하 건설과 관련한 선전 선동 서적의 저자이기도 하다. 러셀의 전기 작가 크로셰이-윌리엄스, 아서 케스틀러, 험프리 슬레이터, 호전적인 과학자 P. M. S. 블래킷 경과 경제사학자 M. M. 포스탠 같은 많은 유복한 진보주의자들이 이 아름다운 지방에 정착해 삶을 즐기면서 사회주의 천년 왕국을 계획했다. 러셀은 그들의 군주였으며, 지방의 중산층 인텔리겐치아 외에도 세계 각지에서 온 많은 순례자들이 러셀의 지혜와 동의를 구하려고 러셀의 궁전을 찾아왔다. 한때 그들의 선조들이 야스나야 폴랴나의 톨스토이에게서 그런 것을 구했듯이 말이다.

러셀은 지나치게 널리 홍보된 그의 런던 진출을 즐겼다. 그는 연설을 하러, 시위하고 체포당하러, 기존 권력을 희롱하러 런던에 진출했다. 그런데 그는 웨일스에서 사는 것을 더 좋아했다. 따라서 돈도 받지 않으면서 헌신적이고 열광적인 부관 쉰먼이 런던에 머물면서 그를 위해 일을 꾸려나가는 편이 무척이나 편리했다. 그래서 쉰먼은 러셀이라는 술탄 밑에서 장관 역할을 했고, 그의 통치는 6년간 지속됐다. 그는 러셀이 1961년 9월에 체포됐을 때 러셀 곁에 있었고, 따라서 감옥에도 동행했다. 쉰먼이 11월에 석방됐을 때 내무성은 바람직스럽지 못한 외국인이라면서 그를 추방할 것을 제안했다. 유명한 진보인사 상당수가 쉰먼의 체류를 허가해 달라는 진정서에 서명을 했고, 정부는 유화적인 태도를 보였다. 체르트코프가 톨스토이를 좌지우지한 것처럼 훗날 쉰먼이 러셀의 마음을 완전히 지배하게 된 것처럼 보였을 때, 진정서에 서명을 한 진보 인사들은 자신들의 개입을 뼈저리게 후회했다. 옛 친구들은 가끔은 러셀과 통화하기도 힘들었다. 쉰먼이 전화를 받은 다음 메시지를 전하겠다는 약속만 했기 때문이었다. 쉰먼은 러셀이 「더 타임스」에 기고했던 많은 편지와, 세계적인 사건들에 대한 논평을 담아 러셀의 이름으로 언론사로 보낸 성명서들의 진짜 저자라는 비난도 받았다. 쉰먼 자신도 이런 믿음을 부추겼다. 그는 "1960년 이후 버트런드 러셀의 이름이 담긴 모든 중요한 정치적 발의안은 생각에서나 행동에서나 모두 나의 작품이었다." 늙은 러셀이 "음흉한 젊은 혁명가에게 접수됐다"는 것은 "부분적으로는 진실"이라고 그는 말했다.[77]

쉰먼이 100인 위원회, 베트남전 전쟁 범죄 법정과 "버트런드 러셀 평화재단"의 창설에 상당한 정도로 개입한 것은 확실하다. 1960년대에 러셀의 런던 기지는 일종의 미니 외무성, 일종의 코믹한 정부 전복 계획 센터로 변해서, 중국의 모택동과 주은래, 러시아의 흐루시초프, 이집트의 나세르, 인도네시아의 수카르노, 에티오피아의 하일레셀라 시에, 키프로스의 마카리

오스를 포함한 각국 정부의 수반들에게 편지와 전보를 끝없이 발송했다. 이런 서한이 길어질수록, 발송 빈도가 잦아지고 문장이 거칠어질수록, 답장을 보내려는 상대편의 노력도 점점 줄어들었다. 국내 사건이 벌어질 때마다 공개적인 논평도 내놨다. "프로퓨모 스캔들•이 심상치 않은 것은 내각이 관음증환자, 동성애자, 매춘부로 구성됐기 때문이 아니다. 그 사건이 심각한 것은 권력을 잡고 있는 이들이 사법부의 본분을 완전히 파괴했고, 증거를 꾸며냈으며, 증인을 협박했고, 증거를 파괴하는 과정에서 경찰과 결탁했으며, 심지어는 경찰이 살인을 하는 것을 허용했기 때문이었다." 얼마 안 있어 신문들도 이런 난센스를 싣는 일을 중단했다.

러셀과 접촉이 끊긴 옛 친구들은 이 모든 성명서의 저자는 쇤먼이라고 추측했다. 쇤먼이 많은 것을 썼다는 데에는 의심의 여지가 없다. 그렇지만 그 성명서에는 새로운 것이라곤 하나도 없었다. 러셀은 별로 대단한 관심이 없는 주제에 대해서는 다른 사람이 자신의 이름을 내걸고 글을 쓰는 것을 곧잘 허용했다. 1941년에 시드니 훅이 버트런드 러셀이 쓴 "유부남과 사랑에 빠졌다면 어떻게 해야 하는가"라는 제목의 『글래머』 기사에 대해 불평을 하자, 러셀은 원고료로 50달러를 받았다고 인정했다. 글을 쓴 사람은 러셀의 아내였고, 러셀은 원고에 서명만 했을 뿐이었다.[78] 쇤먼의 작품들이 자기 비서의 관점처럼 과격하기만 한 러셀의 관점을 심각하게 잘못 전달했다는 증거는 없다. 러셀의 아카이브는 러셀이 쓴 글의 몇몇 문장을 쇤먼이 직접 수정하고 강경하게 고쳤다는 것을 보여 준다. 그런데 이것은 러셀 자신이 직접 구술했던 것일지도 모른다(쿠바 미사일 위기에 대한 성명서가 이런 경우인 듯하다). 이성이 아닌 감정이 주도권을 잡으면, 러셀은 항상 미리 준

• 1963년 영국의 육군 장관 프로퓨모가 콜걸과 혼외정사를 벌인 사건

비된 온건한 문구에서 멀리 벗어나는 경향이 있었다. 오늘날의 관점에서 보기에 러셀의 이름 아래 발표된 많은 성명서들이 유치해 보인다면, 1960년대가 유치한 시절이었고 러셀이 그 시대의 대표적인 인물이었다는 점을 명심할 필요가 있다. 그는, 특히 말년에 유치한 분통을 터뜨리는 잘못을 저질렀다. 그는 대중 앞에서 자신의 노동당 당원증을 찢어 버리는 특별 의식을 거행했다. 당시 수상인 해럴드 윌슨이 주최한 리셉션에서 윌슨이 "러셀 경"이라고 부르면서 팔을 벌리고 다가왔을 때, 연로한 백작은 여봐란 듯이 손을 주머니에 꽂고만 있었다. 러셀의 전기 작가인 로널드 클라크가 정확하게 주장했듯이, 당시의 일부 사람들이 생각했던 것과는 반대로 러셀은 결코 노망이 들지 않았다.[79] 그는 쇤먼이 제멋대로 날뛸 수 있게 놔뒀지만, 최후의 수단으로 자신의 통제권만큼은 확고히 붙들고 있었다.

쇤먼이 더 이상 자신의 목적에 도움이 되지 않는다고 판단한 러셀은 굉장히 매정하게 행동했다. 러셀은 쇤먼의 극단주의를 반대하지는 않았지만, 자신에게 쏟아진 대중의 이목을 빼앗기는 것도 싫어했다. 쇤먼은 "러셀 백작의 개인적 대리인" 자격으로 해외에 여러 차례 출장을 다녔는데, 이런 출장은 말썽으로 이어졌다. 중국에서 쇤먼은 대중에게 정부에 불복종하라고 권고했고, 노발대발한 주은래는 러셀에게 불만을 제기했다. 이보다 더 잘 알려진 쇤먼의 비행은 1965년 7월에 헬싱키에서 열린 세계 평화 대회에서 행해졌다. 러셀은 주최자로부터 성난 전보를 받았다. "선생님의 개인적 대리인의 연설이 소동을 불러일으켰음. 청중들이 강하게 반발했음. 평화 대회에 대한 엄청난 도발이었음. 재단은 망신을 당했음. 선생님이 쇤먼과 그의 연설로부터 거리를 두는 것이 필수적임. 이만 인사드림."[80] 1966~1967년에는 베트남전 전쟁 범죄 법정을 둘러싸고 막전과 막후에서 오랜 다툼이 있었다. 1969년에 97세인 러셀은 쇤먼에게서 더 이상 얻을 것이 없다고 보고는 전격적으로 쇤먼을 제거하기로 결정했다. 7월 9일에 러셀은 자신의 유언 집행인이자 수탁자였던 쇤먼을 유언장에서 지워 버렸고, 같은 달 중순에는 두 사람 사이의 관계를 완전히 단절했다. 두 달 후에 러셀은 버트런드 러셀 평화 재단의 임원 명단에서도 쇤먼의 이름을 지웠다. 11월에 그는 넷째 아내 에디스에게 쇤먼과 자신과의 관계를 내용으로 하는 7,000단어짜리 성명서를 구술했다. 에디스가 타이핑하고 러셀은 각 장마다 이니셜로 서명을 했다. 다른 타자기로 타이핑하고 러셀이 서명한 편지가 덧붙여졌다. 휘그당원 특유의 겸손한 척하면서도 거만한 성명서는 이렇게 끝을 맺었다. "랠프는 과대망상증에 걸린 것이 확실하다. 나는 진실로 랠프가 생각했던 것만큼 랠프를 진지하게 받아들인 적이 결코 없었다. 나는 옛날에는 그를 좋아했다. 그렇지만 나는 한 번도 그를 유능하다거나 중요한 사람이라거나 영향력 있는 개인으로 바라본 적이 없다."[81] 이것은 더 이상 매력적이지 않은 아내를 내팽개칠 때 러셀이 보여 준 특징 중 일부였다.

러셀이 그토록 오랫동안 쇤먼을 데리고 있었던 이유 중 하나는 러셀이 싫어했던 기금 모금에 쇤먼이 소질이 있었기 때문이었다. 러셀은 항상 돈을 열망했다. 돈을 버는 것도, 쓰는 것도, 공정하게 말하자면 남에게 주는 것도 열망했다. 제1차 세계 대전 동안, 전쟁 무기를 만드는 기계 회사의 주식 3,000파운드어치를 보유하고 싶지 않았던 러셀은 물려받은 그 주식을 가난에 시달리는 T. S. 엘리엇에게 넘겨줬다. 러셀은 나중에 이렇게 회상했다. "몇 년 뒤 전쟁이 끝난 후 더 이상 가난뱅이가 아니었던 (엘리엇은) 주식을 나에게 되돌려 줬다."[82] 러셀은 여성들에게 사치스런 선물을 하는 경우도 잦았다. 그는 인색하고 탐욕스러운 모습도 보였다. 혹은 러셀의 가장 큰 죄가 허영심과 탐욕이라고 주장했다. 그는 러셀이 미국에서 몇 푼 안 되는 돈을 위해서 쓰레기 같은 글들을 쓰거나, 아무런 관심도 없는 책의 추천서를 써 준

적이 많다고 밝혔다. 러셀은 우선 자신에게 1년에 2,000파운드밖에 지불하지 않는 학교를 비난했고, 그다음으로 아내를 비난하는 것으로 변명을 했다. 그는 셋째 아내가 낭비벽이 있다고 주장했고, 두 사람이 이혼한 후에는 1950년에 노벨상 상금으로 받은 1만 1,000파운드 중에서 1만 파운드가 그녀에게 갔다고 주장했다. 그는 동시에 두 건의 이혼에 대한 위자료를 지불해야 하기 때문에 엄청난 돈을 벌어야 했고 돈을 철저히 관리해야 했다고 주장했다. 그런데 그는 돈을 많이 번다는 생각 자체도 즐겼다. 그래서 그는 작은 노트에 몰입했다. 크로셰이-윌리엄스는 일기에 이렇게 적었다. "우리가 지금 그가 벌고 있는 수입의 내역을 자세히 설명해 달라고 부추기는 것을 그는 즐겼다." 1960년에 상금 5,000파운드를 세금 없이 받을 수 있는 덴마크의 소닝상을 수상했을 때, 러셀은 특히 기뻐했다. "게다가 세금이 없어." 그는 기뻐 날뛰었다. "순수입이야!" 그는 크로셰이-윌리엄스에게 덴마크에서는 이틀만 있을 것이라고 말했다. "가서 상금을 받고는 곧장 돌아올 거야."[83]

쉰먼은 자신이 뛰어난 재무 장관임을 입증했다. 그는 러셀의 편지에 이렇게 적힌 메모지를 넣었다. "귀하께서 평화를 위한 버트런드 러셀 경의 노력이 가치가 있다고 믿으신다면, 이 운동을 재정적으로 도와주는 것에도 관심이 있을 것입니다……. 비서가 이 메모를 집어넣는다는 것을 러셀 경은 전혀 모르십니다."[84] 쉰먼은 러셀의 사인을 요청한 사람들에게 3파운드를 받았다(나중에는 2파운드로 떨어졌다). 저널리스트들은 인터뷰할 특권을 얻으려면 150파운드를 내라는 요구를 받았다. 쉰먼의 미국식 기금 모집에 항의하는 편지를 꽤 받았기 때문에 러셀은 이런 징수 행위에 대해 확실히 알고 있었을 것이다. 그렇지만 러셀은 그 행위를 계속 허용했다. 러셀은 쉰먼이 행한 가장 큰 책략 두 가지에도 찬성한 듯하다. 쉰먼은 러셀의 보수적인 출판업자 스탠리 언윈 경의 충고를 거스르면서까지 러셀 자서전의 미국 판권을 경매에 붙였다(그 시절에는 거의 알려져 있지 않은 사업 수단이었다). 그리고 당시로서는 어마어마한 액수인 20만 달러까지 경매 액수를 끌어올렸다. 그는 러셀이 브레히트처럼 광대한 개인 아카이브를 축적하고 있다는 사실도 이용했다. 동시대인 처칠과 마찬가지로, 유명 인사에게서 받은 편지의 금전적 가치를 인식한 최초의 인물 중 한 사람인 러셀은 그가 받은 편지들을 (그가 보낸 편지들의 사본과 함께) 모두 보관했다. 1960년대 무렵에는 문건이 25만 건에 달해서 "영국 내에서 이런 종류로는 제일 중요한 단일 아카이브"로 불렸다. 홍보의 귀재 쇤먼은 중무장한 자동차 두 대로 아카이브를 런던으로 수송하고 대대적인 선전을 한껏 펼친 후에 온타리오 해밀턴 소재 맥마스터대학에 25만 달러를 받고 아카이브를 팔아넘겼다.[85] 평화 재단 설립은 쇤먼의 최고작이었다. 대서양 평화 재단과 유사한 성격을 띤 재단 덕분에 쇤먼은 세금을 면제받는 관대한 지위를 획득했다. 러셀은 무관심하다는 듯 이렇게 적었다. "내 의지와는 달리 내 동료들은 재단에 내 이름이 반드시 붙어야만 한다고 강권했다."[86] 말년에 러셀은 그가 좋아하는 합리적·비합리적 주장을 위해 많은 돈을 투입할 수 있었고, 상당한 수입을 누릴 수 있었으며, 합법적인 테두리 안에서 최소한의 세금만 내게 되었다. 이 독창적인 조직을 창립한 쇤먼은 러셀에게 허망하게 버림받았다. 러셀이 친구 윌리엄스-엘리스처럼 부자이면서 사회주의자였다는 비난(두 사람 다 어째서 그들의 돈을 처분하지 않는 것인가?)에 대해서, 러셀은 상투적인 대답을 했다. "당신들이 잘못 알고 있는 것 같군. 클리프 윌리엄스-엘리스와 나는 사회주의자야. 우리는 기독교도인 양 가장하지는 않아."

독선적인 진보주의와 특권층의 양쪽 세계에서 최선의 것만을 뽑아내는 능력은 많은 지도적 지식인들의 삶을 관통하는 주제다. 그런데 이런 능력 면에서는 어느 누구도 버트런드 러셀을 능가하지 못했다. 러셀은 가문과 명성, 인맥과 작위가 그에게 안겨 주는 혜택을 노골적으로 바라지는 않았지만, 그런 혜택이 주어질 때는 결코 거절하지 않았다. 1918년에 보우 거리의 치안 판사가 그에게 선고한 (중노동을 하는) 2등 교도소 6개월 형은 항소에 따라 1등 교도소로 바뀌었다. 재판장은 이렇게 공표했다. "대단히 탁월한 인재인 러셀 씨를 재능을 한껏 펴지 못하도록 감금한다는 것은 국가적으로 큰 손실입니다."[87] 러셀이 자서전에서 한 설명에 따르면, 그런 관대한 처분은 당시 외무 장관으로 있던 동료 철학자 덕분이었다. "아서 밸푸어의 개입으로 나는 1등 교도소로 이감됐다. 그렇게 해서 나는 감옥에 있을 때 반전주의 선전 선동 행위를 하지 않는다는 조건 아래 마음껏 읽고 쓸 수 있었다. 나는 감옥이 여러 가지 면에서 꽤나 유쾌한 곳이라는 것을 알게 됐다."[88] 그는 브릭스턴 교도소에서 『수리 철학 서설』을 집필했고, 『정신의 분석』의 집필에 착수했다. 또한 리튼 스트레이치의 불온한 베스트셀러 『빅토리아 왕조의 명사들』 같은 최신 서적들을 구해서 읽을 수 있었는데, 그는 이 책을 읽고는 "너무나 크게 웃어대는 바람에, 간수들이 내 감옥에 와서는 감옥이란 징벌을 받는 장소라는 것을 기억해야만 한다고 말하기까지 했다." E. D. 모렐처럼 인맥이 약했던 동료 반전주의자들은 2등 교도소에서 건강을 해쳤다.

러셀은 사소한 특혜들도 즐겼다. 쉰먼은 공공 도서관이 러셀에게 별도의 스릴러 쿼터를 배정하도록 일을 처리했다. 당대의 다른 케임브리지 지식인들이 많이 그랬듯, 러셀은 탐정 소설을 엄청나게 탐독했다(러셀의 오랜 동료 J. E. 맥타가트는 1주일에 30권을 읽었다). 종전 직후 물자가 부족하던 시절에 유명한 스카치 증류소가 "러셀 백작"이라는 마크가 찍힌 위스키 상자를 매달 그에게 보냈을 때에도 러셀은 항의하지 않았다(하긴 어느 누가 항의를 하겠는가).[89] 러셀을 만나는 사람들은 항상 의도적으로 그런 것은 아니었지만, 러셀의 말과 행동 때문에 그의 출신 성분을 망각하기가 힘들었다. 그는 첫 아내를 "우리 할머니라면 숙녀라고는 부르지 않았을 사람"이라고 묘사했다. 그는 스물한 살 생일을 "내가 성년이 된" 날이라고 불렀다. 그는 그가 중산 계급이라고 부른 사람들에게 무례하게 구는 것을 즐겼다. 어느 여배우와 그녀의 에이전트가 러셀의 런던 응접실에서 러셀을 흉내 내자 너무나 화가 난 러셀은 경찰에 신고하기도 했다. 그는 메리트 훈장을 너무나 받고 싶어 했다. 그는 에딩턴이나 화이트헤드 같은 열등한 사람이 그보다 앞서 훈장을 받았다는 사실을 수치스럽게 생각했다. 따라서 조지 6세가 마침내 훈장을 수여했을 때, 그는 너무나 기뻐했다. 그가 자신의 작위를 결코 활용하지 않았다는 좌파의 믿음은 신화에 불과하다. 작위를 받았다는 사실만을 즐거워했던 셋째 아내와 달리, 러셀은 자신에게 이득이 될 때면 언제든 작위를 실용적으로 활용했다. 그는 필요할 때면 항상 백작이었다. 그렇지 않을 때면, 어느 정도까지는 붙임성 있는 친구였다. 그를 허물없이 대할 수 있는 사람은 없었다.

논리 문제를 보자면, 그 역시도 필요할 경우에만 들먹거려졌다. 소련의 체코슬로바키아 침공 당시, 러셀은 다른 많은 문인과 더불어 항의 서한에 서명을 해달라는 요청을 받았다. 나는 그 서한을 「더 타임스」에 싣는 일을 맡았다. 관습에 따라 서명들을 알파벳 순서로 늘어놓고 나니, 편지의 제목은 "킹즐리 에이미스 씨와 그 일동이 보내는 편지"가 됐다. 나는 제목이 "메리트 훈장 수상자 러셀 백작과 그 일동이 보내는 편지"가 되면 공산권에 더 영향력을 행사할 수 있을지도 모른다고 판단했고, 「더 타임스」의 독자 투고란 담당자도 내 생각에 동의했다. 그래서 그렇게 편지가 실렸다. 그런데 이 조그만 속임수를 발견한 러셀은 성을 냈다. 그는 항의 전화를 걸었고, 전화는 마침내 「뉴 스테이츠먼」을 인쇄하기 위해 인쇄기 앞에 있는 나에게까지 다다랐다. 러셀은 그 편지를 기획한 사람이 자기라는 인상을 심어 주기 위해 내가 고의로 그런 짓을 했다고 말했다. 나는 그렇지 않다고 부인하고, 편지가 최대한의 영향력을 발휘하도록 하자는 것이 유일한 목표였다고 말하면서 이렇게 대답했다. "어쨌든 백작님이 편지에 서명하기로 동의했다면, 백작님 이름이 맨 앞에 붙었다고 해서 불평을 하실 수는 없는 일입니다. 그건 논리적이지가 않습니다." "논리적으로는 시시한 일이야!" 러셀은 날카롭게 쏘아붙이고는 쾅 하고 전화를 끊어 버렸다.

장 폴 사르트르

행동하지 않는 지성

장 폴 사르트르 Jean-Paul Sartre(1905~1980)는 버트런드 러셀처럼 대중을 상대로 설교를 하고자 했던 전문 철학자였다. 그런데 두 사람의 접근 방식에는 중요한 차이점이 있다. 러셀은 철학을 대중은 참여할 수 없는 성직자들의 과학으로 봤다. 러셀처럼 세속적인 철학자들의 대부분은 지혜의 극히 일부만을 추출해서 신문 기사나 대중 서적, 방송 등을 통해 아주 희석된 형태로만 유포시킬 수 있을 따름이었다. 그와는 대조적으로 고등학교에서 철학을 가르치고 카페에서 철학을 토론하는 나라에서 연구한 사르트르는 희곡과 소설을 통해 대중을 자신의 사상 체계에 끌어들일 수 있을 것이라 믿었다. 사르트르의 시도는 최소한 한동안은 성공한 것처럼 보였다. 20세기 그어떤 철학자도 세계 전역의 너무나 많은 사람들, 특히 젊은이들의 정신과태도에 그처럼 직접적인 영향력을 행사하지 못했다. 실존주의는 1940년대 후반과 1950년대에 인기를 얻은 철학이었다. 사르트르의 희곡들은 히트를 쳤다. 그의 저서들은 엄청나게 팔려나갔다. 그중 일부는 프랑스에서만 200만 부 이상 팔렸다.[1] 그는 삶의 길을 제시했다. 그는 불명료한 형태이긴 했지만, 세속적인 교회의 지배자였다. 그런데 그 모든 것은 결국 어떻게 됐는가?

대부분의 지도적인 지식인들처럼, 사르트르는 지독한 이기주의자였다. 그의 어린 시절을 살펴보고 나면 놀랄 일은 아니다. 그는 버릇없는 외동아들의 전형적 사례였다. 그의 가족은 지방의 중상층 계급이었다. 아버지는 해군 장교였고, 어머니는 알자스 지방의 부유한 슈바이처 가문 출신이었다. 사르트르의 아버지는 그의 아버지의 말에 꼼짝도 못하는 변변치 않은 사람이었다. 그렇지만 영리했던 그는 다재다능했으며, 작은 키(158cm)를 보완하기 위해 텁수룩하게 수염을 길렀다. 여하튼 그는 사르트르가 15개월밖에 안 됐을 때 사망해서 "우리 어머니 침실에 있는 사진으로만" 남았다. 어머니 안-마리는 라로셸에서 들로네-벨빌 자동차 공장을 운영하는 기업가 조제프 망시와 재혼했다.

1905년 6월 21일에 태어난 사르트르는 아버지로부터 작은 키(159cm)와 뛰어난 머리, 책들을 물려받았다. 그런데 사르트르는 아버지를 인생에서 지워 버리기 위해 자서전 『말』에서 온갖 노력을 다했다. "아버지가 살아 계셨다면, 그분은 나를 옥박지르면서 압도해 버렸을 것이다. 다행히도 그분은 젊은 나이에 돌아가셨다." 그리고 덧붙였다. "가족 중 그 누구도 내가 아버지에 대한 궁금증을 품도록 만들 수 없었다." 책에 대해서는, "아버지는 그분의 동시대인 모두가 그랬던 것처럼 허접한 책만 읽었다……. 나는 (그 책을) 팔아 버렸다. 돌아가신 분은 나에게는 거의 의미가 없었다."[2]

자식들을 억눌렀던 할아버지는 사르트르는 무지하게 감싸고 돌면서, 손자가 그의 서재를 자유롭게 들락거릴 수 있게 해 줬다. 어머니는 아들의 못된 짓을 다 받아 줬다. 어린 아들은 그녀의 소중한 재산이었다. 어머니는 그가 여덟 살이 될 때까지 아들에게 여자 옷을 입히고 머리를 자르지 않아 꼬마 헤밍웨이보다 더 길게 만들었는데, 할아버지는 결국 머리를 짧게 자르도록 엄명했다. 사르트르는 자신의 어린 시절을 "천국"이라고 불렀다. 어머니에 대해서는, "우리와 같이 살면서 모두로부터 감시당하고 억압받은 이 성처녀는 나를 떠받들기 위해 계신 분이었다……. 어머니는 내 것이었다. 어느 누구도 어머니가 내 재산이라는 사실에 도전하지 않았다. 나는 폭력이나 증오에 대해서는 아무것도 몰랐고, 질투심을 숙달하는 가혹한 도제 기간을 피할 수 있었다." "반항"할 기회는 전혀 없었다. "사람들의 변덕스러운 생각은 내게는 규범이 될 수 없었으니까." 네 살 때 그는 잼에 소금을 집어넣었다. 그 외에는 못된 짓도 하지 않았고, 벌도 받지 않았다. 어머니는 그를 "풀루"라고 불렀다. 예쁘다는 소리를 듣고 자란 그는 "자신이 그렇다고 믿었다." 그는 "조숙한 말들"을 했고, 사람들은 그 말들을 "기억했다가 나에게 다시 해 줬다." 따라서 "나는 다른 사람들을 다루는 법을 배웠다." 그는 "내 나이보다 앞선 얘기들을 하는 법을 힘들이지 않고" 터득했다고 말했다.[3] 사르트르의 설명은 때론 루소를 연상시킨다. "선은 내 마음 깊은 곳에서 태어났고, 진리는 내 지성의 젊은이 특유의 어둠 속에서 태어났다." "나는 사랑에 압도됐기 때문에 아무런 권리도 없다. 나는 모든 일을 사랑을 통해 하기 때문에 아무런 의무도 없다." 사르트르의 할아버지는 "진보를 믿었다. 그리고 나도 마찬가지였다. 진보, 그것은 나 자신에게로 향하는 길고 고된 길이다." 그는 자신을 "문화에 사로잡힌 사람"으로 묘사했다. "문화로 충만한 나는 그 문화를 퍼져 나가는 광채처럼 가족에게 되돌려 줬다." 그는 (당시에도 여전히 충격적인 소설로 여겨졌던) 플로베르의 『보바리 부인』을 읽어도 되냐고 어머니에게 물었을 때 나눈 얘기를 회상했다. 어머니: "그렇지만 우리 꼬마 왕자님이 그 나이에 벌써 그런 책을 읽으면, 나중에 커서는 무슨 일을 할까?" 사르트르: "책에 쓰인 대로 살 거예요!" 이 재치 넘치는 대꾸는 가족들 안팎에서 기쁜 목소리로 되풀이해서 들먹여졌다.[4]

사르트르가 진실을 존중하지 않았으므로, 어린 시절과 청년 시절에 대한 그의 묘사가 얼마만큼 신뢰성이 있는지는 알 수 없다. 아들의 자서전 『말』을 읽어 본 어머니는 당혹스러워했다. 그녀는 "우리 풀루가 어린 시절 일들을 하나도 이해하지 못하는구나" 하고 논평했다.[5] 사르트르의 어머니는 아들이 가족에게 무정한 평가를 내렸다는 점에서 가장 큰 충격을 받았다. 사르트르가 버릇이 없다는 것은 의심의 여지가 없다. 그는 네 살 때 큰 재앙을 만났다. 인플루엔자가 한바탕 휩쓸고 간 뒤, 그의 오른쪽 눈에 다래끼가 생겼고, 사르트르는 다시는 오른쪽 눈을 사용할 수 없었다. 그는 눈 때문에 항상 고생했다. 그는 언제나 두꺼운 안경을 꼈고, 60대에는 점차로 실명에 이르렀다. 사르트르는 학교에 다니면서 어머니가 그의 외모에 대해 거짓말을 했으며, 자신은 못생겼다는 사실을 알게 됐다. 그는 키는 작았지만 체격은 좋아서 가슴은 물통처럼 넓었고 힘도 셌다. 그렇지만 얼굴은 지나칠 정도로 못생겼고, 눈의 장애 때문에 더욱 괴상해졌다. 그는 못생겼다는 이유로 얻어맞곤 했다. 그는 재치 넘치는 이야기와 비웃음, 농담으로 보복했고, 그런 과정을 거쳐 씁쓸하면서도 달콤한 성격을 가진 학교의 어릿광대가 됐다. 훗날에 그는 그가 기록했듯, "못생겼다는 괴로움을 없애기 위해" 여자들을 쫓아다녔다.[6]

사르트르는 당대에 가능한 최상의 교육을 받았다. 그는 라로셸의 명문 국립고등학교를 다니다가 당시 프랑스 제일의 고등학교였던 파리의 앙리 4세 고등학교에서 2년간 기숙사 생활을 했고, 프랑스의 지도적인 학자들이 학위를 받는 파리고등사범학교를 다녔다. 그는 폴 니장, 레이몽 아롱, 시몬

드 보부아르 등 당대에 가장 유능한 사람들과 사귀었다. 그는 권투와 레슬링을 했다. 피아노를 꽤 잘 쳤고, 힘이 넘치는 목소리로 노래도 잘 불렀으며, 사범학교의 연극 평론지에 풍자적인 스케치들을 기고했다. 그는 시, 소설, 희곡, 노래 가사, 단편 소설, 철학 에세이를 썼다. 그는 다시 한 번 어릿광대가 됐는데, 이번에는 훨씬 다양한 재주를 부렸다. 그는 해마다 300권의 책을 읽는 습관을 길러서 수십 년 동안 그 습관을 유지했다.[7] 그는 책을 매우 폭넓게 읽었는데, 특히 미국 소설에 열광했다. 그는 첫 애인인 시몬 졸리베도 사귀었다. 그는 아버지처럼 가급적이면 자기보다 키 큰 여자들을 좋아했다. 시몬은 호리호리한 금발로, 사르트르보다 머리 하나는 컸다. 사르트르는 첫 번째 학위 시험에 떨어졌다. 그렇지만 이듬해에는 1등이라는 놀라운 성적으로 합격했다. 그보다 세 살 아래였던 드 보부아르가 2등이었다. 당시 가장 영리한 젊은이들과 마찬가지로, 사르트르는 1929년 6월에 교사가 됐다.

1930년대는 사르트르에게는 없는 것과 마찬가지인 세월이었다. 그가 열정적으로 갈망하고 고대했던 문학적 명성은 그에게 오지 않았다. 그는 촌스러움의 축소판이라 할 시골 도시 르아브르에서 1930년대의 대부분을 교사로 보냈다. 아롱의 제안에 따라 베를린으로 여행을 간 사르트르는 그곳에서 당시 중부 유럽에서 제일 독창적인 철학이던 후설, 하이데거와 현상학을 공부했다. 그런데 이들 철학은 고역스러웠다. 그는 부르주아지를 혐오했다. 그는 굉장히 계급 의식적인 사람이었지만 마르크스주의자는 아니었다. 사실상 그는 축약본 정도는 읽었을 수도 있지만 마르크스를 읽은 적이 한 번도 없다. 그는 반항아, 특히 이유 없는 반항아였다. 그는 어떤 당에도 입당하지 않았다. 그는 히틀러의 득세에 조금도 관심이 없었다. 스페인에 대해서는 냉정한 태도를 보였다. 그가 나중에 어떻게 주장했건, 남아 있는 기록들은 그가 전쟁 전에는 강경한 정치적 관점을 조금도 갖지 않았다는 것을 보여 준다. 사르트르가 학위 연설을 하는 모습을 담은 사진을 보면, 그는 주름 장식이 있는 검정 가운과 담비 털가죽으로 만든 노랑 망토 차림인데, 두 옷 모두 그에게는 너무 커 보인다. 평상시에 그는 오픈 네크 셔츠에 스포츠 재킷 차림으로 타이를 매지 않으려고 했다. 그가 지식인의 유니폼인 흰색 폴로 스웨터와, 절반만 가죽으로 만든 괴상한 재킷을 입기 시작한 것은 중년이 끝날 무렵이었다. 사르트르는 술을 많이 마셨다. 그는 연설 이틀째에는 킹슬리 에이미스의 『럭키 짐』을 연상시키는 그로테스크한 장면을 연출하면서 그 장면의 핵심 연기자가 됐다. 술에 취해 앞뒤를 가리지 못하게 된 그는 해야 할 연설을 하지도 못한 채 연단을 내려와야만 했다.[8] 사르트르는 그 당시부터 평생 쭉 자신을 젊은이, 특히 젊은 학생들과 동일시했다. 그는 제자들이 원하는 대로 하도록 내버려 뒀다. 그의 메시지는 이랬다. 개인은 스스로를 전적으로 책임져야 한다. 개인에게는 모든 것과 모든 사람을 비판할 권리가 있다. 학생들은 교실 안에서 재킷을 벗을 수 있었고, 담배를 피울 수 있었다. 필기를 할 필요는 없었고, 에세이를 제출할 필요도 없었다. 사르트르는 결코 출석부를 체크하지 않았고, 벌을 주거나 성적을 매기지도 않았다. 그는 초기 소설을 다량 집필했지만 출판업자를 찾을 수가 없었다. 그는 니장과 아롱 같은 친구들이 책을 출판하고 명성을 얻는 것을 지켜보면서 원통해했다. 결국 그는 1936년에 독일에 대한 연구서 『철학 연구』를 내놨지만, 책은 거의 주목을 받지 못했다. 그렇지만 그가 원하던 것들은 가시권에 들어오기 시작했다.

사르트르의 연구의 핵심은 픽션과 드라마를 통해 철학적 행동주의를 현실 세계에 투사하는 것이었다. 1930년대 후반 즈음에는 그의 마음속에서 이런 생각이 확고해졌다. 그는 기존의 소설가들 모두—그는 도스 파소스, 버지니아 울프, 포크너, 조이스, 올더스 헉슬리, 지드, 토마스 만을 염두에 두고 있었다 — 는 직접적·간접적으로 데카르트와 흄으로부터 도출해 낸 과거의 사상들을 반영하고 있다고 주장했다. 그는 장 폴랑에게 보낸 편지에서 "하이데거의 시간을 주제로 소설을 쓰는 것이야말로 내가 하고 싶은 것"이라며 굉장한 흥미를 보였다. 사르트르의 난점은 그가 1930년대부터 소설과 철학을 별도로 작업하고 있었다는 것이다. 그가 두 가지를 한데 묶어 보여 줬을 때 사람들은 흥분하기 시작했고, 무대를 통해 관심을 끌 수 있었다. 그런 와중에 철학적 소설 한 편이 서서히 모습을 드러내고 있었다. 그는 소설에 '우울'이라는 제목을 붙이고 싶었지만 출판업자는 훨씬 인상적인 『구토』로 제목을 바꿨다. 책은 마침내 1938년에 세상에 나왔지만 처음에는 반응이 거의 없었다.

사르트르를 출세시킨 것은 전쟁이었다. 프랑스에게 전쟁은 재앙이었다. 니장 같은 친구들에게 전쟁은 죽음이었고 다른 사람들에게 전쟁은 고난과 치욕을 안겨 줬다. 그렇지만 사르트르의 입장에서는 훌륭한 전쟁이었다. 그는 육군 포병 부대 사령부의 기상 관측 분대로 징집됐다. 그는 거기서 풍향을 실험하기 위해 공중으로 뜨거운 공기가 담긴 풍선들을 날렸다. 동료들은 그를 비웃었다. 수학 교수였던 상병은 이렇게 기록했다. "그가 군대에서는 아무런 쓸모가 없을 것이라는 사실을 우리는 처음부터 알고 있었다." 프랑스군의 사기는 바닥을 기었다. 사르트르는 절대로 목욕을 하지 않는 것으로, 구역질 날 정도로 더러운 것으로 악명이 높았다. 대신에 그가 한 일은 글쓰기였다. 그는 날마다 나중에 『자유의 길』로 완성될 소설 5페이지씩을, 『참전 일지』 4페이지씩을, 수신인이 모두 여자인 수없이 많은 편지들을 썼다. 독일군의 침공으로 전선이 무너지면서 포로가 됐을 때(1940년 6월 21일)에도 그는 여전히 글을 쓰고 있었다. 사르트르는 트리어 인근의 포로 수용소에서 프랑스군 포로들, 특히 더러운 포로들을 경멸한 독일군 경계병들 덕에 정치적인 인간으로 변모하기 시작했다. 독일군들은 사르트르의 펑퍼짐한 엉덩이를 계속 걷어찼다. 그는 학교에서 그랬던 것처럼 어릿광대짓을 하면서 수용소의 오락용 프로그램을 쓰는 것으로 살아남았다. 1941년 3월에 "부분 실명자"로 분류되어 석방되기 전까지, 그는 소설과 희곡을 계속해서 썼다.

사르트르는 곧장 파리로 갔다. 그는 유명한 콩도르세고등학교에서 철학을 가르치는 일자리를 얻었다. 이 학교의 교직원 대부분은 망명을 했거나 지하로 숨어들었거나 아니면 수용소에 있었다. 사르트르의 교수법에도 불구하고, 아니 어쩌면 그의 교수법 덕분에, 학교의 장학사는 그의 수업이 "훌륭하다"고 보고했다. 사르트르에게는 전시의 파리가 너무나 유쾌했다. 훗날에 그는 이렇게 썼다. "참기 힘든 공포였지만 그 공포가 우리에게 너무 잘 어울렸다고 말한다면 사람들은 나를 이해할 수 있을까……. 독일군 점령 하에 있었을 때보다 자유로웠던 적은 결코 없었다."9 그렇지만 그것은 당사자가 누구냐에 달린 문제다. 사르트르는 운이 좋았다. 사르트르는 전쟁 전의 정국에서, 심지어는 1936년의 인민 전선에서도 아무 편에도 가담하지 않았기 때문에, 그의 이름은 나치의 기록이나 그 어떤 명단에도 들어 있지 않았다. 그는 나치가 관심을 가지는 범위 내에서는 "깨끗했다." 오히려 나치의 전문가들은 그를 우호적인 눈길로 바라봤다. 게르하르트 헬러, 카를 에프팅, 카를-하인츠 브레메르처럼 제복을 입은 친불파 독일인이 파리에 득실댔다. 검열 담당자였던 그들은 발간이 허용된 신문과 잡지, 특히 공연과 출판 평론지에 영향력을 행사했다.10 그들이 보기에, 중부 유럽의 철학을 바탕으로 나치의 학구적 지식인으로부터 인정받은 하이데거를 특히 강조하는 사르트르의 소설과 희곡은 무척이나 만족스러웠다. 사르트르는 나치 정권에 적극적으로 협조하지는 않았다. 그가 정권에 가장 가까이 다가갔던 것은 나치에 부역하는 주간지 「코메디아」에 정기적인 칼럼을 기고하기로 한 것이었다.

그는 작품을 출판하고 희곡을 공연하는 데 조금의 어려움도 겪지 않았다. 앙드레 말로가 적었듯, "사르트르가 파리에서 독일군 검열관의 승인 아래 자기 희곡을 공연하고 있는 동안, 나는 게슈타포와 맞서 싸우고 있었다."[11]

사르트르는 다소 모호한 방식으로 레지스탕스를 무척이나 돕고 싶어 했다. 다행스럽게도 그의 노력은 수포로 돌아갔다. 여기에는 기묘한 아이러니가 있다. 지식인들에 대한 글을 쓰다 보면 익숙해지는 그런 종류의 아이러니다. 얼마 안 있어 실존주의라 불리게 된 사르트르의 개인적 철학은 이미 그의 마음속에서 형성돼 가고 있는 중이었다. 본질적으로 그것은 한 인간의 품성과 중요성은 그 인간의 가치관이 아니라 행동에 의해, 말이 아니라 행위에 의해 결정된다고 주장하는 "행위의 철학"이었다. 나치의 점령은 사르트르의 반권위주의적 본능을 한껏 자극 했다. 그는 맞서 싸우고 싶었다. 그의 철학적 좌우명을 따른다면, 그는 군용 열차를 폭파하거나 SS대원들에게 총질을 해 댔을 것이다. 그런데 그것은 실제로 그가 한 일이 아니었다. 그는 말을 하고 글을 썼다. 그는 이론상으로는, 그리고 정신과 영혼상으로는 레지스탕스였지만, 현실에서는 그렇지 않았다. 그는 회합을 갖고 토론하는 비밀 조직인 "사회주의와 자유"의 결성을 도왔다. 그는 지식인들이 한데 모여 트럼펫을 불어대야만 나치의 예리코 담벼락이 무너질 것이라고 믿었던 것 같다. 그런데 그가 접근했던 지드와 말로는 그의 제안을 거절했다. 철학자 동료인 모리스 메를로퐁티 같은 조직의 일부 회원은 마르크스주의를 신봉하기 시작했다. 사르트르는 프루동을 좇았다. 그는 프루동의 사상에 따라 전후의 프랑스를 다룬 100페이지 분량의 첫 정치적 선언서를 작성했다.[12] 그렇게 말은 넘쳐났지만, 행위는 전혀 없었다. 조직의 회원이었던 장 푸이용은 이렇게 적었다. "우리는 조직적인 레지스탕스 그룹이 아니라, 함께 모여 반나치 세력이 돼서 우리의 신념을 다른 이들에게 퍼뜨리기로 결심한 친목 회원이었다." 회원이 아닌 사람들은 더욱 비판적이었다. 공산당을 선택한 조르주 샤즐라는 이렇게 말했다. "그들은 처음부터 너무나 유치한 짓으로 나에게 충격을 줬다. 예를 들어, 그들은 자신들의 수다가 다른 사람들의 일을 어렵게 만들 수도 있다는 것을 결코 깨닫지 못했다." 또 다른 활동적인 레지스탕스 룰 레비는 그들이 한 일을 "찻잔 주위에서 잡담한 것에 불과"하며, 사르트르를 "정치적 문맹"이라고 불렀다.13 결국 조직은 영양실조로 숨을 거뒀다.

따라서 사르트르는 레지스탕스를 위해 중요한 일은 하나도 하지 않았다. 그는 유대인들을 구하기 위해 손가락 하나 까딱하지 않았고 글 한 자도 쓰지 않았다. 그는 냉정하게 자신의 경력을 홍보하는 데에만 매진했다. 그는 주로 카페에서 희곡과 철학 에세이, 소설을 미친 듯이 썼다. 얼마 안 있어 세계적으로 유명해진 생 제르맹 데 프레•와 사르트르가 맺은 관계는 처음에는 꽤나 우연하게 시작되었다. 사르트르의 적극적 행동주의 원칙을 포괄적으로 제시한 가장 중요한 철학 서적 『존재와 무』는 혹독하게 추웠던 1942~1943년 겨울에 쓰였다. 생 제르맹 거리의 플로르 카페의 주인 부발은 난방용 석탄과 담배를 확보하는 재주가 비상했다. 사르트르는 어찌어찌해서 손에 넣은 밝은 오렌지색으로 염색된, 보기 흉하고 어울리지는 않지만 따뜻한 인조 모피 코트 차림으로 매일 그곳에서 글을 썼다. 그는 밀크 티 한 잔을 주문하고 잉크병과 펜을 올려 놓은 다음, 4시간 동안 쉬지 않고 글을 휘갈겼다. 종이에서 좀처럼 눈을 떼지 않는 그는 "잉크에 젖은 작은 모피 공"이었다.14 그를 그렇게 묘사한 시몬 드 보부아르는 그가 722페이지에 달하는 책에 "음란한 문구들"을 삽입해서 생기를 불어 넣었다고 썼다. 어떤 문

• 파리 6구에 있는 번화가

장은 "보편적인 구멍들을 다뤘고, 다른 문장은 항문과 이탈리아식 섹스에 초점을 맞췄다."[15] 이 책은 1943년 6월에 출판됐다. 책의 성공은 서서히 이뤄졌지만(제일 중요한 리뷰 몇몇은 1945년까지도 출판되지 않았다), 성공에 대한 확신은 계속 쌓여 갔다.[16] 그렇지만 사르트르가 유명 인사로 스스로 우뚝 선 것은 무대를 통해서였다. 『존재와 무』가 출판된 달에 막을 올린 희곡 <파리>는 처음에는 표가 거의 팔리지 않았다. 그런데 연극이 관심을 끌면서 사르트르의 치솟는 명성은 더욱 확고해졌다. 얼마 안 있어 파테영화사는 사르트르에게 시나리오를 써 달라고 요청했고, (훌륭한 <주사위는 던져졌다>를 포함한) 시나리오 3편을 쓴 사르트르는 처음으로 큰돈을 벌었다. 그는 참신하고 영향력 있는 평론지 『프랑스 문학』(1943)의 창간에 관여했고, 이듬해 봄에는 앙드레 말로와 폴 엘뤼아르와 함께 플레이아드 상의 심사 위원으로 선임됐는데, 이것은 그가 문학계의 파워 브로커가 됐음을 보여 주는 확실한 징조였다. 비에 콜롱비에 극장에서 희곡 <출구 없음>이 막을 올린 1944년 5월 27일은 이런 시점이었다. 나중에 지옥으로 가는 대기실로 밝혀지는 응접실에서 세 사람이 만나는 내용을 담은 이 훌륭한 작품은 두 개의 차원에서 작동한다. 이 작품은 첫 번째 차원에서는 "지옥은 타인들이다"라는 메시지와 함께 캐릭터들에 대해 논평한다. 다른 차원은 『존재와 무』를 대중화시킨 것으로, 하이데거를 과격하게 해석한 버전이다. 하이데거를 프랑스식으로 윤기 나게 해석한 결과물이자 시대적 상황과 관련이 있는 이 희곡은 은밀한 저항과 적극적 행동주의의 메시지를 제시하고 있다. 독일인의 사상을 받아들여 적절한 시기에 유행 상품으로 만들어 내는 것은 프랑스인이 항상 두드러진 재능을 보여 주었던 일이다. 희곡은 비평에서나 흥행에서나 대성공을 거뒀고, "생 제르맹 데 프레의 전성기를 연 문화적 사건"으로 곧잘 묘사됐다.[17]

사르트르는 <출구 없음>으로 유명해졌다. <출구 없음>의 성공은 사상을 투영하는 데 무대의 위력을 따라올 매체는 없다는 것을 잘 보여 주었다. 그런데 참으로 이상하게도 사르트르를 세계적으로 유명한, 실상은 악명 높은 대스타로 만들어 준 것은 대중 강연이라는 구식 포럼이었다. 연극 개막 후 1년 내에 프랑스는 평화를 되찾았다. 모두가 특히 젊은이들이 잃어버린 문화적 시절을 탐욕스럽게 되찾으려 들면서, 전후의 진실이라는 불로초를 찾아다녔다. 공산주의자들과 신생 가톨릭 사회민주주의자MRP들은 캠퍼스의 주도권을 놓고 격렬한 전투를 벌였다. 사르트르는 대안을 제시하기 위해 자신의 철학을 활용했다. 그가 내놓은 대안은 교회도 아니고 당도 아니었다. 인간 개개인이 행위와 용기의 길을 따라가기로 선택할 경우, 각자는 자신들의 영혼의 절대적 주인으로 볼 수 있다는 것을 주장하는 도전적인 개인주의 철학이었다. 이것은 전체주의의 악몽을 겪은 사람들에게 던지는 자유의 메시지였다. 자신의 재능을 이미 입증한 사르트르는 1944년 가을에 생 자크 거리에서 했던 "소설의 사회적 기술"이라는 성공적인 강연 시리즈로 권력을 끌어모았다. 당시, 그는 자신의 관념의 일부를 넌지시 내비쳤다. 1년 후, 해방된 프랑스는 지적인 자극을 열망하고 있었다. 사르트르는 1945년 10월 29일 장 구종 가 8번지의 상트로홀에서 공개 강연을 하겠다고 발표했다. "실존주의"라는 단어는 그가 만든 것이 아니다. 그 단어는 언론이 만들어 낸 단어인 듯하다. 8월이 되기 전에 그 단어에 대한 정의를 내려달라는 요청을 받은 사르트르는 대답했다. "실존주의? 그게 뭔지 모르겠소. 내 철학은 존재의 철학이오." 미디어가 만들어 낸 용어를 받아들이기로 결심한 사르트르는 강연의 제목을 결정했다. "실존주의는 휴머니즘이다."

빅토르 위고가 단언했듯, 제철을 만난 사상처럼 강력한 것은 아무것도 없다. 사르트르의 전성기는 두 갈래 다른 길에서 다가왔다. 그는 자유에 굶주리고 자유를 고대하던 사람들에게 자유를 설파했다. 그렇지만 손쉽게 얻을 수 있는 자유는 아니었다. 사르트르는 이렇게 말했다. "실존주의는 인간을 그의 행위를 통해 규정한다……. 실존주의는 인간에게 희망은 행위 속에만 있으며, 인간을 살아 있도록 만들어주는 유일한 것이 행위라고 말한다." 따라서 "인간은 자신의 삶에 헌신하고, 그를 통해 자신의 이미지를 끌어낸다. 그 이미지 너머에는 아무것도 없다." 사르트르는 1945년의 새로운 유럽인들은 새롭고 실존주의적인 개인들이라고 말했다. "우리는 이유도 없이 고독하다. 내가 인간은 숙명적으로 자유롭다고 말한 것은 이것을 뜻한다."[18] 사르트르의 새롭고 실존주의적인 자유는 현실에 환멸을 느낀 세대에게는 무척 매력적이었다. 그 세대는 예외 없이 외롭고 금욕적이고 고결했으며, 폭력적이라고 할 수는 없지만 약간은 공격적이었고, 반엘리트주의였으며 대중적이었다. 누구나, 그중에서도 특히 젊은이는 실존주의자가 될 수 있었다.

둘째로, 사르트르는 주기적으로 변하는 지적인 유행의 대형 혁명 중 하나를 지배하고 있었다. 제1차 세계 대전과 제2차 세계 대전 사이, 드레퓌스 사건과 플랑드르 참호의 학살을 둘러싼 지나치게 이론적이기만 한 기나긴 설전에 염증을 느낀 프랑스 인텔리겐치아는 현실에 초연하다는 것을 미덕으로 삼으며 자랐다. 그런 분위기를 확립한 사람은 줄리앙 방다였다. 방다의 대성곡작 『지식인의 반역』(1927)은 강령이나 당, 대의에 "헌신"하는 것을 피하라고, 추상적인 원칙들에만 집중하고 정치적 각축장에 들어가지 말라고 지식인들을 훈계했다. 사르트르는 방다의 경고를 귀담아듣는 많은 사람 중 하나였다. 1941년까지 사르트르처럼 참여하지 않은 사람도 없었다. 그러나 이제 사르트르는 열기구 풍선으로 대기를 시험했을 때처럼, 색다른 바람을 감지했다. 그와 친구들은 사르트르를 편집장으로 한 새로운 평론지 『현대』를 창간했다. 사르트르의 선언적 논설이 담긴 창간호는 9월에 나왔다. 문인들이 현실에 참여해야 한다는 것은 불가피한 시대적 요구였다.

작가는 자신의 시대에서 일정한 위치를 점한다. 단어 하나하나는 메아리를 낳는다. 각각의 침묵도 마찬가지다. 나는 파리 코뮌의 뒤를 이은 탄압의 책임이 플로베르와 (에드몽) 공쿠르에게 있다고 생각한다. 그들은 탄압을 막기 위한 글을 한 줄도 쓰지 않았기 때문이다. 여러분은 이렇게 말할지도 모른다. 그것은 그들이 상관할 일이 아니었다. 그런데 칼라스의 재판은 볼테르가 상관할 일이었는가? 드레퓌스의 유죄 선고는 졸라가 상관할 일이었는가?[19]

이것이 강연의 배경이었다. 그해 가을, 파리는 문화적으로 굉장히 긴장된 상태였다. 사르트르가 강연을 하기 사흘 전, 샹젤리제 극장에서 <유랑극단 배우>와 <랑데부> 등 신작 발레 2편이 개막할 때 해프닝이 있었다. 극장을 가득 메운 상류층 관객들이 피카소가 그린 현수막을 향해 야유를 보낸 것이다. 사르트르의 강연은 그리 널리 홍보되지는 않았다. 「리베라시옹」, 「르 피가로」, 「르 몽드」와 「콩바」에 작은 광고가 두어 차례 실렸을 뿐이지만 입소문이 엄청나게 났다. 사르트르가 8시 30분에 강연장 인근에 도착했을 때, 군중은 강연장 바깥 거리를 가득 메우고 있었다. 군중이 내는 소음에 놀란 사르트르가 공산당이 시위를 일으킨 것은 아닐까 두려워할 정도였다. 사람들은 강연장 안으로 들어가려고 미친 듯이 기를 썼고, 강연장 안이 꽉 차고 난 후에는 유명 인사만이 입장을 허락받았다. 사르트르의 친구들은 사르트르를 강연장에 들여보내기 위해 안간힘을 썼다. 강연장 안에서 여자들은 혼절했고, 의자들은 부서져 나갔다. 강연은 예정보다 한 시간 늦게야 시작됐다. 사르트르의 강연은 학술적인 전문 철학 용어들로 이뤄졌다. 그렇지만 당시 시국에서 사르트르가 한 강연은 전후 최초, 최대의 미디어 이벤트였다. 우연히 줄리앙 방다 역시 그날 밤 강연을 했는데, 그 강연장은 텅 빈 것이나 다름없었다.

사르트르는 놀랄 정도로 지면을 장식했다.[20] 신문 용지 부족에 시달리던 때였음에도 불구하고, 많은 신문들이 사르트르의 강연 원고를 수천 단어씩 게재했다. 그가 한 얘기, 그리고 얘기한 방식 모두가 열정적인 비난의 대상이 됐다. 가톨릭 일간지 「라 크르와」는 실존주의를 "18세기 합리주의나 19세기 실증주의보다 더 심각한 위험"이라고 불렀다. 공산주의 일간지 「뤼마니테」도 사르트르를 사회의 적이라고 부르면서 비난 대열에 합류했다. 사르트르의 저작 전체는 바티칸의 금서 목록에 올랐고, 스탈린의 문화 통제 위원 알렉산더 파다예프는 사르트르를 "타자기를 가진 자칼, 만년필을 가진 하이에나"라고 불렀다. 사르트르는 전문가들의 맹렬한 질투심의 대상이 되기도 했다. 브레히트를 혐오했던 프랑크푸르트학파는 사르트르를 그보다 더 혐오했다. 막스 호르크하이머는 사르트르를 "철학계의 사기꾼이자 야바위꾼"이라고 불렀다. 그런데 이 모든 공격은 사르트르를 더욱 위대한 인물로 만드는 데 일조했을 뿐이었다. 사르트르는 이제 그보다 앞선 수많은 지도적 지식인처럼 자기 홍보 분야의 전문가였다. 그가 직접 하지 않으려 한 일들은 추종자들이 대신 했다. 『삼디 수아』는 악의적인 논평을 내놨다. "우리는 바넘●의 시대 이후로는 홍보 활동이 올린 이런 개가를 본 적이 없었다."[21] 그러나 사르트르 현상이 도덕적으로 공격을 받으면 받을수록, 사르트르의 인기는 더욱 높아져갔다. 『현대』 11월 호는 프랑스가 전쟁에 패배하면서 혼란에 빠진 나라라고 지적했다. 프랑스에 남은 것이라고는 문학과 패션 산업뿐이었다. 실존주의는 프랑스인에게 위엄을 주고, 퇴폐의 시대를 살

● 19세기에 뛰어난 홍보로 유명해진 미국의 흥행사

아가는 프랑스인의 개성을 유지시키기 위해 고안된 것이었다. 이상하게도 사르트르를 추종하는 것은 애국적인 행위가 됐다. 그의 강연 내용을 대강 확충해서 찍은 책은 한 달 사이에 50만 권이 팔렸다.

게다가 실존주의는 읽기만 하는 데서 그치는 철학이 아니었다. 실존주의는 즐겨야 할 광기였다. 어느 『실존주의자 교리 문답서』는 이렇게 주장했다. "실존주의는 신앙심과 같아서 설명될 수 없는 것이다. 실존주의는 실행할 수 있을 뿐이다." 그리고는 독자들에게 어디에서 실존주의를 실행할 수 있는지 알려 줬다.[22] 생 제르맹 데 프레가 지적인 유행의 중심이 된 것은 새로운 일이 아니었다. 카페 프로코프의 단골이었던 볼테르, 디드로와 루소의 선례를 따라, 사르트르는 그 카페 거리를 조금 더 내려갔다. 카페는 고티에, 조르주 상드, 발자크와 졸라의 시절인 제2 제국 시대에 다시 한 번 활기를 찾았다. 이 시절은 위스망스와 아폴리네르가 자주 들렀던 카페 플로르가 처음 문을 연 시기였다.[23] 전쟁 전 파리의 지식인들의 중심지는 몽파르나스였다. 몽파르나스는 비정치적이고 동성애와 코스모폴리탄 분위기가 약간 흘렀다. 몸매 좋은 양성애 여자들이 카페를 아름답게 장식했다. 따라서 사회적이고 성적일 뿐 아니라 지적이기까지 한 생 제르맹으로 중심지가 옮겨 간 것은 드라마틱한 사건이었다. 사르트르의 생 제르맹은 좌파적이고 정치적이며, 이성애 분위기가 강했고, 대단히 프랑스적이었기 때문이다.

사르트르는 시끌벅적한 분위기를 좋아했다. 위스키, 재즈, 여자들과 카바레를 사랑했다. 플로르나 한 블록 떨어진 되 마고에 사르트르의 모습이 보이지 않을 때면, 그리고 길 건너편의 브라스리 리프에서 식사하는 모습이 보이지 않을 때면, 그는 카르티에라탱 지하에 급속도로 늘어나고 있던 새로 개장한 나이트 클럽이나 와인 저장실에 있었다.

로즈 루즈에는 가수 줄리에트 그레코가 있었는데, 사르트르는 그에게 기쁨에 찬 노래를 써 줬다. 그곳에서 트롬본을 연주하던 작가이자 작곡가인 보리스 비앙은 『현대』에 글을 기고했다. 도핀가에는 타부가, 자콥가에는 바 베르트가 있었다. 사르트르는 그리 멀지 않은 보나파르트가 42번지에 있는, 생 제르맹 교회와 되 마고가 내려다보이는 아파트에 살았다(어머니가 같이 살면서 아들의 빨래를 돌봐 줬다). 실존주의 운동에는 기관지도 있었다. 알베르 카뮈가 편집하는 일간지 「콩바」였다. 카뮈의 베스트셀러 소설은 실존주의적이라는 평가 아래 폭넓은 호응을 얻었다. 시몬 드 보부아르는 훗날 회상했다. "「콩바」는 우리의 모든 글이나 말을 우호적으로 보도했다." 사르트르는 매일 일하면서 열심히 글을 썼다. 이 시절에 그는 강연문, 희곡, 소설, 에세이, 다른 사람이 지은 책의 소개서, 기고문, 방송 원고, 시나리오, 보고서, 철학적 비평문 등 수백만 단어의 글을 썼다.[24] 자크 오디베르티는 그를 "도서관, 극장, 영화관 등 장소를 가리지 않고 주차하면서 엄청난 소동을 일으키는 트럭"으로 묘사했다. 사르트르는 밤이 되면 놀이에 열중했고, 밤이 깊어지면 보통 술에 취해 있었는데, 대단히 공격적인 사람이 돼 있는 경우도 잦았다. 언젠가 그는 카뮈의 눈을 멍들게 만들었다.[25] 사람들은 눈을 부릅뜨고서 사르트르를 찾아왔다. 그는 카르티에의 왕, 성난 사람들의 왕, 업계 종사자들의 왕, 지하실의 쥐새끼들의 왕이었다. 사르트르의 핵심 홍보 담당자였던 장 폴랑의 말처럼, 사르트르는 "젊은이 수천 명의 정신적 지도자"였다.

사르트르가 왕이었다면, 여왕은 누구였을까? 그가 젊은이들의 정신적 지도자였다면, 그는 그들을 어디로 이끌고 갔을까? 서로 연관이 있으면서도 별개인 이 두 질문을 차례로 검토해 볼 필요가 있다. 1945~1946년 겨울 무렵에 사르트르는 유럽의 유명 인사가 돼 있었다. 당시 그는 시몬 드 보부아르와 거의 20년을 교제하고 있었다. 드 보부아르는 유명한 카페 드 라

로통드 위에 있는 아파트에서 태어난 몽파르나스 여자였다. 할아버지를 옥
살이까지 하게 만들 정도로 치욕스럽게 파산한 가정에서 태어났기 때문에,
그녀의 어린 시절은 불우했다. 어머니의 지참금은 결코 돌려받지 못했고,
아버지는 제대로 된 일자리 하나 잡지 못하는 쓸모없는 건달이었다.[26] 그녀
는 부모에 대해 고통스럽게 썼다. "아버지는 어머니가 신의 존재를 믿는 것
만큼이나 드레퓌스가 유죄라고 확신했다."[27] 공부를 피난처로 삼은 그녀는
훌륭한 여류 문인이 됐다. 사르트르와 그의 일당은 파리대학의 두드러진 철
학도였던 그녀를 끌어들였다. 사르트르는 그녀에게 말했다. "이제부터 나는
당신을 내 휘하에 두겠어." 이 말은 어느 정도는 진실로 남았다. 그녀의 입
장에서 볼 때 두 사람의 관계가 은총이라고만은 할 수 없었다. 그녀는 사르
트르보다 3cm 정도 컸고, 세 살 어렸으며, 엄밀한 학문적 관점에서 보면 사
르트르보다 유능했다. 그녀의 동시대인 중 한 사람인 모리스 드 강디악은
그녀의 작품을 "정확하고, 집필하는 데 상당한 노력이 필요하며, 명확하고,
아주 기술적이다"라고 묘사했다. 그녀는 어린 나이에도 불구하고 철학 분야
에 있어서만큼은 처음부터 사르트르를 압도할 정도였고, 조르주 다비와 장
발은 그녀가 사르트르보다 우수한 철학자라고 생각했다.[28] 그녀도 사르트
르처럼 독자를 사로잡는 작가였는데, 많은 점에서는 사르트르보다 더 나은
작가였다. 그녀는 희곡을 쓰지는 못했지만, 그녀의 자서전은 — 진실 여부를
신뢰할 수 없다는 점에서는 마찬가지지만 — 사르트르의 자서전보다 더 흥
미롭다. 그리고 전후 프랑스 문학계를 묘사해서 그녀에게 공쿠르 상을 안겨
준 중요한 소설 『레 망다랭』은 사르트르의 어떤 작품보다도 뛰어났다. 게다
가 거짓말하는 것을 제외하면 사르트르가 가진 단점은 그녀에게는 하나도
없었다.

그런데 이 영민하고 굳센 여성은 사르트르를 처음 만났을 때부터 그의

노예가 되어 사르트르가 죽을 때까지 그 상태로 남았다. 그녀는 애인, 부인 대리, 요리사와 매니저, 여성 보디가드, 간호사로서 사르트르에게 봉사했지만, 사르트르가 살아 있는 동안 법적·금전적 지위를 전혀 획득하지 못했다. 중요한 것은 사르트르가 그녀를 대하는 방식이 루소가 테레즈를 대한 방식과 엇비슷했다는 점이다. 아니, 그보다 더 나빴다. 사르트르의 바람기는 악명이 높았기 때문이다. 문학사를 뒤져봤을 때, 남자가 여자를 이용하는 데 이보다 더 악독한 사례는 몇 안 된다. 이런 착취 관계는 드 보부아르가 일평생 페미니스트였다는 점 때문에 더욱 이상했다. 그녀는 1949년에 최초의 현대적 페미니즘 선언서인 『제2의 성』을 내놨고, 책은 세계 전역에서 폭넓게 팔렸다.[29] 책의 첫 문장 "여성은 여성으로 태어나는 것이 아니라 여성으로 만들어진다"는 루소의 『사회 계약론』 서두를 의도적으로 본뜬 것이다. 드 보부아르는 사실상 페미니즘 운동의 선조이고, 페미니즘의 당연한 수호성인이어야 했다. 그런데 그녀는 실제 인생에서는 페미니즘이 상징하는 모든 것을 등졌다.

　사르트르가 드 보부아르에 대한 지배권을 어떻게 획득하고 유지했는지는 분명치 않다. 그녀는 그들의 관계에 대한 그녀 자신의 입장을 솔직하게 쓸 수 없었다. 사르트르는 그들의 관계에 대해서는 글을 쓰려는 수고조차 하지 않았다. 그들이 처음 만났을 때, 보부아르보다 독서량이 훨씬 많던 사르트르는 자신이 읽은 것들의 요체만을 뽑아서 그녀가 도저히 저항할 수 없는 이야기투의 독백으로 들려줬다. 그녀에 대한 그의 지배권은 분명히 성적인 것이 아니라 지적인 데서 비롯된 것이다. 그녀는 1930년대의 대부분을 그의 애인으로 지냈지만, 어느 단계에서인가 그런 역할을 그만뒀다. 1940년대부터 그들은 성관계를 거의 맺지 않은 듯하다. 그녀가 그의 곁에 있을 때는 그가 그녀보다 나은 사람을 곁에 둘 수 없을 때였다.

사르트르는 1960년대를 풍미한 "남성 우월주의자"의 원형이었다. 어른이 된 그의 삶을 어린 시절의 "천국"으로 재창조하는 것이 그의 목표였다. 사르트르는 그 천국에서 매혹적인 여성들이 북적대는 향기로운 규방의 복판에 서 있었다. 그는 승리와 점유의 관점에서 여성들을 바라봤다. 그는 『구토』에서 이렇게 말했다. "내 이론들 하나하나는 정복과 소유의 행위였다. 어느 날 나는 내 모든 이론의 도움을 받아 생각했다. 내가 세상을 정복하리라." 완전한 자유를 원한 사르트르는 이렇게 썼다. "나는 여성들에 맞서는 이런 자유를 역설하는 것을 그 무엇보다도 먼저 꿈꾼다."[30] 숙달된 많은 유혹자들과는 달리, 사르트르는 여자들을 혐오하지 않았다. 사실 그는 여자를 남자보다 좋아했다. 여자들이 그하고 다투려 들지 않아서 그랬을 것이다. 그는 이렇게 적었다. "나는 아롱과 철학에 대한 얘기를 나누는 것보다, 여자들과 사소한 일에 대해 얘기를 나누는 것이 더 좋다."[31] 그는 여자들에게 편지 쓰는 것을 무척 좋아했다. 가끔은 하루에 십여 통도 썼다. 그렇지만 그는 여자들을 인간이라기보다는, 자신의 켄타우루스의 벨트에 덧붙일 전리품으로 봤다. 진보적인 용어를 활용해서 정복 정책을 옹호하고 합리화하려는 그의 시도는 위선의 도를 높였을 뿐이다. 그는 자신이 "사람들이 야생 짐승을 정복하듯 여성을 정복하기"를 원하지만 "이것은 야생 상태의 여성을 남성과 동일한 수준으로 끌어올리기 위해서"라고 말했다. 한편, 초기에 했던 유혹 행위에 대해 돌아보면서, 그는 "그 모든 행위에 들어 있던 심각한 제국주의"를 반성했다.[32] 그렇지만 그런 생각들이 사로잡을 수 있는 여성들을 포기하게 하지는 않았다. 앞의 문장들은 그저 표면상의 글에 불과하다.

사르트르가 드 보부아르를 처음 유혹했을 때, 그는 그녀에게 자신의 성 철학을 개략적으로 설명했다. 그는 많은 여자들과 자고 싶다는 욕망을 솔직히 털어놨다. 그는 자신의 신조가 "여행, 일부다처, 투명성"이라고 말했다. 대학 시절에 어떤 친구가 드 보부아르의 이름이 영어의 "비버"•와 비슷하다고 말했다. 영어의 비버는 프랑스어로는 "카스토르castor"였다. 사르트르에게 그녀는 항상 카스토르 아니면 부vous(당신)였지, 튀tu(너)였던 적은 없었다.³³ 사람들은 그가 그녀를 훌륭하게 조련된 동물로 보고 있다고 느꼈다. "여성에 맞서는 자유"를 "역설"하는 방침에 대해 그는 이렇게 썼다. "카스토르는 이 자유를 받아들여서 계속 지켰다."³⁴ 그는 그녀에게 성적 관심에는 "필수적 사랑"과 "우발적 사랑"의 두 종류가 있다고 말했다. 후자는 중요치 않았다. 그런 사랑의 수혜자들은 그의 관심을 "2년 임대"한 것에 불과한 "주변인들"이었다. 드 보부아르를 향한 그의 사랑은 영구적인 "필수적 사랑"이었다. 그녀는 "주변인"이 아니라 "중심인물"이었다. 물론 그녀 역시 동일한 방침을 전적으로 자유롭게 추구할 수 있었다. 사르트르를 그녀의 중심인물, 필수적 사랑으로 남겨 놓는 한 그녀는 주변인들을 소유할 수 있었다. 그렇지만 양자는 "투명성"을 보여 줘야만 했다. 이것은 우리가 톨스토이와 러셀의 사례를 보면서 마주쳤던, 지식인들이 좋아하는 성적인 "개방"이라는 게임을 가리키는 다른 단어였다. 사르트르는 각자가 상대방에게 자신들이 무슨 일을 하고 있는지를 들려줘야 한다고 말했다.

　모두들 짐작하겠지만, 투명성 방침은 종국에는 진실 은폐라는 부가적이고 더욱 지저분한 단계에 도달했다. 드 보부아르는 방침을 실행하려고 노력했지만, 그녀의 애정 행각에 대한 애기를 듣고 사르트르가 보여 주는 불확실하고 냉담한 무관심은 그녀에게는 아픔이었다. 사르트르는 『레 망다랭』에서 아서 케스틀러가 그녀를 유혹하려 했던 사건을 묘사한 대목을 읽고는 그저 웃기만 했다. 게다가 투명성 정책에 휩쓸린 사람들이 그 정책을

• 여성의 성기를 가리키기도 한다.

항상 좋아만 했던 것도 아니었다. 그녀의 매력적인 주변인, 여러 가지 면에서 그녀의 필생의 연인이었던 사람은 미국인 소설가 넬슨 올그런이었다. 올그런은 일흔두 살 때 가진 인터뷰에서 그들의 사랑은 그저 추억거리에 불과하며, 그녀가 그 사랑을 폭로했을 때 분노했다고 털어놨다. 그리고 올그런은 자신을 『레 망다랭』에 등장시킨 것은, 다른 이름으로 위장하긴 했지만, 역시 나쁜 일이었다고 말했다. 그런데 그녀는 자서전 제2권인 『여자의 한창때』에서 올그런의 이름을 밝히는 데서 그치지 않고, 그가 보낸 편지를 인용하기까지 했다. 올그런은 편지의 공개에 마지못해 동의해야만 했다. "제기랄, 연애편지는 개인적으로 간직돼야만 합니다." 그는 격분했다. "세계 각지의 창녀촌을 다 다녀봤지만, 한국이 됐건 인도가 됐건 여자들은 항상 문을 닫았어요. 그런데 이 여자는 문을 활짝 열어젖히고는 사람들과 언론을 불러 댔어요."[35] 올그런은 드 보부아르의 행동에 얼마나 화가 치밀었던지, 인터뷰를 마친 후 심각한 심장 마비를 일으켜 그날 밤에 사망했다.

사르트르도 어느 정도까지 투명성 방침을 실행했다. 그는 대화와 편지로 드 보부아르에게 새로 사귄 여자들에 대한 정보를 계속 알려 줬다. "검은 머리 여자랑 자본 것은 이게 처음이야……. 독특한 냄새를 풍기고, 이상할 정도로 털이 많은 여자야. 등짝 일부에도 검은 털이 나 있는데 몸은 하얘……. 혀는 피리 같아. 끝없이 펼쳐지면서 내 편도선까지 쭉 따라 내려가."[36] 제아무리 "중심인물"이라고 하더라도, 라이벌에 대한 이런 설명을 읽고 싶어 할 여자가 어디 있겠는가? 사르트르가 베를린에 있던 1933년에 드 보부아르는 짧은 기간 동안 그와 같이 있었다. 사르트르가 그녀에게 처음 한 얘기는 새로운 애인 마리 빌르를 사귀었다는 것이다. 사르트르에게는 셸리처럼 오랜 애인에게 새 애인을 인정받아야겠다는 유치한 열망이 있었다. 그런데 사르트르는 절대로 사실 모두를 털어놓지는 않았다. 1930년대의 대부분을 루앙에서 교편을 잡으며 보낸 드 보부아르가 베를린이나 다른 곳에서 사르트르와 머물렀을 때, 그는 그녀에게 결혼반지를 주면서 끼게 했다. 그것이 그녀가 결혼에 가장 가까이 갔던 때였다. 그들에게는 그들만이 아는 사적인 언어가 있었다. 그들은 호텔에 투숙할 때는 오르가나티크 부부, 또는 미국인 백만장자 모건 해티크 부부라고 서명했다. 그런데 그가 그녀와 결혼하고 싶어 했다거나, 그녀에게 형식적인 결합 이상의 것을 선택할 수 있도록 해 줬다는 증거는 전혀 없다. 그는 그녀에게는 철저히 비밀로 한 채 주변인에게 청혼을 한 적도 몇 번 있었다.

그들이 살았던 삶이 그녀의 성미에 맞지 않았다는 것은 확실하다. 그녀는 사르트르의 애인을 결코 태연하게 받아들일 수 없었다. 그녀는 마리 빌르를 싫어했고 다음 여자인 올가 코사키에비치는 더욱 싫어했다. 역시 사르트르의 애인이 된 완다와 자매지간인 올가는 흉측하게도 드 보부아르의 제자였다. 올가와의 연애를 너무나 싫어한 드 보부아르는 소설 『초대받은 여자』에 올가를 등장시키고는 소설 속에서 죽여 버렸다.[37] 자서전에서 그녀는 "나는 이런 상황을 만들어 내는 것으로 사르트르를, 그리고 그런 상황을 이용하는 것으로 올가를 괴롭혔다"고 인정했다. 드 보부아르는 반격했다. "내가 늘 점유하고 있던 우주의 한복판이라는 최상의 자리를 올가에게 양보할 생각은 추호도 없었다."[38] 그런데 애인을 "우주의 한복판"이라고 언급해야 하는 여자는 누구든 애인의 바람기를 꺾을 만큼 강한 입장은 아니다. 사르트르와 드 보부아르, (보통 그녀의 제자인) 여자 세 사람은 삼각관계를 형성했고, 드 보부아르는 관계를 관리하는 처지였다. "입양"이라는 단어가 자주 사용됐다. 1940년대 초반, 사르트르는 자신의 여제자를 유혹하는 위험 인물로 알려졌다. 로버트 프랜시스는 『출구 없음』에 대한 적대적인 비평에서 이렇게 썼다. "우리 모두는 사르트르 씨를 안다. 그는 자기 학생들의 속옷을 연구하는 것이 전공인 이상한 철학 교사다."³⁹ 그런데 드 보부아르가 여학생들을 더 많이 가르쳤으므로 사르트르의 희생자 대부분은 그녀의 제자들이었다. 드 보부아르는 가끔 사실상 뚜쟁이 역할을 한 듯하다. 그녀는 사랑을 빼앗기지 않겠다는 혼란스러운 욕망 속에서, 사르트르의 다른 여자들과 나름대로 친근한 관계를 형성하기도 했다. 러시아 망명자의 딸 나탈리 소로킨이 그런 경우였다. 그녀는 드 보부아르가 전쟁 중에 교편을 잡았던 파시의 몰리에르고등학교에서 제일 뛰어난 학생이었다. 나탈리의 부모는 1943년에 드 보부아르가 미성년자를 유괴했다면서 공식적으로 고발했다. 이것은 징역형이 내려지는 중범죄였다. 쌍방의 친구들이 개입했고, 고발은 결국 취하됐다. 그렇지만 드 보부아르는 강의를 금지당했고, 그녀의 교원 자격은 프랑스 내에서는 영구히 취소됐다.⁴⁰

전쟁 동안 드 보부아르는 사르트르를 위해 요리하고 바느질하고 빨래하고 돈을 관리하는 등 사르트르의 진짜 부인의 신분에 가까워졌다. 그런데 전쟁이 끝나면서 부유해진 사르트르는 자신의 지적인 매력뿐 아니라 재력까지 좇는 여자들에게 둘러싸여 있었다. 1946년은 그의 성적인 정복에 있어 최고의 해였다. 그리고 그해에 드 보부아르와의 성관계를 사실상 끝냈다. 존 웨이트먼은 이렇게 적었다. "그녀는 상대적으로 이른 시기에 그의 떠들썩한 하렘의 가장자리에 자리 잡은, 성적으로는 은퇴한 손윗사람, 가짜 부인의 역할을 암묵적으로 받아들였다."⁴¹ 그녀는 "그가 여자들에게 써대는 돈"에 대해 불평했다.⁴² 그녀는 사르트르가 나이를 먹어갈수록 여자들의 나이가 열일곱 살이나 열여덟 살로 점점 어려진다는 것을 깨달았다. 그는 법적인 의미로 여자들을 "입양"했다고 말했는데, 이것은 그들이 사르트르의 저작권을 물려받게 될 것이라는 뜻이었다. 드 보부아르는 여자들에게 충고와 경고를 하기도 했다. 헬레네 바이겔이 브레히트의 여자들에게 했던 것과 마찬가지였지만, 드 보부아르는 바이겔이 가진 법적인 신분은 갖지 못했다. 그녀는 끊임없이 거짓말만 들었다. 1946년과 1948년에 미국으로 여행을 간 사르트르가 돌로레스라는 여자와 열정적인 사랑에 빠진 사건에 대한 설명을 그녀는 자세히 들었다. 사르트르는 드 보부아르에게 자신을 향한 그 여자의 "피곤하기까지 한 열정"에 지쳤다고 말했지만, 사실은 그녀에게 청혼을 하고 있었다. 그리고 보리스 비앙의 멋진 금발의 아내 미셸, 올가의 어여쁜 동생 완다, 사르트르가 희곡 『알토나의 유폐자들』에서 그녀를 위한 배역을 집필했던 이국적인 금발 여배우 에블린 레이, 사르트르가 간택했을 때 열일곱 살밖에 안 됐던 아를레트(드 보부아르가 제일 싫어한 여자 중 하나다), 그리스 아가씨 엘렌 라시티오타키스가 있었다. 1950년대 말엽 사르트르는 드 보부아르뿐 아니라 미셸, 아를레트, 에블린과 완다 등 네 명의 애인을 동시에 상대했다. 그리고 그들 모두를 각기 다른 방식으로 속였다. 그는 『변증법적 이성 비판』을 공개적으로는 드 보부아르에게 헌정했지만, 갈리마르 출판사를 시켜서 "완다에게"라는 글이 찍힌 책 2권을 개인적으로 인쇄했다. 『유폐자』가 출판됐을 때, 사르트르는 완다와 에블린에게 각각 책을 그녀에게 헌정한다고 말했다.

드 보부아르가 젊은 여자들을 싫어한 이유 중 하나는 그들이 사르트르를 성적인 방종뿐 아니라, 술과 약물에 탐닉하는 방탕한 생활을 하도록 부추긴다고 믿었기 때문이었다. 1945년부터 1955년 사이, 사르트르는 경이적인 분량의 집필과 다른 작업들을 해치웠다. 이런 일을 하기 위해서 그는 술과 중추신경 억제제의 섭취량을 꾸준히 늘려야 했다. 1954년에 모스크바에 갔다가 과음으로 쓰러진 그는 소련의 병원으로 급히 이송됐다. 그런데 일단 회복이 되자, 그는 하루에 30페이지에서 40페이지가량을 계속 써댔다. 그러면서 글을 계속 쓰기 위해 종종 코리드레인 알약 한 통을 통째로 먹었다

(1971년에 사용이 금지된 약물이다). 변증법적 이성을 다룬 책은 술과 약물에 취해서 쓴 듯 보인다. 사르트르의 전기 작가 애니 코헨-솔랄은 사르트르가 리프, 쿠폴, 발자르나 다른 단골집에서 점심을 두 시간 먹는 동안 와인을 1리터가량 먹었다고 말했다. 그녀가 계산한 바에 따르면, 그는 이 당시 매일 담배 두 갑, 흑담배 대여섯 파이프, 알코올 1리터(주로 와인, 보드카, 위스크, 맥주), 암페타민 200mg, 아스피린 15g, 중추신경 억제제 5g에 커피와 차를 섭취했다.[43] 사실, 드 보부아르는 젊은 애인들을 공정하게 평하지는 않았다. 그들 모두는 사르트르를 바로잡기 위해 노력했다. 제일 어린 아를레트가 그중에서도 가장 열심히 노력했다. 그녀는 사르트르에게서 코리드레인과 담배, 술에 다시는 손을 대지 않겠다는 각서를 받아내기까지 했다. 하지만 그는 각서를 쓰는 즉시 약속을 깨 버렸다.[44]

매력적인, 종종은 다루기 까다로운 여인들에게 둘러싸인 사르트르는 남자를 위한 시간은 평생 거의 갖지 않았다. 그는 남자 비서들을 계속 고용했는데, 그중에는 장 코처럼 대단히 유능한 비서도 있었다. 사르트르는 젊은 남자 지식인들에게 항상 둘러싸여 있었다. 그런데 이들은 그가 베푸는 급여, 구호금, 후원을 보고 몰려든 사람들이었다. 그가 결코 오랫동안 참아 낼 수 없었던 것은 그와 동등한 반열에 있는 또래거나 그보다 연배가 높은 남자 지식인들이었다. 그들은 언제나 그의 허술하기 그지없는 공허한 주장을 꺾을 여지가 있는 사람들이었다. 그는 절교의 순간이 오기 전에 전사한 니장을 제외한 모든 사람들과 다툼을 벌였다. 제일 유명한 사람들만 언급하더라도 레이몽 아롱(1947), 아서 케스틀러(1948), 메를로퐁티(1951), 카뮈(1952) 등이 다툼의 대상이었다.

카뮈와 벌인 다툼은 루소가 디드로, 볼테르, 흄과 벌인 다툼만큼이나, 톨스토이가 투르게네프와 벌인 다툼만큼이나 씁쓸했다. 그리고 톨스토이-

투르게네프의 사례와는 달리 두 사람은 화해하지 않았다. 사르트르는 여성에게 매우 매력적이었던 카뮈의 잘 생긴 외모, 그리고 소설가로서의 재능과 독창성을 질투했던 듯하다. 1947년 6월에 출판된 『페스트』는 젊은이들을 매혹시키면서 순식간에 35만 부가 팔려나갔다. 『현대』는 『페스트』에 몇 가지 이념적인 비판을 가했지만, 두 사람의 우정은 불편한 대로 이어졌다. 그런데 사르트르가 좌익 쪽으로 향하면서, 카뮈는 더욱 독자적인 위치를 점하게 됐다. 어떤 의미에서 카뮈는 당시 영국에서 조지 오웰이 점하고 있던 것과 동일한 위치를 차지하고 있었다. 그는 모든 전체주의 체제를 반대했고, 스탈린을 히틀러와 같은 반열에 있는 악독한 인간으로 보게 됐다. 사르트르와 달리 카뮈는 오웰처럼 사상보다 인간이 더 중요하다는 관점을 계속 견지했다. 드 보부아르는 1945년에 카뮈가 그녀에게 토로한 얘기를 기록했다. "당신과 나, 우리의 공통점은 세상 모든 것 중에서 개인을 제일 중요하게 여긴다는 것입니다. 우리는 추상적인 것보다 구체적인 것을, 교리보다 인간을 선호합니다. 우리는 정치적 성향보다 우정을 우선시합니다."[45]

드 보부아르는 마음 깊은 곳에서는 카뮈의 생각에 동의했을지도 모른다. 그러나 1951~1952년에 나온 카뮈의 책 『반항하는 인간』을 둘러싼 최후의 파국이 왔을 때, 그녀는 물론 사르트르의 진영에 섰다. 사르트르와 그가 『현대』에서 거느린 시종들은 카뮈의 책을 스탈린주의에 대한 공격으로 간주하고, 책에 대한 맹렬한 공격을 2단계로 펼치기로 결정했다. 우선 사르트르는 당시 스물아홉 살이던 프랑시스 장송을 선택하고 편집 회의에서 이렇게 말했다. "그는 아주 가혹한 비판을 가하겠지만, 최소한의 예의는 차릴 거야." 그리고 카뮈가 반박을 하자, 사르트르는 카뮈에게 주는 불쾌한 장문의 글을 썼다. "폭력적이고 겉치레뿐인 독재적 성향이 자네를 사로잡았네. 관념적인 관료주의의 지원을 받은 그 성향은 도덕적인 법칙에 따라 자네를 지배하는 척하겠지." 카뮈는 "상처받은 허영심" 때문에 고통을 겪고 있고, "좀스러운 작가들의 싸움"에만 빠져 있었다. "음울한 자부심과 상처받기 쉬운 면모가 결합된 자네의 성격 때문에, 사람들은 항상 있는 그대로의 진실을 자네에게 말하지 못해 왔다네."[46] 이즈음 조직화된 극좌파 모두의 후원을 받고 있던 사르트르의 공격은 카뮈에게 심한 타격을 줬다. 카뮈는 상처를 받았을 것이다(카뮈는 상처받기 쉬운 사람이었다). 그리고 그는 사르트르와 절교한 것 때문에 가끔씩 우울증에 빠졌다. 카뮈는 가끔은 사르트르를 "어머니가 소득세를 대신 내줘야만 하는 사람"이라고 비웃으면서 조롱거리로 만들었다.

　　지적으로 자신과 동등한 수준에 있는 사람과는 그 누구와도 우정을 유지하지 못하는 사르트르의 무능력은, 가끔은 너무나 경박하기까지 했던 그의 정치관이 일관성 없고 논리적이지 않은 이유를 설명하는 데 도움이 된다. 그는 타고난 정치적 인간은 아니었다. 그는 마흔이 되기 전까지는 중요한 정치적 견해를 사실상 전혀 갖지 않았다. 사르트르는 1940년대 말엽에 정치적으로 유력한 인물인 케스틀러와 아롱 같은 사람들과 갈라서고 난 후에야, 누군가 또는 무엇인가를 지지할 수 있게 됐다. 1946~1947년에 자신이 젊은이에게 신망이 높다는 것을 의식한 사르트르는 어떤 당을 지지해야 할지를 놓고 고민했다. 그는 지식인에게는 "노동자"를 지지해야 하는 일종의 도덕적 의무가 있다고 믿었던 듯하다. 그러나 문제는 그가 노동자를 아무도 알지 못했고, 노동자를 만나려는 노력을 조금도 기울이지 않았다는 것이다. 예외가 있다면, 프롤레타리아 집안 출신으로 오드 지방 억양을 강하게 구사하는 영민한 비서 장 코 정도였다. 그렇다면 노동자 대부분이 지지하는 당을 후원해야 하는 것일까? 1940년대의 프랑스에서 그것은 공산주의 지지를 뜻했다. 그런데 사르트르는 마르크스주의자가 아니었다. 사실 마르크스주의는 그가 설파하는 강경한 개인주의 철학과는 정반대였다. 그런데도 그는 1940년대 후반에도 공산당이나 스탈린주의를 비난할 수가 없었다. 그가 아롱과 케스틀러와 싸운 이유 중 하나가 이것이었다. 지도적인 공산주의 지식인이 된 옛 제자 장 카나파는 메스껍다는 듯이 썼다. "사르트르는 마르크스주의를 희롱하기를 좋아하는 위험한 짐승이다. 그는 마르크스주의를 어느 정도 알기는 하지만, 마르크스를 읽지는 않았기 때문이다."[47]

사르트르가 보여 준 유일하게 긍정적인 행보는 1948년 2월에 "혁명민주연합RDR"이라는 비공산주의 계열 좌파 조직의 반냉전 운동을 도운 것이었다. 운동의 목표는 세계의 지식인들을 규합—그는 이것을 "지성인의 인터내셔널"이라고 불렀다—하는 것이었고, 운동의 주제는 대륙 통일이었다. "유럽의 젊은이들이여, 단결하라!" 사르트르는 1948년 6월에 한 연설에서 선언했다. "각자의 운명을 스스로 실현하라! (…) 유럽의 창조를 통해, 이 새로운 세대는 민주주의를 창조해 낼 것이다."[48] 사르트르가 유러피언이라는 카드를 놓고 역사를 만들어 내기를 진정으로 원했다면, 그는 10년 후에 유럽공동체EC를 창설하게 될 운동의 기초를 다지고 있던 장 모네를 후원했을지도 모른다. 그런데 그것은 사르트르가 경제적이고 행정적인 세세한 문제들에 엄청난 관심을 기울여야 한다는 뜻이었다. 사르트르에게는 불가능한 일이었다. 예전과 마찬가지로, RDR의 동료 창설자였던 다비드 루세는 사르트르가 꽤나 쓸모없는 사람이라는 것을 알게 됐다. "그는 명석한 사람이기는 하지만, 현실 세계와는 완전히 분리된 세계에서 살고 있었다." 루세는 사르트르가 "사상의 유희와 운동에 굉장히 깊이 관여했지만", 실제 사건들에 대해서는 거의 관심이 없었다고 말했다. "사르트르는 망상 속에서 살고 있었다." 1949년 6월에 당의 첫 전국 대회가 열렸을 때, 사르트르의 모습은 어디에서도 찾을 수가 없었다. 돌로레스와 멕시코에 있던 그는 결혼하자고 그녀를 설득하느라 애를 먹고 있었다. RDR은 간단히 해산됐고, 사르트르는 변덕 심한 관심을 게리 데이비스의 터무니없는 세계 시민운동으로 옮겨갔다. 걸출한 소설가이자 냉소적인 가톨릭 독립 교회주의자 프랑수아 모리아크는 이 시기에 공개적으로 사르트르에게 몇 가지 사리에 맞는 충고를 했는데, 이 충고는 루소에게 불만을 가진 여자 친구의 비아냥거림을 상기시켰다. "우리의 철학자 양반은 이성에 귀를 기울여야만 한다. 정치는 포기하라, 그리고 수학을 공부하라!"[49]

사르트르는 그러는 대신 동성애자 절도범인 장 주네의 사건에 착수했다. 주네의 영리한 범죄 행각은 경솔하게 남을 믿는 사르트르의 성격(종교적 신앙을 대체할 만한 것을 찾는 측면)에 강하게 어필했다. 사르트르는 주네를 다룬 거창하고 부조리한 책을 썼다. 700페이지나 되는 책은 도덕률 폐기론, 무정부주의, 성적으로 모순된 태도를 진심으로 찬양했다. 사르트르의 지각 있는 친구들의 의견에 따르면, 진지하고 체계적인 사상가 사르트르는 사라지고 지적인 선정주의자 사르트르가 등장한 것이 이 시점이었다.[50] 생김새나 차림새, 생각 등 여러 가지 면에서 시골 마을의 보수적인 여선생님 같았고, 사르트르보다 더욱 이성적인 인물이었던 드 보부아르가 그런 바보짓에 빠져드는 사르트르를 구해 내는 데 거의 힘을 쓰지 못했다는 것은 이상한 일이다. 그녀는 사르트르의 사랑과 (존 웨이트먼이 썼듯, 루이 14세의 맹트농 부인처럼) 그의 궁전에서 그녀가 차지한 신분을 붙잡아 두려고 애를 썼다. 그리고 사르트르의 음주와 약물 섭취를 너무나 염려했다. 그녀는 사르트르의 자신감을 지켜 주기 위해서는 자신이 그와 같은 길을 걸어야만 한다고 느꼈다. 따라서 그녀는 그의 조언자라기보다는 그의 모방자로 봉사했고 그것이 그들 관계의 패턴으로 자리 잡았다. 그녀는 사르트르의 오판에 힘을 실어 줬고, 그의 우둔함을 뒷받침했다. 정치적 감각 면에서는 사르트르보다 나을 것이 없었던 그녀는 가끔은 세계정세에 대해 사르트르와 똑같은 난센스를 표명하게 됐다.

1952년에 공산당과 관련된 딜레마를 해결한 사르트르는 공산당을 지지하기로 결심했다. 이것은 공산당의 두 가지 선전 선동 캠페인에 관여하면서 도달하게 된, 이성적인 판단이 아닌 감정적인 판단이었다. 하나는 "앙리 마르탱 사건"(마르탱은 인도차이나 전쟁에 참전하기를 거부해서 감옥에 간 해군 수병이었다)이고, 다른 하나는 공산당이 미국인 NATO 사령관 매튜 리지웨이 장군을 반대하며 일으킨 시위를 잔인하게 진압한 것에 대한 캠페인이었다.[51] 당시의 많은 이들이 예견했듯이, 마르탱을 석방시키려는 공산당의 캠페인은 실제로는 당국이 원래 의도했던 것보다 오래 그를 옥살이시키는 결과로 이어졌다. 공산당은 이런 결과에는 신경 쓰지 않았다(마르탱은 그들의 목적을 위해 봉사하는 존재였다). 그렇지만 사르트르는 조금 더 분별력을 보였어야 했다. 구태의연한 의회 보수주의자 앙트완 피네가 독재를 획책한다고 비난하면서 사르트르의 정치적 인식 수준이 폭로됐다.[52] 사르트르는 의회 민주주의에 대한 실질적인 지식을 보여준 적도, (열정은 말할 것도 없고) 관심을 가진 적도 결코 없었다. 다당제 사회에서 투표권을 갖는 것은 그가 말하는 자유의 의미와는 아무런 관련도 없었다. 그렇다면 사르트르는 무엇을 뜻한 것일까? 이것은 대답하기 대단히 어려운 질문이다.

사르트르가 1952년에 공산당에 동조한 것도 전혀 논리적이지 않았다. 당시는 스탈린의 무시무시한 범죄가 서방 세계에 상세히 보도되고 진실로 받아들여지던 때라서, 좌파 지식인들 상당수가 떼를 지어 공산당을 떠나던 시기였다. 이제 사르트르는 그동안의 주장들이 뒤집어졌다는 것을 깨달았다. 그는 자신이 스탈린의 수용소에 대해 어색한 침묵을 지켜왔다는 것을 깨달았다. 그런 침묵에 대한 그의 변명은 『현대』에 참여하면서 그가 선언했던 것들과 완전히 모순됐다. 그는 힘없는 목소리로 주장했다. "우리는 공산당 당원도 아니고 공공연한 공산당 동조자도 아니었기 때문에, 소련의 노동수용소에 대해 글을 쓰는 것은 우리의 본분이 아니었다. 사회학적으로 의미심장한 사건이 발생하지 않는 한, 우리는 체제의 본성에 대한 이 논쟁에서 자유롭고 초연한 상태로 남아 있었다."[53] 그는 프라하에서 열린 슬란스키를 포함한 다른 체코 유대인 공산주의자들에 대한 소름 끼치는 재판에 대해서도 비슷한 이유로 스스로 입을 다물어야만 했다. 더 안 좋은 것은, 1952년 12월 빈에서 개최된 공산주의 세계 평화 운동이라는 우스꽝스러운 대회에서 재주넘는 곰이 되기로 사르트르 스스로 결심했다는 것이다. 이것은 그를 하이에나와 자칼이라고 부른 파다예프에게 굽실대겠다는 뜻이었다. 사르트르는 자신의 평생에 제일 중요한 사건 세 가지가 1936년의 인민 전선, 파리 해방, 그리고 "이 대회"였다고 말했으며(뻔뻔한 거짓말이다), 그가 예전에 쓴 반공 희곡 『더럽혀진 손』의 빈 공연을 공산당 우두머리들의 간청에 따라 취소시켰다.[54]

시종일관 공산당 노선을 지지하던 4년 동안에 사르트르가 행하고 말한 것들의 일부는 그의 신념에서는 벗어나는 것이었다. 그는 버트런드 러셀과 마찬가지로, 데카르트가 남긴 불쾌한 격언이 진실임을 상기시켜 주는 사례다. "아무리 어리석고 믿을 수 없는 주장이라 해도 철학자 한두 명은 그것을 두둔하게 마련이다." 그는 1954년 7월에 러시아를 방문하고 와서 여행을 함께했던 「리베라시옹」 기자와 두 시간 동안 인터뷰를 했다. 이 인터뷰는 조지 버나드 쇼가 1930년대 초반에 악명 높은 러시아 여행을 한 이래, 주요한 서방 지식인의 입에서 나온 소련에 대한 가장 비굴한 설명으로 꼽힌다.[55] 사르트르는 소련 시민들은 여행을 다니지 않는다고 말했다. 여행이 금지돼서 그런 것이 아니라, 그들의 훌륭한 나라를 떠날 욕구가 없기 때문이었다. 그는 주장했다. "소련 시민들은 우리가 하는 것보다 더욱 많이, 그리고 더욱 효율적으로 그들의 정부를 비판합니다." 그는 주장하기를, "소련에는 완전한 비판의 자유가 있습니다." 많은 해가 지난 후, 그는 자신이 거짓말을 했음을 인정했다.

> 1954년에 소련을 처음으로 방문한 후, 나는 거짓말을 했다. 실은 거짓말이라는 용어는 너무 강한 용어일지도 모른다. 나는 논문을 썼다……. 나는 논문에서 내가 믿지 않은 소련에 대한 우호적인 사실들을 몇 가지 말했다. 그렇게 한 일부 이유는 고국에 돌아오기 무섭게 나를 초청해 준 나라를 모욕하는 것은 예의가 아니라고 생각했기 때문이고, 부분적으로는 소련과 내 사상 사이의 관계에서 내가 어디에 서 있는지를 정말 몰랐기 때문이다.[56]

이것이 "젊은이 수천 명의 정신적 지도자"에게서 나온 이상한 고백이다. 게다가 사르트르는 당시 의식적이고 의도적으로 공산당에 동조했기 때문에, 그가 애초에 저지른 잘못만큼이나 믿을 수 없는 고백이기도 하다. 1952~1956년에 그가 한 말과 행동에 대해서는 감춰 두는 편이 사실상 훨씬 관대한 일일 것이다.

말년에 사르트르의 대중적인 명성은 프랑스 내에서나 세계적으로나 무척 낮았고, 그 자신도 그 사실을 모르고 지나칠 수가 없었다. 그는 모스크바와 공산당과 관계를 단절하기 위한 이유, 또는 최소한의 구실로서 소련의 헝가리 침공을 물고 늘어졌다. 같은 이유로 알제리 전쟁의 발발도 문제 삼았는데(1958년에 권좌로 복귀한 드골은 이후 사르트르에게 써먹기 편리한 증오의 대상이 돼 주었다), 이는 독립적인 좌파와 젊은이들의 신망을 되찾게 해 준 훌륭하고 좋은 주장이었다. 그의 현실 참여는 어느 정도는 진심이었다. 그리고 제한적으로는 성공적이었다. 사르트르에게 알제리 전쟁은 "훌륭했다." 그에게 제2차 세계 대전이 "훌륭했던" 것처럼. 러셀과 달리, 사르트르는 열심히 노력했음에도 불구하고 당국에게 체포당하는 데는 성공하지 못했다. 1960년 9월에 그는 "알제리 전쟁에 대한 (공무원, 군인 등의) 불복종 권리"를 역설하는 성명서에 서명하라며 지식인 121명을 설득했다. 제4 공화국 정부는 그를 감옥에 집어넣으려고 했지만, 걸출한 지식인이자 문화계 인사인 드골과 앙드레 말로가 이끄는 제5 공화국 정부의 대처는 좀 더 세련됐다. 말로는 이렇게 밝혔다. "사르트르를 체포해서 우리가 난처해지는 것보다는 사르트르가 콩코르드 광장에서 '(테러리스트) 만세!'를 외치게 놔두는 편이 낫다." 드골은 프랑수아 비용, 볼테르와 로망 롤랑을 들먹이면서 지식인들은 손대지 않고 내버려 두는 것이 상책이라고 내각에 지시했다. "그 사람들은 당대에는 많은 말썽을 부렸지만, 우리는 국가와 민족의 단결을 위한 법률과 모순되지 않는 한에서는 그들의 사상과 표현의 자유를 계속 존중할 필요가 있습니다."[57]

사르트르는 1960년대의 대부분을 중국과 제3 세계를 여행하면서 보냈다. "제3 세계"는 지리학자 알프레드 사부이가 1952년에 고안해 낸 단어였지만, 이를 대중화시킨 사람은 사르트르였다. 친숙한 인물이 된 사르트르와 드 보부아르는 아프리카-아시아의 다양한 독재자들과 환담을 나누면서 사진을 찍었다. 그는 제1 세계의 정장과 셔츠 차림이었고, 그녀는 여선생님 스타일의 카디건에 현지의 스커트나 스카프를 걸치는 것으로 생기를 가미했다. 사르트르가 자신을 초대한 정권에 해 준 말은 스탈린의 러시아를 찬양했던 말만큼이나 근거가 없었지만, 이번에는 더 적극적으로 받아들여졌다. 카스트로에 대해서는, "쿠바 혁명으로 태어난 국가는 직접 민주주의 국가다." 티토의 유고슬라비아는, "내 철학을 실현한 나라다." 나세르의 이집 트는, "나는 지금까지는 이집트 정부를 사회주의와 관련해서 말하기를 거부해 왔다. 이제 나는 내가 틀렸었다는 것을 안다." 그는 모택동의 중국을 특히 열렬히 찬양했다. 그는 베트남에서 미국이 자행한 "전쟁 범죄"를 요란스럽게 비난했고, 미국을 나치와 비교했다(그런데 그는 드골도 나치와 비교했다. 점령된 파리에서 그가 자신의 희곡을 무대에 올리는 동안, 장군은 나치와 맞서 싸웠다는 것을 망각한 처사였다). 그와 드 보부아르는 항상 반미주의자였다. 1947년에 미국을 방문한 후, 드 보부아르는 『현대』에 터무니없는 글을 썼다. 재미있을 정도로 철자를 틀린─"그리니위치 빌리지", "맥스 타윈"(마크 트웨인), "제임스 앨지"─이 글은 5번가 가게에는 부자들만이 들어갈 수 있다는 등의 멍청한 주장을 폈다. 거의 모든 문장이 틀린 이 글은 메리 매카시가 제기한 뛰어난 반론의 표적이 됐다.[58] 1960년대에 사르트르는 버트런드 러셀이 스톡홀름에서 열었던 평판 나쁜 "전쟁 범죄 법정"을 주도하는 역할을 맡았다. 이렇게 공허한 활동은 그 어느 것도 세계정세에 큰 영향력을 행사하지 못했다. 사르트르가 의견을 표명해야만 했던 심각한 사건들의 충격만 무디게 만들었을 뿐이다.

그렇지만 사르트르가 제3 세계의 숭배자들에게 베풀었던 충고에는 굉장히 불길한 측면이 있었다. 사르트르 자신은 행동하는 인간은 아니었지만(카뮈가 말했던 굉장히 쓰라린 조롱 중 하나는 사르트르가 "안락의자에 앉아 역사를 창조하려고 기를 쓴다"는 것이었다), 그는 항상 다른 이들에게 행동할 것을 장려했다. 그런데 그 행동은 보통은 폭력을 의미했다. 그는 프란츠 파농의 후원자가 됐다. 사르트르는 아프리카의 현대적인 흑인 인종주의의 창시자라 할 수 있는 파농이 쓴 폭력의 바이블 『대지의 저주받은 사람들』(1961)의 머리말을 썼는데, 사르트르의 글은 본문보다도 더 살벌했다.

사르트르는 흑인들이 "유럽인을 쏴 죽이는 것은 일석이조로, 압제자와 압제자가 탄압하는 사람을 동시에 죽이는 것"이라고 썼다. 이것은 실존주의를 현대화한, "살인을 통한 자기 해방"이었다. 기존의 체제를 "폭력"(즉, "제도화된 폭력")과 동일시하고, 따라서 기존 체제를 전복시키기 위한 살인을 정당화하는 (독일 철학에서 추출해 낸) 말장난의 발명자는 사르트르였다. 그는 역설했다. "내가 직면한 가장 중요한 문제는 폭력에는 폭력으로 대응하지 말아야 한다는 좌파의 이론을 거부하는 것이다."[59] "하나의" 문제가 아니라 "가장 중요한" 문제라는 것을 주목하라. 사르트르의 글은 젊은이들 사이에 굉장히 널리 유포됐기 때문에, 그는 1960년대 후반 이후로 사회를 짓누르기 시작한 많은 테러리스트 운동의 학술적 대부가 됐다. 그가 예견하지 못한 것, 그리고 현명한 사람이라면 충분히 예견할 수 있었던 것은, 그가 철학적으로 장려했던 폭력의 대부분이 흑인에 의해 백인에게 가해진 것이 아니라 흑인에 의해 다른 흑인에게 가해졌다는 것이다. 파농이 아프리카를 불길 속으로 던져 넣는 것을 돕는 과정을 통해, 사르트르는 1960년대 중반부터 지금까지 아프리카 대륙의 대부분의 지역을 집어삼킨 내전과 대량 학살에 이바지했다. 베트남전 종전이 가까워지던 시기에 동남아시아에서 행사된 그의 영향력은 훨씬 유해했다. 1975년 4월부터 캄보디아에서 행해진, 전체 인구의 5분의 1에서 3분의 1을 죽음으로 몰고 간 극악무도한 범죄는 앙카류("고등 조직")로 알려진 프랑스어를 할 줄 아는 일군의 중간 계급 지식인 집단이 조직한 것이었다. 지도자 8명 중 5명이 교사였고, 대학교수가 1명, 공무원이 1명, 경제학자가 1명이었다. 그들은 모두 1950년대에 프랑스에서 유학을 했는데, 공산당에 가입했을 뿐 아니라 사르트르의 철학적 행동주의와 "필수적인 폭력"에 대한 주장에 열중했다. 이들 대량 학살자들은 사르트르의 이념적 자식들이었다.

말년의 15년 동안 사르트르 본인이 보여 준 행동은 그리 많지 않았다. 러셀과 마찬가지로 사르트르도 선도적 위치를 유지하려고 필사적으로 노력했다. 교사가 된 첫날부터 그랬던 것처럼 1968년에 그는 학생들 편에 섰다. 1968년 5월의 사건으로 조금이라도 명성에 손상을 입지 않은 사람은 극히 드물었다(레이몽 아롱은 프랑스에서 두드러진 예외였다).**60** 따라서 사르트르의 품위 없는 행동이 특별히 비난의 대상이 되지 않을 수도 있다. 사르트르는 라디오 룩셈부르크와 가진 인터뷰에서 학생들의 바리케이드에 경의를 표했다. "폭력은 아직 아버지들의 체제에 들어서지 않은 학생들에게 남아 있는 유일한 것입니다……. 학생들은 현 시점에서 우리 힘없는 서방 국가에 있는 유일한 반체제 세력을 대표합니다……. 그들의 투쟁이 어떤 형태를 취해야 할지 결정하는 것은 학생들에게 달려 있습니다. 우리는 이 문제에 대해 그들에게 어떤 충고를 해야 할지 상상조차 할 수 없습니다."**61** 젊은이들에게 무슨 일을 해야 할지를 충고하면서 30년을 보낸 사람의 기묘한 의견이었다. 어리석은 말은 더 있었다. 그는 학생들에게 말했다. "여러분의 행동에서 흥미로운 것은 그것이 상상력에 힘을 보태 줬다는 것입니다." 시몬 드 보부아르도 못지않게 우쭐했다. 드 보부아르는 학생들이 소르본의 담벼락에 그려 넣은 "대담한" 슬로건 중에서 그녀를 가장 "감동시킨 것"은 "금지하는 것을 금지한다"라면서 감격스러워했다. 사르트르는 「르 누벨 옵세르바퇴르」에 두 편의 기사로 실린, 학생운동 지도자 다니엘 콩-방디와 가진 인터뷰에서 겸손한 모습을 보였다. 그는 학생들이 "100퍼센트 옳다"고 느꼈다. 그들이 파괴하려는 체제가 "비겁한 정치… 살인을 부르는 정치"였기 때문이다. 기사의 대부분은 그 어리석은 시절에도 침착함을 잃지 않았던 옛 친구 아롱을 공격하는 데 할애됐다.**62**

그런데 사르트르의 진심은 이런 어릿광대 놀음에 있지 않았다. 그를 활동적인 역할로 밀쳐 넣은 것은 그를 따르는 젊은 간신배들이었다. 학생들에게 강연을 하기 위해 소르본의 계단식 강당에 모습을 나타낸 5월 20일에, 사르트르는 밝은 조명과 담배 연기에 당황하고, 추종자들은 감히 사용하지도 못하는 호칭인 "장 폴"이라는 호칭을 들으면서 혼란스러워하는 늙은이였다. 그는 이치에 맞지도 않는 강연을 이렇게 끝맺었다. "나는 이제 여러분 곁을 떠날 것입니다. 피곤하군요. 내가 지금 가지 않으면, 나는 결국에는 바보 같은 말을 많이 하게 될 것입니다." 1969년 2월 10일 학생들 앞에 마지막으로 모습을 나타냈을 때, 그는 연설을 시작하기 직전에 학생 지도부가 건넨 무례한 쪽지 때문에 당황했다. 쪽지에는 이렇게 적혀 있었다. "사르트르, 명료하게, 간단하게 하세요. 토론하고 취사 선택해야 할 규정들이 우리에게는 많으니까요." 이것은 일찍이 그가 받아들이는 데 익숙했던 충고도 아니었고, 따를 수 있는 충고도 아니었다.[63]

그런데 이즈음, 그는 신선한 관심을 갖게 됐다. 톨스토이와 러셀처럼, 사르트르의 주의 지속 시간은 짧았다. 학생 혁명에 대한 그의 관심은 1년을 넘기지 못했다. 역시 짧은 기간의, 그러면서도 더욱 이상야릇한 시도가 뒤를 이었다. 스스로를 "노동자"와 동일시하려는 시도였다. 사르트르는 노동자라는 신비롭지만 이상적인 존재에 대한 글을 무척이나 많이 썼지만, 평생토록 노동자를 이해하지 못했다. 프랑스 극좌파는 1970년 봄 모택동의 과격한 문화 혁명을 유럽화하려는 시도를 뒤늦게 전개했다. 사르트르는 프롤레타리아 좌파라 불린 이 운동에 합류하기로 동의했다. 명목상 그는 이 운동의 잡지 『인민의 대의』의 편집장이 됐는데, 가장 큰 이유는 경찰이 잡지를 압수하는 것을 막으려는 것이었다. 운동의 목표—공장 관리자들을 감금하고 국회의원들을 린치하는 것—는 사르트르의 취향에서 보더라도 상당히 과격했지만, 조잡하나마 어느 정도는 낭만적이었고 유치했으며, 상당히 반지식인적인 태도를 취했다. 운동 내부에서 사르트르에 어울리는 공간은 전혀 없었고, 그런 사실을 느낀 그는 이렇게 투덜거렸다. "계속해서 활동가들하고 어울리다가는 나는 휠체어를 타는 신세가 돼서 모두에게 방해만 되고말 거야." 그렇지만 그는 젊은 추종자들과 함께 힘차게 길을 걸어 나갔고, 정치적 흥행사업의 유혹에는 끝내 저항할 수 없었다. 조잡하게 인쇄된 신문을 길거리에서 판매하거나 따분한 행인들에게 전단지를 억지로 쥐어 주는 예순일곱 살의 사르트르, 드골조차도 (사르트르를 약 오르게 만든) "친애하는 선생님"이라고 부른 사르트르는 파리의 재미있는 볼거리가 되었다. 1970년 6월 26일에 사르트르가 흰색 스웨터와 후드 달린 모피 재킷, 헐렁한바지 차림으로 샹젤리제를 점거한 모습을 사진 기자가 사진에 담았다. 그는일부러 체포되려고 했지만, 한 시간도 되지 않아 석방됐다. 그는 10월에 다시 한 번 그런 시도를 했다. 그는 빌랭쿠르에 있는 르노 공장 밖의 기름통 위에 서서 자동차 노동자들을 상대로 열변을 토했다. 「로로르」의 기사는 경멸조였다. "노동자들은 그의 말을 알아듣지 못했다. 사르트르의 청중은 그가데리고 온 모택동주의자 몇 사람이 전부였다."[64] 18개월 후, 그는 또 다른르노 공장으로 갔다. 이번에는 단식 투쟁을 지지하기 위해 공장에 몰래 들어가려고 시도하다가, 경비원들에게 들켜 공장 밖으로 내던져졌다. 사르트르의 노력은 실제 자동차 노동자로부터는 조금도 관심을 불러일으키지 못했다. 그의 동료들은 언제나 그랬던 것처럼 중간 계급의 지식인이 전부였다.

그런데 행동하는 데 실패한 사람, 진정한 의미의 행동가였던 적이 단한순간도 없었던 사람에게는 늘 "말"이 있었다. 그가 자서전의 일부에 이 제목을 단 것은 적절한 일이었다. 그의 좌우명은 "하루도 빠짐없이 글을 쓴다"였다. 그는 이 맹세를 지켰다. 그는 러셀보다도 더 수월하게 글을 썼고, 하루에 1만 단어를 쓸 수 있었다. 그런데 그중 상당수는 수준이 떨어졌다. 그렇지 않으면 호소력 있는 내용이라고는 없는, 잘난 체하거나 허풍만 부리거나 과장된 글이었다. 나는 1950년대 초반에 파리에서 그의 논쟁을 번역하면서 그 사실을 직접 깨달았다. 프랑스어로는 읽기 쉬운 듯 보였던 그의 글들은 언어의 특성상 표현이 구체적인 영어로 옮겨 놓고 나면 완전히 망가져 버렸다. 사르트르는 글의 수준에 대해서는 큰 관심을 갖지 않았다. 그는 1940년에 드 보부아르에게 쓴 편지들, 그리고 그가 종이에 눌러썼던 어마어마한 양의 글들을 돌이켜보면서 인정했다. "나는 늘 양이 미덕이라고 여겼다."[65] 말년의 10년 동안 사르트르가, 유별나게 까다롭고, 글에 대해서는 특히 더했으며 미친 듯한 끈기로 작품을 수정해 댔던 플로베르에게 매우 집착하게 된 것은 기묘한 일이다. 그는 플로베르를 주제로 2,802페이지에 달하는 3권짜리 책을 펴냈지만, 그중 대부분은 거의 읽을 만한 가치가 없다. 사르트르는 많은 책을 썼다. 그중에는 분량 면에서 대작도 있고, 완성되지 않은 작품도 상당히 많다(소재들을 다른 작품에서 재활용한 경우가 잦기는 했다). 프랑스 혁명을 다룬 방대한 저서를 쓴 후, 화가 틴토레토를 다룬 방대한 저서를 쓰겠다는 계획도 있었다. 분량 면에서 샤토브리앙의 『무덤 저편의 추억』에 필적할 그의 자서전은 또 다른 거대 사업이었다. 『말』은 사실상 그 자서전의 축약본이었다.

사르트르는 자신의 생애 전체가 "말"이었다고 자인했다. "나는 문학에 내 모든 것을 투자했다……. 나는 문학이 종교의 대체물이라는 것을 깨달았다." 그는 자신에게는 말이 문자나 그 의미보다도 더 중요하다고 인정했다. 말은 살아 있는 생물이었다. 조하르●나 카발라를 배우는 유대인 학생들이 율법의 문자에 종교적인 권능이 담겨 있다고 느끼는 것처럼 말이

● 유대교 신비주의 경전

다. "나는 말의 신비주의를 느낀다……. 조금씩 조금씩, 무신론은 만물을 삼켜 버렸다. 나는 밑천을 날렸고, 글쓰기를 세속화시켰다……. 불신자不信者로서 나는 말이 무슨 뜻인지를 알아야 할 필요성을 느끼면서 말로 돌아왔다……. 나는 나 자신을 바쳤다. 그러나 나는 내 눈앞에 죽음의 꿈을, 즐거운 야만성을, 공포의 영원한 유혹을 감지했다."[66] 이 글은 사르트르가 써야 할 글을 수백만 단어나 품고 있던 1954년에 쓰였다. 이 글은 무엇을 뜻할까? 아마도 별 의미가 없을 것이다. 사르트르는 아무것도 쓰지 않는 것보다는 난센스라도 쓰는 쪽을 항상 선호했다. 그는 존슨 박사의 냉혹한 관찰에 따른 의견이 옳다는 것을 입증한 작가다. "프랑스인들은 어떤 문제에 대해 알든 모르든 항상 떠들어 댄다."[67] 사르트르 스스로 썼듯이 "(글쓰기는) 나의 습관이자 나의 직업이다." 그는 그가 쓴 글이 효과가 있을지에 대해서는 비관적이었다. "오랜 세월 동안 나는 나의 펜을 나의 칼로 여겼다. 이제 나는 우리가 정말로 무력하다는 것을 깨달았다. 상관없다. 나는 글을 쓰고 있고, 계속해서 책을 쓸 것이다."

그는 말도 많았다. 가끔은 끝도 없이 떠들어 댔다. 때로는 듣는 사람이 아무도 없는데도 떠들어 댔다. 영화감독 존 휴스턴의 자서전에는 사르트르에 대한 훌륭한 에피소드가 들어 있다. 1958~1959년에 그들은 프로이트에 대한 시나리오를 공동으로 작업했다. 사르트르는 아일랜드에 있는 휴스턴의 집에 와서 머물렀다. 휴스턴은 사르트르를 "작은 물통 같은 사람, 인간으로서는 더 이상 못생길 수 없는 사람이다. 얼굴은 얽은 데다 부어 있고, 이빨은 누런데다가 사팔뜨기다"라고 묘사했다. 사르트르의 가장 큰 특징은 끝없이 말을 해 댄다는 것이다. "그에게는 대화 같은 것은 존재하지 않는다. 그는 쉴 새 없이 말을 했다. 어느 누구도 그를 막을 수 없었다. 숨 돌이키는 순간을 포착하려고 기다렸지만, 그는 숨도 돌리지 않았다. 따발총처럼 말이 쏟아져 나왔다." 휴스턴은 사르트르가 말을 하면서 자기가 한 말을 그대로 받아 적는 것을 보고는 놀랐다. 끝없이 이어지는 말을 참을 수가 없었던 휴스턴은 가끔 방을 떠나기도 했다. 그렇지만 낮은 저음으로 웅얼거리는 사르트르의 목소리는 집 주위를 돌아다니는 그를 쫓아왔다. 방으로 돌아온 휴스턴은 여전히 떠들어 대고 있는 사르트르를 발견했다.[68]

병적이라 할 이런 수다 증세는 강연자로서의 그의 마력을 결국에는 망쳐 버렸다. 변증법을 다룬 사르트르의 참담한 저서가 출판됐을 때, 장 발은 그래도 콜레주 드 필로조피에서 강연을 해 달라며 사르트르를 초빙했다. 오후 6시에 강연을 시작한 사르트르는 커다란 폴더에서 꺼낸 원고를 "기계적으로, 서두르는 목소리"로 읽었다. 그는 원고에서 한 번도 눈을 떼지 않았다. 자기가 쓴 글에 완전히 빠져든 듯 보였다. 한 시간이 지난 후, 청중들은 안절부절못했다. 강연장은 만원이었고, 일부 청중은 서 있어야만 했다. 한 시간 사십오 분이 지난 후, 기진맥진한 청중들 중 일부는 바닥에 누워 버렸다. 사르트르는 청중이 있다는 사실조차 잊은 듯했다. 결국 발은 사르트르에게 그만하라는 신호를 보내야 했다. 사르트르는 무뚝뚝하게 원고를 집어들고는 한마디도 하지 않고 강연장을 떠났다.[69]

그렇지만 사르트르에게는 늘 그의 말에 귀를 기울여 주는 궁전이 있었다. 사르트르가 늙어 가면서 신하들의 수는 점점 줄어들었다. 사르트르는 1940년대 후반과 1950년대 초반에 상당히 많은 돈을 벌었지만 그 돈을 잽싸게 써 버렸다. 그는 돈에 대해서는 늘 부주의했다. 어렸을 때 그는 돈이 필요하면 어머니 지갑에서 꺼내기만 하면 그만이었다. 교사 시절에 그와 드보부아르는 거리낌 없이 돈을 빌리고 빌려 줬다. 그녀는 "우리는 모든 사람에게 돈을 빌렸다"고 인정했다.[70] 그는 이렇게 말했다. "나는 돈이 써서 없어질 수 있는 것이어서 좋아한다. 나는 돈이 내 손가락 사이로 미끄러져 나가서 사라지는 것을 좋아한다."[71] 이런 부주의에는 유쾌한 측면도 있었다. 많은 지식인들, 특히 유명한 지식인들과는 달리, 사르트르는 돈 문제에 있어서는 정말 관대했다. 카페나 레스토랑에서 청구서를 집어 드는 것은 그의 즐거움이었다. 종종은 잘 알지 못하는 사람들의 요금도 지불했다. 그는 명분이 있는 곳에도 돈을 내놨다. 그는 RDR에 30만 프랑(1948년 환율로 10만 달러) 이상을 제공했다. 비서 장 코는 사르트르를 "믿기 힘들 정도로 관대하고, 사람을 잘 믿는다"고 평가했다.[72] 너그러움과 (때때로 보이는) 유머 감각은 그의 성격 중에서 가장 좋은 부분이었다. 그러나 돈에 대한 태도는 무책임한 것이기도 했다. 그는 로열티와 에이전트 수수료에 대해서는 전문가인 척했다. 1949년에 헤밍웨이와 만났을 때, 두 작가의 대화는 그런 화제에만 집중됐는데, 헤밍웨이는 이런 대화를 무척 좋아했다.[73] 하지만 이 대화는 전시용이었다. 다음은 코의 후임자인 클로드 포의 증언이다. "(사르트르는) 돈과 관련된 문제는 뭐가 됐건 회피하려고 고집을 부렸다. 그는 그것을 시간 낭비로 봤다. 그러면서도 그는 끊임없이 돈을 필요로 했고, 돈을 써댔으며, 다른 사람을 도왔다."[74] 그 결과, 출판업자에게 진 엄청난 빚은 늘어만 갔고, 끔찍한 액수의 소득세가 체납됐다. 어머니는 비밀리에 아들의 세금을 납부했다(카뮈의 조롱은 이래서 나온 것이다). 그러나 어머니의 재산이 한도 끝도 없는 것은 아니었기 때문에, 1950년대 후반에 금전적 수렁에 깊이 빠져들던 사르트르는 결코 그곳에서 탈출하지 못했다. 그는 계속해서 상당한 수입을 올렸음에도 늘 빚에 허덕였고 현금이 모자랐다. 언젠가는 신발한 켤레 새로 살 형편이 못된다고 투덜대기도 했다. 그에게는 이런저런 일에 고용한 사람들이나 동냥을 받아가는 사람들이 많았다. 그들은 사르트르의 외궁外宮을 만들어 냈고, 여자들은 내전內殿을 형성했다. 1960년대 말에는 재정 형편이 악화됨에 따라 궁전의 종사자들이 급격히 감소했고, 외궁의 규모도 축소됐다.

1970년대의 사르트르는 너무나도 애처로운 인물이었다. 너무나 나이 들어보였고, 거의 실명 상태였으며, 종종은 술에 취해서 돈 문제를 걱정했고, 자신의 관점에 확신이 없었다. 필명이 피에르 빅토르인, 카이로에서 온 젊은 유대인 베니 레비가 사르트르의 삶 속으로 걸어 들어왔다. 레비의 가족들은 1956~1957년의 수에즈 위기 당시 이집트에서 피난을 왔기 때문에, 레비는 무국적자였다. 사르트르는 그가 프랑스 체류 허가를 받도록 도와주고는 비서로 삼았다. 빅토르는 신비주의 성향이 있었다. 검은 안경을 꼈고, 가끔은 가짜 수염을 달았다. 특이하고 극단적인 관점의 소유자였던 그는 자신의 고용주를 강제로 억눌렀고, 진짜로 압박했다. 두 사람이 공동으로 작성한 이상한 성명서나 기고문에 사르트르의 이름이 오르곤 했다.[75] 드 보부아르는 빅토르가 또 다른 랠프 쉰먼으로 변신할까 봐 두려웠다. 빅토르가 아를레트와 동맹을 맺었을 때 그녀의 고통은 특히 심했다. 소냐 톨스토이가 체르트코프를 싫어하고 두려워했던 것처럼, 드 보부아르는 그를 싫어하고 두려워하기 시작했다. 그런데 이즈음의 사르트르는 대중을 상대로 바보짓을 할 능력이 많이 떨어졌다. 그의 사생활은 다양한 섹스를 즐기는 데 바쳐졌고, 그의 시간은 하렘의 여인들이 공유했다. 그는 다음과 같이 휴가를 보냈다. 아를레트와 프랑스 남부에 공동으로 소유한 별장에서 3주, 완다와 이탈리아에서 2주, 엘렌과 그리스 섬에서 몇 주, 그리고 보통은 로마에서 드 보부아르와 한 달. 파리에서는 여자들의 아파트 이곳저곳을 옮겨 다녔다. 드 보부아르는 소책자 『아듀: 사르트르여 안녕』에서 요실금과 술 주정, 여자들을 이용해서 그에게서 위스키 병을 빼앗을 수 있었던 이야기, 그를 둘러싼 권력 투쟁 등으로 점철된 사르트르의 말년을 잔인하게 묘사했다. 1980년 4월 15일에 브루세 병원에서 사망한 사르트르의 죽음은 모두에게 다행스러운 일이었다. 사르트르는 1965년에 비밀리에 아를레트를 딸로 입양했다. 따라서 그녀는 사르트르의 저작권을 포함한 모든 것, 그리고 사르트르의 원고를 사후에 출간한 권리를 모조리 물려받았다. 드 보부아르 입장에서는 최후의 배신이었다. "중심인물"이 "주변인" 중 한 사람의 그늘에 가려 버린 셈이었다. 드 보부아르는 프랑스 좌파 지식인의 황태후가 되어 그보다 5년을 더 살았다. 그렇지만 자식도 없었고 상속자도 없었다.

러셀처럼 사르트르는 대중적으로 표방한 관점에 일관성을 부여하거나 체계를 세우는 데 실패했다. 사르트르가 세상을 떠난 후, 그가 내세운 주장 중 어느 것도 살아남지 못했다. 결국, 다시 한 번 러셀처럼 그가 대변한 것은 좌파와 젊은이의 진영에 속하려는 모호한 욕망에 불과했다. 한때 혼란스럽기는 하지만 인상적인 인생철학과 동일시되었던 사르트르의 지적인 몰락은 특히나 인상적이었다. 그런데 불만족스럽더라도 지적인 지도자를 요구하는 교양 있는 대중은 항상 넘쳐났다. 루소는 극악무도한 행위에도 불구하고, 사망 이후 폭넓은 존경을 받았다. 지적인 도시 파리는 또 다른 "대스타" 사르트르에게 성대한 장례식을 베풀었다. 대부분이 젊은이인 5만 명 이상의 군중이 몽파르나스 묘지까지 사르트르의 관을 따라갔다. 몇 사람은 좀 더 잘 보기 위해 나무를 타고 올랐고, 그중 한 명은 관 위로 요란스레 떨어지기도 했다. 그들은 무슨 이유로 그에게 존경을 표하러 온 것일까? 거기 모인 군중은 어떤 신념, 인류에 대한 어떤 빛나는 진실을 역설하고 있었던 것일까? 우리는 당연히 이런 질문을 던져야만 한다.

에드먼드 윌슨

구원받은 변절자

에드먼드 윌슨Edmund Wilson(1895~1972)은 계몽적인 사례다. 윌슨 덕에 전통적인 문인과 우리가 검토해 왔던 지식인의 차이점을 구별해 낼 수 있기 때문이다. 윌슨은 문인으로 경력을 시작했다가 천년 왕국의 해법을 찾는 지식인이 된 후, 젊은 시절에 몰두했던 그의 진정한 특기인 문학으로 되돌아온 사람으로 묘사할 수 있다. 윌슨이 태어날 무렵, 미국 문학계는 상당히 견실하게 구축돼 있었다. 헨리 제임스는 미국 문학계를 대표하는 걸출한 인물이었다. 제임스에게 있어 문학은 삶 그 자체였다. 그는 허공에서 마술처럼 등장한 사상으로 세계와 인류를 변환시킬 수 있다는 세속적 지식인의 관념을 경멸하며 거부했다. 제임스에게 있어 역사, 전통, 선례와 기존의 예법은 조상으로부터 물려받은 문명의 지혜를 구성하는 요소였으며, 인간의 행동을 이끄는 유일하게 신뢰할 만한 길잡이였다. 제임스는 대중적인 사건에 진지한 관심을 보였지만, 태도는 초연한 편이었다. 1915년에 영국 시민권을 취득하면서 그가 올바르다고 믿었던 대의와 일체가 된 것은, 그가 진정한 예술가라면 중대한 이슈가 생겼을 때 앞장서는 것이 옳은 일이라고 생각했다는 것을 보여 준다. 그러나 제임스에게는 항상 문학이 우선이었다. 그리고 문학에 삶을 바친 사람들—문학의 제단을 관리하는 사제들—이 정치라는 그릇된 신을 숭배하는 것은 결코 있을 수 없는 일이었다.

월슨은 제임스보다 훨씬 세련되지 못한 구제불능의 미국인이었지만, 본질적인 성향은 제임스와 비슷했다. 그는 제임스와는 다르게 유럽을, 특히 영국을 구조적으로 부패한 곳으로 봤고, 미국은 그 모든 불완전함에도 불구하고 숭고한 이상들이 구현된 나라로 간주했다. 이런 관점은 전통주의라는 딱딱한 외피를 두르고 있던 월슨이 그 외피에서 벗어나려는 피나는 투쟁을 벌인 활동가의 모습을 종종 보여 준 이유를 설명해 준다. 그렇지만 출생 배경과 (최소한 한동안의) 성향 면에서, 월슨은 태어날 때부터 제임스 1세 시대 작가들의 행로를 따랐다. 장로교를 믿는 뉴잉글랜드의 대가족 출신인 월슨은 어린 시절에는 그 세계 외부의 사람들은 한 사람도 알지 못했다. 변호사였던 아버지는 뉴저지의 검찰 총장을 역임하기도 했다. 아버지는 타고난 재판관이었는데, 월슨은 아버지로부터 그런 성향을 물려받았다. 그는 아버지가 사람들을 "각자의 진가에 따라" 대우했지만, "어느 정도는 무시하는 태도"로 대했다고 말했다. 월슨의 글을 편집했던 레온 에델이 지적했듯 월슨이 비평가로서 보여 준 가장 인상적인 특징은, 하늘나라 법정의 재판관처럼 작가들을 원고의 자리에 앉혀 놓고 반대 심문하는 성향이었다.[1] 그리고 월슨은 진실에 대한 열정적인 애정, 그리고 진실을 찾아내기 위한 집요한 결단력도 아버지로부터 물려받았다. 이런 성향이 종국에는 그를 수렁에서 구해 냈다.

윌슨의 어머니는 평범한 여자였다. 그녀는 원예를 무척 좋아했고, 대학 미식축구 팀을 쫓아다녔다. 그녀는 세상을 떠날 때까지 프린스턴대학의 게임을 참관했다. 윌슨이 뛰어난 운동선수가 되기를 간절히 바란 그녀는 윌슨의 글쓰기에는 조금도 관심을 갖지 않았다. 헤밍웨이와 같이 영리하고 문학적인 어머니 사이에서 커져갔던 파괴적인 갈등과 같은 사태를 피할 수 있었다는 점에서, 이런 환경은 오히려 윌슨에게 도움이 됐을지도 모른다. 윌슨은 아이비리그 진학을 목표로 하는 학생들이 다니는 고등학교인 힐 스쿨에 진학했고, 1912년부터 1915년까지 프린스턴에 다니면서 크리스천 가우스로부터 훌륭한 가르침을 받았다. 윌슨은 잠깐 군대 생활에 매료됐지만, 얼마 안 있어 그 생활을 혐오하게 됐다. 「뉴욕 이브닝 선」의 기자로 일하던 윌슨은 프랑스의 야전 병원에 파견됐다가 방첩 부대 하사관으로 종전을 맞았다.

윌슨은 항상 열심히, 그리고 끈기 있고 체계적으로 책을 읽을 줄 아는 사람이었다. 그의 노트를 보면, 그는 1917년 8월부터 전쟁이 끝난 15개월 후까지 200권 이상의 책을 읽었다. 그의 독서는 졸라, 르낭, 제임스, 에디스 워튼 같은 구시대 작가들로부터 키플링, 체스터턴, 리튼 스트레이치, 콤튼 매켄지, 레베카 웨스트, 제임스 조이스에 이르는 동시대 작가들까지를 아울렀다. 윌슨보다 철저하고 사려 깊게 책을 읽은 사람도 세상에 없을 것이다. 그는 재판관 같은 태도로 책을 읽었다. 그는 목숨이 걸린 재판에 작가들을 회부한 것처럼 글을 읽었다. 그런데, 작가로서의 윌슨은 덜 체계적이었다. 그는 장기적인 계획을 세우는 능력이 부족했던 듯하다. 그의 저서들은 스스로 진화하면서 생장했다. 논픽션은 짤막한 에세이에서 출발했고, 소설은 단편에서부터 커나갔다. 주의력의 지속 시간을 놓고 볼 때, 윌슨은 저널리스트에 어울렸다. 그는 어느 정도 시간이 지나면 자신이 다루는 주제에 감정적으로 몰입해 들어갔고, 진실을 얻고야 말겠다는 재판관 같은 열정은 그를 훨씬 깊숙한 곳까지 파고들게 만들었다. 그런데 이것은 그가 하고자 했던 바를 깨닫기 전의 일이었다. 1920년대에 그는 『배니티 페어』에서 일하다가 『뉴 리퍼블릭』으로 자리를 옮겼다. 『다이얼』에서 연극 비평을 쓰려고 시도했다가, 『뉴 리퍼블릭』으로 돌아와서는 시와 단편 소설, 그리고 장편 소설 『나는 데이지를 생각했다』를 썼다. 그리고 근대 작가들을 연구한 『엑셀의 성』 집필에 매진했다. 아이비리그 출신 신랑감이라는 특권적인 삶을 누린 그는 여배우 메리 블레어와 잠시(1923~1925) 결혼했다가 다시 독신이된 후, 1929년에 마거릿 캔비와 재혼했다. 그는 이미 이즈음에 폭넓은 문학적 관심과 날카롭고 객관적인 판단력에 따르는 시샘 어린 명성을 지닌 신진 문인의 반열에 올라 있었다.

1920년대의 사회적 분위기는 너무나 호사스러웠고, 더군다나 그런 분위기가 오래도록 지속될 듯 보였기 때문에, 정치적 급진주의는 설자리를 찾을 수 없었다. 정재계의 "추문"을 다룬 글들을 모아 놓은 『도시의 치부』(1904)로 진보적 시대의 이정표를 세운 링컨 스테펀스조차도 미국의 자본주의는 소련의 집산주의만큼이나 타당한 체제일지 모른다는 말을 꺼낼 정도였다. "인류는 이쪽 체제 아니면 다른 쪽 체제로부터 구원을 받았는데, 나는 두 체제 모두가 인류를 구원했다고 생각한다."[2] 「네이션」은 스튜어트 체이스가 영원한 번영을 주제로 집필한 세 달에 걸친 시리즈의 게재를 시작했는데, 1편은 시장이 처음으로 붕괴한 1929년 10월 23일 수요일에 실렸다. 그런데 붕괴의 심각성과 이어지는 공황의 조짐이 뚜렷해지자, 지식인들의 견해는 정반대 방향으로 튀어 나갔다. 공황은 특히 작가들에게 심한 타격을 주었다. 1933년의 도서 판매량은 1929년의 50퍼센트에 불과했다. 1837년부터 출판업에 종사한 보스턴의 유서 깊은 출판사 리틀 브라운은 1932~1933년을 창업 이래 "역사상 최악"이라고 평가했다. 존 스타인벡은 도대체가 어떤 책도 팔리지 않는다고 투덜거렸다. "사람들은 돈에 쪼들리면 우선 책부터 포기한다."[3] 작가들 모두가 좌파로 돌아선 것은 아니었지만, 상당수는 좌파로 전향해서 광범위하고 모호하며 느슨한 조직을 형성했고, 다소의 논쟁이 따르기는 했지만 대세라는 데에는 의문의 여지가 없는 급진적인 운동을 벌였다. 이 시절을 회상한 라이오넬 트릴링은 1930년대 초반에 출현한 이런 세력을 미국사의 위대한 전환점으로 간주했다.

이 운동은 우리가 오늘날 알고 있는 엄청난 규모와 영향력을 가진 미국 지식인 계급을 탄생시켰다. 다양한 견해의 변천 과정을 거친 끝에, 이 계급은 좌파적 성격이 지배적이게 됐다. 1930년대의 정치적 경향은 각자의 의견과는 사뭇 무관하게 계급의 스타일을 규정했다. 도덕적인 절박함, 위기감, 그리고 미국 지식인의 존재를 특징짓는 개인적 구원에 대한 관심은 이 급진주의로부터 비롯됐다.[4]

트릴링은 어느 누구도 "영적인 지식인의 위대한 과업"을 "회피"할 수 없다는, W. B. 예이츠가 관찰을 통해 얻은 견해로 지식인의 본질을 규정했다.

인간의 추잡한 경력을 정화하는 일만큼 위대한 일은 없다.

트릴링은 제임스의 태도를 뒤집으려는 사람들, "가족, 계급, 민족과 인종 집단, 그리고 사회 전반이 더럽혀 놓은 경력을 박박 문질러서 깨끗이 만들려는" 사람들이 1930년대에는 지나칠 정도로 많았다는 것이 곤란한 점이었다고 덧붙였다.[5]

에드먼드 윌슨은 문명의 초석이 될 기록을 기입해 넣을 때 묻지 않은 백지를 열렬히 찾아 헤매면서 소용돌이에 휩쓸린 지식인 무리에 휩쓸려 들어갔다. 1930~1931년 겨울, 혼란에 빠진『뉴 리퍼블릭』은 나아갈 방향을 찾지 못한 상태였다. 『뉴 리퍼블릭』이 이제는 사회주의를 채택해야만 한다고 제안한 사람이 바로 윌슨이었다. 그는 "진보주의자들을 향한 호소"라는 글에서, 미국의 자유주의자와 진보주의자는 월스트리트가 붕괴하기 전까지는 자본주의가 사회 구성원 모두의 합리적인 삶을 창출하겠다는 약속을 이행할 것이라는 데에 기대를 걸어왔다고 주장했다. 그런데 자본주의는 무너져 내렸다. 따라서 윌슨은 "미국인들이 이제는 급진적인 사회적 실험을 지지하는 데 미국인 특유의 이상주의와 천재적인 기획 능력을 처음으로 기꺼이 투입"할 것을 희망 했다. 러시아는 미국의 도전자 역할을 맡게 될 것이다. 소련은 "엄청난 위업을 달성하겠다는 이상적인 목표를 세우고, 거기에 극도의 효율성과 경제성을 가미해서 5년 내에 뭔가 대단한 것―자유 채권 모금 운동과 같은―을 성취하겠다는 아이디어를 열광적으로 뿜내는 한편으로, 미국인들이 찬미하는 거의 모든 품성"을 다 갖고 있기 때문이었다.6

윌슨이 스탈린의 제1차 5개년 계획을 자유 채권 모금 운동과 비교한 것은 새롭게 성장한 급진적 지식인들이 이 단계에서 얼마나 순진했었는지를 보여 준다. 그런데 윌슨은 마르크스, 레닌, 트로츠키의 정치적 저작들을 몽땅 읽는 데에 그 특유의 스타하노프 운동● 같은 에너지를 쏟기 시작했다. 1931년이 저물 무렵, 윌슨은 변화는 거시적이어야만 하며, 지식인들은 특별한 정치 경제적 해법을 찾아내서 상세한 프로그램으로 구체화시켜야만 한다고 확신했다. 1932년 5월에 그는 존 도스 파소스, 루이스 멈포드, 셔우드 앤더슨과 함께 정치라는 신학에 종사하는 성직자 특유의 표현을 동원하여

● 소련의 노동 생산성 향상 운동

"사회-경제적 혁명"을 제안하는 성명서의 초안을 잡았다.[7] 뒤이어 여름에는 "나는 이듬해 가을의 선거에서 공산당 후보에게 투표할 것을 요구한다"로 시작되는 신념을 담은 개인적 성명서를 내놨다. 그는 공산당에 가입하는 문제를 심사숙고한 적이 한 번도 없는 듯한데도, "진지한 혁명적 운동은 중앙의 권위에 대한 복종 없이는 불가능하다"고 주장하는 한편, 공산당 지도자가 "미국의 상황에 대한 이해력을 잃지 않은, 진정한 미국인의 전형적 인물"이라고 생각했다. "빈궁해진 대중이 기초산업들을 접수해서 대중의 이익을 위해 경영하는 것 외에는 달리 선택의 대안이 없다"는 공산당의 주장은 옳았다.[8]

윌슨은 자신과 친구들이 노동 계급의 정치 활동을 가지고 노는 유복한 이방인들로 비칠지도 모른다는 사실을 잘 알고 있었다. 사실, 그의 인식은 옳았다. 그는 마르크스주의에 대한 책을 읽는 것 외에도, 공산당 지도자 윌리엄 Z. 포스터를 위한 칵테일 파티를 주최하는 것으로 공산주의라는 대의에 기여했다. 이 자리에서 포스터는 새롭게 급진화한 작가들이 던지는 질문에 답변했다. 윌슨은 폭풍우에 휩싸인 커다란 자택에서 있었던 월터 리프먼의 짧은 에피소드를 재미있게 인용했다. 야회용 예복을 차려입은 리프먼은 "조그만 프라이팬을 들고서는 천장이 새는 바람에 빚어진 홍수와 맞서 싸우려고 애를 썼다." 많은 결점을 안은 채로 위기에 대항하는 지식인의 모습을 보여 주는 완벽한 이미지다.[9] 그런데 윌슨은 스스로도 의식하지 못한 사이에 바로 그 자신에 대한 에피소드를 똑같이 소개했다. 충실한 흑인 하인 해티가 "신헌법"을 자축하는 소련 영사관의 파티에 입고갈 수 있도록 윌슨의 오래된 야회복 바지를 "신기한 솜씨로 수선해서 사이즈를 늘려" 놓은 것을 윌슨은 고마워했다.[10]

그런데 이 책에 묘사된 지식인과는 달리, 진실을 향한 참된 열정의 소유자인 윌슨은 자신이 권위 있게 집행하고 싶어 했던 사회적 상태들을 몸소 기술하기 위해 진지하고 성실하며 지속적인 노력을 기울였다. 1931년에 『엑셀의 성』의 집필을 완료한 후, 윌슨은 미국 전역을 돌아다니면서 즉석에서 기사를 쓰는 현장 보고 활동에 뛰어들었다. 이 글들은 나중에 한데 모아져서 『미국의 신경과민』(1932)으로 출판됐다. 윌슨은 훌륭한 청자聽者였고 예리한 관찰자였으며 꼼꼼하고 정확한 기록자였다. 그는 펜실베이니아 베들레헴의 철강 산업을 조사한 후, 서쪽의 디트로이트로 가서 자동차 산업을 들여다봤다. 그는 뉴잉글랜드 섬유 산업의 파업과 웨스트버지니아와 켄터키의 탄광 산업에 대해 기록했다. 워싱턴으로 간 그는 캔자스와 중서부를 거쳐 콜로라도까지 간 후, 뉴멕시코로 남하했다가 캘리포니아로 갔다. 그의 묘사는 편향되지 않은 것으로, 세세한 것들을 포착하는 재능으로, 일상적이고 비정치적이며 기괴한 것들에 대한 관심으로, 그리고 그 무엇보다도 사상뿐 아니라 인간에 대한 관심으로 유명하다. 짧게 말해, 『미국의 신경과민』은 엥겔스의 『영국 노동 계급의 상태』와 정반대였다. 헨리 포드는 "값싸고 천박한 것에 대한 위대한 상상력과 숭고한 의지, 실용적 특성을 가진 북서부의 검소함과 황량함이 괴상하게 결합된 인물"이었다. 윌슨은 "디트로이트에서는 스팻•이 쓸모가 많다"고 기록했다. 그는 경제 위기와는 아무런 관련도 없는 싸움과 범죄, 살인 등의 일화, 미시건의 인상적인 겨울, 캘리포니아의 환상적인 건물과 뉴멕시코의 멋들어진 목장을 기록했다. 배우 존 배리모어의 아내는 "부드럽고 작은 도넛"이었다. 중서부의 아가씨는 그녀가 "자본주의의 최후의 24시간 동안을 가장 잘 이용하고 있다"고 그에게 말했다. 라구나 해변 인근에 있는 오래된 기중기는 "가슴까지 수염을 늘어뜨린 연로

• 짧은 각반

한 드루이드교 사제" 같았다. 샌디에이고에서 저 멀리 떨어진 등대가 켜졌다 꺼졌다 하는 것을 보면서 그는 "질에 삽입된 남근이 리드미컬하게 확장하는 것"을 떠올렸다.[11]

1,300만 명 이상이 실직 상태였던 1932년의 끔찍한 겨울에, 켄터키 석탄 파업을 관찰하러 간 대규모의 지식인 무리에 합류한 윌슨은 그가 목격한 것들을 비참하게 기술했다. 지방 검사는 비상 필수품을 가져간 작가들에게 으름장을 놓았다. "여러분은 원하는 만큼 식량을 나눠 줄 수 있습니다. 그렇지만 일단 여러분이 법을 어기면 여러분을 기소하는 것은 나의 기쁨이자 의무가 될 것입니다." 윌슨은 소설가 월도 프랭크가 홍보 활동을 무기로 군수를 협박하는 광경을 묘사했다. 프랭크: "셰익스피어가 말했듯이, 펜은 칼보다 더 위대합니다." 군수: "나는 볼셰비키의 펜은 언제고 무섭지 않소." 지식인들은 권총을 소지했는지 검사를 당했고, 일부는 쫓겨나고, 일부는 구타를 당했다. 윌슨은 공산당 본부에 이렇게 보고했다. "기형적인 사람들 (⋯) 곱사등이가 엘리베이터를 운전했고, 난쟁이 여자가 잔을 날랐습니다. 화상을 입은 것처럼 얼굴의 일부가 탈색된 여자가 있었는데, 탈색된 부분에서는 뭔가가 자라나고 있었습니다." 그는 도스 파소스에게 보낸 편지에서 이런 방문이 가치가 있는 것인지에 대해 건전한 회의를 내비쳤다. "우리에게는 사건 전체가 아주 흥미로웠습니다. 광부들에게도 그렇게 흥미로운지는 저도 잘 모르겠지만 말입니다."[12]

윌슨의 자유로운 정신과 진실을 향한 참된 관심은 그가 헤밍웨이처럼 공산당의 유순한 도구로 전락하는 것을 막아냈다. 이것은 윌슨이 1930년대에 보여준 급진주의 성향에서 제일 인상적인 측면이다. 그가 도스 파소스에게 밝힌 바대로, 작가들은 "동지들이 어리석은 인간들의 노리개가 되지 않게끔" 자신들만의 독립적인 집단을 형성해야만 했다. 급진적인 중간 계급 지식인들이 가장 중요한 인간적 특성인 그들 본연의 사회적 집단과 스스로를 동일시하는 능력을 상실해 가는 경향이 있다는 것을 그는 이미 인식하고 있었다. "공산주의자의 특성"에 대한 노트(1933)에서 윌슨은 지식인의 약점을 지적했다.

그는 자신의 이해관계와 법률의 보호 밖에 있는 소수자의 이해관계를 동일시할 수 있을 뿐이다……. 그의 인간적인 연대감은 보편적인 인간의 진보에 대한 그의 상상 속에서만 존재한다(그런데 이 추진력의 강도는 과대평가될 수 없다). 그가 직접적인 인간관계에서 상실하는 것은 그런 인간관계 너머를 바라볼 수 있는 능력, 그리고 그런 능력을 가진 가족과 이웃 같은 사람들에 의해 보완된다.[13]

인간의 삶과 품성에 강한 흥미를 가진 윌슨 같은 사람에게 그런 보완만으로는 결코 충분치 않았다. 그런데도 그는 공산주의의 이론적 원천— 그는 이미 마르크스주의의 역사에서 중요한 해설서가 될『핀란드 역으로』를 집필하고 있었다—뿐 아니라, 공산주의가 소련에서 현실적으로 적용되는 모습까지도 탐구하기로 결심했다. 진실을 얻기 위해 많은 노력을 기울였다는 점에서, 그는 1930년대의 다른 지식인들과는 여러 면에서 확실히 달랐다. 그는 러시아어를 배웠다. 그는 러시아의 문학 작품 상당수를 원어로 섭렵했다. 1934년 봄에 그가 러시아를 연구하겠다면서 신청한 구겐하임 장학금으로 2,000달러가 나왔다. 러시아 선박을 타고 상트페테부르크로 가던 그는 오래지 않아 사람들과 얘기를 나누게 됐다. 그는 상트페테부르크에서 모스크바로 갔고, 그다음에는 배를 타고 볼가강을 남하해서 오데사로 갔다. 대숙청이 시작된 무렵이었지만, 방문객들은 어느 정도 자유로운 상태에서 여전히 여행을 다닐 수 있었다. 그런데 그는 오데사에서 성홍열에 걸렸고, 그 직후에는 신장이 심한 발작을 일으켰다. 낡고 불결하지만 이상할 정도로 태평한 격리 병원에서, 그는 상냥함과 반대, 사회주의와 너저분함이 뒤섞인 상태로 몇 주일을 보냈다. 거기서 만난 많은 사람들은 푸슈킨이 쓴 책에서 직접 튀어나온 것 같았다. 사실, 그 병원은 푸슈킨이 생존해 있을 당시 지어진 곳이었다. 그는 이 경험으로 인해 그렇지 않았으면 얻지 못했을, 러시아 사회로 들어가는 입장권을 받았다. 그 결과 윌슨은 스탈린에 대한 혐오감과 소련의 체제 전반에 대한 불쾌한 회의주의를 키워 가는 채로, 그렇지만 한편으로는 러시아 인민에 대한 존경심과 그들의 문학에 대한 압도적인 동경심을 품은 채로 러시아를 떠났다.

월슨의 인간에 대한 끈질긴 관심, 사상으로 인간을 지워 없애는 것을 허락하지 않으려는 저항심이 월슨이 지식인의 못된 태도를 오랫동안 유지하지 못하게 막았던 것이 확실하다. 월슨이 문인으로서 가진 모든 본능과 갈망은 1930년대 말에는 제자리로 돌아오고 있었다. 그렇지만 월슨이 마르크스주의와 좌파의 덫을 벗어나는 과정은 수월치 않았다.『핀란드 역으로』는 규모가 점점 커졌다. 이 책은 1940년까지는 출판되지 않았다. 월슨은 2판을 찍을 때에야 스탈린주의를 "세상이 아는 중에 가장 섬뜩한 전제 체제 중 하나"라고 비난했다. 그가 지식인 세계에서 마르크스의 영향력이 압도적이라는 것을 깨닫던 시기에 쓰인 문장들도 들어 있는 이 책에는 복잡한 심경이 뒤섞여 있다. 그는『프랑스에서의 계급 투쟁』(1848~1850),『루이 보나파르트의 브뤼메르 18일』(1852),『프랑스 내전』(1871) 등 마르크스의 선전선동 문건 세 편을 한데 연결해서는 "역사의 근대적 예술-과학이 낳은 극히 중요한 작품들 중 하나"라고 묘사했다. 하지만 그 작품들은 사실상 비도덕적인 거짓과 소망으로 점철된 사상, 독설, 역사적으로는 전혀 가치 없는 주장의 혼합물이었다. 윌슨은 마르크스의 반유대주의를 옹호하거나 무시했다("마르크스가 자신의 민족을 경멸했다면, 그것은 이스라엘의 자식들이 황금송아지 앞에서 춤추는 것을 발견했을 때 모세가 느꼈던 분노 때문이었을 것이다"). 그는 돈에 대한 마르크스의 태도가 "미치광이의 이상주의"에서 비롯된 것이라 기술했다. 윌슨은 마르크스가 상인들을 속인 것, 어머니를 포함한 친척들이 죽어 버리기를 바란 것, 빌린 돈을 갚겠다거나 주식에 투자하겠다는 의도가 조금도 없었던 것에 대해서는 언급하지 않았다(마지막 행위에 대해서는 윌슨이 몰랐을 가능성이 있다). 윌슨은 마르크스가 "예술-과학"이라는 대의를 좇는 과정에서 가족들에게 가한 고통에 대해서는 조금도 괴로워하지 않았다. 윌슨은 적어도 이론적으로는 그런 고통을 혼자서도 상상해 볼 수 있었다.

그런데 현실은 어땠는가? 진정한 세속적 지식인들의 특징인 진실을 무시하고 사람보다 사상을 선호하는 성향이 윌슨에게는 없었다. 그럼에도 불구하고 그는 지식인 집단의 특징이기도 한 엄청난 이기심의 소유자였을까? 그의 품성의 이런 측면을 들여다볼 때, 그리고 그의 개인적인 행동을 검토해 볼 때, 윌슨이 이기적이었다는 것을 입증하는 결정적인 증거는 없다. 윌슨은 결혼을 네 번 했다. 첫째 아내와는 각자의 직업이 양립 불가능하다는 이유로 쌍방의 합의 아래 헤어졌다. 그들은 우호적인 관계로 남았다. 둘째 아내는 1932년 9월에 샌타바버라에서 열린 파티에 하이힐을 신고 참석했다가 계단에서 발을 헛디뎌 넘어지면서 두개골 파열로 사망했다. 그는 인생에서 제일 강렬했던 마르크스주의-러시아 시기에는 독신으로 남아 있었다. 그러다가 1937년에 그보다 열일곱 살 어린 영민한 젊은 작가 메리 매카시를 만나, 이듬해 결혼했다.

셋째 아내는 윌슨의 정치적 생활에 새로운 차원을 덧붙였다. 메리 매카시는 혈통과 성향 면에서 이상할 정도로 혼란스러운 인물이었다. 그녀의 고향은 시애틀이다. 그녀는 외가 쪽에서 유대인과 뉴잉글랜드 프로테스탄트의 핏줄을 모두 이어받았다. 친가 쪽은 양곡기 장사로 부자가 된 아일랜드인 2세대 농장 개척자였다. 1912년 6월 21일에 태어난 그녀의 뒤를 이어 남동생 셋이 태어났는데, 이들 모두는 고아가 됐다. 메리는 처음에는 가톨릭을 믿는 답답한 삼촌 부부 밑에서 자라다가, 다음에는 프로테스탄트인 조부모 밑에서 자랐다.[14] 그녀는 수녀원 이라는 극단적인 기관에서 공부했으며, 후에는 저명한 여자대학인 배서대학에서 교육을 받았다.[15] 짐작할 수 있듯이 그녀는 행실 나쁜 수녀와 잘난 체하는 여류 문인의 특성이 뒤섞인 존재가 됐다. 그녀의 진정한 야심은 무대에 있었지만, 임시방편으로 글을 쓰기 시작했다. 그런데 그녀의 글솜씨는 아주 뛰어났고, 처음에는 출판 비평에서, 다음에는 무대 비평에서 비범할 정도로 날카로운 비평가로 급격히 명성을 쌓기 시작했다. 그녀는 성공하지 못한 배우 겸 작가인 해럴드 존스루드와 결혼했는데, 얼마 안 돼 남편을 능가하기 시작했다. 3년 후에 깨진 그들의 결혼은 빼어난 소설 『잔인하고 야만적인 처방』에서 날카롭게 해부됐다.[16] 1937년에 매카시가 감행한 다음 모험은 러시아 출신의 『파르티잔 리뷰』 편집자 필립 라브와 아파트를 같이 쓴 것이었다. 그녀는 이 모험을 통해 뉴욕 급진주의자들이 벌이는 소동의 한복판에 들어섰다.

뉴욕이 "소련의 가장 흥미로운 영토… 스탈린과 트로츠키 사이의 투쟁을 공개적으로 표현할 수 있는 소련의 일부가 됐다"는 지적은 1930년대에 벌어졌던 역설적이지만 실제로 있었던 사건이었다.[17] 『파르티잔 리뷰』의 내외부에서 광범위한 전투가 벌어졌다. 1934년에 창간된 『파르티잔 리뷰』는 처음에는 공산당의 지배하에 있었다. 그런데 편집장 라브는 자신만의 길을 걷는 고집불통이었다. 그가 받은 공식 교육은 16세가 끝이었다. 이후 그는 뉴욕 공원의 벤치에서 잠을 자면서, 공립 도서관에서 책을 읽으며 독학했다. 윌슨과 마찬가지로 라브는 1930년대 초반에 마르크스주의로 개종했다. 라브는 "젊은 작가들에게 보내는 공개 서한"을 통해 개종을 알렸는데, 이 글에서 이렇게 주장했다. "우리는 자본주의로 알려진 이 미치광이 문명과는 모든 관계를 단절해야 한다."[18] 『파르티잔 리뷰』에서 그는 중간 계급 지식인들을 노동자-농민 수준까지 끌어내리는 동시대에 유행하는 분위기를 조금의 오차도 없이 정확하게 포착해 냈다. 그는 이렇게 썼다. "나는 프롤레타리아의 지적 보조자가 되기 위해, 부르주아지 작가들에게서 영향을 받은 위선적인 영적 세계의 성직자의 예복을 벗어던졌다."[19] 라브는 그가 쓴 글의 제목이기도 한 "문학적 계급 전쟁"의 위대한 조직책이었다.[20] 그런데 라브는 1936년에 모스크바 재판을 계기로 공산당과 관계를 끊었다. 그는 모스크바 재판은 음모라고 확신했다. 문인들이라는 소를 치는 재간 좋은 목동인 라브는 문인 공동체의 분위기에 비범할 정도로 민감했다. 그는 문인들의 견해가 어떤 방향으로 움직이고 있는지 보기 위해 한동안 『파르티잔 리뷰』를 휴간했다. 그리고는 유사 트로츠키주의 기관지로 복간했는데, 그의 판단은 옳은 것으로 판명됐다. 그 문제와 관련해서 작가들 대부분은 라브의 편이었다. 그 작가들 중에는 그의 연인이 된 메리 매카시도 포함돼 있었다. 매카시는 예쁘고 활발한 아가씨였기 때문에, 라브에게는 상당히 훌륭한 보너스인 셈이었다.[21]

　　매카시가 스탈린-트로츠키 전쟁에 매료된 것은 정치적 의식 때문이 아니라, 그 전쟁이 낳는 연극 같은 짜릿함 때문이었다. 시카고 출신 소설가 제임스 T. 패럴은 이렇게 썼다. "이제 스탈린의 지지자와 트로츠키의 지지자 사이에는 피로 그은 선이 그려졌다. 그리고 피로 그은 그 선은 건널 수 없는 강처럼 보인다."[22] 공산당 우두머리 얼 브라우더는 공산당 회합에서 전단을 배포하다 붙잡힌 트로츠키주의자들을 "몰살"시켜야 한다고 말했다. 훗날 메리 매카시는 『파르티잔 리뷰』의 사무실을 유니언 스퀘어에 고립된 요새로 그렸다. "지역 전체가 공산주의자의 영토였다. '그들'은 거리에나 카페테리아에나 어디에나 있었다. 거의 모든 초라하기 그지없는 빌딩에는 그들의 전위 그룹이나 학교, 출판사가 최소한 하나는 있었다." 『파르티잔 리뷰』가 애스터 플레이스로 옮겨가면서, 그들은 공산당 기관지 「신대중」과 같은 빌딩을 쓰게 됐다.

"'그들'을 엘리베이터에서 만나는 것, 침묵 속에 엘리베이터에서 내리는 것, 그들의 차가운 눈초리를 이겨내는 것은 농담거리가 되는 경우가 잦았지만, 무섭기도 한 광경이었다."[23] 그녀는 의견이 다른 신학자들 사이에서 피어나는 신랄한 증오의 분위기를 풍기는 이 종교 전쟁이 짜릿한 일이라는 것을 깨달은 듯하다. 그녀가 가톨릭에서 습득한 도덕관념이 융통성 없는 모습으로 살아남은 것은 흥미로운 일이었다. 예를 들어 그녀는 도덕적·지적·정치적 규율을 어겨 버린 사람과 얘기를 나누거나 점심을 같이하거나 어울리는 것을 거절했다. 정치를 향한 매카시의 지식과 관심은 실제로는 미약했다. 훗날 그녀는 자랑삼아, 또는 재미삼아 정치적 태도에 휩쓸려 들어갔다고 인정했다. 1930년대 관점에서 볼 때, 그녀는 "동지"가 되기에는 너무 비판적이었다. 나중에 트로츠키와 간디를 비교하기도 했던 그녀는 두 사람 모두에 대해 잘 알지 못한다는 것을 보여 줬다. 심지어 그녀는 당시에도 좌익들이 모인 파티에서 술에 취하기만 하면 왕당파 지지자의 입장을 취하면서 차르의 가족들이 잔혹하게 살해됐다고 주장하는 것으로 소동을 일으키곤 했다.[24] 돌이켜보면, 매카시는 정치 감각이 전혀 없는 사람이었다. 그녀는 우선 공산주의에 대해서 완전히 무지했고, 그다음으로는 공산주의자에 대해서도 무지했다. 그녀는 우연히 트로츠키주의자가 됐다가, 그다음에는 반공주의자가 됐다가, 다용도로 변신하는 온건한 좌익 인사가 됐다. 그렇지만 그녀는 항상 대단히 비판적이었는데, 부분적으로는 선천적인 성격 탓이었고, 부분적으로는 영문학 비평가로서 받은 훈련 때문이었다. 근본적으로 그녀는 사상이 아니라 인간에게 관심이 있었다. 우리가 여기서 사용하는 정의에 따른다면, 그녀는 지식인의 여자에 훨씬 가까웠지, 그녀 자신이 지식인은 아니었다.

그런데 그녀는 지식인이나 문인의 여자가 되는 것을 좋아했을까? 라브는 의문의 여지가 없는 지식인이지만, 매력적인 남자는 아니었다. 그는 "독립적인 지성들의 목동"[25]으로 불릴 정도로 남을 지도하는 데는 전문가다운 솜씨를 발휘했지만, 본인의 내적인 감정은 유별나게 빈틈없이 감추려 들었다. 윌리엄 스타이런은 라브를 "숨기는 것이 너무 많아서 도무지 알 수 없는 사람"이라고 썼다. 메리 매카시도 이렇게 썼다. "두 사람이 서로 같을 수는 없겠지만 라브만큼 그 어떤 사람과도 비슷하지 않은 사람은 없다."[26] 노먼 포드호레츠의 훗날 증언에 따르면, 라브는 "권력욕이 엄청나게 컸던" 사람이었다.[27] 더군다나 그의 권력욕이 남들에게 권력을 행사함으로써 일상적으로 표출된다는 것을 그의 새 애인은 재빨리 간파했다.

뉴욕의 파르티잔 전투를 사랑했지만 그 전투에 그리 오랫동안 지배당하지는 않은 낭만적인 인물 메리 매카시는 라브의 영향력 밑에서 빠져나와서 윌슨과 결혼하는 것이 자신에게 어울린다는 것을 깨달았다. 이론적으로 보면, 이 결혼은 사르트르와 드 보부아르의 관계처럼 독특하고 오래 지속되는 문학적 협력, 또는 지적인 결합이 될 수도 있었다. 그런데 이 결혼은 현실적으로는 아주 상이한 두 사람의 성공을 필요로 했다. 여자에 대한 윌슨의 태도는 사르트르의 태도와 통하는 측면이 있었다. 즉, 윌슨의 태도는 자기중심적이고 착취적이었다. 1956년에 윌슨이 아내들을 주제로 시릴 코널리와 가진 함축적인 대화의 기록을 보면, 윌슨이 아내의 제일 중요한 기능은 남편에게 봉사하는 것이라 간주했다는 것을 알 수 있다. 그는 코널리에게 당시 아내 바바라 스켈튼에게서 벗어나라고 말했다. "그는 다른 종류의 여자를 얻어야만 한다. 그를 더 잘 보살펴 줄 수 있는 여자를." 충고를 받아들인 코널리는 결혼 생활에서 벗어나려고 정말로 노력하고 있다고 대답했다. "나는 아직도 파리끈 끈이 위에 잡혀 있습니다. 다리가 풀리는 바람에 도망치지를 못했어요." 두 사람 모두 아내가 일종의 하인이나 되는 양 얘기를 했다.[28]

그런데 사르트르와는 달리, 윌슨은 여자들을 약간의 의심과 상당한 공포심을 품고 대했다. 젊은 시절에 윌슨은 여자들을 문학 작품의 주인공이 "생애를 통해 항거"하는 "보수주의 세력을 가장 위험하게 대표하는 존재"라고 기록했다. 그는 지식인들이 너무나 좋아했던 "공개" 정책을 변형하여 스스로를 보호했다. 그는 사귄 여자들의 가장 내밀한 마음가짐, 그리고 특히 그들과 맺은 성관계를 묘사하는 긴 글을 공책에 메모했다. 윌슨은 비평가이면서 픽션 작가였다. 그의 메모 습관은 제임스 조이스의 『율리시스』의 지대한 영향력 아래 있었다. 그는 실제로 일어난 일을 그대로 적으면, 섹스에 대한 공포와 여자들이 그에게 행사하는 권능을 떨쳐 버릴 수 있을 것이라고 생각했던 듯하다. 그는 자신을 매혹시킨 아름다운 여류 시인 에드나 세인트 빈센트 밀레이에 대해 굉장히 많은 글을 썼다. 그녀는 윌슨의 첫사랑으로, 아마도 윌슨이 제일 사랑한 여자였을 것이다. 그는 아파트를 같이 쓰던 —역시 그녀를 사랑한 — 존 필 비숍과 자신이 그녀를 공유할 수밖에 없다는 합의에 어떻게 이르게 됐는지를 기술했다. 비숍은 그녀의 상반신에 애정을 보였고, 윌슨은 하반신에 애정을 보였다. 그녀는 그들을 "지옥에서 온 성가대원들"이라고 불렀다.[29] 윌슨은 콘돔을 처음 사던 때(1920)를 묘사했다. "그리니치 거리에 있는 약국에 가서는 가게 밖에서 안에 여자가 한 사람도 없는지 확실하게 살펴봤다." 가게 점원은 "적극적으로 추천하는 고무 콘돔을 꺼내서 그게 얼마나 믿음직한지를 보여 주기 위해 풍선처럼 불어 댔다." 그런데 콘돔이 터져 버리면서 "뭔가 불길한 징조라는 것을 드러냈다." 그는 성병에 걸린 것을 묘사했다. 그는 자신이 "낙태, 임질, 혼란과 상처 입은 마음……. 섹스의 많은 해악의 희생자"라고 적었다.³⁰ 그는 여자들이 그를 받아들이기 위해서 벗는 의상에 섬뜩할 정도로 관심을 보였다. "그 엄청난 거들 중 한 벌"을 벗기는 것은 "조개를 먹는 것과 비슷했다."³¹

제일 냉혹한 문구들 상당수는 둘째 아내 마거릿과 관련된 것들이다. "12번가에 있는 거실에서 그녀가 발가벗은 채 섰다. 그녀의 동그랗고 부드럽고 넓은 가슴(하얀 피부)." "신발을 벗은 그녀를 껴안을 때면 그녀의 체구는 작고 왜소하다. 누드로 서 있으면 펑퍼짐한 히프와 커다랗고 부드러운 가슴과 커다란 상체와 작은 발이 보인다." 그는 "(손아귀 힘이 센) 작지만 강한 손들… 침대 위에 누워 있으면 작은 팔과 다리가 거북이의 사지처럼 각각의 모서리에서 튀어나와 있다"고도 기록했다. 그는 무도회복을 입은 그녀와 안락의자에서 섹스하는 모습을 기술했다. "다루기가 조금 힘들었다. 그녀의 한쪽 다리를 팔 위에 걸쳐야 할까?" 또는 "그녀가 드레스를 벗을 때 속옷도 함께 벗겨져 나갔다……. 나는 준비된 여자라고 그녀는 말했다."³²

바람피운 얘기들도 있다. 어떤 여자는 "내가 그녀를 때려 주기를 원한다고 말해서 나를 상당히 놀라게 만들었다. 그녀의 친구 중 한 사람은 아내를 매질하는 것을 좋아했다. 나는 철사로 된 솔이 있는 머리빗을 샀다……. 처음에는 빗으로 문지르다가, 다음에 빗으로 그녀를 때렸다. 상당히 힘든 일이라는 것을 알게 됐는데, 이러면 안 된다는 심리 때문인 듯하다. 일이 끝난 후 그녀는 너무나 즐거웠다고 말했다." 다른 여자는 "남자의 물건은 항상 딱딱하다고 생각했다. 남자들이 그녀에게 가까이 접근할 때마다 남자들 물건이 늘 그런 상태라는 것을 그녀가 감지했기 때문이었다." 커존 거리에서 선택한 매춘부는 "활기차고 강압적으로 일했다." 많은 여자들—사실이라고 믿기에는 너무 많은 여자들—이 그에게 감탄했다. "당신, 너무나 커요!" 등등.³³

넷째 아내 엘레나도 동일한 대접을 받았다. 1956년의 대통령 선거 운동 기간 동안, "우리는 소파에 앉아서 (아들레이) 스티븐슨이 매디슨스퀘어 가든에서 선거 운동을 하는 것을 들었다. 나는 그녀를 느끼기 시작했다. 그녀는 반쯤 앉은 상태였다. 그녀는 다리를 벌리고 그걸 사랑했다……. 유세가 끝났을 때, 우리는 좀 더 적극적인 행동으로 돌입했다." 그의 글은 계속 이어졌다. "요즘에는 만족했던 적이 한 번도 없었던 것 같다." 영국에서 옥스퍼드 올소울스의 "수도원 같은 진부한 분위기"에 싫증이 난 그는 런던으로 서둘러 돌아가서는 "침대에 들어 있던 엘레나에게 뛰어들었다."³⁴

그는 셋째 아내인 메리 매카시와의 결혼 생활 동안은 이런 세미 포르노 같은 문구들을 공책에 하나도 적지 않았다. 어찌됐건, 출판된 것은 아무것도 없다. 1938년 2월부터 전쟁이 끝날 때까지 이어진 둘의 결혼은 처음부터 실패였던 것 같다. 사르트르는 드 보부아르를 노예처럼 대했지만, 그녀에게 무슨 글을 쓰라고 말한 적은 한 번도 없었다. 그러나 윌슨은 메리 매카시에게 픽션을 쓰라고 권하면서, 그녀를 학술적인 지도와 편달이 필요한 영리한 여학생처럼 대했다. 윌슨의 강권에 의해 결혼한 것이 분명한 매카시는 남편으로서의 윌슨이 횡포가 심한 사람이라는 것을 알게 됐다. 그는 그녀의 글을 보고는 의견이라기보다는 판결에 가까운 평가를 내렸는데, 그녀는 이것을 "흠정역 성경•"이라고 불렀다. 그는 과음을 했다. 술에 취한 그에게 성

• 영국왕 제임스 1세의 재가를 받아 발행된 성경

미 고약한 매카시가 반항하면 폭력을 휘두르기도 했다. 술에 취한 공격적인 빨강 머리 남자(윌슨은 눈은 갈색이었지만 머리는 빨간색이었다)는 훗날 그녀의 소설들에 등장했다. 그리고 소설 속 여자들은 남편 때문에 눈이 시퍼렇고 여기저기 멍이 들어 있다.[35]

결혼은 1946년까지 끌었지만, 매카시 본인이 이혼 법정에서 한 증언에서 묘사한 것처럼, 중대한 파국은 1944년 여름에 있었다. 열여덟 명이 참석한 파티가 있었다. 모두 집으로 돌아간 후, 그녀는 설거지를 했다.

나는 그에게 쓰레기통을 비워 달라고 요청했다. 그는 "당신 혼자서 비워"라고 대답했다. 나는 커다란 쓰레기통 두 개를 끌고 나가기 시작했다. 내가 방충용 문을 나갈 때, 그는 빈정대듯 허리를 굽히면서 "혼자서 비우세요"라는 말을 계속 반복했다. 나는 그를 찰싹 때리고는 (그렇게 세게 때리지는 않았다) 밖으로 나와서 쓰레기통을 비우고 다시 계단을 올라왔다. 그가 나를 불렀고 나는 아래층으로 내려왔다. 소파에서 일어선 그는 무섭게 주먹을 휘두르면서 내 얼굴과 온몸을 때려댔다. 그는 "나랑 사는 게 불행하다고 생각하나 본데, 그렇다면 불행해할 만한 일을 해 주도록 하겠어"라고 말했다. 집밖으로 뛰쳐나온 나는 차에 뛰어올랐다.[36]

쓰레기통을 놓고 벌인 싸움은 훗날 그녀의 소설 『저주받은 삶』(1955)에 묘사됐다. 소설에서 주인공 마사는 빨강 머리 남자 마일스 머피 때문에 겁에 질린다. "아무도, 마일스를 제외하고는 그 어느 누구도 그녀를 그토록 성공적으로 위협하지 못했다……. 그녀는 그녀가 증오하던 일들을 마일스와 더불어 착실하게 해냈다." 메리 매카시가 마일스는 윌슨이 아니라는 내용의 편지를 윌슨에게 보내자, 윌슨은 소설을 읽지는 않았지만 "당신이 얼은, 악의로 똘똘 뭉친 또 다른 빨강 머리 아일랜드인일 것이라고 나는 단박에 짐작했다"고 답장을 썼다.

사실, 메리 매카시는 윌슨처럼 요구하는 것 많은 올림피아의 신 같은 인물의 만족스러운 배필이 되기에는 너무 개성이 강했고, 재능도 뛰어났다. 그녀는 애초에는 윌슨이 좌파의 활동에 연관을 맺는 기간을 연장시켰을 수도 있었다. 그렇지만, 자립심이 강한 그녀는 결국에는 윌슨이 진보적 사상 전체를 혐오하도록 만드는 셈이 됐다. 매카시가 윌슨의 곁을 떠난 시점에서 그는 지식인 노릇을 완전히 중단하고 본인에게 딱 맞는 문인 역할을 다시 시작했다. 1941년에 윌슨은 케이프코드 웰플릿에 있는 고색창연한 대저택을 구입했고, 나중에는 뉴욕 북쪽에 있는 집안의 석조 저택을 물려받았다. 이후로 그는 계절에 따라 두 집 사이를 옮겨 다녔다. 넷째 아내 엘레나의 본명은 헬레네-마르테 뭄으로, 라임 샴페인 지역 출신의 독일인 피가 절반 섞인 포도주 양조업자의 딸이었다. 윌슨은 흡족하게 고개를 끄덕이면서 "그녀의 솔직하고 속박되지 않은 야수적인 정신은 의례적이고 귀족적인 매너와 좋은 대조를 이룬다"고 적었다. 그녀는 구시대 유럽 스타일의 규범에 따라 살림을 꾸렸고, 그의 삶에 안락하고 고상한 분위기를 불어넣었다. 윌슨은 이런 일상을 만족스럽게 받아들였다. 윌슨은 종일토록 잠옷과 화장복을 걸치고서는 습관처럼 된 냉정한 집중력을 발휘해서 일에 몰두하다가, 오후 5시만 되면 그가 "사교계 데이트"라고 부른 모임에 가기 위해 다림질 잘 된 정장과 갓 다린 셔츠와 타이 차림으로 나타났다.

1948년 1월 19일 그는 문학계로 돌아옴과 동시에 전통적인 귀족사회의 구성원이 되면서 맞은 이 새로운 삶에 대한 기록을 남겼다. 그는 개들과 산책을 나갔다. "눈밭을 배경으로 바라본 개들은 꽤나 근사해 보였다." 풀밭은 "어스레해지는 케이프코드의 하늘 아래서 광활하고 부드러운 황금빛이었다." 그는 "하루를 훌륭하게 일"했고 "좋은 스카치를 스트레이트로 두 잔 마셨다." 이제 그는 "집안에서 화창함과 쾌활함을, 식당의 앞창문과 촛대의 어스레한 빛을 즐기며 서 있었다…….".[37] 8년 후 그는 「환갑이 된 작가」라는 에세이를 썼다. 전통과 전통 계승의 중요성을 온화한 목소리로 찬양한 찬가였다. 그는 "미국에서의 삶은 혼란과 좌절, 재앙과 같은 붕괴와 지속적인 소멸에 빠져들기 쉽다"고 썼다. 그는 젊은 시절에는 그런 숙명에 위협을 느꼈지만, "61년째를 맞은 지금, 나는 나를 가장 만족시켜 준 것이 내가 연속성을 가지고 있다는 느낌이라는 것을 깨달았다." 그는 전원으로 돌아와서 "어렸을 때 봤던 책과 부모님의 재산이었던 가구에 둘러싸였다." 그렇다면 그는 "과거의 골짜기에" 있는 것일까? 전혀 그렇지 않다. 그는 "사물의 핵심에 있다. 핵심은 한 사람의 머릿속에만 있을 수 있기 때문이다. 그리고 많은 사람들이 내 감정과 생각들을 공유할 수도 있다."[38] 삶을 향한 이런 접근 방식은 헨리 제임스의 접근 방식과 그리 멀지 않다.

신사적인 문인으로 재탄생됐음에도 불구하고, 윌슨이 그를 급진적 지식인의 삶으로 몰아갔던 특성들의 일부를 여전히 갖고 있었다는 것은 관찰해 볼 가치가 있다. 평상시의 윌슨은 진실을 얻으려고 대단히 성실하게 분투하는 사람이었다. 그런데 그의 마음속에는 너무나 잔인해서 진실이 얼씬도 할 수 없는 편견의 영역이 있었다. 그는 반제국주의 성향을 함께 가진 영국 혐오증 환자였다. 영국의 계급 체제와 불안정성에 대한 증오는 다른 모든 급진적 충동들이 사그라진 후에도 남아 있었다. 전쟁이 끝난 후 적은 메모 중 하나인 다음 글에서는 그가 글을 쓰면서 이를 북북 가는 소리가 들리는 듯하다. 처칠은 "메스꺼워서 참을 수 없는 인간이다." 그는 (굉장히 진지하게) 관찰했다. "영국인들은 조용히, 조심스럽게 마약 산업을 수중에 넣고 있다는 말을 듣는다." 2급 프랑스 영사가 보고했을 법한 종류의 사실, 아니

허위 사실이다. 그는 "옥스퍼드의 매정한 거절", "영국인들의 경쟁적인 악의", "'예'라는 말이 가진 두 가지 뜻", "다른 곳에서는 통상 예절바르다고 말할 때, 그들은 '예의바른'이라는 특별한 단어를 쓴다"는—쌀쌀맞고 성의 없는—사실, "폭력을 조장"하는 그들의 성향, 그리고 그들이 "위선자라는 국제적인 명성"의 의미를 신중하게 파악했다. 그는 "배신자 영국인", "영국인 특유의 거만함"을 언급하고는 인정했다. "나는 여기에 와서 너무나 반영국적이 됐기 때문에 영국을 곤경에 빠뜨리고 있는 스탈린에게 공감하기 시작했다."[39]

1954년에 영국을 다시 방문했을 때에는 윌슨 본인의 독기 어린 견해뿐 아니라, 그를 올소울스에 초청한 이샤아 벌린의 기쁨에 찬 스케치까지 등장했다. 윌슨은 "영국에 있는 내 현재의 방침은 신중하면서도 공격적입니다." 그는 영국 지식인들이 이전보다 더욱 "편협"하고 "고립"됐다는 것, 그리고 옥스퍼드가 "초라하고 기력이 없으며, 연주창이나 나병에 걸린 것처럼 타락"했다는 것을 깨닫고는 기뻐했다. 그의 올소울스 거처는 "뉴욕의 4류 하숙집의 방과 비슷한 황량하고 조그만 감옥"이었고, 대학의 일꾼들은 "눈에 띄게 불평불만이 많았다." 파티에서, "처음 보면 은행원이나 안경점 점원처럼 보이는 왜소한 남자" E. M. 포스터를 만난 윌슨은 『전쟁과 평화』, 『신곡』, 기번의 『로마 제국 쇠망사』 등 자신이 좋아하는 세 권의 책에 포스터 역시 열광하고 있다는 것을 알고는, "나는 『자본론』도 거의 같은 범주에 속하는 책이라고 생각합니다"라고 공격적인 견해를 밝혔다. 포스터가 그 견해에 "당혹해했다"고 윌슨이 기록했듯이, 이것은 지식인과 대조적인 입장으로 볼 수 있는 문인이 밝힌 놀라운 의견이다. 포스터는 제인 오스틴이라는 안전한 화제를 꺼내면서 서둘러 받아치고는, 슬슬 윌슨에게서 멀어져 갔다. "글쎄요, 선생님이 다른 분들을 만나지 못하도록 제가 붙들고 있어서는 안 되겠군요." 윌슨은 다행히도 이 문장에 담긴 빈정거림을 감지하지 못했다.[40] 벌린이 그에게 "런던에서 만난 문인들 모두를 싫어하느냐"고 묻자 윌슨은 대꾸했다. "아뇨, 나는 이블린 워하고 시릴 코널리를 제일 좋아합니다." "왜죠?" "굉장히 추잡한 사람들이라는 생각이 들어서요."[41]

다른 작가를 향한 윌슨의 개인적 적대감은 그가 많은 지식인과 공유하는 또 다른 특징이다. 마르크스조차도 경쟁자에 대한 인상을 윌슨보다 악의적으로 기록할 수는 없었다. D. H. 로렌스의 머리는 "어울리지 않게 작았다. 그가 탄갱에서 아직 성숙하지 못한 품종인 하위 계급에 속한다는 것을 알 수 있다." 그는 스콧 피츠제럴드는 애처롭게 술에 취해서 마루 모퉁이에 널부러진 모습으로, 로버트 로웰은 미치광이로, E. E. 커밍스는 "계집애 같은" 목소리로, W. H. 오든은 "풍채 좋고 사교성 좋은 남자……. 그는 우리에게 갑자기 자기는 피학적 성행위에는 서툴다고 말했다"로, 도로시 파커는 싸구려 향수를 쓰는 것으로 끔찍하게 묘사했다. 반 윅 브룩스는 "위대한 문학을 이해하지 못한다." 시릴 코널리는 "다른 사람의 야유나 이야기에는 결코 귀 기울이지 않았다." T. S. 엘리엇의 "내면" 어딘가는 "불한당"이고, 시트웰 남매는 "전혀 흥미가 생기지 않는다."[42] 천상의 재판관의 내면에는 엄청난 증오가 자리 잡고 있었다.

우리가 시대를 가로지르면서 만났던 지식인 계급의 특징이라 할, 일상사에 대한 균형 감각의 결여는 윌슨이 그 사회와 교류를 끊은 지 오랜 뒤에도 끈덕지게 남아 있었다. 균형 감각의 결여는 윌슨이 미국 국세청과 벌였던 쓰라린 전투 과정에서 갑작스럽게, 그리고 비참하게 솟구쳐 나왔다. 윌슨은 그 전투에 대해 분개하는 내용의 책을 썼다. 문제는 꽤나 단순했다. 1946년부터 1955년 사이에 윌슨은 소득세를 신고하지 않았는데, 이것은 대부분의 나라에서와 마찬가지로 미국에서는 중범죄였다. 미국에서 소득세를 신고하지 않으면 벌금형과 징역형이라는 중형을 받는 것이 일반적이었다. 변호사에게 자신의 과실을 처음 고백한 윌슨은 "그 자리에서 '내가 곤경에 빠진 것이 분명하며, 내가 할 수 있는 최선의 일은 다른 나라의 시민이 되는 것'이라는 말을 들었다."[43] 법률을 준수하는 데 실패한 그의 변명은 근거가 빈약해 보인다. 그는 성인이 된 후 대부분의 삶을 프리랜서로 살았다. 그는 1943년 말엽에 「뉴요커」에서 정규직으로 일했는데, 이때는 세금이 급여에서 원천징수됐다. 1946년에 그는 그의 저서로는 상업적으로 가장 성공한 『헤카테 군의 회고록』을 발표했다. 그때까지는 『뉴 리퍼블릭』의 객원 편집위원으로 있으면서 받은 7,500달러가 그가 번 가장 많은 수입이었다. 그런데 이 해에 그는 재혼을 했고, 따라서 두 건의 이혼에 따르는 생활비를 지불해야만 했다. 그는 『헤카테』로 올린 수입을 여기에 썼다. 그는 책이 계속 잘 팔려 나가면서 꾸준히 들어오는 돈으로 소득세를 납부할 생각이었다고 밝혔다. 그런데 여자와 관련된 문제가 갑자기 생겼고, 수입도 뚝 끊겨 버렸다. 그 결과 "나는 1945년 이후의 소득세를 신고하기에 앞서, 내가 더 많은 돈을 벌 때까지 기다리는 편이 낫겠다고 판단했다." 「뉴요커」가 사해문서에 대한 그의 장기간에 걸친 존경할 만한 연구를 책으로 출판해서 성공을 거둔 1955년이 그런 때였다. 그때서야 세무 변호사를 찾아간 윌슨에게 변호사의 충고는 충격 그 자체였다. "우리의 세제가 얼마나 중한지, 소득세 신고를 하지 않았을 때 따르는 형벌이 얼마나 혹독한지를 나는 그때는 전혀 몰랐다."[44]

놀랄 만한 고백이다. 1930년대 내내 사회, 경제, 정치 문제에 대해 광범위한 글을 쓴 사람이, 공공 지출을 대폭 확대하고 주요 산업들을 국유화하는 것을 포함한 열정적인 충고를 정부 당국에 제안했던 인물이 여기 있다. 그는 부르주아지의 재산을 몰수해서 서민들의 형편을 혁명적으로 개선하려는 사상을 열정적으로 추구한 『핀란드 역으로』라는 방대한 저서도 내

낮다. 그는 그가 열렬히 찬성했던 대규모의 뉴딜 정책 동안 국가가 그 많은 돈을 지출할 수 있었던 방법이 무엇이라고 생각했을까? 혜택받지 못하는 계층을 향한 직접적인 도덕적 책임감을 표명한 자신 같은 사람들이, 그런 개혁이 제대로 이루어질 수 있도록 해야 할 개인적인 책임감을 그는 느끼지 못한 것일까? 그가 보증했던 "각자의 능력에 따라 생산하고, 각자의 필요에 따라 배분한다"는 마르크스주의자들의 구호는 어떻게 됐는가? 그런 구호는 남들에게만 적용되고 자신에게는 적용되지 않는다고 생각한 것일까? 간단히 말해, 이것이 보편적인 인류에게는 호의를 보이지만 특정한 개인은 전혀 생각하지 않는 급진주의자의 전형적인 사례일까? 만약 그렇다면 그는 마르크스의 훌륭한 동반자가 아니라 오히려 나쁜 동반자였다. 마르크스도 평생 동안 세금을 단 한 푼도 내지 않은 듯하기 때문이다. 윌슨의 태도는 중후한 도덕적 권위를 풍기면서 세상을 향해 일하는 방법을 가르쳐 주면서도, 그런 가르침에 따르는 현실적인 결과는 "보통 사람들"을 위한 것이지 자신과 같은 사람에게는 아무런 관련도 없다고 생각하는 지식인의 두드러진 사례다.

회계사 몇 사람과 변호사 두 사람이 국세청과 함께 윌슨의 계좌를 정산하는 데 5년이 걸렸다. 당연히 국세청은 윌슨에게 혹독한 시절을 선사했다. 국세청은 윌슨에게 6만 9,000달러를 부과했다. 10년간의 이자 6%에다 법정 범칙금 90%(기만행위로 50%, 의무 불이행으로 25%, 보고 불이행으로 5%, 소득세 축소 신고로 10%)를 더해서 나온 액수였다. 윌슨이 각각의 보고 불이행마다 1년씩 징역을 살 수도 있었다는 점을 감안하면, 상대적으로 관대한 처분이었다. 그가 형편이 어렵다고 탄원해 왔고, 법정 비용 1만 6,000달러를 지불해야 했기 때문에, 국세청은 결국 2만 5,000달러를 내라는 타협안을 내놓는 것으로 벌금을 감면해 줬다. 따라서 윌슨은 자신을 행운아라고 여겨야 하는 것이 도리였다. 윌슨은 그러는 대신 통렬한 비판서

『냉전과 소득세: 항의』를 썼다. 이것은 어느 면에서 보나 그가 겪은 고초에 대한 불합리한 반응이었다. 그는 고초를 겪으면서 극도로 호전적인 — 세금 징수자 역할을 수행하는 — 현대 국가의 냉혹함에 대한 무서울 정도의 통찰력을 얻었다. 그렇지만 이론적으로나 현실적으로나 국가를 연구해 오는 일을 했던 상상력 넘치는 사람에게 이것은 놀랄 만한 일은 아니었을 것이다. 그는 도덕적으로 취약한 입장에서 국가를 공격하는, 인도주의적인 입장에서는 국가가 커져 가는 것을 강력히 후원하는 반면, 국가가 사악해질 수도 있다는 가능성은 거의 무시해 버린 사람이었다. 그리고 자신의 태만으로 소송이 제기됐을 때에만 항의를 제기하는 인물이었다. 윌슨의 처지는 정확하게 이렇게 묘사된다. 윌슨은 저서에서 소득세 대부분이 냉전의 편집증으로 인해 촉발된 국방비로 쓰이고 있다는 주장으로 자신의 모순을 피해 가려고 노력했다. 그러나 그는 국가에 소득세를 납부하지 않았기 때문에 그의 세금은 국방비로 한 푼도 가지 않았다. 그가 합의에 도달했을 무렵에 연방 소득세의 점점 많은 부분이 복지 부문에 투입되고 있다는 사실을 그는 소개하지 않았다. 그런 주장을 회피하는 것은 도덕적으로 정당한 일일까? 간단히 말해, 이 책은 최악의 상황에 처한 윌슨을 보여 주면서, 그가 마흔이 됐을 무렵에 정치적 지식인이 되기를 그만둔 것을 사람들이 고마워하도록 만든다.

문인이라는 그의 진정한 역할에 복귀하면서 맞은 윌슨의 성숙기는 놀랄 만큼 생산적이었다. 『사해문서』(1955), 북미 원주민 연합을 다룬 『이로쿼이족에 대한 사과문』(1959), 남북 전쟁기의 미국 문학을 다룬 『애국의 유혈』(1962) 등의 작품이 이 시기에 해당한다. 이들 저서와 다른 작품들은 용기뿐 아니라 근면함의 산물이다(윌슨은 사해문서에 관한 글을 쓰면서 헤브라이어를 배웠다). 그리고 윌슨은 정도를 벗어나지 않으면서 가차 없이 진실을 추구했다. 그 점만으로도 그는 대부분의 지식인들과는 거리가 있다.

게다가 윌슨의 연구와 저작은 추상적인 사상이 아니라, 집단과 개인으로서의 인간에게 초점을 맞추면서 강하고 따스하고 예리하며 품위 있는 관심을 보였다. 그 관심은 윌슨의 문학 비평에 풍성한 색채와 활기를 부여한 관심과 동일한 것이었고, 그 덕에 그의 저작들은 너무나 유쾌했다. 윌슨이 전성기를 맞았을 때, 그의 마음의 최전선에는 책들이 현실에서 유리된 존재가 아니라, 살아 숨 쉬는 남녀노소의 심장과 두뇌에서 비롯된 것이고, 책을 이해하는 열쇠는 주제와 작가 사이의 상호 작용에 놓여 있다는 깨달음이 자리 잡고 있었다. 사상의 잔인성은 인간을 사상에 맞도록 굽혔다 폈다 할 수 있다는 가정에 있다. 위대한 예술이 인류에게 안긴 선물은 개인이 보편성에 대해 깨달으면서 예술 작품을 창작해 내는 방식에 놓여 있다. 에드나 세인트 빈센트 밀레이에 대해 논하면서 감동적일 정도로 뛰어난 글을 쓴 윌슨은 시인이 어떤 역할을 해야만 하는지에 대해 완벽한 정의를 내렸다.

개인적인 경험에 대한 심오한 감정을 극도로 뛰어나게 표출하는 데 있어서, 그녀는 인간이 처한 상황과 영고성쇠를 큰소리로 알리면서 스스로를 더욱 보편적인 인간적 경험과 동일시할 수 있었고, 인간 영혼의 대변인으로 자리매김할 수 있었다. 인간적인 표현의 달인인 그녀는 탁월한 표현력을 통해 범상한 당혹스러움, 범상한 압박감과 공황 상태를 뛰어넘을 수 있었다.[45]

윌슨이 그런 과정에 대해 이해할 수 있도록 해 준 것, 그리고 그를 천년 왕국의 오류에서 구해 낸 것은 휴머니즘이었다.

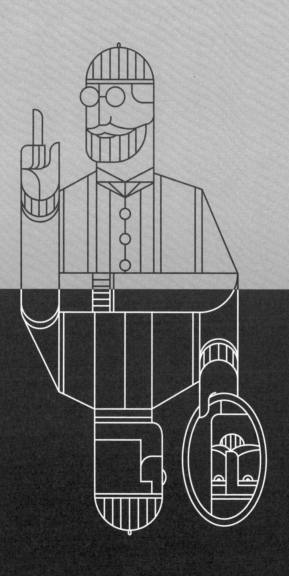

지식인들을 사례별로 연구할 때 뚜렷이 나타나는 특징 하나는 그들이 진실에 거의 관심을 보이지 않는다는 것이다. 그들은 자신들이 인류를 위해 수행해야 하는 사명이라고 생각하는 "진실"을 증진시키고 초월하기를 원하지만, 자신들의 주장에 걸림돌이 되는 객관적 사실로 나타나는 평범하고 일상적 진실은 참지 못한다. 그들은 이런 귀찮고 사소하게 여겨지는 진실을 무시하고, 변조하고, 180도 뒤집거나, 심지어는 의도적으로 은폐하기까지 한다. 마르크스는 이런 경향의 뚜렷한 사례다. 우리가 살펴본 지식인은 모두 어느 정도는 이런 경향으로 고통을 받았다. 유일한 예외라면, 진정한 지식인이 아니었을지도 모르는 에드먼드 윌슨이다. (자기기만을 포함한) 기만 행각이 그들의 작품과 삶에서 핵심적인, 사실상 결정적인 역할을 했던 지식인 두 사람이 이제 등장한다.

첫 번째 인물 빅터 골란츠Victor Gollancz(1893~1967)가 중요한 것은 그가 두드러진 사상을 낳은 인물이어서가 아니라, 많은 사상을 사회에 심어 넣은 대리인이었기 때문이다. 골란츠는 엄청난 위력으로 사상을 주입했고, 그에 따른 명백한 결과를 얻었다. 그는 아마도 20세기의 가장 뛰어난 지식인 홍보 담당자였을 것이다. 그는 결코 사악한 사람은 아니었다. 그는 잘못을 저질렀을 때조차도 그 사실을 보통은 잘 알고 있었고, 양심의 가책도 느꼈다. 그렇지만 그의 경력은 천년 왕국의 사상을 홍보하기 위한 기만행위가 얼마나 큰 것인가를 인상적으로 보여 준다. 골란츠를 상대했던 사람들은 그의 생전에도 그가 진실에 얼마나 무관심한지를 잘 알고 있었다. 그런데 지금은 그의 자료 일체를 공개한 딸 리비아 골란츠의 정직성과 일급 전기 작가 루스 더들리의 공정한 기술 덕분에, 우리는 골란츠의 기만행위의 본질과 정도를 정확하게 검토해 볼 수 있게 됐다.[1]

골란츠는 탄생할 때도 행운아였고, 결혼할 때는 더욱 큰 행운아였다. 대단히 재능 있고 품위 있는 가문에서 태어난 그는 수준이 비슷한 또 다른 가문 출신 여자와 결혼했다. 골란츠 가문은 원래 폴란드 출신의 정통 유대인이었다. 골란츠의 할아버지는 함브로 유대교 회당에서 카잔이라고 불리는 선창자였다. 골란츠의 아버지 알렉산더는 근면하고 성공적인 보석상으로, 신앙심과 학식을 갖춘 인물이었다. 골란츠의 삼촌 허만 골란츠 경은 랍비이자 대규모의 사회봉사를 한 히브리어 학자였다. 셰익스피어 학자인 또 다른 삼촌 이스라엘 골란츠 경은 영국학사원 서기관으로, 사실상 런던대학의 영문학부를 창설한 사람이었다.[2] 숙모 중 한 사람은 케임브리지 학자였고, 다른 숙모는 뛰어난 피아니스트였다. 아내 루스 역시 교육을 잘 받은 여성으로, 세인트폴여학교를 다니면서 예술가 교육을 받았다. 루스의 가문인 로위 가문도 학식과 예술, 사업적 성공을 고루 누린 것으로, 그리고 여자들 역시 남자들만큼이나 활기차게 교양을 추구한 것으로 유명했다(벨라 로위는 그레츠의 유명한 『유대인의 역사』를 영어로 번역했다).

따라서 골란츠는 생애를 통틀어 유럽문명의 최상층을 차지하는 사람들에게 둘러싸여 있었다. 그는 아주 어렸을 때부터 유럽 문명을 몸소 향유할 기회를 두루 가졌다. 외동아들이었던 골란츠는 경배할 만한 부모와 고분고분한 누이들의 응석받이로, 사실상 외동아들 대우를 받았다. 용돈을 넉넉히 받은 그는 오페라에 열광적으로 빠져들었다. 그는 아주 어렸을 때부터 오페라에 빠졌고—그는 스물한 살 때 <아이다>를 이미 마흔일곱 번이나 관람했다—휴가 때가 되면 관례적으로 유럽의 오페라하우스를 순례했다.[3] 그는 세인트폴에서 장학금을 받았고, 최상급의 고전 문학 교육을 받았다. 그는 「더 타임스」 사설을 1주일에 두 번씩 그리스어와 라틴어로 번역했다. 이후 그는 특대생 자격으로 옥스퍼드 뉴칼리지에 진학했다. 그는 얼마 안 있어 라틴어 에세이로 대학 총장상을 수상했고, 고전 문학 분야에서 1등을 차지했다.

그는 이미 이때 입센, 마테를링크, 웰스, 쇼, 월터 휘트먼으로부터 불꽃 같은 자양분을 공급받은 급진적 지식인이었다. 아주 어렸을 때부터 대부분의 거창한 사회적 이슈에 전념하겠다고 결심을 굳힌 듯한 골란츠는 나이를 먹어서는 그런 관점을 바꿀 만한 이유를 하나도 찾지 못했다. 학교와 대학을 같이 다닌 동창들은 골란츠가 독단적이며 지나치게 자신감이 많은 사람이라는 것을 알게 됐고, 그 결과 그는 학교에서나 대학에서나 인기가 없었다. 그는 정통 유대교 신앙을 어렸을 때 포기했다. 집에서 마이다 베일에 있는 베이스워터 유대교회까지 40분씩이나 걸어가는 것(안식일에는 교통수단을 이용해서는 안 된다)을 견딜 수 없어서 그랬다고 말했지만, 이것은 그 특유의 과장된 거짓말이었다. 집에서 교회까지는 15분밖에 걸리지 않았다. 그는 개혁과 유대교를 거쳐서 아무것도 믿지 않는 단계에 도달하는 통상적인 행로를 밟았는데, 옥스퍼드의 고상한 무신론자 길버트 머레이는 그의 행보에 도움을 줬다. 그렇지만 훗날 그는 "지고의 특수인" 예수를 중심으로 한 플라톤적 기독교라는 독특한 종교를 스스로 창시했다. 침투성이 강한 이 종교는 골란츠의 모든 세속적 입장을 종교적으로 허용하고 승인해 준다는 뛰어난 장점이 있었다. 그렇지만 그는 유대인을 악의 없이 웃음거리로 삼는 농담을 할 때면, 유대인이라는 자신의 특권을 한껏 활용했다.

골란츠는 시력이 약한 덕에 한동안은 제1차 세계 대전에 끌려가지 않았다. 그러던 중에 끔찍한 병역이 부여됐다. 노섬벌랜드의 퓨질리어 보병 연대에서 소위로 근무하게 된 것이다. 그는 이 기간 동안 규율을 위반하면서 사람들로부터 철저히 따돌림 받았고, 중위는 군법 회의에 회부하겠다고 으름장을 놨다. 그는 렙튼공립학교에서 고전 문학을 가르치는 자리를 얻어서는 군대에서 도망쳤다. 그가 맡은 상급반 6학년• 모두는 얼마 안 있어 전선에 갈 예정이었는데, 아마도 거기서 죽게 될 터였다. 골란츠는 자신이 기존 체제를 타도하는 문제에 있어서는 뛰어난 사람이라는 것을 스스로 입증했다. 그는 이미 반쯤은 반전론자였고(예외적으로 공격적인 반전론자이기는 했지만), 이론적으로는 페미니스트, 일종의 사회주의자, 사형 반대론자, 형법 개혁자, ―당시에는― 불가지론자였다. 그는 이 모든 이슈들에 투신하기로 결심했다. 그는 훗날 이렇게 썼다. "나는 이 학생들과, 내가 접촉할 수 있는 모든 사람에게 언제나 정치에 대해 말하겠다고 마음을 굳혔다."4 이것은 그가 평생 동안 내걸었던 슬로건이 됐다. 그는 선지자, 마술사였고, 하나의 진리, 또는 유일한 진리를 움켜쥐고는 그 진리를 남들의 머릿속에 집어넣기로 결심한 사람이었다. 그는 학부모들이 그들의 자녀가 불온한 선전 선동에

• 우리의 고등학교 3학년

물들기를 원하지 않을 것임을 고려하지 않았다. 또한 신분상의 특권을 남용하는 것은 본질적으로 부정직한 것이라는 생각에도 개의치 않았다. 그는 동료 D. C. 소머벨과 함께 "정치 교육을 공립 학교 교육의 기초로 삼자"는 내용의 탄원서 『공립 학교에서의 정치 교육』과 『학교와 세계』라는 두 편의 팸플릿을 만드는 것으로 자신의 접근 방식을 옹호했다. 영리한 지오프리 피셔 교장(훗날의 캔터베리 대주교)은 골란츠의 뛰어난 능력을 알아보았고, 교직원 대부분이 그를 참아낼 수 없을 것이라는 사실도 깨달았다. 그는 골란츠에게 지나치게 극단적으로 가고 있음을 경고한 후, 렙튼에서의 "반전론자들의 활동"에 대한 정보를 수집한 육군성의 간청에 따라 1918년 부활절에 갑자기 그를 해고했다.

골란츠의 경력은 식품성의 코셔•배급 담당자, 싱가포르 근무, 래디컬 리서치 그룹과 로운트리 트러스트 근무로 이어졌다. 골란츠는 벤 브러더스에서 출판업자로서의 자신의 재능을 깨달았다. 벤 브러더스는 『과일 재배자』와 『가스 월드』 같은 잡지를 다량 출간하고 있었는데, 이 잡지들을 비롯한 대부분의 책은 골란츠가 보기에는 따분하기 그지없는 참고서들이었다. 그는 커미션과 일정지분을 벤 브러더스에 넘겨주는 조건으로 단행본 부서를 별도의 회사로 전환시킬 수 있게 해달라고 어니스트 벤 경을 설득했다. 그는 3년 이내에 눈부신 성공을 이뤄냈다. 벤은 일기에 이렇게 적었다. "혼자서 책임을 떠맡은 빅터 골란츠의 천재성이 가장 큰 역할을 해낸 결과다. 골란츠는 유대인으로, 우수한 교육과 예술에 대한 지식, 사업 능력으로 똘똘 뭉친 보기 드문 인재다."5 골란츠의 비법은 계절이나 유행에 영향을 받지 않는 일군의 책들을 전체 가격대에 걸쳐 출판해서, 각각의 광고 매체에 어

• 유대 율법에 맞는 정결한 음식

울리는 뻔뻔스러운 광고와 함께 시장에 밀어 넣는 것이었다. 그는 사업하는 사람이라면 반드시 소장해야 할 자동 전화기와 같은 신기술 상품에 대한 책들뿐 아니라 자유방임적인 소설들까지 출판했다. 그는 펭귄스 문고의 전례라 할, 큰 성공을 거둔 벤 출판사의 식스 페니 라이브러리를 내놓기 시작했고, 다른 한편으로는 박스트의 도안을 활용한 『잠자는 숲속의 미녀』 같은 고가의 화집을 출판했다. 골란츠가 고용했던 뛰어난 조수 더글러스 제럴드에 따르면, 이 화집에는 약간의 속임수가 가미됐다. 컬러로 인쇄된 그림들은 세밀화가가 그린 가짜 그림을 촬영한 것이었다.6 1928년에 골란츠는 1년에 5,000파운드를 벌었다. 그런데 골란츠는 "벤&골란츠"라는 새로운 사명 아래 지분의 절반을 갖고 싶어 했다. 어니스트 경이 거절하자 골란츠는 자신의 회사를 차리고 도로시 L. 세이어스 같은 벤의 최상급 작가들을 빼갔다.

신생 회사의 조직 구조는 골란츠의 놀라운 설득력이 가진 특징을 모조리 반영했다. 골란츠는 사람들이 골란츠에게 이로운 일을 하면서 그에 따른 비용은 모두 본인들이 짊어지도록 하는 합의를 이끌어냈다.7 그는 자본금의 절반에 훨씬 못 미치는 돈을 투자했으면서도 의결권을 완전히 거머쥔 이사회 의장이 됐고, 배당금을 지불하기 전에 순이익의 10%를 미리 가져갈 수 있었다. 이것은 세실 로즈가 남아프리카에서 다이아몬드 광산과 금광을 채굴하기 위해 고안했던 수법과 매우 비슷한데, 아마도 골란츠는 로즈에게서 아이디어를 얻었던 것 같다. 이 수법은 제대로 먹혀들었다. 회사는 창립 초기부터 상당한 이익을 냈고, 투자자들은 흡족한 액수의 배당금을 받았다. 골란츠는 엄청나게 많은 책, 특히 소설을 팔아 성공을 거뒀다. 그의 성공은 책의 가격을 저렴하게 유지하면서, 타이포그래피의 천재 스탠리 모리슨이 빼어나게 디자인한 노랑과 빨강이 뒤섞인 새로운 스타일의 균일한 표지로 책을 꾸미고는, 영국뿐 아니라 미국 출판계에서도 유례를 찾아보기 힘들 정도의 새로운 고강도 홍보로 책을 선전하면서 거둔 것이었다.

　회사의 번성에는 이런 정상적이고 상업적인 이유 외에도 꾸준한 비용 절감과 무자비한 경영 관행, 거짓말도 큰 역할을 했다. 그는 다른 회사의 내부 사정, 특히 회사에 불만을 가진 작가들에 대해 보고하는 스파이들을 거느리고 있었다. 골란츠는 그런 작가들이 가치가 있다고 판단되면 그들의 구미에 맞는 장문의 편지를 썼는데, 그것은 그의 전공이었다. 일부 작가들은 그가 나서지 않아도 스스로 골란츠를 찾아왔다. 전성기의 골란츠는 신예 작가를 문단에 소개하거나 스테디셀러를 베스트셀러로 바꿔 놓는 솜씨가 대서양 양안의 그 어느 출판업자보다도 뛰어났다. 그는 과대 광고라는 말이 런던에 알려지기 이전부터도 과대 광고의 기법을 완벽하게 터득했다. 그런데 골란츠의 캠프에 일단 합류한 작가들은 그곳에도 단점이 있다는 것을 깨닫게 됐다. 골란츠는 책의 내용보다는 자신의 홍보 기법이 책을 파는 데 훨씬 중요하다고 믿었다. 그래서 그는 홍보비 지출을 늘리기 위해 작가들에게 적은 액수의 선금과 로열티를 강요하면서도, 양심의 가책을 조금도 받지 않았다. 그는 선금과 로열티 주는 일을 좋아하지 않았기 때문에 에이전트를 싫어했다. 그는 가능하면 에이전트를 절대로 고용하지 말라고 작가들을 설득했다.

　그는 돈에는 전혀 관심이 없던 다프네 뒤 모리에 같은 작가들을 사랑했다. 그는 종종 "우정에 기초한" 구두 계약을 맺기도 했다. 골란츠는 자신의 기억력은 완벽하다고 믿었다. 그런데 합의된 이야기를 머릿속에서 재구성하는 놀라운 능력을 갖고 있는 그는 재구성한 이야기가 틀림이 없다고 확신에 차서 주장했다. 그 결과로 다툼과 소송이 벌어졌다. 소설가 루이스 골딩이 베스트셀러 『목련의 거리』에 대해 약속한 보너스를 지불하지 않았다면서 골란츠를 고소하자, 골란츠는 성실함으로 불타오르면서도 정확성에는 문제가 있는 6페이지짜리 편지를 보내면서 자신의 행위는 나무랄 데가 없다는 것을 증명했다. 그의 기억력에 도전하려고 기를 쓰는 에이전트에게는 이런 편지를 썼다. "감히 당신이 어떻게! 나는 실수라고는 모르는 사람이오."[8] 분노와 고함으로 점철된 무서운 감정 표현이 이런 뻔뻔한 상업적 책략들을 뒷받침했다. 그가 목소리를 높이면 건물 전체가 울려댔다. 그는 기다란 전화선이 달린 전화기를 좋아했다. 에이전트나 다른 적들에게 수화기에 대고 고함을 쳐대면서 사무실을 왔다 갔다 할 수 있기 때문이었다. 그의 편지들은 신경질적인 분노와—그가 뛰어난 재주를 보였던—사람을 살살 녹이는 간청 사이를 오갔는데, 가끔은 같은 페이지 안에서도 그런 일이 일어났다. 그는 화가 뻗쳤을 때는 "해가 지도록 분을 품지 말라"는 성경 가르침에 따라 편지의 발송을 하루 늦추기도 했다. 그 결과로 그의 서류함에는 "미발송"이라고 찍힌 편지들이 많았다. 어떤 작가들은 지레 겁을 먹고는 무릎을 꿇었다. 다른 작가들은 평온한 곳을 찾아 달아났다. 여하튼 1930년대와 1940년대에는 회사 쪽으로 들어오는 작가들의 수가 최소한 떠나는 작가들의 수보다 많았다.

이익이 높은 이유는 또 있었다. 골란츠는 늘 낮은 임금을 줬다. 진짜로 필요한 사람을 데려올 때면, 그는 급여를 높이거나 선금을 주는 대신, 선심 쓰는 척 목돈을 내주거나 대출을 해 줬다. 골란츠는 여러 가지 면에서 디킨스의 소설에서 마주치는 캐릭터와 비슷했다. 그가 소집한 거수기나 다름없는 이사회가 비용 절감을 강요요했다면서 다음과 같은 주장을 펼 때, 그는 특히 비열했다. "나에게 이 서류를 받아 적도록 시킨 우리 이사회는 나에게 다음과 같은 지시를……."[9] 그가 당시 출판업계 기준으로도 특히 낮은 수준의 임금을 유지할 수 있었던 이유는, 가능하면 남자보다는 여자를 고용했기 때문이다. 페미니스트의 입장에서 이런 태도는 정당화될 수도 있고 미덕이 될 수도 있지만, 실제 이유는 이중적이었다. 우선, 여자들은 훨씬 낮은 급여와 훨씬 열악한 근무 환경을 받아들이도록 설득할 수 있었다. 둘째, 여자들은 너무나도 개성적인 그의 경영 행태에 더 순종적이었다. 그는 여자들에게 고함을 질러댔고, 여자들 눈에서 눈물을 짜냈으며, 여자들을 포옹했다(음탕한 키스를 퍼붓는 그의 버릇은 1930년대에는 보기 드문 일이었다). 여자들을 경칭 대신 이름이나 애칭으로 불렀고, 그들이 너무 예쁘다고 희롱했다. 몇몇 여직원은 굉장히 화기애애한 사무실 분위기를 즐겼다. 골란츠 출판사가 급여 수준은 낮지만 승진할 기회 면에서는 훌륭한 회사라는 것을 그들도 알고 있었다. 골란츠는 여직원들에게 아랫사람들 위에 군림할 수 있는 기회를 주기도 했다. 1936년 4월의 어느 직원의 메모는 골란츠 출판사 사무실의 전성기 때 분위기를 보여 준다.

요즘에는 직원들에게 활기를 불어 넣곤 하던 예전의 사풍이 가끔씩 보이지 않는다는 것을 깨달았다……. 예전의 행복감이 없는 탓에 개인적으로 나는 상당히 불행하다. 나는 조금 더 리더십을 발휘하면 우리가 옛날처럼 돌아갈 수 있을 것이라고 생각한다. 그래서 나는 딥스 양을 메인 플로어에서 근무하는 모든 여직원을 이끄는 일반 리더 겸 감독자로 임명하기로 결심했다……. 그녀는 사실상 소련의 공장에서 공장 지도자가 차지하는 위치를 갖게 될 것이다.[10]

골란츠의 가부장적인 통치 아래에서 일부 여성은 승승장구했다. 그중 한 사람인 셰일라 린드는 애인으로까지 승격돼서 세 번이나 휴가를 같이 갔고, 골란츠를 "달링 보스"라고 부르는 것도 허락받았다. 반면에 남자들은 살아남기가 쉽지 않았다. 골란츠가 남자들의 재능을 발견하지 못해서 그런 것은 아니었다. 그와는 정반대로 그는 재능 있는 남자들을 찾는 재주가 아주 뛰어났다. 그렇지만 그는 남자들을 좋아하지 않았고, 남자들도 그를 좋아하지 않았다. 그는 남자들과는 오래 일을 할 수 없었다. 그는 당대 최고의 출판업자 중 한 사람인 더글러스 제럴드를 발견해 냈지만, 신생 회사에 데려가겠다는 약속을 어겼다. 그는 또 다른 걸출한 미디어 사업가 노먼 콜린스를 발견해 냈지만, 결국 싸움을 걸고는 내쫓아 버렸다. 그리고 콜린스가 있던 자리를 순종적인 여자로 채웠다. 회사의 성공에 한몫을 한 스탠리 모리슨과 골란츠의 관계는 누구 목소리가 큰지 시합을 벌인 끝에 모리슨이 떠나는 것으로 끝이 났다. 남자 작가들과 벌인 서사적인 규모의 다툼도 몇 건 있었다. 전쟁이 끝난 후, 골란츠는 조카 힐러리 루빈스타인을 영입했다. 굉장히 유능했던 루빈스타인은 당연히 삼촌의 자리를 물려받을 것이라고 예상됐지 만, 오랜 세월 착취를 당한 끝에 쫓겨나고 말았다.

이 책의 주제 중 하나는 지도적 지식인들의 개인적인 삶과 공적인 태도는 분리될 수 없다는 것이다. 한쪽은 다른 쪽을 설명하는 데 도움이 된다. 개인적인 악덕과 약점은 세계라는 무대에 올라 보여 주는 행위에 반드시 반영된다. 골란츠는 이 원칙의 탁월한 사례다. 그는 자기기만의 괴물이었고, 스스로를 속이는 것을 통해 다른 사람을 대대적으로 속이는 데까지 나아갔다. 그는 자신을 위대한 인간이라고, 본능적으로 자비로운 사람이라고, 인류의 진정한 벗이라고 믿었다. 그렇지만 그는 사실은 구제 불능의 자기중심적인 이기주의자였다. 이것은 그가 여자들에게 한 짓에서 가장 잘 드러난다. 그는 여자들, 특히 자기 여자들의 이익을 위해 헌신하겠다고 공언했다. 그는 그들이 자신에게 봉사할 때에 한해서 그들을 사랑했다. 사르트르처럼 그는 향기를 풍기는 헌신적인 여자들에 둘러싸인 채 요람에 누워 있는 애어른이 되기를 원했다. 어머니의 생활이 ─ 그가 아니라 ─ 아버지를 중심으로 이뤄졌기 때문에, 그는 어머니를 자신의 삶에서 깨끗이 지워 버렸다. 그의 자서전에 어머니는 거의 등장하지 않는다. 1953년에 쓴 편지에서 그도 인정했다. "나는 어머니를 사랑하지 않습니다." 그는 평생토록 여자들에 둘러싸여 살았고, 그 여자들의 최고의 관심사가 돼야만 했다. 그는 경쟁하는 남자들이 있다는 생각을 참을 수가 없었다. 어렸을 때 그에게는 그를 숭배하는 누이들이 있었다. 어른이 됐을 때는 (자매가 많은 또 다른 집안 출신의) 그를 숭배하는 아내가 있었다. 아내는 그를 숭배하는 딸들을 그에게 계속 안겨 줬다. 그렇게 해서 그는 여섯 식구 중에서 유일한 남자가 됐다. 머리가 좋고 능력도 있는 루스였지만, 골란츠는 그녀의 경력은 온통 자신을 위해서 바쳐져야 한다고 생각했다. 그녀는 딱 한 가지만큼은 그에게 양보하지 않았다. 그녀가 유대교회에 다니지 않았으면 좋겠다는 그의 소망이었다. 그렇지만 그녀는 다른 면에서는 그의 노예였다. 루스는 런던과 시골에 있는 골란츠의 저택들을 꾸려 나갔을 뿐 아니라, 필요할 때면 그를 위해 운전을 하고 머리를 깎아 주고 (이상하게도 골란츠가 제대로 해내지 못했던) 개인적인 돈 문제까지 관리하면서 그에게 용돈을 줬다. 그리고 하인들과 함께 남편의 내밀한 관심사 모두를 관리·감독했다. 골란츠는 많은 면에서 어린애 같고 무력했는데, 의도적이었던 듯하다. 그는 루스를 "마미"라고 부르는 것을 좋아했다. 가족이 해외로 여행을 가면, 그는 루스가 전적으로 자신에게만 전념할 수 있도록 아이들과 유모들을 별도의 싸구려 호텔에 투숙시켰다. 그녀는 J. B. 프리스틀리가 세상의 그 어떤 바람둥이의 난봉기도 골란츠에 비하면 어린애 장난 같다고 논평한 남편의 많은 부정과 여자들을 함부로 대하는 불쾌한 습관을 참아냈다. 골란츠는—브레히트의 헬레네 바이겔이나 사르트르의 드 보부아르가 했던 식으로—루스가 자기 애인들을 감독하는 것을 즐겼을 것이다. 그렇게 하여 형식적으로나마 아내로부터 용서를 받고, 자신의 죄책감에서도 벗어났을 것이다. 그런데 그녀는 남편의 요구를 냉정하게 따를 수는 없었다. 그는 가족과 종업원에게 그랬듯이, 그의 여자들 모두에게 정신적인 면에서까지 확고한 충성을 요구했다. 그는 사형을 폐지해야 한다는 자신의 관점을 수긍하려 하지 않은 어떤 여자에게 일자리를 주기를 거부했다.

골란츠는 자신의 불합리한 공포를 가라앉히는 데에도 여성의 절대적인 헌신을 필요로 했다. 그의 어머니는 아버지가 아침에 일터로 떠나면 결코 돌아오지 않을 것이라고 믿었다. 그래서 그녀는 정성들인 염원 의식을 거행하곤 했다. 이런 공포를 물려받은 골란츠는 루스에게 공포의 초점을 맞췄다. 그는 어렸을 때 가졌던 이상한 버릇의 영향으로 만성적인 불면증에 시달렸고, 불면증은 다양한 공포심을 강화시켰다. 그의 비범한 거짓말 능력도 마음속 깊이 숨어 있는 양심의 가책을 잠재울 수는 없었다. 숨어 있던 잠재의식은 죄책감의 형태로 꾸준히 그를 덮쳤다. 나이를 먹을수록 더욱 심해지고 다양해진 우울증은 종종 이런 죄책감으로 표출됐다. 그는 빈번한 불륜으로 성병을 피할 수 없을 것이라고 믿었는데, 정작 성병에 대해서는 아는 것이 거의 없었다. 그의 전기를 쓴 작가는 그가 사실상 "히스테리성 성병"에 시달렸다고 생각했다. 전쟁이 한창일 무렵, 그는 가려움과 피부 통증, 공포심과 걷잡을 수 없는 추락 의식을 특징으로 하는 신경쇠약에 걸렸다. 호더 경은 그가 말초 신경과민증을 겪고 있다고 판단했다. 이 병의 가장 두드러진 증상은 남근을 쓰지 못하게 됐다는 믿음이었다. 그가 자서전에 써넣은 것처럼, "자리에 앉는 순간… 내 물건은 사라져 버릴 것이다. 나는 그것이 내 몸속으로 들어가 버렸다고 느끼곤 했다." 골란츠는 루소처럼 자신의 성기에 집착했는데, 왜 그랬는지는 분명치 않다. 그는 끊임없이 물건을 꺼내 점검하면서 성병의 징후가 있는지, 심지어는 물건이 아직도 그 자리에 있는지 살펴보곤 했다. 그는 그가 완전히 불투명하다고 믿은 사무실의 우윳빛 유리창 가까이에서 하루에도 몇 번씩 이런 의식을 거행했다. 유리창 맞은편에 앉은 직원은 유리가 완전히 불투명한 것은 아니었으므로 골란츠의 버릇 때문에 곤혹스러워했다.[11]

골란츠의 자기기만은 남들뿐 아니라 그 자신에게도 고통을 가했다. 그런데 여러 가지 면에서 객관적 실체를 이해하는 능력이 부족한 사람이 인류에게 정치적 충고를 한다는 것은 적합하지 않은 일이다. 골란츠는 평생 이런저런 종류의 사회주의자였는데, 그는 사회주의가 "노동자"를 돕는 데 헌신적이라고 믿었다. 그는 자신이 "노동자"의 생각과 욕구를 알고 있다고 확신했다. 그런데 그가 한때 보일러 제조공이었던 영국 공산당 당수 해리 폴리트를 제외하면 노동 계급 출신을 단 한 명이라도 알았다는 증거는 전혀 없다. 골란츠는 런던의 래드브로크 그로브에 있는 저택에 하인 10명을 뒀고, 버크셔 브림튼에 있는 별장에 정원사 세 명을 뒀다. 그는 편지를 주고받는 것 이외에는 이들 중 어느 누구와도 거의 대화를 하지 않았다. 그가 거느린 작가로 여론 조사를 수행하기도 했던 톰 해리슨은 골란츠가 직원들에게 줘야 할 상당액의 돈을 지급 보류하고 있다고 비난했다가 분노에 찬 답장을 받았다. "당신이 지금 내 나이가 될 때까지 노동 계급을 위해 나처럼 열심히 일하고 있다면, 이렇게 기분 나쁜 짓을 할 수는 없었을 거요. 이것만 말합시다. 내가 당신 나이 때뿐 아니라 훨씬 나이가 먹었을 때에도… 나는 먹고사는 형편이 당신보다 훨씬 못했소."[12] 자신이 수도사와 비슷하게 생활하고 있다는 것이 골란츠의 믿음이었다. 1930년대 중반에 그는 항상 운전사가 딸린 차를 타고, 커다란 시가와 고급 샴페인을 즐기면서 날마다 사보이 호텔에서 점심을 먹었다. 그는 늘 최상급 호텔에만 묵었다. 그가 자신이 원했던 것을 자제했다는 증거는 하나도 없다.

골란츠가 대단히 성공적인 자본가의 반열에 오르던 1928~1930년부터 반자본주의 운동에 참여한 것은 기이한 일이다. 그는 자본주의가 인간의 탐욕스러운 본성과 그로 인한 폭력을 부추긴다고 주장했다. 1939년 9월 즈음에 그는 극작가 벤 레비에게 마르크스의 『자본론』이 "내가 보기에 세계 문학에서 네 번째로 재미있는 책"이라는 내용의 편지를 썼다. 『자본론』은 "A플러스를 받은 탐정 소설과 복음서의 매력"을 결합시킨 책이었다(그가 정말 『자본론』을 읽기나 했을까?).13 이것은 그가 소련을 상대로 벌였던 기나긴 애정 행각의 서막이었다. 그는 소련 체제의 작동 방식에 대한 웨브 부부의 환상적인 설명을 그대로 받아 들였다.14 그는 소련 체제를 "놀라울 만큼 매혹적"이라고 묘사했다. 정권의 민주적 본성에 대한 "오해"를 제거하기 위해 계획된 몇몇 장은 "책에서 제일 중요한 부분"이었다.15 오래지 않아—공교롭게도 대숙청이 절정에 달했을 때였다—그는 스탈린을 "올해의 인물" 후보로 꼽았다.

골란츠는 노동당 지도자 램지 맥도날드에게 의석을 달라고 요청하는 것으로 정치 활동을 개시했지만, 그때나 이후로나 아무런 반응도 돌아오지 않았다. 대신 그는 사회주의 서적을 출판하는 데 집중했다. 1930년대 초반, 그는 좌파 정치서적을 저렴한 가격으로 엄청나게 찍어 댔다. 그중에는 G. D. H. 콜의 훌륭한 베스트셀러 『혼란스러운 세계를 헤쳐 나가게 해 주는 지식인 가이드』와 『마르크스가 진실로 뜻했던 바』, 존 스트레이치의 『다가오는 권력 투쟁』 등이 포함돼 있었는데, 이 책들은 당시 대서양 양안에서 발간된 그 어떤 정치 서적보다도 영향력이 컸다.16 골란츠가 상업적 출판업자 노릇을 그만두고 정치 선동가로 변신한 것이 이 시점이다. 이와 때를 같이 하여 체계적인 기만 행각이 시작 되었다. 변신에 대한 조짐은 웨스트민스터의 수사 신부 퍼시 디어머 목사에게 『기독교와 위기 국면』의 편집을 위임하기 위해 보낸 편지에서 엿볼 수 있다. 골란츠의 생각에 그 책은 "많은 교회의 고위 성직자"로부터 받은 기고문을 수록한 "공인된" 책으로 보여야만 했다. 그런데 그는 "저는 제가 대단히 중요하다고 믿는 주제에만 관심을 갖는 상당히 특이한 출판업자인지도 모릅니다. 저는 제가 동의할 수 없는 책은 절대로 출판하고 싶지 않습니다"라고 썼다. 즉 그 책은 처음부터 "기독교는 오로지 개인적인 구원만을 위한 종교가 아니라, 필수적으로 정치와 관련을 맺어야만 한다"는 입장을 견지했고, 따라서 "즉각적이고 실천적인 사회주의와 국제 사회주의의 노선으로 '모두 갈아타야만'" 했다.[17]

이와 같은 노골적 기만과 명령적 요소에도 불구하고 수사 신부는 골란츠의 요청에 따랐고, 책은 1933년에 기일에 맞춰 세상에 나왔다. 다른 작가들도 비슷한 지시를 받았다. 『전쟁을 예방하는 지식인의 방식』을 편집하던 레오너드 울프는 클라이맥스에 해당하는 장은 마지막의 "국제 사회주의, 즉 평화의 관건"이 될 것이고, "다른 장들은 모두 이 마지막 장을 보조하는 역할을 하는 데 그쳐야 하며", 이런 목적을 감추기 위해 전반부의 장들을 "대중이 사회주의와 밀접하다고 여기는 사람"이 집필하지 않는 것이 "바람직"하다는 얘기를 골란츠로부터 들었다.[18] 1930년대 후반으로 갈수록 기만적 요소는 더욱 커지고 노골적이 됐다. 골란츠는 공산주의자 존 머핸이 쓴 노동조합에 대한 책을 비판하기 위해 어느 편집자에게 보낸 내밀한 편지에서 불평을 토로했다. "시간이 갈수록 좌익적인 분위기가 더욱 짙게 드러나고 있네. 특별히 이 주제에 대해서는 그런 경향을 회피해야 하네." 그는 이어서 자신이 원했던 것은 "좌파 인사가 쓴 글이면서도 좌익적 성향이 아니라 표면적으로는 공평한 성향을 표출하는 것"이라고 썼다. 그는 "자네가 떠올릴 모든 종류의 방책들을 활용하면"이라고 의미심장한 표현을 쓴 다음 결론을 맺었다. "양쪽의 관점을 그런 식으로 표현할 수 있을 것이네. 어느 누구도 비난할 수 없을 정도로 공평한 분위기를 담아내면서도 독자들에게 우리가 의도한 결론을 끌어내도록 해야 할 걸세."

골란츠 출판사의 책에 독자를 기만하기 위한 모든 종류의 "방책"이 등장하기 시작했다. 예를 들어, "공산당"이라는 단어는 가능한 한 언제나 "좌익"으로 교체됐다. 노골적인 은폐도 있었는데, 이 사실은 골란츠의 많은 편지에 나타나 있다. 종종은 양심의 고통을 드러내는 자기 연민적인 표현도 등장한다. 그는 스페인을 다룬 책에 대해 웨브 밀러에게 보낸 편지에서 "나는 이 편지를 쓰는 것이 고통스럽고, 꽤나 부끄럽소"라고 쓰고 그 자신도 진실임을 알고 있는 두 장을 은폐할 것을 요구했다. 그는 밀러가 쓴 글이 "조금도 과장"되지 않다는 것을 알지만, "그 장에 있는 많은 구절이 발췌돼서 선전 선동의 목적으로 '공산주의의 야만성'에 대한 증거로 널리 인용될 것"임은 "도저히 피할 수 없는 일"이었다. 그는 자신이 "(공산주의에 대한) 지지를 약하게 만들면서 다른 편에 선전 선동을 할 기회를 주는 책은 어느 것이건 출판"할 수 없다고 느꼈다. 그는 밀러가 "이것은 진실을 농락하는 것"이라고 생각할지도 모르지만, "그것은 그렇지 않으며, 사람은 궁극적인 결과를 고려해야만 합니다"라고 덧붙였다. 그는 마지막으로 간청했다. "제발 나를 용서해 주시오." 루스에게 바람을 피는 못된 행각에 대해 용서를 구했던 것처럼 말이다.[19]

골란츠가 작가와 편집자에게 내린 몇몇 지시는 부정직을 노골적으로 강요하기는 하지만, 이상할 정도로 혼란스러운 측면도 있다(양심의 번뇌로 인해 몸부림치고 있기 때문이었던 것이 분명하다). 그들이 특별히 어떤 부정직한 일을 해야 하는지 명확하지 않을 때도 있었다. 예를 들어 역사 교과서 저자에게 보낸 편지에는 이렇게 썼다. "나는 최대한 공정하게 책이 완성되기를 바랍니다. 그런데 나는 공정한 저자들이 급진적인 태도를 갖기를 바랍니다." 그는 "저자의 급진주의"는 저자가 "어떤 경향을 부득이하게 드러낸다고 해도", 그 경향은 "옳지 않은 방향으로 나아가서는 안 된다"는 보장이 있어야 한다고 덧붙였다. 실제로 골란츠가 밝히고 있는 것은, 이 시절 그가 보낸 편지에 꾸준히 드러나듯, 겉으로는 편향돼 보이지 않지만 결과적으로는 편향된 책을 원한다는 것이다.

골란츠의 서류철에 남아 있는 이런 편지들은 특히 매력적이다. 자신이 잘못을 저지르고 있다는 것을 알면서도 진실 그 자체보다 더 고상한 대의를 주장하기 위해 자신의 잘못을 정당화하려는 과정에서 진실의 우물에 지적인 독극물을 풀어 넣었음을 밝히는 직접적인 증거에 해당하는 드문 경우이기 때문이다. 골란츠는 얼마 안 있어 대대적인 거짓말을 실천에 옮겼다. 1933년 1월에 히틀러가 권좌에 오른 후, 골란츠는 수익을 남기지 못하거나 선전 선동 목적에 기여하지 못하는 책은 출판 목록에서 제외하기로 결심했다. 또한 그는 사회주의와 소련의 이미지를 홍보할 목적으로 거창한 도박을 감행했다. 첫 모험은 소련 대사관과 소련 정부를 통해 직접 연결된 소련 저자들이 쓴 선전서 시리즈, 뉴 소비에트 라이브러리였다. 그런데 원고를 확보하는 과정에서 예상치 못한 어려움이 발생했다. 시리즈를 기획하는 과정이 대숙청 기간과 겹쳤기 때문이었다. 추천받은 저자 몇 명이 수용소로 갑자기 사라지거나 저격수들 앞으로 끌려갔다. 골란츠가 받은 글 몇 편은 글쓴이란이 공란이었다가, 처형된 저자가 공식적으로 다른 저자로 대체된 후에야 이름이 채워졌다. 소련의 공공 검사인 안드레이 비신스키의 원고가 지연된 경우는 더욱 무시무시했다. 비신스키는 히틀러의 인민 법정 의장 롤란트 프라이슬러가 했던 역할과 똑같은 역할을 스탈린 정권에서 맡은 인물로, 『소련의 사법』이라는 책을 쓰기로 돼 있었다. 그런데 그는 옛 동지들에게 사형 선고를 내리느라 바빠서 책을 쓸 수가 없었다. 마침내 도착한 원고는 출판을 하기에는 너무 경박하고 열악했다. 골란츠의 독자들은 행복하게도 이런 문제점을 감지하지 못한 상태로 남아 있었다.

어찌됐건 시리즈가 완결될 무렵에 골란츠는 더욱 큰 모험인 레프트 북 클럽Left Book Club, LBC에 관여했다. LBC는 원래 극좌적인 선전물을 받아들이기를 꺼려하는 서적상들에게 맞서기 위해 기획된 것이었다. 엄청난 광고 캠페인과 함께 LBC가 사업을 개시한 1936년 2~3월은 코민테른이 유럽 전역에서 "인민 전선" 정책을 받아들이기로 한 시기와 우연히 일치했다. 노동당 같은 민주적 사회주의 정당이 갑자기 "사회적 파시스트"에서 "투쟁의 동지"로 돌변했다. LBC 회원들은 골란츠와 존 스트레이치, 런던경제대학 교수 해럴드 라스키 등 세 사람으로 구성된 위원회가 선정한 책들을 한 달에 0.5크라운어치씩 최소 6개월 동안 사겠다는 데 동의했다. 회원들은 월간지 『레프트 북 뉴스』를 무료로 받았고, 클럽센터의 이용뿐 아니라 여름학교, 집회, 영화제, 토론 그룹, 연극, 합동 해외 휴가, 오찬, 러시아어 수업에 참가할 수 있는 권리도 가졌다.[20] 1930년대는 참여주의 성향의 그룹에게는 절호의 시기였다. 히틀러가 독일에서 그토록 성공적이었던 이유 중 하나는 그가 모든 연령층의 모든 관심사에 대해 참여 집단을 만들어냈기 때문이다. 공산당은 뒤늦게 히틀러의 수법을 모방했고, LBC는 그런 수법이 얼마나 효과적인지를 보여 줬다. 골란츠는 애초에 1936년 5월까지 가입자 2,500명 정도를 목표로 했지만 9,000명을 확보했다. 회원 수는 결국 5만 7,000명까지 치솟았다. 클럽의 영향력은 이런 숫자가 보여 주는 것보다 훨씬 폭넓었다. LBC는 1930년대에 활동했던 미디어 조직 중에서 어젠다를 세우고 여론의 흐름을 이끄는 데 가장 성공적인 기관이었다. 그런데 LBC는 꼬리를 물고 이어지는 거짓말에 터를 잡고 있었다. 클럽의 첫 거짓말은 선정 위원회가 "활동적이고 진지한 '좌파' 운동의 여론 대부분을 적절하게 대표한다"는, 브로셔에 들어 있는 문구였다. 실제로 LBC는 공산당의 이익을 위해 운영됐다. 이 시기에 존 스트레이치는 공산당에게 철저히 조종당했다.[21] 노동당 당원인 라스키는 막 노동당의 전국위원회 위원으로 선정되었다. 그런데 그는 1931년에 마르크스주의로 전향했고, 1939년까지는 통상적으로 공산당 노선을 추종했다.[22] 골란츠는 1938년 말까지 믿음직스러운 공산당 동조자였다. 그는 공산당이 요구하는 것은 무엇이든 했다. 그는 공산당 기관지 「데일리 워커」를 위해 "왜 나는 「데일리 워커」를 읽는가"라는 역겨운 기사를 썼고, 이 기사는 홍보용으로 활용됐다. 그는 진실과 정확성을 향한 신문의 헌신, 그리고 독자들의 지성에 대한 신뢰를 꼽고는(그의 지식은 모두 근거가 없는 것이었다), 이렇게 덧붙였다. "그것은 신사 숙녀와는 반대되는 개념인 남성과 여성의 특징이다. 숱한 숙녀와 신사를 만났고, 그들 중 상당수가 극도로 따분한 사람들이라는 것을 알게 된 입장에서, 나는 이런 품성이 유별나게 유쾌하다는 것을 깨달았다."[23] 그는 러시아를 방문(1937년)하고 선언했다. "나는 생애 처음으로 완벽한 행복감을 느꼈다……. 여기에 있으면 나머지 세상의 악독함을 잊을 수 있다."[24]

그런데 골란츠가 실질적으로 공산당을 위해 했던 가장 큰 봉사는 LBC 조직을 공산당 인사들로 채운 것이었다. 셰일라 린드, 에밀리 번스, 모든 원고를 편집했던 존 루이스, 그리고 LBC 그룹을 조직했던 베티 레이드는 이 시기에 공산당 당원이었거나 공산당의 통제를 받고 있었다. 정책 결정은 아무리 하찮은 것이라도 일일이 공산당 간부들과 논의했다. 골란츠가 공산당 서기장 폴리트와 직접 상의하는 경우도 잦았다. 이런 상황은 대중에게는 하나도 알려져 있지 않았다. LBC는 공산당 당원을 의도적으로 "사회주의자"라고 부르면서, 그들의 결연관계를 은폐했다. 1차로 선정된 열다섯 권의 책 중 세 권을 제외하고는 모두 공산당 당원이나 비밀 당원이 지은 책이었다. 골란츠는 이 점을 걱정했다. 그렇다는 사실 자체 때문이 아니라, 클럽이 독립적이지 않다는 인상을 줄지도 모른다는 염려 때문이었다. LBC를 독립적인 조직으로 보는 세간의 평가는 공산당 입장에서는 가장 큰 재산이었다. 지도적인 공산당 논객 R. 팔메 더트는 스트레이치에게 보낸 편지에서 대중이 LBC를 "특정 정치 조직의 선동 기관"으로 보지 않고 "독립적인 사업체"로 믿는다는 점 때문에 LBC는 당에게 값어치 있는 조직이라고 기뻐했다.

두 번째 거짓말은 집단과 집회, 이벤트를 포함한 LBC 조직 전체가 "본질적으로 민주적"으로 운영된다는 골란츠의 거듭된 주장이었다. 이것은 딥스 양과 그녀의 "사무실 소비에트"에서만 간신히 타당성을 주장할 수 있었다. 과두 독재의 허울 뒤에는 골란츠의 개인적 전제 정치가 자리를 잡고 있었다. 그것은 그가 돈줄을 움켜쥐고 있다는 단순한 이유에서였다. 사실 그는 LBC를 위한 별도의 계좌를 개설하지 않았다. LBC의 수입과 지출은 빅터 골란츠 유한 회사에 흡수됐다. 그 결과 골란츠가 이 모험으로 돈을 벌었는지 잃었는지를 알아낼 수단은 하나도 없었다. 비평가들이 그가 LBC로 돈을 벌고 있다고 주장했을 때, 골란츠는 그들을 비방죄로 고소했다. 그는 저자들에게 보낸 개인적인 편지에서 LBC의 손실이 끔찍할 정도라고 밝히면서 이렇게 덧붙였다. "이것은 절대 비밀입니다. 여러 가지 점에서 볼 때 우리가 손해를 보고 있다고 알려지는 것보다는 엄청난 돈을 벌고 있다고 간주되는 쪽이 덜 위험합니다."[25] 그런데 이것은 저자들에게 로열티를 쥐꼬리만큼 주거나 아예 한 푼도 주지 않는 것을 정당화하기 위해서 엄살을 피운 것인지도 모른다. LBC가 회사의 일반경비를 공유하고 다른 책을 홍보하는 효과가 있었기 때문에, 골란츠의 회사가 LBC를 통해 이득을 얻었다고 추정하는 사람도 있다. 어찌 됐건, 골란츠는 영수증을 관리하고 임금과 각종 비용을 지불하면서 모든 중요한 결정을 직접 내렸다. 클럽 회원들이 각자의 견해를 밝힐 발표권을 가졌다는 생각은 환상이었다. 그는 『LBC 뉴스』를 편집할 사람을 찾으면서, "아무리 멍청하게 보일지라도 내 지시에 조금도 주저하지 않고 즉각적으로 순종하는 심성에다 독창성이 결합된" 사람이어야만 한다고 주장했다.[26]

　　세 번째 거짓말은 존 스트레이치가 한 말이다. "우리는 우리가 책의 결론에 동의하지 않는다는 단순한 이유로 책의 선정을 거부하지는 않는다." 노동당 노선을 반영한 한두 권의 저서—노동당 지도자 클레멘트 애틀리는 『노동당의 전망』에 기고해 달라는 요청을 받았다—를 제외하면, 일반적으로 공산당 노선에 부합하는지 여부가 책의 중요한 선택 기준이었음을 보여 주는 결정적인 증거가 있다. 특히 극악한 경우는 오거스트 탈헤이머의 『변증법적 유물론 입문』이었다. 그 책을 정통 입문서라고 믿은 골란츠는 1937년 5월에 책을 출판하기로 합의했다. 그런데 그 사이에 탈헤이머는 모스크바와 분명치 않은 분쟁에 관련되게 됐고, 폴리트는 책을 출판하지 말 것을 골란츠에게 요구했다. 책의 출판이 이미 발표된 뒤였기 때문에, 골란츠는 클럽의 적대자들이 발간 취소를 "LBC가 공산당의 하위 조직임을 보여 주는 증거"로 활용할 것이라며 항의했다. 폴리트는 프롤레타리아인 척, 산전수전 다 겪은 노병인 척하는 투로 대꾸했다. "출판하지 마시오! 내가 나이 먹은 놈과 꺽다리, 볼기짝 시뻘건 주임 사제하고 싸우고 있을 때는 안 돼!" (그의 말은 스탈린, 팔메 더트, 캔터베리 주임 사제인 휼렛 존슨을 가리킨다.) 골란츠는 폴리트의 말에 따라 책의 출판을 막았다. 그러면서도 나중에 폴리트에게 투덜거리는 편지를 썼다. "이런 일을 하는 것이 지긋지긋하게 싫습니다. 나는 이런 잘못을 저지르면 내 안에 있는 뭔가가 망가지도록 만들어진 사람이오." 당이 출판을 금지시키고 싶어 했던 또 다른 책은 대단히 존경받는 베테랑 사회주의자 H. N. 브레일스포드가 지은 『자본주의는 왜 전쟁을 뜻하는가』였다. 책이 모스크바 재판을 비판했다는 이유에서였다. 1937년 9월에 원고를 본 번스는 골란츠에게 아무리 많이 가위질을 하고 뜯어고쳐도 당은 이 책을 받아들일 수 없을 것이라고 충고했다. 골란츠는 이 경우에는 출판을 금지시키자는 편에 섰다. 그는 저자에게 편지를 썼다. "저는 이 문제에 있어서 제 양심을 저버리는 행위를 할 수 없습니다." 재판을 비판하는 책을 출판하는 것은 "성령에 반하는 죄를 저지르는 것"과 비슷했다. 그러나 브레일스포드의 오랜 친구이며 재판에 대해 불쾌해하던 라스키는 책을 출판해야 한다고 밝히면서 사임하겠다고 으름장을 놓았다. 그렇게 되면 인민 전선이라는 LBC의 체면이 손상될 것이었다. 골란츠는 마지못해 라스키가 요청하는 대로 했지만, 비수기인 8월에 홍보를 전혀 하지 않은 채 책을 내놨다. 브레일스포드가 적었듯, 책은 "망각 속에 묻혔다." 골란츠는 스탈린에 대한 비판을 담은 레오너드 울프의 저서를 출판하지 않기 위해 "기술적인 이유"를 꾸며댔다. 그런데 그 자신도 출판사를 소유하고 있어서 골란츠보다 출판에 대한 지식이 해박했던 울프는 거짓말을 까발리고는, 골란츠가 합의를 깨 버린다면 대중적으로 곤란한 일이 생길 것이라고 위협했다. 골란 츠는 여기서 다시 무릎을 꺾었다. 책의 실패를 확신하면서 말이다.

LBC의 출판은 사실상 사기행각을 통해 공산당 노선을 홍보할 의도로 구상됐다. 골란츠가 클럽의 교육 서적인 레프트 가정대학 라이브러리의 편집자에게 쓴 편지에서 밝혔듯이, "표현은 물론 마르크스주의처럼 공격적이어서는 안 됩니다." 책은 "독자들이 어느 시점에서인가는 제대로 된 결론을 도출해 낼 수 있게끔, 하지만 초심자들이 '어라, 이것은 마르크스주의 책이잖아!' 하면서 흥미를 잃지 않을 방식으로" 집필돼야만 했다. 골란츠는 한동안 공산당 상층부와 극히 가까운 관계를 맺고 있었다. 기록에 따르면 골란츠는 폴리트에게 상당한 액수의 현금을 건넸다. "당신이 오늘 아침에 나한테 파운드 화폐로 돈을 갖다 줄 수 있을지 궁금하군요. 폐 끼쳐서 미안하오,

빅터. 그렇지만 세상일이 어떤지는 당신도 알잖소."²⁷ 공산당 검열관은 아주 사소한 것까지 트집을 잡았다. 그 결과, 훗날 『노동자』의 편집장이 된 J. R. 캠벨은 어느 책의 참고 문헌 목록에서 트로츠키와 기타 "실각한 인물"의 저작을 제거해야 하는 일을 떠맡았다.

그의 전기 작가가 "다량의 고발 문건"이라고 부른 기록 속에 남아 있는 골란츠의 행동은 옹호받을 수 없는 것이기는 하다. 그렇지만 그의 행동은 시대적 맥락 속에서 살펴봐야만 한다. 1930년대는 20세기의 다른 어떤 시기보다도 더한, 크고 작은 거짓의 시대였다. 나치와 소련 정부는 막대한 자금을 활용하고 지식인 수천 명을 고용해서 어마어마한 규모의 거짓말을 떠들어댔다. 한때 진실에 대한 헌신으로 찬양받던 영예로운 기관들은 이제는 의도적인 탄압을 받았다. 런던에서, 「더 타임스」의 편집장 지오프리 도슨은 통신원들이 보내오는 기사 중에서 영국-독일 관계에 해를 끼칠지도 모르는 기사들을 "신문에서 몰아냈다." 파리에서는 드레퓌스의 무죄를 입증하기 위해 창설된 유명한 인권 연맹의 지도적 회원 펠리시앙 샬레이에가 스탈린의 극악무도함에 대한 진실을 은폐하는 작업을 돕는 수치스러운 행태에 대한 항의 표시로 사임을 해야겠다고 느꼈다.²⁸ 공산주의자들은 반제국주의 연맹과 같은 다양한 전위 조직을 통해 동조적인 지식인을 기만하는 목적을 가진 전문적인 거짓말 생산 조직을 운영했다. 「뉴 스테이츠먼」의 편집장 킹즐리 마틴이 "영감을 가진 선동가"라고 묘사한 독일 공산주의자 빌리 무엔첸 베르크에 의해 처음에 베를린에서 운영되던 조직은 히틀러가 권력을 장악한 후에는 파리로 옮겨갔다. 무엔첸베르크의 오른팔로, 마틴이 "광신적이고 무자비한 정치 위원"이라고 불렀던 체코의 공산주의자 오토 카츠는 다양한 영국 지식인을 협조자로 선발했다.²⁹ 전직 「런던 타임스」 기자로 좌파 추문지 「더 위크」의 편집장이었던 클로드 콕번도 거기 포함돼 있었는데, 그는 카츠가 테투안에서 벌어진 "반프랑코 폭동"처럼 완전히 상상에 의해 만들어진 뉴스거리를 날조하는 것을 도왔다. 콕번이 이런 날조된 기사를 계속 발표하자, 하원 의원 R. H. S. 크로스먼은 콕번이 거짓말을 하면서 뻔뻔한 기쁨을 느낀다는 내용의 글을 「뉴스 크로니클」에 실어 공격했다. 크로스먼은 1939~1945년 전쟁 기간 동안 공식적으로 영국 정부의 "허위 정보 활동"(즉, 거짓말)과 관련된 일을 하고 있었다. 그는 이렇게 썼다. "전쟁 중에는 흑색선전이 필요할 수도 있다. 그런데 흑색선전을 실행하던 대부분은 우리가 하던 일을 몹시도 싫어했다." 공교롭게도 크로스먼은 사상을 인간보다 앞선 자리에 놓고, 진실에 대한 관점은 결여된 전형적인 지식인이었다. 콕번은 크로스먼의 관점을 "정말로 웃기는 자기기만의 윤리관"이라고 묘사하며 비난했다. "내가 보기에 선전 선동—거짓말들을 떠벌리는 사람……. 그러면서도 자신이 한 행위를 '몹시도 싫어하며' 양심의 가책을 피하려 하는 사람을 보면 정말 우습다." 콕번에게 있어, 인간이 "그것을 위해 싸워야 할" 대의를 위해서는 "거짓말을 할 가치가 있었다"[30] (멋진 대의다! 무엔첸베르크와 카츠는 "반역죄"로 스탈린에게 목숨을 잃었다. 카츠의 경우 클로드 콕번 같은 "서구 제국주의자"들과 사귀었다는 것이 그 이유였다.)

골란츠의 부정직함은 이런 배경에서 판단돼야만 한다. 그중에서 제일 악명 높았던 것은 공산주의자들이 스페인 무정부주의자들에게 행한 포악한 짓을 폭로한 조지 오웰의 『카탈로니아 찬가』 출판을 거절한 것이었다. 오웰을 거절한 것은 골란츠 혼자만은 아니었다. 킹즐리 마틴은 오웰이 동일한 주제로 쓴 일련의 기사의 게재를 거절했다. 마틴은 30년 후에도 자신의 결정을 여전히 옹호했다. "나는 그 기사를 게재하는 것은 독일을 상대로 전쟁을 하면서 괴벨스의 기사를 게재하는 것과 다를 바가 없다고 생각했다." 마틴은 문학 담당 편집자 레이몬드 모티머를 설득해서 오웰이 쓴 "미심쩍은" 도서 리뷰를 돌려보냈고, 모티머는 훗날 이 사건을 쓰라리게 후회했다.[31] 골란츠와 오웰의 관계는 역사가 깊고 복잡했으며 불쾌하고 비열했다. LBC가 활동하기 전, 오웰은 영국 좌파를 비판한『위건 부두로 가는 길』을 출판했다. 그 책의 LBC 판을 내기로 결정했을 때, 골란츠는 못마땅한 부분을 삭제하고 싶어 했지만 오웰은 이를 허용하지 않았다. 따라서 골란츠는 오웰이 "하급의 중간 계급 구성원"으로서 글을 썼다고 말하면서, 오웰의 "잘못"을 설명하는 허위적인 머리말을 직접 썼다. 골란츠 역시 이 계급(물론 오웰보다는 훨씬 부유했던)의 구성원이었고, 오웰과는 달리 노동자들과 접촉을 한 적이 거의 없었기 때문에, 이 머리말은 노골적인 거짓말이었다. 골란츠는 미국 출판업자가 오웰의 책을 다시 펴냈을 때 매우 치욕스러워 하면서 노발대발했다.[32]

　오웰 소동이 절정에 달했을 무렵, 골란츠는 자신과 공산주의자의 관계에 대해 이미 재고하고 있었다. 그 이유는 여러 가지였다. 첫째, 그의 상업적인 전망이 타격을 입고 있다는 생각 때문이다.『카탈로니아 찬가』를 열성적으로 낚아챈 세커&워버그 출판사는 공산당의 반대가 아니었다면 당연히 골란츠가 출판했을 다른 책들과 저자들도 받아들였다. 둘째, 골란츠의 주의 지속 기간의 한계가 뻔했다는 것이다. 책, 저자, (루스를 제외한) 여자, 종교, 대의는 그의 열정을 결코 영원히 잡아 두지 못했다. 골란츠는 한동안 LBC를 즐겼고, 그가 앨버트 홀에서 공산당의 협조를 받아 개최한 멋진 집회들을 즐겼다. 캔터베리 주임 사제는 집회에서 이렇게 읊조리곤 했다. "레프트 북 클럽에 신의 가호가 있기를!" 골란츠는 자신에게 대중 연설가의 재능이 상당하다는 것을 발견했다. 그런데 잘 훈련된 청중으로부터 갈채를 받는 것은 늘 공산당의 스타들, 특히 폴리트였다. 골란츠는 그런 상황이 마음에 들지 않았다. 1938년 가을, 그는 전반적인 상황을 이겨내지 못하고 지켜

위하는 조짐을 보였다.

　골란츠는 이런 분위기에서 점점 포용력을 갖게 됐다. 그는 파리에서 보낸 크리스마스 휴가 동안 모스크바 재판을 상세히 다룬 글을 읽고는 그 재판이 부정한 것이었다고 확신하게 됐다. 런던으로 돌아온 그는 폴리트에게 LBC가 최소한 그 문제와 관련해서 더 이상 모스크바의 노선을 유포하지 않을 것이라고 말했다. 2월에 그는 『LBC 뉴스』에서 "완전한 지적인 자유를 막는 소련 사회의 장애물이 확실히" 있다는 것을 인정하기에 이르렀다. 봄에 오웰의 소설 『공기를 찾아서』를 출판하기로 결정해서 오웰을 깜짝 놀라게 만든 것은 노선을 수정했다는 확실한 징조였다. 여름 무렵, 골란츠는 모스크바와의 관계를 정리하고 싶어 했다. 그는 8월의 히틀러-스탈린 조약을 반겼다. 조약 체결의 결과로 전쟁이 불가피했기 때문에 전적으로 유쾌하기만 한 상태는 아니었지만 말이다. 그리고는 그 조약을 공산당과 완전히 관계를 단절하기 위해 하늘이 주신 기회로 받아들였다. 그는 즉시 지각 있는 사람들 대부분은 오래전부터 확실하게 알고 있던 사악한 행동들을 다수 지적하는 내용의 반모스크바 선전문을 집필하기 시작했다. 오웰은 지오프리 고어러에게 이렇게 말했다. "그토록 무지한 사람들이 그렇게나 영향력이 있다는 사실이 너무 무섭습니다."[33]

　골란츠가 모스크바와 관계를 끊은 이후, LBC는 결코 예전 같지 않았다. 직원들은 분열되었다. 셰일라 린드, 베티 레이드, 존 루이스는 공산당에 달라붙었다. 골란츠는 루이스와 (더 이상은 애인이 아니었던) 린드를 해고하지는 않기로 결정했다. 그렇지만 그는 특유의 행동대로 이것을 이용하여 그들을 강등시키고 급여를 낮추며 해고 예고 기간을 줄여 버리는 기회로 삼았다.[34] 1930년대에 공산당에 동조했던 자신의 행동을 죽을 때까지 변호했던 킹즐리 마틴과 달리, 또는 자신의 행동을 냉소적으로 떠벌리고 다녔던 클로드 콕번과 달리, 골란츠는 완전히 전향하기로 마음먹고 이를 참회의 기회로 삼았다. 1941년에 그는 라스키와 스트레이치뿐 아니라 오웰의 기고문까지 담은 『좌파의 배반: 공산주의 정책의 검토와 반박』이라는 책을 편집했다. 이 책에서 그는 LBC가 저지른 죄목을 형식적으로나마 고백했다.

> 나는 러시아에 대한 원고는 훌륭하든 아니든 받아들였다. 그 원고들은 "정설로 인정"됐기 때문이었다. 나는 진실한 사회주의자와 정직한 사람들의 원고는 거절했다. 그 글들은 정설이 아니기 때문이었다……. 나는 모스크바 재판을 정당화하는 책들만 출판했다. 그리고 재판을 비판하는 사회주의자들의 책은 다른 곳으로 보냈다……. 한 사람의 인간으로서, 나는—당시에는 진심으로 확신했던—이 모든 일이 잘못된 것이었음을 확신한다.

골란츠의 심경 변화와 죄책감의 고백이 얼마나 순수한지, 그의 심경이 어느 정도나 바뀌었는지에 대해서는 말하기 어렵다. 그는 전쟁 동안 영혼의 어두운 밤을 거쳤고, 앞서 기술했던 육체적 위기는 그 어둠의 정점이었다. 그런데 지식인치고는 이상하게도, 그는 스코틀랜드에서 하느님의 목소리를 들었다. 목소리는 그에게 "죄를 뉘우치는 소박한 마음"을 "경멸하지 말라"고 말했다. 다시 자신감을 찾은 골란츠는 그 나름의 기독교적 사회주의라는 새로운 종교를 획득했다. 새로운 애인을 얻었고, 노동당을 열정적으로 홍보하는 "황화黃禍"라는 일련의 도서 시리즈를 출판하는 새로운 재미도 얻었다. 그런데 그는 오래지 않아 옛날 수법으로 돌아갔다. 1944년 4월에 그는 오웰의 통렬한 풍자 소설 『동물 농장』을 기절했다. "나는 이런 식으로 (러시아를) 전반적으로 공격하는 책은 출판할 수 없소." 이 책 역시 세커&워버

그로 향했고, 그 결과 세커&워버그는 오웰의 유명한 베스트셀러『1984년』도 확보하게 됐다. 골란츠는 길길이 날뛰고 가슴 깊이 후회하면서도,『1984년』을 "엄청나게 과대평가된" 책이라고 폄훼해야 했다.35 오웰의 솔직함은 여생 동안 골란츠를 괴롭혔다(킹즐리 마틴도 괴롭기는 마찬가지였다). 분노에 사로잡힌 골란츠는 타당하지 않은 이유로 오웰을 비난했다. 그는 "(오웰의) 지적인 솔직함은 나무랄 데가 없다"는 것을 받아들일 수 없다고 썼다. "내 생각에 그는 너무나 간절히 솔직해지고 싶어 하기 때문에 진정으로 솔직할 수가 없다……. 그처럼 고도로 지적인 사람이 가진 어떤 고지식한 면모가 사람들에게 없다고 해서, 그것이 항상 그 사람들이 조금씩은 부정직하다는 뜻일까? 나는 그렇지 않다고 생각한다."36

골란츠는 1967년까지 살았다. 그렇지만 그는 1930년대에 행사했던 권력과 영향력을 다시는 행사할 수 없었다. 노동당이 1945년 선거에서 거둔 역사적인 승리는 전후 영국과 서유럽 상당 부분의 정치적 틀을 창출했다. 이 틀은 대처 시대까지 곧장 이어졌는데, 많은 사람들은 이 승리의 공신으로「뉴 스테이츠먼」,「데일리 미러」와 더불어 골란츠를 꼽는다. 그렇지만 애틀리 수상은 골란츠가 응당 받아야 한다고 생각한 귀족 작위를 수여하지 않았다. 골란츠는 굉장히 관대한 사람이었던 해럴드 윌슨이 1965년에 기사 작위를 수여할 때까지 아무런 작위도 갖지 못했다. 골란츠의 허영심이 가진 문제점은 자신이 실제보다 더욱 유명하고 악명이 높다고 스스로를 설득했다는 데 있다. 1946년에 휴가를 가기 위해 탄 배가 카나리아 제도의 부두에 기항할 때, 갑자기 공포에 사로잡힌 그는 프랑코의 경찰들이 그가 뭍에 오르자마자 붙잡아서 고문할 것이라면서 고함을 질렀다. 그는 영국 영사가 배에 올라와서 자신을 보호해야 한다고 주장했다. 영사는 부하 직원을 보내서 제도에는 골란츠의 이름을 들어 본 사람이 한 사람도 없다고 안심시켰다.

정말로 실망한 골란츠는 이렇게 적었다. "그 직원도 내 이름을 들어 본 적이 없었다."

골란츠의 전후 경력은 사실상 시들어서 죽어가고 있었다. 그는 굉장한 성공을 거둔 책을 몇 권 썼지만, 그의 사업은 시장 주도자의 위치에서 서서히 밀려났다. 그는 시대의 조류를 따라잡지 못했고, 새로운 지식인 스타를 알아보지도 못했다. 1945년 9월에 루트비히 비트겐슈타인이 골란츠의 공개적 주장에 담긴 약점을 지적하는 편지를 보냈을 때, 골란츠는 한 줄짜리 글로 답장을 보냈다. "귀하의 편지에 감사드립니다. 저에게 굉장히 호의적인 편지였음을 확신합니다." 그는 비트겐슈타인이 그리 유명하지 못한 교수일 것이라 생각해서 철학자의 이름을 잘못 적었다.[37] 그는 그가 거느렸던 최고의 작가들을 잃었고, 중요한 책들을 확보하는 데 실패했다. 그는 나보코프의 『롤리타』를 "영혼을 이해하는 보기 드문 걸작"이라며 환영했지만, 책을 확보하는 데 실패하고는 길길이 날뛰면서 "완벽한 음란도서, 문학적 가치가 너무나도 과대평가된 책"이라고 결정했고, 결국 『북맨』에 실은 글에서는 "포르노"라고 비난했다. 그는 굉장히 성공적이었던 캠페인에서는 중요한 역할을 담당했다.—그가 그 어떤 대의보다도 몰두했던 주의 주장으로 아마도 그의 진심에 가장 가까웠을 사형제 폐지 캠페인이었다—그런데 이 모험적 캠페인에서 그가 맡은 역할은 그가 싫어했던 아서 케스틀러의 그늘에 가려졌고, 고상하고 말재주 좋은 제럴드 가디너는 명예를 낚아채 갔다. 더 안 좋았던 것은 1957년에 결성된 핵무장 해제 캠페인의 의장 자리를 얻는 데 실패한 것이었다. 당시 주류 사회에서 소외돼 있던 골란츠는 굴욕감을 느끼면서도 주류 사회로 돌아왔지만, 사람들은 그에게 위원회에 합류해 달라는 요청조차 하지 않았다. 그는 그것을 "지독한 모욕"으로 간주했고, 그 모욕은 "마음에 상처를" 남겼다. 처음에 그는 자기 자리라고 간주하고 있던 의장 자리에 오른 오랜 친구 존 콜린스 수사 신부를 비난했다. 콜린스는 골란츠를 합류시키기 위해서 패배할 것이 뻔한 싸움을 벌이고 있었는데도 말이다. 그런 후에 골란츠는 J. B. 프리스틀리에게 책임을 돌렸다. 그는 자신이 프리스틀리에게 적의를 품는 이유를 프리스틀리의 『영국식 여행』을 둘러싸고 벌였던 1930년대 초기의 분쟁 탓으로 돌렸다. 프리스틀리가 캠페인의 많은 창립자 중에서 무슨 일이 있더라도 골란츠와는 일하지 않겠다고 말한 유일한 사람이었던 것은 사실이다.

결국에는 거의 모든 사람이 골란츠의 이기적인 허영심을 견디기 힘들다는 것, 종종 분노가 분출될 때 사용되는 불쾌한 표현들은 특히 참을 수 없다는 것을 깨달았다. 1919년에 골란츠는 매형에게 자신이 윈체스터의 교장이 돼야 할지, 아니면 수상이 돼야 할지 결정을 내리지 못하겠다고 말했다.[38] 골란츠는 자신과 비슷한 수준의 사람들을 그리 중요하게 간주하지 않는 무능력을 타고났다. 그런 골란츠가 사업적 통찰력을 발휘해서 어느 누구도 자신에게 도전하지 못하게 만든 개인적 독재 체제를 창출해 낼 수 있었던 것은 그에게는 행운이었다. 루스 더들리 에드워즈는 골란츠라는 사람을 무엇보다도 잘 알 수 있는 독특한 편지를 골란츠의 서류철에서 찾아 인용했다. 벨 주교 추모 강연을 해 달라는 요청을 받은 골란츠는 그렇게 하기로 합의했다. 벨 주교는 독일의 지역 폭격에 강하게 반대하는 목소리를 낸 유일한 인물이었다. 그런데 골란츠는 더 매력적인 약속이 생기자 강연을 취소해 버렸다. 피트먼이라는 주최 측 인사는 당연히 화를 내면서 골란츠를 책망하는 편지를 썼다. 골란츠는 분노의 표현이 가득한 장문의 편지를 답장으로 보냈다. 그는 피트먼이 "해가 져서 분을 풀고 난 다음에 글을 쓰지 않았다"고 비난하면서, 자신이 강연을 취소할 수밖에 없었던 어마어마하게 많은 약속들을 세세하게 설명했다. 골란츠는 피트먼의 주장을 강한 어조로 반박하고 자신이 "도덕적 의무감" 때문에 이런 반박을 하는 것이라면서, 자신의 과업에 호의적인 입장을 취하며 편지를 계속 이어나갔다. "사실, 나는 내가 구술을 하는 동안 노여움을 잃기 시작했소. 이런 표현이 터무니없다는 것이 분명하다는 말은 해야겠소." 그러고는 피트먼이 "너무나 무례하다"고 비난하는 문단이 두 개 더 이어진 후, 마침내 다음의 문장이 등장한다. "나는 이 편지를 온건한 분위기로 시작했지만 무절제한 분위기로 끝을 맺게 됐다는 사실을 알고 있소. 내가 당신에게 해 주는 충고에도 불구하고, 해가 지고 난 후에도 내 분노를 풀지 못하리라는 것도 지금 이 순간 잘 알고 있소. 그래서 나는 내 비서에게 이 편지를 즉시 발송하라고 지시하고 있소." 다른 상황이 모두 동일했다면, 루소도 마르크스도 톨스토이도 이런 이기적인 장광설을 썼을지 모른다. 그런데 그의 말에서 사소하고 자조적인 아이러니의 실마리를 찾아낼 수 있지 않을까? 우리는 그러기를 바란다.

릴리언 헬먼

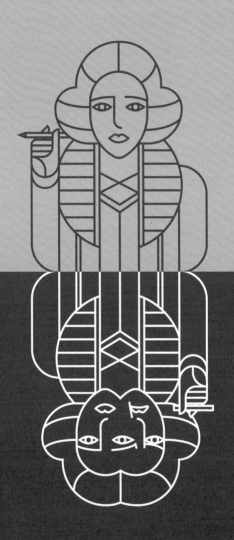

뻔뻔한 거짓말

빅터 골란츠가 천년 왕국이라는 목표를 위해 진실을 뜯어고친 지식인이었다면, 릴리언 헬먼Lillian Hellman(1905~1984)은 거짓말을 자연스럽게 뿜어낸 지식인인 듯 보인다. 골란츠처럼 헬먼은 스탈린주의의 공포를 서방 세계에 감추려는 거창한 지적 음모의 일원이었다. 골란츠와는 달리 헬먼은 자신의 잘못과 거짓을 결코 인정하지 않았으며, 어쩌다가 아주 마지못해서 무성의한 태도로 인정하는 경우가 있었다. 그녀는 골란츠보다 훨씬 악독하고 뻔뻔한 거짓말로 출세의 길을 밟으려 들었다. 여기에 의문을 던지는 사람도 있을 것이다. 왜 릴리언 헬먼을 괴롭히는 것인가? 그녀는 필수적으로 이야기를 만들어 내는, 그리고 불가피하게 현실 세계와 판타지 세계가 중첩되는 삶을 살아가는 상상력 풍부한 예술가 아닌가? 또 다른 악명 높은 거짓말쟁이 어니스트 헤밍웨이의 경우처럼, 픽션 창작자에게 절대적인 진실을 기대할 수 있는가? 진실을 경시하는 성향이 그녀의 삶과 작품의 한복판을 차지하게 된 것은 헬먼에게는 불행한 일이었다. 헬먼을 무시하기 어려운 이유는 두 가지다. 첫째, 그녀는 국제적인 명성을 얻은 최초의 여류 극작가로, 세계 전역의 교양 있는 여성을 상징하는 인물이 됐다. 둘째, 그녀는 말년 수십 년 동안, 부분적으로는 기만 행각의 결과로 미국 지식인 세계에서 유례가 없을 정도의 위세와 권력을 성취했다. 헬먼의 경우는 정말로 중요하고 보편적인 질문을 제기한다. 지식인 계급은 그들이 숭배하는 인물에게 어느 정도의 진실을 기대하고 요구하는가?

릴리언 헬먼은 1905년 6월 20일에 중산층 유대인 부모 사이에서 태어났다. 개인적인 이유뿐 아니라 정치적인 이유로 그녀는 골란츠처럼 자서전에서 어머니를 깎아내리고 아버지를 추켜세웠다. 헬먼의 어머니는 부유하고 자손이 많았던 뉴하우스 가문과 마르크스 가문의 결합에서 태어났는데, 두 집안 모두 미국 자본주의 아래서 번영을 누렸다. 1840년대에 유대인 이민의 통상적 양식에 따라 독일에서 미국으로 건너온 아이작 마르크스는 유랑 행상으로 돈을 벌어 상인으로 정착해서는 남북 전쟁 기간 동안 부를 일궈냈다. 그의 아들은 처음에는 데모폴리스에, 다음에는 뉴욕에 마르크스 은행을 설립했다. 헬먼은 어머니 줄리아 뉴하우스를 멍청이로 묘사했다. 그렇지만 줄리아는 좋은 교육을 받은 교양 있는 여자였던 듯하다. 헬먼의 재능의 원천도 어머니였을 가능성이 높다. 그런데 뉴하우스 가문과 마르크스 가문을 족보에서 지워 버리는 것이 정치적으로 바람직하다는 것을 깨달은 헬먼은 외가가 유대인이 아닌 것처럼 꾸미려고 온갖 노력을 다했다.[1]

아버지 맥스는 어머니와는 대조적으로 헬먼의 영웅이었다. 헬먼은 외동딸이었는데 맥스는 딸의 버릇을 망쳐 놨고 부인이 딸에게 시키려고 노력했던 교육이 실패하게 만들었다. 헬먼은 아버지를 급진주의자로 기술하면서, 친할아버지, 할머니를 1848년에 정치적 이유로 미국으로 피난 온 난민으로 묘사했다. 헬먼은 아버지의 교육 수준과 지적인 재능을 과장했다. 사실, 헬먼의 아버지는 마르크스 집안과 뉴하우스 집안이 그랬듯이 자본주의 체제에서 성공하려고 노력했지만, 그다지 성공하지 못했다. 아버지는 1911년에 사업에 실패했고(훗날 헬먼은 있지도 않은 동업자를 비난했다), 그 결과 그는 부유한 처갓집 덕에 먹고 살다가 평범한 세일즈맨으로 숨을 거뒀다. 헬먼의 아버지가 급진주의자였다는 증거는 헬먼의 주장 외에는 하나도 없다. 그녀는 인종 문제를 다룬 글에서 아버지가 백인 두 사람에게 강간당하고 있던 흑인 소녀를 어떻게 구해 냈는지 기술했다. 또한 그녀는 열한 살인가 열두 살 때에 그녀와 흑인 보모 소프로니아가 전차의 "백인 전용" 칸에 앉겠다고 고집을 부렸고, 소란스러운 항의가 제기된 후 자리에서 쫓겨났다는 이야기도 했다. 조심스럽게 말하자면, 40년쯤 후인 1955년에 있었던 로자 파크스•의 유명한 도발 행위를 예견케 하는 이 이야기는 사실일 것 같지 않다.[2]

맥스의 누이들은 하숙집을 경영했다. 헬먼은 그 하숙집에서 태어났고, 그곳에서 많은 시간을 보냈다. 외롭지만 활기차고 통찰력이 예리했던 그녀는 하숙생들을 관찰하고 그들에 대한 이야기를 꾸며서 스스로에게 들려줬다. 그녀는 하숙생들에게서 소재를 많이 얻었다. 훗날 맨해튼에서 헬먼과 헬먼이 머물렀던 호텔의 지배인 나다나엘 웨스트는 손님들의 편지를 비밀리에 뜯어보곤 했는데, 이런 행위는 웨스트의 소설 『론리허츠 양』의 소재가 됐을 뿐 아니라 헬먼이 쓴 희곡에도 삽입됐다. 그녀는 스스로를 "굉장히 성가신 아이"라고 묘사했는데 꽤 믿을 만한 설명이다. 그녀는 뉴올리언스에서 마약을 피우고 남의 차를 허락 없이 마구 몰았으며 도망을 다니면서 놀라운

• 백인에게 자리 양보를 거부해서 미국 흑인 민권 운동을 촉발시킨 인물

모험들을 경험했다고 주장했는데, 믿음이 가지 않는 이야기다. 아버지가 일 때문에 뉴욕으로 이사했을 때 뉴욕대학에 다니던 그녀는 키 163cm에 시험 칠 때 부정행위를 하는, 독특한 매력을 지닌 여자가 될 가능성이 있는 "상당 히 못생긴" 아가씨였다. 헬먼은 10대 시절부터 강렬한 성적 매력을 풍겼다.

신중하고 공정한 전기 작가 윌리엄 라이트는 헬먼의 어린 시절과 초기 경력을 규명하는 작업을 벌였는데, 신빙성 없는 그녀의 자서전에서 제대로 된 사실을 분리해 내기란 쉬운 일이 아님을 알게 됐다.[3] 열아홉 살에 당시 뉴욕에서 가장 진취적인 회사였던 보니 앤드 리버라이트 출판사에 취직한 그녀는 호레이스 리버라이트 밑에서 일했다. 나중에 그녀는 자신이 윌리엄 포크너를 발견했으며, 뉴올리언스가 배경인 포크너의 풍자 소설 『모기』의 출판을 책임졌다고 주장했다. 그런데 입증된 사실은 그와는 다르다. 그녀 는 낙태하고 다시 임신했다가, 무대 에이전트 아서 코버와 결혼하면서 출판 계를 떠나 평론계에 뛰어들었다. 그녀는 후에 『라이프』의 해외 편집장이 된 데이비드 코트와 바람을 피웠다. 1970년대에 코트는 그녀가 보낸 편지들을 출판하겠다고 제안했다. 몇몇 편지의 여백에는 에로틱한 그림이 그려져 있 었다. 헬먼은 출판을 막기 위해 법적인 조치를 취했다. 코트가 가난뱅이로 세상을 떠났을 때, 그 편지들은 예기치 않게 파기됐다. 코버와 결혼한 헬먼 은 파리로 여행을 갔고, (1929년에) 본에서는 나치 청년단 가입을 고려하기 도 했다. 그런 후에 그녀는 할리우드로 갔다. 그녀는 앤 니콜스의 원고 교정 자로 짧은 기간 일했는데, 훗날 그녀는 빅키 바움의 『그랜드 호텔』을 자신 이 발견했다고 주장했다. 그런데 이것 역시 사실이 아니었다.[4] 코버가 전속 작가로 일하던 할리우드에서, 헬먼은 메트로-골드윈-메이어MGM에서 주급 50달러를 받으면서 시나리오를 읽고 평가하는 일을 했다.

헬먼의 급진주의는 그녀가 영화 산업 노조에 관여하면서 시작됐다. 당시, 시나리오 작가들은 대형 스튜디오로부터 받는 대우에 분노하고 있었다. 그런데 1930년에 헬먼의 정치적 삶뿐 아니라 정서적 삶에도 중대한 영향을 끼친 사건이 발생했다. 미스터리 작가 대실 해밋과 만난 것이다. 그녀가 훗날 해밋과의 관계를 낭만적으로 그려냈기 때문에, 여기서 우리는 해밋이 어떤 사람이었는지를 명확히 할 필요가 있다.5 해밋은 메릴랜드의 유서 깊지만 가난한 가문 출신이다. 열세 살 때 학교를 떠난 그는 갖가지 직업을 전전하다가 제1차 세계 대전에 참전해서 부상을 당했다. 그리고는 핀커튼 탐정 회사에서 일하면서 경찰 일에 대한 내밀한 지식을 습득했다. 그는 탐정 회사에서 패티 아버클이 고용한 변호사를 위해 일했다. 아버클은 버지니아 레이페를 강간했다는 혐의로 법정에 서게 되면서 파산한 코미디언이었는데, 레이페는 강간 직후 세상을 떠났다. 해밋이 탐정들로부터 들은 애기에 따르면, 레이페는 강간이 아니라 성병 때문에 사망한 것이었다. 해밋은 이 사건에 대한 경험으로 공공기관을 냉소적으로 혐오하게 된 듯하다(그리고 그의 소설에 자주 등장하는 뚱뚱한 악당들에 매혹된 듯하다). 해밋은 헬먼을 만났을 때 소설 네 권을 발표한 상태였고, 그의 최고작인 『말타의 매』를 통해 유명 인사가 돼 가는 중이었다.

해밋은 아주 심각한 알코올 중독자였다. 책이 가져다 준 성공은 어쩌면 그에게 일어날 수 있는 최악의 일이었을 것이다. 그에게 부와 명예를 안겨 준 책의 성공은 그가 일할 필요가 거의 없다는 뜻이기도 했다. 타고난 작가는 아니었던 해밋은 창작이 너무나도 힘든 일이라는 것을 깨달았다. 각고의 노력 끝에 집필을 완료한 『그림자 없는 사나이』(1934)는 그에게 더 많은 돈과 명성을 안겨 줬다. 그런데 그는 이후에는 전혀 작품을 쓰지 않았다. 그는 조니 워커 빨간 딱지를 박스째 가지고 호텔 방에 틀어박혀 앓아누울 때까지 술을 마셨다. 알코올은 엄격한 규율 속에 살아왔던 남자를 도덕적 붕괴상태로 몰아갔다. 해밋에게는 아내 조세핀 돌런과 두 아이가 있었다. 그런데 그가 가족에게 주는 생활비는 정해진 기일도 액수도 없이 제멋대로였다. 해밋은 때때로 관대한 모습을 보여주기는 했지만, 대체로는 가족을 잊고 살았다. 해밋의 출판업자 알프레드 A. 노프가 해밋의 아내에게서 받은 애처로운 편지들이 남아 있다. "지난 7개월 동안 해밋 씨는 제게 100달러만 보내 줬어요. 그가 처한 곤경에 대해 편지를 쓰거나 설명해 주지는 않았어요―지금 저는 절망적이랍니다―아이들은 제대로 된 옷도 음식도 없습니다. 게다가 저는 일자리도 찾을 수가 없습니다. 저희 부모님과 함께 살고 있는데 연로해서 도움이 되지 않아요……." 시나리오 계약을 체결한 해밋은 벨에어에서 술에 취한 채로 발견됐다. 스튜디오에서 그에게 붙여 준 비서 밀드레드 루이스는 그가 시나리오는 쓰지 않고 침대에만 누워 있는 바람에 할 일이 하나도 없었다. 그녀는 리 프랜시스의 마담이 전화로 호출한 매춘부들―보통은 흑인이나 동양계였다―이 계단을 오르내리며 내는 소음을 기술했는데, 루이스는 그들의 모습을 보지 않으려고 등을 돌렸다.[6] 해밋은 책으로 200만 달러 이상을 벌어들였지만 땡전 한 푼 없이 빚을 지는 경우가 종종 있었고, 숙박비가 밀린 호텔(예를 들어 그는 뉴욕의 피에르호텔에 1,000달러를 빚졌다)에서 옷가지를 겹겹이 껴입고 몰래 도망쳐 나오기도 했다.

해밋은 알코올 때문에 사람들에게, 특히 여자들에게 독설을 퍼붓고 폭력을 행사하는 사람이 됐다. 1932년에 그는 폭행 혐의로 여배우 엘리제 드 비안에게 고소당했다. 드 비안은 술에 취한 해밋이 호텔방에서 섹스를 하려고 하다가 저항하는 그녀를 구타했다고 주장했다. 해밋은 소송에 맞서려는 시도를 하지 않았고, 배상금 2,500달러를 내라는 판결을 받았다. 그는 헬먼을 만난 지 얼마 되지 않았을 때 어느 파티 석상에서 헬먼의 턱을 쳐서 쓰러뜨렸다. 두 사람의 관계는 평탄한 적이 한 번도 없었다. 1931년과 1936년에 해밋은 매춘부를 상대하다 임질에 걸렸고, 두 번째로 걸렸을 때는 치료하는 데 훨씬 애를 먹었다.[7] 두 사람은 여자 문제로 다툼이 끊이지 않았다. 결국 두 사람 다 각자의 배우자와 이혼을 했지만, 그들이 실제로 함께 살았는지, 그랬다면 얼마나 오래 살았는지는 명확하지 않다. 수십 년이 지난 후 다른 많은 일들에 대한 헬먼의 거짓말이 철저히 폭로되었을 때, 고어 비달은 냉소적으로 물었다. "두 사람이 함께 있는 것을 보신 분 있나요?"

헬먼이 자기 홍보의 목적으로 두 사람의 관계를 과장한 것은 분명하다. 그런데 그 관계에도 그럴 듯한 진실은 있었다. 뉴욕으로 이사한 1938년에 헬먼은 뉴욕 도심에는 저택을, 플레전트빌에는 농장을 갖고 있었다. 그때 해밋이 비벌리 윌셔호텔에서 술에 취해 무기력하게 누워 있다는 보도가 나왔다. 그가 호텔에 지불해야 할 돈은 8,000달러에 이르렀다. 헬먼은 그를 비행기로 뉴욕으로 데려와서는 앰뷸런스에 태워서 병원에 입원시켰다. 나중에 그는 한동안 그녀의 집에서 살았지만 하렘의 매음굴을 드나드는 버릇이 있었다. 따라서 더 많은 싸움이 벌어졌다. 1941년에 술에 취한 그는 헬먼에게 섹스를 요구했지만, 그녀는 거절했다. 이후로 그는 그녀와 다시는 섹스를 하지 않았고, 그러려는 시도도 하지 않았다.[8] 그렇지만 두 사람의 관계는 보잘것없는 형태로라도 지속됐다. 해밋의 말년 3년 동안(그는 1958년에 사망했다), 그는 헬먼의 뉴욕 저택에서 좀비처럼 살았다. 헬먼의 입장에서 이것은 이타적인 행위였다. 해밋을 집에 거두는 것은 그녀가 몹시 아끼는 작업실을 희생하는 일이기 때문이다. 그녀는 손님들에게 말하고는 했다. "제발 소리를 낮춰 주세요. 2층에 죽어 가는 사람이 있거든요."[9]

두 사람의 우정에서 분명한 것은 헬먼이 작가로서 해밋에게 엄청난 신세를 졌다는 것이다. 사실 두 사람의 작품 경력에는 이상한, 어떤 이는 수상

쩍다고 말하기도 하는 불균형이 존재한다. 헬먼을 만난 지 오래지 않아 해밋의 글은 조금씩 수준이 떨어져 갔고, 결국에는 완전히 고갈돼 버리고 말았다. 대조적으로 그녀는 거침없이 글을 써서 성공했다. 창조적 영혼이 한 사람으로부터 다른 사람에게 옮겨간 듯했는데, 그 영혼은 해밋이 죽을 때까지 헬먼에게 남아 있었다. 이것은 모두 순전히 우연에서 비롯된 일일지도 모르고 그렇지 않을 수도 있다. 헬먼과 관련된 기의 모든 일이 그런 것처럼, 이 문제 역시 진실을 파악하기가 어렵다. 분명한 것은 해밋이 그녀의 첫 히트작 <어린이들의 시간>에 꽤 많이 관여했다는 것이다. 작품을 구상한 사람은 해밋이었다고 말할 수도 있다. 에드아르 부르데가 여성 동성애를 소재로 쓴 희곡을 번역한 <포로>의 공연을 뉴욕 경찰이 금지한 1926년 이래, 여성 동성애라는 소재를 무대에 올리는 것은 브로드웨이의 이슈였다. 헬먼이 허만 슈믈린의 원고 교정자로 일하기 시작했을 때, 그리고 희곡 집필에 착수했을 때, 해밋은 그녀가 윌리엄 러프헤드가 쓴 『못된 친구들』에 관심을 갖도록 만들었다. 1810년 스코틀랜드에서 흑백의 피가 섞인 혼혈 소녀가 이유 없는 앙심과 노련한 거짓말로, 학교를 운영하는 두 자매가 동성애에 빠져 있다고 고발해서 자매의 삶을 망친다는 소름 끼치는 내용을 담은 책이었다. 자매의 삶이 황폐해진 것이 거짓말, 특히 여자의 거짓말에서 비롯됐다는 기묘한 사실에 헬먼과 해밋 모두 매료됐다. 여자의 거짓말은 『말타의 매』의 눈부시게 복잡한 사건들을 하나로 꿰뚫는 끈이었다. 알코올 중독자는 누구나 그렇듯 해밋은 술에 취하면 거짓말을 해 댔다. 술에서 깨면 사람들을 불편하게 만들면서까지 만사를 꼬치꼬치 따지고 들어가는 잔소리꾼이 되곤 했다. 해밋은 헬먼 가까이 있을 때면 헬먼의 판타지를 어느 정도 억압하려고 들었다. 그녀는 해밋과는 대조적으로 거짓말에 집착하면서 거짓말을 해 댔다. 그녀는 <어린이들의 시간>의 발단과 연극이 개막하던 밤의 상황에 대한 거짓말을 자주 했다. 게다가 그녀는 러프헤드의 책에서 소재를 얻었다는 사실을 밝히지 않았다. 연극이 공개된 후 평론가 존 메이슨 브라운이 그녀가 표절을 했다고 비난했는데, 이것은 그녀가 이후 맞닥뜨려야 했던 많은 혐의 중에 첫 사례였다.[10]

그렇기는 해도 이 작품은 뛰어난 희곡이었다. 오리지널에 가한 수정은 작품에 흥분과 박력을 부여하는 열쇠가 됐다. 작품을 집필하는 과정에서 해밋이 실제로 얼마나 큰 역할을 담당했는가는 이제는 확인이 불가능하다. 헬먼이 (조지 버나드 쇼처럼) 풍부하게 갖고 있던 극적인 재능은, 작품에서 제일 못되거나 무정한 캐릭터에게 그럴 듯한 대사를 부여하는 능력이었다. 대사는 그녀의 희곡이 자아내는 강력한 갈등의 주요 원천이었다. <어린이들의 시간>은 소재 때문에 논쟁을 일으켰다. 유창하고 신랄한 대사는 반대자로부터는 적대감을 불러일으켰고, 옹호자들로부터는 열광적인 반응을 이끌어냈다. 런던에서는 내무장관이 공연 허가를 거부했고, 시카고와 다른 많은 도시들은 공연을 금지했다(보스턴에서는 25년 후까지도 금지된 상태로 남았다). 그런데 경찰이 아무런 조치도 취하지 않은 뉴욕에서는 즉각적인 호평과 박스 오피스의 성공을 거두면서 691회 공연으로 이어졌다. 게다가 대담한 주제와 영리한 드라마 구성—그리고 그 무엇보다도 보수적인 사람들의 분노를 불러일으켰다는 사실—으로 인해 헬먼은 진보적 지식인들의 애정의 대상이 되는 특별한 지위에 올랐는데, 헬먼은 이 지위를 죽을 때까지 유지했다. 작품의 소재에 거부감을 느낀 윌리엄 리언 펠프스 목사가 심사 위원으로 있었던 탓에 <어린이들의 시간>이 1934~1935년 시즌의 퓰리처상 연극 부문 최우수상을 수상하는 데 실패하자, 뉴욕 드라마 비평가 협회가 결성돼 헬먼에게 줄 새로운 상을 만들어 냈다. 희곡의 성공 덕에 그녀는 할리우드에서 주급 2,500달러를 받으며 시나리오를 쓰는 계약을 체결했고, 이후 10년 동안 할리우드와 브로드웨이를 오갔다. 작품의 완성도는 들쭉날쭉했지만, 전체적으로는 인상적인 편이었다. 파업을 다룬 희곡 <다가올 나날>은 실패작이었다. 1936년 12월 5일에 개막해서 엿새 후에 막을 내렸다. 반면 그녀가 어렸을 때 알던 사람들을 기초로 1900년경 남부의 재물욕을 다룬 <새끼 여우들>(1939)은 또 다른 대성공작이 되면서 410회 공연됐다. <새끼 여우들>은 해밋이 해 준 냉정하지만 건설적인 비판 덕에 그녀의 희곡 중에서 가장 잘 쓰이고 구성도 훌륭했으며, 가장 자주 재공연되는 작품이 됐다. 게다가 강력한 경쟁작들 사이에서 성공을 거뒀다는 것은 지적할 만한 가치가 있다. 1939년 시즌에는 맥스웰 앤더슨의 <키 라르고>, 모스 하트와 조지 S. 코프먼의 <만찬에 오는 사람>, 윌리엄 사로얀의 <너의 인생의 한때>, 필립 배리의 <필라델피아 스토리>, 콜 포터의 <내게 맡겨 줘>, 그리고 <아버지와 함께하는 삶>을 비롯한 영국의 인기 연극들이 공연됐다. 2년 후에 그녀의 또 다른 히트작 <라인의 수비>가 뒤를 이었다. 그 사이, 그녀가 할리우드에서 쓴 시나리오 여섯 편 중 절반은 클래식이 됐다. 샘 골드윈은 <어린이들의 시간>의 제목을 <이 세 사람>으로 바꾸고 동성애 요소를 제거하자고 헬먼을 설득했는데, 이 시나리오는 대성공을 거뒀다. 뛰어난 시나리오 <막다른 길>(1937)도 마찬가지였다. 그녀는 <라인의 수비> 시나리오를 놓고 "헤이스 사무소"•와 벌인 싸움에서도 주목할 만한 승리를 거뒀다. 작품의 주인공으로 좌파 독일인이면서 반나치 활동가인 쿠르트 뮐러는 결국에는 악당 테크 백작을 살해할 계획을 꾸민다. 헤이스 사무소는 그들의 규약에 따르면 살인자는 처벌을 받아야만 한다고 항의했다. 헬먼은 나치나 파시스트를 살해하는 것은 정당한 일이라고 맞받아쳤

• 할리우드 영화의 검열을 맡았던 조직

다. 당시는 전시였기 때문에 싸움은 그녀에게 유리했다. 게다가 영화는 루즈벨트 대통령이 직접 관람하는 자선 시사회 작품으로 선정됐다. 이게 바로 당시의 시대상이었다. 그녀가 샘 골드윈을 위해 쓴 또 다른 시나리오는 기쁨이 넘치는 소련 집단 농장에 관한 노골적인 친소 선전 영화로, 할리우드에서 만든 공산당 노선의 영화 세 편 중 한 편인 <북극성>(1942)이었다(나머지 두 편은 <모스크바행 임무>와 <러시아의 노래>다).[11]

1930년대 중반부터 헬먼의 희곡과 시나리오의 주제는 급진 좌파에 가까워졌다. 그녀가 해밋에 이끌려 공산당에 입당했다는 견해는 잘못된 것이다. 우선, 그녀는 해밋보다 더 적극적으로 정치 활동을 했다. 해밋을 심각하고 정례적인 정치 활동에 끌어들인 것은 그녀였다. 게다가 그녀는 1941년(그녀의 설명으로는 1945년)까지 해밋과 간간이 성관계를 맺는 한편으로, 잡지 발행인 랠프 잉거솔, 브로드웨이 제작자 두 명, 모스크바 주재 미대사관의 3등 서기관 존 멜비 등을 포함한 많은 남자들과 놀아났다. 헬먼은 남자들을 상대로 성적인 주도권을 잡는 것으로 악명 높았다. 더군다나 그녀는 상당한 성공을 거뒀다. 어느 친구가 적었듯, "일은 간단했다. 그녀는 여자가 한 명도 없을 때면 성적으로 공격적이 됐다. 다른 여자들도 난잡하기는 마찬가지였지만, 최소한 그 여자들은 선수를 치지는 않았다. 릴리언은 조금도 주저하지 않았고, 결국 그녀는 일을 깨끗이 해치웠다."[12] 물론 항상 그랬던 것은 아니었다. 마사 겔혼은 1937년 파리에서 헬먼이 헤밍웨이에게 수작을 걸었지만 실패했다고 주장했다. 아서 밀러는 헬먼이 그에게 신랄한 적대감을 품었던 것은 자신이 그녀를 거절한 탓이라고 생각했다. "릴리언은 만나는 남자마다 덤벼들었다. 나는 관심이 없었고, 그 때문에 그녀는 나를 결코 용서하지 않았다."[13] 그녀는 중년의 후반기에는 돈으로 잘생긴 젊은 남자들을 친구로 삼았다. 그런데 남자 문제에서 너무나 일상화된 그녀의 성공은 온갖 소문의 온상이 되면서 그녀에게 별난 명성을 안겨 줬다. 예를 들어 프레데릭 반더빌트 필드의 집에서 열린 남자들만 참여한 포커 파티에 그녀가 참석했는데, 포커의 승자가 헬먼을 침실로 데려갔다는 소문도 있다. 한편 자부심이 넘쳐나는 회고록에서 그녀는 자신이 정복한 남자들에 대해서는 한마디도 언급하지 않았다.

무척이나 교조적인 단체였던 1930년대의 미국 공산당이 이런 명성과 취향을 가진 여자를 그다지 신뢰했을 것 같지는 않다. 그렇지만 헬먼의 이름은 확실히 쓸모가 있었다. 헬먼은 진짜 공산당원이었을까? 파업을 다룬 희곡 <다가올 나날>은 마르크스주의에서 영감을 받은 작품은 아니었다. <라인의 수비>는 히틀러-스탈린 조약을 지지했던 1939년 8월부터 1941년 6월 초순까지의 당 노선과 충돌했다. 한편, 헬먼은 공산당이 지배하던 할리우드 시나리오 작가 조합에서 아주 활발하게 활동했다. 1936~1937년의 지독한 투쟁 기간 동안은 특히 더했다. 그녀는 해밋이 입당한 시기가 1937년이라고 밝혔는데, 그녀도 같은 해에 공산당에 입당했다는 것이 논리적으로 타당한 일일 것이다. 1937년은 공산당 당원의 수가 절정에 이르던 해로, 루스벨트의 뉴딜 정책과 인민 전선 정책을 지지하는 파티가 미국 전역에서 열리던 시기였다. (에드먼드 윌슨처럼) 마르크스와 레닌을 읽은 진지한 이상주의자였던 1930년대 초반의 공산당 전향자들이 1937년 즈음에는 다시 공산당에서 멀어진 반면, 공산당은 인민 전선 노선으로 인해 짧은 기간이나마 인기를 얻으면서, 정치에 대해서는 아는 것이 거의 없지만 지적인 조류에는 합류하고 싶어 안달이었던 연예계에서 훌륭한 신입 당원들을 끌어모았다.[14] 헬먼은 이 범주에 딱 들어맞았다. 그런데 그녀가 오랜 동안 계속해서 소련의 정책들을 지지했고, 유행이 사그라진 후에도 소련의 정책에 반기를 들지 않았다는 사실은 그녀가 진지하지는 않더라도 당의 기관 요원이 됐다는 것을 강하게 시사한다. 헬먼은 자신이 공산당원이라는 사실을 늘 부인했다. 이와는 반대로 마틴 버클리는 공산당 할리우드 지부를 결성할 목적으로 자신의 집에서 1937년 6월에 가진 모임에 헬먼이 해밋, 도로시 파커, 도널드 오그덴 스튜어트, 앨런 캠벨과 함께 참석했다고 증언했다. 나중에 헬먼은 이 모임에 대한 질문을 받고는 답변을 하는 대신에 자신에게 불리한 진술을 하지 않을 권리가 있다는 수정 헌법 제5조를 내세웠다. 반미 활동 심사위원회에 참석해서 받은 심문은 그녀가 1937년부터 1949년까지 공산당원이었음을 강하게 시사한다. 그녀를 대상으로 한 거의 1,000페이지에 달하는 FBI 파일은 매우 시시콜콜하고 지루한 내용으로 가득 차 있기는 하지만, 상당히 믿을 만한 사실들도 담고 있다. 버클리 외에 「데일리 워커」의 전편집장 루이스 부덴츠도 다른 두 정보 제공자와 마찬가지로 헬먼이 공산당원이었다고 밝혔다. 다른 사람들은 그녀가 공산당 모임에서 적극적인 역할을 맡았다고 증언했다.[15]

제일 그럴 듯한 설명은 그녀가 성적으로 문란했다는 것을 포함한 여러 가지 이유로 볼 때, 그녀를 공개 당원으로 삼기보다는 비밀 당원으로 삼는 편이 훨씬 유리하다는 것을 깨달은 공산당이 그녀를 공산당 동조자로 통제하면서도 약간의 자유를 허용했다는 것이다. 이것이 이 기간 동안 그녀가 보여 준 모든 행동과 태도에 들어맞는 유일한 설명이다. 헬먼은 공산당의 미국 지식계 침투를 돕고, 소련의 정책 목표를 진척시키기 위해 희곡과 시나리오 외에도 그녀가 가진 능력을 총동원했다. 그녀는 공산당의 핵심 전위 조직에 참여했다. 그녀는 1938년 6월에 뉴욕에서 열린 제10차 공산당 전당 대회에 참석했다. 그녀는 「뉴욕 타임스」의 친스탈린계 특파원 월터 듀란티의 지도 아래 1937년 10월에 러시아를 방문했다. 모스크바 재판은 절정에 달해 있었다. 귀국한 그녀는 재판에 대해서는 아무것도 모른다고 말했다. 서방 지식인들이 재판에 가한 비난에 대해, 그녀는 자신이 "험악한 증오와 진실한 고발"을 구별하고, "어떤 나라와 인민에 대해 맹목적인 적대감이 뒤섞인 날조된 사실"을 가려낼 수 없다고 밝혔다. 그런데 이듬해에 「신대중」에 실린 재판을 찬동하는 광고의 서명자란에는 그녀의 이름이 (말콤 카울리, 넬슨 올그런, 어윈 쇼, 리처드 라이트 등과 함께) 들어 있었다. 그녀는 1937년에 악명 높은 오토 카츠의 찬조 아래 스페인을 방문하고는, 헤밍웨이도 관련된 공산당 선전 영화의 제작비로 다른 작가들과 더불어 500달러를 기부했다. 그런데 그녀가 스페인에서 한 일들에 대한 그녀의 설명은 순전히 거짓말로 가득 차 있다(마사 겔혼은 그녀의 거짓말을 세밀하게 반박했다). 그렇지만 그녀가 스페인에서 정확히 무슨 일을 했는지는 지금은 입증하기 어렵다.

대부분의 지식인처럼, 헬먼은 다른 작가들과 악의에 찬 다툼을 벌였다. 이런 다툼들은 그녀의 정치적 입장에 독이 되면서, 일을 복잡하게 만들었다. 소련이 스페인에서 내세운 노선을 지지하려는 그녀의 열망은, 모스크바의 설명과는 부합되지 않는 사실들을 출판할 것을 고집하는 「뉴욕 타임스」 특파원 윌리엄 카니와의 다툼을 낳았다. 그녀는 카니가 안전하고 안락한 코트다쥐르에서 전쟁을 취재하고 있다고 비난했다. 그녀는 1939년에 소련이 핀란드를 침공했을 때 다시 한 번 소련을 지지했다. "그 멋지고 사랑스럽고 작은 핀란드 공화국이 모든 이들의 눈시울을 그토록 젖게 만들었다는 사실이 믿어지지 않는다. 나는 그 나라에 가봤었는데, 내 눈에는 그 작은 공화국은 나치 찬동자로 보였다." 이런 입장으로 인해 그녀는 여배우 탈룰라 뱅크헤드와 갈등을 빚었다. <새끼 여우들>에 출연했던 뱅크헤드는 여러 가지 이유(주로는 성적 질투심)로 이미 헬먼의 적이었다. 뱅크헤드는 핀란드 구조 단체들을 위한 자선 쇼를 개최했다. 헬먼은 뱅크헤드가 스페인을 위한 유사한 자선 모임에 초대받은 것을 거절했다고 비난했다. 뱅크헤드는 그런 비난이 "뻔뻔한 날조"라며 반박했다. 공교롭게도 헬먼이 핀란드에 갔었다는 증거는 없다. 그녀의 전기를 쓴 작가도 그것이 사실이 아닌 것 같다고 판단했다.16 그렇지만 헬먼은 다양한 출판물에서, 심지어는 뱅크헤드가 세상을 뜬 이후에도 뱅크헤드를 계속 공격했다. 헬먼은 뱅크헤드의 술주정뱅이 가족과 약물 복용에 대해 썼고, 그녀가 흑인 웨이터에게 수작을 걸었다고 묘사했다. 그녀는 뱅크헤드가 발기된 자기 남편의 거대한 남근을 손님에게 보여 주겠다고 고집을 부렸다는 불쾌한 이야기를 (자서전 『펜티멘토』에서) 밝혔다.

헬먼과 뱅크헤드 사이의 다툼은 실제로는 누가 "노동자" 편이었는가에 대한 것이었다. 진실은 두 사람 모두 가끔씩 노동 계급에서 애인을 선택했던 것을 제외하면, 노동 계급에 대해서는 아는 것이 거의 없었다는 것이다. 헬먼은 언젠가 뉴욕의 자유주의적인 석간지 「PM」을 위해 필라델피아에서 연구 조사를 했던 적이 있었다. 택시 기사 한 명, 가게에서 만난 두 남자와 흑인 아이 두 명을 대상으로 한 조사였는데, 그녀는 이 조사를 통해 미국이 경찰 국가라는 결론을 내렸다. 그녀는 전쟁이 끝난 후 마사스 바인야드에서 사귄 친구인 어부 랜달 스미스를 제외하고는 노동 계급에 속한 친구가 없었다. 스페인에서 링컨 여단에 복무했던 스미스는 전형적인 미국 프롤레타리아는 아니었다. 게다가 스미스는 헬먼과 해밋, 그리고 그들의 부유한 급진주의자 친구들을 점점 싫어하게 됐다. 그는 이렇게 밝혔다. "왕년의 공산주의자로서 나는 그들의 고상하고 지적인 태도에 분개하곤 했다. 그들 중 한 사람이라도 노동자와 모임을 가지거나 일을 해 본 적이 있는지 의심스럽다. 그들은 장교이고 나는 사병과도 같았다." 스미스는 특히 사람들 앞에서 "사귀고 있는 여자 친구의 스커트를 자기 지팡이로 들어올리는 것"으로 여자들에 대한 힘을 과시하는 헤밋의 버릇을 싫어했다.[17] 헬먼이 살았던 삶은 그녀가 "투쟁"이라고 부르기 좋아했던 삶과는 확실히 거리가 멀었다. 그녀는 이스트 82번가에 있는 저택과 웨스트체스터에 있는 130에이커 크기의 농장에서 가정부, 집사, 비서, 전담 하녀를 두고 뉴욕의 부유층처럼 살았다. 그녀는 시간당 100달러를 받는 저명한 정신과 의사 그레고리 질부르그의 치료를 받았다. 그녀의 희곡과 시나리오는 그녀에게 재산뿐 아니라 대중의 존경심도 안겨 줬다. 1944년 9월에 그녀는 소련 정부의 초청으로 모스크바를 방문해서 해리먼 대사의 저택에 머물렀고, 그곳에서 외교관 멜비와 정사를 가졌다. 그런데 그녀는 대사관뿐 아니라 메트로폴호텔과 내셔널호텔에도 방을 잡았다. 이 여행은 평소에 그랬던 것처럼 한 무더기의 거짓말을 낳았다. 그녀는 자신이 러시아에 다섯 달 체류했다고 밝혔다. 더 믿음직한 목격자인 멜비는 세 달이라고 말했다. 헬먼은 러시아 체험에 대해 1945년에 발간된 「콜리어스」지와 1969년에 출판된 첫 자서전 『미완성 여성』에 너무나 다른 두 가지 글을 발표했다. 잡지에 실린 글은 스탈린 면담에 대해서는 한 마디도 언급하지 않았다. 자서전에는 그런 언급이 있는데, 그녀가 스탈린을 만나 보고 싶다는 요청을 하지 않았는데도, 스탈린이 인터뷰를 허락했다는 얘기를 들었다는 내용이었다. 그녀는 예의바르게 거절했다. 그녀에게는 중요한 질문거리가 없으며, 스탈린의 소중한 시간을 빼앗고 싶지 않다는 이유에서였다. 이 터무니없는 이야기는 헬먼이 귀국해서 밝힌 이야기와 모순된다. 뉴욕 기자 회견에서 그녀는 스탈린을 만나고 싶다고 요청했지만, 스탈린이 "폴란드 문제로 너무나 바쁘다"는 얘기를 들었다고 밝혔다.[18]

1930년대와 1940년대 초반, 헬먼은 좌파의 성공한 여걸이었고 축복받은 유명 인사였다. 1940년대 후반에 새로운 국면에 접어든 그녀의 삶은 이후로는 순교의 시대를 이겨낸 전설적인 급진주의자로 찬양받았다. 그녀의 정치 활동은 한동안 계속됐다. 그녀는 다른 극좌파 인사들과 더불어 1948년 대통령 선거에서 월리스를 지지했다. 1949년에 그녀는 소련의 후원 아래 월도프에서 개최된 "세계 평화를 위한 문화와 과학 회의"의 주최자 중 하나가 되었다. 그런데 그녀의 수난기가 시작되고 있었다. 종전 후의 희곡들은 앞선 작품들만큼 성공적이지 않았다. <새끼 여우들>의 속편으로, 동일한 가족을 등장시킨 <숲의 다른 곳>은 1947년 11월에 개막해서 191회 공연됐지만, 평은 좋지 않았다. 이 작품은 헬먼의 변덕스러운 아버지 맥스가 1층 특별석에 앉아서 1막 공연 내내 빳빳한 달러를 시끄럽게 세어 보고는 막간에 "내 딸이 이 희곡을 썼소. 형편이 점점 나아질 거요"라고 떠들어 댄 것으로 유명하다. 6개월 후, 헬먼은 정신과 주치의의 충고에 따라 아버지를 치매 환자로 입원시켰다. 차기작인 희곡 <가을 동산>에도 어려운 점이 많았다. 훗날 헬먼은 해밋이 초고를 비판해서 초고를 찢어 버렸다고 밝혔다. 그런데 텍사스대학 도서관에는 "초고"라는 표시가 선명한 원고 전체가 남아 있다. 1951년 3월에 막을 올린 이 작품은 101회밖에는 공연되지 않았다.

　한편 반미 활동 심사위원회는 영화계를 샅샅이 조사했다. 정치 활동에 대해 묻는 위원회의 심문에 답변을 거부한 소위 "할리우드 10인"은 국회 모욕죄로 소환됐다. 1947년 11월, 스튜디오 제작자들은 이 범주에 들어가는 작가들은 모두 해고하기로 합의했다. 시나리오 작가 조합이 발간하는 잡지는 헬먼이 쓴 "유다의 희생양"이라는 제목의 논설에서 이 결정을 공격했는데, 이 논설은 놀라운 주장을 담고 있었다. "유사 이래 미국 영화에는 공산주의를 가리키는 단 한 줄의 문장이나 단 하나의 단어도 들어 있지 않았다." 법이라는 연자방아가 계속해서 천천히 그들을 갈아댔다. 해밋은 국회 모욕죄로 기소된 시나리오 작가들을 위한 보석금 마련 기금에 기부를 했다. 그들 중 세 명이 보석 중에 도망쳐서 잠적했다. FBI는 해밋이 그들의 행방을 알고 있다고 믿었고, 헬먼의 농장에 수사팀을 보내 수색했다. 해밋 본인도 1951년 7월 9일 법정에 소환돼서 잠적한 사람들을 찾을 수 있도록 다른 기부자의 이름을 대라는 요구를 받았다. 해밋은 그들을 알지 못한다(사실이었다)는 말을 하는 대신, 고집스럽게 답변을 거부해서 감옥에 갇혔다. 헬먼은 해밋의 소송비용 6만 7,000달러를 지불하기 위해 농장을 팔아야만 했다고 주장했다.

헬먼도 1948년에 할리우드의 블랙리스트에 올랐고 4년 후인 1952년 2월 21일에는 위원회에 출두하라는 무시무시한 소환장을 받았다. 그녀가 패배 직전에 승리를 낚아챈 것은 바로 이 시점이었다. 그녀는 홍보에는 늘 재주가 있었는데, 이것은 그녀가 브레히트나 사르트르 같은 당대의 많은 지식인들과 공유한 장기 중 하나였다. 우리가 앞서 봤듯, 브레히트는 위원회 출두를 그 자신을 돋보이도록 만든 성공적인 선전 활동으로 탈바꿈시켰다. 헬먼의 성공은 훨씬 더 주목할 만하다. 이 성공은 그녀가 급진파의 순교자-여왕이라는 뒤이은 명성을 쌓는 데 초석이 되었다. 브레히트와 마찬가지로 위원회 위원들의 명청함이 그녀에게 도움을 주었다. 그녀는 출두 전에 변호사 조지프 라우로부터 아주 조심스러운 법적 조언을 들었다. 헬먼은 자신의 복잡한 법적 처지를 이해하고 있었다. 그녀는 라우에게 자신은 이름을 대지 않겠다고 설명했다. 한편, 그녀는 어떤 상황에서든 감옥에 가고 싶지 않았다. 그녀는 수정 헌법 5조를 내세우고 싶지 않았다. 수정헌법을 들먹이는 것은 그녀가 스스로를 보호하려는 모습으로 비칠 것이고, 그렇게 되면 유죄를 인정하는 것으로 보일 것이었다(당시, "수정 헌법 5조 공산주의자"라는 문구가 사용됐다). 그렇지만 그녀는 자신을 제외한 다른 사람들만을 보호하는 모습으로 비칠 경우에는 5조를 내세우기 위해 만반의 준비도 했다. 그런데 라우의 어려움은 거기에 있었다. 수정 헌법 5조는 본인에게 불리한 경우에만 증인을 보호하는 조항이었기 때문이다. 어떻게 하면 5조를 내세워서 감옥에 가지 않도록 헬먼을 구해 내는 동시에, 대외적으로는 무고한 다른 사람들을 구하는 모습으로 비춰질 수 있을까? 라우는 훗날 그녀가 감옥에 갈 것이라는 데에는 전혀 의문을 품지 않았다고 말했다. "그것은 대수학 문제와 비슷했습니다. 그런데 이것이 홍보의 문제로 보이기 시작했습니다. 이튿날 「뉴욕 타임스」 헤드라인이 '헬먼이 이름 대기를 거부하다'로 나면 내가 이긴 것이고, '헬먼이 5조를 내세웠다'로 나면 내가 진 것이었죠."

　헬먼은 1952년 5월 19일에 위원회 의장 존 S. 우드에게 거짓이 담긴 교활한 편지를 보내는 것으로 라우의 대수학 문제를 풀어냈다. 그녀는 본인의 문제에 대해 5조를 내세우면서, 다른 이들에 대한 답변을 거부하는 것은 불가능하다는 충고를 들었다고 주장했다. 그리고는 허황한 거짓말을 했다. "저는 어떤 형태가 됐건 국가 전복과 불충을 좋아하지 않습니다. 만약 그런 행위를 보았다면, 적절한 관계 기관에 그 사실을 보고하는 것이 저의 의무라고 판단했을 것입니다." 진정한 법적 처지를 뒤집어 놓는 영리한 논쟁 수법이 뒤를 이었다. 그 수법에 따르면, 헬먼은 그녀 자신의 자유와 관련이 있을 경우에는 기꺼이 감옥에 가겠지만, 너무나 무고한 사람들을 보호하기 위해서는 5조를 선택하는 것이 불가피한 일인 것처럼 보이게 만들었다. "저 자신을 구하겠다고 오랫 동안 알고 지내던 무고한 사람들에게 상처를 주는 것은, 저로서는 비인간적이고 추잡하며 수치스러운 일입니다. 저는 올해의 시류에 부응하기 위해 제 양심에 상처를 입힐 수 없으며, 상처를 입히지도 않겠습니다. 저 자신은 전혀 정치적인 사람이 아니고 정치적 집단에서는 어떤 위치가 됐건 안락감을 느낄 수 없는 사람이라는 결론을 오래전에 내렸습니다." 법적인 핵심을 제대로 파악하지 못한 위원회 위원들은 헬먼의 편지를 의사록에 남기기 위해 공개적으로 낭독해야 한다는 결정을 내려서는 헬먼이 부리는 수작을 간파한 듯한 의장을 격분시켰다. 기쁨에 찬 라우는 편지의 사본을 즉각 언론에 배포했다. 이튿날 라우는 정확히 원하던 헤드라인을 얻었다. 헬먼은 이 사건을 다룬 자서전『불한당 시대』에서 다양한 세부 설명들을 날조해 내면서 이야기를 윤색했다. 그중에는 관람석에서 고함을 친 남자 이야기도 들어 있다. "하느님 감사합니다. 이 일을 해낼 배짱이 있는 사람이 드디어 나타났습니다." 그녀는 이 사건에 대해서는 조금도 걱정할 필요가 없었다. 청문회에서 밝혀진 유일한 "사건"으로 역사책에 남을 것은 그녀의 편지뿐이었다. 또한 편지는 명문집에도 삽입됐다. 사심 없는 영웅적인 여성이 양심의 자유를 위해 써낸 감동적인 탄원서로 말이다.[19]

이것이 훗날 헬먼을 전설적 존재로 만든 사건의 골자다. 그녀가 블랙리스트 여러 군데에 이름이 오르면서 경제적으로 쪼들렸다거나, 그녀와 해밋이 마녀 사냥의 결과로 엄청난 양의 법정 비용 청구서를 받게 됐다는 등의 근거 없는 통념들도 있었다. 그렇지만 그녀가 파산했다는 증거는 전혀 없다. <어린이들의 시간>은 1952년에 재공연되면서 쏠쏠한 수입을 안겨 줬다. 노년에 편리한 아파트로 이사 가기 전까지 그녀는 뉴욕에 단독 주택을 보유하고 있었다. 농장을 판 것은 사실이다. 그러나 그녀는 1956년에 마사스 바인야드에 멋진 부동산을 구입했다. 당시 마사스 바인야드는 많은 부유한 지식인들이 휴식을 취하는 데 뉴욕 주변부보다 더 훌륭한 곳이 돼 있었다. 해밋의 경제적 고초는 여러 가지 이유에서 비롯됐다. 그는 결국 술을 끊었지만, 일은 하지 않고 TV 앞에만 붙어 있었다. 그는 또 돈 문제에 있어서는 무모하다 싶을 정도로 후했다. 헬먼은 그 점에 있어서는 조금도 위험하지 않았다. 그렇지만 헬먼과 해밋은 공통적인 또 다른 버릇이 있었다. 소득세 신고를 하지 않는 것이었다. 사르트르와 에드먼드 윌슨의 사례가 보여 주듯, 급진적 지식인들은 공통적으로 정부에 대대적인 규모의 정책을 요구하면서도 그 정책에 기여할 책임감은 조금도 느끼지 않는 성향을 갖고 있다.

해밋이 소득세 신고를 하지 않은 것은 1930년대로 거슬러 올라가는데, 해밋이 감옥에 가는 바람에 대중에게는 널리 알려지지 않았다. 사실 FBI는 해밋의 버릇을 전쟁 전부터 알고 있었다. 그리고 그가 징역살이를 한 것은 국세청과 다른 많은 빚쟁이들이 그의 재산을 청구하도록 자극했다. 연방법원은 1957년 2월 28일에 열린 결석재판에서 그에게 10만 4,795달러를 부과했는데, 이것은 1950~1954년에만 해당하는 세금이었다. 특별히 가혹한 판결은 아니었다. 법정 대리인은 한 푼도 징수할 수 없을 것이라고 보고했다. "조사를 하고 난 제 견해는, 제가 파산한 사람을 상대로 얘기를 하고 있었다는 것입니다." 해밋이 세상을 뜰 무렵, 이자를 포함한 총액은 16만 3,286달러로 불어 있었다.[20] 헬먼이 국세청에 지고 있던 체납 액수는 훨씬 컸다. 1952년에는 17만 5,000달러에서 19만 달러 사이로 추정됐다. 당시로서는 엄청난 액수였다. 훗날 헬먼은 너무나 돈에 쪼들려서 메이시백화점에 일자리를 잡아야만 했다고 주장했다. 그런데 이 이야기 역시 사실이 아니다.

급진주의자들에게는 힘든 시대였던 1950년대에는 헬먼의 활동도 저조했다. 그런데 1960년대 즈음에 그녀는 다시 부활했다. 해밋의 아이디어에 기초해서 그녀가 하숙집에서 보냈던 어린 시절의 추억을 활용한 희곡 <다락방의 장난감>은 1960년 2월 25일에 뉴욕에서 호화 출연진을 등장시키며 막을 올렸다. 556회 공연된 이 작품은 다시 한 번 비평가 협회상을 받았고, 헬먼은 많은 돈을 벌었다. 이 작품은 헬먼의 진지한 작품으로는 마지막 작품이었다. 이듬해에 해밋이 사망하자 많은 사람들은 헬먼이 해밋 없이는 다른 작품을 쓸 수 없을 것이라고 판단했다. 어찌됐건 그녀는 제2의 경력을 추구했다. 1960년대에 다시 살아나고 있던 급진주의는 1960년대가 저물 무렵에는 그녀의 1930년대 전성기만큼이나 강해져 있었다. 러시아를 여행하고 온 그녀는 거짓말을 한 무더기 해대고는, 스탈린의 범죄를 확인한 흐루시초 프의 비밀 회합 연설은 옛 은인을 등 뒤에서 찌른 것이라고 주장했다.21 미 국 여론의 향방에 대한 냄새를 맡은 헬먼은 회고록을 집필할 때가 됐다고 결정했다.

헬먼의 회고록은 20세기에 가장 성공적인 출판물 중 하나가 되면서 그 녀의 희곡보다도 더 많은 명예와 신망, 지적인 권위를 헬먼에게 안겨 줬다. 사실상 그녀의 회고록은 활자화된 단어들과, 홍보 기계를 동원한 신격화를 통해 살아 있는 그녀 자신을 시성한 셈이나 다름없었다. 1969년 6월에 출 판된 『미완성 여성』은 베스트셀러가 됐고, 내셔널 북 어워드의 미술과 편지 부문상을 수상했다. 1973년에 나온 『펜티멘토』는 베스트셀러 목록에 네 달 이나 올랐다. 세 번째 회고록 『불한당 시대』(1976)는 베스트셀러 목록에 23주간이나 올랐다. 그녀는 그녀의 삶에 대한 영화화 권리의 대가로 50만 달러를 주겠다는 제의를 받았다. 그녀는 산문 스타일의 달인이라는 완전히 새로운 평판을 얻었고, 버클리와 MIT로부터 집필 세미나를 가져 달라는 요 청을 받았다. 갖가지 상과 명예가 굴러들어왔다. 뉴욕대학은 그녀를 "올해 의 여성"으로 선정했고, 브랜다이스대학은 그녀에게 무대 예술 메달을, 예 시바대학은 평생 공로상을 수여했다. 그녀는 문학에 기여한 인물에게 주는 맥도웰 메달을 받았고, 예일과 컬럼비아를 비롯한 많은 대학들로부터 명예 박사 학위를 받았다. 1977년에 그녀는 아카데미 시상식에 시상자로 나서면 서 할리우드 사교계의 정상에 복귀했다. 같은 해에 대단한 호평을 받은 영 화 <줄리아>에 회고록의 일부분이 등장했는데, 이번에는 이 영화가 다수의 상을 수상했다. 동부 해안에서 그녀는 유행하는 급진주의의 여왕이었고, 진 보적 인텔리겐치아와 그들을 둘러싼 시끌벅적한 사교계 인사들 사이에서 가장 중요한 파워브로커였다. 그녀는 사르트르가 1945~1955년에 파리에서 휘두르던 것과 같은 권력을 1970년대의 뉴욕에서 행사했다. 그녀는 핵심 후견인들을 선택해서 밀어줬다. 그녀는 자신만의 블랙리스트를 작성해서 노예근성을 가진 많은 지식인 하수인을 통해 집행했다. 뉴욕 급진주의의 거물들이 그녀의 분부를 시행하기 위해 걸음을 재촉했다. 그녀가 휘두른 권력의 일부는 그녀가 고취시킨 공포로부터 생겨났다. 그녀는 공개적으로나 사적으로나 어떻게 하면 그녀 자신을 불쾌한 사람으로 만들 수 있는지 알고 있었다. 그녀는 남자의 얼굴에 침을 뱉고 고래고래 욕설을 퍼부으며 핸드백으로 남자의 머리를 때리곤 했다. 마사스 바인야드에서 그녀의 정원을 가로질러 바닷가로 가는 사람들에게 퍼부은 공격은 소름이 끼칠 정도였다. 이제 엄청난 부자가 된 그녀는 변호사를 무리로 고용해서는, 조금이라도 그녀를 반대하거나 그녀의 권리를 침해하는 사람들을 공격해 댔다. 자신들이 그녀의 신전에 경배하고 있을 뿐이라고만 생각하던 추종자들은 불쾌한 충격을 받았을지도 모른다. 브레히트의 친구인 에릭 벤틀리가 헬먼의 편지를 읽는 여배우들이 등장하는, 마녀사냥을 반대하는 연극 <지금도 그런가요, 아니면 예전에 그랬었나요?>를 오프브로드웨이에 올렸을 때, 헬먼은 로열티를 요구하면서 요구에 응하지 않을 경우에는 극장 문을 닫아 버리게 만들겠다고 말했다. 그녀는 매우 신속히 법률적인 일을 처리했기 때문에 대부분의 사람들은 분쟁 해결을 선호했다. 1981년에 그녀가 <새끼 여우들>의 리바이벌을 둘러싼 소송을 피하려는 사람들로부터 100만 달러를 받았다는 얘기도 있다. 막강한 법률 회사들은 그녀가 지시를 내리기에 앞서 그녀의 분부를 집행하기 위해 뛰어다녔던 것 같다. 따라서 다이애나 트릴링이 헬먼에게 비판적인 문구를 삭제하는 것을 거부하자, 보스턴에 있는 리틀 브라운 출판사는 트릴링의 책 출판을 취소해 버렸다. 헬먼이 『불한당 시대』에서 작고한 남편 라이오넬에게 가했던 악의 있는 비난으로부터 남편을 방어하려고 노력했던 트릴링 여사는 헬먼을 이렇게 말했다. "릴리언은 내가 여태까지 아는 여자 중에서 가장 힘 있는 여자예요. 내가 아는 중에 가장 힘 있는 사람일지도 모르죠."

헬먼의 권위의 토대는 그녀가 자서전에서 창작해 낸 스스로에 대한 경이적인 신화였다. 어떤 면에서, 그 신화는 루소가 『고백록』에서 했던 자기 신격화에 비교할 만하다. 우리가 거듭해서 보아온 바지만, 지도적 지식인들의 회고록(사르트르, 드 보부아르, 러셀, 헤밍웨이, 골란츠는 두드러진 사례다)은 도무지 믿을 수가 없다. 그런데 이들 지식인의 가장 위험한 자기 미화는 유죄를 인정하는 듯한 충격적일 정도로 솔직한 모습으로 독자를 무장해제하는 것이다. 따라서 톨스토이의 일기는 겉보기에는 솔직해 보이지만, 사실상 그것이 드러내는 것보다 훨씬 많은 것을 은폐했다. 루소의 『고백록』은 실제로 그를 알고 지냈던 디드로를 비롯한 다른 사람들이 당시 인식했던 것처럼, 정교한 사기 행각이었으며 바닥이 보이지 않는 거짓의 늪을 숨기기 위한 겉치레뿐인 정직함이었다. 헬먼의 회고록들도 이런 교활한 방식을 따랐다. 그녀는 종종 기억이 모호하고 혼란스러우며 생각이 나지 않는다고 인정하면서, 그녀가 과거의 어슴푸레한 사막에서 정확한 진실을 걸러내려고 꾸준히 노력하고 있다는 인상을 독자에게 심어 줬다. 그 결과 책들이 처음 출판됐을 때, 매우 명민한 사람을 포함한 많은 평론가가 그녀의 진솔함을 칭찬했다.

그런데 헬먼의 간신배들이 떠들어대는 칭송의 합창 소리와 아첨의 소음이 한창이던 1970년대에, 개인적으로 그녀의 거짓말을 겪었던 사람들이 반대의 목소리를 드높이기 시작했다. 특히 『불한당 시대』가 나오자, 『코멘터리』의 네이선 글레이저, 『인카운터』의 시드니 훅, 『에스콰이어』의 알프레드 케이진, 『디센트』의 어빙 호위 등과 같은 중량급 인사들이 그녀의 주장에 도전했다.[22] 그런데 이들은 그녀가 진실을 충격적으로 왜곡하고 생략한 것에만 관심을 집중했다. 그들은 그녀가 이야기를 날조했다는 것은 몰랐다. 그들의 공격은 민주적 자유주의자와 강경 스탈린주의자가 계속해서 벌였던 전투의 일환이었다. 그렇기 때문에 그들은 상대적으로 관심을 덜 받았고, 헬먼도 심각한 타격은 입지 않았다. 그런데 헬먼은 비극적인 판단 실수를 했다. 그것도 그녀가 아주 뛰어난 능력을 보인 홍보와 관련된 실수였다. 그녀와 메리 매카시는 오랫동안 앙숙이었다. 두 사람의 반목은 1930년대에 미국 좌파가 스탈린주의자-트로츠키주의자로 분열되던 시기까지 거슬러 올라간다. 두 사람의 불화는 1948년에 사라 로렌스 칼리지 세미나에서 있었던 다툼으로 계속됐는데, 여기서 매카시는 존 도스 파소스와 스페인에 대해 헬먼이 했던 거짓말을 폭로했다. 싸움은 1949년 월도프 대회에서 오간 더 심한 대화로 이어졌다. 매카시는 이후로도 헬먼이 대규모로 거짓말을 해대고 있다고 거듭 비난했지만, 헬먼은 아무런 해도 입지 않았다. 1980년 1월에 <딕 캐빗 쇼>에 출연한 매카시는 헬먼의 거짓말에 대한 가장 포괄적인 고발을 되풀이했다. "난 언젠가 어느 인터뷰에서 그녀가 쓴 단어는 'and'와 'the'를 포함해서 모조리 거짓말이라고 말했어요." 헬먼은 쇼를 보고 있었다. 그녀의 분노, 그리고 소송하기 좋아하는 취향이 그녀의 조심성을 짓눌렀다. 그녀는 배상금 225만 달러짜리 소송을 제기했고, 엄청난 끈기와 열정으로 소송에 임했다.

명예 훼손 소송은 고발 행위에 대해서만 사람들이 관심을 가질 뿐이라는 주장을 입증하는 전형적 결과가 이어졌다. 앞서 있었던 거짓말에 대한 비난에서 헬먼은 상처를 거의 입지 않았다. 그런데 지금은 대중이 귀를 쫑긋 세웠다. 살생으로 이어질 수도 있는 사냥의 피비린내가 가득했다. 어쨌거나 소송은 좋지 않은 홍보 수단이다. 사람들은 다른 작가에게 소송을 거는 작가를 결코 좋아하지 않기 때문이다. 헬먼이 부자라는 사실은 잘 알려져 있었다. 반면에 매카시는 소송 비용을 충당하기 위해 집을 팔아야만 했다. 양편의 친구들은 돈과 조언을 쏟아부었고, 예심을 가진 사건은 중요한 이야깃거리가 됐다. 따라서 헬먼의 정직성에 대한 의문에 더 많은 관심이 쏟아졌다. 더욱 심각했던 것은, 사건 자체가 "헬먼의 날조 사항 찾아내기"라는 새로운 지적 게임을 촉발시켰다는 것이다. 법정 수수료로 급하게 2만 5,000달러를 지불해야 했던 매카시는 파산 위기에 직면함에 따라 소송을 유리하게 이끄는 것 외에는 달리 대안이 없었다. 헬먼의 전기를 쓴 윌리엄 라이트가 적은 대로였다. "매카시에게 소송을 걸면서, 헬먼은 미국에서 가장 예리하고 활발한 지성의 소유자들이 거짓말을 찾아내기 위해 헬먼의 작품들을 꼼꼼히 훑어보도록 만들었다."[23] 다른 사람들은 즐거운 마음으로 대열에 합류했다. 마사 겔혼은 『파리 리뷰』의 1981년 봄호에서 헬먼이 스페인에 대해서 했던 굵직한 거짓말 여덟 가지를 목록으로 제시했다. 스티븐 스펜더는 뮤리엘 가디너의 기이한 사건으로 매카시의 관심을 끌었다.

스펜더는 영국인 줄리언 가디너와 한때 결혼 생활을 했던 미국의 부잣집 아가씨 뮤리엘과 짧은 기간 사귀었다. 정신 의학을 공부하러 빈에 간 그녀는 그곳에서 반나치 지하 조직에 합류하게 됐다. 뮤리엘은 "메리"라는 가명으로 문건과 사람들을 몰래 빼돌렸다. 또 다른 반나치 조직원인 오스트리아 사회주의자 조 버팅거와 사랑에 빠진 그녀는 그와 결혼했다. 1939년에 전쟁이 발발한 후, 그들은 유럽을 떠나서 뉴저지에 정착했다. 헬먼은 뮤리엘을 만난 적이 없지만, 뉴욕의 변호사에게서 뮤리엘과 남편, 그리고 그들의 지하활동에 관한 얘기를 들었다. 부유한 미국인 상속녀가 중부 유럽의 사회주의자 레지스탕스 지도자와 결혼한다는 아이디어는 <라인의 수비>의 출발점이었다. 작품의 실제 플롯이 버팅거 부부와 거의 관련이 없기는 했지만, 아무튼 헬먼은 버팅거 부부가 뉴저지에 도착한 지 다섯 달 뒤에 작품의 집필에 착수했다. 헬먼은 『펜티멘토』를 쓰면서 뮤리엘의 체험을 다시 한 번 이용했는데, 이번에는 그녀를 "줄리아"라고 불렀다. 그런데 헬먼은 이번에는 줄리아의 친구로 사건에 직접 뛰어들어서 영웅적이고 화려한 조명을 받았다. 게다가 그녀는 그 모든 것을 자전적 이야기인 양 보여 줬다.

책이 나왔을 때는 아무도 헬먼의 설명에 도전하지 않았다. 책을 읽은 뮤리엘은 우호적인 편지를 헬먼에게 보내 유사성을 지적했다. 뮤리엘은 답장을 받지 못했고, 나중에 헬먼은 그런 편지를 받은 적이 없다고 부인했다. 헬먼이 뮤리엘을 직접 만난 적이 없었기 때문에, 헬먼의 주장대로라면 미국인 지하 조직원은 "메리"뿐 아니라 "줄리아"까지 두 명이 있어야만 했다. 그렇다면, 줄리아는 누구인가? 헬먼은 그녀는 죽었다고 말했다. 그렇다면 그녀의 본명은 무엇인가? 헬먼은 밝힐 수가 없었다. 그때까지도 생존해 있는 줄리아의 어머니가 독일 반동들로부터 "반나치주의자"라는 이유로 괴롭힘을 당할 수 있기 때문이었다. 헬먼의 거짓말에 대한 논란이 진행되면서, 뮤리엘은 헬먼의 의도가 선한 것이었다는 믿음을 점차로 포기해 버렸다. 1983년에 뮤리엘은 예일대학을 통해 자신의 회고록 『암호명 메리』를 출판했다. 책이 출판되자, 「뉴욕 타임스」와 「타임」의 기자들이 『펜티멘토』와 영화 <줄리아>에 대한 곤란한 질문들을 던지기 시작했다. 오스트리아 레지스탕스 기록 보관소 소장 허버트 스타이너 박사는 "메리"는 딱 한 명뿐이라고 확인해 줬다. 줄리아가 메리이거나, 아니면 줄리아는 날조된 인물이었다. 헬먼은 어느 경우건 대단한 거짓말쟁이라는 것이 들통날 처지였다. 뮤리엘과 접촉한 매카시는 명예 훼손 소송의 예심에 이 사건에 관한 서류를 다량 제출했다. 1984년 6월에 『코멘터리』는 보스턴대학의 새무얼 맥크라켄이 쓴 뛰어난 글 "릴리언 헬먼이 지어낸 줄리아와 다른 허구들"을 실었다. 그는 헬먼이 『펜티멘토』에서 줄리아를 설명했을 때 들먹인 세세한 사항들을 대상으로 열차 시각표, 선박 항해 스케줄, 극장 프로그램과 다른 모든 확인 가능한 사실에 대한 대대적인 조사를 수사관처럼 벌였다. 열린 마음의 소유자라면 이 글을 읽고 줄리아 에피소드가 헬먼이 한 번도 만난 적이 없는 여자의 실화에 기초한 허구에 불과하다는 사실을 의심하지 않을 것이다.

맥크라켄의 조사는 헬먼의 인생의 또 다른 어두운 구석에 쳐진 재물욕이라는 위장막도 걷어 올렸다. 그녀는 항상 욕심이 많았는데, 나이가 들면서 욕심은 커져만 갔다. 그녀가 제기한 소송의 대부분은 돈이 목적이었다. 해밋이 사망한 후, 그녀는 필라델피아의 부자 아서 코완과 밀약을 맺었다. 코완은 그녀에게 투자에 대한 조언을 해 주던 인물이었다. 그는 미국 정부가 세금 체납액을 대신해서 붙들고 있는 해밋의 저작권을 획득할 묘안도 내놨다. 로열티로 들어오는 돈이 극히 적었기 때문에, 코완은 저작권을 최소 입찰가 5,000달러에 경매에 붙이라고 정부를 설득했다. 헬먼은 해밋의 딸들에게 저작권을 팔아 버리라고 설득하면서, 그렇지 않으면 그들이 해밋의 빚을 떠안아야만 할 것이라고 거짓말을 했다. 입찰자는 코완과 헬먼뿐이었다. 두 사람은 2,500달러씩 내서 저작권을 획득했다. 그런 후에 헬먼은 이 문학적 재산을 위해 정력적으로 작업을 벌이기 시작했고, 얼마 안 있어 수십만 달러를 벌어들였다. 해밋의 소설 1편의 TV 각색 권리에 대한 대가로만 25만 달러를 받았다. 헬먼이 『펜티멘토』에 쓴 바에 따르면, 코완은 사망했을 때 유언장을 남기지 않았다. 그렇지만 맥크라켄은 코완이 유언장을 남겼다는 것을 입증했다. 두 사람이 코완의 사망 직전에 다투는 바람에 헬먼은 한 푼의 유산도 받지 못하게 돼 있었다. 그런데 헬먼은 해밋의 권리에 대한 자신의 지분을 헬먼이 받아야만 한다는 것이 코완의 의도였을 것이라고 코완의 여동생을 설득한 듯하다. 여동생이 권리를 포기하겠다는 편지를 그녀에게 보낸 것을 보면 말이다. 따라서 헬먼은 날이 갈수록 가치를 더해가는 해밋의 저작권을 죽을 때까지 철저히 향유했다. 그녀가 가난에 찌든 해밋의 딸들에게 뭔가를 남겨 준 것은 그녀의 유언장을 통해서였다.[24]

헬먼은 맥크라켄의 글이 출판된 지 한 달 후인 1984년 7월 3일에 사망했다. 이때쯤 그녀의 명성의 토대가 됐던 판타지 세계는 그녀의 귀에 들릴 정도로 요란하게 무너져 내리고 있었다. 급진적 좌파의 공격적 여왕이었던 헬먼은 모든 면에서 수세에 몰려 있었다. 그러나 지식인 영웅들은 남녀를 불문하고 그리 쉽게 사라지지 않는다. 자신들이 좋아하던 성인들이 날조된 인물로 밝혀지고 한참이 지난 후에도 그들에게 제물을 바치고 기도를 올리는 이탈리아 남부의 농민들처럼, 진보를 사랑하는 이들은 그 무슨 일이 있더라도 그들이 떠받들던 진흙으로 만든 우상의 발치에 매달렸다. 루소의 극악무도한 짓들이 그의 생전에 알려졌음에도, 이성의 숭배자들은 그의 제단에, 그리고 그가 선한 사람이었다는 제도화된 신화에 떼 지어 모였다. 마르크스의 개인적 비행이나 공개적인 부정직함에 대한 폭로는 아무리 잘 증명되더라도 마르크스의 청렴 강직함에 대한 추종자들의 믿음을 조금도 흔들지 못했다. 사르트르의 오랜 타락과 후기 관점들의 구제받지 못할 어리석음은 그의 장례식에 파리 시민 5만 명이 몰려드는 것을 막지 못했다. 마사스 바인야드에서 거행된 헬먼의 장례식 역시 성황을 이뤘다. 노먼 메일러, 제임스 레스턴, 캐서린 그레이엄, 워런 비티, 줄스 파이퍼, 윌리엄 스타이런, 존 허시, 칼 번스타인 등의 유명 인사들이 조의를 표했다. 그녀가 남긴 유산 400만 달러의 대부분은 두 신탁자에게 맡겨졌다. 그중 하나는 "카를 마르크스의 주장의 신봉자였던 고故 대실 해밋의 급진적인 정치, 사회, 경제적 신념에 따른 인도 아래" 기금을 수여하는 대실 해밋 기금이었다. 그 모든 폭로와 발각, 너무나 많은 거짓말의 적발에도 불구하고, 릴리언 헬먼의 신화는 평화롭게 제 갈 길을 가고 있다. 그녀가 사망하고 18개월 뒤인 1986년 1월, 위인전이라 할 연극 <릴리언>이. 뉴욕에서 막을 올려 성황을 이뤘다. 1980년대가 저물어 가면서, 이성의 여신에게 바치는 촛불은 여전히 불타고 있고, 세속적인 미사는 계속 울려 퍼지고 있다. 그녀는 자신의 영웅 스탈린처럼 실체가 분명하지 않은 좋은 사람으로 묻히게 될까, 아니면 그 많은 날조된 이야기들과 함께 투쟁하는 진보적 사상의 심벌로 남게 될까? 그것은 두고 보아야 한다. 그러나 지난 200년간의 경험은 세상을 떠난 이 여성에게 아직도 드러나지 않은 많은 삶과 거짓이 남아 있음을 시사한다.

조지 오웰에서　노엄 촘스키까지

이성의 몰락

제2차 세계 대전이 끝난 후, 세속적 지식인들의 주된 목표에 의미심장한 변화가 생겼다. 공상적 이상주의에서 쾌락주의로 주안점이 옮겨간 것이다. 주안점의 이동은 처음에는 서서히 시작됐지만, 점차로 속도가 붙었다. 조지 오웰George Orwel(1903~1950), 이블린 워Evelyn Waugh(1903~1966), 시릴 코널리Cyril Connolly(1903~1974) 등, 모두 1903년에 출생한 영국 작가 세 사람의 관점과 관계를 들여다보면 변화의 발단을 가장 잘 살필 수 있다. 우리는 그들을 각각 구지식인, 반지식인, 신지식인으로 묘사할 수도 있다. 워는 오웰이 중병으로 고통 받던 시기에야 오웰과 진지한 우정을 나누기 시작했다. 워와 코널리는 성인이 된 이후로는 줄곧 언쟁을 벌였다. 오웰과 코널리는 학창 시절부터 알고 지낸 사이였다. 그들은 각기 나머지 두 작가를 신중하고 회의적이며 가끔은 시기심 어린 눈빛으로 바라봤다. 자신을 세 사람 중에서 가장 큰 실패자라고 느낀 코널리는 연극비평가 T. C. 워슬리에게 준

베르길리우스의 책 속에 다음과 같은 자기 연민적인 시를 써넣었다.

> 오웰과 함께 이튼을, 워와 함께 옥스퍼드를 다녔다. 나는 그 이후에도 보
> 잘 것 없었고, 그 이전에도 보잘 것 없었다.[1]

그런데 이 시는 진실과는 거리가 멀다. 어떤 면에서 보면 코널리는 세 사람 중에서 영향력이 가장 큰 인물이다.

우리가 먼저 검토하게 될 오웰은 공상적이고 사회주의적인 미래를 정치적으로 구축하겠다는 사상으로 도무지 믿음이 가지 않는 종교적 이상주의를 확실하게 대체해 버렸다는 점에서 전형적인 구지식인에 가깝다. 오웰이 보기에 하느님은 존재할 수가 없었다. 그는 인간을 믿었지만, 자신이 헌신할 대상을 면밀히 관찰한 후에는 그 믿음을 버렸다. 본명이 에릭 블레어인 오웰은 그리 대단치 않은 제국주의자 집안 출신으로, 외모도 제국주의자와 비슷했다. 체형이 호리호리했던 그는 머리를 짧게 깎았고, 수염을 옅고 말끔하게 길렀다. 친할아버지는 인도군에 복무했고, 외할아버지는 버마에서 티크나무를 거래하는 상인이었다. 아버지는 인도 정부의 아편국에서 일했다. 오웰과 코널리는 상류층 사립학교를 같이 다녔고, 나중에는 함께 이튼에 진학했다. 그가 이렇게 비싼 교육을 받을 수 있었던 것은 그가 학교의 명성을 높일 것이라는 기대 속에 장학금을 받을 정도로 영리한 학생이기 때문이었다. 그 점에서는 코널리도 마찬가지였다. 그런데 훗날, 두 소년 모두 모교를 소재로 재미있지만 통렬한 글을 써서 모교의 명예에 흠집을 냈다.[2] 오웰의 에세이 「기쁨은 그렇고 그랬다」는 오웰의 개성을 느낄 수 없는 과장된, 심지어는 거짓된 글이다. 오웰의 이튼 시절 스승으로, 사립학교의 속성을 잘 아는 A. S. F. 가우는 코널리가 오웰을 버려 놓는 바람에 이런 부당한

비난의 글을 쓰게 된 것이라고 믿었다.[3] 가우의 믿음이 사실이라면, 이것은 코널리가 부도덕한 행동, 특히 거짓말까지 포함된 행동에 끌어들이려고 오 웰을 설득하는 데 성공한 유일한 경우다. 오웰은 빅터 골란츠가 이를 갈면 서 지켜보았듯이 고통스러울 정도로 진솔한 사람이었다.

이튼을 떠난 후 인도 경찰에 투신한 오웰은 1922년부터 1927년까지 5년을 복무했다. 그렇게 해서 그는 교수형과 태형 등 제국주의의 어두운 면 을 목격했고, 자신이 그런 면을 견뎌낼 수 없다는 것을 깨달았다. 그의 빼어 난 에세이 「교수형」과 「코끼리를 쏘다」는 대영 제국의 정신에 그 어떤 저작 보다도 큰 타격을 가했다.[4] 영국 귀국 허가를 받은 그는 경찰을 사직하고 작가가 되기로 결심했다. 그는 필명으로 P. S. 버튼, 케네스 마일스, H. 루이 스 올웨이즈 등 여러 가지 대안을 고려한 끝에 "조지 오웰"을 선택했다.[5] 오 웰은 최소한 젊었을 때는, 지성의 힘으로 세상을 개조할 수 있다고 믿었다 는 점에서 지식인이었다. 따라서 그는 사상과 관념의 관점에서 사고했다. 그 러나 그의 성격, 그리고 어쩌면 경찰로서 받은 훈련으로 인해, 오웰은 사람 에게 대단히 관심이 많았다. 경찰 본능은 그에게 만사가 보이는 것과는 다르 며, 연구와 정밀한 조사만이 진실을 밝혀낼 수 있다는 사실을 알려 주었다.

따라서 대부분의 지식인들과 달리, 오웰은 노동 계급의 삶을 가까이서 검토해 보는 것으로 사회주의 이상주의자로서의 경력을 시작했다. 이런 점 에서 그는 정확한 진실을 향한 열정을 품었던 에드먼드 윌슨과 공통점이 있 다. 그런데 오웰은 "노동자"에 대한 지식을 추구하는 데 있어서 윌슨보다 훨 씬 끈질겼다. 수년에 걸쳐 쌓은 이 체험은 그의 평생을 관통하는 핵심 주제 로 남았다. 우선, 그는 당시만 해도 빈민가였던 런던의 노팅힐에 방을 얻었 다. 그러다가 1929년에 파리로 건너가서 접시닦이와 주방 일꾼으로 일했 다. 그의 모험은 폐렴에 걸려 파리 자선 병원에 입원하는 것으로 끝이 났는데, 이 에피소드는 『파리와 런던의 바닥 생활』(1933)에 비참하게 묘사됐다 (그는 만성 폐질환으로 고생하다가, 결국 그로 인해 마흔일곱 살에 사망했다). 이후 그는 랭커셔의 산업 도시 위건의 노동 계급 가정에서 하숙하면서 떠돌이들과 홉 따는 일꾼들과 함께 살았고, 구멍가게를 운영하기도 했다. 이 모든 활동의 목표는 단 하나였다. "나는 내가 제국주의뿐 아니라, 모든 형태의 인간에 대한 인간의 지배로부터 벗어나야만 한다고 느꼈다. 나는 나 자신에 몰두하고 싶었고, 탄압받는 이들 가운데로 내려가고 싶었으며, 그들의 일원이 돼서 압제자에 맞서는 그들의 편에 서고 싶었다."6

1936년에 스페인 내전이 발발하자, 오웰은 서방 지식인의 90%가 그랬던 것처럼 공화국에 도덕적 지지를 보내는 것에서 그치지 않고—지식인 거의 대부분이 했던 행동과는 달리—실제로 공화국을 위해 싸웠다. 더군다나 그는 공화국군 중에서 제일 심한 탄압을 받고 가장 많은 사망자를 낸 부대인 무정부주의자POUM 민병대에서 싸우는 행운까지 얻었다. 이 경험은 그의 여생에서 중요한 비중을 차지한다. 독특하게도, 오웰은 무슨 일을 하겠다는 결심을 하기에 앞서, 우선 스페인에 가서 그의 눈으로 상황을 직접 보기를 원했다. 그런데 스페인 입국은 사실상 공산당이 통제하고 있었기 때문에, 스페인에 들어가기는 어려웠다. 오웰은 우선 빅터 골란츠를 찾아갔고, 골란츠는 그에게 존 스트레이치를 소개했다. 스트레이치는 오웰을 공산당 당수 해리 폴리트에게 소개했다. 폴리트는 오웰이 공산당이 지휘하는 국제 여단 합류에 동의하지 않으면 추천장을 써 주지 않겠다는 입장을 보였다. 오웰은 폴리트의 제안을 거절했다. 여단에 반감을 가져서 그런 것이 아니라 (사실 그는 이듬해 스페인에서 여단에 들어가려고 노력했다), 진실을 검토해 보기도 전에 선택 대안을 닫아 버리는 셈이기 때문이었다. 그래서 그는 독립 노동당이라는 좌익 분파로 향했다. 그들은 오웰을 바르셀로나로 데려가서는 무정부주의자들과 만나게 했다. 그 결과 오웰은 POUM 민병대에 합류했다. 그는 "노동자들이 권력을 잡은 도시" 바르셀로나에 깊은 인상을 받았다. 민병대 생활에서는 더 큰 인상을 받았다. 민병대에서는 "교양 있는 삶—속물근성, 악착같은 재산 축적, 윗사람에 대한 공포 등—을 살겠다는 많은 정상적인 행동 동기가 더 이상 존재하지 않았다. 평범한 사회적 계급 분열은 돈에 휘둘려 살아가는 영국의 분위기에서는 감히 상상할 수도 없을 정도로 자취를 감췄다."7 그는 자신에게 부상을 입힌 전투가 여러 가지 점에서 스스로를 고양시킨 체험이라는 것을 알게 됐고, 대부분의 지식인들처럼 "관심 많은" 여행객 신분으로 전쟁 상황을 면밀히 살피기만 하는 코널리를 점잖게 꾸짖는 편지를 썼다. "자네가 아라곤에 있었을 때 우리 진지에 와서 나를 보지 않은 것은 유감이야. 그랬으면 나는 참호에서 자네에게 차를 한 잔 권하는 기쁨을 누릴 수 있었을 텐데."8 오웰은 활기찬 활동에 나선 민병대를 "무관심이나 냉소보다 희망이 더욱 일상적이었던 공동체, '동지'라는 단어가 대부분의 나라에서 그런 것처럼 허튼소리가 아니라 진정한 동지애를 상징하는 곳"으로 묘사했다. 그곳에서는 "아무도 이익이나 승진에 급급해하지 않았다." 그곳에서는 "모든 물자가 부족했지만 어떤 특권도 어떤 아첨도 통하지 않았다." 그는 민병대를 "사회주의 진입 단계와 비슷할지도 모르는 소박한 단기 체험"으로 판단했다. 그는 본국에 보낸 편지에서 이렇게 결론을 내렸다. "나는 놀라운 일들을 목격했고, 이전에는 전혀 믿지 않았던 사회주의를 마침내 진정으로 믿게 됐습니다."9

그렇지만 공산당이 스탈린의 지시에 따라 무정부주의자들을 숙청하는 비참한 경험도 하게 됐다. 오웰의 동지들 수천 명이 즉석에서 살해되거나, 감옥에 던져져서 고문을 당하고 처형됐다. 다행히도 오웰은 탈출해서 목숨을 부지했다. 오웰의 입장에서 더욱 놀라운 일은 영국으로 돌아온 후 이런 끔찍한 사건에 대한 글을 써서 세상에 알리기가 너무도 어렵다는 것을 알게 된 것이다. (영국의 진보적 여론을 꾸준히 퍼뜨리던 중요한 두 기관인) 레프트 북 클럽의 빅터 골란츠도, 「뉴 스테이츠먼」의 킹즐리 마틴도 오웰이 진실을 말할 수 있도록 허락하지 않았다. 오웰은 다른 곳으로 향해야만 했다. 오웰은 이론을 세우기에 앞서 항상 먼저 경험을 해 봤고 이 사건들은 그가 옳았다는 것을 입증했다. 좌익의 이론은 권력을 행사하면 공정하게 행동하며 진실을 존중할 것이라고 가르쳤다. 그런데 체험은 좌익이 독일 나치가 저지른 극악무도한 범죄 정도만이 필적할 수 있는, 지금까지는 거의 알려지지 않은 불공정함과 잔인성을 행사할 수 있다는 것을 보여 줬다. 그리고 좌익은 자신들이 지지하는 더욱 고상한 대의 아래 진실을 은폐하기에 바빴다. 모든 가치관과 충성심이 혼란에 빠진 제2차 세계 대전에서 벌어진 사건들을 뼈저리게 체험한 오웰은 결국에는 인간이 추상적인 사상보다 더욱 중요하다는 것을 배웠다. 그는 이것을 늘 뼛속 깊이 새겼다. 오웰이 사상의 힘으로 더 나은 사회를 만들어 낼 수 있다는 믿음을 완전히 내던진 적은 한번도 없었고 이런 점에서 지식인으로 남았다. 그렇지만 이제 오웰은 공격의 핵심은 기존의 전통적인 자본주의 사회로부터 레닌 같은 지식인들이 대체물로 내놓으려 했던 거짓 유토피아로 옮겨갔다. 본질적으로, 『동물 농장』(1945)과 『1984년』(1949) 등 걸작 두 편은 현실화한 추상적 개념, 구체화된 유토피아가 요구하는 정신과 육체에 대한 전체주의적 통제, 그리고 (그가 적었듯) "중앙 집권화한 경제가 빠지기 쉬운 타락"에 대한 비판서다.[10]

공격의 핵심표적이 이동함에 따라, 오웰은 필연적으로 지식인들에게 대단히 비판적인 관점을 취하게 됐다. 이것은 자유분방하다기보다는 규범적이라고 묘사할 수 있는 그의 기질과도 잘 어울렸다. 그의 작품들에는 (에즈라 파운드가) "우리는 제아무리 시인일지라도 최소한 보통 사람 수준의 품위를 지킬 것을 기대할 수 있는 권리를 갖고 있다"고 말한 것과 같은, 본론에서 벗어난 여담들이 산재해 있다. 사실 가난하고 "평범한 사람들"이 고등 교육을 받은 사람들보다 오웰이 "서민적인 품위"라고 부른 것들에 대한 분별력이 더욱 강하고, 정직함과 충성심, 성실성과 같은 단순한 미덕들을 더욱 사랑한다는 것이 오웰의 주장이었다. 1950년에 오웰이 사망했을 때, 그의 궁극적인 정치적 목표는 명확하지 않았고, 그는 여전히 좌파 지식인으로 모호하게 분류됐다. 오웰의 명성이 높아지자 좌익과 우익은 그가 충성을 바친 대상의 자리를 놓고 싸워댔고, 그 싸움은 사실상 지금도 계속되고 있다. 그런데 그가 세상을 뜬 후 40년 동안, 오웰의 명성은 "좌파"라는 지적인 개념을 두드려 패는 몽둥이로 활용됐다. 강한 계급적 유대감을 가지고 있는 지식인들은 오랫동안 오웰을 적으로 인식해 왔다. 따라서 가끔은 자신의 정치적 사상을 혼동하기도 하지만 계급의식적인 존재인 메리 매카시는 오웰에 대해 쓴 에세이에서 그를 통렬히 비판했다. 오웰은 "기질적으로 보수주의자로, 행동과 복장, 또는 사고가 극단적이라는 점에서 퇴역한 대령이나 노동자와는 대립적이다." 그는 "초기 단계의 속물이다. 아니, 진짜 속물이다." 오웰의 사회주의는 "즉석에서 튀어나온 검증받지 않은 사상으로, 순전히 호언장담일 뿐이다." 그가 스탈린주의자의 뒤를 쫓는 것은 가끔은 "개인적 혐오의 산물일 뿐"이다. 오웰의 "정치적 실패는… 사고의 실패였다." 그는 살아 있었다면 반드시 우익으로 전향 했을 것이다. 따라서 "그가 세상을 뜬 것은 그에게는 은총이었을 것이다"[11](이 마지막 생각—좌익에 반대하느니 죽는 것이 낫다—은 원형적인 지식인들이 세운 우선 순위를 보여 주는 인상적인 사례다).

전문적인 지식인들이 오웰로부터 거리를 두는 이유 중 하나는, 정치적 해법을 지속적으로 찾는 것이 옳은 일이기는 하지만 "죽어 가는 환자의 생명을 구하려고 애써야만 하는 의사처럼" 우리도 "정치적 행위들이 대체로 비합리적이라는 것을 인식"해야만 하고, 그에 따라 지식인들이 습관적으로 강요하려 드는 해법을 일반적 해법으로 받아들여서는 안 된다고 오웰이 점차로 확신했기 때문이었다.[12] 지식인들이 오웰을 미심쩍게 바라보게 된 반면, 오웰을 격려하는 대조적 신념을 가진 사람들(문인들)도 있었다. 예를 들어, 이블린 워는 인생의 비합리적 요소의 중요성을 절대로 과소평가하지 않은 사람이었다. 오웰과 편지를 주고받던 그는 병원으로 문병을 갔다. 오웰이 오래 살았다면 그들의 우정은 만개했을 것이다. 그들은 존경하던 작가 P. G. 우드하우스가 멍청한 (그렇지만 에즈라 파운드에 비하면 별로 악의가 없는 편인) 전시戰時 방송으로 인해 박해를 받아서는 안 된다는 소망을 개진하는 것으로 첫 공동 전선을 폈다. 이 사건은 이념적 정의라는 추상적 개념보다 인간 개인을 우선시해야 한다는 것을 두 사람이 공동으로 주장한 사례였다. 워는 오웰이 인텔리겐치아의 전열에서 이탈할 가능성이 높은 인물이라는 것을 재빨리 간파했다. 워는 1945년 8월 31일자 일기에 다음과 같이 기록했다. "사촌인 공산주의자 클로드(콕번)와 저녁을 먹었는데, 내가 오웰의 『동물 농장』을 굉장히 즐겁게 읽었다는 얘기를 하자, 그는 내게 트로츠키주의 문학에 대해 경고했다."[13] 마찬가지로 워는 『1984년』의 위력도 감지했다. 종교적 영혼이 오웰이 묘사했던 식의 전제 정치에 참여할 경우 살아남을 수 없을 것이라는 사실을 믿기는 어려워했지만 말이다. 오웰에게 보낸 마지막 편지인 1949년 7월 17일자 편지에서 워는 그렇게 주장하면서 다음과 같이 덧붙였다. "내가 예배를 보면서 감히 설교를 하기까지 했으니, 자네 책을 얼마나 재미있게 읽었는지를 알 걸세."[14]

오웰이 뒤늦게야 마지못해 받아들이게 된 것—공상적 이상주의는 인간 행위의 근본적 비합리성 때문에 실패한다는 사실—을 워는 어른이 된 이후 평생 동안 끈질기게 지지했다. 어떤 위대한 문인도, 심지어는 키플링조차도 워만큼 반지식인적 입장을 명확하게 주장하지는 않았다. 워는 오웰처럼 개인적 체험과 직접 목격한 사실을 신뢰하면서, 이론적 상상력에 반대했다. 워가 오웰처럼 탄압받는 이들과 일부러 어울려 살려들지는 않은 반면, 툭하면 오지나 여행하기 힘든 곳으로 여행을 다녔다는 사실은 주목할 만한 가치가 있다. 그는 세상에 대한 지식을 책에서 습득하는 데서 그치지 않고, 인간과 세상사의 현실을 직접적으로 상당히 많이 목격했다. 진지한 논점들에 대한 글을 쓸 때면, 워 역시 유달리 진실에 관심을 쏟았다. 멕시코 혁명 정부를 기술한 그의 정치적 저서 『합법적 노략질』(1939)은 독자들에게 경고를 보내는 것으로 시작한다. 워는 자신이 이 주제에 대해 글을 쓸 자격이 있는지, 그리고 그런 자격이 그 자신에게는 얼마나 부적절하게 보이는지를 정확하고 소박하게 밝혔다. 그는 독자들의 관심을 자신과 다른 관점을 가진 사람들의 저작으로 이끌면서, 자신의 설명에만 기초해서 멕시코에서 벌어지는 일들에 대한 결정을 내리지는 말라고 경고한다. 그는 자신은 "참여"문학을 개탄한다고 강조했다. 그는 "자유로운 출판이라는 특권에 따분해진" 많은 독자들이 북 클럽을 결성―그는 골란츠의 레프트 북 클럽을 염두에 두고 있다―함으로써 "스스로에게 자발적인 검열을 가했는데", "그런 독자들은 자신들이 읽게 될 책들이 한결같이 그들의 기존 견해를 확인해 주려는 의도로 집필됐다는 것을 완벽하게 자신할 수 있게 될 것"이라고 말했다. 따라서 워는 독자들에게 공정하기 위해서는 그 자신의 믿음을 요약해서 제시하는 것이 정당한 일이라고 생각했다.

워는 자신이 보수적인 사람이라고 밝히면서, 멕시코에서 목격한 모든 것이 그의 신념을 강화시켰다고 말했다. 인간은 본성상 "망명객이며 지상에서는 결코 자급자족하거나 완전한 존재가 될 수 없다." 그는 인간이 행복해질 기회는 "그가 살고 있는 정치적, 경제적 조건들로부터 그리 많은 영향을 받지 않는다." 그리고 인간이 처한 환경의 급격한 변화는 사태를 악화시키는 것이 일반적인데, 이런 변화가 "잘못된 사람들로부터 잘못된 이유로 지지를 받는다"고 생각했다. 위는 정부를 믿었다. "인간은 법률 없이는 함께 살 수 없다." 그런데 이런 법률은 "최소한의 안전을 보장해야 한다." "하느님으로부터 운명지어진 정부는 형태가 어떻건" "다른 조직보다는 훌륭하며", "사회의 무정부적 요소들"이 너무 강하기 때문에 "평화의 유지는 한시도 중단할 수 없는 일이었다." 부와 신분의 불평등은 "불가피"하고, 따라서 "부와 신분을 제거하는 데 따르는 이점을 논하는 것은 의미가 없다." 인간은 사실상 "계급 체제에 스스로 자연스럽게 합의하며", 그런 합의는 "공동 작업을 하기 위해서는 필수적"이다. 마찬가지로 전쟁과 정복도 불가피했다. 예술 역시 인간의 자연적인 본분이다. 그리고 대부분의 위대한 예술은 "나는 어떤 특정한 체제와 관련이 있다고는 생각하지 않지만, 정치적인 학정 아래서" 탄생했다. 결국 위는 이런 의미에서 자신은 애국자라고 말했다. 영국의 번영이 필연적으로 다른 나라에 해가 된다고 생각하지는 않지만, 그런 경우가 된다면 "나는 영국이 번영하기를 원하고, 다른 나라가 번영하지 않기를 바란다."

따라서 위는 사회를 있는 대로, 있어야만 하는 대로 기술했고, 사회에 대한 자신의 반응도 묘사했다. 그는 개인적으로는 이상적인 비전을 갖고 있었다. 그러나 반지식인적이었던 그는 그런 비전은 실현이 불가능하다는 것도 거리낌 없이 인정했다. 1962년에 출판된 책의 머리말에 묘사된 그의 이상 사회는 네 개의 계급으로 구성돼 있다. 우두머리 계급은 "명예와 정의의 원천"이다. 바로 아래에는 "위에서 내려 준 임무를 수행하는 남녀와, 전통, 도덕, 기품을 수호하는 사람들"이 있다. "희생할 준비"가 돼 있어야 할 그들은

"조상에게서 물려받은 재산 덕분에 부패와 공명심에 감염"되지 않도록 보호를 받는다. 그들은 "예술의 부양자이며, 예의범절의 검열관"이다. 그들 아래에는 어려서부터 "청렴결백의 버릇"을 들이도록 교육받은 "산업과 학문 계급"이 있다. 그리고 맨 밑바닥에는 육체 노동자들이 있다. 그들은 "자신들의 기술을 자랑스러워하고, 제왕에 대한 보편적인 충성심을 통해 그들 위에 있는 계급에 구속돼 있다." 워는 이런 이상 사회는 영원불멸하다고 주장하는 것으로 결론을 내렸다. "사람은 자기 아버지가 일하던 모습을 지켜보면서 자라기 때문에, 일반적으로 아버지가 하던 직업에 가장 잘 어울린다." 그런데 그런 이상 사회는 "역사상 존재한 적이 없고 앞으로도 존재하지 않을 것"이며, 우리는 그 이상 사회로부터 "해마다 더 멀어지고 있다." 그렇지만 그는 패배주의자는 아니었다. 그는 단지 시대정신을 개탄하면서, 시대정신에 굴종해야 한다는 사실을 믿지 않을 뿐이라고 말했다. "시대정신은 그 시대를 구축한 자들의 정신이고, 유행하는 시대정신에 강하게 이의를 표현할수록 그 시대정신을 몰락의 길로부터 끌어낼 가능성이 높아지기 때문이다."15

워는 "유행하는 시대정신에 이의"를 제기하는 자신의 중요한 능력을 꾸준히, 최선을 다해 발휘했다. 그런데 그는 그런 관점을 유지하면서도 정치에는 참여하지 않았다. 그가 적었듯, "나는 조국을 향해 나를 관리로 뽑아달라는 충고를 하고 싶은 열망이 없다."16 그는 의도적으로 정치를 피하는 데서 그치지 않았다. 그는 그토록 많은 친구들과 동시대인, 특히 시릴 코널리가 1930년대의 시대정신에 굴복해서 정치에 관심을 가지며 문학을 배신하는 현실을 개탄했다. 워는 코널리에 매료됐다. 워는 자신의 여러 저서에 코널리를 이런저런 방식으로 끌어들였고, 맹렬하고 예민한 관찰력으로 코널리가 쓴 책에 주석을 달았다.

이것은 왜 흥미로운가? 두 가지 이유가 있다. 우선, 워는 뛰어난 재치 때문에, 그리고 "한 문장 한 문장을 갈고닦는 형식, 즐거운 패러디, 훌륭한 내러티브, 반짝거리는 메타포"를 구사하고 가끔은 "잊히지 않는 독창성"을 보이는 글을 쓸 수 있는 능력 때문에 코널리를 주목할 필요가 있다고 판단했다.[17] 그런데 코널리는 문학적 구조나 구성에 대한 감각이 부족했고, 지구력도 부족했다. 따라서 코널리는 중요한 저서를 내놓을 능력이 없었다. 워는 이런 모순을 대단히 흥미로워했다. 두 번째이면서 가장 중요한 이유는, 코널리를 시대정신의 대변인으로 본 워가 희귀조 관찰하듯 코널리를 관찰했다는 것이다. 워는 지금은 텍사스대학 오스틴분교의 인문학 연구소에 보관된, 그가 소장했던 코널리의 저서 『불안한 무덤』에 코널리의 특징에 대한 주를 많이 달았다. 코널리는 "우리 세대의 전형적인 인물"이었다. 코널리는 "진정으로 학식이 부족"했고, "레저와 자유분방함과 안락한 생활"을 사랑했으며, "낭만적인 속물"이었고, "소모적이고 절망적"이며 "표현력에 재능이 대단"했다. 그런데 코널리는 "게으름이라는 구속복을 입었고", 아일랜드 혈통이라는 핸디캡이 있었다. 코널리는 아무리 감추려고 애를 써도 "아일랜드 꼬마, 이민자, 향수병 환자, 초라하고 수치스러운, 공공장소에서는 재미가 넘쳐나는, 입에서는 언제든지 고금의 인용문을 내뱉을 수 있는, 마녀를 두려워하는, 수렁에 빠진 수도사를 무서워하는, 자신의 까불대는 성격을 자랑스러워하는 사람이었다." 코널리는 "세상에는 지옥과 미합중국이라는 두 가지 실체만 존재한다는 아일랜드인 특유의 뿌리 깊은 믿음"을 갖고 있었다.[18] 1930년대에 워는 코널리가 "최근의 문학사"를 "자신들의 재능을 나름의 방식으로 개발하고 활용하는" 작가들의 관점이 아니라, "일련의 '운동들', 참호 구축과 폭격과 포위, 또는 공감과 협잡"의 관점에서 집필했다는 사실을 개탄했다. "아마도 그의 몸에 흐르는 아일랜드인의 피 때문에 그랬을 것이다." 워는 참여의 "마수"에, "그의 젊은 친구들 모두가 미끄러져 내려가는 정치라는 차갑고 축축한 구덩이"에 "굴복"했다는 이유로 코널리를 심하게 비난했다. 그는 이것이 "그토록 재능이 많은 인물의 유감스러운 종말, 전도유망한 인물의 모든 적수 중에서 가장 음흉한 사건"이라고 생각했다.[19] 워는 정치를 향한 코널리의 집착이 오래갈 수는 없을 것이라고 생각했다. 코널리는 더 훌륭한 일을, 최소한 정치가 아닌 다른 일을 할 수 있는 능력이 있었다. 어찌 됐건, 코널리 같은 사람이 어찌 인류에게 이런 저런 일들을 하라는 충고를 할 수 있겠는가? 정말이지 어떻게! 어찌됐건 악독한 인물은 아니었던 코널리는 지식인 특유의 도덕적 약점을 유별날 정도로 보여 줬다. 우선, 그는 평등주의가 유행하던 1930~1950년대 동안에 평등주의를 표방했으면서도, 평생 사회적 신분과 재산을 숭배하며 살았다. "아일랜드인 취급을 받는 것보다 더 나를 격분시키는 일은 없다." 그는 자기 증조부모 여덟 명의 성씨 중에서 코널리가 유일한 아일랜드 성씨라고 지적하면서 투덜댔다. 코널리는 직업 군인과 뱃사람들을 배출한 집안에서 태어났다. 친아버지는 평범한 육군 장교였지만, 할아버지는 제독이었고 작은 할머니는 킹스턴 백작 부인이었다. 1953년에 「뉴 스테이츠먼」에 실린 익명의 프로필에서, 평론가 존 레이먼드는 코널리가 『약속의 적들』에 실은 이력의 세세한 부분들을 변조했다고 지적했다. 1938년도 오리지널 (따라서 "프롤레타리아적인") 판에서는 으리으리하고 부유한 혈통을 감춘 반면, 지적인 유행이 바뀐 1948년에 내놓은 개정판에서는 그런 사실들을 공들여 살려냈다. 코널리는 항상 "문화적 조류"를 제대로 "정확하게 찌르는 추"였다고 레이먼드는 적었다. "지난 25년 동안 영국 문학계가 보인 태도와 갖가지 소동, 술책 등에 대해 코널리만큼 잘 아는 사람은 없다."[20]

코널리의 속물근성은 일찌감치 발동됐다. 사르트르 같은 많은 지도적 지식인처럼, 코널리는 외아들이었다. 그를 애지중지한 어머니는 그를 "어린

아기"라고 불렀다. 버릇이 없고 이기적이며 못생겼고 아이들 놀이에 전혀 쓸
모가 없던 코널리에게 기숙학교는 힘든 곳이었다. 그는 우선 명문가 출신 소
년들에게 극단적으로 굽실거리면서 생존해 나갔다. 그는 어머니에게 보낸
편지에 의기양양하게 썼다. "이번 학기에는 귀족들이 엄청나게 많이 들어왔
어요……. 태국 왕자, 첼름스퍼드 백작의 손자, 에식스 백작의 아들인 몰덴
자작의 아들, 또 다른 백작의 손자하고 런던 주교의 조카가 입학했어요."21
두 번째 생존 도구는 재치였다. 사르트르처럼 코널리는 자신의 지적 독창성,
특히 다른 소년들을 웃기는 재주 때문에 친구들이 마지못해 그를 받아들인
다는 사실을 재빨리 간파했다. 나중에 그는 "'코널리는 재미있는 놈이야'라
는 말이 떠돌면서 오래지 않아 내 주위에 아이들이 몰려들었다"고 기록했다.
힘 있는 아이들 앞에서 궁정의 어릿광대 역할을 한 코널리는 이튼에서도 스
스로를 지혜의 영역으로까지 확장하면서 그럭저럭 살아남았다. "나는 칼리
지의 중간 이하 무리들 사이에서 소크라테스 같은 존재가 돼갔다." "노새한
테 얼굴을 걷어차인 장학생"으로 알려진 코널리는 지적인 재능을 발휘하여
모두가 선망하던 이튼의 사교 토론 클럽 "팝"에 들어갔다. 옥스퍼드의 "오
픈" 가입도 당연히 뒤따랐다. 동기인 제셀 경은 코널리에게 이렇게 말했다.
"글쎄, 자네는 밸리얼 장학금을 받고 팝에도 들어갔지. 자네가 여생 동안 아
무것도 이루지 못한다고 해도 나는 조금도 놀라지 않을 거야."

코널리도 깨달았듯, 이런 예상이 실현되는 데에는 무시무시한 위험이
도사리고 있었다. 코널리는 다른 사람에게도 그랬지만, 스스로에 대해서 아
주 민감한 사람이었다. 그는 자신이 타고난 쾌락주의자라는 것을 일찌감치
인식했다. 그가 설정한 목표는 완벽한 인간이라기보다는 "행복한 완벽한 인
간"이었다. 그런데 물려받은 돈이 한 푼도 없는 그가 정력적으로 일을 해야
만 한다면, 도대체 그는 어떻게 행복해질 수 있을까? 워가 코널리의 게으

름을 지적한 것은 옳았다. 코널리 자신도 "나를 무능력하게 만드는 그 게으름"을 인정했다. 그는 옥스퍼드에서는 거의 공부를 하지 않고도 3등으로 졸업했다. 그 후 그는 부유한 작가 로건 피어솔 스미스의 비서라는 손쉬운 일자리를 얻었는데, 스미스는 그에게 일은 거의 주지 않으면서도 당시로서는 상당한 액수인 주급 8파운드를 줬다. 스미스는 보즈웰 같은 전기 작가를 기대하고 있었지만, 보즈웰 같은 작가가 되려면 정력적으로 부지런하게 일해야 한다는 것을 감안하면, 실망할 수밖에 없었다. 게다가 코널리는 얼마 안 있어 해마다 1,000파운드의 수입을 올리는 유복한 진 베이크웰과 결혼했다. 코널리는 아내를 사랑한 듯하지만, 두 사람 다 아이를 가지기에는 너무 이기적인 사람들이었다. 진은 파리에서 낙태 수술을 받다가 실패하면서 추가 수술을 받아야만 했다. 다시는 임신을 할 수 없다는 뜻이었다. 수술의 결과로 내분비 체계가 영향을 받으면서 그녀는 뚱뚱해졌고, 남편은 아내에게 흥미를 잃었다. 코널리가 여자들에게 성숙한 태도를 보이려고 노력했던 적은 결코 없었던 듯하다. 그는 자신에게 "사랑"은 "외아들의 노출증"의 형태를 취한다는 것을 인정했다. 이 말은 "강아지가 침에 젖은 공을 내던지는 것처럼 누군가의 발치에 내 매력을 던져 놓고 싶은 욕망"을 뜻했다.[22] 한편, 진의 재산은 코널리가 정규직에 종사할 필요를 느끼지 않을 정도로 충분했다. 코널리가 1928~1937년에 기입한 일기는 그 결과를 보여 준다. "한가한 아침." "지독히도 한가한 아침, 두 시에 점심." "소파에 드러누워 새하얀 벽 위에 노란 햇살이 퍼지는 모습을 보면서 상상력을 펼치려고 노력하고 있다." "자유 시간이 너무 많다. 사람은 자유 시간이 너무 많으면 모든 이에게, 그리고 모든 것에게 너무 심하게 기대게 되는데, 그렇게 하면 그들 대부분은 뒷걸음질을 친다."[23]

사실 코널리는 그가 가장하려고 애쓰는 것만큼 꽤나 한가하지는 않았다. 그는 문학 사조에 대한 날카로운 비평서인 『약속의 적들』을 완성했다. 1938년에 출판된 이 책은 1930년대에 가장 영향력 있는 서적 중 하나로 판명됐다. 이 책은 코널리가 집단 행동을 즐기는 당대의 지식인들을 이끄는 데 타고난 재능을 갖고 있다는 것을 보여 줬다. 스페인 내전이 발발하자, 당연히 그는 정치에 관심을 표명하면서 스페인을 세 차례 방문했다. 스페인 방문은 상류 계급 자녀들의 유럽 일주 여행처럼 특정 계급 지식인들 사이에서는 의무적인 것으로, 맹수 사냥을 지적인 형태로 승화시킨 결과물이었다. 코널리는 해리 폴리트가 써준 권위 있는 위임장을 갖고 갔는데, 이 편지는 그의 동행 W. H. 오든이 바르셀로나의 몬주익공원에서 스페인에서는 중범죄인 노상방뇨를 하다 체포됐을 때 유용하게 활용됐다.[24]

스페인 방문에 대한 코널리의 글은 주로 「뉴 스테이츠먼」에 실렸는데, 당시 대부분의 다른 지식인들이 쓴 우중충한 글과는 대조적으로 날카롭고 참신했다. 그런데 그 글들에는 좌익 인사의 심적 부담감이 담겨 있다. 코널리는 자신을 이렇게 소개했다. "나는 세상이 지금껏 보아온 중에 가장 비정치적인 세대에 속해 있다……. 앞으로 우리는 교회에 가는 대신 정치 회합에 참석하게 될 것이다." 그들 중 "더욱 현실적인 사람들"—그는 이블린 워와 케네스 클라크를 예로 들었다—은 "자신들이 영위하는 삶이 지배 계급의 밀접한 협조에 의존하고 있다는 것"을 파악했다. 나머지 사람들은 스페인 내전이 분출할 때까지는 "머뭇거리기만 했다." "(이제) 그들은 해외의 사건을 통해 전체적으로 정치 지향적이 됐다고 생각한다." 그런데 코널리는 상당수의 좌파가 출세 지향주의 때문에 행동에 나서거나, "아버지를 증오하거나 사립 학교에 불만을 가졌거나 세관에서 모욕을 당했거나 섹스에 대해 염려했기" 때문에 행동에 나섰다는 것을 빠르게 감지했다.[25] 그는 문학적 중요성뿐 아니라 정치적 우수성에 대해서도 날카로운 관심을 가지면서, 에드먼드 윌슨의 『엑셀의 성』을 "미학적으로뿐 아니라 경제적 기준에서도 받아들일 만한 유일한 좌파의 중요 서적"이라고 추천했다.[26]

코널리가 암시하고 있는 것은 정치화된 문학은 제대로 작동하지 않는다는 것이었다. 물론, 코널리는 지적으로 안전한 상황이 된 후에야 "참여"의 사망을 공개적으로 선언했다. 1939년 10월에 코널리의 부유한 숭배자 피터 왓슨이 코널리에게는 제격인 역할을 만들어 냈다. 새로운 경향의 문학을 위한 월간지 『호라이즌』을 편집하는 일이었다. 세상이 전쟁 분위기로 완전히 뒤덮인 상황에서 탁월한 문학 작품을 지원하자는 것이 발간 목적이었다. 잡지는 발간되자마자 인상적인 성공을 거뒀고, 코널리는 인텔리겐치아 사이에서 주도적인 파워 브로커의 위치를 확고히 했다. 1943년 무렵의 코널리는 자신이 1930년대에 한일들이 실수였다고 간주할 수 있을 만큼 여유가 있었다. "그 10년 동안 정치적이었던 대부분의 문학은 두 가지 점에서 실패했다. 당시의 문학은 우선 정치적 목표를 하나도 달성하지 못했으며, 우수성을 오랜 동안 유지할 만한 문학적 성취를 일궈내지도 못했다."[27] 코널리는 유토피아를 찾는 지적인 탐구 과정을 계몽된 쾌락주의를 추구하는 과정으로 대체하는 작업에 착수했다. 그는 『호라이즌』의 칼럼과, 쾌락을 향한 도피주의적 사고를 모아 놓은 또 다른 영향력 있는 저서 『불안한 무덤』(1944)에서 그런 작업을 전개했다. 코널리는 젊은 시절에 자신의 이념을 "행복한 완벽한 인간"이 되려는 것으로 묘사했다. 그는 프롤레타리아적인 1930년대에는 자신의 이념을 "미학적 유물론"으로 불렀다. 이제 그의 이념은 "문명의 기준 수호"였다.

코널리는 전쟁이 끝난 후인 1946년 6월이 돼서야 『호라이즌』의 논설에서 자신의 강령을 상세하게 정의하는 작업에 착수했다.[28] 독특한 것은 이 성명서에 관심을 가진 사람이 관찰력이 예리한 이블린 워였다는 것이다. 워는 온갖 정신 사나운 일이 많았던 전시에도 코널리의 행동을 대단히 주의 깊게 뒤쫓았다. 워는 『명예의 보검』 3부작에서 전시의 코널리를 에버라드 스프루스로, 코널리의 잡지는 『서바이벌』로, 코널리를 돕는 지적이고 예쁜 조수 아가씨들은 프랭키와 코니(실제로는 코널리와 같은 침대를 썼던 리스 루보크와, 오웰의 둘째 부인이 된 소니아 브라우넬)로 풍자했다. 워는 이제 『태블릿』의 가톨릭 독자들의 관심을 코널리의 터무니없는 강령들로 이끌었다.[29] 코널리가 "문명화된 사회의 중요한 지표들"이라고 묘사한 열 개의 목표는 다음과 같다. (1) 사형제 폐지, (2) 형벌 개혁, 모범적 감옥, 죄수들의 갱생, (3) 빈민가 철거와 "신도시", (4) 정부 보조금을 지급해서 조명과 난방을 "공기처럼 무료로 공급", (5) 무료 의료, 식량과 의복 보조금 지급, (6) 누구나 바라는 바를 쓰고 말하고 행동할 수 있도록 검열 철폐, 여행 규제와 외환 관리의 철폐, 이단적 견해를 가진 것으로 알려진 사람들에 대한 도청 및 정보 수집 중단, (7) 동성애와 낙태를 반대하는 법률과 이혼 법률의 개정, (8) 아동의 소유권 및 권리 제한, (9) 인공 구조물과 자연 풍경의 보존과 예술에 대한 보조금 지급, (10) 인종과 종교에 대한 차별을 금지하는 법률.

사실상 이 강령은 관용적인 사회를 만들기 위한 공식이었다. 코널리의 비현실적인 경제적 사상 몇 가지를 제외하면, 그가 요구했던 거의 모든 것이 1960년대에 영국뿐만 아니라 미국과 대부분의 서방 민주주의 국가에서 법률로 제정됐다. 사회적·문화적·성적 삶의 거의 모든 측면에 영향을 끼친 이런 변화로 인해, 1960년대는 1790년대와 유사하게 현대사에서 가장 중요한 10년 중 하나가 됐다. 워는 당연히도 깜짝 놀랐다. 그는 코널리가 제안한 행동들이 사회의 기독교적 기반을 완전히 제거해 버리고는, 그 자리를 쾌락의 보편적 추구로 채워 넣으려는 의도와 관련돼 있다고 의심했다. 코널리는 그런 사회를 문명의 최종 도달점으로 봤다. 다른 사람들에게 그런 사회는 지옥으로 귀결되는 것이었다. 그런데 이 사건이 적나라하게 보여 준 것은, 지식인들이 정치적 유토피아에서 등을 돌려 사회적 규범과 규율을 잠식해 들어가는 일에 착수했을 때, 지식인들의 영향력은 훨씬 증대한다는 것이다. 루소는 이것을 18세기에 보여 줬고, 입센은 19세기에 다시 한 번 보여 줬다. 이제 그렇다는 것이 다시 한 번 입증됐다. 코널리의 표현처럼 정치적인 1930년대는 패배의 시대였지만, 지식인의 관점에서는 관용적이었던 1960년대는 눈부신 승리의 시대였다.

어젠다를 설정한 코널리 본인은 1974년까지 생존했음에도 불구하고, 혁명과정에서는 거의 아무런 역할도 수행하지 못했다. 그는 장기전이나 영웅적인 노고에 이바지할 만한 사람은 아니었다. 마음만큼은 최소한 잠시라도 기꺼이 그런 일에 참여하고 싶었을지 모르지만, 그의 몸은 그런 일에서는 늘 허약하기 그지없었다. 그는 스스로에 대해 이런 문장을 만들어 냈다. "뚱보의 몸에 갇힌 말라깽이가 밖으로 나가겠다면서 요란한 경보를 발동하고 있다."[30] 그런데 말라깽이 시릴은 결코 세상에 모습을 드러내지 않았다. 코널리는 안티히어로라는 단어가 만들어지기 한참 전부터 안티히어로였다. 그의 걸음걸이마다 탐욕, 이기심, 그리고 사소한 파괴의 흔적들이 남았다. 데스먼드 매카시는 일찍이 1928년에 미지불된 세탁비 영수증 때문에 코널리를 기회주의자에다 식객이라고 비난했다. 코널리에게 호의를 베푼 사람들 대부분은 자신들이 베푼 호의를 후회하게 됐다. 어떤 사람은 자기 할아버지 시계 밑바닥에서 화장실에서나 볼 수 있는 오물을 발견했다. 버너스 경은 치펜데일식 가구 가운데에서 통조림용 새우를 잔뜩 찾아냈다. 서머싯 몸은 그의 소중한 아보카도가 두 개 없어진 것을 감지하고는 코널리의 가방을 열게 해서는 마지못해 꺼내 놓게 만들었다. 코널리는 반쯤 먹다 만 끼니를 몇 주일 지나서 침실의 서랍에서 꺼내기도 했고, 스파게티나 베이컨으로 집주인의 책에 읽던 곳을 표시하기도 했다. "유명한 미국 지식인의 아내가 제공한 훌륭한 음식에, 악의는 없었지만 담뱃재를 떨어뜨리기"도 했다.[31] 1944년에 독일의 V폭탄이 런던을 공습할 때 — 30년 전에 버트런드 러셀이 했던 것처럼 — 귀족 부인과 침대에 있던 코널리는 겁쟁이 같은 짓을 했다. 상대 여자는 당시 이블린 워가 관심을 표명하며 묘사를 남겼던 (훗날 애니 플레밍 여사가 된) 퍼디타 부인이었을 가능성이 있다. 러셀이 인간의 비인간성에 대한 엄청난 의분의 제스처로 콘스탄스 맬러슨의 침대에서 뛰쳐나온 반면, 코널리는 공황 상태로 침대에 뛰어들면서 명언을 내놨다. "완전한 공포는 우리 사랑을 쫓아내느니라."

이런 사람이 문명의 성전聖戰을 이끌 수 없다는 것은 확실하다. 그러려는 에너지가 충만했다고 해도 말이다. 물론 그는 성전을 이끌지 않았다. 코널리는 1949년에 게으름, 따분함, 자기혐오로 인해 『호라이즌』을 폐간했다. "우리는 베드포드 광장을 내려다보는 긴 창문들을 닫아 버렸다. 전화기는 떼어졌고, 가구는 창고에 들어갔으며, 과월 호들은 지하실로 내려갔고, 서류들은 먼지 속에서 좀을 먹었다. 자살자에게 배달되는 우유처럼, 기고문들만 계속해서 냉정하게 배달됐다." 그는 가엾은 진과 마침내 이혼하고, 아름다운 지식인 바바라 스켈튼과 결혼했다. 그런데 두 사람의 결합(1950~1954)은 성공하지 못했다. 부부는 서로를 조심스럽게 관찰했다. 톨스토이와 소냐의 전통에 따라, 그리고 많은 블룸즈버리 거주민처럼, 두 사람은 미래에 출판될 일기를 경쟁적으로 썼다. 결혼이 깨진 후 코널리는 에드먼드 윌슨에게 스켈튼과 자신과의 관계를 묘사한 스켈튼의 일기가 언젠가 소설로 나올지도 모르겠다고 고통스러운 목소리로 투덜거렸다. 한편, 윌슨은 코널리의 다음과 같은 말을 기록했다. "그녀는 그가 그녀와의 관계에 대해 기록한 일기를 가져가서 감추었다. 일기의 소재지를 아는 그는 그녀가 외출했을 때 집에 들어가서 일기를 가져올 계획이었다."[32] 그런 일은 벌어지지 않았고, 그 일기도 결코 세상에 드러나지도 않았다. 그렇지만 스켈튼의 일기는 결국 1987년에 출판됐다. 일기의 내용에 대한 코널리의 우려는 옳았다. 스켈튼의 일기는 무기력한 자세로 혼수상태에 빠진 지식인에 대한 잊을 수 없는 초상화를 담고 있다.

예를 들면, 1950년 10월 8일에 그녀는 다음과 같이 기록했다. "(시릴은) 죽어가는 거위처럼 아직도 드레싱 가운 차림으로 침대에 쓰러져 있다……. 이제는 베개에 파묻혀서 고통을 체념한 듯한 표정으로 눈을 감고 있다……. 한 시간 후에 침실로 갔다. 시릴은 눈을 감은 채로 누워 있다." 10월 10일은 이렇다. "내가 빨래를 하는 사이 (시릴은) 오랫동안 목욕을 했다. 나중에 침실에 갔다가 그가 벌거벗은 채로 절망적으로 허공을 응시하며 서 있는 모습을 발견했다……. 침실로 돌아와서 C.가 여전히 허공을 바라보는 것을 봤다……. 편지를 쓰고 침실로 돌아왔다. C.는 여전히 창턱에 등을 기대고 있다." 1년 후인 1951년 11월 17일은 이렇다. "(시릴은) 아침을 먹으러 내려올 생각을 않고, 침대에 누워 시트 모서리를 빨고 있다……. 그는 접혀진 시트를 가끔씩 입에서 유령처럼 쏟아내며 한 시간씩이나 누워 있다."[33]

그럼에도 불구하고, 이 문명화된 가치관의 지지자는 에라스무스가 종교개혁의 알을 낳았던 것과 같은 방식으로 사회적 관용의 알을 낳았다. 그런데 그 알을 부화시키는 것은 다른 사람들 몫이었다. 그리고 코널리가 예상치 못했던, 예상을 했더라면 개탄했을 새롭고 불안스러운 요소들이 부화 과정에 가미됐다. 일부 지식인들의 강력한 저항이라는 요소였다. 급진적이고 절대적인 해법을 향한 욕망은 대대로 이어졌다. 그렇지 않다면 톨스토이, 버트런드 러셀과 다른 많은 명목상의 반전론자들이 폭력을 애호한 것을 어떻게 설명할 수 있겠는가? 역시 폭력에 매료된 사람이었던 사르트르는 완곡한 표현이라는 모호한 구름으로 폭력적 성향을 감췄다. 예를 들어 사르트르는 이렇게 주장했다. "경찰과 맞닥뜨린 젊은이들이 해야 할 일은 경찰이 폭력적이라는 것을 보여 주는 데서 그칠 것이 아니라, 반폭력을 행사하는 젊은이 무리에 가담하는 데까지 나아가야 한다." 흑인을 대신해서 "직접적인 행동"(즉, 폭력)에 종사하지 않는 지식인들은 "흑인을 살해한 죄가 된다. 경찰, 즉 체제가 살해한 (흑표범 당원에게), 방아쇠를 당겨 다시 죽인 것과 마찬가지다."[34]

지식인이 폭력과 연관을 맺는 경우는 너무나 잦기 때문에, 일종의 탈선 행위로 치부해 버릴 수가 없다. 폭력을 행사하는 "행동하는 인간"을 동경하는 경우도 잦다. 무솔리니는 놀라울 정도로 많은 지식인 추종자를 거느렸는데, 그중에 이탈리아 지식인들만 있었던 것은 아니었다. 히틀러는 권좌에 오르는 동안 캠퍼스에서 꾸준히 대성공을 거뒀고, 선거 때 그가 학생층에서 올린 득표율은 전체 인구의 평균 득표율을 상회했다. 그는 교사와 대학 교수 사이에서 항상 좋은 성과를 거뒀다. 많은 지식인이 나치당의 고위층에 편입됐고, 소름끼칠 정도로 난폭했던 SS에 가담했다.[35] 히틀러가 동유럽에서 보여준 "최후의 해법"의 선봉이었던 아인자츠그루펜* 네 개 부대의 장교들 중에는 대학 졸업생 비율이 현저히 높았다. 예를 들어, "D" 대대를 지휘했던 오토 올렌도르프는 세 군데 대학에서 학위를 받은 법리학 분야 박사였다. 스탈린 역시 집권 당시에는 지식인 숭배자 군단을 거느렸다. 종전 후에 폭력을 휘두른 카스트로, 나세르, 모택동도 마찬가지였다.

폭력을 고무하거나 폭력에 관대해지는 것이 지식인 특유의 느슨한 사고의 결과물인 경우가 종종 있다. 1937년 3월에 출판된 스페인 내전을 다

---

* 나치의 살인 전문 무장 기동대

론 오든의 시 「스페인」에는 "필수적인 살인을 했다는 죄책감의 의식적 용인"이라는 악명 높은 구절이 들어 있다. 오웰은 전체적으로는 이 시를 좋아했지만, 이 구절만큼은 비판했다. "살인이 종이에 적힌 단어에 불과한" 사람 외에는 이런 구절을 쓸 수 없다는 근거에서였다. 오든은 "정당한 전쟁이라는 것이 존재한다면, 살인도 정의를 위해 필수적일 것"이라고 주장하면서 이 구절을 옹호했다. 그렇지만 그는 결국 "필수적인"이라는 단어를 삭제했다.[36] 제1차 세계 대전 때 퀘이커 앰뷸런스 부대에서 복무했던 킹즐리 마틴은 실제 폭력은 어떤 형태가 됐건 피하려고 했음에도 불구하고, 때로는 폭력을 이론적으로 변호하면서 스스로를 혼란스럽게 만들었다. 1952년에 중국에서 모택동이 최종적으로 거둔 승리에는 갈채를 보냈지만, "인민의 적" 150만 명이 제거됐다는 보도에 안절부절못한 그는 「뉴 스테이츠먼」 칼럼에서 멍청한 질문을 던졌다. "이런 처형이 정말로 필요했을까?" 잡지의 중역이었던 레오너드 울프는 그다음 주에 마틴이 던진 질문에 대한 편지를 실을 수밖에 없었다. "마틴은 정부가 150만 명을 처형하는 데 도대체 어떤 상황이 '정말로 필요한' 것인지……. 지적해 줄 수 있는가?" 물론 마틴은 아무런 대답도 할 수 없었고, 자신을 꿰뚫고 있는 갈고리에서 벗어나려고 애써 꿈틀거리는 모습은 지켜보기 힘들 지경이었다.[37]

반면, 어떤 지식인들은 폭력을 혐오적인 것으로조차도 보지 않았다. 노먼 메일러Norman Mailer(1923~2007)의 경우는 특히 교훈적이다. 우리가 검토해 온 지식인 유형에서 볼 때, 메일러는 여러 면에서 전형적인 인물이기 때문이다.[38] 어머니가 주도권을 가진 집안에서 태어난 장남이자 외아들인 그는 태어날 때부터 그를 숭배하는 여성 동아리의 한복판에 자리를 잡았다. 부유한 슈나이더 가문 출신으로 그녀 자신도 사업에 성공한 어머니 파니에게는 다양한 성격의 자매들이 있었다. 나중에는 메일러의 여동생들도 동아리에 합류했다. 메일러는 전형적인 브루클린 아이였다. 조용하고 예의 발랐으며 반에서는 늘 1등을 하다가, 16세에 하버드에 진학했다. 여자들은 그의 놀라운 성취에 열광적인 갈채를 보냈다. "집안 여자들은 하나같이 노먼을 너무나 귀여워했어요." 메일러의 첫째 아내 베아트리체 실버만은 이렇게 말하면서 또 다른 말도 덧붙였다. "파니는 그녀의 어린 천재가 결혼하는 것을 바라지 않았어요." "천재"는 메일러와 관련해서 파니의 입에 자주 올랐던 단어였다. "우리 아들은 천재예요." 메일러의 아내들은 결혼한 지 얼마 안 돼 시어머니 파니를 불쾌한 존재로 의식하게 됐다. 셋째 아내인 진 캠벨은 투덜댔다. "우리가 한 일이라고는 시어머니하고 저녁 먹으러 간 것이 전부였어요." 넷째 아내인 금발 여배우 비벌리 벤틀리는 파니에게 부정적인 견해를 표명하면서 혹평을 했다(실제로 육체적인 공격을 가하기도 했다). 메일러의 아내들은 어른이 된 메일러에게 어렸을 적의 여성 동아리를 대체한 존재였다. 메일러는 한 명만 제외하고는 아내들과 이혼한 후 거듭해서 다음과 같이 주장했다. "여자랑 이혼하고 나면 더 이상은 성적인 허영심이 존재하지 않기 때문에, 그때부터 진정한 우정을 시작할 수 있습니다." 메일러는 아내가 전부 여섯 있었는데, 그들을 통해 아이 여덟을 얻었다. 메일러의 여섯 번째 아내 노리스 처치는 메일러의 맏딸과 동갑이었다. 여자들은 그 외에도 많아서 넷째 아내는 이렇게 투덜댔다. "내가 아이를 가졌을 때, 그는 스튜어디스랑 놀아났어요. 애를 낳고 사흘 후부터 바람을 피우기 시작했고요." 메일러가 한 여자에게서 다른 여자로 넘어가는 과정은 버트런드 러셀을 강하게 연상시키고, 하렘의 분위기는 사르트르를 떠올리게 만든다. 메일러는 여자가 주도하는 집안에서 성장했음에도 불구하고 가부장적인 관념이 강했다. 그가 첫째 아내랑 헤어진 것은 아내가 직업을 갖기를 원했기 때문이다. 메일러는 그녀를 "미성숙한 여성 해방주의자"라고 폄휘했다. 그는 셋째 아내에 대해서도 불만을 토로했다. "진은 나하고 결혼하기 위해 1000만 달러를 단념했으면서도, 나한테 아침을 차려 주려고 하지를 않아." 그는 넷째 아내가 바람을 피우자 관계를 끝냈다. 여자들 중 한 명은 이렇게 불평했다. "노먼은 직업을 가진 여자와는 아무것도 하지 않으려고 해요." V. S. 프리쳇은 1971년에 메일러의 책을 평론하면서 메일러가 결혼을 여러 번 (당시에는 네 번) 했다는 사실은 메일러가 "여자에게는 관심이 없고, 여자들이 가진 무엇인가에 관심이 있다"는 것을 보여 준다고 주장했다.[39]

메일러가 많은 지식인과 공통적으로 가진 두 번째 특징은 자기 홍보에 천재적인 재능이 있다는 것이다. 메일러의 홍보담당자 라인하트가 대단한 전문가적 수완을 발휘한 걸출한 전쟁 소설 『나자와 사자』(1948)의 빼어난 홍보는 제2차 세계 대전이 끝난 후 진행된 캠페인 중에서 가장 세련되고 성공적인 것이었다. 메일러는 일단 문단에 진출한 이후에는 홍보를 직접 맡았는데, 이후 30년간 그가 벌인 홍보 활동은 세상 사람 모두를 놀라게 하는 한편 경종을 울리는 역할까지 했다. 메일러의 작품, 아내, 이혼, 가치관, 다툼과 정치는 자기 홍보라는 매끈한 의상으로 솜씨 좋게 짜여 들어갔다. 그는 텔레비전을 자기 홍보에 효율적으로 활용한 최초의 지식인이었다. 그는 기억에 남을 만한 놀라운 장면을 자주 연출했다. 단순히 말만 주고받는 데서 그치지 않고 구경거리를 포착하려고 드는 텔레비전의 만족을 모르는 욕망을 일찍이 간파한 메일러는 헤밍웨이가 안내한 경로를 따라나서는 지나치게 활동적인 지식인으로 변모했다. 이 모든 자기 홍보는 무엇을 위한 것이었는가? 물론 허영심과 이기주의를 위한 것이었다. 톨스토이, 러셀, 사르트르 같은 사람들의 행동은 표면적으로는 합리화되고 있지만, 결국 본인들에게 세간의 관심을 끌어들이려는 욕구에서 기인한 것이라고밖에는 설명할 수 없다. 게다가 돈을 벌겠다는 더욱 세속적인 목적도 있었다. 메일러의 가부장적 성향은 돈이 많이 들었다. 1979년에 넷째 아내 때문에 법정에 출두한 메일러는 그녀에게 주당 1,000달러를 줄 형편이 안 된다고 주장했다. 그는 둘째 아내에게 400달러, 다섯째 아내에게 400달러, 여섯째 아내에게 600달러를 주고 있다고 밝혔다. 그는 부채가 50만 달러였는데, 에이전트에게 18만 5,000달러를 빚졌다. 세금 미납액이 8만 500달러였는데, 이로 인해 국세청은 그의 저택에 10만 달러 담보를 설정했다. 독자들을 끌어들이려는 메일러의 자기 홍보는 훌륭하게 목적을 달성했다. 한 가지 예를 들자면, 자신의 외도를 바탕으로 하여 치밀한 구성으로 페미니즘을 공격한 장편 에세이 「섹스의 죄수」는 『하퍼스』 1971년 3월 호에 실렸는데, 이 책은 120년 잡지 역사 동안 가판에서 가장 많이 팔린 책이 됐다.

그런데 메일러의 자기 홍보에는 진지한 목표도 있었다. 그의 작품과 생애에서 지배적인 주제가 된 개인적 능력 발휘를 억제하는 여러 제약을 벗어던져야 한다는 사실을 홍보하려 했다. 이때까지 대부분의 교양 있는 사람들은 그런 제약을 문명과 동일시했다. 예를 들어 시인 예이츠는 문명을 "자기 구속의 실행"으로 정확하게 규정했다. 메일러는 이런 가정에 의문을 품었다. 때때로 어떤 사람들에게는 개인적 폭력이 필수적이고, 심지어는 고결한 일일 수도 있지 않을까? 그는 정도正道를 벗어난 경로를 통해 이런 입장에 도달했다. 젊은 시절의 메일러는 1948년 대통령 선거 운동에서 월리스를 위해 18회나 연설을 할 정도로 공산당 동조자였다.[40] 그런데 그는 1949년의 악명 높은 월도프 대회에서 공산당과 관계를 끊었고, 이후 그의 정치적 관점은 가끔씩 자유주의 좌파의 여론을 반영하기도 했지만, 더욱 색다르고 독창적인 입장을 취해 갔다. 특히, 그는 소설 집필과 저널리즘을 통해 서양인의 삶에서 흑인과 흑인 문화가 처한 위치를 탐구하게 됐다. 메일러는 어빙 하우가 발간하는 잡지 『디센트』의 1957년 여름호에, 그의 저작물 중에서 가장 영향력 있고 전후 시대의 진정한 핵심적 문건이 된 『하얀 흑인』을 발표했다. 이 글에서 메일러는 자기주장이 강하고 자신만만한 젊은 흑인들의 "선진적 의식"과 행동을 일종의 반체제 문화의 형식으로 분석했다. 그는 흑인 문화를 설명하고 정당화하면서, 급진적 백인들이 그 문화를 받아들여야 한다고 역설했다. 반합리주의, 신비주의, 활력에 대한 감각, 특히 폭력과 혁명의 역할과 같은 여러 흑인 문화는 진보적 지식인들이 세심하게 검토해 볼 필요가 있다고 메일러는 주장했다. 메일러는 과자 가게 주인을 구타해서 죽인 두 청년의 실제 사례를 고려해 보라고 썼다. 그 사건에는 유익한 측면이 없을까? "그들은 허약한 50세 남자를 살해할 뿐 아니라 사회 제도도 살해하고 사유 재산을 침해한다. 경찰과 새로운 관계를 맺고 그들의 인생에 위태로운 요소를 도입한다." 내면을 향한 분노가 창조성에 위험한 요소가 된다는 점을 감안하면, 폭력을 잘 활용해서 외면화하고 발산하면 그 자체로 창조적이지 않을까?

이것은 세심한 고려 끝에 쓰인 빼어난 글로—사회의 "제도화된 폭력"에 대항하는—개인적 폭력을 정당화하려는 첫 시도였다. 이 글로 인해 사회의 다양한 분야에서 분노가 터져 나온 것은 누구나 충분히 이해할 만한 일이었다. 나중에는 하우 본인도 과자가게 살인과 관련한 문구를 삭제했어야 했는데 그러지 못했다고 인정했다. 노먼 포드호 레츠가 『하얀 흑인』을 "내가 지금까지 접했던 사상 중에서 도덕적으로 가장 섬뜩한 사상 중 하나"라고 공격했을 무렵, 이 글은 "유행에 영합하는 이념이 사람을 어디로 이끌 수 있는지"를 보여 줬다.[41] 그런데 흑과 백을 불문한 대단히 많은 젊은이들이 바로 그런 길안내와 합리화를 고대하고 있었다. 『하얀 흑인』은 1960년대와 1970년대에 발생한 많은 사건들의 존재의 의의를 입증한 문건이었다. 이 글은 그때까지만 해도 문명화된 행동의 범주 바깥에 있다고 간주돼 온 많은 행위와 태도에 상당한 지적인 지위를 부여했고, 시릴 코널리가 10년 전에 제안했던 관용적 어젠다에 의미심장하고 악의 넘치는 항목을 몇 가지 덧붙였다.

메일러가 공사를 가리지 않고 몸소 행동을 통해 메시지를 강화하고 선전한 덕에 영향력은 더 커졌다. 1960년 7월 23일, 프로빈스타운 경찰서에서 벌어진 싸움에 가담하려고 애쓴 메일러는 "치안 방해"가 아닌 만취의 죄목으로 유죄 판결을 받았다. 11월 14일에 메일러는 브로드웨이의 클럽에서 다시 한 번 치안 방해로 고발당했다. 닷새 후 그는 뉴욕 시장 선거에 출마하겠다고 선포하기 위해 뉴욕 자택에서 성대한 파티를 열었다. 한밤중에 그는 아파트 밖 대로에서 술에 취해 싸움을 벌였다. 그는 파티를 떠나던 제이슨 엡스타인이나 조지 플림튼 같은 다양한 지인들과 주먹을 주고받았다. 새벽 4시 30분에 메일러는 눈에는 멍이 들고 입술은 퉁퉁 붓고 셔츠에는 피를 묻힌 채로 길거리에서 집으로 들어왔다. 스페인계 페루인 화가인 둘째 아내 아델르 모랄레스는 그에게 잔소리를 퍼부었다. 그러자 그는 칼날 길이가 6.35cm인 주머니칼을 꺼내 아내의 복부와 등을 찔렀다. 상처 하나는 깊이가 8cm나 됐다. 다행히도 그녀는 목숨을 건졌다. 사건에 뒤이은 법적 과정은 복잡했다. 그런데 아델르는 고소장에 서명하기를 거부했고, 1년 후 메일러가 집행 유예와 보호 관찰 판결을 받는 것으로 사건은 종결됐다. 재판 도중 메일러가 한 논평에는 일말의 후회나 자책도 담겨 있지 않았다. 마이크 월리스와 가진 인터뷰에서 메일러는 이렇게 말했다. "비행 청소년에게 칼은 아주 의미심장합니다. 아시겠지만 칼은 그들의 보검이고 그들의 인격입니다." 그는 센트럴파크에서 갱단 간의 결투를 연례 행사로 개최해야 한다고 덧붙였다. 1961년 2월 6일에 그는 헤브루 청년연맹 시센터에서 자작시를 낭송했는데, 시에는 "네가 칼을 사용하는 한/ 약간의 사랑이 남아 있는 것"

이라는 구절이 들어 있었다. 행사감독은 외설스럽다는 이유로 벨을 울려서 막을 내렸다. 사건이 모두 끝난 후메일러는 이렇게 요약했다. "10년 동안의 분노가 내가 그런 일을 하도록 만들었다. 그러고 나니 기분이 좋아졌다."[42]

메일러는 반체제 문화를 부추기기 위해 더욱 계산적인 노력을 공개적으로 쏟아부었다. 이피족 제리 루빈은 『하얀 흑인』에서 영감을 받은 사람들 중 한 명이었다. 메일러는 루빈이 1965년 5월 2일에 버클리에서 연출한 대규모 베트남전 반전 시위에 스타 연설가로 등장했다. 메일러는 린든 존슨 대통령의 "위대한 사회"가 "병영에서 거짓말"로 이동하고 있다고 말하고, 2만 명의 학생들에게 대통령을 비판만 할 것이 아니라 대통령 사진을 벽에다 거꾸로 붙이는 것으로 대통령을 모욕하라고 훈계했다. 메일러의 연설을 들은 청중의 한 사람인 애비 호프만은 얼마 안 있어 반체제 문화의 고위 사제가 됐다. 호프만은 메일러가 "결정된 사항이 아니라 결정을 내린 사람들의 배짱을 목표로 삼음으로써, 어떻게 하면 저항의 분위기에 효과적으로 초점을 맞출 수 있는지"를 보여 줬다고 주장했다.[43] 2년 후인 1967년 10월 21일에 메일러는 펜타곤을 향한 대규모 행진에서 눈부신 역할을 맡았다. 메일러는 외설스러운 행위로 대규모 군중을 즐겁게 해주고 자극하면서 이렇게 말했다. "우리는 정부의 똥구멍을, 펜타곤의 괄약근을 제대로 찌르려고 노력할 것입니다." 그리고는 스스로 체포돼서 30일 징역형(집행유예 25일)을 선고받았다. 석방된 그는 기자들에게 말했다. "친애하는 미국 동포 여러분, 일요일인 오늘 우리는 베트남에서 그리스도의 육신과 피를 불태우고 있습니다." 기독교인이 아니면서도 그런 말을 했던 것을 변호하기 위해서인지, 그는 기독교인과 결혼을 했다. 그의 넷째 아내였다.

사실상 메일러는 길거리의 목소리인 히피의 언어를 정치에 도입했다. 그는 정치인들의 성직자다운 분위기와 그에 수반되는 많은 전제들을 잠식해 들어갔다. 학생 운동의 불안감이 정점에 오른 1968년 5월에 「빌리지 보이스」의 필자 한 사람은 메일러의 호소를 분석하면서 이렇게 썼다. "어떻게 그들은 메일러를 주목하지 않을 수 있을까? 메일러는 운동의 조짐이 있기 전부터 혁명을 설교했다. 타산적 자유주의자들이 린든 존슨을 위한 연설문을 작성해 주는 동안, 메일러는 존슨을 괴물이라고 부르고 있었다. 메일러는 흑인, 마리화나, 쿠바, 폭력, 실존주의를 파고들었다……. C. 라이트 밀스에 의해 좌파들이 태어나기 전부터 말이다."⁴⁴ 메일러가 정치적 담론의 목청을 낮춘 반면 그 내용의 수준을 높였는지는 확실치 않다. 문단에 대한 영향력 역시 비슷했다. 그가 동료 작가들과 벌인 다툼은 입센, 톨스토이, 사르트르와 헤밍웨이에 필적하거나 능가하기까지 했다. 그는 윌리엄 스타이런, 제임스 존스, 칼더 윌링엄, 제임스 볼드윈, 고어 비달 등과 개인적·공개적으로 다퉜다. 헤밍웨이가 그랬던 것처럼, 다툼은 때로는 폭력의 형태를 띠었다. 1956년에 그는 스타이런의 저택 바깥 화단에서 싸움을 벌여서 언론에 보도되었다. 메일러는 그의 상대 베넷 서프에게 이렇게 말했다. "너는 출판업자가 아니라 치과의사야." 1971년에는 딕 캐빗의 TV 쇼에 출연하기에 앞서 고어 비달과 얼굴을 때리고 머리를 쥐어박았다. 1977년 파티에서는 다음과 같은 상황이 연출됐다. 메일러가 비달에게: "넌 늙어빠진 추접한 유대인처럼 보이는구나." 비달: "글쎄, 네 놈이 늙어빠진 추접한 유대인처럼 보이는데." 메일러가 비달의 얼굴에 음료수를 뿌렸다. 비달은 메일러의 손가락을 깨물었다.⁴⁵ 얼굴을 치고받은 이후 있었던 텔레비전 논쟁에는 「뉴요커」의 순진하고 품위 있는 파리 특파원 재닛 플래너도 참여했는데, 분이 풀리지 않은 비달과 메일러 사이의 논쟁은 남색 행위에 대한 성난 논의로 발전했다. 그러고는:

플래너: "어머나, 제발!" (웃음)

메일러: "당신이 프랑스에 오래 살았다는 것을 알아요. 그런데 재닛, 여자
에게 다른 길로 들어가는 것도 가능하다는 내 말을 믿어 줘요."

플래너: "나도 그렇다고 들었어요." (더 큰 웃음)

캐빗: "그 멋진 견해를 끝으로 쇼를 마치겠습니다."

사회적 관용과 폭력을 씨줄과 날줄로 엮은 전형적 모델인 메일러는
1960년대와 1970년대의 시대적 특징을 창출해 냈다. 그리고 그의 익살스
러운 몸짓은 기적적으로 살아남았다. 다른 사람들은 메일러처럼 운이 좋거
나 원기를 회복하지는 못했다. 지적인 원동력이 구식의 공상적 이상주의에
서 아찔하고 점점 잔혹해지는 신식 쾌락주의로 교체되면서, 서글픈 사상자
들이 생겨났다. 시릴 코널리가 1946년 6월에 선언문을 내놨을 때, 옥스퍼드
의 막달렌 칼리지 1학년을 막 끝마친 상태였던 케네스 피코크 타이넌Kenneth
Peacock Tynan은 이미 그곳 지식인 사회의 지도자로 자리매김하고 있었다. 네
달 후에 신학기가 시작됐을 때, 신입생이었던 나는 그가 기숙사에 도착하는
것을 목격하고는 기가 질렸다. 키 크고 잘 생긴 여성적 외모의 젊은이, 창백
한 노랑머리에 비어즐리의 그림에 나오는 광대뼈에다 스마트하게 말을 더
듬는, 진보라 정장과 라벤더 타이, 인장이 들어 있는 루비 가락지 차림의 청
년을 나는 놀란 눈으로 바라봤다. 나는 큼지막한 학생용 여행가방 하나를
들고 가고 있었다. 그는 그에게서 침묵하라는 권위 있는 지시를 받은 하인
들과 그의 소유물로 기숙사를 가득 채운 듯 보였다. 타이넌이 뱉은 말 한마
디는 특히 인상적이었다. "그 상자는 조심하게, 이 사람아. 최고급 셔츠들이
들어 있으니까 말이야!" 이 고상한 카메오의 출연에 깊은 인상을 받은 것은
나 혼자만이 아니었다. 1946년에 타이넌과 나는 고등학교에서 곧장 대학으

로 진학한 몇 안 되는 학부생이었다. 학부생 대부분은 참전 경험이 있었다. 일부는 고위 장교 출신으로 무시무시한 학살을 목격했거나, 어쩌면 직접 자행한 사람들이었다. 그런 그들도 일찍이 이런 광경을 본 적은 없었다. 근위 보병연대 출신의 덩치 좋은 소령들은 기가 막혀 말을 하지 못했다. 베를린에 불기둥을 퍼부어서 수천 명의 목숨을 앗았던 폭격기 조종사는 눈을 부라리기만 했다. 독일 전함 비스마르크를 침몰시킨 해군 소령은 두려운 마음으로 바라만 봤다. 너무나 적절한 시기에 스스로 창출해 낸 멋진 장면으로 관중을 지배한 타이넌은 고생하는 하인들이 뒤쫓는 가운데 기숙사를 휩쓸고 지나갔다.

이 이상한 청년의 배후에는 (당시에는 그 자신도 알지 못했던) 더욱 이상한 사연이 있었다. 이 사연은 오스카 와일드나 콤튼 매켄지 같은 영웅적인 막달렌 선배들의 작품이 아니라, 막달렌과는 무관한 아놀드 베넷의 소설책에서 바로 튀어나온 듯했다. 타이넌의 둘째 아내 캐슬린은 타이넌의 생애에 대한 사실들을 하나하나 세심하게 수집해서, 그런 종류의 전기의 귀감이 될 만한 동정심 넘치는 슬픈 책으로 출판했다.[46] 타이넌은 1927년에 버밍엄에서 태어나 자랐다. 그는 그곳의 유명한 문법학교에 다니면서 <햄릿>의 주인공을 연기해서 옥스퍼드의 장학생 자격을 따내는 등 대단히 활발한 학창 생활을 즐겼다. 그는 자신을 포목상 피터 타이넌과 로즈 타이넌 부부 사이에서 태어나서, 부모의 사랑을 받으며 제멋대로 자란 외동아들이라고 생각했다. 아버지는 2주에 한번씩 20파운드를 용돈으로 주었는데, 당시에는 상당히 많은 돈이었다. 사실 타이넌은 사생아였고, 베넷이 "별난 인간"이라고 부른 부류에 해당하는 그의 아버지는 이중 인생을 살고 있었다. 아버지는 1주일에 반은 버밍엄의 피터 타이넌이었다. 나머지 절반은 연미복, 중산모, 회색 각반, 수제 실크 셔츠 차림의 피터 피코크 경이었다. 그는 치안 판사이며 성공한 사업가였고, 워링턴의 시장을 여섯 차례 역임했으며, 피코크 부인과 많은 어린 피코크들을 줄줄이 거느린 가장이었다. 타이넌의 옥스퍼드 경력이 끝날 무렵인 1948년에 피터 경이 사망하면서, 이런 사기 행각이 세상에 드러났다. 피터 경이 사망하자 분개한 정실 가족들이 시신을 모시러 워링턴으로부터 몰려왔고, 눈물에 젖은 타이넌의 어머니는 장례식 참석을 금지당했다. 옥스퍼드 학부생들이 어느 날 갑자기 자신이 사생아라는 사실을 알게 되는 것은 드문 일이 아니었다(에드워드 헐튼 준남작의 아들이라고 소문난 또 다른 막달렌 학생은 자신의 명찰에서 '경'이라는 글자를 지워야만 했다). 타이넌은 아버지가 로이드 조지의 재정 고문이었다는 이야기를 즉석에서 지어내는 것으로 대응했지만 이런 진상은 상처가 되었다. 그는 중간 이름 '피코크'를 떼 버렸다. 어머니가 아들에게 느꼈던 죄책감은 그녀가 왜 처음부터 자식을 과잉보호하면서 버릇을 버려 놨는지를 설명해 줬다. 그는 항상 어머니를 계급 높은 하녀처럼 대했다.

타이넌은 주변 사람에게 명령을 내리는 버릇이 있었다. 그의 명령 솜씨는 달인의 경지였다. 옷감 배급이 여전히 엄격하게 시행되고 있을 시절, 그는 옥스퍼드에서 왕자처럼 입고 지냈다. 진보라 정장과 최고급 셔츠 외에도, 빨간 비단 안감을 댄 망토와 허리가 잘록한 암사슴 가죽 의상, 당구대 천으로 만들었다는 소리를 들은 또 다른 암녹색 정장, 그리고 녹색 스웨이드 신발이 있었다. 그는 화장도 했다("입 주변의 조그마한 진홍색 호수").[47] 따라서 그는 미학적 사치로 유명한 옥스퍼드의 명성을 복원해 냈다. 생애 내내 그는 자신이 있는 도시에서 입방아에 가장 많이 오르는 사람이었다. 타이넌은 연극을 연출하고 연기했다. 학생회관에서 뛰어난 연설을 했다. 잡지에 글을 쓰거나 잡지를 편집했다. 런던 연예계 유명 인사들이 참석하는 파티를 개최해서 선풍적 인기를 끌었다(입장료로 10실링을 받았다). 그는 젊은 여자들과 그를 숭배하는 남자들이 사는 왕궁을 갖고 있었다. 그를 시샘하는 사람들은 그의 화형식을 거행했다. 그는 당시의 베스트셀러 『브라이즈헤드 재방문』의 여러 장면을 현실로 끌어내서 거기에 참신한 분위기를 불어넣은 듯한 인물이었다.

게다가, 옥스퍼드에서 대성공을 거뒀던 사람들 대부분과 달리, 그는 현실 생활에서도 성공했다. 그는 연극을 연출하고 평론을 썼다. 그는 알렉 기네스와 함께 연기했다. 더욱 중요한 것은, 그가 런던에서 가장 대담한 문학 저널리스트로 빠르게 자리를 잡았다는 것이다. 그의 모토는 이랬다. "이단적으로 써라. 철저하게 이단적으로." 그는 기분을 북돋는 슬로건을 써서 책상에 핀으로 꽂았다. "울화를 치밀게 하라, 자극하고 괴롭혀라, 소용돌이를 일으켜라." 그는 항상 이런 훈령에 따랐다. 그는 훈령 덕에 몹시도 탐을 내던 「이브닝 스탠더드」의 연극 비평가라는 진열대에 빠르게 올라섰다. 당시 영국 최고의 신문이었던 「옵서버」의 더욱 영향력 있는 연극 부서도 물론 그의 몫이었다. 한때 막달렌 기숙사의 학생들이 그랬던 것처럼, 독자들은 이 경이적인 현상에 눈이 휘둥그래졌다. 세계의 문학을 모조리 아는 듯한 타이넌은 게걸스러운, 산적, 간통, 신경과민 같은 표현을 하는 데 흔히 쓰지 않는 옛말이나 사투리들을 동원했다.[48] 그는 런던 연극계의 실세가 됐다. 연극계는 그를 두렵고 무서우며 싫증나는 존재로 간주했다. 그는 오즈번의 <성난 얼굴로 돌아보라>를 히트작으로 만들면서 "성난 젊은이"의 전설을 발진시켰다. 그는 영국에 브레히트를 소개했다. 특히 그는 브레히트 연극을 효과적으로 만들어 줄 정부 보조를 받는 극단을 위해 전력을 다했다. 영국 국립극단이 창립됐을 때, 그는 극단의 제1 문학 담당자가 돼서 1963년부터 1973년까지 자리를 지켰고, 강렬한 국제적 레퍼토리로 극단의 입지를 굳혔다. 그가 재임하는 동안 공연된 79편의 작품 대부분은 그의 아이디어에서 나온 것으로, 그중 절반 정도가 히트했는데 이것은 놀라운 기록이었다. 그는 1958년부터 1960년까지 「뉴요커」에 뛰어난 평론을 쓴 덕에 미국에서도 유명했다. 타이넌은 국립극단에 있는 동안 세계적인 명성을 굳혔다. 그는 1960년대에 사실상 세계 연극계에서 가장 영향력 있는 인물이었을 것이다. 그리고 내가 이 책에서 주장했듯이 궁극적으로 연극은 그 어떤 예술보다도 인간의 행위에 미치는 영향력이 크다.

타이넌에게 진지한 목적의식이 없었던 것은 아니었다. 코널리처럼 그리고 코널리만큼 모호하게, 타이넌은 쾌락주의와 사회적 관용을 사회주의와 연결시켰다. 타이넌은 "성난 젊은이"의 선언서인 『선언』(1957)에 일반적으로 그의 목표를 표방한 것이라 간주되는 글을 기고했다. 그는 예술은 "공식적인 의견을 개진해야 하며, 스스로 현실에 참여해야만 한다"고 주장했다. 그런데 사회주의도 마찬가지로 "쾌락을 향해 전진"하는 것을 뜻해야만 했고, "즐거운gay 국제적인 긍정적 행위"가 돼야 했다(이때는 "게이"라는 단어가 다른 뜻으로 쓰이기 전이었다).49 메일러가 『하얀 흑인』을 출판하던 해에 쓰인 이 글에서 타이넌은 메일러와 마찬가지로 무대와 출판물에서 언어의 제약을 타파하려 했다. 공식적·비공식적으로 영국 내에서 구시대 검열 제도를 파괴하는 데 타이넌보다 더 큰 역할을 한 사람은 없다. 이러한 그의 노력은 관용적이면서도 매우 전통적인 정치적 의사 표명을 통해 강조됐다. 타이넌은 상당한 고려 끝에 1960년에 「옵서버」에 상스러운 네 글자의 욕설을 싣는 데 성공했다. 이듬해에 그는 예쁜 아가씨들 수십 명의 도움을 받아 하이드파크에서 친카스트로 시위를 조직했다. 1965년 11월 13일에 그는 BBC 텔레비전의 심야 풍자 프로그램에서 'fuck'이라는 단어를 입 밖에 내는 것으로 계산적인 자기 홍보의 걸작을 완성했다. 1969년 6월 17일에 그는 일반 무대에 누드를 등장시킨 <오! 캘커타>를 기획했다. 이 연극은 세계 전역에서 공연되어, 총 수입 3억 6000만 달러를 벌었다.

타이넌은 검열을 파괴하는 한편으로 자기 자신도 파괴하고 있었다. 1980년에 사망한 타이넌의 사인은 아버지로부터 약한 기관지를 물려받고도 습관적으로 피워 댄 담배로 인한 폐기종이었다. 그러나 그보다 한참 전에 그는 섹스의 제단에 자신을 희생했다고밖에는 표현할 도리가 없는 짓들을 통해 도덕적인 모습을 돌이킬 수 없이 망가뜨렸다. 타이넌의 성적인 강박관념은 어린 나이에 시작됐다. 훗날 그는 자신이 열한 살 때부터 자위를 시작했다고 주장하면서, 자위의 기쁨을 자랑스럽게 떠들었다. 말년에 그는 잊히지 않는 스스로의 성격 묘사를 통해 자신을 "티라노사우루스 호모 마스터반스"라는 멸종해 가는 종으로 묘사했다. 그는 어린 시절에 최선을 다해 포르노를 수집했는데, 이것은 전시 버밍엄에서는 쉬운 일이 아니었다. 학창시절에 <햄릿>을 공연할 때, 그는 지도적인 비평가이자 악명 높은 동성애자였던 제임스 아게이트를 찾아가 공연에 대한 비평을 써 달라고 부탁했다. 비평을 쓴 아게이트는 런던 아파트로 청년을 초대하고는 청년의 무릎에 손을 얹었다. "얘야, 너 호모니?" "유감이지만, 아닙니다." "아 그래, 우리 그 문제는 제쳐 둬야겠구나."[50] 타이넌의 말은 진실이었다. 그는 때때로 여장을 즐겼고, 그가 동성애자일 것이라는 대중의 견해를 딱 부러지게 반대하지는 않았는데, 여자들에게 수월하게 접근할 수 있을 것이라는 믿음에서였다. 그렇지만 그가 글로 남겼듯이 그는 한 번도 동성애 경험을 한 적이 없었다. "얌전히 더듬어 본 적조차도" 없었다.[51] 그렇지만 그는 사도-마조히즘에는 관심이 있었다. 이것을 깨달은 아게이트는 그가 소장한 광대한 포르노 수집품을 볼 수 있도록 타이넌에게 열쇠를 줬고, 타이넌의 타락은 그것으로 완료됐다.

이후 타이넌은 자신만의 창고를 구축했다. 물론, 많은 하숙집 여주인과 그의 아내들이 그런 물건들을 우연히 발견하고는 깊은 충격을 받았다. 이것은 좀 이상한 일인데, 타이넌이 그의 성적 관심을 감추려는 수고를 한 적이 한 번도 없었고, 가끔은 대외적으로 공표하기까지 했기 때문이었다. 그는 옥스퍼드 학생회관에서 가진 논쟁 중에 "내 주제는 황혼녘에 채찍질을 당하는 것입니다"라고 발표했다. 그는 옥스퍼드에서 많은 아가씨들과 관계를 맺었는데, 여자들에게 줄에 매달아 서방 벽을 꾸미고 싶다며 속옷을 선물해 달라고 요구하는 것이 보통이었다. 그는 육감적인 유대인 여자들, 그중에서도 아버지가 엄격해서 육체적 체벌에 익숙한 여자들을 특히 좋아했다. 그는 그중 한 여자에게 "체벌"이라는 단어에는 "빅토리아풍의 훌륭한 응징의 반지"라는 뜻도 있다고 말했다. 그리고 덧붙였다. "'볼기를 때리다'라는 단어는 아주 힘이 넘치고, 올바른 여학생다움이라는 뜻이 있어……. 섹스는 볼기를 때린다는 뜻이고, 아름다움은 궁둥이라는 뜻이야. 앞으로도 영원히 그럴 거야."[52] 그는 죄의식을 즐길 수 있도록 원죄와 사악함을 결합시켜 만들어 낸 짓들을 자기 아내 두 사람이 수행할 것이라고는 기대하지 않았다. 그러나 일단 연극계 실세가 된 후 그는 그가 베푸는 도움의 대가로 그런 일에 협조할 실직 여배우들을 아무런 어려움 없이 찾아낼 수 있었다.

　여자들은 그의 허영심과 권위주의보다는 유순한 형태를 취했던 그의 사디즘을 더 반긴 듯하다. 어떤 여자는 레스토랑에 들어갔을 때 그가 거울을 보지 못하게 하자 그의 곁을 떠났다. 다른 여자는 이렇게 털어놨다. "그의 곁을 떠나는 순간, 그의 마음속에서 잊혀져요." 그는 여자들을 소유물처럼 대했다. 그는 여러 면에서 성격이 좋고 통찰력과 이해력이 좋았다. 그렇지만 그는 여자들이 행성 주위를 도는 달처럼 남자들 주위를 돌아다닐 것을 기대했다. 첫 아내 일레인 던디는 나름의 야심이 있는 여자로, 결국에는 1급 소설을 집필했다(소설이 훌륭하냐는 질문을 받은 시릴 코널리가 대답했다. "아뇨, 그렇게 생각하면 안 돼요. 그저 또 다른 아내가 자신이 존재한다는 사실을 증명하려는 것뿐이에요"). 이로 인해 소리를 치고 그릇이 박살나며, "이 쌍년, 죽여 버리겠어!"라고 고함을 지르는, 마치 연극에서나 볼 수 있는 싸움이 이어졌다. 부부 싸움에 일가견이 있는 메일러는 타이넌 부부의 싸움을 상당히 높게 평가했다. "그들은 서로를 정확하게 때렸다. 여러분은 그들이 싸우는 자리에 앉아 있으면 권투 경기장에 있는 것처럼 박수를 쳐 댈 것이다." 아내에게 충실하지 않아도 될 부적절한 권리를 가진 타이넌이지만, 배우자에게는 자신에게 충실할 것을 기대했다. 언젠가 사귀고 있던 애인에게서 런던의 자택 아파트로 돌아온 그는 아내가 부엌에서 벌거벗은 남자와 있는 것을 발견했다. 타이넌은 그 남자가 시인 겸 BBC 제작자라는 것을 알았다. 남자의 몸이 젖은 상태라는 것을 파악한 타이넌은 침실에서 남자의 옷을 움켜쥐고는 뚜벅뚜벅 걸어 나와서 승강기 통로에 옷을 내팽개쳤다. 그는 평소에는 그리 용감한 사람이 아니었다. 첫 아내와 이혼한 후, 그는 나중에 둘째 아내가 된 유부녀 캐슬린 게이츠에게 남편을 떠나서 자기와 같이 살자고 권했다. 캐슬린의 남편이 타이넌의 현관문을 박차고 들어왔을 때, 타이넌은 소파 뒤에 웅크렸다. 나중에 남편은 햄스테드에 있는 타이넌의 어머니 집 근처에서 타이넌을 붙잡았다. 타이넌이 집으로 피신하기 전에 실랑이가 벌어져 이제는 희끗해져가는 그의 금발이 한 움큼 뽑혀 나갔다. 둘째 아내의 설명은 계속된다. "한동안 켄하고 나는 우리 어머니 집에 머물렀다. 우리는 그러다가 밤만 되면 기어나갔다. 길을 따라 조금 내려가다 보면, 켄은 우리가 미행당하고 있다고 단언하면서 근처에 있는 쓰레기통 위로 기어올랐다."[53] 타이넌은 그가 애초부터 무시한 극작가 사무엘 베케트를 연상시키는 이런 분위기가 달갑지 않았다.

타이넌이 스스로에게는 완벽한 성적 자유를, 아내에게는 정절을 주장하면서, 두 번째 결혼도 첫 결혼처럼 망가졌다. 그는 실직상태의 여배우들과 계속해서 놀아나면서, 그들을 상대로 세련된 사도-마조히즘의 환상을 실행했다. 그가 여장을 하고 여배우는 남장을 하는 경우도 있었고, 가끔은 매춘부들이 엑스트라로 동원되기도 했다. 그는 이런 모임을 주 2회씩 계속할 생각이라고 캐슬린에게 말했다. "모든 상식과 원인과 친절함, 그리고 우정까지도 그것을 반대한다 해도 (…) 이것은 나의 선택이고, 나의 의견이며, 나의 욕구야……. 꽤나 우습고 약간은 음란한 짓이지. 그렇지만 이것은 전염병처럼 나를 흔들어 놓았고, 나는 발작이 사라지기 전까지는 혼란스레 요동치는 것 외에는 아무 일도 할 수 없어."[54] 꽤나 못된 짓이었다. 타이넌이 자신의 경력을 옆으로 밀쳐 버리고 성공적이지 못한 포르노 작가가 된 것은 더욱 좋지 않은 일이었다. 일찍이 1958년부터 그의 수첩에는 이런 문장이 들어 있었다. "희곡을 써라. 포르노를 써라. 자서전을 써라." 그는 1964년에 『플레이보이』와 관계를 맺었다. 그런데 이상하게도 『플레이보이』는 에로틱한 글을 제공하겠다는 타이넌의 제안을 거부했다. <오! 캘커타>의 그럴싸한 성공으로 인해 힘을 얻은 타이넌은 자신이 포르노를 진지한 예술 형태로 바꿔 놓을 수 있을 것이라고 믿었던 듯하다. 그는 1970년대 초반에 자위를 소재로 한 판타지 선집을 편집하기 위해 다수의 저명한 작가들을 끌어들이려고 노력했지만, 나보코프, 그레이엄 그린, 베케트, 메일러 등으로부터 굴욕적인 거절을 당했다. 이후 그는 포르노 영화를 제작하려 오랜 기간 노력했지만 종국에는 실패로 끝났다. 우선 그는 제작비를 모을 수가 없었다. 대부분의 지식인과 달리, 타이넌은 돈 욕심은 없었다. 오히려 그와는 정반대였다. 그는 돈에 관대했고, 심지어는 무모하기까지 했다. 그는 이 점에서는 사르트르와 비슷했다. 어머니가 돌아가시면서 피터 경이 남긴 상당한 액수의 돈을 물려 줬을 때, 타이넌은 그 돈을 될 수 있는 한 빨리 탕진했다.

국립 극단을 떠났을 때 그가 받은 급료는 쥐꼬리만 했다. 그는 멍청하게 계약하여 대성공을 거둔 <오! 캘커타>로부터 25만 달러밖에 받지 못했다. 그는 말년의 대부분을 프로젝트를 위한 제작비를 모으려고 노력하면서 보냈는데, 현명한 친구들은 경멸과 절망의 눈으로 바라봤다. 그는 스스로에게도 의혹의 눈길을 던졌다. 그는 프로방스에서 캐슬린에게 편지를 보냈다. "내가 여기서 포르노를 대량 제작하고 있다니. 너무나 부끄러워." 그는 생트로페에서 발가벗은 소녀의 꿈을 꿨다. 먼지와 배설물로 뒤덮인 소녀의 머리카락은 박박 깎여 있었고, 압정 수십 개가 소녀의 머리에 박혀 있었다. 그는 이 꿈에 대해 이렇게 기록했다. "나는 공포에 질려 깨어났다. 사람에게는 보이지 않는 마왕이 지나갈 때 개들이 짖는다는 얘기가 있는데, 호텔 마당의 개들이 아무데나 보면서 짖기 시작했다."[55] 캐슬린은 성적 강박 관념과 쇠약한 육체가 불길한 대조를 이루는 타이넌의 말년을 감동적으로 털어놨고, 그를 알고 존경했던 사람들은 책을 읽으면서 소름끼쳐 했다. 그들은 셰익스피어의 인상적인 문장을 떠올렸다. "수치심의 메마름으로 인한 영혼의 손실."[56]

독일이 낳은 역사상 가장 재능 있는 영화감독이라 할 라이너 베르너 파스빈더Rainer Werner Fassbinder(1945~1982)는 폭력에 대해 더욱 강경한 견해를 보인, 사회적 관용이 낳은 더욱 인상적인 사상자였다. 히틀러가 자살한 직후인 1945년 5월 31일에 바이에른에서 태어난 그는 사회 낙오자의 아이였다. 그는 코널리, 메일러, 타이넌 같은 지식인들이 문명화된 인류에게 수여하려고 했던 새로운 자유의 수혜자인 동시에 희생자였다. 1920년대에 독일 영화는 세계를 주도했다. 나치의 도래로 재능 있는 영화인들이 흩어지자, 할리우드는 알짜배기 영화인들을 확보했다. 나치 정권이 몰락하자, 미국 점령 당국은 독일의 토양에 할리우드 영화를 심었다. 이 시기는 1962년에 독일 시나리오 작가와 영화감독 26명이 오버하우젠 선언으로 알려진 독일의 영화적 독립선언문을 내놓으면서 끝이 났다. 2년 후에 학교를 떠난 파스빈더는 스물한 살이 될 무렵 단편영화 두 편을 찍었다. 브레히트의 그림자가 독일 예술계를 지배하고 있을 시기에, 그는 안티테아트르로 알려진 소규모 연극집단을 결성했다. 성공적이었던 첫 공연에서 파스빈더는 브레히트의 <서푼짜리 오페라>의 칼잡이 맥을 연기했다. 안티테아트르는 이론적으로는 평등한 극단이었지만, 현실에서는 파스빈더가 폭군으로 자리 잡은 위계적이고 구조화된 전제 조직이었다. 극단은 루이 14세가 베르사유를 지배하는 식으로 운영됐다(고 한다).[57] 1969년에 그는 극단을 활용하여 불과 24일 만에 처음으로 성공한 영화 <사랑은 죽음보다 차갑다>를 만들었다.

파스빈더는 경이적인 속도로 관용적 시대의 주도적이면서도 상징적인 영화감독으로 자리매김했다. 그는 의지와 권위가 대단했고, 빠르면서도 확고한 결정을 내리는 능력은 부러울 정도였다. 그 덕에 파스빈더는 고품질의 영화를 빠르고 경제적으로 찍을 수 있었다. 얼마 안 있어 비평가들의 찬사가 이어졌다. 그는 <불안은 영혼을 잠식한다>(1974)에 이르러 세계적인 흥행 성공을 거뒀는데, 이 영화는 그의 스물한 번째 영화였다. 그는 1969년 11월부터 12달 동안 장편영화 9편을 만들었다. 비평 면에서나 흥행 면에서나 가장 높은 평가를 받은 작품 중 하나인 <4계절의 상인>(1971)은 470개 장면으로 이뤄져 있는데, 겨우 12일 만에 촬영했다. 서른일곱 살이 될 무렵, 그는 이미 43편의 영화를 만든 감독이었다. 13년 동안 100일에 한 편씩 영화를 만든 셈이었다.[58] 그는 하루도 쉬지 않았다. 일요일에도 늘 일을 했고 다른 사람도 일하게 만들었다. 전문가다운 감각을 가진 그는 일에 열광적이었으며 자제력이 있었다. 그는 늘 말했다. "나는 죽어서야 잠잘 수 있을 거야."

이런 경이적인 산출물은 소름 끼치는 개인적인 방종과 자기 학대를 배경으로 이뤄졌다. 의사인 아버지는 파스빈더가 여섯 살 때 의학을 포기하고 시를 쓰겠다면서 가족을 떠나 싸구려 부동산을 운영하며 먹고 살았다. 어머니는 나중에 아들의 영화 몇 편에 출연하기도 한 여배우였다. 이혼 후 어머니는 단편 소설 작가와 결혼했다. 파스빈더의 유년기와 소년기의 삶은 자유분방하고 문학적이었으며 불확실했고, 도덕관념과는 거리가 멀었으며 무책임했다. 그는 엄청나게 많은 책을 읽었고, 소설과 노래 등을 창작하기 시작했다. 그는 다른 일들과 마찬가지로 새로운 관용적 문화를 재빨리 받아들였다. 새로운 히피의 용어로 말하자면, 파스빈더는 세상물정에 빠삭했다. 열다섯 살 때 그는 빈민가 아파트의 임대료를 수금하는 아버지의 일을 도왔다. 그는 아버지에게 정육점집 아들과 사랑에 빠졌다고 털어놨다. 아버지의 반응—독일인 특유의 반응이다—은 "남자랑 침대에 가고 싶다면, 대학 나온 남자랑 갈 수 없겠니?"였다.[59] 이후로 파스빈더는 1960년대 신문화의 세 가지 대주제중 하나인 쾌락을 위한 섹스의 무제한적 이용을 냉혹할 정도로 맹렬하게 추구했다. 연극계와 영화계에서 행사하는 권력이 커지면서, 파스빈더의 요구와 냉혹함도 마찬가지로 커졌다. 그의 애인 대부분은 남자였다. 유부남에 자식 딸린 사람들도 일부 있었는데, 한 가정을 비참한 고통으로 몰아 넣는 무시무시한 장면들도 연출됐다. 사도-마조히즘과 극단주의의 조짐은 처음부터 있었다. 그는 노동 계급 남자를 데려와서 배우이자 연인으로 탈바꿈시켰다. 그가 "우리 바이에른 깜둥이"라고 부른 한 남자는 고급차를 폐차하는 전문가였다. 전직 북아프리카 남창이던 다른 남자는 살인을 저질러서 파스빈더 동료들 사이에 공포의 순간을 조성한 후 자살했다. 푸줏간 주인에서 배우로 변신한 또 다른 애인도 자살했다. 그런데 파스빈더는 여자에게도 관심이 있었고, "전통적 가족의 창출"에 대해 가부장적으로 떠벌렸다. 그는 여자들을 소유물 대하듯 했고 여자들을 통솔하는 것을 좋아했다. 초창기에 그는 영화 제작비를 모으기 위해, 그가 통솔하는 여자들을 소위

이민 "외국 노동자"에게 육체적 봉사를 시키는 데 써먹었다. 1970년에 그는 여배우 잉그리드 카벤과 결혼했는데, 그녀는 파스빈더를 이성애자로 바꿔 놓을 수 있을 것이라 믿었다. 예상했던 대로 결혼 피로연은 집단 난교의 현장으로 변했다. 침실 문이 잠겨 있다는 것을 알게 된 신부는 신랑과 들러리가 자기 침대에 누워 있는 광경을 목격했다. 이혼한 파스빈더는 결국 그의 영화 편집 기사 중 한 사람인 줄리안 로렌츠와 재혼했지만, 술집과 호텔, 매음굴을 전전하며 벌이는 화려한 동성애 생활은 계속됐다. 그런데 이상하게도 그는 여자들에게는 정절을 요구했다. 소설 『베를린 알렉산더 광장』 (1980)을 영화로 찍는 동안, 그는 아내가 전기기사 한 사람과 밤을 보냈다는 것을 알고 질투심에 가득 차서 소동을 벌이고 그녀를 창녀라고 불렀다. 그녀는 남편의 면전에서 결혼 증서를 찢어발겼다.

파스빈더는 신문화의 두 번째 대주제인 폭력에 대해서도 영화에서나 현실에서나 심사숙고했다. 그는 서독에서 가장 악명 높은 테러리스트 집단 중 하나의 창설을 도운 안드레아스 바더, 그리고 바아더-마인호프 그룹을 위해 소이탄을 제작해 준 호르스트 손라인과 아주 어렸을 때부터 가까웠다. 그의 영화에 출연한 배우이자 친구인 해리 바에르는 파스빈더가 테러리즘에 참여해야겠다는 생각이 든다고 종종 말하기는 했지만, "거리에 나서는 것보다 영화를 만드는 것이 '대의'를 위해 더욱 중요할 것"이라는 말도 했다고 밝혔다.[60] 1977년 10월에 바더와 그 집단에 속한 사람들이 슈탐하임 교도소에서 자살했을 때, 파스빈더는 분노에 차 소리를 질렀다. "그놈들이 우리 친구들을 살해했어." 다음 영화 <제3세대>(1979)는 독일을 다시 한번 전체주의 국가로 만들려 하는 정부 당국이 테러리즘에 대한 위협을 이용하고 있다는 주장을 펼쳐서 사회적 분노를 불러일으켰다. 함부르크에서는 군중이 영사 기사를 구타해서 혼수상태로 만들고 필름을 파기했다. 프랑크푸르트에서는 젊은이들이 영화를 상영하는 극장에 산성 물질을 투척했다. 파스빈더는 보통 정부의 보조금을 받아서 영화를 만들었는데(이것 역시 그 시대의 상징이다), 이 영화만큼은 자신의 돈으로 만들었다. 이 작품은 사랑에서 우러난, 또는 증오에서 우러난 작품이었다.

그런데 그는 이 무렵에 신문화의 세 번째 주제인 약물을 받아들이면서, 약물에 의해 망가지는 과정에 돌입했다. 약물에 대한 아량과 수용은 항상 관용적 사회에 대한 암묵적 전제였다. 히피적인 풍토에서는 특히 더했다. 1960년대에는 약물관련 법률을 자유화해 달라고 요구하는 탄원서에 서명하는 것이 지식인의 표준적 관행이 됐다. 파스빈더는 젊은 시절에 훔친 차를 몰고 국경을 넘는 일로 돈을 벌기는 했지만, 당시만 해도 약물에 빠져들지는 않았던 듯하다. 그는 당연히 독일 히피계의 일원이었다. 브레히트처럼 그는 조심스럽게 찢은 청바지, 체크무늬 셔츠, 닳은 에나멜 가죽구두, 가늘고 숱이 성긴 수염 등 자신에게 어울리는 유니폼을 디자인했다. 골초였던 그는 하루에 담배 100개피를 피웠다. 기름진 음식을 엄청나게 먹었는데, 서른 무렵에 퉁퉁 불어서 개구리처럼 보였다. 그는 이렇게 주장했다. "못생기게 자라는 것은 스스로를 봉쇄하는 방법입니다……. 당신의 뚱뚱하고 비만한 육체, 괴물 같은 몸뚱이는 모든 형태의 애정을 차단합니다."[61] 술도 과하게 마셨다. 미국에서 그는 짐 빔 버번을 5분의 1병, 종종은 5분의 2병을 매일 마셨다. 잠을 잘 때는 맨드락스 같은 약을 다량으로 복용했다. 1976년에 영화 <중국식 룰렛>을 만들 때까지는 중독성이 강한 약물을 사용하지는 않은 듯하다. 그때 그의 나이는 서른한 살이었다. 그런데 그는 코카인을 사용해 보고 그 창조적 능력을 확신하게 됐고, 정기적으로 약물을 복용하면서 그 양을 늘려갔다. 그는 <볼비저>(1977)를 찍을 때는 배우 중 한 명에게 약물에 취한 채 연기하라고 강요했다.

이런 사건들은 불가피한 클라이맥스로 치달았다. 파스빈더는 1982년 2월에 베를린영화제에서 황금곰상을 받았다. 그는 칸에서 황금종려상을 받고 베니스에서 황금사자상을 받아서 해트트릭을 세우고 싶어 했다. 그러나 그는 칸에서 상을 받지 못했다. 대신 코카인을 구입하는 데 2만 마르크를 소비한 그는 코카인을 더 공급받기 위해 차기작의 배급권을 양도했다. 얼마 전부터는 여자들에게 폭력을 휘두르는 이상한 버릇까지 생겼다. 어느 때인가는 술 아니면 약에 취해 까닭도 없이 분노를 터뜨리면서 여자 스크립트 담당자의 정강이를 난도질했다. 5월 31일에 반공개로 진행된 생일 파티에서 그는 전처 잉그리드에게 엄청나게 큰 플라스틱 딜도를 건네면서 이 딜도가 그녀를 한동안 행복하게 해 줄 것이라고 말했다. 작업 스케줄과 인터뷰 스케줄이 계속 이어졌지만, 그는 약물과 술, 금지된 수면제 복용량을 계속 늘렸다. 6월 10일 아침, 줄리안 로렌츠는 침대에서 죽어 있는 파스빈더를 발견했다. TV와 비디오 플레이어의 스위치는 여전히 켜져 있었다. 일종의 장례식이 거행됐지만 경찰이 약물 때문에 시체를 부검 중이었기 때문에 관은 비어 있었다. 이 사건의 교훈은 너무나 분명하고 단호해서, 어느 누구도 관심을 가질 만한 가치가 없었지만 많은 사람들이 관심을 가졌다. 세상을 떠난 예술가의 명예를 기리기 위해, 괴테나 베토벤에게 했던 방식대로 파스빈더의 데스 마스크가 떠졌다. 그해 9월에 열린 베니스영화제에서 피아자 산마르코의 카페 테이블에서는 이 섬뜩한 물건의 해적판이 유통됐다.

타이넌과 파스빈더를 쾌락주의 숭배에 따른 희생자로 묘사할 수도 있다. 마찬가지로, 폭력을 지적으로 정당화하는 과정에서 희생자로 전락한 사람들도 있다. 그중에서 제임스 볼드윈James Baldwin(1924~1988)은 가장 감수성이 예민한 사람이었다. 그는 몇 가지 점에서 20세기에 가장 강한 영향력을 행사했던 미국 흑인 작가였다. 볼드윈은 상당한 문학적 업적을 이루어 행복하고 충만한 삶을 살 수도 있었다. 그런데 대신 그는 시대를 휩쓴 새로운 지적 풍조로 인해 너무나 비참한 삶을 살았다. 당시의 풍조는 그의 작품의 메시지는 증오가 돼야 한다고 가르쳤고 미친 듯이 분노한 그는 그 메시지를 전달했다. 볼드윈의 삶은 사람들에게 이성을 믿으라고 가르치는 지식인들이 오히려 감정에 따라 행동하도록 조장하는 기이한 모순의 한 사례다. 지식인들은 논쟁과 화해 대신 폭력을 통한 해결로 사람들을 내몰았다.

유년 시절과 소년 시절에 대한 볼드윈의 설명은 우리가 앞으로 살펴볼 여러 이유로 인해 믿을 수가 없다. 그러나 그의 전기를 쓴 퍼 마르자 에크먼과 다른 출처로부터 합리적이고 정확한 요약본을 간추려 낼 수는 있다.[62] 볼드윈이 성장한 1920년대의 하렘은 여러 면에서 불우했다. 그는 8남매의 장남이었다. 어머니는 그가 세 살이 될 때까지 미혼이었다. 할아버지는 루이지애나의 노예였다. 의붓아버지는 대단히 낮은 임금으로 음료수 공장에서 일하면서 일요일에는 오순절 교회에서 목사로 일했다. 그런 가난에도 불구하고 볼드윈은 엄격한 분위기에서 제대로 성장했다. 어머니는 그가 늘 한쪽 팔로는 남동생이나 여동생을 안고, 다른 쪽 팔로는 책을 들었다고 말했다. 볼드윈이 통독한 최초의 책은 『엉클 톰스 캐빈』이었다. 그는 이 책을 거듭해서 읽었다. 그의 작품에 끼친 이 책의 영향력을 지워 버리려 했으나 그것은 너무나 두드러졌다. 볼드윈의 재능을 알아본 부모는 그 재능을 키우도록 격려했다. 다른 사람들도 마찬가지였다. 1920년대와 1930년대에 하렘의 학교에는 인종의 벽을 의식한 패배주의 따위는 없었다. 흑인도 열심히 공부하기만 하면 탁월한 인물이 될 수 있다는 것이 일반적인 믿음이었다. 가난 때문에 배우지 못한다는 변명은 결코 통하지 않았다. 학업에 대한 기대수준은 높았다. 아이들은 그 수준에 도달할 것이라는 기대를 받았고, 그러지 못하면 벌을 받았다. 볼드윈은 이런 분위기 아래서 훌륭하게 성장했다. 그가 다닌 공립학교 24의 교장으로, 당시 뉴욕시의 유일한 흑인 교장이었던 거트루드 에이어는 걸출한 인물이었다. 볼드윈에게 처음으로 연극 구경을 시켜 준 또 다른 선생님 오릴라 밀러는 그에게 글을 쓰라고 격려했다. 볼드윈은 프레데릭 더글러스 중학교를 다니던 열세 살 때, 그가 나중에 편집을 담당하기도 했던 교지 『더글러스 파일럿』에 첫 단편 소설을 실었다. 프랑스어를 가르친 시인 카운티 컬렌과 허먼 포터 등 뛰어난 흑인 교사 두 사람이 그를 도왔다. 10대 시절에 놀랄 만큼 고상한 글을 쓴 볼드윈은 발전을 거듭하는 스스로의 모습에 크게 기뻐했다. 졸업한 지 1년 후에 그는 모교를 "미국에서 가장 훌륭한 중학교 중 한 군데"가 될 수 있도록 만든 모교의 "호의와 우정의 교풍"을 칭찬하는 글을 교지에 기고했다.[63] 그는 이제 뛰어난 작가였을 뿐 아니라, "아주 열정적"이라는 소리를 듣는 훌륭한 10대 전도자였다. 그는 오순절 교회 순회 구역 내의 흑인 연장자들과 사귀면서 칭찬과 격려를 들었다. 그는 뉴욕의 유명한 학교인 브롱크스의 드 위트 클린턴고등학교에 진학했다. 이 학교 출신으로는 폴 갈리코, 패디 차예프스키, 제롬 웨이드만, 리처드 아베든 등이 있다. 그는 이 학교의 훌륭한 교지 『맥파이』에 다시 한 번 그의 소설을 실었고, 나중에는 교지를 편집했다. 그는 그의 돋보이는 재능을 독려하는 데 최선을 다한 1급 교사들의 지원을 다시금 받았다.

볼드윈이 나중에 『맥파이』에 쓴 글은 그가 신앙심을 잃고 있었다는 것을 보여 준다. 그는 교회를 떠났다. 그는 짐꾼과 엘리베이터 보이, 뉴저지 공사장에서 일하면서 밤에는 글을 썼다. 흑인과 백인을 가리지 않는 많은 연장자들이 다시 한 번 그에게 도움을 베풀고 격려했다. 당시 지도적인 흑인 작가였던 리처드 라이트는 볼드윈에게 유진 F. 색스턴 추모 기금상을 받게 해 줬고, 볼드윈은 그 상금으로 파리를 여행할 수 있었다. 볼드윈은 「네이션」과 『뉴 리더』에 글을 실었다. 그는 단번에 출세하지는 않으나 정해진 경로를 따라 꾸준히 출세의 길을 밟았다. 당시 그를 알고 지냈던 사람들은 그의 뼈를 깎는 듯한 진지함, 한 푼이라도 아껴 가족에게 보내 부양하는 책임감 넘치는 모습 등에 대해 증언했다. 볼드윈은 모든 면에서 행복한 사람이었다. 1948년에 유대계 지식인 대상의 월간지 『코멘터리』에 절찬을 받은 글 「하렘 게토」를 실으면서 그의 명성은 한 단계 뛰어올랐다.[64] 많은 사람들이 그가 상상력 풍부한 작품을 쓸 수 있도록 돈을 빌려 줬다. 그는 말론 브란도가 빌려준 돈 덕분에 하렘의 교회 생활을 다룬 데뷔 소설 『산에 올라 고하여라』를 완성할 수 있었다. 1953년에 출판된 이 작품은 대단한 찬사를 받았 다. 그는 국제적 지식인의 삶을 살았다. 하렘에서 그린니치 빌리지와 파리의 레프트 뱅크로 곧장 건너뛰면서 흑인 부르주아지의 삶을 완전히 우회했다. 그는 미국 남부는 무시했다. 흑인 인종문제는 그에게는 중요한 이슈가 아니었다. 사실 그의 초기작과 대표작의 대부분은 글을 쓴 사람이 흑인이라는 사실을 알아채기가 불가능한 작품이다. 그는 삶에서나 작품에서나 흑백 통합을 지지했다. 그가 쓴 훌륭한 에세이 몇 편은 인종차별 폐지론을 주장하는 『코멘터리』에 기고됐다.[65] 잡지의 편집장 노먼 포드호레츠는 훗날 이렇게 밝혔다. "그는 유대인 지식인이라는 표현이 뜻하는 바와 거의 같은 의미의 흑인 지식인이었다."[66]

그런데 1950년대의 후반부 동안 볼드윈은 새로운 지적 풍조가 솟구치는 것을 감지했다. 한편에서는 사회적 관용의 분위기가 솟아올랐고, 다른 편에서는 분노를 찬성하는 분위기가 부상했다. 볼드윈은 동성애자였거나 아니면 자신이 동성애자라고 믿었다. 두 번째 소설 『조반니의 방』(1956)은 이 주제를 다뤘다. 이 책이 그의 애초 출판업자에게 거절당하면서 그는 다른 출판업자를 찾아야 했는데, 새로운 출판업자는 돈을 너무 조금 줬다(고 그는 확신했다). 이 경험으로 인해 그는 미국 출판계를 향해 분노를 품게 됐다. 더군다나 그는 자신과 같은 불우한 사람들이 뿜어내는 분노가 화제가 되고 유행이 되며 올바른 것이 돼 가고 있다는 사실을 깨달았다. 그는 한때 존경했던 사람과 기관으로 분노의 대상을 확장했다. 그는 리처드 라이트와 그를 도와주던 많은 흑인 연장자들을 공격했다.[67] 그는 백인에 대한 집단적 판단을 내리기 시작 했다. 그는 자신의 이력을 다시 썼는데 아마도 무의식적으로 한 일이었을 것이다. 그는 솔직함을 과시하여 독자들을 기만하고 오도할 위험성이 있는 자서전을 썼던 다른 지식인들처럼 돼갔다.[68] 그는 자신이 아주 불행한 아이였다는 것을 깨달았다. 아버지는 볼드윈이 자신이 본 중에 가장 못생겼고 악마의 자식처럼 추악하다고 말했다. 그는 아버지에 대해 이렇게 썼다. "나는 그 시절 내내 우리 중 어떤 아이도 아버지가 집에 오는 것을 반기는 것을 본 기억이 없다." 아버지가 눈을 감았을 때, 그는 어머니가 한숨을 쉬는 것을 들었다고 주장했다. "나는 원치도 않은 어린아이 여덟 명이 딸린 마흔한 살 먹은 과부로구나." 그는 자신이 학교에서 심한 괴롭힘을 당했다고 생각했으며 프레데릭 더글러스 중학교를 소름끼치게 묘사했다. 1963년에 모교를 방문한 그는 학생들에게 이렇게 말했다. "백인들은 이곳의 깜둥이들은 행복하다고 확신했습니다. 그런 믿음을 한순간이라도 더 연장시키지 말아야 하는 것이 여러분이 해야 할 일입니다."[69] 그는 자신이 다닌 고등학교는 백인만이 행복감을 느낀 곳이라고 단언했는데, 동창생인 리처드 아베든은 그런 주장을 맹렬히 반대했다. 볼드윈은 자신을 도왔던 영어 교사에 대해 "우리는 서로를 혐오했다"고 말했다. 그는 한때 사랑했던 『엉클 톰스 캐빈』 같은 책들을 혹독하게, 그리고 거듭해서 비난했다. 그는 자칭 인종차별 폐지 론자나 중산층 흑인 같은 개념 전체를 공격했다.[70] 그는 남부를 연구했고, 1950년대 말엽에는 민권 운동에 참가하게 됐는데, 이것들은 그때까지만 해도 그가 무시하던 두 가지 사회적 현상이었다. 그렇지만 그는 마틴 루터 킹의 간디 같은 전략에는 관심이 없었다. 대가다운 솜씨로 엄밀한 추론 과정을 통해 평등문제에 접근한 베이야드 러스틴 같은 흑인 지식인들의 야무진 이성에도 관심이 없었다. 메일러의 『하얀 흑인』이 창출해 낸 분위기 속에서 점점 더 격렬해진 볼드윈은 감정적으로 카드놀이를 했다. 그는 메일러에게 반대하는 데에서 그치지 않았다. 그는 백인 자유주의자와 시간을 보내느니 백인 인종주의자와 시간을 보내겠다고 말했다. 최소한 자신이 서 있는 입지가 어디인지는 알 수 있기 때문이었다.

사실, 볼드윈은 미국과 유럽에서 백인 자유주의자들과 어울려 많은 시간을 보냈다. 그가 백인 자유주의자들이 베푼 호의만큼 오랜 기간 좋아했던 것도 없다. 루소의 장구한 지적 전통 속에서 볼드윈은 그런 유쾌한 호의를 왕자가 된 듯이 받아들였다. 그는 호의를 받는 것을 무슨 아량이나 베푸는 것처럼 했다. 그의 전기를 쓴 페른 에크만은 1968년에 이렇게 썼다. "창작력이 왕성할 때, 볼드윈은 이 집에서 저 집으로 주기적으로 옮겨 다녔다. 그는 명예로운 가신들에게 자신을 주인님으로 모실 수 있는 특권을 허용하는 성은을 베풀면서 왕국을 순회하는 중세 시대 왕과 비슷했다."71 그는 자기 친구들도 초대했다. 그렇게 해서 그를 초대한 사람의 저택을 비공식적 클럽하우스로 돌변시키고는, (그가 어느 집주인에게 말했듯) "선생님 댁은 너무 공개적이군요"라는 평계를 대며 그 집을 떠났다. 어느 후원자는 분노하기보다는 존경심 가득한 칭찬으로, "지미를 집에 모시는 것은 손님을 맞는 것과는 달랐다. 그것은 대상隊商을 대접하는 것과 비슷했다"고 말했다. 더 많은 증오를 뿜어낼수록 그는 더 많은 아첨과 도움을 받았다. 루소의 신비로운 메아리였다.

증오는 너무나 광범위하게 퍼졌고 흑인 자유주의자들은 백인 자유주의자들보다 증오로부터 더 큰 영향을 받았다. 그중 한 사람이 불평했듯이,

"당신이 스스로 아무리 자유롭다고 생각해도, 지미는 당신 내면에 여전히 엉클 톰의 요소가 있다고 느끼도록 만듭니다." 1960년대 초에, 포드호레츠는 말콤 X와 그가 이끄는 블랙 무슬림이 전파하는 신흥 흑인 폭력을 조사해 달라고 볼드윈에게 요청하면서 조사 결과를 『코멘터리』에 싣자고 제안했다. 볼드윈은 조사를 했지만 글을 상당액의 원고료를 받고 「뉴요커」에 팔았다.**72** 그는 이 글에 젊은 시절 겪었던 인종차별 경험에 대한 묘사를 덧붙여서, 1963년에 『다음에는 불을』이라는 책으로 출판했다. 이 책은 미국 베스트셀러 목록의 상위 5위권에 41주 연속 올랐고, 세계 곳곳에서 번역됐다. 이 책은 메일러의 『하얀 흑인』의 논리적 계승자였는데, 메일러의 책이 없었다면 이 책의 집필은 불가능했을 것이다. 그런데 이 책은 미국을 비롯한 각지에서 메일러의 책을 훨씬 능가하는 영향력을 발휘했다. 이 책이 (이때까지만 해도 문학적인 관례 속에서, 그리고 서구 문화의 담화 속에서 활동하던) 지도적인 흑인 지식인이 인종적 바탕에서 고안해 낸 흑인 민족주의에 관한 성명서였기 때문이었다. 볼드윈은 이제 그의 분노를 문학적 표현의 형태로 표출하면서 제도화했고, 분노를 옹호하면서 유포했다. 그런 과정을 통해 그는 새로운 종류의 인종적 불균형의 틀을 짰다. 백인 지식인은 단 한사람도 모든 백인이 흑인을 혐오한다고 주장할 수 없었으며, 흑인 혐오를 옹호할 수도 없었다. 그럼에도 불구하고 볼드윈은 흑인이 백인을 증오한다고 주장했고, 자신의 작품에 담긴 함의는 흑인의 증오가 정당하다는 것이라고 말했다. 따라서 그는 새로이 급속하게 퍼져 나가는 흑인 인종주의에 지적으로 고결한 지위를 부여한 셈이었고, 그 결과 흑인 인종주의는 세계 각지의 흑인 공동체의 리더십을 장악하게 되었다.

볼드윈이 흑인 인종주의의 필연성, 그리고 화해할 수 없는 인종 사이의 깊은 균열의 필요성을 진심으로 믿었는지는 의심스럽다. 젊었을 때의 제임스 볼드윈이라면 그것을 강하게 부인했을 것이다. 그런 주장은 그의 실제 경험과 충돌하기 때문이다. 나이를 먹은 볼드윈이 이력을 다시 써야만 했던 것도 이 때문이었다. 따라서 볼드윈의 삶의 마지막 20년은 거짓의 토대 위에, 아니면 최소한 불쾌한 혼란과 혼동 위에 자리 잡고 있다. 그는 그 시절의 대부분을 투쟁 현장과는 거리가 먼 외국에서 살았지만 그의 작품은 그가 직접 지핀 불길에 의해 파괴됐고 작품의 감동은 생명을 잃었다. 그래도 살아남은 것은 『다음에는 불을』에 담긴 정신이었다. 그 정신은 프란츠 파농의 광포한 문제작 『대지의 저주받은 사람들』의 메시지, 그리고 폭력은 인종, 계급, 각종 곤경에 의해 규정될 수 있는 사람들이나 도덕적 죄악의 희생자가 될 사람들의 정당한 권리라는 사르트르의 수사학에 힘을 실어 줬다.

이제 여기서 우리는 폭력에 대한 태도라는 지식인의 삶의 커다란 수수께끼에 도달했다. 그것은 반전주의자이든 아니든 대부분의 세속적 지식인들이 걸려 넘어져 모순에 빠지게 만들거나, 논리에 맞지 않도록 만드는 덫이다. 그들은 이론적으로는 폭력을 부인할지도 모른다. 아니 사실상 논리적으로는 폭력을 부인해야만 한다. 폭력은 문제를 해결하는 합리적 방법의 안티테제이기 때문이다. 그러나 현실에서 그들은 (필연적 살인 증후군이라 부를 수도 있는) 폭력을 부추기는, 또는 그들이 공감하는 사람들이 행사한 폭력에 찬동하는 모습을 자주 보였다. 자신 들이 옹호하고 싶어 하는 사람들이 폭력을 행사했다는 사실에 직면한 다른 지식인들은 교묘한 주장을 통해서 그들이 공격하고 싶은 다른 사람들에게 도덕적 책임을 전가했다.

언어철학자 노엄 촘스키Noam Chomski(1928~)는 이런 수법의 뛰어난 실천가였다. 여러 가지 측면에서 그는 새로운 스타일의 쾌락주의적 지식인이라기보다는 구식의 공상적 이상주의자에 아주 가까웠다. 1928년 12월에 필라델피아에서 태어난 그는 MIT, 컬럼비아, 프린스턴, 하버드 등 다수의 명문 대학에서 급속한 명성을 일궈냈다. 메일러가 『하얀 흑인』을 출판한 해인 1957년에 촘스키는 걸작 『통어론적 구조』를 내놨다. 대단히 독창적인 이 책은 우리가 어떻게 지식을 습득하는가, 특히 우리가 어떻게 그토록 많은 지식을 습득하는가를 둘러싼 예로부터 시작된 지속적 논쟁에 중요한 기여를 했다. 버트런드 러셀이 적었듯이, "인간은 세계와 접촉하는 시간이 짧고 개인적이며 제한돼 있다. 그럼에도 불구하고 인간은 어떻게 그들이 알고 있는 것만큼의 방대한 지식을 습득할 수 있을까?"[73] 이 물음에 대해서는 경쟁적인 두 가지 설명이 있다. 하나는 인간이 선천적으로 지식을 갖고 태어난다는 이론이다. 플라톤은 『메논』에 이렇게 적었다. "무지한 인간의 내면에는 자신이 알지 못하는 것에 관심을 기울이려는 진정한 소신이 있다." 이런 지식을 의식으로 끌어내기 위해서는 외적인 자극이나 체험, 각종 감각을 일깨우는 행위가 필요하지만, 아무튼 지력의 가장 중요한 내용물은 처음부터 인간의 내면에 담겨 있었다는 것이다. 데카르트는 그런 직관적인 지식이 그 무엇보다도 믿을 만하며, 생각이 가장 깊은 사람만이 그런 지식의 완벽한 가능성을 인식할 수 있기는 하지만, 인간은 누구나 그런 지식의 잔여물을 가지고 태어난다고 주장했다.[74] 유럽 대륙 철학자 대부분은 어느 정도는 이런 관점을 취했다.

이런 관점에 맞서는 견해로는 로크, 버클리, 흄이 가르친 앵글로색슨의 경험주의 전통이 있다. 경험주의는 육체적 특징은 유전될 수 있지만, 정신은 날 때부터 백지 상태이고, 정신적 특징은 모두 경험을 통해 습득된다고 주장했다. 이런 관점은 대체로 영국, 미국과 그들의 문화적 전통을 따르는 다른 나라에서 대단히 완벽한 형태로 주장된다.

촘스키는 문장을 구성하는 단어나 음성의 정열 순서를 지배하는 원칙들을 탐구하는 통사론 연구를 통해 그가 "언어 보편성"이라고 부른 것을 발견하기에 이르렀다. 세계의 온갖 언어들은 겉으로 드러나 보이는 것보다는 훨씬 덜 다양하다. 문장의 위계적 구조를 결정하는 보편적인 통사적 법칙을 모든 언어가 공유하고 있기 때문이다. 촘스키와 그의 추종자들은 모든 언어가 이런 패턴을 따른다는 것을 연구했다. 촘스키의 설명은 이렇게 불변하는 직관적 통사론이 인간의 의식 속에 너무나 깊이 자리를 잡고 있기 때문에, 그런 법칙은 유전적으로 물려받은 결과물이어야만 한다는 것이다. 언어를 사용하는 우리의 능력은 습득된 것이 아니라 선천적인 것이다. 자신의 언어학 데이터에 대한 촘스키의 설명은 옳지 않을 수도 있다. 그러나 현재까지 나온 이론 중에서는 그의 이론이 유일하게 타당성이 있는 설명이다. 그리고 그로 인해 촘스키는 데카르트주의 또는 "대륙 철학" 진영에 확고히 몸담고 있다.[75]

촘스키의 이론에 지식인들은 대단히 흥분했다. 그런 흥분은 지식인 사회에만 국한되지 않아서, 러셀이 수학 원칙들에 대한 작업을 끝내고 그렇게 됐던 것처럼, 또는 사르트르가 실존주의를 유행시킨 후에 그렇게 된 것처럼, 촘스키는 유명 인사가 됐다. 이런 유명 인사들은 그들이 나름의 연구 분야로부터 습득한 명성을 공공 이슈에 대한 자신들의 관점을 뒷받침할 근거를 얻기 위해 활용하고 싶다는 유혹을 느낀다. 우리가 앞서 봤듯, 러셀과 사르트르는 모두 이런 유혹에 굴복했다. 촘스키도 마찬가지였다. 서구의 지식인들, 특히 미국의 지식인들은 1960년대 내내 미국의 베트남 정책과 그 정책을 집행하면서 동원한 폭력의 증가 때문에 대단히 동요했다. 이제 여기에 역설이 있었다. 인종 평등이나 식민지 해방을 추구하는 과정에서 사용된 폭력, 심지어는 천년 왕국을 신봉하는 테러리스트 집단이 행사하는 폭력을 지식인들이 점차로 기꺼이 받아들이고 있었다. 이런 시기에, 서구의 민주주의 국가가 전체주의 정권으로부터 약소국 세 나라를 보호하기 위해 폭력을 행사하는 것에 대해 지식인들이 그토록 반감을 느낀 까닭은 무엇인가? 이 역설을 해결할 수 있는 논리적인 방법은 현실에서는 존재하지 않는다. 지식인들이 한편에서는 "제도화된 폭력"을 반대하고 있으며, 다른 한편에서는 개인적이고 사적이며 보복적인 폭력(그리고 많은 변형된 폭력들)을 정당화하고 있다는, 지식인들이 제공한 설명만으로 만족해야만 한다. 미국의 베트남 정책을 비판한 주도적인 인물 촘스키는 그런 설명에 만족했던 것이 확실하다. 그는 인류가 언어를 사용할 수 있는 능력을 어떻게 습득했는지에 대한 설명으로부터, 지정학적인 행동을 어떻게 해야 하는지를 충고하는 쪽으로 선회했다.

자신들이 대가로 인정받는 전문 분야에서 다른 사람들보다 나을 것이 없는 공공의 영역으로 이동하는 데 아무런 논리적 모순도 느끼지 못하는 것은 지식인들의 전형적인 특징이었다. 그들은 항상 자신들의 특별한 지식이 그런 문제에 소중한 통찰력을 제공해 준다고 주장했다. 러셀은 많은 이슈에 대해 인류에게 던지는 그의 조언이 자신의 철학적 지식 때문에 유의할 만한 가치가 있다고 확신했다. 촘스키는 1971년에 했던 러셀 강의에서 이런 주장을 뒷받침했다.[76] 사르트르는 실존주의가 냉전이 제기한 도덕적 문제들, 그리고 자본주의와 사회주의에 대한 우리의 반응과 직접적인 관련이 있다고 주장했다. 촘스키는 언어의 보편성에 대한 자신의 연구가 베트남에서 미국이 펼친 정책이 비도덕적임을 보여 주는 중요한 증거라는 결론을 내렸다. 어째서 그런가? 그것은 여러분이 지식에 대한 어떤 이론을 받아들이는가에 달려 있다고 촘스키는 주장했다. 만약 갓 태어난 정신이 백지 상태이며 인간이 어떤 형태로든 마음대로 만들어낼 수 있는 세공용 점토 조각이라면, 인간의 정신은 촘스키가 "국가 기관, 대기업 관리자, 테크노크라트나 중앙 집행 위원회에 의한 '행동의 형체화'"라고 부른 것에 딱 맞아떨어지는 대상물이다.77 한편 남녀가 선천적인 정신 구조를 갖고 있고, 그들이 "자연스러운" 문화적·사회적 패턴에 대한 본질적인 욕구를 갖고 있다면, 국가의 그런 노력은 결국에는 실패하고야 만다. 그러나 그러한 실패 과정에서 국가는 인간의 발전을 저해할 것이고, 끔찍하게 잔인한 일에 연루될 것이다. 인도차이나 국민에게 자신들의 의지와 특정한 사회적·문화적·정치적 발전 양식을 강요하려는 미합중국의 시도는 그런 잔인성이 극에 달한 사례였다.

지식인을 연구한 사람들에게는 절망적일 정도로 친숙하겠지만, 이런 결론에 도달하기 위해서는 기이하고 괴팍한 논리가 필요하다. 선천적 구조에 대한 촘스키의 주장이 타당하다면, 그의 주장은 모든 종류의 사회 공학에 반하는 일반적 사례를 구성한다고 말하는 것이 옳을 수도 있다. 그리고 다양한 이유로 인해, 사회 공학은 현대가 낳은 인상적인 망상이었고, 현대를 향한 가장 커다란 저주였다. 사회 공학은 20세기에 소련, 나치 독일, 공산주의 중국과 다른 곳에서 무고한 사람 수천만 명을 살해했다. 그럼에도 불구하고 사회 공학은 많은 오류를 범한 서구 민주주의가 지지해야만 하는 최후의 사상이라는 것이다. 그러기는커녕 사실은 정반대다. 사회 공학은 자신들만의 이성의 빛으로 세상을 개조할 수 있다고 믿은 천년 왕국을 신봉한 지식인들이 만든 창조물이다. 루소는 사회 공학을 개척했고, 마르크스는 체계화시켰으며, 레닌은 제도화했다. 레닌의 후계자들은 70년 넘는 세월 동안 역사적으로 가장 긴 사회 공학적 실험을 실시했는데, 그들이 성공하지 못했다는 사실은 촘스키의 일반적 주장이 옳다는 것을 입증한다. 사회 공학 또는 모택동이 통치하는 중국에서 문화 혁명이라고 불린 것은 수백만 명의 시신을 양산하고는 마찬가지로 실패했다. 자유주의적이거나 전체주의적인 정부에 적용됐다고 하더라도, 사회 공학의 계획안은 모두 애초부터 지식인들의 작품이었다. 예를 들어 아파르트헤이트는 스텔렌보스대학 사회심리학과가 세밀하고 현대적인 형태를 부여한 작품이다. 아프리카 다른 곳에서 행해진 유사한 시스템-탄자니아의 우자마, 가나의 "양심주의", 세네갈의 흑인 긍지운동, "잠비아식 인본주의" 등 — 은 해당 국가 대학의 정치학과나 사회학과가 창작해 낸 작품이었다. 인도차이나에 대한 미국의 개입은 경솔하고 멍청하게 진행됐지만, 원래는 해당 국가의 국민들을 사회 공학으로부터 구하려는 의도에서 비롯된 것이었다.

촘스키는 그런 주장을 무시했다. 그는 선천적 특징을 억압하거나 바꾸려는 전체주의적인 시도에는 전혀 관심을 보이지 않았다. 그는 자유민주주의나 자유방임적 국가도 전체주의적인 전제국가와 마찬가지로 불쾌하다고 주장했다. 그런 국가들의 유기적인 상위 체제인 자본주의 체제가 자기 실현을 부인하는 탄압적 요인을 가지고 있기 때문이다. 베트남전은 자신들의 직관적 충동에 대한 반응을 보이려고 노력하는 약소국 국민을 자본주의-자유주의적으로 탄압하는 빼어난 사례였다. 물론 그런 시도는 실패하게 마련이지만, 그러는 동안 입에 담을 수 없는 잔인함이 사람들을 괴롭히고 있다.[78]

촘스키 같은 지식인들의 주장은 미국이 인도차이나에 민주사회를 발전시킬 기회를 베풀겠다는 애초의 강력한 결단을 뒤집는 데 중요한 역할을 했다. 미국의 개입을 지지했던 사람들이 줄곧 예측했던 것처럼, 미군이 철수하자 사회 공학자들이 즉시 몰려들어왔다. 입에 담을 수 없는 잔인함이 진정으로 시작된 것은 바로 그때부터였다. 캄보디아에서는 미군 철수의 직접적인 결과로 1975년에 극적인 범죄의 세기에서도 가장 극악한 범죄 중 하나가 발생했다. 사르트르의 파리에서 교육받았지만 이제는 무시무시한 군대를 통솔하게 된 일군의 마르크스주의 지식인들은 스탈린이나 모택동의 기준에서조차도 냉혹하기 그지없는 사회 공학적 실험을 실천에 옮겼다.

이런 잔혹함에 대한 촘스키의 반응은 계몽적이다. 그의 반응은 복잡하게 일그러진 것으로, 흐릿한 잉크를 다량 동원해야만 했다. 그의 반응은 사실상 마르크스가 글래드스턴의 예산 관련 연설을 고의로 잘못 인용했다는 것이 밝혀졌을 때 마르크스와 엥겔스, 그리고 그들의 추종자들이 보인 반응과 놀랄 만큼 유사하다. 그것을 자세히 검토해 볼 여유는 없으나, 주장의 핵심은 꽤나 단순하다. 촘스키의 규정에 따르면, 미국은 이제 인도차이나의 악당이라는 형이상학적인 지위를 획득했다. 따라서 캄보디아의 학살에 미국이 직접적·간접적으로 책임을 져야 한다는 것을 보여 줄 방법을 찾기 전까지는, 그런 학살이 발생했다는 사실을 인정할 수 없다.

촘스키와 그의 동료들의 반응은 네 단계를 밟으며 이동했다.[79] (1) 학살 따위는 없었다. 서구가 선동을 하려고 날조한 것이다. (2) 소규모의 살인이 있었을 수도 있다. 그런데 "캄보디아의 고통은 '베트남 증후군'을 극복하려고 열심인 냉소적인 서구 인본주의자들에게 이용당해 왔다." (3) 처음 생각한 것보다 더 광범위한 살인은 미국이 일으킨 전쟁 범죄로 인해 농민들이 잔혹해진 데 따른 결과였다. (4) 마침내 촘스키는 연대기를 솜씨 좋게 조작해서 최악의 학살이 1975년 아니라 "1978년 중반"에 일어났으며, 마르크스주의자들 때문이 아니라 "전통주의자, 인종주의자, 베트남 반대론자 같은 이유들로" 인해 일어났다는 것을 "입증"할 수 있는 "몇 안 되는 진정한 캄보디아 학자들"을 인용해야 하는 지경에 몰렸다. 그 무렵의 정권은 "한때 가졌던 마르크스주의의 색채를 잃었고" "극단적인 광신적 애국주의와 가난한 농민들의 포퓰리즘을 집행하는 도구"가 됐다. 그렇게 해서 캄보디아 정권은 학살을 선동적 목적으로 과장하는 데에서 학살을 적극적으로 저지르는 쪽으로 나아간 CIA의 승인을 "마침내" 받았다. 짧게 말해 폴 포트의 범죄는 사실상 미국의 범죄였다. 증명 끝.

1980년대 중반에 촘스키의 관심의 초점은 베트남에서 니카라과로 옮겨갔다. 그런데 그는 이성적인 사람들이 그와 함께 진지하게 논의할 준비가 돼 있는 수준을 훌쩍 넘어서서, 러셀과 사르트르의 서글픈 패턴을 되풀이했다. 한때 동료 지식인을 능가하는 듯 보였던 또 다른 지식인이 화를 내며 극단주의의 황무지로 그렇게 터벅터벅 걸어 들어갔다. 노년의 톨스토이가 야스나야 폴랴나를 떠난 일과 흡사했다. 천년 왕국을 꿈꾸는 많은 지식인의 삶에는 "이성의 패주"라고 이름 붙일 만한 재앙과 같은 위기와 지성의 폐경기가 있는 듯하다.

우리는 이제 우리 연구의 종착지에 도착했다. 세속적 지식인들이 구시대의 인텔리계급을 대체하면서 인류를 이끌고 조언을 하는 일에 착수하기 시작한 지 200년가량이 지났다. 우리는 인류에게 조언을 하려 들었던 사람들의 개별적 사례들을 많이 살펴봤다. 우리는 우리의 과업을 위해 그들의 도덕적 자질과 재판관으로서의 자격을 검토했다. 우리는 특히 진실에 대한 그들의 태도, 증거를 추구하고 평가하는 그들의 방식, 보편적인 인류가 아닌 특정한 개인에 대한 그들의 반응, 특히 그들이 친구, 동료, 하인, 그리고 그 무엇보다도 가족들을 대한 방식을 검토했다. 우리는 그들의 충고를 따른 결과로 얻은 사회적·정치적 결과들을 언급했다.

어떤 결론을 끄집어내야 하는가? 독자들 스스로 판단할 수 있을 것이다. 오늘날 지식인들이 우리에게 설교를 하러 자리에서 일어섰을 때 대중들 사이에 회의적인 분위기가 감돌고 있다는 것을 확실히 탐지했다고 나는 생각한다. 학자와 작가, 철학자가 아무리 저명하다고 할지라도, 대중을 향해 어떻게 행동하고 어떻게 일해야 하는지를 말해 줄 권리가 있을까 하고 회의하는 경향이 평범한 사람들 사이에서 점점 커지고 있다. 지식인은 마법사나 구시대의 성직자보다 현명하지는 않은 정신적 지도자고, 귀감이 될 정도로 가치 있는 사람들이 아니라는 믿음이 퍼져 가는 듯하다. 나는 그런 회의주의에 동감한다. 길거리에서 무작위로 골라낸 10여 명의 사람도 도덕적 문제와 정치적 문제에 대해 인텔리겐치아의 대표자만큼이나 사리에 맞는 관점을 내놓을 수 있을 것이다. 그러나 나는 더 멀리 나아가고 싶다. 인류의 운명을 발전시키겠다는 계획 아래 무고한 수백만 명의 목숨을 희생시키는 것을 목격한 우리의 비극적인 20세기가 남긴 중요한 교훈은 지식인들을 조심하라는 것이다. 우리는 그들을 권력의 조종간에서 멀찌감치 떼어 놓는 데서 그치지 말고, 그들이 집단적인 조언을 내놓으려 들 때는 그들을 특별한 의혹의 대상으로 삼아야만 한다. 지식인들의 위원회를, 회의를, 연맹을 경계하라. 그들의 이름이 빽빽하게 박힌 성명서를 의심하라. 정치 지도자와 중요한 사건에 대해 내린 그들의 평결을 무시하라. 개인주의적이거나 비순응적인 존재와는 거리가 먼 지식인들은 분명하고 틀에 박힌 행동 양식을 따르기 때문이다. 집단을 이룰 경우, 지식인들은 자신들에게 가치 있다고 여겨지는 승인을 내려 줄 사람들이 결성한 동아리에 극도로 순응적인 경우가 잦다. 한통속이 된 그들이 그토록 위험한 것도 그 때문이다. 집단을 이룬 지식인들은 여론과 압도적인 정설을 만들어 낼 수 있는데, 그런 여론과 정설 스스로가 비합리적이고 파괴적인 행동 경로를 창출해 내는 경우가 잦기 때문이다. 그 무엇보다도 우리는 지식인들이 습관적으로 망각하는 것, 즉 인간이 관념보다 중요하고 인간이 관념의 앞자리에 놓여야만 한다는 사실을 항상 명심하고 있어야만 한다. 모든 폭정 중에서 최악의 폭정은 사상이 지배하는 무정한 전제 정치다.

01 장 자크 루소

1. Joan Macdonald, *Rousseau and the French Revolution*(London, 1965)을 보라.

2. J. H. Huizinga, *The Making of a Saint: The Tragi-Comedy of Jean Jacques Rousseau*(London, 1976), pp.185ff.

3. Ernst Cassirer, *The Philosophy of the Enlightenment*(Princeton 1951), p.268.

4. Jean Chateau, *Jean-Jacques Rousseau: Sa Philosophie de l'éducation*(Paris, 1962), pp.32ff.

5. Lester G. Crocker, *Jean-Jacques Rousseau: The Quest*, 1712~1758(New York, 1974), p.263.

6. Ibid., pp.238~239, 255~270.

7. 루소의 초년에 대해서는 ibid., pp.7~15를 보라; 그가 『고백록』에서 제시한 설명은 별로 신뢰할 수 없다.

8. 루소의 편지들은 다음의 책들로 출판됐다. R. A. Leigh, *Correspondence Compléte de Jean-Jacques Rousseau*(Geneva, 1965ff)와 T. Dufour and P. P. Plan, *Correspondance Générale de Jean-Jacques Rousseau*(20vols., Paris 1924~1934).

9. Crocker, vol. i , pp.160ff.

10. Huizinga, p.29에서 인용.

11. 『학문과 예술론』은 G. R. Havens(ed.), *Discours sur les sciences et les arts*(New York, 1946)에 실려 있다.

12. 루소의 작품들을 보려면 Bernard Gagnebin and Marcel Raymond(eds.), *Oeuvres Complétes* (3vols., Paris, 1959~1964)를 보라.

13. Macdonald.

14. Huizinga, pp.16~17에서 인용.

15. Crocker, vol. i , p.16; pp.194ff도 볼 것.

16. Huizinga, p.50에서 인용. 이 구절은 1767년에 Monsieur de Mirabeau에게 쓴 부치지 않은 편지에 들어 있다.

17. J. Y. T. Greig(ed.), *Letters of David Hume*(Oxford, 1953), vol. ii, p.2.

18. Huizinga, pp.15~16.

19. 이런 의견들과, 많은 유사한 의견들이 Huizinga의 책에 수집돼 있다.

20. Crocker, vol. ii : *The Prophetic Voice*, 1758~1783(New York, 1973), pp.28~29.

21. P. M . Masson, *La Réligion de Jean-Jacques Rousseau*(3 vols., Paris, 1916).

22. Crocker, vol. ⅰ, pp.146~147.

23. C. P. Duclos, *Considérations sur les moeurs de ce siécle*(London, 1784), Huizinga의 책에서 인용.

24. Crocker, vol. ⅱ, pp.208, 265~302.

25. Huizinga, pp.56~57, 112.

26. W. H. Blanchard, *Rousseau and the Spirit of Revolt*(Ann Arbor, 1967), p.120.

27. Huizinga, p.119에서 인용.

28. E. C. Mossner, *Life of David Hume*(Austin, 1954), p.528~29.

29. Crocker, vol. ⅱ, pp.300~302.

30. Ibid., pp.318~319, 339~341.

31. *Confessions*, Everyman edition(London, 1904), vol. ⅰ, p.13.

32. Ronald Grimsley, *Jean-Jacques Rousseau: A Study in Self-Awareness*(Bangor, 1961), pp.55ff.

33. Confessions, vol. ⅰ, pp.58ff.

34. 이 수법에 대한 Crocker의 빼어난 분석을 보라. vol. ⅰ, pp.57~58.

35. Huizinga, p.75.

36. Crocker, vol. ⅰ, pp.340ff.

37. Confessions, vol. ⅰ, p.31.

38. Ibid., vol. ⅰ, p.311.

39. Ibid.

40. 테레즈가 아직 살아 있을 때, Madame de Charrire는 *Plainte et défense de Thérèse Levasseur*(Paris, 1789)를 썼다. 현대에 그녀를 강하게 옹호한 책은 I. W. Allen의 박사 학위 논문 *Thérèse Levasseur*(Western Reserve University Cleveland)로, Crocker, vol. ⅰ, p.172.에서 인용. 루소와 테레즈 사이의 관계를 다룬 다른 작품으로는 Claude Ferval, *Jean-Jacques Rousseau et les femmes*(Paris, 1934)가 있다.

41. F. A. Pottle(ed.), Boswell on the Grand Tour, *Germany and Switzerland 1764*(London, 1953), pp.213~258을 보라.

42. Ibid., pp.335~337에 실려 있다.

43. Greig, vol. ⅱ, pp.14~15.

44. Crocker, vol. ⅰ, p.186에서 인용.

45. Ibid., pp.178ff.

46. 중요한 옹호는 *Confessions*, vol. i, pp.314ff, vol. ii, pp.8ff에 있다.

47. 일반 의지 등에 대해서는 L. G. Crocker, *Rousseau's Social Contract: An Interpretive Essay* (Cleveland, 1968)를 보라.

48. C. R. Vaughan(ed.), *The Political Writings of Rousseau*(2 vols., Cambridge, 1915), vol. ii, p.250에 실려 있다.

49. Sergio Cotta, 'La Positiodnu problme de la politiqucehez Rousseau', *Études sur le Contrat social de J. J. Rousseau*(Paris, 1964), pp.177~190.

50. I. W. Allen, Crocker, vol. i, p.356, note 6에서 인용.

51. Huizinga, Introduction을 보라.

52. 루소를 지지하고 반대하는 판단들은 Huizinga, pp.266ff에 정리돼 있다.

53. Crocker, vol. i, p.353에서 인용; 이 구절은 Henri Guillemin, *Un Homme, deux ombres* (Geneva, 1943), p.323에 기록돼 있다.

02 퍼시 비시 셸리

1. P. B. Shelly to Elizabeth Hitchener, in F. L. Jones(ed.), *Letters of Percy Bysshe Shelley*(2 vols., Oxford, 1964), vol. i, pp.116~117.

2. D. L. Clark(ed.), *Shelley's Prose*(New Mexico, rev. ed. 1966)에 실린 글을 보라.

3. 에세이를 명확하게 분석하려면 M. H. Scrivener, *Radical Shelley*(Princeton, 1982), pp. 249ff를 보라.

4. 이 시들에 대한 흥미로운 분석은 Art Young, *Shelley and Non-Violence*(The Hague, 1975)에 있다.

5. *Essays in Criticism, Second Series: Byron*, Matthew Arnold, Selected Prose(Harmondsworth, 1982), pp.385~404에 다시 실렸다.

6. 바이런이 John Murray에게 보낸 1822년 8월 3일자 편지; 토머스 무어에게 보낸 1822년 3월 4일자 편지; 두 편지 모두 Leslie A. Marchand(ed.), *Byron's Letters and Journals*(11 vols., London, 1973~82), vol.ix, pp.119, 189~190에 실려 있다.

7. 셸리의 전기 중 최고의 작품이자 선구적인 작품으로 평가받는 책은 Richard Holmes, *Shelley: The Pursuit*(London, 1974)이다. 역시 같은 작가가 쓴 *Footsteps: Adventures of a Romantic Biographer*(London, 1985)에 실린 셸리에 대한 에세이로 이 전기의 부족한 부분을 보완할 수 있다.

8. 티머시 셸리 경에 대해서는 R. C. Thorne(ed.), *History of Parliament: House of Commons*

1790~1820(London, 1986), vol. v, Members Q-Y, pp.140~141을 보라.

9. 젊은 셸리의 급진주의화에 대해서는 Holmes, pp.25ff와, K. M. Cameron, T*he Young Shelley: Genesis of a Radical*(New York, 1950)을 보라.

10. N . Mackenzie(ed.), Secret Societies(London, 1967), p.170; Nesta Webster, *Secret Societies and Subversive Movements*(London, 1964), pp.196~268.

11. Marie Roberts, *British Poets and Secret Societies*(London, 1986), 이 책 Chapter 4, pp.88~101에서 셸리를 다룬다.

12. Shelley, *Letters*, vol. i , p.54; Paul Dawson, *The Unacknowledged Legislator: Shelley and Politics*(Oxford, 1980), pp.157ff.

13. Sylvia Norman, *The Flight of the Skylark: The Development of Shelley's Reputation*(London, 1954), p.162.

14. Thomas Jefferson Hogg, *Life of Shelley*에서 헬렌의 말을 인용하고 있다.

15. Holmes, pp.36, 48.

16. Ibid., pp.50~51.

17. Ibid., p.57.

18. John Williams에게 보낸 편지, *Letters*, vol. i , p.330에 실려 있다.

19. Ibid., pp.139~140, 146~147, 148~149.

20. Ibid., p.155.

21. Ibid., pp.156, 163.

22. Ibid., p.165.

23. Ibid., pp.205~206.

24. F. L. Jones(ed.), *Mary Shelley's Journal*(London, 1947), p.17.

25. N. I. White, *Shelley*(2 vols., New York, 1940), vol. i , pp.547~ 552.

26. Louis Schutz Boas, *Harriet Shelley: Five Long Years*(Oxford, 1962)를 보라.

27. 1814년 7월 14일자, 8월 27일자, 9월 15일자와 9월 16일자 편지로, *Letters*, vol. i , pp.389~390, 391~392, 394, 396에 실려 있다.

28. *Letters*, vol. i , pp.396~397의 1814년 9월 26일자 편지.

29. *Letters*, vol. i , p.403의 1814년 10월 3일자 편지.

30. *Letters*, vol. i , pp.400, 410의 1814년 10월 3일자와 25일자 편지.

31. *Letters*, vol. i , p.421의 1814년 11월 14일자 편지.

32. *Letters*, vol. i , p.520, footnote. 33. 해리엇의 말년에 대한 설명은 Boas, Chapter vii, pp.183ff를 보라.

34. *Letters*, vol. i , pp.519~521의 1814년 12월 16일자 편지. 훗날 빅토리아 시대의 셸리 옹호자들은 이 편지의 신뢰성을 의심했다. 하지만 편지의 신뢰성에 의문을 품을 합당한 이유는 없는 듯하다. Holmes, p.353과 footnote를 보라.

35. *Letters*, vol. i , pp.511~512.

36. *Letters*, vol. i , p.338의 1812년 12월 10일자 편지.

37. 파니 임레이에 대해서는 Holmes, pp.347ff를 보라.

38. 고드윈에게 보낸 편지, *Letters*, vol. i , p.311.

39. *Letters*, vol. i , p.196.

40. *Letters*, vol. i , p.314.

41. Holmes, p.216.

42. *Letters*, vol. i , p.530.

43. *Letters*, vol. ii , pp.264~265.

44. Holmes, pp.442~447; 또한 Ursula Orange: 'Shuttlecocks of Genius', *Keats-Shelley Memorial Bulletin*, clixv를 보라.

45. *Byron's Letters and Journals*, vol.7, pp.174, 191에 실려 있는 바이런이 호프너에게 보낸 1820년 9월 10일자와 10월 1일자 편지를 보라.

46. *Byron's Letters and Journals*, vol.5, pp.160~162에 실려 있는 바이런이 더글러스 키네어드에게 보낸 1817년 1월 20일자 편지를 보라.

47. Doris Langley Moore, *Lord Byron: Accounts Rendered*(London, 1974), p.302에 인용된 클레어 클레어먼트가 바이런에게 보낸 1816년 5월 6일자 편지.

48. 어머니가 유모 엘리제라는 주장은 Ursula Orange, 'Elise, Nursemaid to the Shelleys' *Keats-Shelley Memorial Bulletin*, 1955에 실려 있다. 그러나 셸리의 제일 뛰어난 전기 작가인 리처드 홈스는 이 주장을 받아들이지 않으면서 두 가지 다른 태도를 취한다. 하나는 *Shelley: The Pursuit*에 있고 다른 하나는 Footsteps에 있다.

49. 1821년 8월; Mooer에서 인용.

50. *Byron's Letters and Journals*, vol.vi, pp.65, 91~92에 실린 바이런이 J. B. 웹스터에게 보낸 1818년 9월 8일자 편지, 존 캠 홉하우스와 더글러스 키네어드에게 보낸 1819년 1월 19일자 편지를 보라.

51. *Letters*, vol. i , p.323.

52. 바이런에게 보낸 1821년 9월 14일자 편지. Moore에서 인용.

53. 헤이든은 그가 소장하고 있던 Medwin의 *Conversations with Lord Byron*(now at Newstead Abbey, Roe-Byron Collection)의 여백에 이 이야기를 적었다.

Moore, pp.301~302에서 인용.

54. *Letters*, vol. ⅰ, p.423, note 1; 셸리가 호그에게 보낸 1815년 1월 1일자와 4월 26일자 편지, vol. ⅰ, p.423, 426; 메리가 호그에게 보낸 편지 중 남아 있는 11통의 편지.

55. Robert Ingpen and W. E. Peck(eds.), *Complete Works of P. B. Shelley*(New York, 1926~1930), vol.ⅶ, p.43.

56. *Letters*, vol. ⅰ, pp.227ff에 실린 1812년 1월 10일자 편지.

57. 셸리와 고드윈 사이의 돈 거래에 대한 상세한 내용은 Holmes, pp.223~238, 250, 269~270, 284, 307, 311~321, 346, 379, 407~413, 526을 보라.

58. Letters, vol. ⅰ, p.422. note에 실린 해리엇이 누젠트 부인에게 보낸 1814년 12월 11일자 편지.

59. Thomas Pinney(ed.), *Letters of Thomas Babington Macaulay*(6 vols., Cambridge, 1974~1981), vol.ⅲ, p.366에 실린 1841년 3월 7일자 편지.

60. Ann Blainey, *Immortal Boy: A Life of Leigh Hunt*(London, 1985), p.189에서 인용.

61. *Letters*, vol. ⅰ, pp.366, 379, note.

62. Holmes, p.161.

63. 로버츠에 대해서는 *Letters*, vol. ⅰ, p.339, note1과 215번 편지를 보라; 베드웰에 대해서는 *Letters*, vol. ⅰ, p.362를 보라; 윌리엄스 형제에 대해서는 *Letters*, vol. ⅰ, pp.360과 note, 386~387을 보라; 에번스에 대해서는 *Letters*, vol. ⅰ, pp.332~333, 339를 보라.

64. 서적상에 대해서는 셸리가 존 슬래터에게 보낸 1811년 4월 16일자 편지를 보라; 헨리 슬래터가 티머시 셸리 경에게 보낸 1831년 8월 13일자 편지를 보라; 셸리로부터 온 1814년 12월 23일자 편지를 보라; *Letters*, vol. ⅰ, pp.438, note 1, 411.

65. *Letters*, vol. ⅰ, pp.362~363.

66. A. M. D. Hughes, *The Nascent Mind of Shelley*(Oxford, 1947), pp.131ff.

67. 아트 영 등에 대해서는 위 책의 note 4를 보라.

68. Scrivenor, *Radical Shelley*(Princeton, 1982), pp.198~210을 보라.

69. Edward Duffy, *Rousseau in England: The Context for Shelley's Critique of the Enlightenment*(Berkeley, 1979)를 보라.

70. Carl H. *Pforzheimer Library Bulletin* ⅳ, pp.787~788에 실린 클레어 클레어먼트가 에드워드 트릴로니에게 보낸 1878년 9월 30일자 편지를 보라.

71. *Letters*, vol. ⅱ, pp.434~437에 실린 셸리가 존 기스번에게 보낸 1822년 6월 18일자 편지.

72. Holmes, p.728; *Letters*, vol. ⅱ, p.433.

73. F. L. Jones(ed.), Maria Gisborne and Edward E. Williams: *Their Journals and Letters*

(London, 1946), p.149.

74. Holmes, p.729; Edward Dowden, *Life of P. B. Shelley*(2vols., London, 1886), vol. ii, pp.534ff.

03 카를 마르크스

1. Edgar von Westphalen, Robert Payne, *Marx*(London, 1968), p.20에서 인용.

2. Roberts S. Wistrich: *Revolutionary Jews From Marx to Trotsky*(London, 1976)에 실린 마르크스에 대한 빼어난 에세이를 보라.

3. 엥겔스에게 보낸 1868년 4월 11일자 편지, *Karl Marx-Friedrich Engels Werke*(East Berlin, 1956~68), vol. xxxii, p.58.

4. 마르크스의 시는 Payne, pp.61~71을 보라.

5. Marx-Engels Werke, vol. iii, pp.69~71.

6. Payne, pp.166ff.

7. Marx-Engels, *Selected Correspondence 1846~1895*(New York, 1936), pp.90~91.

8. *Capital*, Everyman edition(London, 1930), p.873.

9. T. B. Bottomore(trans. and ed.), *Karl Marx: Early Writings*(London, 1963), pp.34~37; 유대인에 관한 에세이는 Karl Marx-Engels Collected Works(London, 1975ff), vol. iii, pp.146~ 174에도 실려 있다.

10. 마르크스의 집필활동은 *A Contribution to the Critique of Hegel's Philosophy of Law*(1844), *The Economic and Philosophical Manuscript of 1844*(1932년에 처음 출판됐다), 그리고 *The German Ideology*(1845~1846)에서 결정적인 단계에 도달했다.

11. 이들 저작에 대한 가치 있는 논의를 위해서는 Payne, pp.98ff를 보라.

12. Payne, p.86.

13. Payne, pp.134~136.

14. *Marx-Engels Werk*e, vol. xxx, p.259.

15. Karl Jaspers, 'Marx und Freud', *Der Monat*, xxvi(1950).

16. Geoffrey Pilling, *Marx's Capital*(London, 1980), p.126.

17. Louis Althusser, *For Marx*(trans. London, 1969), pp.79~80.

18. *Engels on Capital*(London, 1938), pp.68~71에 실려 있음.

19. *Capital*, pp.845~846.

20. *Capital*, pp.230~311.

21. *Capital*, p.240, note 3.

22. W. O. Henderson & W. H. Challonre(trans. and eds.), *Engels's Condition of the Working Class in England*(Oxford, 1958).

23. *Marx-Engels Gesamt-Ausgabe*(Moscow, 1927~1935), 1 part iii(1929)에 실린 1844년 12월 19일자 엥겔스가 마르크스에게 보낸 편지.

24. Henderson & Challoner, Appendix ⅴ, from Dr Loudon's *Report on the Operation of the Poor Laws*, 1883은 루동의 본뜻을 심하게 왜곡시키는 결과를 가져온 엥겔스의 잘못된 인용 방법의 특징적 사례를 보여 준다.

25. *Nationalökonomie der Gegenwart und Zukunft*, ⅰ (Frankfurt, 1848), pp.155~161, 170~241.

26. 마르크스의 방법들에 대한 전반적인 분석은 Leslie R. Page, *Karl Marx and the Critical Examination of His Works*(London, 1987)를 보라.

27. 런던의 7개 신문 1863년 4월 17일자에 보도된 내용이다.

28. David F. Felix, *Marx as Politician*(London, 1983), pp.161~ 162, 269~270을 보라.

29. Ibid., p.147.

30. 이에 대해서는 Page, pp.46~49를 보라.

31. Felix와 함께, Chushichi Tsuzuki, *The Life of Eleanor Marx, 1855~1898: A Socialist Tragedy*(London, 1967)를 보라.

32. Payne, p.81.

33. Ibid., p.134.

34. 하인첸의 설명은 1864년 보스턴에서 출판됐다. Payne, p.155에서 인용.

35. *Marx-Engels Gesamt-Ausgabe*, vol.ⅵ, pp.503~505.

36. *Marx-Engels Gesamt-Ausgabe*, vol.ⅶ, p.239.

37. Payne, p.475 note.

38. Stephan Lukes, *Marxism and Morality*(Oxford, 1985), pp.3ff.

39. David McLellan, *Karl Marx: His Life and Thought*(London, 1973), p.455에서 인용.

40. Payne, pp.50ff.

41. Marx-Engels, *Collected Works*, vol.ⅱ, pp.330~331.

42. Marx, *On Britain*(Moscow, 1962), p.373.

43. Payne, pp.251ff; Michael Bakunin, *Oeuvres*(Paris, 1908).

44. 예를 들어, *Marx-Engels Gesamt-Ausgabe*, vol.xxxiii, p.117.

45. *Marx-Engels Gesamt-Ausgabe*, vol. xxxi, p.305.

46. *Capital*, vol. i , ii ,vii Chapter22에 footnote로 등장한다.

47. Payne, p.54에서 인용.

48. *Marx-Engels Gesamt-Ausgabe*, vol. xxvii, p.227.

49. *Marx-Engels Gesamt-Ausgabe*, vol. xxx, p.310; 엥겔스의 답장은 vol.xxx, p.312에 있다.

50. *Marx-Engels Gesamt-Ausgabe*, vol.xxxi, p.131.

51. 마르크스의 재정 상태에 대한 더 자세한 정보를 위해서는 David McLellan, *Karl Marx: Interviews and Recollections*(London, 1981)와 그의 *Karl Marx: The Legacy*(London, 1983); Fritz J. Raddatz, *Karl Marx: A Political Biography*(trans., London, 1979)를 보라.

52. *Marx-Engels Gesamt-Ausgabe*, vol. xxvii, p.500.

53. *Marx-Engels Gesamt-Ausgabe*, vol. xxvii, p.609.

54. *Archiv für Geschichte des Socialismus*(Berlin, 1922), pp.56~58; Payne, pp.251ff에 실려 있다.

55. *Marx-Engels Gesamt-Ausgabe*, pp.102~103.

56. *Marx-Engels Gesamt-Ausgabe*, vol.iii, pp.4, 569.

57. 마르크스의 가족에 대해서는 H. F. Peters, *Red Jenny: A Life with Karl Marx*(London, 1986); Yvonne Kapp, 'Karl Marx's Children: Family Life 1844~1855' in *Karl Marx: 100 Years On*(London, 1983), pp.273~305, 그리고 그녀의 *Eleanor Marx*(2 vols., London, 1972)를 보라.

58. Payne, p.257.

59. 불온한 부분을 삭제한 버전으로 출판한 소련 당국은 남아 있는 원고를 모스크바의 마르크스-엥겔스-레닌 연구소에 보관하고 있다. 역시 검열을 받았을 가능성이 높은 다른 버전이 1965년에 라이프치히에서 출판됐다.

60. 마르크스의 삶에서 이 날과 다른 날에 대해서는 Maximillie Rnubel이 *Marx: Life and Works*(trans., London, 1980)에서 행한 연대기적 조사를 보라; 사생아의 존재를 처음 폭로한 책은 W. Blumenberg, *Karl Marx: An Illustrated Biography*(1962, English trans. London, 1972)이다.

61. Payne, pp.538~539를 보라.

04 헨리크 입센

1. 1814년 5월 17일.
2. Brian W. Downs, *Ibsen: The Cultural Background*(Cambridge, 1948)와, John Northam(trans. and ed.), *Ibsen's Poems*(Oslo, 1986)의 introduction을 보라.
3. 1881년 1월에 쓰인 'Memories of Childhood.' Evert Sprinchor(ned.), *Ibsen: Letters and Speeches*(London, 1965), pp.1~6에 실려 있다.
4. 나는 입센에 생애에 대해서는 Michael Meyer가 쓴 전기 *Henrik Ibsen: i. The Making of a Dramatist, 1828~1864*(London, 1967); *ii. The Farewell to Poetry, 1864~1882*(London, 1971); *iii. The Top of a Cold Mountain, 1886~1906*(London, 1971)에 주로 의존했다. 그렇지만 독자들의 편의를 위해 주에서는 요약판 *Henrik Ibsen*(London, 1974)을 주로 언급했다.
5. Meyer, p.197 note.
6. Fru Heiberg에게 보낸 시로 쓴 편지.
7. 예오르그 브란데스의 일부 관점은 'Henrik Ibsen: Personal Reminiscences and Remarks about this Plays', *Century Magazine*, New York, February 1917에 있다.
8. Meyer, pp.775~776에서 인용.
9. Bergliot Ibsen, *The Three Ibsens: Memories of Henrik I, Suzannah I and Sigurd I*(trans., London, 1951), pp.17~18에서 인용.
10. Meyer, p.432; 페울센의 회고록은 1903년에 코펜하겐에서 출판됐다.
11. Halvdan Koht, *Life of Ibsen*(2 vols., trans., London, 1931), vol. ii, p.111.
12. 입센에 대한 예가르의 노트는 1960년에 출판됐다; Meyer, p.603을 보라.
13. Meyer, p.592에서 인용.
14. Bergliot Ibsen, p.92.
15. Meyer, pp.339, 343~344.
16. Hans Heiberg, *Ibsen: A Portrait of the Artist*(trans., London, 1969), p.177.
17. Meyer, pp.689~690.
18. Meyer, pp.575~576.
19. Meyer, p.805.
20. Meyer, pp.277~278.
21. Meyer, p.500.
22. Meyer, p.258.

23. 1867년 12월 9일자 편지, Meyer, pp.287~288에 있음.

24. Heiberg, pp.20~22.

25. 엘시에 대해서는 Meyer(3 vols.), vol. i , pp.47~48을 보라.

26. Heiberg, p.34.

27. 이 에피소드는 Meyer(3 vols.), vol.iii, p.206과 관련이 있다.

28. Heiberg, p.241.

29. Meyer, p.55.

30. Meyer, pp.304~305에서 인용.

31. Meyer, pp.293~294.

32. *Letters and Speeches*, pp.315~316에 실려 있다.

33. Bergliot Ibsen, pp.84~85.

34. Meyer, pp.287~288에서 인용.

35. Meyer, p.332에서 인용.

36. *Cataline*(1875 edition) 서문.

37. 'Resignation'은 John Northam의 컬렉션에 포함돼 있다.

38. Meyer, p.659.

39. 얀손의 일기는 1913년에 출판됐다.

40. Meyer, p.531에서 인용.

41. Heiberg, pp.245~46; 입센이 1885년 6월 14일에 Trondhjem에서 노동자들에게 한 연설은 *Letters and Speeches*, pp.248~249를 보라.

42. *Letters and Speeches*, pp.251~256.

43. Meyer, p.703.

44. *Letters and Speeches*, pp.337~338.

45. Meyer, pp.815~816.

46. Meyer, pp.636ff.

47. E. A. Zucker, *Ibsen: The Master Builder*(London, 1929).

48. Meyer, p.646에서 인용.

49. Meyer, pp.653~654.

50. 에밀리 바르다크에게 보낸 편지들은 *Letters and Speeches*, pp.279~298에 있다.

51. Meyer, p.97.

52. 막달레네 토레센에게 보낸 1865년 12월 3일자 편지.

53. Meyer, pp.250~251.

54. Meyer, p.131.

55. BerglioItbsen, pp.61~62.

56. BerglioItbsen, pp.52, 79, 82 etc.

57. Meyer, pp.280~281, 295~297.

58. Meyer, p.581.

05 레프 톨스토이

1. George Steiner, *Tolstoy or Dostoevsky*(London, 1960)에서 인용.

2. 1853년 10월 12일, 11월 2~3일; 1857년 7월 7일; 1853년 7월 18일자 일기로, Aylmer Maude(ed.), *The Private Diary of Leo Tolstoy 1853~1857*(London, 1927), pp.79~80, 37, 227, 17에 실려 있다.

3. Maxim Gorky, *Reminiscences of Tolstoy, Chekhov and Andreev*(London, 1934); Steiner, p.125에서 인용.

4. Diary에 실린 1898년 1월 19일자 일기.

5. Henri Troyat, *Tolstoy*(trans., London, 1968), pp.133~140에서 인용.

6. Ilya Tolstoy, *Tolstoy, My Father*(trans., London, 1972).

7. Leo Tolstoy, "Boyhood."

8. Aylmer Maude, *Life of Tolstoy*(London, 1929), p.69에서 인용.

9. Diary, p.79의 1853년 11월 3일자 일기.

10. Maude, *Life*, p.37.

11. Maude, p.126.

12. Maude, p.200; *Troyat*, p.194.

13. R. F. Christian, *Tolstoy: A Critical Introduction*(Cambridge, 1956).

14. Edward Crankshaw, *Tolstoy: The Making of a Novelist*(London, 1974)는 작가로서의 톨스토이의 강점과 약점을 살펴보는 데 특히 훌륭하다.

15. Elizabeth Gunn, *A Daring Coiffeur: Reflections on War and Peace and Anna Karenina* (London, 1971).

16. 두 문장 모두 Gunn이 인용했다.

17. Steiner, p.229에서 인용.

18. Crankshaw, p.66에서 인용.

19. 1857년 7월 25일과 27일, 8월 1일자 일기는 Diary에 있다; Introduction, p.xxiii도 보라.

20. *Diary*, pp.10, 158.

21. *Diary*, pp.10~16; Crankshaw, p.128.

22. *Troyat*, p.63.

23. Anne Edwards, *Sonya: The Life of Countess Tolstoy*(London, 1981), p.43에서 인용.

24. *Troyat*, p.212.

25. Valentin F. Bulgakov, *The Last Year of Leo Tolstoy*(trans., London, 1971), pp.145~146에서 인용.

26. *Diary*, Introduction, p.xxi.

27. Ernest J. Simmons, *Leo Tolstoy*(London, 1949), pp.621~622에서 인용.

28. 논문 'The Feminine Question'의 저자 N. N. Strakhov에게 보낸 J. S. Mill을 반박하는 편지. Simmons에서 인용.

29. Crankshaw, pp.145~152.

30. Edwards, pp.77~87; Crankshaw, pp.196~204; Simmons, p.270.

31. Edwards, p.267.

32. 톨스토이의 친필 원고의 견본을 보려면 Crankshaw, p.247에 실린 사진을 보라.

33. Crankshaw, p.198.

34. *Troyat*, pp.525~526에서 인용.

35. Leo Tolstoy, Recollections.

36. *Troyat*, p.141.

37. Maude, pp.250~251에서 인용.

38. Crankshaw, p.172.

39. Simmons, p.400.

40. 『안나 카레리나』의 레빈의 형의 죽음; 『전쟁과 평화』의 장례식 참석 거부.

41. 1890년 12월 16일자 노트.

42. *Troyat*, p.133에서 인용.

43. *Troyat*, p.212.

44. Crankshaw, pp.237~238.

45. 그녀의 언니에게 보낸 편지, Simmons, p.429에서 인용.

46. Simmons, p.738.

47. Isaiah Berlin, *The Hedgehog and the Fox: An Essay on Tolstoy's View of History*(London, 1953), p.6에서 인용.

48. 벌린이 인용한 사례들을 보라: 『전쟁과 평화』의 쿠투조프(실존 인물) 캐릭터는 원고가 수정됨에 따라 역사적 사실 속에 있던 "교활하고, 나이 많고, 허약한 방탕아" 그대로의 모습에서, 톨스토이가 필요하다고 생각했던 "소박하고 직관적 지혜로 똘똘 뭉친 러시아 인민의 잊지 못할 상징"으로 점차 변모해 간다.

49. Simmons, pp.317~318.

50. 톨스토이의 기독교에 대한 예리한 분석은 Steiner, pp.260~265를 보라.

51. 1898년 8월의 일기, Steiner, p.259에서 인용.

52. 이런 견해들은 주로 불가코프에 대한 George Steiner의 Introduction과, 불가코프가 직접 쓴 문건에서 취했다.

53. Simmons, pp.493ff.

54. 1890년 12월 17일자 일기. 톨스토이 백작 부인의 일기는 *The Diary of Tolstoy's Wife, 1860~1891*(London, 1928); *The Countess Tolstoy's Later Diaries, 1891~1897*(London, 1929); *The Final Struggle: Being Countess Tolstoy's Diary for 1910*(London, 1936)으로 출판됐다.

55. 불가코프가 직접 쓴 The Last Year of Leo Tolstoy의 Introduction, 특히 pp.xxiii~iv를 보라.

56. Bulgakov, p.162.

57. Bulgakov, pp.166ff, 170~171.

58. Bulgakov, p.197.

06 어니스트 헤밍웨이

1. Edward Wagenknecht, *Ralph Waldo Emerson: Portrait of a Balanced Soul*(New York, 1974), Chapter 6, 'Politics', pp.158~201을 보라.

2. *Journals and Miscellaneous Notebooks of Ralph Waldo Emerson*(14 vols., Harvard, 1960~) vol.vii, p.435.

3. Thomas Wentworth Higginson, *Every Saturday*, 1868년 4월 18일자.

4. 이 문장을 보려면 Joel Porte, *Representation Man: Ralph Waldo Emerson in His Time*(New York, 1979)을 보라.

5. *Correspondence of Emerson and Carlyle*(New York, 1964), p.14.

6. Joel Porte(ed.), *Emerson in his Journals*(Harvard, 1982), p.385에 실린 1848년 4월 25일자 일기.

7. Henry James, *The Art of Fiction*, pp.223~224.

8. *Journals and Misc. Notebooks*, vol.viii, pp.88~89, 242.

9. Ibid., vol.ix, p.115.

10. Ibid., vol.vii, p.544.

11. 뛰어난 논문 Mary Kupiec Cayton, 'The Making of an American Prophet: Emerson, his audience and the rise of the culture industryin nineteenth century America', *American Historical Review*, June 1987을 보라.

12. Paul Boyer, *Urban Masses and Moral Order in America*, 1820~1920(Harvard, 1978), p.109를 보라.

13. Wagenknecht, p.170; cf. Lewis S. Feuer, 'Ralph Waldo Emerson's Reference to Karl Marx', *New England Quarterly*, xxxiii(1960)에서 인용.

14. 그레이스 헤밍웨이에 관해서는 Max Westbrook, 'Grace under Pressure: Hemingway and the Summer of 1920' in James Nagel(ed.), *Ernest Hemingway: The Writer in Context*(Madison, Wisconsin, 1984), pp.77ff를 보라; 헤밍웨이 가족에 대해서는 Marcellin Hemingway Sandford, *At the Hemingways: A Family Portrait*(Boston, 1961)에 묘사돼 있다.

15. Madeleine Hemingway Miller, *Ernei*(New York, 1975), p.92. Kenneth S. Lynn, *Hemingway* (New York, 1987), pp.19~20. 이 책들은 이런 일상적인 종교적 의식은 그레이스의 아버지인 홀 할아버지와 함께 살 때만 가졌다고 말한다.

16. Lynn, p.115.

17. Carlos Baker(ed.), *Ernest Hemingway: Selected Letters, 1917~1961*(New York, 1981), p.3.

18. 헤밍웨이의 종교에 대해서는 다음을 보라. Jeffrey Meyers, *Hemingway: A Biography* (London, 1985), pp.31~32, 178, etc.; Lynn, pp.70, 249, 312~314, etc.

19. Lynn, pp.117~118에서 인용.

20. Bernice Kert, *The Hemingway Women*(New York, 1983), p.27에서 인용.

21. *Selected Letters*, pp.670, 663.

22. Lynn, p.233.

23. Lynn, pp.234ff; B. J. Poli, *Ford Madox Ford and the Transatlantic Review*(Syracuse, 1967), p.106도 보라.

24. Lynn, p.230.

25. Meyers, p.24에서 인용.

26. Meyers, p.94.

27. *Paris Review*, 1981년 봄 호를 보라.

28. Meyers, p.137에 들어 있다.

29. William White(ed.), *By-Line: Ernest Hemingway: Selected Articles and Dispatches of Four Decades*(New York, 1967), p.219.

30. Meyers, pp.74~75에서 인용.

31. *New Yorker*, 1927년 10월 29일자.

32. Introduction to an anthology, Men at War (New York, 1942).

33. Herbert Matthews, *A World in Revolution*(New York, 1971), pp.24~25.

34. Meyers, p.426에서 인용.

35. Michael S. Reynolds, *Hemingway's Reading 1910~1940*(Princeton, 1981), p.4에서 인용.

36. 헤밍웨이의 거짓말에 대해서는 Meyers, pp.9, 15~16, 27, etc.; Lynn, pp.74, etc.를 보라.

37. 이 주제에 대해서는 Michael S. Reynolds, *Hemingway's First War*(Princeton, 1976)를 보라.

38. 헤이들리 헤밍웨이에게 보낸 1938년 1월 31일자 편지, Lynn, p.447에서 인용.

39. John Dos Passos, *Best Times*(New York, 1966), p.141.

40. *The Green Hills of Africa*(New York, 1935), p.71.

41. *Selected Letters*, p.458의 1937년 2월 9일자 편지; 해리 실베스터에게 보낸 1938년 7월 1일자 편지는 Meyers, p.303에서 인용.

42. Hugh Thomas, *The Spanish Civil War*(London, 1982 edition), p.706과 note; Lynn, pp.448~449; Selected Letters, p.463; Meyers, p.307을 보라.

43. 'Fascism is a Lie', *New Masses*, 1937년 6월 22일자.

44. 사기꾼 경찰서에 대한 최상의 묘사는 Meyers, Chapter 18, 'Our Man in Havana', pp.367~388에 있다; Lynn, pp.502ff도 보라.

45. Spruill Beraden, *Diplomats and Demagogues*(New York, 1971).

46. Meyers, p.370.

47. Jacquelin Teavernier-Courb, in 'Ernest Hemingway and Ezra Pound', in James Nagel(ed.), *Ernest Hemingway: The Writer in Context*, pp.179ff.

48. 1943년 8월에 아치볼드 매클리시에게 보낸 편지는 Meyers, p.514에서 인용; E. Fuller Tolley, *The Roots of Treason: Ezra Pound and the Secrets of St Elizabeth's*(London, 1984).

49. A Moveable Feast(New York, 1964), pp.208~209.

50. Meyers, pp.205~206; Ludington Townsend, *John Dos Passos: A Twentieth-Century Odyssey* (New York, 1980).

51. Lynn, pp.38~48을 보라.

52. *Selected Letters*, p.697에 있는 아서 마이즈너에게 보낸 1950년 6월 2일자 편지.

53. Kert, *The Hemingway Women*, p.170; 이 책은 헤밍웨이의 모든 아내들과 여자들에 대한 정보의 주요 출처다.

54. Lynn, p.356에서 인용.

55. Kert, pp.296~297.

56. Carlos Baker, *Ernest Hemingway: A Life Story*(New York, 1969), p.380.

57. Meyers, p.353.

58. Kert, pp.391~392.

59. *Selected Letters*, p.576.

60. Gregory H. Hemingway, Papa(Boston, 1976), pp.91~92.

61. Meyers, p.416.

62. Meyers, p.394에서 인용.

63. *Selected Letters*, p.572; Meyers, p.530.

64. 마사 겔혼이 클라라 스피겔에게 보낸 1940년 5월 17일자 편지. Meyers, p.353에서 인용.

65. Lynn, pp.517, 577; Meyers, p.426.

66. Gregory Hemingway, p.109; Meyers, pp.447ff; 아드리아나의 입장은 그녀가 자살하기 전에 집필한 회고록 *La Torre Bianca*(Milan, 1980)에 담겨 있다.

67. Kert, p.476.

68. Mary Welsh Hemingway, *How It Was*(New York, 1976), p.602.

69. By-Line, p.473.

70. Mary Welsh Hemingway, p.607.

71. Ibid., pp.280~281.

72. Kert, pp.268ff.

73. Meyers, p.480; *Selected Letters*, p.367; Gregory Hemingway, p.100.

74. Meyers, p.351.

75. Kathleen Tynan, *The Life of Kenneth Tynan*(London, 1987), pp.164~166.

76. 1920년 11월 11일자 편지. Lynn, pp.127~128에서 인용.

77. Meyers, Appendix I, pp.573~575에 실려 있다.

78. 의학적 분석 전체를 보려면 Lynn, pp.528~531을 보라.

79. C. L. Sulzberger, *A Long Row of Candles*(New York, 1969), p.612.

07 베르톨트 브레히트

1. 미하일 고르바초프의 글라스노스트 정책 아래, 브레히트의 삶에 대한 더욱 자세한 이야기들이 공산당 출판물에 등장하기 시작했다. Werner Mittenzwei, *The Life of Bertolt Brecht*(2 vols., East Berlin, 1987)를 보라.

2. 브레히트에 대한 가장 쓸모 있는 설명은 Ronald Hayman, *Bertolt Brecht: A Biography* (London, 1983)로, 브레히트의 배경에 대해서는 pp.5ff를 보라. 나는 Martin Esslin의 뛰어난 저작 *Bertolt Brecht: A Choice of Evils*(London, 1959)도 폭넓게 활용했다.

3. *Bertolt Brecht: Gesammelte Gedicht*e, p.76.

4. Sergei Tretyakov in 'Bert Brecht', *International Literature*, Moscow, 1937에서 인용; 그의 시 「죽은 병사의 전설」.

5. Esslin, pp.8~9.

6. Walter Benjamin, *Understanding Brecht*(trans., London, 1973).

7. Esslin, pp.27~28.

8. Esslin, p.22에서 인용.

9. Ruth Fischer, *Stalin and German Communism*(Harvard, 1948), p.615; Esslin, Chapter Seven, 'Brechtand the Communists', pp.133~176.

10. Daniel Johnson, 'Mac the Typewriter', *Daily Telegraph*, 1988년 2월 10일자에서 인용.

11. Lotte H. Eisner, 'Sur le procès de l'Opéra de Quat' Sous', Europe(Paris) January-February 1957.

12. Esslin, pp.42~43.

13. James K. Lyon, *Bertolt Brecht in America*(Princeton, 1980)을 보라.

14. 위원회 청문회의 브레히트 부분은 Lyon, pp.326ff를 보라.

15. *Hearings Regarding the Communist Infiltration of the Motion Picture Industry*(Washington DC, 1947)의 pp.491~504에는 브레히트가 주고받은 문답이 실려 있다.

16. Esslin, p.71에서 인용.

17. Hayman, pp.337~340.

18. 넬하우스와 벤틀리에 대해서는 Lyon, pp.152ff, 205를 보라.

19. Esslin, pp.81~82.

20. Hayman, p.245.

21. Hayman, p.225.

22. Lyon, p.209에서 인용.

23. Hayman, pp.140~141.

24. Lyon, pp.238~239.

25. *New York Times*, 1958년 11월 2일자; Lyon, p.300; Humphrey Carpenter, W. H. Auden(London, 1981), p.412.

26. Lyon, pp.264~265.

27. Esslin, p.79.

28. Sidney Hook, *Out of Step: An Unquiet Life in the Twentieth Century*(New York, 1987), pp.492~493.

29. *New Leader*, 1968년 12월 30일자, 1969년 4월 28일자를 보라.

30. Hayman, p.209.

31. Brecht: *Schriften zur Politik und Gesellschaft*, pp. 111ff.

32. Brecht: *Versuche* xii 147.

33. Esslin, p.162에서 인용.

34. Daniel Johnson, *Daily Telegraph*, 1988년 2월 10일자에서 인용.

35. *Neues Deutschland*, 1951년 3월 22일자, 10월 19일자; Esslin, pp.154ff.

36. *Tagesanzeiger*(Zurich), 1956년 9월 1일자.

37. *Neues Deutschland*, 1953년 6월 23일자.

38. 그가 1953년 8월 20일에 쓴 *Arbeitsjournal*을 보라.

39. 봉기에 대한 훌륭한 대처법에 대해서는 Hayman, Chapter33 'Whitewashing', pp.365~378을 보라.

40. *Europe*, January-February 1957.

41. Esslin, p.136에서 인용.

08 버트런드 러셀

1. 그의 저서 목록은 Barry Feinbergand Ronald Kasrils, *Bertrand Russell's America: His Transatlantic Travels and Writing*, vol. i , 1896~1945(London, 1973)를 보라.

2. Rupert Crawshay-Williams, *Russell Remembered*(Oxford, 1970), p.151에서 인용.

3. Crawshay-Williams, p.122.

4. 그의 일지의 이 페이지를 찍은 사진은 Ronald W. Clark, *Bertrand Russell and His World*(London, 1981), p.13에 다시 실렸다.

5. 『수학 원리』의 초고는 1899년 12월 31일에 완성됐지만, 전체 저서는 1930년까지는 출판되지 않았다. 『수학 원리』 1권은 1910년에 발간됐고, 2권과 3권은 1912년과 1913년에 세상에 나왔다.

6. *The Philosophy of Leibnitz*(London, 1900).

7. Anthony Quinton, 'Bertrand Russell', *Dictionary of National Biography, 1961~1970* (Oxford, 1981), p.905.

8. Norman Malcolm, *Philosophical Review*, 1950년 1월 호.

9. G. H. Hardy, *Bertrand Russell and Trinity*(Cambridge, 1970)를 보라.

10. 자세한 내용은 Hardy를 보라.

11. Feinbergand Kasrils, pp.60~61.

12. Crawshay-Williams, p.143.

13. John Dewy and Horace M. Kallen(eds.), *The Bertrand Russell Case*(New York, 1941).

14. Bertrand Russell, *The Autobiography of Bertrand Russell*(3 vols., London, 1969), vol.iii, pp.117~118.

15. Crawshay-Williams, p.41.

16. *Autobiography*, vol. ii, p.17.

17. 'Russian Journal', 1920년 5월 19일자; Russell Archives, McMaster University, Hyamilton, Ontario; Ronald W. Clark, *The Life of Bertrand Russell*(London, 1975), pp.378ff에서 인용.

18. *International Journal of Ethics*, 1915년 1월 호.

19. *Autobiography*, vol. i, p.126.

20. *Atlantic Monthly*, 1915년 5월 호.

21. *Autobiography*, vol. ii, p.17.

22. Feinbergand Kasrils, vol. i, p.73에서 인용.

23. 러셀의 관점은 Clark, Chapter19, 'Towards a Short War with Russia?' pp.517~530에 자세하게 나와 있다.

24. 가멜 브레넌에게 보낸 1945년 9월 1일자 편지로 Clark, p.520에서 인용.

25. 1948년 5월 5일, Russell Archives; Clark, pp.523~524에서 인용.

26. *Nineteenth Century and After*, 1949년 1월 호.

27. *World Horizon*, 1950년 3월 호.

28. Sidney Hook, *Out of Step: An Unquiet Life in the Twentieth Century*(New York, 1987), p.364에서 인용.

29. Nation, 1953년 10월 17일자와 29일자를 보라.

30. Crawshay-Williams, p.29.

31. 이 대화는 1959년 3월 19일자 「리스너」에 실렸다.

32. *Listener*, 1959년 5월 28일자.

33. *Autobiography*, vol.ⅲ, pp.17~18.

34. Edward Hyams(ed.), *New Statesmanship: An Anthology*(London, 1963), pp.245~249에 다시 실림.

35. 러셀-흐루시초프-덜레스의 서신이 오간 상황에 대해서는 Edward Hyams, *The New Statesman: The History of the First Fifty Years, 1913~1963*(London, 1963), pp.288~292를 보라.

36. Crawshay-Williams, pp.106~109.

37. 콜린스 버전은 L. John Collins, *Faith Under Fire*(London, 1966)에 실려 있다; 러셀의 버전은 Ralph Schoenman(ed.), *Bertrand Russell: Philosopher of the Century*(London, 1967)에 실려 있다. Clark, pp.574ff와 Christopher Driver, *The Disarmers: A Study in Protest*(London, 1964)도 보라.

38. Bertrand Russell, 'Voltaire's Influence on Me', *Studies on Voltaire*, ⅵ(Muse Voltaire, Geneva, 1958).

39. Clark, pp.586ff에서 인용.

40. Crawshay-Williams에서 인용.

41. Crawshay-Williams, pp.22~23.

42. *Autobiography*, vol. ⅰ, p.16.

43. Feinbergand Kasrils, vol. ⅰ, p.22.

44. Russell, *The Practice and Theory of Bolshevism*(London, 1920).

45. Daily Herald, 1921년 12월 16일자; New Republic, 1922년 3월 15일자와 22일자; *Prospects of Industrial Civilization*(London, 1923).

46. Crawshay-Williams, p.58.

47. Clark, pp.627~628.

48. *Autobiography*, vol. ⅰ, p.63.

49. *Manchester Guardian*, 1951년 10월 31일자.

50. Clark, p.592에서 인용. 클라크는 이 독특한 주장을 쇤면의 작품이라고 생각했다. 러셀이 원래 쓴 문장은 "오늘밤 인류는 심상치 않은 위기에 직면했다"였다. 그런데 내게는 이 문장이 극단적인 분위기에 젖었을 때의 러셀의 목소리로 들린다.

51. *Time*, 1970년 2월 16일자에서 인용.

52. Crawshay-Williams, pp.17; ibid., 23; Feinbergand Kasrils, p.118; R. G . 브룩스 양에게 보낸 1930년 5월 5일자 편지; *Manners and Morals*(London, 1929).

53. 'Companionate Marriage', 1927 년 12월 3일에 뉴욕에서 한 강의. Feinbergand Kasrils, p.106에서 인용.

54. *Autobiography*, vol. ⅰ, pp.203~204.

55. Clark, p.302에서 인용.

56. (러셀의 아카이브에 있는) 1918년 9월 29일자 편지, Clark에서 인용.

57. *Autobiography*, vol. ⅰ, p.206.

58. *Autobiography*, vol. ⅱ, pp.26.

59. 도라가 레이첼 브룩스에게 1922년 5월 12일에 보낸 편지, 러셀 아카이브, Clark, p.397에서 인용.

60. Dora Russell, *The Tamarisk Tree: My Quest for Liberty and Love*(London, 1975), p.54.

61. Margaret Cole(ed.), *Beatrice Webb's Diary 1912~1924*(London, 1952)에 실린 1922년 2월 16일자 일기; Dora Russell, p.53.

62. *New York Times*, 1927년 9월 30일자.

63. *Autobiography*, vol. ⅱ, p.192.

64. Dora Russell, p.198.

65. Dora Russell, pp.243~245.

66. Dora Russell, p.279.

67. Clark, p.446에서 인용.

68. Dora Russell, p.286.

69. *Autobiography*, vol.ⅲ, p.16.

70. 1911년 10월 11일자 편지, Clark, p.142에서 인용.

71. Hook, p.208.

72. Peter Ackroyd, T. S. Eliot(London, 1984), pp.66~67, 84; Robert H. Bell, 'Bertrand Russell and the Eliots', *The American Scholar*, Summer 1983.

73. Hook, p.363.

74. *Time*, 1970년 2월 16일자에서 인용.

75. Dora Russell, p.291.

76. *Autobiography*, vol. ⅱ, p.190.

77. Ralph Schoenman, 'Bertrand Russell and the Peace Movement', in George Naknikian(ed.) *Bertrand Russell's Philosophy*(London, 1974).

78. Hook, p.307.

79. Clark, p.584.

80. Clark, p.612에서 인용.

81. 러셀의 사망 후에 「뉴 스테이츠먼」에 실린 성명서는 Clark, pp.640~651의 Appendix에 실려 있다.

82. *Autobiography*, vol.ⅱ, p.19.

83. Crawshay-Williams, pp.127~128.

84. Clark, p.610.

85. Clark, pp.620~622.

86. *Autobiography*, vol.ⅲ, pp.159~160.

87. Hardy, p.47.

88. *Autobiography*, vol.ⅱ, p.34.

89. Crawshay-Williams, p.41.

09 장 폴 사르트르

1. Annie Cohen-Solal, *Sartre: A Life*(trans., London, 1987), p.113.

2. Sartre, *Words*(trans., London, 1964), pp.16~17.

3. Words, pp.21~23.

4. Words, p.73.

5. Cohen-Solal, p.40에서 인용.

6. Sartre, *War Diaries: Notebook for a Phoney War*, November 1939~March 1940(trans., London, 1984), p.281.

7. Cohen-Solal, p.67.

8. Cohen-Solal, pp.79~80.

9. *Situations*(London, 1965)에 다시 실린 1945년 논문.

10. Ernst Jünger, *Premier journal parisien 1941~1943*(Paris, 1980).

11. Simone de Beauvoir, *The Prime of Life*(trans., London, 1962), p.384. 말로는 Herbert Lottman, *Camus*(London, 1981 edition), p.705에서 인용했다.

12. Cohen-Solal, pp.166~169. 원문은 없어졌다.

13. 인터뷰들의 인용문은 Cohen-Solal, pp.176ff에 있다.

14. De Beauvoir, *The Prime of Life*, p.419.

15. *Lettres au Castor et à quelques autres*(2 vols., Paris, 1983).

16. *L'Être et le néant*(Paris, 1943); *Being and Nothingness*(trans., London, 1956, 1966).

17. Guillaume Ganotaux, *L'Age d'or de St-Germain-des-Prés*(Paris, 1965).

18. Sartre, *L'Existentialisme est un humanisme*(Paris, 1946); *Existentialism and Humanism*(London, 1973).

19. *Les Temps modernes*, 1945년 9월 1일자.

20. Cohen-Solal, pp.252~253을 보라. 피카소 에피소드에 대해서는 Jacques Dumaine, *Quai d'Orsay 1945~1951*(trans., London, 1958), p.13을 보라.

21. *Samedi Soir*, 1945년 11월 3일자.

22. Christin Ceronan, *Petit Catechisme de l'existentialisme pour les profanes*(Paris, 1946).

23. Herbert Lottman, 'Splendours and Miseries of the Literary Café', *Saturday Review*, 1965년 3월 13일자; 그리고 그의 'After Bloomsbury and Greenwich Village, St-Germain-des-Prés', *New York Times Book Review*, 1967년 6월 4일자.

24. 목록을 보려면 Cohen-Solal, pp.279~280을 보라.

25. Lottman, Camus, p.369.

26. Claude Francis and Fernande Gontier, *Simone de Beauvoir*(trans., London, 1987), pp.xiv, 6, 25ff.

27. Ibid., p.25.

28. Cohen-Solal, pp.74~75.

29. *The Second Sex*(London, 1953)로 번역됐다.

30. Cohen-Solal, p.76에서 인용.

31. *War Diaries*, pp.281~282.

32. *War Diaries*, p.325; Francis and Gontier, pp.98~100.

33. Francis and Gontier, p.1, note.

34. *War Diaries*, p.183.

35. *Francis and Gontier*, pp.236~237에서 인용.

36. *Lettres au Castor*, vol. ⅰ, pp.214~215.

37. *L'Invitée*(Paris, 1943); *She Came to Stay*(Cleveland, 1954).

38. De Beauvoir, *The Prime of Life*, pp.205, 193.

39. Cohen-Solal, p.213에서 인용.

40. Francis and Gontier, pp.197~200.

41. *New York Review of Books,* 1987년 8월 13일자에서 존 웨이트먼.

42. Francis and Gontier, p.xiii.

43. Cohen-Solal, pp.373ff.

44. Cohen-Solal, p.466.

45. Simone de Beauvoir: *La Force des choses*(Paris, 1963); Lottman, Camus, p.404.

46. *Les Temps Modernes*, 1952년 8월 호. 논쟁에 대해서는 Lottman, Camus, Chapter 37, pp.495ff를 보라. 사르트르의 비난은 Situations, pp.72~112에 다시 실렸다.

47. Jean Kanapa: *L'Existentialisme n'est pas un humanisme*(Paris, 1947), p.61.

48. Cohen-Solal, p.303에서 인용.

49. *Le Figaro*, 1949년 4월 25일자.

50. Saint Genet, *Comedien et Martyr*(Paris, 1952); trans., *New York*, 1963, 1983.

51. 사르트르는 첫 캠페인에 대해 소책자 *L'Affaire Henri Martin*(Paris, 1953)을 썼다.

52. *Libération*, 1952년 10월 16일자.

53. Walter Laqueurand G. L. Mosse, *Literature and Politics in the Twentieth Century*(New York, 1967), p.25에서 인용.

54. *Les Lettres francaise*s, 1953년 1월 1일~8일자; *Le Monde*, 1954년 9월 25일자.

55. *Libératio*n, 1954년 7월 15일~20일자.

56. *Situations X*(Paris, 1976), p.220.

57. *Paris-Jour*, 1960년 10월 2일자에 실린 기사.

58. 'Madame Gulliveern Amerique' in Mary McCarthy, *On the Contrary*(New York, 1962), pp.24~31.

59. *France-Observateur*, 1962년 2월 1일자에 실린 인터뷰.

60. David Caute, *Sixty-Eight: The Year of the Barricades*(London, 1988), pp.95~96, 204.

61. Cohen-Solal, pp.459~460; Francis and Gontier, pp.327ff.

62. *Nouvel-Observateur*, 1968년 6월 19일자와 26일자.

63. Cohen-Solal, p.463.

64. *L'Aurore*, 1970년 10월 22일자.

65. 드 보부아르에게 보낸 1940년 3월 20일자 편지.

66. 지금은 bibliothèque nationale에 들어 있는 1954년도의 출판되지 않은 메시지. Cohen-Solal, pp.356~357에서 인용.

67. James Boswell, *Life of Dr Johnson*, Everyman Edition(London, 1906), vol. ii , p.326.

68. John Huston, *An Open Book*(London, 1981), pp.295.

69. Cohen-Solal, pp.388~389.

70. Francisand Gontier, pp.173~174.

71. *War Diaries*, pp.297~298.

72. Jean Cau, *Croquis de Memoire*(Paris, 1985).

73. Mary Welsh Hemingway, *How It Was*(New York, 1976), pp.280~281.

74. Cohen-Solal, p.377.

75. 예를 들어, 사르트르의 사망 직전인 1980년 3월에 *Nouvel-Observateur*에 실린 세 편의 기사.

10 에드먼드 윌슨

1. Leon Edel(ed.), *Edmund Wilson: The Twenties*(New York, 1975), Introduction을 보라.

2. Ella Winter and Granvill Heicks(eds.), *The Letters of Lincoln Steffens*(2 vols., New York, 1938), vol. ii , pp.829~830.

3. Don Congdon(ed.), *The Thirties: A Time to Remember*(New York, 1962), pp.24, 28~29.

4. Lionel Trilling, *The Last Decade: Essays and Reviews 1965~1975*(New York, 1979), pp.15~16.

5. Trilling, p.24.

6. 이 글은 *The Shores of Light*(New York, 1952), pp.518~533에 다시 실렸다.

7. Leon Edel(ed.), *Edmund Wilson: The Thirties*(New York, 1980), p.206.

8. Ibid., pp.208~213.

9. Ibid., p.81.

10. Ibid., pp.678~679.

11. Ibid., pp. 57, 64, 118, 120, 121~122, 135.

12. Ibid., pp.160~186; 도스 파소스에게 보낸 1932년 2월 29일자 편지.

13. Ibid., pp.378ff.

14. 메리 매카시의 출생배경과 어린 시절은 Doris Grumbach, *The Company She Keeps*(London, 1967)에 묘사됐다.

15. Mary MaCarthy, *On the Contrary*(London, 1962)에 실린 그녀의 에세이 'The Vassar Girl'은 배서대학의 교풍을 빼어나게 묘사했다.

16. *Cast a Cold Eye*(New York, 1950)에 다시 실렸다.

17. Lionel Abel, 'New York City: A Remembrance', Dissent, viii (1961).

18. Rebel Poet에 실렸고, Terry A. Cooney, *The Rise of the New York Intellectuals: Partisan Review and Its Circle*(Wisconsin, 1986), p.41에서 인용.

19. *Partisan Review*, xii(1934).

20. *New Masses*, 1932년 8월 호에서.

21. 라브의 다양한 정치적 입장에 대해서는 A. J. Porterand A. J. Dovosin(eds.), Philip Rahv: *Essays on Literature and Politics*, 1932~1978(Boston, 1978)을 보라.

22. Cooney, pp.99~100에서 인용.

23. Cooney, p.117에서 인용.

24. McCarthy, pp.20~23, 75~105에 실린 'The Death of Gandhi'와 'My Confession'을 보라.

25. Harold Rosenberg, *Commentary*, 1948년 9월 호에 실린 글의 제목.

26. *New York Times Book Review*, 1974년 2월 17일자를 보라.

27. Norman Podhoretz, *Breaking Ranks: A Political Memoir*(New York, 1979), p.270.

28. Leon Edel(ed.), *Edmund Wilson: The Fifties; from Notebooks and Diaries of the Period* (New York, 1986), pp.372ff(특히 1956년 8월 9일자).

29. *Edmund Wilson: The Twenties*, pp.64~65.

30. Ibid., pp.15~16.

31. Edmund Wilson: The Thirties, p.593.

32. Ibid., pp.6, 241ff, 250ff, etc.

33. Ibi.d, pp.296~297, 523; Leon Edel(ed.), *Edmund Wilson: The Forties*(New York, 1983), pp.108~109.

34. *Edmund Wilson: The Fifties*, pp.582, 397, 140.

35. 예를 들어 Mary McCarthy, *The Group*(New York, 1963)의 13장.

36. Grumbach, pp.117~118에서 인용.

37. *Edmund Wilson: The Forties*, p.269.

38. Lewis M. Dabney(ed.), *The Portable Edmund Wilson*(London, 1983), pp.20~45에 다시 실렸다.

39. *Edmund Wilson: The Forties*, pp.80~157 and passim.

40. *Edmund Wilson: The Fifties*, pp.101, 135~138, 117.

41. 윌슨의 1954년 방문에 대한 이사야 벌린의 설명은 *New York Times*에 실렸다.

42. *The Twenties*, p.149; *The Thirties*, pp.301~303; *The Fifties*, pp.452ff, 604, etc.; Berlin memoir.

43. Edmund Wilson, *The Cold War and the Income Tax: A Protest*(New York, 1963), p.7.

44. Ibid., p.4.

45. *The Portable Edmund Wilson*, p.72.

11 빅터 골란츠

1. Ruth Dudley Edwards, *Victor Gollancz: A Biography*(London, 1987).

2. 골란츠 형제들에 대해서는 *Dictionary of National Biography, Supplementary Volume 1922~1930*(Oxford, 1953), pp.350~352를 보라.

3. Edwards, p.48.

4. Edwards, p.102에서 인용.

5. Edwards, p.144에서 인용.

6. Douglas Jerrold, *Georgian Adventure*(London, 1937).

7. 회사에 대해서는 Sheila Hodges, *Gollancz: The Story of a Publishing House*(London, 1978)을 보라.

8. Edwards, p.171~172, 175.

9. Edwards, p.180.

10. Edwards, p.235에서 인용.

11. Edwards, p.382.

12. Edwards, p.250에서 인용.

13. Edwards, p.208에서 인용.

14. Sidney and Beatrice Webb, *Soviet Communism: A New Civilization*(2 vols., London, 1935).

15. 스티븐 스펜더에게 1936년 2월에 보낸 편지.

16. 콜의 책은 1932년과 1934년에, 스트레이치의 책은 1932년에 출판됐다.

17. Edwards, p.211에서 인용.

18. 1932년 11월; Edwards, p.211에서 인용.

19. Edwards, pp.251, 247; 검열을 당한 밀러의 책 제목은 *I Found No Peace*다.

20. LBC에 대해서는 John Lewis, *The Left Book Club*(London, 1970)을 보라.

21. Hugh Thomas, *John Strachey*(London, 1973)을 보라.

22. Kingsley Martin, *Harold Laski*(London, 1953)을 보라.

23. Daily Worker, 1937년 5월 8일자.

24. *Moscow Daily News*, 1937년 5월 11일자.

25. J. B. S. Haldane에게 1938년 5월에 보낸 편지로 Edwards, p.257에서 인용.

26. Edwards, p.251.

27. Edwards, p.250.

28. George Orwell, *Collected Essays, Journalism and Letters*(4 vols., Harmondsworth, 1970), vol. ⅰ 1920~1940 , p.334 note.

29. Kingsley Martin, Editor: *A Volume of Autobiography 1931~1945*(London, 1968), p.217; 무엔첸베르크에 대해서는 Arthur Koestler, *The Invisible Writing*(London, 1954)을 보라.

30. Claud Cockburn, *I Claud: An Autobiography*(Harmondsworth, 1967), pp.190~195.

31. Martin pp.215ff; C. H. Rolph, Kingsley: *The Life, Letters and Diaries of Kingsley Martin*(London, 1973), pp.225ff; Orwell, vol. ⅰ , pp.333~336.

32. Edwards, pp.246~248.

33. Orwell, vol. ⅰ , p.529.

34. Edwards, p.313.

35. Edwards, p.387.

36. Edwards, p.269에서 인용.

37. Edwards, p.408.

38. *Dictionary of National Biography*, Supplementary Volume, 1961~1970(Oxford, 1981), p.439.

12 릴리언 헬먼

1. William Wright, *Lillian Hellman: The Image, the Woman*(London, 1987), pp.16~18.

2. Wright, pp.22~23, 327.

3. 자서전은 3부로 돼 있다. *An Unfinished Woman*(Boston, 1969); Penti-mento(Boston, 1973); *Scoundrel Time*(Boston, 1976).

4. Wright, p.51.

5. 해밋의 전기는 두 종류가 있다. Richard Layman , *Shadow Man: The Life of Dashiell Hammett* (New York, 1981), 그리고 *Diane Johnson, The Life of Dashiell Hammett*(London, 1984).

6. Johnson, pp.119ff.

7. Johnson, pp.129~130.

8. Johnson, pp.170~171.

9. Wright, p.285.

10. Wright, p.102.

11. Mark W. Estrin, *Lillian Hellman: Plays, Films, Memoirs*(Boston, 1980)를 보라; Bernard Dick, *Hellman in Hollywood*(Palo Alto, 1981).

12. Wright, p.326에서 인용.

13. Wright, p.295에서 인용.

14. Harvey Klehr, *The Heyday of American Communism*(New York, 1984)을 보라.

15. Wright, pp.129, 251ff, 361~362.

16. Wright, p.161.

17. Wright, pp.219~220.

18. New York Times, 1945년 3월 2일자.

19. 라이트는 이 사건의 전말을 철저히 설명했다. pp.244~256.

20. Johnson, pp.287~289.

21. Wright, p.318.

22. *Commentary*, 1976년 6월 호; Encounter, 1977년 2월 호; Esquire, 1977년 8월 호; Dissent, 1976년 가을호.

23. Wright, p.395.

24. Wright, pp.295~298, 412~413을 보라.

13 조지 오웰에서 노엄 촘스키까지

1. David Pryce-Jones, *Cyril Connolly: Diaries and Memoir*(London, 1983), p.292에서 인용.

2. 오웰의 에세이 'Such, Such Were the Joys'는 *Partisan Review*, 1952년 9월~10월 호에 처음 실렸다; George Orwell, *Collected Essays, Journalism and Letters*(4 vols., Harmondsworth, 1978 edition), vol. iv, pp.379~422에 다시 실렸다. 코널리의 설명은 *Enemies of Promise*(London, 1938)에 있다.

3. 가우는 1967년에 *Sunday Times*에 보낸 편지에서 이런 비난을 가했다. Pryce-Jones에서 인용.

4. 둘 다 Orwell, *Collected Essays*에 다시 실렸다.

5. Orwell, Collected Essays, vol. ⅰ, p.106.

6. Orwell, *The Road to Wigan Pier*(London, 1937), p.149.

7. Orwell, *Homage to Catalonia*(London, 1938), p.102.

8. Pryce-Jones, p.282에서 인용.

9. Orwell, *Collected Essays*, vol. ⅰ, p.269.

10. Orwell, *Collected Essays*, vol. ⅳ, p.503.

11. Mary McCarthy, *The Writing on the Wall and other Literary Essays*(London, 1970), pp.153~171.

12. Orwell, *Collected Essays*, (1970 edition), vol. ⅳ, pp.248~249.

13. Michael Davie(ed.), *The Diaries of Evelyn Waugh*(London, 1976), p.633.

14. Mark Amory(ed.), *The Letters of Evelyn Waugh*(London, 1980), p.302.

15. Evelyn Waugh, Introduction to T. A. MacInerny, *The Private Man*(New York, 1962).

16. 예비선거 심포지엄, *Spectator*, 1959년 10월 2일자.

17. Evelyn Waugh, *review of Enemies of Promise, Tablet*, 1938년 12월 3일자; Donat Gallagher(ed.), *Evelyn Waugh: A Little Order: A Selection from his Journalism*(London, 1977), pp.125~127에 다시 실림.

18. 여백에 기입한 이런 노트는 *Spectator* 1987년 3월 7일자에 실린 Alan Bell의 글 'Waugh Drops the Pilot'에 분석돼 있다.

19. *Tablet*, 1939년 12월 3일자.

20. 'The Jokerin the Pack', *New Statesman*, 1954 년 3월 13일자.

21. Pryce-Jones, p.29에서 인용.

22. Pryce-Jones, p.40에서 인용.

23. Pryce-Jones, pp.131, 133, 246.

24. Cyril Connolly, 'Some Memories', in Stephen Spender(ed.), *W. H. Auden: A Tribute*(London, 1975), p.70.

25. 'London Diary', *New Statesman*, 1937년 1월 16일자.

26. 'London Diary', *New Statesman*, 1937년 3월 6일자.

27. 오웰의 *Talking to India* 시리즈의 일부로 1943년에 방송된 내용. Pryce-Jones에서 인용.

28. 'Comment', *Horizon*, 1946년 6월 호.

29. *Tablet*, 1946년 7월 27일자; Gallagher, pp.127~131에 다시 실렸음.

30. 이 버전(다른 버전들도 있다)은 John Lehmann이 the *Dictionary of National Biography*, *1971~1980*(Oxford, 1986), pp.170~171에 쓴 내용이다.

31. *New Statesman*, 1954년 3월 13일자.

32. Leon Edel(ed.), *Edmund Wilson: The Fifties*(New York, 1986), pp.372ff.

33. Barbara Skelton, *Tears Before Bedtime*(London, 1987), pp.95~96, 114~115.

34. 1971년 인터뷰에서. Paul Hollander, *Political Pilgrims: Travels of Western Intellectuals to the Soviet Union, China and Cuba, 1928~1978*(Oxford, 1981)에서 인용; Maurice Cranston, 'Sartre and Violence', Encounter, 1967년 7월 호도 볼 것.

35. Michael S. Steinberg, *Sabres and Brown shirts: The German Students' Path to National Socialism 1918~1935*(Chicago, 1977).

36. Humphrey Carpenter, *W. H. Auden*(London, 1981), pp.217~219.

37. Edward Hyams, *The New Statesman: The History of the First Fifty Years, 1913~1963*(London, 1963), pp.282~284.

38. 메일러의 출생 배경과 경력에 대해서는 Hilary Mills, *Mailer: A Biography*(New York, 1982)를 보라.

39. *Atlantic Monthly*, 1971년 7월 호.

40. Mills, pp.109~110.

41. Norman Podhoretz, *Doings and Undoings*(New York, 1959), p.157.

42. 칼로 찌른 사건과 관련된 전체 상황은 Mill, Chapter X, pp.215ff에 완전히 묘사돼 있다.

43. 메일러의 연설은 그가 쓴 *Cannibals and Christians*(Collected Pieces, New York, 1966), pp.84~90에 다시 실렸다.

44. *Village Voice*, 1968년 5월 30일자에 Jack Newfield가 쓴 글; Mills에서 인용.

45. Mills, pp.418~419.

46. Kathleen Tynan, *The Life of Kenneth Tynan*(London, 1987).

47. Tynan, pp.46~47.

48. Ronald Bryden, *London Review of Books*, 1987년 12월 10일자를 보라.

49. *Declaration*(London, 1957).

50. 그들의 관계에 대한 아게이트의 (검열된) 설명은 Agate, *Ego 8*(London, 1947), pp.172ff를 보라.

51. Tynan, p.32.

52. Tynan, p.76에서 인용.

53. Tynan, p.212.

54. Tynan, pp.327, 333.

55. Tynan, p.333.

56. Shakespeare, *Sonnets*, 129.

57. 파스빈더의 출세와 다른 많은 기이한 세부사항에 대한 설명은 Robert Katz and Peter Berling, *Love is Colder than Death: The Life and Times of Rainer Werner*

Fassbinder(London, 1987)를 보라.

58. Katz and Berling, Introduction, p.xiv.

59. Katz and Berling, p.19.

60. Katz and Berling, pp.33~34, 125.

61. Katz and Berling, p.5에서 인용.

62. Fern Marja Eckman, *The Furious Passage of James Baldwin*(London, 1968); *New York Times, Washington Post, Guardian, Daily Telegraph*에 실린 부고와 Bryant Rollings, *Boston Globe*, 1963년 4월 14일~21일자도 보라.

63. Eckman, pp.63~64에서 인용.

64. 'The Harlem Ghetto', *Commentary*, 1948년 2월 호.

65. 예를 들어 그의 전집 *Notes of a Native Son*(New York, 1963)을 보라.

66. Norman Podhoretz, *Breaking Ranks: A Political Memoir*(New York, 1979), pp.121ff.

67. 볼드윈의 전집 *Nobody Knows My Name*(New York, 1961)에 실린 'Alas, Poor Richard!'를 보라.

68. 볼드윈의 자전적 소설 *Go Tell It on the Mountain*(London, 1954), *Nobody Knows My Name*에 실린 'East River, Downtown', 그리고 John Handrik Clark(ed.), *Harlem: A Community in Transition*(New York, 1964)에 실린 그의 에세이를 보라.

69. Eckman, p.65에서 인용.

70. 'Fifth Avenue Uptown: A Letterfrom Harlem', *Esquire*, 1960년 6월 호.

71. Eckman, p.163.

72. 'Letter from a Region of My Mind', *New Yorker*, 1962년 11월 17일자.

73. Bertrand Russell, *Human Knowledge: Its Scope and Limits*(London, 1948).

74. S. P. Stitch(ed.), *Innate Ideas*(California, 1975)를 보라.

75. 촘스키의 *Cartesian Linguistics*(New York, 1966)와 그의 *Reflections on Language*(London, 1976)를 보라. 촘스키의 언어 이론과 인지 이론, 그리고 그가 그들로부터 도출해 낸 정치적 결론에 대해서는 Geoffrey Sampson, *Liberty and Language*(Oxford, 1979)를 보라.

76. Noam Chomsky, *Problems of Knowledge and Freedom: The Russell Lectures*(London, 1972).

77. Noam Chomsky, *For Reasons of State*(New York, 1973), p.184.

78. Noam Chomsky, *American Power and the New Mandarins*(New York, 1969), pp.47~49.

79. 촘스키가 폴 포트 논쟁에 관해 기고한 글은 성격이 불분명한 잡지 등을 포함한 여러 군데에 퍼져 있다. 그의 전집 *Towards a New Cold War*(New York, 1982), pp.183, 213, 382 note 73 등을 보라. Elizabeth Becker, *When the War Was Over*(New York, 1987)도 보라.

귀감과 반면교사

번역 계약서에 도장을 찍고 나서 번역을 하려고 책을 펼칠 때면, 내가 왜 이 책을 번역한다고 했던가 하는 후회가 항상 밀려오고는 한다. 장사에 비유하면, 번역은 아무리 잘해야 본전도 못 남기는 일이다. 번역은 처음부터 질 걸 뻔히 알면서도 터벅터벅 걸어 나가서 최선을 다해 싸우고는, 형편없이 깨진 후에 어깨를 축 늘어뜨리고 돌아와야만 하는 운동 경기다.

10년 만에 찾아온 무더위에 나라 전체가 헉헉거린 2004년 여름에 이 책을 번역하려고 책을 펼쳤을 때 느낀 후회는 그 어느 때보다도 심했다. 존경스러운 인물들이라고 배웠던 지식인들의 실상을 근거 자료를 들어가며 해박한 지식과 탄탄한 문장으로 낱낱이 까발리는 책을 앞에 두고는 한편으로는 지식인들에 대한 배신감에, 다른 한편으로는 책을 제대로 옮기기에는 턱없이 부족한 실력에서 오는 당혹감에 어떻게 해야 할지 몰라 막막한 심정이었다.

여름은 더웠다. 번역을 맡은 인간의 글은 짧았고, 지식은 모자랐다. 책에 담긴 지식인들의 악행은 끝이 보이지를 않았다. 그동안 모르고 있던 지식인들의 작태를 향한 분노와 인간에 대한 절망감이 뒤섞이면서 몸과 마음 모두가 지쳐갔다. 잘 알려져 있는 고매한 지식인들이 이렇다면 우리는 누구를 믿고 따라야 하는 걸까 하는 의구심이 생기면서, 삶의 지향점이 모호해지기까지 했다.

친구 이종성이 여행을 가자고 제안한 것이 그때였다. 겉으로는 번역 때문에 바쁘다고 머뭇거리는 척했지만, 속으로는 불감청이언정 고소원이었다. 나는 남도로 가자고 주장했다. 딱히 뭐가 있어서라기보다는, 다산 정약용에 관한 책을 읽은 지 얼마 안 된 때라서 다산의 유배지인 강진에 가 보면 좋겠다는 막연한 생각 때문이었다. 여름 한철을 책상머리에만 앉아 지내서 그랬는지, 너무나 신나는 여행이었다. 제철을 만난 산과 바다, 좌선에 들어간 듯한 절간과 눈이 시릴 정도로 푸른 차밭을 보다 보니 지쳐 버린 몸과 마음 이곳저곳에서 절로 기운이 솟아나는 듯했다.

그러나 이 여행이 진정으로 뜻 깊은 여행이었던 것은 그동안 모르고 있던, 그리고 그렇게 모르고 지냈다는 사실이 너무나 부끄럽게 느껴지게 만든, 다산의 진면목을 발견했기 때문이었다. 강진의 다산 유물 전시관에서 접한 글은 이 책을 번역하는 내내 "대중에게 진리를 전달하려는 지식인들은 어떤 사람이어야 하는 걸까?" 하는 내 고민에 해답을 보여 줬다. 강진 유배기에 다산이 거뒀던 제자들이 유배를 마치고 고향으로 돌아온 다산을 찾아온다. 다산은 그들에게 여러 가지를 묻는다.

유배지에서 그가 팠던 샘은 여전히 맑은 물을 쏟아내고 있는지, 그 물에 풀어 놨던 물고기들은 여전히 잘 뛰놀고 있는지 등을. 유배지의 소소한 소식들을 캐묻는 다산은 자신이 벌여 놨던 일들을 훗날에도 일일이 신경 쓰는 것이야말로 참된 학인의 길이라고 제자들에게 가르친다. 이런 내용의 글을 읽는 순간, 이 책을 번역하는 동안 지식인이라는 사람들에게 드리울 수밖에 없던 새까만 그늘들을 밝은 빛으로 걷어낼 수 있겠다는 희망이 솟구쳤다.

다산 유물 전시관을 찾은 그날, 나는 세상에는 귀감으로 삼아야 할 참된 지식인이 있고, 반면교사로 여겨야 할 거짓 지식인들이 있다는 깨달음을 얻었다. 그러면서, 내가 지식인들에 대한 환멸만 느끼게 만드는 지극히 부정적인, 심하게 얘기하면 지식인에 대한 불신풍조만 조장하는 책을 번역하고 있는 것은 아닐까 하는 의구심은 거짓 지식인들을 반면교사로 삼는 책을 번역하고 있다는 낙관적인 생각으로 바뀌었다. 당장 나부터 이 책에 소개된 지식인들을 반면교사로 삼고 다산과 같은 귀감을 좇는 삶을 살아야겠다는 다짐도 했다. 별다른 목적 없이 남도로 떠난 여행은 내가 이 책을 번역해야만 하는 보람을 뒤늦게나마 느끼게 해 준 소중한 경험이었다.

나는 지은이 폴 존슨의 생각에 전적으로 공감하지는 않는다. 책에 소개된 일부 인물들에 대해서, 일부 사안들에 대해서 나는 폴 존슨과는 다른 생각을 갖고 있다. 그렇지만 우리에게 진리를 설파한다고 주장하는 지식인들의 실제 삶을 들여다보고, 그들이 자신들이 말한 바를 얼마나 충실히 삶으로 살아내고 있는지를 검증해 봐야만 한다는 존슨의 생각에는 100퍼센트 동감한다. 너무나 당연해서인지 쉬이 잊어버리고는 하는, 관념보다 인간이 중요하다는 존슨의 주장을 나는 가슴 깊이 새겨 넣는다. 자신이 고안한 유니폼을 입고 대중 매체를 한껏 활용하며 화려한 언변을 자랑하는 지식인들을 조심하자는 존슨의 제안을 나는 적극 지지한다. 우리에게 이 책이 필요한 이유는 지난 200년간 등장했던 지식인들의 어두운 면을 폭로하고 비난하는 데 있는 것이 아니라, 우리 사회를 정신적으로 이끄는 지식인들 중에 이들과 유사한 거짓 지식인은 없는지 살펴보고 참된 지식인상을 찾아내는 데 있다고 나는 믿는다. 반면교사로 삼을 지식인들이 줄어들고, 귀감으로 삼을 지식인들이 늘어날수록 우리의 삶은 더욱 풍성하고 행복해지며, 우리 사회는 더 나은 곳이 될 것이라고 확신한다.

남도 여행을 제안하고 길동무가 돼 준 이종성에게 고맙다는 말을 전하고 싶다. 박치원은 러시아와 스칸디나비아의 인명과 지명에 대한 발음과 우리말 표기를 일일이 확인하는 번거로운 작업을 흔쾌히 해 줬다. 매번 귀찮은 일을 맡아서 자기 일인 것처럼 공들인 작업을 해 주는 그에게 감사한다. 그리고 프랑스 인명과 지명을 하나하나 확인해 준 김준식 님과 최의식 님께도 감사드린다. 모자란 구석이 많은 역자에게 번역을 맡기고, 좋은 책이 될 수 있도록 여러 모로 도와주신 을유문화사 임직원에게도 역시 감사드린다.

지금부터 200년 전에 다산이 거주하면서 방대한 집필 작업을 하고 제자들을 가르쳤던 곳인 다산초당은 한여름의 대낮에도 햇빛이 잘 들지 않는 어두침침한 산중턱에 있었다. 다산이 직접 파서 만든 샘인 약천藥泉에서는 세기가 두 번이나 지난 지금도 시원한 샘물이 솟아나고 있었다. 다산이 직접 만들었다는 연못 연지석가산蓮池石假山에서는 세월의 흐름을 잊은 듯한 잉어들이 헤엄을 치고 있었다. 약천의 샘물로 더위를 쫓고 연지석가산의 잉어들을 보며 더위를 잊었던 기억은 참된 지식인의 삶이 어떤 것이어야 하는지를 깨닫게 해 준다. 200년 후에 찾아올 어리석은 길손의 갈증을 달래 줄 샘을 파는 것, 그것이 바로 우리가 좇아야 할 삶일 것이다.

윤철희

찾아보기

ㄱ

<갈릴레오> 319

강디악, 모리스 드 416

『강을 건너』 296

개스켈, 피터 120

겔혼, 마사 278, 284, 291, 292, 295, 521, 524, 536

경험주의 595

『고독한 산책자의 몽상』 34

『고독한 영혼』 90

고드윈, 윌리엄 63, 69, 71, 74, 75, 77, 78, 85, 86

고리키, 막심 194, 196, 317

『고백록』 14, 17, 19, 22, 35, 37, 38, 39, 40, 44, 46, 197, 217, 276, 534

골딩, 루이스 483

골란츠, 빅터 477~506

골란츠, 리비아 478

골란츠, 허만 478

『공기를 찾아서』 502

『공산당 선언』 103, 104, 106

『구토』 405, 418

국민공회 13, 14

국제 사회주의 491

국제 철학 대회 365

그린, 그레이엄 581

『그림자 없는 사나이』 515

글래드스턴, W. E. 122, 123, 600

글레이저, 네이션 534

ㄴ

<나르시스> 15

나치스당 315

낭만적 지식인 313

넬하우스, 게르하르트 324

『노생거 대성당』 63

『노인과 바다』 296, 306

노프, 알프레드 A. 516

농노 해방 220

『누구를 위하여 종을 울리나』 273. 281, 282, 284, 295

『눈보라』 201

뉴 소비에트 라이브러리 493

뉴딜 정책 472, 522

뉴하우스, 줄리아 512

니장, 폴 402, 404, 405, 424

ㄷ

대륙 철학 596

『대지의 저주받은 사람들』 433, 594

댜코프, 미탸 224

더들리, 헬렌 378

『더블린 사람들』 264

덜레스, 존 포스터 368

데디예르, 블라디미르 374

데무스, 헨리 프레데릭 144

데무스, 헬렌 143

뎁스, 유진 278

도이처, 아이작 374

『독일 이데올로기』 104, 131

『독일의 사회 민주주의』 351

『돈 주안』 271, 272

돌런, 조세핀 516

『동물 농장』 503, 548, 550

동방정교회 233

두호보르파 230

뒤클로, C. P. 27

드레퓌스 (사건) 411, 412, 416, 499

드루이드교 454

디드로, 드니 18, 414, 424, 534

ㄹ

라살, 페르디난트 115

라우, 조지프 528~530

라이트, 윌리엄 6, 514, 536

<라인의 수비> 520, 522, 536

러다이트 91

러셀, 버트런드 351~396

러셀, 존 352

『러시아 혁명의 의의』 234

레닌주의자 233

레비, 베니 442

레비, 벤 490

레비스트로스, 클로드 53

레이먼드, 존 555

레프트 뱅크 263, 265, 590

레프트 북 클럽 494, 501, 548, 551

로랑에, 에우구스트 162

로렌스, D. H. 264, 470

로렌스, J. H. 83

로렌츠, 줄리안 585, 587

로튼, 찰스 319, 328

『론리허츠 양』 513

『롤리타』 505

루빈, 제리 571

루빈스타인, 힐러리 486

루소, 장 자크 13~53

루이스, 윈덤 264, 286

리버라이트, 호레이스 514

리처드슨, 헤이들리 288, 289, 291, 292,
　　　296, 301

ㅁ

마르세유, 월터 364, 366

마르크스, 칼 15, 99~146, 154, 231, 232,
      256, 316, 332, 458, 539, 598

마르크스, 하인리히 101

마틴, 킹즐리 362, 499, 500, 502, 504,
      548, 565

<마하고니 시의 흥망> 316

만, 토마스 335, 404

『말』 318, 400, 402, 438

말로, 앙드레 272, 407, 409, 432

말콤 X 593

『말타의 매』 515, 518

<말피의 공작부인> 319

『매브 여왕』 71, 80, 90

매카시, 데스먼드 561

매카시, 메리 433, 458, 460~462,
      465~467, 535, 549

매카시, 조지프 373

매카트니, 폴 312

맥도날드, 램지 490

맥타가트, J. E. 394

맬러슨, 콘스탄스 379, 380, 382, 385,
      562

머레이, 길버트 480

『메르퀴르드 프랑스』 44

메를로퐁티, 모리스 407, 424

메일러, 노먼 539, 565~573

모랄레스, 아델르 570

모렐, 오톨라인 376~379, 384, 385

모리슨, 스탠리 482, 486

모리아크, 프랑수아 428

모리에, 다프네 뒤 483

모택동 99, 130, 317, 388, 433, 436, 564,
      565, 598, 599

몸, 서머싯 561

『무기여 잘 있거라』 268

『무신론의 필연성』 66

『무신론자의 신경信經』 357

「무정부 상태의 가면극」 59, 92, 93, 334

무정부주의 176, 428

무정부주의자POUM 280, 546, 547

문탸노프, S. I. 233

문화 혁명 317, 436, 598

밀, J. S. 211

밀러, 아서 521

ㅂ

바넘, P. T. 256, 413

바루엘, 아베 64

바르트, 롤랑 325

바우어, 브루노 108, 128

『바이 라인』 267

바이겔, 헬레네 323, 329, 334, 422, 487

바이런, 조지 고든 60~62, 69, 79,
　　　81~84, 87, 93~96, 153, 205, 206,
　　　257, 270~272, 338

반미 활동 심사위원회 319, 523, 527

반체제 문화 569, 571

『반항하는 인간』 425

반홀처, 폴라 329

<밤의 북소리> 312, 327

방다, 줄리앙 411, 413

배리모어, 존 454

100인 위원회 369, 370, 388

밸푸어, 아서 394

버크, 에드먼드 13, 25

번스, 메리 136

베를라우, 루스 330, 332, 346

베스트팔렌, 예니 폰 103, 127, 128, 130,
　　　135~139, 141, 143, 144

벤야민, 발터 302, 312

벤틀리, 비벌리 566

『변증법적 이성 비판』 423

보부아르, 시몬 드 374, 402, 403, 408,
　　　415, 417~425, 428, 432, 433, 435,
　　　438, 440, 442, 443

보즈웰, 제임스 35, 42, 557

볼드윈, 제임스 572, 587

볼셰비키주의 352

『볼셰비키주의의 실제와 이론』 363

부올로요키, 헬라 333

『분석에 관한 에세이』 351

불가코프, 발렌틴 241~244

<불안은 영혼을 잠식한다> 583

『불안한 무덤』 554, 559

『불한당 시대』 530, 532~534

브라덴, 스프루일 283

브라우더, 얼 460

브라운, 존 메이슨 519

브란데스, 예오르그 156, 159, 160~163,
　　　173, 175~177, 179

브란도, 말론 590

<브랑> 154, 164, 168

브레일스포드, H. N. 497, 498

블랙, 도라 379

블레어, 메리 450

비루코프, P. I. 221

비신스키, 안드레이 493

비앙, 보리스 415, 423

비용, 프랑수아 315, 432

비트겐슈타인, 루트비히 355, 505

『빅터와 카지르의 독창적인 시』 65

빅토르, 피에르 442

ㅅ

<사랑은 죽음보다 차갑다> 583

『사막의 수수께끼』 282

사부이, 알프레드 432

「사슬에서 풀린 프로메테우스」 59

<사천의 착한 여자> 318

『사회 계약론』 20, 43, 47, 417

<사회의 기둥> 155

상드, 조르주 53, 414

<새끼 여우들> 520, 524, 527, 533

생 제르맹 데 프레 408, 409, 414

『서양 철학사』 355

선전 영화 279, 317, 521, 524

<성난 얼굴로 돌아보라> 576

『세바스토폴 이야기』 200

세이어스, 도로시 L. 482

세커&워버그 501, 503

셸리, 메리 60, 82, 96

셸리, 퍼시 비시 57~96

『소년 시대』 197, 200

소머벨, D. C. 481

<솔하우그의 향연> 152

쇤먼, 랠프 370, 373, 386~394, 442

쇼, 조지 버나드 142, 156, 430, 519

슈람, 콘라드 130

슈르캄프, 페터 323

슈타예프, V. K. 223, 224

슐로페른 317

스켈튼, 바바라 463

스크라이브너, 찰스 275

스타이런, 윌리엄 462, 539, 572

스타인, 거트루드 264, 265, 286

스타인벡, 존 450

스타하노프 운동 452

스탈린, 이오시프 99, 100, 129, 130, 146,
    235, 280, 316, 338, 339, 342, 363,
    387, 413, 425, 429, 432, 457, 459,
    460, 469, 490, 526, 547, 564, 599

스탈린주의자 337, 339, 535, 549

스테핀, 마르가레테 330

스토, 해리엇 비처 294

<스파르타쿠스> 312

스페인 내전 273, 274, 277, 279, 281,
    546, 558, 564

스펜더, 스티븐 536

스펜스, 피터 382, 384

슬레이터, 험프리 387

『슬픈 열대』 53

시네에클로트, 마르틴 170, 175

시에, 하일레셀라 388

「시의 옹호」 58

식스 페니 라이브러리 482

『신엘로이즈』 21, 28, 43

신형 지식인 313

실버만, 베아트리체 566

ㅇ

『아듀: 사르트르여 안녕』 442

아롱, 레이몽 402, 424, 435

<아르투로 우이의 저지 가능한 출세>
    318

아이슬러, 한스 315

아인슈타인, 앨버트 355, 358

아인자츠그루펜 564

「아틀라스의 마녀」 95

『아프리카의 푸른 언덕』 267

『악몽 수도원』 64

『안나 카레리나』 201, 204, 205, 215,
    218, 222, 223

안데르센, 힐두르 171, 180

안티테아트르 583

안티히어로 561

암메르스, K. L. 315, 333

앙리 마르탱 사건 429

앤더슨, 맥스웰 264, 520

앵글로색슨 595

야스나야 폴랴나 157, 195, 197, 207,
    208, 235, 236, 241, 295, 387, 601

『약속의 적들』 555, 558

얀손, 크리스토퍼 176

『어머니』 317

<억척어멈과 그 자식들> 318, 321, 324,
    340

언윈, 스탠리 392

『엉클 톰스 캐빈』 588, 591

에드워즈, 루스 더들리 6, 478, 506

에머슨, 랠프 월도 250~257

『에밀』 14, 16, 17, 21, 22, 38, 43, 46

에이미스, 킹슬리 404

에크먼, 펀 마르자 6, 588

「에피사이키디온」 81

엘레우시스 354

엘뤼아르, 폴 409

엘리엇, T. S. 264, 362, 380, 385, 391,
    470

엥겔스, 프리드리히 102, 105, 112, 113,
    117, 119~123, 131, 133, 136, 137,
    139, 141, 145, 336, 454, 600

『여성의 종속』 211

『여자의 한창때』 420

『영국 노동 계급의 상태』 119, 454

『영국의 제조업 종사 인구』 120

<예스맨> 318

예이츠, W. B. 451, 568

엔스다테르, 엘시 소피 166

<오! 캘커타> 577, 581, 582

오닐, 콜레트 379

오버하우젠 선언 582

오스틴, 제인 63, 469

오웰, 조지 49, 281, 425, 500, 543, 545

「오지만디어스」 59

『오후의 죽음』 260, 267

올그런, 넬슨 420, 524

올렌도르프, 오토 564

와일드, 오스카 172, 574

우드하우스, P. G. 550

우애 결혼 375

운세트, 시그리 188

울프, 레오너드 491, 498, 565

울프, 버지니아 404

워, 이블린 470, 543, 550, 558, 559, 562

워튼, 에디스 449

웨브, 베아트리스 380

웨스트, 나다나엘 513

웨스트브룩, 해리엇 66

웨이트먼, 존 422, 428

웰시, 메리 294

『위건 부두로 가는 길』 501

위고, 빅토르 309, 376, 410

워슬리, T. C. 543

윌슨, 해럴드 390, 504

유럽공동체EC 427

<유령> 155

『율리시스』 463

이셔우드, 크리스토퍼 334

『인간 불평등 기원론』 15

『인간의 지식』 355

인텔리겐치아 251, 264, 265, 314, 363, 387, 411, 532, 550, 559, 602

<인형의 집> 142, 155, 178, 183

『1984년』 503, 504, 548, 550

입센, 크누드 151

입센, 헨리크 149~189, 195, 266, 310, 386, 479, 561

잉거솔, 랠프 521

ㅈ

자기기만 73, 121, 205, 477, 486, 489, 500

『자본론』 104~106, 116, 117, 123~126, 133, 134, 154, 232, 315, 469, 490

『자신과의 대화』 34

『자연론』 251, 252

『자유의 길』 405

『전시의 정의』 374

『전쟁과 평화』 201, 204, 205, 222, 230~232, 269, 469

『전쟁의 윤리학』 361

『제2의 성』 417

제국주의 198, 234, 373, 418, 545, 546

제럴드, 더글러스 482, 486

제임스, 헨리 94, 253, 264, 447, 468

조이스, 제임스 264, 449, 463

『조치』 317

조프, 마리안 328

『존재와 무』 408, 409

졸리베, 시몬 403

주네, 장 428

주은래 388, 390

「줄리안과 마달로」 93, 270

『중국인에게 보내는 편지』 234

지식인 귀족 359

『지식인의 반역』 411

ᄎ

천년 왕국 231, 249, 387, 447, 474, 478,
    511, 596, 601

『철학 연구』 404

체르트코프, 블라디미르 그리고레비치
    236, 241~244, 387, 388, 442

체카 314

체호프, 안톤 225

「첸치 일가」 59

『초대받은 여자』 421

촘스키, 노엄 594~600

추크마이어, 카를 314

칠더, 에르스킨 282

ᄏ

카나파, 장 427

카츠, 오토 499, 524

『카탈로니아 찬가』 281, 500, 501

케스틀러, 아서 49, 387, 419, 424, 426,
    427, 505

캔비, 마거릿 450

캠벨, 진 566

코널리, 시릴 462, 463, 470, 543~545,
    547, 553~563, 570, 573, 579, 582

「코메디아」 406

『코사크인들』 200

「코이너 씨의 이야기」 312

<코카서스의 백묵원> 319, 324, 325

코헨-솔랄, 애니 6, 424

콜린스, 존 368, 506

콜만, 아르노스트 365

쿠바 혁명 432

퀘이커 교도 361, 376

크누촌, 프레데리크 162, 186

크랜쇼, 에드워드 202

크레인, 스티븐 264, 351

『크로이체르 소나타』238, 240

크로커, 레스터 23, 38

크리게, 헤르만 115

클라크, 로널드 363, 366, 390

클라크, 케네스 558

클레어먼트, 클레어 69, 70, 82, 94, 338

키르케고르, 쇠렌 169

키플링, 러디어드 264, 270, 287, 334,
    449, 551

킬란, 키튀 179

킹, 마틴 루터 592

ㅌ

타이넌, 케네스 피코크 300, 326,
    573~582

탈헤이머, 오거스트 497

톨스토이, 레프 53, 156, 157, 162, 176,
    193~245, 257,264, 274, 295, 298,
    368, 373, 375, 381, 386~388, 419,
    424, 436, 507, 534, 562, 563, 567,
    572, 601

『통어론적 구조』595

투르게네프, 이반 195, 196, 207~209,
    225, 226, 231, 264, 424

트라네, 마르쿠스 184

<트로일로스와 크레시다> 129

트로츠키주의자 461, 535

트웨인, 마크 264, 433

ㅍ

파농, 프란츠 433

파다예프, 알렉산더 413, 430

파리고등사범학교 402

『파리는 날마다 축제』262, 267, 276,
    287

『파리와 런던의 바닥 생활』546

파리 코뮌 412

파소스, 존 도스 259, 262, 278~281,
    286, 287, 404, 452, 455, 535

파스빈더, 라이너 베르너 582~587

파스테르나크, 보리스 239

『파우스트』103

파운드, 에즈라 264, 267, 285, 548, 550

파커, 도로시 269, 286, 470, 523

파파 더블스 301

팝스트, G. W. 316

『페스트』425

<페르 귄트> 154, 172, 188

페테르센, 레우라 180

페테르센, 클레멘스 172

포드, 포드 매독스 264, 286

포드, 헨리 454

포스터, E. M. 469

포스터, 윌리엄 Z. 453

포이히트방거, 리온 313, 318

포크너, 윌리엄 287, 514

포트, 폴 50, 600

「폭군 스웰풋」 59

폴랑, 장 405, 415

폴리트, 해리 489, 546, 558

프랑스 혁명 13, 58, 94, 104, 438

『프랑켄슈타인』 64, 179

프랑크푸르트학파 334, 335, 413

프랭크, 월도 455

프레스보르크, 헨리에타 101

프로테스탄트 459

프뢰벨, 율리우스 222

프루동, 피에르 요지프 115, 407

프루스트, 마르셀 351

프리스틀리, J. B. 368, 487, 506

피셔, 루스 315

피에크, 빌헬름 321

피츠제럴드, 스콧 286, 300, 470

피콕, 토머스 러브 64

피털루 91

피팅호프, 로사 179, 180

핀치, 에디스 386

ㅎ

『하얀 흑인』 569, 571, 577, 592, 593, 595

『하지 무라드』 201

『학문과 예술론』 20, 43

학술적 지식인 313

『해는 또다시 떠오른다』 268, 300

해밋, 대실 515~523, 525~539

핵전쟁 352, 365

헉슬리, 올더스 404

헤겔주의자 316

<헤다 가블레르> 155, 178, 179

헤밍웨이, 그레이스 258

헤밍웨이, 어니스트 257~306, 313, 334, 401, 441, 449, 455, 511, 521, 524, 534, 567, 572

헤이든, 벤저민 로버트 84

헨릭센, 한스 야코브 166, 167

헬먼, 릴리언 279, 511, 512~539

혁명민주연합RDR 427, 441

『현대』 411, 413, 415, 425, 429, 433

현상학 403

호르크하이머, 막스 334, 413

훅, 시드니 337, 384, 389, 534

훅햄, 토머스 90

휘톨, 앨리스 361

휴스턴, 존 439, 440

훔, 데이비드 24, 32, 33, 46, 51, 66, 80,
　　404, 424, 595

히치너, 엘리자베스 76~78, 91

히틀러, 아돌프 100, 138, 177, 315, 318,
　　321, 363, 370, 371, 403, 425, 493,
　　494, 499, 564, 582